D1931368

Tübinger
Dichter-Häuser

Helmut Hornbogen

Tübinger Dichter-Häuser

Literaturgeschichten aus Schwaben

Ein Wegweiser

Zweite, erweiterte Auflage

Verlag Schwäbisches Tagblatt
Tübingen 1992

Auf dem Einband: vorne das Portal von Ludwig Uhlands Geburtshaus in der Neckarhalde 24, wo auch Berthold Auerbach eine Zeitlang wohnte (Photo: Wolf-Dieter Nill); hinten erster Teil einer frühen Fassung von Eduard Mörikes Bebenhausen-Gedichten in seiner Handschrift (Stadtmuseum Tübingen).

ISBN 3-928011-09-X

 Satz und Druck: TC DRUCK Tübinger Chronik eG.
Printed in Germany.

Inhalt

Geisterstadt

Beim Durchblättern von Adreßbüchern, die älter als ein halbes Jahrhundert sind, kann man unversehens in einen schwindelerregenden, das Wahnhafte der Wirklichkeit offenbarenden Sog geraten. Denn die Namen der Menschen und die Namen der Straßen, in denen sie lebten, die verzeichneten Wohnhäuser, Ämter, Geschäfte und Gewerbebetriebe – all das wirkt trotz zeitlichem Abstand seltsam vertraut. Aber die Menschen leben nicht mehr, inzwischen hat sich fast die gesamte Einwohnerschaft ausgewechselt. Pompöse Titel, die manchmal vor den Namen stehen, klingen lächerlich, zumal die dazugehörenden Personen vergessen sind. Was von ihnen blieb, ist höchstens ein bißchen Erinnerung in der Familie, also so gut wie nichts.

Feine Leute – Universitätsprofessoren, Präsidenten aller Art oder Ministerialdirektorswitwen – wohnten in Tübingen in anderen Teilen der Stadt als weniger feine wie Weingärtner, Näherinnen, Gipsmüller, Brunnenmacher, Laternenwächter, Kutscher oder Taglöhner. Aber der einen wie der anderen Leben hat kaum Spuren hinterlassen außer dem Eintrag im großen Totenbuch des Adressenverzeichnisses. Sie nahmen die Dienste von Flaschenbierhändlern, Hutmachern, Schweine-, Rinds- und Ochsenmetzgern, Nudelfabrikanten und Sauerkrauthändlern in Anspruch, versicherten Hausrat und Leben bei einer der vielen Agenturen und starben. Ihre Gräber sind heute zumeist schon wieder eingeebnet, und durch die vertrauten Straßen der Stadt hasten Leute, die in einem halben Jahrhundert zumeist tot sein werden.

Einige Bewohner der toten Stadt überlebten jedoch in ihrem Werk, sind verfügbar geworden für historische Neugierde und Versuche, Vergangenheit zu vergegenwärtigen. Dabei kann es unter Umständen interessant sein, was für Titel sie hatten und ob der Flaschenbierhändler viel an ihnen verdiente. Solche Nachrichten sind mehr oder weniger bedeutsam, je nachdem, in welchem Maße das Werk als Ausdruck gelebter Existenz erscheint. Die größte Verbindlichkeit ist ihnen dann eigen, wenn sie noch aus dem Geröll des Erinnerns kurz vor den Grenzpfählen kommen, hinter denen ansonsten nur noch jederzeit verfügbare papierene Quellen ausgewertet werden können. So soll etwa im folgenden Eugen Gottlob Winkler, der sich in heilloser Zeit 24jährig am 28. Oktober 1936 vergiftete, auch über Erinnerungen seiner Tübinger Wirtsleute Gestalt annehmen. Nachkommen und Nachbarn jenes Ehepaares, bei dem der Lyriker Jakob van Hoddis zwischen 1922 und 1927 untergekommen war, versuchten sich den Sonderling von damals wieder vorzustellen. Die Tochter Erwin Guido Kolbenheyers, des faschistoid-biologistischen Bauhütten-Dichters und -Denkers, verschwieg im Gespräch auch ihr zwiespältiges persönliches Verhältnis zum Vater nicht. Erzählungen einer Vertrauten schließlich ließen Hörspiel-Autor Fred von Hoerschelmann, den man noch bis kurz vor seinem Tode im Jahr 1976 zerzaust, gebückt und schwer atmend durch die Straßen gehen sah, im nachhinein als fast noch bedeutender erscheinen denn zu Lebzeiten.

Jenseits der Grenzpfähle jedoch, wenn keine Spuren mehr zu sichern sind, die sonst verwischen würden, jenseits der Sphäre des Erinnerns, kommt man dann in jene der archivierten Aktenbüschel, wo ebenfalls versucht wurde, authentische, noch nicht öffentlich gewordene Lebenszeichen aufzuspüren. Schließlich können auch alte Wohnstätten den Zugang zur Stadt der Geister, zu ihren Bewohnern, immerhin erleichtern. Aber wodurch eigentlich? Ist es denn nicht Fetischismus, sich etwas von Gebäuden zu versprechen, in denen einmal Leute lebten, die in ihrem Werk überlebt haben? Was kann schon mehr oder weniger altes Gemäuer zum Ausdruck bringen, das dazu noch mehrmals abbrannte und erneuert wurde wie etwa zuletzt 1972 jenes Haus am Markt, in dem Hermann Kurz und seine Tochter Isolde wohnten, oder das man immer weiter zur Unkenntlichkeit hin modernisierte wie die alte Walkmühle an der Neckarbrücke, wo einst Eduard Mörike und Berthold Auerbach das Klappern des Mühlrads und das Rauschen des Wassers dauernd in den Ohren hatten?

Es mag aber zumindest ein wenig Gegenwärtigkeit sein, was die Fetische zu zaubern vermögen. Denn vor den vertrauten Häusern, auf Straßen und Plätzen, die von Lebenden und Toten erfüllt sind, rückt alles zusammen, da wird Nähe fern, Ferne nah, und man fühlt sich wieder jenem Sog ausgeliefert, der das Wirklichkeitsempfinden verunsichert wie beim Durchsehen der alten Totenbücher mit den Adressen. Tübingen, hat Walter Jens einmal gesagt, »ist eine Stadt, in der das Gestern näher beim Heute wohnt als an anderen Orten«. Hier fällt es denn auch leichter, den geographischen und den historisch-geistigen Ort aufeinander zu beziehen. Die Stadt hat ein stark ausgeprägtes Gesicht, und wenn sich das auch dauernd wandelte wie eines Menschen Gesicht: die veränderten Häuser blieben doch, und es blieben Berg und Burg. Der Neckar floß vorüber, die Zeit ging weiter. Das Gesicht der Stadt spiegelte und spiegelt sich im Fluß wie in der Zeit, aber Dichtung ist doch der eigentümlichste Zeitspiegel.

Drum wären auch aus der Erinnerung gesicherte Spuren wenig wert, blieben alle Aktenbüschel der Archive sprachlos, könnten die Wohnstätten unmöglich ihren fetischistischen Zauber entfalten, wenn bei dem Versuch, die in ihrem Werk Überlebenden zu vergegenwärtigen, nicht gerade jenes in erster Linie befragt würde. Auch daraufhin übrigens, was denn daran in diesem oder jenem Fall noch lebendig ist. Und weil eben Literatur nicht nur auf den bedruckten Seiten von Büchern existiert, sondern den Lesern über die Zeiten hinweg geschieht, muß Literaturgeschichtsschreibung – und begnüge sie sich auch damit, einfach nur Literaturgeschichten zu schreiben – nach Möglichkeit immer etwas von diesem historisch-rezeptiven Dialog spürbar werden lassen. Dadurch vermindert sich dann auch die Versuchung, dem herrschenden Zeitgeist, dessen Vernunft Popanze gebiert, das Feld widerstandslos zu überlassen. Unter seinem Einfluß hatte sich zum Beispiel Turm-Bewohner Friedrich Hölderlin 1943, im Jahr der Gründung seiner Gesellschaft, besonders braun eingefärbt, um später zum roten Jakobiner zu mutieren, bis er den erstaunten Teilnehmern der 18. Jahresversammlung 1984 in Heidelberg auf einmal ganz grün entgegentrat. Hölderlin übrigens ist in der Vergangenheit des geistigen Tübingen überall gegenwärtig, auch bei Justinus Kerner, Georg Herwegh, Paul Ernst, Karl Otten oder Jakob van Hoddis.

Vor allem an runden Gedenktagen pflegen immer wieder diese angeblich Verkannten oder Vernachlässigten durch Zeitungen, Zeitschriften und Festreden zu

geistern, aber verkannt und vernachlässigt ist bei rapide dahinschwindender Lesekultur eigentlich jeder Schriftsteller. Nicht nur Georg Herwegh, pathetischer Poet und Revolutionär, den man im August 1836 aus dem Evangelischen Stift warf. Nicht nur der große realistische Erzähler Hermann Kurz, unglücklich zwischen die Zeiten und Moden gefallen, deren Bedürfnisse und Erwartungen eben Auerbach besser zu erfüllen verstand. Aber der wiederum, erst verfolgter Tübinger Burschenschaftler und später erfolgreichster deutscher Autor des 19. Jahrhunderts, hätte nun keinesfalls verdient, derart total vergessen zu werden wie schon bald nach der Jahrhundertwende. Und Goethe, im September 1797 für einige Tage Logiergast bei Johann Friedrich Cotta in der Münzgasse 15? Wer liest heutzutage schon Goethe?! Und wer erst Schiller, der ihm Quartier machte, selbst jedoch in der Burse übernachtete?!
Am allerschwersten aber hat es wohl Christoph Martin Wieland, zwischen Oktober 1750 und Juni 1752 Stipendiat am Hochmannianum in der Pfleghofstraße 13, denn wenn man ihn zum Beispiel – und auch solches entliterarisierende Vorgehen deutet auf die allgemeine Unfähigkeit zu lesen hin – nur gesellschaftspolitisch abfragen und instrumentalisieren wollte, statt dem nachzuspüren, was er selbst »Poesie des Stils« nannte, dann wäre alles, aber auch alles an ihm verloren. Nein, mit den verkannten und vernachlässigten Dichtern ist das so eine Sache, wo doch eigentlich alle verkannt und vernachlässigt sind. Und kaum einmal gelingt es professionellen Literaturwissenschaftlern, zum Lesen zu animieren, sondern höchstens originellen Außenseitern, die selbst Schriftsteller sind, wie David Friedrich Strauß (bei Nikodemus Frischlin) oder Hubert Fichte (bei Daniel Casper von Lohenstein).
Von den Bewohnern der Geisterstadt, die beschworen werden sollen, kamen nur zwei, Ludwig Uhland und Albert Knapp, in Tübingen zur Welt. Die meisten zog natürlich das Studium hierher, während einige wenige auf unterschiedliche Weise sonstwie durch die Strahlkraft der Alma mater gebannt wurden: Die ehemaligen Stiftler Nikodemus Frischlin und Friedrich Theodor Vischer lehrten an der Universität, Goethe und Schiller besuchten ihren Verleger, Hermann Hesse machte eine Buchhändlerlehre, Hermann Kurz waltete als zweiter Unterbibliothekar seines Amtes, Erwin Guido Kolbenheyer und Fred von Hoerschelmann lebten hier als freie Schriftsteller, Ottilie Wildermuth verband das Hausfrauen-Dasein mit dem einer professionellen Autorin, Friedrich Hölderlin und Jakob van Hoddis schließlich, die sich aus den Bezügen des Wirklichen befreit hatten, bedurften des äußeren Schutzes privater Pflege.
Zweierlei sollen die »Tübinger Dichter-Häuser« sein: literarischer Wegweiser durch die Stadt und Lesebuch, das wiederum Lust auf Literatur machen soll. Die erzählten Literaturgeschichten folgen chronologisch dem jeweiligen Auftritt ihrer Protagonisten auf der Tübinger Bühne. Irgendwie vollzählig läßt sich die Einwohnerschaft der Geisterstadt nicht versammeln. Aus den Kulissen von Vergangenheit und Gegenwart können überraschend immer neue Gestalten hervortreten. Für diese zweite Auflage des Buches waren es neben dem Minnesänger Heinrich von Rugge der ein bißchen plattdeutsche Farbe ins Schwäbische bringende Fritz Reuter und Hans Erich Blaich alias Dr. Owlglass, Bruno Frank, Arnold Zweig, Peter Weiss, Hans Sahl und Peter Härtling. Außerdem kam

zum Gespräch mit Walter Jens über den genius loci noch eines mit Hans Mayer hinzu.
Aber auch ihr Tübinger Dasein, auf das erst einmal nur hingewiesen sei, hätte gut und gern noch ausführlich behandelt werden können: Fuchsmajor des bei Pfarrerswitwe Pauline Storz in der Herrenberger Straße 37 wohnenden Theologiestudenten Hermann Lenz war ausgerechnet Gerhard Schumann, Führer des Nationalsozialistischen Deutschen Studentenbundes und bald gefeierter Nazi-Barde. Ehe Lenz, durch beide Sprachprüfungen gefallen, im Frühjahr 1933 nach München überwechselte, erlebte er noch mit, wie sein Fuchsmajor vor der Neuen Aula den Sieg des fürchterlichen Volkswillens proklamierte. Und damals schon begann Literatur für den stillen Dichter der Erinnerung illusionsbildende Kraft zu bekommen. »Ich bin nie wieder beim Schreiben Tübinger Erfahrungen begegnet, was aber nicht so viel heißen will«, meinte dagegen Martin Walser 1978 einmal. Behutsam nutzte er die gute Stube einer schwäbischen Familie in der Weizsäckerstraße 1 als Studentenbude und promovierte bei Friedrich Beißner über Franz Kafka.
Im Jahre 1948 wie Walser war auch der Lyriker Johannes Poethen nach Tübingen gekommen. Zunächst waltete er als Pförtner des Leibniz-Kollegs seines Amtes, zog dann in die Waldhäuser Straße 5 und ließ sich schließlich von 1950 bis 1958 in Hirschau unterhalb des Wurmlinger Kapellenberges nieder, der ihm im Hochsommer, wenn Pan tanzte oder ruhte, zum südlichen Gefilde wurde, zum Parnaß auch, zum ein und alles. Und in dem langen Prosa-Gedicht »Der Berg« vollzieht sich dithyrambisch die große Verwandlung: »Manchmal, weil das zeitmaß herrschender ernten zu ihm herauftönt, sinkt der berg in trauer, / sinkt zurück in die meerische wiedergeburt, bis im gedächtnis, an seiner neigung, ringsum, die muscheln gestrandet aufbrechen, / grabmäler, vom raunen innen geöffnet: schon fachen die düfte lodernde tänze an, vervielfältigt hochgetrieben, züngelndes grün in der anflut, springwellen grüner gesichte, versenkende grünheit an den grenzen ihrer eroberung; / fernher, immer wieder die blöße zu ergründen, trifft der lichtgott mit seinem hiesigen lächeln den berg, dessen kahlheit, in der steigenden gegenwart reiner, sich langaufatmend darin erhebt, / dem zeitmaß herrschender ernten entrückte woge felsigen jauchzens.«

Heinrich von Rugge

Hohentübingen

Nu nement daz crûce und varent dâ hin

Da ist zunächst nur ein Name: Heinrich von Rugge. Und es erweist sich dann als nicht gerade einfaches Unterfangen, jenen Hofmann und Dichter Gestalt annehmen zu lassen, der diesen Namen führte. Ein Heinricus miles de Rugge, vielleicht der Minnesänger, wird 1175/78 vom Blaubeurer Abt Eberhard urkundlich erwähnt. Das Gebiet um Blaubeuren war für die Tübinger Pfalzgrafen Vorposten ihres Herrschaftsgebietes an der Südseite der Schwäbischen Alb, weshalb den Festungen dort große strategische Bedeutung zukam. Herrn Heinrichs Stammburg dürfte das den Pfalzgrafen gehörende Schloß Rucken gewesen sein, an welches auf dem gleichnamigen Umlaufberg zwischen Aach und Blau nur noch kümmerliche Spuren erinnern.
Von Rugge, Rucke, Ruck oder Rugk nannte sich sogar eine Linie des hochadeligen pfalzgräflichen Hauses selbst – Graf Sigiboto von Ruck stiftete hier zusammen mit seinen Brüdern Anselm und Hugo von Tübingen 1085 ein Kloster zu Ehren Johannes des Täufers –, aber so hießen auch mehrere Familien von am Tübinger Hofe tätigen Ministerialen. Ein Walter von Rugk hatte unter seinem Lehnsherrn Graf Hugo IV., dem Klosterstifter, am ersten Kreuzzug (1096 bis 1101) teilgenommen. Und Otto von Rugge, Sohn, Bruder oder sonstiger Verwandter des Minnesängers, sollte ebenso in den dritten Kreuzzug ziehen wie jener dann im Frühjahr 1191 selbst. Jedenfalls bezeichnete man Herrn Otto bereits 1187 als »crucesignatus«.
Auch alle Versuche, sich der Person Heinrich von Rugges über das Werk zu nähern, schlagen zunächst fehl. Gut, sein Kreuzzugs-Leich kam aus einer theologischen Handschrift vom Ende des 12. Jahrhunderts als älteste Textüberlieferung höfischer Lyrik überhaupt auf uns, und dafür, daß der Dichter des berühmten Leichs mit jenem der sonst noch unter seinem Namen laufenden spruchlyrischen Lieder identisch ist, sprechen immerhin einige inhaltliche Übereinstimmungen. Allerdings hat die Überlieferung von Rugges Lieder mit denen Reinmars des

Alten vermengt. Von zwölfen erschienen acht in der Manessischen Handschrift gleichermaßen bei beiden Dichtern. Sie zu scheiden, ist um so schwieriger, als Heinrich von Rugges Dichtungen ohnehin schon höchst zwiegesichtig wirken, nämlich einerseits schlicht und wirklichkeitsnah als seien sie von Heinrich von Veldeke, andererseits jedoch auch verkünstelt und vertrackt wie bei Friedrich von Hausen.

Aber schließlich sind ja zwei Konterfeis dieses schwäbischen Urdichters bekannt, den der Epiker Heinrich von dem Türlin, der Marner, um 1220 anerkennend unter den leider längst verblichenen Minnesängern erwähnte. Über diese Miniaturen zumindest müßte man ihm doch näher kommen können. Beide Sammelhandschriften, in denen sie sich befinden, die Weingartener und die Große Heidelberger (Manessische), sind jedoch erst um 1300 und später, also mehr als 100 Jahre nach Heinrich von Rugges Tod entstanden. Dennoch ist vor allem die Manesse-Miniatur sehr schön: Da schwebt mehr, als daß er reitet, Herr Heinrich in wallendem, gürtellosem Gewande und einen Stirnreif im Haar, über »bluomige au« ornamentaler Ranken aus blauen Glockenblumen. Offenbar reitet er – ohne Panzer, Helm und Schwert – nicht in den Kampf oder zum Turnier. Auf dem geschulterten Schild und der kostbaren Renndecke des Pferdes sein Wappen: drei weiße Kegelköpfe in blauem Feld auf Goldgrund. Und wovon wohl mag das Spruchband künden, das anstelle der Sturmfahne am Lanzenschaft über ihm flattert? An dieser Miniatur ist alles so jugendlich und taufrisch, so animierend ins Bild gesetzt, als strebe da jemand selig einer Liebe zu, die über Blick und Gruß und Lächeln und Kuß letztlich gar nach dem »bî ligen« drängt. Allerdings muß Heinrich von Rugge ein gefühlsmäßig eher gehemmter Mann gewesen sein, dem die Leidenschaft der Liebe – »diu minne, diu benimt mir die sinne« – gar noch ziemlichen Leidensdruck bereitete.

Aber mag er nun immerhin so ähnlich wie auf der Miniatur auch zur gräflichen Pfalz hinaufgaloppieren. Vielleicht wird eines der großen Hoffeste gefeiert, bei denen oft fahrende Sänger auftreten, die Pfalzgraf Rudolf I. dann reichlich zu belohnen pflegt. Vielleicht findet doch auch ein Turnier statt, und der allenthalben als wackerer Kämpe bekannte Rudolf beteiligt sich wieder selbst daran wie jüngst erst in Zürich. Der weite Platz vor dem hohen Palas wimmelt von Rittern, Knappen und mit farbenprächtigen Schabracken bedeckten Pferden. Schließlich künden Paukenwirbel und Trompetenschall die Krönung des Siegers durch die Pfalzgräfin an. Sie reicht den Kranz von den Säulenarkaden herab, hinter welchen etwa auch Frauen und Töchter der Grafen von Zollern und von Zähringen in langer Reihe Platz genommen haben. Wie das alles vonstatten gegangen sein mag, kann man sich übrigens ebenfalls nach einer Miniatur der Manessischen Handschrift ausmalen.

Tübingens Pfalzgrafen waren eines der mächtigsten Adelsgeschlechter des Mittelalters, und die ganze Pracht der Stauferzeit muß sich damals in ihrer Pfalz entfaltet haben. Allerdings bedarf es zunächst einmal einiger Vorstellungskraft, an die Stelle des heutigen Renaissance-Schlosses jene staufische Burg zu denken, von der nur noch wenige Grundmauern übriggeblieben sind.

Die Pfalz war kein kompakter Komplex, sondern bestand aus Palas, Küchenhaus, Kapelle, Zwinger, Türmen und Vorwerken wie der Ödenburg. Dorthin

und nach Schwärzloch sollen auch Gänge geführt haben. Ostwärts und westwärts, zur heutigen Stadt und zum Spitzberg hin, war die Burg durch tiefe Gräben, äußere und innere Ringmauer geschützt. Da starrte einem abweisendes Buckelquaderwerk entgegen. An der Nordseite zum Ammertal wuchs das eigentliche Wohngebäude direkt aus den gewaltigen Strebemauern, in die auch ein viereckiger Turm integriert war, dessen Unterbau den Renaissance-Erker des Rittersaales trägt. Nach Süden, gegen das Neckartal, bekrönte ein offener Zwinger mit Wehrgang den steilen Hang, und halbwegs nach Westen hin standen noch (wohl hölzerne) Wirtschaftsgebäude. Auch die 1188 erwähnte Kapelle des Heiligen Johannes erhob sich frei im Hof oder war an die Zwingermauer angelehnt.
Vor den Gräben und Mauern nach Westen gab es zwei Terrassen, von denen die größere der Burggarten war. Den Winter über muß es arg ungemütlich gewesen sein auf so einer Burg wie hier oder auf dem seltsamen Rucken in Blaubeuren. Da galt es, sich warm anzuziehen. Walther von der Vogelweide bekam etwa mitte November 1203 vom Bischof Wolfger von Passau fünf Solidi spendiert, damit er sich den offenbar dringend notwendigen warmen Pelzrock anschaffen konnte. Winterklage, Frühlingsgruß und Sommerlob sollten dann bei ihm noch viel schöner erklingen als bei Heinrich von Rugge, der – vielleicht regte sich da schon zaghaft der Frühling im Burggarten und auf den baumlosen Bergen darüber – folgendermaßen fröstelnd den Sommer herbeiträumte: »Ich hôrte gern ein vogellîn / daz hüebe wunneclîchen sanc. / der winter kan niht anders sîn / wan swaere und âne mâze lanc. / mir waere liep, worlt er zergân. / waz vröide ich ûf den sumer hân! / dar stuont nie hôher mir der muot: / daz ist ein zît diu mir vil sanfte tuot.«
Zur aufwendigen Hofhaltung Rudolfs I., der die väterlichen Besitzungen mit seinem Bruder Hugo in eine nördliche (pfalzgräfliche) und eine südliche (montfortische) Hälfte geteilt hatte, durch seine Frau Mechthild geborene von Gleiberg-Gießen aber wieder einiges dazugewann, gehörten ein fürs Militär- und Transportwesen zuständiger Marschall, ein die Finanzen überwachender Kämmerer, ein Truchseß oder Seneschall – 1191 hieß er Fridericus Dapifer – als oberster Verwalter und viele, viele für andere Hofämter zuständige Ministeriale mehr. Welches Heinrich von Rugge ausübte, wie er zur pfalzgräflichen Familie stand, ist nicht bekannt. Aber gerade, weil sich der Minnesänger in seinem Leich als »tumben man« vorstellte, damit seine Kenntnis von Bescheidenheitsformeln antiker Rhetorik erweisend, und weil er wohl im Gegensatz etwa zu Wolfram von Eschenbach auch des Lateinischen mächtig war, muß man sich ihn als gebildeten Mann vorstellen, der an einer Klosterschule ausgebildet worden sein könnte. Doch als Lehrer, wie auch vermutet wird, wirkte er kaum auf der Pfalz, denn Geistiges als Beruf gebührte nur der Geistlichkeit, nicht dem Adel.
Sicher war er dabei, als Rudolf um 1180 mit einem Gefolge von 130 Rittern beim Reichstag in Ulm erschien. Ein eindrucksvoller Anblick! Der Pfalzgraf verfügte über alle bedeutenden Rechte, vor allem auch das Münzrecht, und ließ gerade im Jahr 1185 zum ersten Mal eine kleine Silbermünze schlagen, den Tübinger Pfennig. In diesem ereignisreichen Jahrzehnt, dem letzten des Heinrich von Rugge, versammelte Rudolf eines Tages alle Ritter und Ministerialen im Hof der

Burg, um ihnen die Stiftung eines Klosters kund zu tun. Es sollte in dem Tal gebaut werden, wo früher der Sage nach die Kapelle eines Heiligen Bebo gestanden hatte. Nachdem kurze Zeit Prämonstratenser das fromme Unternehmen betrieben hatten, zog Ende Oktober 1190, vom Kloster Schönau bei Heidelberg kommend, Abt Diebold mit zwölf Zisterziensern ein. Im Kapitelsaal vor dem Eingang zur Johanneskapelle wird Rudolf dann 1219 an der Seite seiner Frau beigesetzt. Die schmuck- und inschriftlose Grabplatte aus Sandstein kann man dort noch sehen.

Die adeligen Herren Minnesänger haben ihre Lieder, wîse unde wort, gewiß nur im geselligen kleineren Kreis der Standesgenossen vorgetragen. Die gräfliche Pfalz, das ist verbürgt, war ein Ort höfischer Poesie. Dazumal legte man großen Wert nicht nur auf erlesene Speisen und auf elegante Umgangsformen, sondern auch auf ein hoch entwickeltes sprachliches Zeremoniell von Anrede- und Begrüßungsformeln oder Ergebenheitsbeteuerungen, und als von Grund auf

Da reitet Herr Heinrich offenbar eher lustvollem als kriegerischem Tun entgegen: Die Miniatur aus der Manessischen Handschrift entstand um 1300, also mehr als 100 Jahre nach seinem Tod.

zeremoniös erweist sich auch der Minnesang des staufischen Zeitalters. Dichten bedeutet in erster Linie Umgang mit Form, und die hatte sich um 1170/80 unter dem Einfluß der französischen Troubadoure grundlegend geändert. Zur ersten Generation dieser romanisierenden Minnesänger gehörte Heinrich von Rugge. Er wie die anderen Poeten aus der Zeit von des Minnesangs Frühling bleiben als Menschen auch deshalb seltsam anonym, weil sie noch fest verschnürt waren in die Sicherheiten eines Weltgefühls aus ritterlichen und religiösen Konvenienzen. Allenfalls mit Walther von der Vogelweide wird eine Dichtergestalt im modernen Sinne sichtbar, die in sich selbst ruht und während erfüllter Augenblicke aus sich selbst heraus schafft. Sonst jedoch merkt man diesen höfischen Versen den Atem erlebter, erlittener Existenz nur ganz von ferne an, weshalb sie denn auch den wissenschaftlichen Fachverstand immer wieder nur zu sinnlos wuselnder Formelkramerei und dumpfem Begriffsfetischismus verleiten.
Zeitkritisch genormt wirkt schon auch, was der Herr Heinrich über die Verkehrtheit der Welt, über Habgier und Unersättlichkeit der Menschen (»wir toben umbe guot«) zum besten gibt, bei dieser Gelegenheit gleichzeitig seinen Entschluß erneuernd, das Kreuz zu nehmen. Oder er polemisiert gegen höfischen Frauendienst, weil der zu sinnenverwirrender Übertreibung verleite. Das von

Was auch immer das einst den Pfalzgrafen von Tübingen gehörende Ruckenschloß in Blaubeuren mit Heinrich von Rugge zu tun gehabt haben mag: Nach diesem Modell (von G. Mann aus dem Museum im alten Badhaus) kann man sich zumindest vorstellen, wie eine Burg der Stauferzeit, also auch die gewiß noch prächtigere Tübinger Grafenpfalz, einmal ausgesehen hat.

den provençalischen Kollegen beeinflußte Lied, wegen der den Rhythmus unterstützenden Binnenreime ein besonderes Virtuosenstück, beginnt so: »Got hât mir armen ze leide getân, / daz er ein wîp ie geschouf alsô guote. / Solt ich in erbarmen, sô het erz gelân. / Si ist mir vor liebe ze verre in dem muote. / Daz tuot diu minne, diu benimt mir die sinne, / wand ich mich kêre nâch ir lêre ze vil, / diu mich der nôt niht erlâzen enwil, / sît ich niht mâze begunde noch erkunde.« Übersetzt heißt das: »Gott hat es getan, um mir Armen weh zu tun, / daß er eine Frau schuf, die so vollkommen ist. / Würde ich ihn erbarmen, so hätte er es unterlassen. / Sie ist mir aus Liebe zu tief in mein Herz gedrungen. / Das bewirkt die Minne, die nimmt mir den Verstand, / denn ich richte mich zu sehr nach ihrer Vorschrift, / sie, die mich aus dieser Qual nicht entlassen will, / da ich kein Maß halten wollte noch konnte.«

»Nu sint uns starkiu maere komen: / diu habent ir alle wol vernomen«: Es mag erst im Herbst gewesen sein, daß die schlimme Kunde nach Tübingen drang, Kaiser Friedrich I. Barbarossa sei am 10. Juni 1190 beim Schwimmen im Flusse Saleph (Göksu nehir) ertrunken und die Kreuzheere hätten schwerste Verluste erlitten. Das Erschrecken war groß, zumal die Tübinger Pfalzgrafen und ihre Höflinge seit jeher und immerdar besonders treue Anhänger der Staufer gewesen waren. Aber der Herr Heinrich verzehrte sich nun nicht in unproduktiver Trauer, sondern setzte sich gleich in den Burggarten und dichtete seinen langen Leich – ein strophenloses Gedicht aus 120 ungleichen Versen. Welche wîse er sich dazu einfallen ließ, wissen wir nicht, wie ja auch zu Minneliedern keine Melodien überliefert sind. Aber daß er ihn im Festsaal der Tübinger Pfalz, sich auf einem Saiteninstrument begleitend, zum erstenmal vorgetragen hat, kann man wohl annehmen.

Da fügte der Sänger den Tod des Kaisers dem göttlichen Heilsplan ein, betrieb hochgestimmt feudal-religiöse Wehrertüchtigung, indem er dazu aufforderte, das irdische Getriebe gering zu achten und auf dem Kreuzzug Gott zu dienen, stellte gar allen die »himelkrône« in Aussicht, die im Heiligen Land ihr Leben lassen würden. Und Herr von Rugge war ganz enthusiasmiert, als er gegen Schluß sang: »Ich râte iu dar ich selbe wil: / nu nement daz crûce und varent dâ hin, / (daz wirt iu ein vil grôz gewin) / und fürhtend nieht den tôt.«

Immerhin, seinem frommen Kriegsgesang folgte die kriegerische Tat im dritten Kreuzzug. Daß er die heilige Fahrt angetreten hat, bestätigt auch ein Lied, in dem er Abschied von Freunden nimmt (»Ich tuon ein scheiden, daz mir nie / von keinen dingen wart sô wê«). Anfang 1191 gesellte sich Herr Heinrich in Zara zu Kreuzfahrer-Truppen, die unter dem Befehl Leopolds von Österreich standen, und setzte mit ihnen nach Akkon über. Allem Anschein nach ist er dann im Heiligen Land der »himelkrône« teilhaftig geworden.

Heinrich Bebel
Philipp Melanchthon
Johannes Reuchlin

Bursagasse 1 (Burse)

Ich far und waiß nit wa hin

Vor der Burse, dem ältesten Universitätsgebäude, das einen beträchtlichen Abschnitt der Neckarfront bildet, tut sich ein stimmungsvoller, mit Platanen bestandener Platz auf, den es aber erst seit Beginn des 19. Jahrhunderts gibt, als im Zuge des klassizistischen Umbaus der Burse zum Klinikum einige auf der Stadtmauer hockende alte Häuser abgebrochen wurden. Wenn man von hier aus auf das rosa getünchte, langgestreckte Gebäude unterm Krüppelwalmdach schaut, dann mutet es einen schon seltsam an, daß Hölderlin 1806/07 in einem Zimmer des Dachgeschosses rechts oben 231 qualvolle Tage als Patient des Johann Ferdinand Autenrieth durchlebte, daß Schiller bei seinem Besuch im März 1794 in dem baufällig gewordenen Alumnat übernachtete, daß darin schließlich auch der humanistische Poet Heinrich Bebel, der junge Philipp Melanchthon und dessen Großonkel Johannes Reuchlin zur gleichen Zeit aus- und eingingen und sich »salve« sagten. Neben dem nahegelegenen Evangelischen Stift ist also die Burse jenes Tübinger Gebäude, das am häufigsten zum Dichter-Domizil wurde.

Zwischen 1497, als Bebel die poetische Lektur übernahm, und 1522, als der erst kurz zuvor ganz nach Tübingen zurückgekehrte Reuchlin gestorben war, wehte das humanistische Lüftchen besonders animierend durch das Doppelhaus mit den beiden Zugängen. Während dieser Zeit war Melanchthon, dem später als wichtigstem Helfer von Reformator Luther der Ehrentitel eines Praeceptor Germaniae zuteil werden sollte, von 1512 bis 1518 lernend wie auch noch lehrend in der Burse tätig und verfaßte dort immerhin seine epochemachende Grammatik »Institutiones Linguae Graecae« (1518), das am häufigsten benutzte und neu aufgelegte Schulbuch seiner Zeit. Und wenn damals dem Weltgeist von Tübingen aus vielleicht wirklich einmal ganz weltläufig ein wenig auf die Sprünge geholfen werden konnte, dann vor allem auch deshalb, weil in jene Jahre humanistischer Blüte auch noch eine kurze Hochzeit des Buchdrucks fiel: zwischen März 1511 und Spätsommer 1516 betrieb nämlich der auch an der Universität immatrikulierte Thomas Anshelm seinen Verlag in Tübingen und druckte Bebel, Reuchlin,

Melanchthon, aber etwa auch die Dokumente des Tübinger Vertrags vom 10. Juli 1514 und vieles andere mehr.
Es war an einem Tag im Spätherbst 1501: An welchem Ort damals Bebels »Comoedia de optimo studio iuvenum« (Über die beste Art des Studiums für junge Leute) in Anwesenheit von Kanzler Johannes Vergenhans, der Herren des Senats und vieler, zumeist noch im Knabenalter befindlicher Studenten der niederen Artistenfakultät aufgeführt wurde, läßt sich nicht mehr feststellen. Vielleicht ja in der Burse selbst, vielleicht davor im Freien, vielleicht auch im östlich anschließenden Lektoriengebäude, dem Domus sapientiae, das am 16. Januar 1534 abbrennen sollte. Dem Stück stand eine Widmung für Ludwig Vergenhans voran, Bruder des Kanzlers, der als juristischer Ratgeber und Diplomat im Dienste Maximilians gewiß darauf hingewirkt hatte, daß der wie die Vergenhanse aus Justingen auf der Alb Stammende dann an Pfingsten in Innsbruck vom künftigen Kaiser zum Dichter gekrönt worden war.
Die in der bäuerlichen Welt Justingens wie im humanistisch beeinflußten Tübingen spielende Comoedia handelt vom begabten Albbauernsohn Vigilantius, den sein Vater Rapardus auf die Universität schickt, auf daß er moderner Bildung teilhaftig werde. Bei einem ausgezeichneten Magister lernt der brave Junge »nicht nur logische Kunststücke«, wie es im vorangestellten Argumentum comoediae heißt, »sondern auch Rhetorik und Moral. Deshalb wurde er auch ein angesehener Mann und überragte bei weitem die anderen, die sich nur mit einem einzigen von diesen Fächern beschäftigt haben. Außerdem wird noch das Lob der Dichtkunst gesungen.«

Insignien der Dichter-Krönungen, wie sie Hans Burgkmair 1505 auf einem Holzschnitt abbildete.

Nachdem dann einige Gelehrte wegen unterschiedlicher philosophischer Lehrmeinungen aneinandergeraten waren, trat zu guter Letzt Bebel, der Poeta laureatus, selbst hervor und verkündete eine Art akademischen Pazifismus, demzufolge der Humanist als Poet aufgrund seines Wissens und seines Durchblicks zwischen den sich bekämpfenden Parteien zu vermitteln habe. »Laßt ab von diesem Streit und von den gegenseitigen Anfeindungen! Die Verschiedenheit der Lehrmeinungen ist nicht dazu geschaffen, um Haß und Neid zu erzeugen, sondern zur bloßen Übung. Daher können die, die in den Schuldisputationen Gegner sind, draußen Freunde und Brüder sein«. So sprach er beschwörend und schloß: »Ihr habt dieselben Gesetze, dasselbe Oberhaupt, denselben Dekan, dieselben Rechte und Pflichten. Ihr geht denselben Weg zum Glück, das wir nur in Frieden, Eintracht und brüderlicher Liebe erreichen können. Lebt wohl und klatscht Beifall! Ich, Bebel, habe das verfaßt.« Applaus! Der Poeta rückte den Lorbeerkranz zurecht und verbeugte sich. Die jugendlichen Insassen der Burse zogen in geordneten Reihen ab. Geistlich schwarz gewandet sahen sie wie Raben aus. Ihren schauspielernden Kommilitonen schien das elegante Latein noch ein wenig naseweis um den Mund zu hängen!
Der Erfolg dieses bildungspropagandistischen Stückes war, wenn er auch nicht an jenen von Reuchlins vier Jahre zuvor entstandenem »Henno« heranreichte, dennoch beträchtlich, erlebte die Comoedia doch nach der Tübinger Uraufführung fünf Drucke. Bebel scheint ein auf Ausgleich bedachter Mann gewesen zu sein, dem wenig an jenen Händeln lag, die bei einigen Humanisten manchmal geradezu inhumanen sprachlichen Ausdruck fanden. Aber zur friedfertigen Haltung der Comoedia hatten sicher auch die besonderen Tübinger Verhältnisse beigetragen. Mit dem Theologen Jakob Lemp war zwar die scholastische Tradition noch mächtig präsent, aber man begegnete sich hier nicht derart unversöhnlich und bösartig wie anderswo. Bei seinem Streit mit den Kölner Dunkelmännern wurde Reuchlin sogar von Lemp unterstützt.
Gewiß, Bebel hatte als Lektor der jungen humanistischen Studien beträchtliche Widerstände an der Universität zu überwinden, wobei ihm aber die Innsbrucker Ehrung ohne Zweifel zugute kam, die von ihm mit einer geschickt lobhudelnden, den Herrscher als Erlöser aus Zerrissenheit und Uneinigkeit feiernden »Oratio ad regem Maximilianum« in die Wege geleitet worden war. Der Dichterlorbeer stärkte also seine Tübinger Stellung, und darauf, daß man ihn nicht allzu hart anging, sah schon auch der durch seinen Bruder mit Maximilian verbundene, selbst humanistisch beeinflußte Kanzler. Wenn von Bebel die Rede war, dann immer vom Poeta laureatus oder auch einfach nur von »dem poeten« zu Tübingen wie 1508 in einer Landschreiberei-Rechnung, derzufolge ihm als einmaliges Geschenk vom Herzog Ulrich zehn Gulden auszuzahlen waren.
»Bursa«, so liest man in Zedlers Universallexikon von 1733, »heißt eigentlich Beutel, in denen mittleren Zeiten aber ein kleines Collegium oder Hauß auf Universitäten, darinnen sich etliche Studenten aufhielten, welche deßwegen bursales und noch heutiges Tags Bursche genennet werden.« Die Burse war das erste für die neue Universität errichtete Gebäude, in dem schon von 1480 an, also drei Jahre nach der Gründung, Lehrveranstaltungen abgehalten wurden. Unter einem Dach wohnend und lernend, bekamen die 14- bis 16jährigen hier an der

niederen Artistenfakultät eine Grundausbildung in den sieben Artes liberales, nämlich Grammatik, Rhetorik und Dialektik, Arithmetik und Geometrie, Astronomie und Musik, welche dann erst zum Studium an einer der oberen Fakultäten ermächtigte, der theologischen, juristischen oder medizinischen. Platz war für höchstens 100 Jungen. Manche, die aus armen Verhältnissen kamen, konnten sich durch Arbeiten im Hause einen Teil des Kostgeldes verdienen. Es herrschte ein strenges Regiment. Den Statuten von 1508 folgend, durfte niemand unerlaubt in die Stadt gehen, geschweige denn nachts außer Hauses bleiben. Bei Tisch saß man schweigend und hörte dem Vorleser zu. Ansonsten war das Lateinische Umgangssprache. Wer sich bei Unterhaltungen auf deutsch von einem eigens dazu bestellten Aufpasser, dem »Wolf« (lupus), erwischen ließ, wurde bestraft, mußte Speisen auftragen oder vorlesen.

Was an anderen Orten streng getrennt war, die beiden Richtungen der spätmittelalterlichen Philosophie, koexistierte in Tübingen nur streng geteilt mit jeweils eigenem Eingang und eigenem Treppenhaus, aber unter einem Dach: links oder westlich die Burse der Nominalisten, der Modernen, der Pfauen, die Burse des neuen Weges jener, denen nur Einzeldinge, nicht aber die allgemeinen Begriffe (nomina) wirklich waren; rechts oder östlich die Burse der Realisten, der Adler, die Burse des spekulativen alten Weges jener, für die sich der Inhalt der Begriffe im Seienden selbst verwirklichte. Was da nun aber nach und nach im Hause aus nachgefühlter, nachgeformter Antike unter fürsorglich gelehrter Pflege erblühte, gedieh jenseits solcher trennenden Zäune, die Herzog Ulrich dann am 30. Januar 1535 auch aufzuheben befahl.

Angebliches Bildnis Johannes Reuchlins: Holzschnitt nach Hans Holbein d. J. (aus Heinrich Pantaleons »Teutscher Nation Heldenbuch« von 1570).

Von dem berühmten Astronomen Johannes Stöffler, der ebenfalls aus Justingen stammte wie Bebel und die Brüder Vergenhans, weiß man, daß er in der Realistenburse wohnte. Als die Pest um 1530, ein Haus nach dem anderen leerend, über Tübingen hergefallen war, flog Stöffler fliehend mit den Adlern nach Blaubeuren aus, um dort am 16. Februar 1531 zu sterben – an der Pest. Melanchthon lehrte zwar bei den Nominalisten zunächst Grammatik und Rhetorik, übte dann aber in der Realistenburse auch das Amt eines Konventoren aus, als welcher er gegen freie Wohnung und Verpflegung im Wechsel mit drei anderen jungen Magistri – dazu kam noch einer, der als Ökonom für die Finanzen zuständig war – Aufsicht führte. Woher Max Eifert für seine Stadtgeschichte von 1849 die sicher nur auf einem Gerücht beruhende Kunde über Melanchthons Logis hatte, mag dahingestellt bleiben, jedenfalls schreibt er: »Aber von der Universität wurde schon im Jahr 1802 die sehr baufällig gewordene alte Bursa mit einem vor derselben stehenden Hause, einst Melanchthons Wohnung, abgebrochen« – was so rigoros auch wiederum nicht zutrifft, wie bei den jüngsten Sanierungen gemachte Befunde ergaben. Wo mag nun der Junggeselle Heinrich Bebel gewohnt haben? Am ehesten wohl in der Nominalistenburse, aber das ist Spekulation.

In seiner »Ersten Ordnung« vom 23. April 1481 hatte Graf Eberhard, sicher auf Anraten Vergenhansens, eine mit 30 Gulden nur mäßig dotierte Lektur (keinen Lehrstuhl also) für Beredsamkeit geschaffen und das Salär in der »Zweiten Ordnung« vom Dezember 1491 gar noch auf 25 reduziert und damit dem Gehalt der jungen hauptamtlichen Magister an der Artistenfakultät angeglichen. Erster, nur flüchtig vorüberhuschender Inhaber der Stelle war Jakob Locher aus dem österreichisch-schwäbischen Ehingen an der Donau, der sich am 24. Juni 1492 als »poeta« in die Tübinger Matrikel eintrug. Aber Locher hatte in der Burse die antiken Autoren erst wenige Wochen kommentierend ausgelegt, da zerstritt er sich schon mit einem auch in der städtischen Ehrbarkeit verankerten Magister der Artistenfakultät namens Johannes Lupfdich. Nach einem Vierteljahr überraschte der 21jährige seine jugendlichen Schüler dann mit einer Rede, in der er von widerwärtigen Intrigen sprach, die sich gegen jene richteten, die das Altertum erforschten und die Werke der Dichter deuteten: »Deswegen, gelehrte Hörer, habe ich mich entschlossen, um endlich diesen internen Rivalitäten, durch die unsere Zuversicht arg niedergedrückt wurde, ohne Zurücksetzung zu entgehen, unsere öffentlich vorgetragene Erklärung der Dichter und Redner aufzugeben.« In einem Brief vom 8. September bat er noch einen Freund, den in Tübingen eingeschriebenen Johannes Stamler aus Augsburg, »in meiner Wohnung darauf zu achten, daß uns während unserer Abwesenheit nichts entwendet wird«.

1497, zehn Jahre nach seinem Lehrer Conrad Celtis, dem ersten gekrönten Dichter, sollte Locher zum Rang eines Poeta laureatus aufrücken und später auch Celtis' Nachfolger an der Universität Ingolstadt werden, wo er 1528 starb. Inzwischen hatte sich am 2. April 1496 der 24jährige Bebel (Jahrgang 1472?) in die Tübinger Matrikel aufnehmen lassen und schreibend seine erst einmal auf die Lektur zielende Karriere voranzutreiben begonnen. Sicher wußte er vom Scheitern Lochers, denn in der Widmung seines ersten Gedichtbandes vergaß Bebel nicht, neben vielen anderen Honoratioren auch den inzwischen als Professor an der Juristenfakultät lehrenden Johannes Lupfdich zu erwähnen.

»Um sich zu empfehlen«, so Gustav Bebermeyer, »feiert er in seiner ersten, 1496 in Reutlingen gedruckten Gedichtsammlung Herzog Eberhard und einflußreiche Tübinger Professoren. Auch Reuchlin bittet er in einem mit dem unvermeidlichen Lobgedicht gefütterten Brief v. J. 1496, sich seiner Sache anzunehmen. Und als im gleichen Jahr nach Eberhards d. ä. Tod Dr. Konrad Holzinger, Reuchlins verbißner Gegner, nach siebenjähriger Haft durch Eberhard d. j. befreit und zum Kanzler gemacht wird, da scheut sich Bebel nicht, auch Reuchlins Feind lobdichtend zu umschmeicheln. Ein Fleck, der das Bild so mancher humanistischen Leuchte damals verunziert: begabte, aber streberhaft charakterlose Männer.« Damit hat Bebermeyer, der 1933 als von den Nazis eingesetzter »Kommissar« die Tübinger Universität zu »erneuern« unternahm, bis er am 11. November abberufen wurde, gewiß recht. Solcherart schleimende Lobhudelei begegnet häufig bei den humanistischen Herren, und sie kann einen schon anwidern, wenn man die Jalousien historischer Distanz nicht so ganz herunterziehen mag. In Bebermeyers häufigen Versicherungen wie: »so humanistisch die Form, so deutsch der Geist seiner Poesie« drücken sich dann allerdings auch die besonderen Probleme dieses völkischen Germanisten aus.

Lehrer und Schüler: Vorsatzblatt zu einer späteren Ausgabe (Braunschweig 1509) von Bebels »Comoedia«.

Anfang 1497 konnte der ebenso clevere wie begabte Bauernsohn die während der Zwischenzeit wohl unbesetzte Lektur antreten und begründete damit – trotz der kurzen Vorstellung von Jacobus Locher Philomosus, wie er sich nannte – institutionell eine humanistische Tradition in Tübingen. Behutsam setzte sich Bebel nun gegen scholastische Widerstände durch, wirkte kultivierend, vor allem was den Umgang mit dem Lateinischen betraf, und erwarb sich durch seine Schriften Ruhm über die Landesgrenzen hinaus, so daß etwa Ulrich von Hutten in der Elegie »Ad poetas Germanos« über ihn schrieb: »Barbariem contra pugnare Bebelius ore / non sine victuro nomine castra locat«, also: Bebel ziehe nicht ohne Siegerruhm, mit Worten kämpfend, gegen die Barbaren zu Felde.

Im gleichen Jahr, als Bebel die ersehnte Stelle erhielt, wurde in Heidelberg das erste wirklich originelle lateinische Schuldrama gegeben, der »Henno« von Johannes Reuchlin. 1481 war der gebürtige Pforzheimer, Studien in Basel, Paris, Orléans und Poitiers (Licentiat des römischen Rechts) hinter sich, nach Tübingen gekommen. Graf Eberhard, der offenbar einen Narren an dem anregenden jungen Juristen gefressen hatte, der die Juristerei immer geringschätzig als Handwerk bezeichnete, machte ihn zu einem seiner engsten Berater. Auch nachdem 1483 Stuttgart gräfliche Residenz geworden war, hielt sich Reuchlin noch häufig am Sitz der jungen Universität auf, die ihm im Wintersemester 1484/85 die Doktorwürde verlieh.

Der »Henno», sein zweites Stück nach dem »Sergius« von 1496, war dazumal ein schuldramatischer Hit ohnegleichen und sicher auch an der Burse aufgeführt worden. Dieser amüsante Reigen ums Geld, angeregt vom französischen Schwank über den »Maître Pathelin«, wozu aber noch Commedia-dell'-Arte-

Einflüsse von mehreren Italien-Aufenthalten Reuchlins kamen, wurde 1502 erstmals ins Deutsche übersetzt und erlebte bis 1523 immerhin 31 lateinische Ausgaben, darunter im Oktober 1511 auch eine bei Thomas Anshelm in Tübingen. Später machte Hans Sachs noch ein deutsches Lustspiel daraus.

Der Schwank ist Bebels Comoedia, die es ohne ihn kaum gäbe, weit überlegen, zeichnet er sich doch durch eine überraschende Fabel und plastisch gezeichnete Figuren aus. Da stiehlt der bäurische Titelheld seiner Frau Elsa acht Goldstücke und beauftragt den Knecht Dromo, in der Stadt dafür Tuch zu kaufen. Der gewitzte Knecht behält das Gold für sich und erwirbt das Tuch auf Kredit, um es gleich weiterzuverkaufen. Inzwischen bemerkt die Bäuerin den Verlust und konsultiert den Astrologen Alcabicius, der eine auf Henno passende Personenbeschreibung des Diebes gibt. Bei der vom Tuchhändler erwirkten Gerichtsverhandlung spielt Dromo, dem Rat seines Anwalts Petrucius folgend, den Blödsinnigen und antwortet lateinisch immer mit »ble«, auf deutsch »Bläh«. Nach dem Freispruch wird dann dem Anwalt auch nur ein »Bläh« zuteil, als der sein Honorar verlangt. Zum Schluß bekommt Dromo die Tochter des Dienstherrn zur Frau und das ergaunerte Geld als Aussteuer.

In das geistreich verschlungene Geflecht der Handlung sind Chorlieder eingestreut, von denen etwa eines Hennos gerade ganz aufgekratzte und seiner Frau gerade ganz niedergeschlagene Stimmung folgendermaßen verallgemeinert: »Des Menschen Fröhlichkeit, sie ist gar flüchtig und vergehet, / So wie der Schnee im Wirbelsturm, vom Sturm umhergewehet. / Warum dann auf die Gloria vertrauen? // Wer reich ist, lebt in Ängsten stets vor Armut, welche kläglich, / Des Schicksals unbeständig Rad fürcht er, das stets beweglich, / Und führt ein Leben, welches kaum erträglich. // Wer arm ist, fürcht sich nit, kann nichts verderben, / Ist hoffnungsvoll und froh, kann nur erwerben, / Und lernet tugendhaft auf Gott zu bauen.«

Der in der Burse lehrende Poeta laureatus schrieb sich nun bienenfleißig durch das erste Jahrzehnt des 16. Jahrhunderts, während dem Reuchlin vor allem auch diplomatisch und von 1502 bis 1513 als Richter des Schwäbischen Bundes tätig war. Zu den Sitzungen des Bundesgerichtes, das im Rathaus tagte, mußte er im Jahr mindestens viermal nach Tübingen kommen. Ein derart farbiges Stück wie den »Henno« brachte Bebel aber nicht zuwege, obwohl dem Justinger Bauernsohn gerade so etwas hätte liegen müssen und gelingen können. Davon jedenfalls zeugt die schon 1502 auf der Alb – in Tübingen ging wieder einmal die Pest um – begonnene Verssatire »Triumphus Veneris« (gedruckt 1506) zumindest streckenweise, in der Kardinäle, Priester und Mönche, Bürger und Gelehrte, Bauern und Hirten der großen Verführerin als nur allzu willfährige Söldlinge anheimfallen. Davon zeugen auch die nach den ersten Lehrbüchern, der Brieflehre »Commentaria epistolarum« von 1500 und der Verslehre »Ars versificandi« von 1506 erschienenen Sammlungen wie 1508 die »Proverbia Germanica« – mit rund 600 von ihm zusammengetragenen und in lateinische Form gebrachten Sprichwörtern eine unerschöpfliche Fundgrube – und wie gleich darauf zwei Bücher »Facetiae« mit derbsten Scherzreden und Schwänken in reinstem Latein, denen er 1512 noch ein drittes folgen ließ.

Die frechen Kurzerzählungen sind dem schwäbischen Volksleben entnommen,

Philipp Melanchthon auf einem Kupferstich von Albrecht Dürer aus dem Jahr 1526.

formal aber jenen des italienischen Humanisten Gian Francesco Poggio nachgebildet. Bebel bekommt damit weltliterarisches Format, knüpfte doch die gesamte nachfolgende Schwankdichtung Deutschlands bei den »Facetiae« an. Sie gingen auch in allerlei italienische, französische und niederländische Sammlungen ein und wurden dann bis Mitte des 18. Jahrhunderts immer wieder nachgedruckt. Eine Geschichte aus dem ersten Buch heißt »Spruch einer Kindbetterin«: »Zu einer Frau, die geboren hatte, kamen die Weiber der Nachbarschaft, um der Wöchnerin Glück zu wünschen. Wie es dabei zu geschehen pflegt, sagten die Weiber, das Kind gleiche dem Vater geradezu merkwürdig. ›Hat's denn auch eine Platte auf dem Kopf‹, fragte da rasch die Wöchnerin. Dadurch war erwiesen, daß dieselbe Ehebruch mit einem Geistlichen getrieben hatte.« Und im dritten Buch liest man unter der Überschrift »Wie man leben soll«: »So du gesund leben willst, laß dir einmal im Jahre die Ader, monatlich bade einmal, einmal wöchentlich übe den Beischlaf aus, iß und trink am Tag zweimal, bei Nacht schlafe ruhig und lang.« Na sei's drum, wenn auch der maßgebliche Reformator zumindest für den Beischlaf zweimal (»In der Woche zwier / Schadet weder Dir noch mir / Und macht im Jahre huntertvier«) vorschreiben wird.
Es war schon irgendwann 1497 gewesen, in jenem Jahr, als Bebel sein Amt als Lektor antrat, daß er dichtete: »Cur ego mortalis possum laetarier unquam? / Tempus enim, quo sum vel moriturus, erit. / Sed quando immineat, nunquam cognoscere possum, / Et quo perveniam, nescius atque miser.« Was in seiner eigenen deutschen Fassung heißt: »Ich stirb und waiß nit wan, / ich far und waiß nit wa hin: / mich nempt wunder, das ich frelich bin.« Ob er sich nun aber wie vordem fröhlich fühlte, ist zu bezweifeln. Bebel lehrte noch; er machte Zusätze zur neuen Ausgabe der »Proverbia« von 1514, und bis 1516 zeugten auch noch einige wenige Briefe und Gedichte zag von seiner poetisch-gelehrten Humanisten-Existenz, aber große Werke entstanden schon seit 1512 keine mehr. Der Poeta, früher viel und gern unterwegs, etwa auf der Alb Klöster besuchend und die Bibliotheken durchstöbernd, kam nun kaum mehr aus der Burse heraus. Was war mit ihm? Allem Anschein nach litt er an einer lähmenden, sich lange hinziehenden Krankheit, und die Vermutung ist nicht abwegig, daß es sich dabei um Syphilis gehandelt haben könnte. Ein wahnsinniger oder zumindest besin-

nungslos dahindämmernder Dichter in der Burse wie dann 1806/07 noch einmal? Aber auch das ist reine Spekulation.

Der 15jährige Baccalaureus Philipp Schwarzert, von seinem Großoheim Reuchlin mit der falschen Gräzisierung Melanchthon versehen, war am 17. September 1512 in Tübingen immatrikuliert worden. Er hörte zwar bei Bebel, zählte aber nicht zu dessen engerem Kreise. Der Poeta hat ihn anscheinend wenig beeindruckt. Immerhin würdigte er später dessen »musische« Verdienste um »Deutschland« in einem griechischen Nachruf-Gedicht (Corpus Reformatorum X, Seite 479), aber es finden sich auch despektierliche Äußerungen bei ihm wie jene in dem 1529 an Andreas Althammer gerichteten Brief, daß zu einem bestimmten Autor »praeter alios insigniter ibi deliravit Bebelius«, also Bebel sich gleich anderen bezeichnend geirrt habe (Corpus Reformatorum I, Seite 928).

Der gestrenge Theologe Lemp oder Lump, wie ihn Johannes Köhl alias Brassicanus, Rektor der Schola anatolica droben, der Lateinschule, unvorsichtigerweise bezeichnet und sich damit die Professur verscherzt hatte – aber man denke an Luthers Dreck und Ecks Luder –, dieser Lemp pflegte zur großen Freude des jungen Melanchthon erstaunliche Tafelbilder zu entwerfen, wenn er die Brotverwandlung lehrte. Da kicherte es dann immer leise im Hörsaal.

Von Johannes Stöffler, der erst 1511 im Alter von 59 Jahren an der Burse zu unterrichten begonnen hatte, profitierte er auf jeden Fall mehr. Als Melanchthon mit seinem älteren Freund Johannes Hausschein, später rühmlich unter dem schönen Namen Ökolampadius bekannt, den Hesiod las, bekamen die beiden zum Beispiel bei dem alten Professor, Konstrukteur der astronomischen Uhr am Tübinger Rathaus, Aufschluß über die sich auf die himmlischen Plejaden beziehenden Stellen. Auch Stöffler verstand sich, wie damals üblich, in erster Linie als Philologe, der die antiken Quellen ausschöpfte, um so gewonnene Uralt-Erfahrungen dann durch eigene Beobachtungen höchstens noch zu bestätigen – eine seltsame naturwissenschaftliche Methodik eigentlich. Am 25. Januar 1514 wurde Melanchthon als bester unter elf Kandidaten Magister und war nun Lernender an den oberen Fakultäten und Lehrender an der Artistenfakultät. Dort hatte er einen Lehrauftrag für Grammatik und Rhetorik, dann für Eloquenz und Historie inne, womit er eigentlich schon auch einen Teil der Amtspflichten Bebels übernahm, die dieser nicht mehr erfüllen konnte.

In Anbetracht dessen verwundert es kaum, daß sich Bebel nicht öffentlich zu ihm bekannte, als Johannes Reuchlin, Deutschlands dazumal größter Gelehrter, vor die Inquisition gezerrt wurde. In diesem zwischen 1509 und dem Beginn der Reformation ganz Europa bewegenden Streit, bei dem es zeitweilig um Leben und Tod ging, gab Reuchlin ein Beispiel für mannhaftes Eintreten gegen die Schändung wissenschaftlichen Denkens. Von dem konvertierten Juden Johannes Pfefferkorn scharf gemacht, hatten die finsteren Kölner Theologen verlangt, man möge alle jüdischen Schriften verbrennen, Reuchlin jedoch sprach sich in einem Gutachten dagegen aus. Daraufhin machten die Obskuranten, an ihrer Spitze der Dominikaner und Großinquisitor Jakob von Hoogstraeten, gegen ihn mobil, während sich die Vorkämpfer einer freien Wissenschaft um den Angegriffenen scharten.

Geistes- und zeitgeschichtlich wichtigstes Produkt des Hebraismusstreites, der später langsam im Sande verlaufen sollte, waren die »Epistolae obscurorum virorum« (Dunkelmännerbriefe), ein Meisterwerk der Parodie, an dem Ulrich von Hutten, Willibald Pirckheimer, Franz von Sickingen und andere beteiligt waren. Schon vorher hatte Reuchlin, um zu zeigen, wo in dieser Auseinandersetzung die gelehrte Welt stand, Zuschriften angesehener Freunde im März 1514 bei Thomas Anshelm in Tübingen als »Clarorum virorum epistolae« (Briefe berühmter Männer) herausgebracht. Sein Großneffe – dessen Mutter Barbara Reuter war eine Nichte Reuchlins – wirkte bei dieser die Position des verehrten Onkels stärkenden Sammlung nicht nur edierend und korrigierend mit, sondern schrieb auch ein Vorwort, worin er die Episteln allerdings in erster Linie als Muster lateinischen Briefstils empfahl.

Eigentlich bedurfte Melanchthon in Tübingen gar keiner Lehrer, hatte er doch den besten überhaupt vorstellbaren im Großonkel, dem bedeutenden neulateinischen Dichter, dem Gräzisten von Rang und Begründer der modernen Hebraistik, dem Beförderer freiheitlicher Denkweise. Bis zum Jahr 1513 – zuvor war

Der liegende Löwe am Haus Bursagasse 4: Wenn schon kein Anzeichen dafür, daß Johannes Reuchlin hier wirklich einmal gewohnt hat, so doch ein steinernes Mal des Gedenkens an den großen Humanisten.

Württemberg unter Herzog Ulrich aus dem Schwäbischen Bund ausgetreten, weshalb die Gerichtsstätte von Tübingen nach Augsburg verlegt wurde – bis 1513 amtierte Johannes Reuchlin als Bundesrichter. Der honorable Triumvir von Schwaben, wie er sich nennen konnte, verschmähte es nicht, regelmäßig beim Neffen abzusteigen. Während seines letzten Richterjahres und auch später, als er das mit 200 Gulden jährlich hochbezahlte Amt nicht mehr innehatte, nahm Reuchlin in der Burse Logis und aß auch dort. Umgekehrt besuchten ihn der Neffe und seine Freunde häufig auf dem Landgut in Ditzingen im Glemstal nordwestlich von Stuttgart, das ihm seine erste Frau mit in die Ehe gebracht hatte. Vor allem die Gewinne aus den Weinbergen mußten nun auch zum Lebensunterhalt des Gelehrten beitragen.

Als sich Friedrich von Sachsen im Frühjahr 1518 von Augsburg aus, wo er beim Reichstag war, an Reuchlin wandte, ihm doch für die Universität Wittenberg einen Gräzisten und einen Hebraisten vorzuschlagen, da erschien dem zumindest für das Griechische kein anderer vorstellbar als sein Neffe. Am 25. Juli 1518 schrieb er dem Kurfürsten über ihn: »vnnd würdt der hohen schul vnnd üwern f. gnaden zu eren, lob vnnd nutz dienen. Daran sollt Ir kainen zwyfel hon. Dan ich weis vnnder den Tütschen kainen, der über Ine sey, vßgenommen Hern Erasmus Roterodamus, der ist ain hollender, Der selbig übertrifft vnns all Inn latyn.«

Inzwischen war der Poeta gestorben. Irgendwann im Frühjahr oder Sommer 1518 hatte man ihn auf der Bahre aus der Burse getragen. Und Philipp Melanchthon, der sich in Tübingen schon seit längerem nicht mehr wohlfühlte – »Ut anxius sum, ne diutius in hoc me ergasterio agi, tundi, cruciari oporteat!«, schrieb er am 12. Juli an den Onkel nach Stuttgart, als die Bestallung so lang ausblieb, also: »wie bin ich in Sorge, daß ich mich noch länger in diesem Zuchthaus herumjagen, schlagen und plagen lassen muß!« –, Melanchthon konnte Tübingen Ende des Monats endlich verlassen. Durch den Schulbetrieb, so klagte er auch später noch Reuchlin, sei er unter Kindern selbst wieder zum Kinde geworden – Lehrerschicksal, wie es ein 21jähriger verspürte!

Zunächst machte er Abschiedsbesuche bei Mutter, Großmutter und Onkel, um dann Anfang August mit einem Pferd, das ihm der Kurfürst in Augsburg zur Verfügung gestellt hatte, über Nürnberg und Leipzig nach Wittenberg zu reisen. Das wäre ja nun vorerst das Ende des in der Burse so schön erblühten Tübinger Humanismus gewesen, wenn sich nicht der große alte Reuchlin noch einmal für kurze Zeit in die geistige Pflanzstätte über dem Neckar begeben hätte.

Als Folge der Auseinandersetzungen Herzog Ulrichs mit dem Schwäbischen Bund, der 1518 Stuttgart eroberte, fand der weitgereiste Weltmann dort auch nicht mehr so die rechte Muße zum geliebten Zitherspiel und verließ Schwaben. Er ging nach Ingolstadt, wo ihn zunächst sein Nürnberger Freund Pirckheimer unterstützte, bis er eine Professur für griechische und hebräische Sprache übernahm. Von der Pest vertrieben, kehrte der 66jährige aber schon im Sommer 1521 nach Württemberg zurück, um nun in Tübingen Griechisch und Hebräisch zu lehren.

Wo hat er gewohnt? Vielleicht ja in dem oberhalb von Hölderlins späterem Turm gelegenen Haus Bursagasse 4, wie es in alten Stadtbeschreibungen heißt und sogar im historischen Bilder- und Dokumentenband zum Jubiläum des 500jährigen Bestehens der Universität als sicher vermeldet wurde. Urkundlich erwiesen ist das aber nicht, sondern nur eine Sage, welcher der am Haus angebrachte liegende Löwe mit dem auf der (neuzeitlichen) Konsole eingemeißelten Namen »Reuchlin« und der Jahreszahl »1522« zusätzliche Nahrung gab. Eine weitere Immobilie hat der alte Reuchlin gewiß nicht erworben, gehörte ihm doch nach wie vor das Ditzinger Gütle, aber möglich wär's immerhin, daß er in der Bursagasse zur Miete wohnte. Ebensogut könnte er jedoch auch in der Burse untergekommen sein wie eh und je bei den Tübingen-Aufenthalten, zumal auch seine zweite Frau damals schon das Zeitliche gesegnet hatte, der Gelehrte also Witwer war.

Für den Hebräischunterricht verfügte Reuchlin bereits über neuere venezianische Werke, aber für das Griechische bat er Thomas Anshelm, der seinen Verlag im Spätsommer 1516 von Tübingen nach Hagenau verlegt hatte, doch zwei Reden zu drucken, eine von Aeschines und eine von Demosthenes. Eingedenk Anshelms Geschäftstüchtigkeit, unter der schon Bebel gelitten hatte, vergaß er in diesem Brief vom 13. Januar 1522 nicht, darauf hinzuweisen, daß bei Empfang der Ware bar bezahlt werde, was dann auch im April geschah.

Aber noch ehe Johannes Reuchlin sein Lehramt so richtig antreten konnte, starb er, Symptome einer Gelbsucht zeigend, am 30. Juni 1522 während eines Erholungsaufenthaltes in Bad Liebenzell. In der Stuttgarter Leonhardskirche, an einem nicht mehr auszumachenden Platz, wurde er begraben. Unbekannt ist ebenfalls, welche Bewandtnis es mit dem Löwen hat, der da in Grabdenkmalhaltung am Haus in der Bursagasse lagert. Aber wenn auch ein Geheimnis ist um das offenen Auges schlafende steinerne Sinnbild-Tier für Wachsamkeit, für Mut und Tapferkeit, für Trauer und die Macht des Todes, so kann es doch als Denkmal dienen und die Erinnerung wachhalten an einen Dichter und Gelehrten, der couragiert voranging auf dem Weg vom mittelalterlichen zum modernen Denken.

Nikodemus Frischlin

Clinicumsgasse 18

Ein Feuerkopf wird kaltgestellt

Falls eine Stadt wirklich so etwas wie Geist haben kann, dann ist er ihr aus der Vergangenheit zugewachsen. Altes Gemäuer und altes Gebälk scheinen von geisterhaftem Leben erfüllt, scheinen alte Geschichten zu wissen. Und man sollte auf die Stimmen hören, die als fernes Gemurmel herandringen – etwa vom Platz an der Stiftskirche her... Es war ein Abend im September des Jahres 1581: Betrunkene Adlige kamen krakeelend über den Georgs-Kirchhof und versuchten, die obere Tür am Hause des Professors Nikodemus Frischlin einzuschlagen. In einem jüngst zur Leipziger Herbstmesse erschienenen Adelsbuch war seine Abrechnung mit dem Adel in der »Oratio de vita rustica« geradezu als Anreizung zum Aufruhr und er selbst als zweiter Thomas Müntzer dargestellt worden, was noch Wasser auf die vom vielen Weine vollen Mühlen der edlen Mostköpfe brachte und ihre Wut antrieb.

Drinnen fluchte der kräftige Mann in den schwarzen Vollbart, erhob sich vom Nachtessen, griff nach den beiden Büchsen und spannte sie. Währenddessen verließ seine schwangere Frau Margarethe, deren Vater ein Neffe des schwäbischen Reformators Johannes Brenz war, das Haus durch den unteren Ausgang in der heutigen Clinicumsgasse, um beim Rektor Hilfe zu holen. Die obere Tür an dem Gang, der vom Kirchhof aus direkt in den zweiten Stock führte, hielt jedoch der rohen Gewalt stand. Bald gaben die Ritter auf und trollten sich laut schimpfend.

Der 1401 erstmals erwähnte zweigeteilte Bau (»Haus bei S. Georgs Kirchhof / einhalb an Heinrich Schinds Haus und einhalb Pfaff Fritags Haus«) war von Frischlin 1570, in jenem Jahr, als er nach Speyer reiste, um vor Kaiser Maximilian II. ein Lobgedicht vorzutragen, erworben worden. Obwohl das Gebäude wegen seiner zwei Eingänge, wegen des Brückenganges zum Friedhof vor allem, sehr zweckmäßig für ihn war – besonders dann, wenn er unter Hausarrest stand –, schilderte der Poet und Philologe seinen Wohnkomfort in einem Brief an Herzog Ludwig vom 18. Januar 1581 als nicht so toll. Schlecht sei das Haus und eng und schmal.

Damit wollte sich Frischlin wohl die Spendenfreudigkeit des Herzogs lebendig erhalten. Bereits im Juni 1578 hatte er mit hilfreichen landesherrlichen Darlehen von 300 Gulden ein Gütle im »Roten Bad« gekauft, bestehend aus drei Morgen Weinberg und einem Obstgarten. Vielleicht besaß der für Wein und Weib immer sehr Empfängliche sogar noch ein zweites, denn im August 1902 wurde am linken Österberghang im Garten von Kaufmann Ferdinand Hoch ein Feldhäuschen abgebrochen, das dem Vernehmen nach Frischlin gehört haben soll. Im gleichen Jahr entdeckte man außerdem auf einer Bühne einen Fensterladen (oder ursprünglich eher eine Schranktür) mit gemaltem Wappen, Namen, den Titeln Poeta laureatus, Comes palatinus, Professor tubingensis und der Jahreszahl 1578. Später soll der Fensterladen in die Tübinger Altertumssammlung gekommen sein, aus welcher er dann aber anscheinend verschwunden ist.
Auf Anwürfe des zuvor von ihm selbst angegriffenen auswärtigen Theologen Lambertus Danaeus antwortete Frischlin jedenfalls am 12. April 1581 aufschneiderisch: »Zuletzt wirfst du mir die Wirtshäuser, die Bier- und Weinstuben, die Zechen und Gelage vor. Da merke dir fürs Erste, mein Lambert: bei uns gibts keine Bierstuben, denn es wird hier kein Bier gebraut, sondern wir trinken Wein; einen Wein, zwar nicht von dem stärksten und vornehmsten, aber doch gut und angenehm. Dieser wächst auf unsern Hügeln, welche Tübingen von allen Seiten umgeben; ja auch in meinen eigenen Weinbergen wird er erzeugt, damit du mich für keinen so gar armen Ritter halten mögest. Dann aber auch in ein Weinhaus zu gehen, habe ich nicht nöthig, wenn ich Wein trinken will, denn ich kann ihn daheim aus meinem eigenen Keller holen.«
Aber wie war es eigentlich gekommen, daß Frischlin, der sich wacker für mehr Rechte und mehr Achtung der Artistenfakultät schlug, dann von seinen Kollegen mit so viel Häme bedacht und schließlich vor die Tür gesetzt wurde? Wie kam es auch, daß der Lebemann, der sich besonders gerne saufend mit den Landjunkern gemein machte, später von ihnen verfolgt wurde? Zunächst sollte der Bildungsgang des am 22. September 1547 in Balingen Geborenen über die Lateinschule am Tübinger Österberg, die Klosterschulen Königsbronn und Bebenhausen, das Evangelische Stift und den Erwerb des Magistergrades bei Martin Crusius in zeittypischen Geleisen verlaufen. Im Mai 1568 wurde dem 21jährigen die poetische Lektur an der Burse übertragen, nach heutigem Begriff so eine Art außerordentliche Professur. Die beiden humanistischen Ordinariate waren anderweitig besetzt, eines immerhin durch den bedeutenden Gräzisten Martin Crusius. Im gleichen Jahr heiratete Frischlin in die vermögende und angesehene Familie Brenz ein, deren Patriarch, Johannes Brenz, damals noch in Stuttgart lebte. Crusius, sein späterer Todfeind, nahm an der Hochzeit teil und wurde Pate des ersten Sohnes.
Der junge Wort-Virtuose schrieb erste Komödien und übertrug aristophanische Lustspiele ins Lateinische. Sein Ruhm drang über die Grenzen des Herzogtumes hinaus und lockte viele Studenten als Hörer nach Tübingen. Aber Frischlin hielt auch mit seinen geselligen Talenten nicht zurück. Allenthalben schätzte man ihn als kurzweiligen Plauderer, fröhlichen Saufaus und gewitzten Gelegenheitsdichter, zum Beispiel auch im Kreis um den in Tübingen studierenden Prinzen Graf Friedrich von Württemberg-Mömpelgard. Vorübergehend soll er sich damals

Nikodemus Frischlin auf einem Hieronymus Rasch zugeschriebenen undatierten Holzschnitt.

sogar den Bart wie die Hofleute abgeschoren haben, ließ ihn dann aber nach familiärem Erschrecken ob seines nackten Gesichtes gleich wieder nachwachsen.

An der Universität jedoch schoß der Neid auf den oft unverschämten Paradiesvogel bei den gelehrten grauen Herren ins Kraut. Vor allem sein früherer Lehrer Crusius, ein pedantischer, eitler, intriganter Mann, aber ein sehr fleißiger auch, von Würde und Konvention zusammengehalten, verfolgte den 21 Jahre jüngeren, dem alles einfach so zuzufallen schien, bis zu dessen bitterem Ende und noch darüber hinaus mit haßerfüllter Rachsucht. Beider Kampf auf Leben und Tod begann wohl mit der Lappalie, daß Dekan Crusius einige honorable auswärtige Gäste bewirtete, Frischlin jedoch, den sie vorher schon besucht hatten, demonstrativ nicht mit zu dem Essen einlud.

Zwar machte der sich als Stuttgarter Hofdichter inzwischen mit Hochzeitscarmina für Herzog Ludwig beliebt, zwar hatte ihn Kaiser Rudolf II. für ein Gedicht auf den am 12. Oktober 1576 gerade verstorbenen Maximilian II. beim Reichstag zu Regensburg zum Poeta laureatus ernannt, und Ende 1577 wurde ihm gar die Würde eines kaiserlichen Pfalzgrafen verliehen. In Tübingen jedoch ließ man sich von alldem nicht beeindrucken, sondern verweigerte ihm den inzwischen frei gewordenen zweiten humanistischen Lehrstuhl und damit die Aufnahme in die Fakultät, weil er, wie die mittelmäßige Mehrheit fand, sein »unbehäb Maul« nicht halten könne, anmaßend sei und die anderen Professoren alle über die Achsel hinweg ansehe. Nun machte er sich aber auch ein Vergnügen daraus, die neidischen akademischen Kollegen mit Fleiß zu reizen. Einmal, bei der Antrittsvorlesung von Georg Burckhardt im Jahre 1578, plazierte er sich zum Beispiel über dem Dekan der philosophischen Fakultät, weil er fand, der erhöhte Platz neben dem Rektor gebühre nur ihm als Pfalzgrafen, als Comes palatinus. Scherzbolde stellten ihm daraufhin einen Schemel vor die Tür, wie Crusius genüßlich berichtet, wobei aber nicht überliefert ist, ob vor die obere oder untere.

Mit dem gräzistischen Schwarzalben gab es bald neuen Ärger. Am 19. Juni 1579 mittags nach ein Uhr war der Blitz in ein Häuschen am nordwestlichen Ende des Schlosses eingeschlagen, in welchem Pulver lagerte. Die Explosion zerstörte den daneben stehenden Turm, Häuser wankten, Dächer barsten, kurz, es war wie am Ende aller Tage. Und warum das alles? Wegen Crusius' unchristlicher Rachsucht und Bigotterie vor allem, erfuhr man drei Tage darauf, denn da trug Frischlin, der schnelle Dichter, eine lange lateinische Elegie vor mit folgenden unschwer zu entschlüsselnden Versen: »Einer ist hier, er kräht von himmlischem Wandel in zweien / Sprachen uns vor, und verwünscht gräulich mit Flüchen den Feind. / Und statt christlich für ihn um des Himmels Erbarmen zu flehen, / Ruft er wüthend: ihn soll strafen der göttliche Zorn. / Andere stimmten ihm bei, von gleicher Erinnys gestachelt: / Und ihr fragt noch, woher komme der göttliche Zorn?«

Das machte wieder böses Blut, und im Senat empörte man sich wochenlang über den unverschämten, schrillen Außenseiter in der sonst so geruhsamen, harmonischen Gemeinschaft der Gelehrten. Am Anfang von Frischlins Ende stand dann die seiner Vorlesung vom November 1578 über Vergils »Georgica« vorausgeschickte »Oratio de vita rustica« (Rede über das Landleben), welche er 1580, unter Umgehung der herzoglichen Zensur, auch drucken ließ. Den Schritt in die Öffentlichkeit hatte der schnell Reizbare wohl vor allem deshalb getan, um sich am Tübinger Obervogt Fritz Herter von Herteneck zu rächen, von dem er bei einem hitzigen Wortwechsel in der Hofgerichtsstube des Rathauses nicht nur angemistet oder, wie es in Frischlins Beschwerdeschrift an den Rektor hieß, »ohn alle rechtmessige befügliche Ursachen injuriert« worden war, sondern der sich am früheren Saufkumpanen auch »mit Handanlegung vergriffen« haben sollte.

»Was«, so donnerte er in der Oratio, »was soll ich aber sagen von dem grausamen Wüten, so etlich Leutfresser unter denen vom Adel an ihren Bauren gar jämmerlich begehen? Dann wie viel meinet ihr, daß an denen Orten, da die größte Straflosigkeit ist, heutigstags Edelleut seien, da ein jeder etlich gar unschuldige Bauren um schlechter Ursache willen auf den Tod oder auch gar zu todt geschlagen hat? Und wer hat jemals gehört, daß man einen Solchen peinlich fürgestellt oder mit dem Henker gestraft hätte?« Das hörten nun die Ritter gar nicht so gerne, und sie zeigten auch nur geringe Begeisterung, als »Schandthannsen, Mißgeburten, Teuffelskinder unnd ander grewliche Bestien« zu figurieren. Schon am 8. September 1580 wandte sich der Ausschuß »Gemainer frey Reichsritterschaft und vom Adel des Viertels am Neckher und Schwartzwald« wegen des »lesterlichen Schmachbuechlin« an seine »freuntliche liebe Vettern, Schwäger unnd guete Freund« von der Reichsritterschaft des Donauviertels. Nun wurde es bedrohlich für Frischlin. Wenn der wilde Professor, den die Ritterschaft inzwischen beim Herzog verklagt hatte, zu seinem Gütle wanderte, pflegte er beide Büchsen unterm Mantel zu tragen, und auf Reisen, so verbreitete Crusius hämisch, habe er manchmal seinen Bart in den Mund genommen, um nicht erkannt zu werden.

Von den Tübinger Kollegen durfte er keine Hilfe erwarten, im Gegenteil. Universitätskanzler Jakob Andreä mahnte ihn 1581 im Senat, er sei doch Poet und habe sich nicht in fremde Angelegenheiten zu mischen, schon gar nicht über Höfe und Adel zu richten. Aber Frischlin sah den Auftrag des Dichters anders. Herzog Ludwig, sein langjähriger Mäzen und Förderer, erfuhr erst Ende des Jahres davon, daß der Unbotmäßige dem Kaiser eine Verteidigungsschrift gegen

den sächsischen Theologen Marcus Wagner und eben die »Oratio« mit der Bitte um Druckerlaubnis zugesandt hatte und entzog ihm nun ergrimmt seine Gunst. Gleich am Neujahrstag 1582 erlegte man ihm wegen dieses neuen Vergehens im Senat Lehrverbot und Hausarrest auf.
Da kam ihm nun eine Aufforderung der Landschaft Krain gerade recht, die Leitung der Landesschule in Laibach zu übernehmen. Im späten Sommer 1584 von Krain nach Schwaben zurückgekehrt, fand er seine Tübinger Professur durch den – obwohl er immerhin zwölf Kinder zeugte und sich später mit einer die Kollegen bedichtenden Sammlung »Imagines professorum tubingensium« verausgabte – als ziemlich faul geltenden Erhard Cellius besetzt, der gleich 1582 Professor poetices et historiarum geworden war. Zwar wollte ihn der Herzog wieder an der Universität untergebracht wissen, aber Rektor und Senatoren lamentierten, Frischlin sei »ein solcher unruhiger Mensch, der von jedermann übel redet, die Professores vexiret, dem Niemand gelehrt genug, wie dann auch nie kein Ruh in Universitate, so lang er derselben beiwohnend gewesen, sondern er ohne Unterlaß einen Handel nach dem andern angefangen, also daß wir schier nichts dann immer mit ihm zu thun gehabt«.
Daraus spürt man, wie unterdrückte Wut in den gelehrten Herren brodelte, und sie wird schon auch verständlich, wenn man liest, auf welche Weise er, der 1585 ebenfalls eine lateinische Grammatik herausgebracht hatte, in einer Streitschrift das Werk des Crusius charakterisierte: »Du bist eifersüchtig, da du deiner alten, unförmlich dicken und häßlichen Tochter, nämlich deiner Grammatik, in der ganzen Welt Anstände suchst, und fürchtest, meine hübschere Tochter, noch jung, frisch und saftig, möchte deiner ranzigen und schimmligen Vettel von den Freiern vorgezogen werden.« Nein, an der Universität weigerte man sich weiterhin strikt, ihn anzustellen und begründete das dem Herzog gegenüber sogar mit dem Vorwurf des vor sieben Jahren begangenen Ehebruchs mit einer Näherin und der leichtfertigen Tötung einer Magd »durch unbefügtes Medicastriren«. Im März 1586 floh er nach Frankfurt, tauchte aber nach drei Monaten wieder auf, um auf Befehl des Herzogs bis zum Ende der Untersuchung wieder unter Hausarrest und dann vor die Entscheidung gestellt zu werden, sich entweder einem ordentlichen Gericht zu unterwerfen oder außer Landes zu gehen. Frischlin wählte letzteres.
Nun verkaufte er das Haus für 800 Gulden an seinen Schwager Caspar Rüttel und zog am 16. Juli 1586 von Tübingen und aus dem Herzogtume weg. Als im Jahr drauf an einem schönen Sonntagmorgen auch noch Frau und Kinder – sie hatten solange im Nachbargebäude bei einem Schreiner gewohnt – im bedeckten Wagen an Crusius' Haus in der Pfleghofstraße vorbei und durchs Lustnauer Tor aus der Stadt gefahren waren, schrieb der mit schöner christlicher Freude in sein Tagebuch: »Frischlin und Familie aus Tübingen von Gott ausgerottet, Sonntag den 23ten April 1587.«
In dem bizarren Gebäude wohnten dann Schneider, Musikanten, Schuhmacher, Peruquiers, Buchbinder und Glaser. Heutzutage ist es immer noch zweigeteilt. Die Bewohnerin des unteren Hauses, die also auch über die Räumlichkeiten von Frischlins einst ausgesprochen gut sortiertem Weinkeller verfügt, hat noch nicht bemerkt, daß der Poet dort spukt. Aber vielleicht tritt er ja manchmal verstohlen

aus der oberen Tür heraus wie vier Jahrhunderte vorher, wenn's den Arrestanten drinnen nicht mehr hielt.

Nach seinem Weggang von Tübingen führte Frischlin ein unstetes Wanderleben, bei dem er nach Prag, Wittenberg, Braunschweig, Kassel, Marburg und schließlich nach Mainz kam. Überall eckte der immer böser und bitterer werdende Landfahrer dann irgendwie an. Idealisieren sollte man ihn im nachhinein wirklich nicht, auch wenn oder gerade weil er ein genialer Dichter war. In seiner 1856 erschienenen großartigen Biographie, einem nach den Quellen gearbeiteten und vor allem blendend geschriebenen Buch, charakterisierte ihn David Friedrich Strauß so: »Frischlin hatte die Art, wo er hinkam, sich an die vornehmsten Männer zu machen, denen er durch seine Gaben und Kenntnisse, wohl auch durch die Dreistigkeit, sie geltend zu machen, imponirte, während er durch seine geselligen Talente sich ihnen angenehm machte. Leicht kam dann aber ein Fall, daß er im Spaß zu weit ging, oder eine Unwahrheit an den Tag kam, die er aus Großsprecherei sich erlaubt hatte, oder sonst ein Verstoß ihm die Gemüther entfremdete.«

In den Tübinger Altertumssammlungen verloren gegangener Fensterladen von 1578 aus Frischlins Gartenhaus: Das Wappen zeigt auf dem Helm eine lorbeerbekränzte Figur und im Schild den Merkurstab.

In Frankfurt wollte er eine Druckerei einrichten, aber die württembergische Hofkanzlei lehnte es aus Furcht vor dem Polemiker ab, das Erbgut seiner Frau freizugeben. Daraufhin wetterte er gegen das »unchristliche Gemüt« der Stuttgarter Staatsdiener. Ob aus Überdruß an den dauernden Querelen oder weil er sich schon ein bißchen senil gesoffen hatte, mochte Strauß nicht entscheiden, auf jeden Fall schützte Herzog Ludwig den unruhigen Gesellen nun nicht mehr, sondern ließ ihn in Mainz verhaften und auf die Festung Hohenurach bringen. Dort war er noch ungemein produktiv und verfaßte binnen dreier Wochen ein halbes Hundert Bittschriften und Briefe, zwei deutsche Komödien nach der biblischen Geschichte und ein lateinisches Epos mit rund fünftausend Hexametern.

Irgendwann in der Nacht vom 29. zum 30. November 1590 – auf Hohenurach wurde noch bis in den späten Sonntagabend hinein wegen Kommandantenwechsels gefeiert – stürzte er bei einem Fluchtversuch ab, fiel auf die Felsen der nördlichen, Urach abgewandten Seite des Bergkegels und brach sich das Genick. Justinus Kerner setzte ihm mit folgender Stanze ein Denkmal: »Ihn schlossen sie in starre Felsen ein, / Ihn, dem zu eng der Erde weite Lande. / Doch er, voll Kraft, zerbrach den Felsenstein / Und ließ sich abwärts am unsichern Bande. / Da fanden sie im bleichen Mondenschein / Zerschmettert ihn, zerrissen die Gewande. / Weh! Muttererde, daß mit linden Armen / Du ihn nicht auffingst, schützend, voll Erbarmen.«

Daniel Casper von Lohenstein

Neckarhalde 30

Aber die Begierden sind stärker

Es ist nicht einfach, jenem Achtzehnjährigen über die Vorstellungskraft näher zu kommen, der sich am 4. November 1653 als »Daniel Caspari Nimicens. Siles«, als Daniel Casper aus dem schlesischen Nimptsch, in die Matrikel der Tübinger Universität einschrieb. Auf Johann Tschernings Stich zur posthum erschienenen Ausgabe des Romans »Arminius« blickt einem unter langwallend gelocktem Perücken-Haar ein Gesicht entgegen, das einer offenen Bühne gleicht, auf der Augen und Mund dauernd spontane Spektakel von Gefühlen und Affektationen vorgeführt haben müssen. So ähnlich mag Casper auch schon vorher als Tübinger Student gewirkt haben, denn Kindheit und Jugend als Lebensform gab es damals nicht, oder zumindest weiß man darüber ebensowenig etwas wie über jugendliche Sexualität, die es aber gewiß gegeben hat.
Kurz bevor sich der Sohn eines kaiserlichen Steuereinnehmers und späteren Nimptscher Ratsältesten von Leipzig, wo er seit Herbst 1651 Jura studiert und bei dem nachmaligen Wirklichen Geheimen Rat Dr. Born gewohnt hatte, nach Tübingen aufmachte, waren seine Schwester und seine Mutter gestorben. »Das Hertze weinte Blutt!« trauerte er mit gebührendem Affekt. In Leipzig noch hatte Casper das schon während der Schulzeit am Magdalenengymnasium Breslau entstandene erste seiner sechs Trauerspiele, den »Ibrahim Bassa«, mit einer auf den 1. Mai 1653 datierten Widmungsvorrede drucken lassen. Einleitend wird zunächst Asien als von Lastern gefesselte Frauengestalt vorgestellt: »Bestürtzter Abgrund! o die Glider triffen / Vol Angstschweis! ach des Achs! der lawe Brunn der dürren Adern schwällt, / Den Jäscht der Purpur-flut! / Mein Blut-schaum schreibt mein Elend in den Sand! / Entthrönte Königin! entzepterte Beherrscherin der Welt! / Gestürtztes Asien! aus Ichts in Nichts und Staub verstobens Land!« Hubert Fichte sieht darin »ein außerordentliches Stück Dichtung, das es von keinem anderen Vierzehnjährigen gibt«.
Um was geht es in dem Trauerspiel? Sultan Soliman II., der sich mit einem gefangenen welschen Fürsten namens Ibrahim angefreundet und ihn zu seinem Großwesir gemacht hat, möchte auch an des Freundes Geliebter Isabelle partizi-

Daniel Casper von Lohenstein auf einem zeitgenössischen Kupferstich von Johann Tscherning.

pieren. Das Paar flieht, wird aber verfolgt und nach Konstantinopel zurückgebracht, wo man dann Ibrahim vor allem auch auf Veranlassung von Solimans tückischer Gattin Roxelane erwürgt. Darum geht es nun aber nicht in erster Linie, sondern: »Der Gegenstand von Lohensteins Dichtung ist«, so Fichte, »die Poesie, das Poetische; der vordergründigste und der verborgenste Sinn des Werkes von Daniel Casper sind Allegorien, Metaphern, Vergleiche, Worte, Wörter, Silben, Seufzer.« In der siebenten von »Elf Übertreibungen«, mit welchen er »Mein Lesebuch« einleitete, verwies Fichte darüber hinaus auf Lohenstein als einen Dichter, der Psychologien aufreiße, vor denen Freud als Epigon erscheine, als einen Dichter, der die erste deutsche Psychopathologia Sexualis geschrieben habe.
Das mag nun ebenso übertrieben sein wie Fichtes besonderes Interesse an der Frage »Erklärt sich Lohensteins angezündete Sprache, die oft an die lechzenden Passagen des schwulen Thomaskantors Rosenmüller erinnert, aus der sympathetischen Bisexualität des Vierzehnjährigen?« Nachtwandlerisch umkreise der Junge das Problem »Warum bringt Soliman seinen Freund um? Und dahinter die Frage: War Soliman schwul? Und dahinter die Frage der Pubertät: Bin ich schwul?« Mögen solche obsessional vermittelten Deutungen manchem auch als Abwege erscheinen, so erschließen sie doch – die barocken Affekte beim Wort nehmend – gewiß mehr, als es eine scheinbar objektive, von grundauf interesselose Literaturwissenschaft könnte.
Aber wie dem auch sei, auf jeden Fall wüßte man schon gerne, was dieser Achtzehnjährige für ein Typ war, worüber er in Tübingen sprach, wenn er nicht gerade klug disputierte, mit wem er Umgang pflog und wo er untergekommen war. Von Leipzig »zohe Ihn der unvergleichliche Lauterbach nach Tübingen / unter welchem er eine gelehrte Disputationem Inauguralem de Voluntate mit höchstem Vergnügen der Zuhörer hielt / das Beywort aber in denen gedruckten Exemplarien aus sonderbahren Ursachen nicht zusetzen ließ«, heißt es im kurzen, 1685 von seinem Bruder Hans veröffentlichten »Lebens-Lauff«.
An der finanziell ruinierten Universität, der während des Dreißigjährigen Krieges Einkünfte von anderthalb Tonnen Gold entgangen waren, bahnte sich damals gerade erst langsam ein Neubeginn an. Immer noch schuldete die Alma mater Professoren, Verwaltungsangestellten oder Patronatspfarrern häufig vieljährige Besoldungen und ging deshalb die Landstände wiederholt vergebens um Zuschüsse an. Die Professoren, seit jeher schon auf Einkünfte von Studenten

angewiesen, die bei ihnen Kost und Logis hatten, waren es unter diesen Umständen erst recht. Man kann also annehmen, daß auch Daniel Casper bei seinem Lehrer Wolfgang Adam Lauterbach wohnte.

Der berühmte, aus Schleiz im Vogtland stammende Jurist, der, wie Walter Jens in seiner Geschichte der Universität Tübingen am Beispiel einer der Hexerei angeklagten Frau beschreibt, mit »einer psychologischen Einfühlungskraft und einer Humanität judiziert hat, die ihn, wenn nicht an die Seite, so doch in die Nähe von Thomasius rückt«, war zu jener Zeit gerade Rektor geworden. 1648, im Jahre des Westfälischen Friedens, hatte er Maria Susanne Lansius geheiratet, Tochter des einflußreichen Historikers und Juristen Thomas Lansius. Lauterbachs »Behausung samt Hof mit Brunnen und Küchengärtlein« befand sich späteren Verkaufsregularien seiner Erben vom 9. August 1725 zufolge »in der Neckarhalde nächst an dem Hirschauer Tor (rechterseits zwischen dem gemeinen Stadtzwinger, auf der linken aber, der Hof und das Gärtlein an der gemeinen Gasse und dem Schloßweinberg, vorne auf die gemeine Gasse, hinten auf den Schloßweinberg stoßend)«. Der Professor verfügte also zunächst teilweise, später ganz über das aus dem 16. Jahrhundert stammende, 1818 zum Oberamtsgericht umgebaute hochragende Gebäude in der Neckarhalde 30.

In seiner Disputation »De voluntate«, die Casper am 6. Juni 1655 vorlegte, zog er juristische Schlußfolgerungen aus ganz unterschiedlichen Definitionen des Willens. Ob er damit auch promoviert wurde, ist umstritten: manche halten ihn

Auf dieser vom Anfang des 19. Jahrhunderts stammenden Gouache ist das Hirschauer Tor mit dem ehemals Lauterbachschen Anwesen darüber besonders schön zu sehen.

dafür, andere jedoch nicht, weil Bruder Hans keine Ursache für das fehlende »Inauguralis« hatte angeben können und sich Lohenstein auch später selbst nie als Doktor bezeichnete. Während seines Studiums und der Reisen anschließend war von ihm anscheinend nichts Poetisches zu Papier gebracht worden. Seine römischen Trauerspiele »Agrippina« und »Epicharis«, die afrikanischen »Sophonisbe« und »Cleopatra«, später dann noch ein zweites türkisches, nämlich der »Ibrahim Sultan«, entstanden im Jahrzehnt nach seiner Heirat 1657, als das äußere Leben des erfolgreichen jungen Breslauer Rechtsanwalts in den Bahnen behäbiger Großbürgerlichkeit und glanzvollen gesellschaftlichen Aufstiegs zu verlaufen begann.

Regelmäßig sind es bei ihm starke Frauen, die schwächere Männer zwingen, affektiv zu reagieren. Chaotische Sexualität stört die politisch-moralische Vernunft und führt unweigerlich in die Katastrophe. Denn die Begierden sind in seinen Stücken – besonders wüst die »Agrippina«! – immer stärker als die Vernunft, welche aber allem Anschein nach in seinem Leben immer obsiegte. Nein, ein Amoralist war Lohenstein gewiß nicht! 1670 wählte man ihn zum Syndikus, und daß die Familie im gleichen Jahr noch geadelt wurde, war vor allem seinem diplomatischen Geschick zu danken. Den Adelsnamen lieferte das auf dem väterlichen Gut bei Nimptsch einen Fels durchdringende Flüßchen Lohe. 1675 übernahm Lohenstein als Obersyndikus das höchste kommunale Amt von Breslau, und nach einer erfolgreichen Mission am Wiener Hof, wo er die Beamten von der Loyalität seiner Stadt bei einem eventuellen Einfall der Schweden überzeugen konnte, ernannte man ihn gar zum Kaiserlichen Rat.

An seinem patriotischen Roman »Arminius« arbeitend – nun wirklich ein barockes Buchmonster, eine jener »toll gewordenen Realenzyklopädien« (Eichendorff) –, starb Daniel Casper von Lohenstein am 28. April 1683 mit 48 Jahren »durch einen unvermuteten Schlag-Fluß«, wie sein Bruder schrieb. Noch kurz in das 18. Jahrhundert hinein galt Lohenstein als größter deutscher Dichter überhaupt und danach als Inbegriff von Unnatur und Schwulst, bis man ihn und die anderen Repräsentanten der zweiten schlesischen Schule, angeregt auch durch die Auseinandersetzung mit dem verwandten Expressionismus, wieder differenzierter beurteilte und bis eben Hubert Fichte versuchte, den denkscharfen, sprachgewaltigen und gefühlsintensiven Dramatiker als eine der aufregendsten Gestalten nicht nur des Barock im literarischen Bewußtsein wieder lebendig werden zu lassen.

Albrecht von Haller

Münzgasse 15

Knochen vom Kapellenberg

Den »großen Haller«, so nannte man ihn allgemein, und so nannten auch seine Landsleute den Weltberühmten, der aus Göttingen in die Heimatstadt Bern zurückgekehrt war, um nun zum allgemeinen Erstaunen als Rathaus-Ammann untertänigst Türen zu öffnen und zu schließen, etwas spöttisch vor allem seiner Körpergröße wegen. Denn des großen und später auch dicken Mannes Hingezogenheit zu Bern, in dessen Stadtregiment er nach Ämtern und Würden strebte, wurde kaum erwidert. Dabei galt der vielleicht letzte Universalgelehrte des Abendlandes – Kaiser Franz I. hatte ihn 1749 auf Anraten Georgs II. in den erblichen Adelsstand erhoben – während der ersten Hälfte des 18. Jahrhunderts auch als bedeutendster deutschsprachiger Poet, obwohl seine bahnbrechenden Gedichte durchweg Jugendwerke waren. Nach Erscheinen der Sammlung von 1732 machte ihn höchstens Gelegenheit wieder einmal zum Dichter, und im Alter schrieb er, dem die Aufklärung animierende Impulse verdankte, noch drei große, nun fast gegenaufklärerisch wirkende Staatsromane. Ansonsten trug der Entdecker alpinen Naturgefühls (»Die Alpen«) an einer wahren »Alpenlast der Gelehrsamkeit« (Herder) und brachte sie in seine enzyklopädischen naturwissenschaftlichen Kompendien ein. Unter vielen Entschuldigungen ließ er aber auch immer wieder verbesserte Auflagen des frühen Lyrikbandes »Versuch schweizerischer Gedichte« erscheinen, welcher zu den wirkungsmächtigsten der deutschen Literaturgeschichte gehört und dessen einleitende »Morgengedanken« in Tübingen entstanden sind: am 25. März 1725, kurz bevor der Medizinstudent Albrecht Haller die Universitätsstadt wieder verließ, die er 15 Monate zuvor, am 27. Dezember 1723, erstmals betreten hatte.

Am 3. Dezember machte sich der wegen seiner Größe älter wirkende 15jährige Berner auf den Weg nach Württemberg. »Tübingen war das Ort, wo ich mich auff die Arzneykunst legen solte«, notierte er in seinem Tagebuch. Medizin: etwas anderes kam für ihn nicht in Frage, der sich zeitlebens genötigt sah, dem Geheimnis des Todes nachzuforschen. Früh schon hatte Haller Mutter und Vater verloren. Er war ein schwächliches, häufig krankes Kind, das sich auch selbst

immer genau beobachtete: so den Verlauf und die seiner Meinung nach unrichtigen Anordnungen des Arztes, als er mit zwölf an Pocken erkrankte. Dem Tod begegnete Haller, dessen erste beide Ehefrauen kurz hintereinander sterben sollten, dann noch häufig und bald auch in Tübingen.
Den Heiligen Abend verbrachte er in Balingen. »Indeßen schmolze der häufige Schnee, die Waßer liefen an, die Kutsche bliebe liegen, und ich mußte meinen Kuffer im Stiche laßen und den 27. zu Pferde fort; kame auch, weil mir durch alzugeschwollnen Ströme mit meiner Mähre grauete, zu Fuß zu Tübingen an, welches eben vor einen Pursch nicht gar ansehnlich ware.«
Die Stadt habe zwar, wie später auch Goethe fand, eine »sehr angenehme Lage« in der Öffnung dreier grüner Täler, gebaut sei sie jedoch »mittelmäßig, die Häuser nach Landesart mit Läden außwendig gekleidet und mit vorragenden Stockwerken unterschieden«. In einem solchen, gegenüber der Stiftskirche und schräg zur spitzgiebeligen Fachwerkfront der Universität, fand er Unterkunft. Buchhändler Johann Georg Cotta, dritter Cotta dieses Namens nach der Firmengründung und damals 30 Jahre alt, »ein bemittelter, arbeitsamer und ehrlicher Mann«, nahm ihn »an und auff, und hatten sie allerseits über meinen Aufzug, Sprache, Sitten und Reden mehr als eine Freude«.
Der junge Schweizer wirkte also erfreulich exotisch auf den Buchhändler, der nun einen ausgesprochenen Bücherwurm beherbergte. Schon der Vierjährige hatte Lexika verfertigt, in denen er jedes neu aufgeschnappte Wort verzeichnete; neunjährig sammelte das kurzsichtige Kind an die zweitausend Lebensbeschreibungen, und mit zwölf las es seinen Homer auf griechisch wie Gleichaltrige heutzutage ihre Comics. Kein Zufall, daß Haller dann auch in Leyden, wohin er von Tübingen aus ging, wiederum bei einem Buchhändler Wohnung nahm.
Das Erdgeschoß des Hauses Münzgasse 15 zierte damals eine vor kurzem wieder zum Vorschein gekommene, vom Flur auf den Laden übergreifende bemalte Balkendecke, die es sicher auch schon gab, als Johann Georg I. Cotta das Gebäude 1667, ein Jahr nach dem Tode des Vorbesitzers Hans Georg von Tübingen, gekauft hatte. Vor allem die manieristische Ausführung von Früchte-Arrangements, welche da neben Rosetten in Rot und Grau zu sehen sind, spricht dafür. Ob auch die Fassade zu Hallers Zeit schon so bemalt war wie heute wieder oder so wie nach dem Brand von 1624, wovon im Giebel Spuren farbig gefaßter Balken um ockerfarbene Füllungsfelder zeugten, läßt sich nicht eindeutig sagen. Jedenfalls stammt die jetzige Bemalung aus den Jahren zwischen 1720 und 1740, wie die grauen Fensterumrahmungen und die Figuration aus Bandelwerk, aus in lebhaftem Schwung geführten Bändern, nahelegen. Vielleicht hatte Johann Georg III. Cotta sein Haus ja auch gleich neu anmalen lassen, als der Laden im Jahre 1724, so das Kataster, »wird um 6 Schuh in die Breite und in die Länge durch das ganze Haus hindurch erweitert sowie ein Schreibstüblein mit einem Ofen darin eingerichtet, dessen Camin durch das ganze Haus hinaufgeführt wird«. Da mußte Haller also wohl Baulärm ertragen in seiner Unterkunft.
Erstaunlich, wie genau der 17jährige beobachtete. Herzog Eberhard Ludwig »liebte seine Grävenizin«, die über ihn und das Land verfügte, »und seine Pferde«, liest man im Tagebuch. Württemberg sei »wohl bewohnt und würde noch weit mehrere Einwohner nähren, wann nicht zur Lustbarkeit des Fürsten so

So ähnlich kann man sich den Tübinger Medizinstudenten Albrecht Haller vorstellen: Das Ölbild aus der Berner Stadtbibliothek entstand um 1728, nur wenige Jahre nach dieser Zeit.

viel große Wälder und darin eine Menge Thiere geheget würden. Wilde Schweine, Dam- und gemeine Hirschen sind hier so gemein als zahme Thiere, irren ungekränkt herum und förchten niemand als das Hubertus-Fest, an welchem etliche Hundert gefällt werden. Diese Thiere tun zur Ernde-Zeit großen Schaden an Getreyde und dörfen doch mit keinem Geschoß abgehalten werden.«
Während seines Tübinger Aufenthalts wurden Haller, der später die aristokratische Berner Regierungsform zwar für gut, aber doch für reformbedürftig hielt, die Schattenseiten des Absolutismus so recht deutlich. In einem Fragment aus dem Württembergischen meldete sich zum erstenmal der politische Dichter: »Ach! unglückseligs Volk, inmitten von dem Glücke, / Was die Natur dir gibt, das raubt dir dein Geschicke! / Der Ähren göldnes Meer, das auf dem Lande schwimmt, / Ist dir zur Mühe nur, dem Prinz zum Nutz bestimmt. / Du seufzest bei dem Pflug, er raubt, was du erschwitzet, / Du hungerst in dem Gut, das ein Tyrann besitzet, / Und siehst wie Tantalus das Essen dir am Mund / Und in die Lüfte gehn.«
Kanzler der Universität war damals Christoph Matthäus Pfaff, brillanter Theologe des Ausgleichs, Hochschulpolitiker von Rang, um den man später auch aus Göttingen warb, und überhaupt eine vielfältig schillernde Gestalt, die, Anfang 1756 der Päderastie angeklagt, Tübingen bei Nacht und Nebel verlassen mußte und im Ausland, an der Universität Gießen, dann wieder Kanzler wurde. Unangenehmer als Pfaffs Liebesneigungen mag sich die allgemeine schwäbische Inzucht auf die Landesuniversität ausgewirkt haben. »Überall«, so Haller, »werden eitel Landeskinder befördert, und sind die Osiandrische, Camerarische, Harprechtische und andere Häuser schon seit hundert Jahren niemahls ohne Professoren gewesen.« So sei denn »der alte Zeller« – der Mediziner Johannes Zeller, zweimal Rektor und 36mal Dekan – nun »wegen Alters, Geschäften und Wein unbrauchbar« geworden und Hallers eigener Lehrer, »unser guter Duvernoi, von mehrerem Fleiße als natürlicher Geschiklichkeit«.
Mit dem aus Mömpelgard stammendem Johann Georg Duvernoy, Extraordinarius für Anatomie und Botanik, machte Haller am 24. Mai 1724 zu Pferd eine Exkursion über die kleine Reichsstadt Reutlingen nach Pfullingen und von dort aus zum »Nebelloch«, worin sie anderthalb Stunden zubrachten. Dann ging's nach Gönningen und auf den Roßberg, »eine mittelmäßige Höhe, worauf außert

der Astrantia« – irgendwelchen Sternendolden also – »nicht sonderbares gesehen, kamen auch ohne Pflanzen meist wohlbesoffen nach Hause«.
Einer von Cottas Söhnen – Haller war mit allen gut befreundet und begegnete etwa Johann Friedrich Cotta später als Orientalisten in Göttingen wieder – begleitete ihn am 8. Juni auf eine »Lustreise« nach Böblingen, »ein Stättgen, wo die fürstlichen Thiergärten sind, da aber außert zweyen Bären und einem Wolfe nichts gesehen«. Aus Briefen, die ihm jener Cotta später nach Leyden schrieb, geht hervor, daß Haller ausgerechnet in Böblingen eine Liebschaft anfing und auch in Versen enthusiasmiert auf einer »schönen Julianam« herumdeklinierte.
Am 5. August ritt man noch einmal zum Botanisieren nach Gönningen und auf den Roßberg, am 21. nach Dußlingen – das war wieder eine »Lustreise« –, am 29. September nach »Rotenburg am Nekar, einer kleinen Kayserlichen Statt nebst etlichen Klöstern«, und am 9. November »nach Meßingen, einem Dörfgen. Hier lage ein Mann, dem ein Wagen zwey Wirbelbeiner am Rükgrad tief hinein getreten hatte. Er war schon halb tod, konte nichts halten und wurde ohne Handanlegung verlaßen.« Wieder die Begegnung mit dem Tod, einem beiläufigen diesmal. Der Tod hatte ihn in seinen Bann gezogen.
Über die Jahre wird sich ein seltsamer Widerspruch bei ihm immer mehr zuspitzen: Haller, der Christ, fürchtete den Tod, weil er der Ewigkeit nicht würdig zu sein glaubte. Seine späteren »Briefe über einige noch lebende Freygeister« wirken so, als zermartere sich da jemand das Hirn, um sich auf Biegen und

Eines von den Füllungsbrettern in der Decke im Erdgeschoß des Cottaschen Hauses mit manieristisch gemaltem Früchte-Arrangement.

Brechen selbst von der Heilsbotschaft zu überzeugen. Andererseits jedoch wollte Haller, der forschende Gelehrte, dem Tod ins Auge sehen, ihn erleben bis zum äußersten Rand des Bewußtseins. Bei seinem eigenen am 12. Dezember 1777 soll er sich den Puls gefühlt und gemurmelt haben: er schlägt – schlägt – schlägt – nicht mehr...

Aber der junge Medizinstudent war noch nicht depressiv verdüstert, noch nicht von körperlichen Schmerzen und Glaubenszweifeln geplagt, noch nicht opiumabhängig wie dann der berühmte alte Gelehrte. Optimistischer Forscherdrang animierte ihn auch, als er am 23. Dezember nach Wurmlingen ritt, »einem katholischen Dorfe mit einer abgesonderten Kirche und einem Beinhause, auß welchem dieses und ein anderes Mahl eine zimliche Anzahl Knochen hohleten, die uns aber übel solten sein belohnet worden, wann die Bauern unser hätten können mächtig werden«. Anfang 1728 mußte Haller übrigens auch aus Paris fliehen, wo er eigentlich noch länger hatte bleiben wollen, weil er sich von einem Totengräber Leichen beschaffen ließ, um an ihnen nach dem Geheimnis des Todes und damit nach dem Geheimnis des Lebens zu suchen.

Die Wächter und der Weingeist

In der Münzgasse 15, wo der Medizinstudent untergekommen war, sollte Goethe 73 Jahre später, vom 7. bis zum 16. September 1797, ein »heiteres Zimmer« bewohnen, Goethe, der Albrecht von Hallers Gedichte schon im Bücherschrank seinen Vaters vorgefunden hatte und besonders »Die Alpen« als Anfang einer nationalen Poesie empfand. Schiller wiederum hatte drei Jahre vor Goethe, im März 1794, bei seinem künftigen Tübinger Verleger hereingeschaut. Ihm war einst durch das Beispiel des verehrten Haller nahegelegt worden, an der Hohen Karlsschule auf Medizin umzusatteln, und seine Gedichte gehörten zu dem kleinen Reisegepäck, mit dem er aus Stuttgart in die Freiheit floh. Als Siebzehnjähriger bewegte sich Haller also zwischen den gleichen vier Wänden wie später die beiden Dichter-Dioskuren, auf welche sein Werk so großen Einfluß hatte. Irgendwann vor dem 11. September 1724 mußte er dann jedoch zu seinem Lehrer Johann Georg Duvernoy gezogen sein, denn dort – wo das war, ließ sich nicht herausbekommen – wurde des Professors Magd Lina Maria Oswald dem Tagebuch Hallers nach an jenem Tag (den Senatsprotokollen zufolge jedoch zwei Tage später) fahrlässig auf den Tod verletzt, und der junge Schweizer war als Zimmernachbar des Täters dabei, als das geschah.

Jedenfalls befaßte man sich am 14. September im Senat unter Vorsitz von Rektor Johannes Osiander und in Anwesenheit von Kanzler Pfaff mit dem Fall der Oswaldin, die »gestern vormittag ob dem Betten in das dicke Fleisch von hinten zu geschossen«, worauf der schuldige Medizinstudent Johannes Christoph Werner aus Vaihingen »nach Reutlingen sich mit Flucht salvirt« habe. Weil für ihn von seinem Vater ein »Salvum Conduitum« erbeten und ihm dann auch freies Geleit zugestanden worden war, konnte Werner am 26. Oktober vor dem Dekanats-Collegium aussagen: Er habe zwischen 8 und 9 Uhr in seiner Stube gesessen und in Heisters Anatomie gelesen, da seien zur gleichen Zeit Herr

Haller und die Magd hereingekommen. Dem Zimmernachbarn ging es nur um einen Plausch, er erkundigte sich, was denn der Herr Kommilitone gerade so treibe, und die Magd wollte das Bett machen.
Werner forderte die Oswaldin auf, aus der Kammer Stroh zu holen und das Bett auch frisch zu füllen, was sie dann tat. Währenddessen ging er mit Haller in der Stube auf und ab und erzählte ihm, wie unlängst, als sie auf dem Wöhrd geschossen, seiner Pistole der Stein gefehlt habe. Als er ihm nun die Stelle zeigen wollte, wo der Stein hingehört, drückte Werner den Hahn herunter, und die Pistole ging los. Die Magd fiel um und sagte, dem Protokoll zufolge: »Ich glaube, er hat mich mit einer Kugel geschossen, es reiße sie so in ihrem Leib.«
Darauf brachte man das Mädchen in die Stube Hallers, der später in seinem Tagebuch über den Fall notierte: »Der junge Mensch scherzte mit ihr und drohte ihr mit der Pistole, die er ungeladen meinte. Die Kugel traf das Mensch hinten, und riehte ich gleich meinem Freunde, er solte sich weiter machen. Mr. Duvernoi, der dem Mädgen nicht gewogen, ließe sie sondiren.« Aber der Arzt untersuchte sie nur flüchtig, hielt das Blut für Menstruationsblut und entfernte sich. Ein »Balbierer«, den man zu Hilfe holte, wollte Duvernoy unbedingt wieder dabei haben, der jedoch war nicht zu bewegen, noch einmal zu kommen, worauf der Unglücksschütze Hallers Rat folgte und floh. Nein, Possen habe er mit der

Der Marktplatz auf einem Stammbuchblatt aus dem Jahr 1776. Vor dem Rathaus erkennt man den Pranger und das Wachthaus, aus welchem sich die Studenten und Nachtwächter unserer Geschichte der schlechten Luft wegen zum Saufen in die Gmelinsche (heute Mayersche) Apotheke schräg gegenüber verfügt hatten. Damals, wie auch nun in Maßen seit einigen Jahren wieder, war der Marktplatz Promenade und Treff.

Magd nicht getrieben, versicherte Werner später den Herren vom Dekanats-Collegium (unzutreffend), und er habe auch gewiß nicht gewußt, daß die Pistole geladen sei, was wohl zutraf.
Die Geschichte ging glimpflich aus für ihn. Haller, der deswegen auch kurz »in Verhaft« kam, kommentierte das Urteil im Tagebuch so: »Deß Entwichenen Beutel, weil er ein Landeskind war, mußte alles abtragen. Wie dann ins gemein über das vergoßne Blut eben keine sonderbare Raache weder auf dieser, noch auf andern hohen Schulen genommen wird, auch die Duelle, wiewohl verbotten, deß Richters wegen eben nicht gefährlich sind.« Wieder also begegnete Haller dem Tod und machte die Erfahrung, wie nichtig menschliches Leben unter bestimmten Umständen sein kann. Dazu Walter Jens in »Eine deutsche Universität«: Die Kugel habe locker gesessen damals, wobei manchmal auch ein Mensch – zumal wenn *der* ein *das* Mensch war – zu Schaden kam. »Eine Magd wird aus Mutwillen erschossen, der Täter, ein Student, kommt unbehelligt davon, ein Arzt steht auf der richtigen Seite. Wie oft mag sich eine Alltagsgeschichte wie diese in Tübingen ereignet haben, ohne daß ein Akademischer Senat besondere Notiz davon nahm. (Und wozu auch? Wegen einer Allerwelts-Begebenheit?) So ging es eben zu, damals – in Tübingen und anderswo.«
Am 24. Februar 1725, wie in den Senatsprotokollen steht, und nicht im März, wie sich Haller später zu erinnern glaubte, »ging auch der unglückliche Handel vor, da einer unter unsern Tischgesellen etlichen Wächtern so stark zusetzte, daß einer davon, der den Brandewein nicht mehr so wohl vertragen mochte, nach etlichen Stunden verschiede. Worüber wir alle in Verhaft kamen und an Gelt gestraft wurden, ich mußte auch unschuldig herhalten, da ich doch weder mitgetrunken noch bezahlt, sondern bey Zeiten nach Hauße gegangen ware. Dieses ware bey diesem Ungelüke das Beste, daß wir ziemlich dar ob erschraken und des überflüßigen gezwungenen Saufens müde wurden.«
Wirklich, seit jenem Tübinger Erlebnis hatte Haller starke Aversion gegen Alkohol, weshalb ihn später auch die Tücke des Julien Offroy de La Mettrie, dem er geistigen Diebstahl nachgewiesen hatte, besonders treffen sollte. Der berühmte materialistische Naturphilosoph widmete Haller nämlich sein Buch »L'homme machine«, diesen damit als Materialisten hinstellend und in der Vorrede außerdem verleumderisch behauptend, der große Haller sei in Göttingen sein Zechkumpan und Gefährte bei allerhand Ausschweifungen gewesen. Das war Rache, kalt genossen!
Aber schon mit 16 hatte der moralisch skrupulöse Schweizer nicht so recht über die Stränge schlagen können, wovon eben auch die traurige Geschichte der mit Alkohol abgefüllten Tübinger Nachtwächter zeugt. Schauplätze waren das Wachthaus, das damals links vor dem Rathaus stand, Martin Crusius zufolge 1523 als »Zuchthäuslein« errichtet, und die Gmelinsche (heute Mayersche) Apotheke am Markt, die Johannes Georg Gmelin gehörte, Begründer der Professoren-Dynastie. In der Sitzung vom 24. Februar referierte der Rektor zunächst, was ihm von dem Apotheker berichtet worden war: Danach hatten sich die nun unter Hausarrest stehenden Herren Gabriel Joachim Lembke aus Wismar, Hieronymus Braun aus Nürnberg, Christoph Öttinger und Albrecht Haller an Zimmetwasser gelabt, drei Wächtern aber Aqua vita, also Branntwein,

zu trinken gegeben. Diesen habe sich noch ein älterer namens Straß, nun »jam defunctus« (schon verstorben), beigesellt und bald auch, als zwei von den Wächtern weggegangen waren, um die neunte Stunde auszurufen, besonders wacker dem Schnapse zugesprochen.
Am 26. Februar verhörte man im Collegium Decanorum zunächst Lembke, den Rädelsführer. »Er sey«, sagte der 26jährige Jurastudent, »umb 9 Uhr von dem Lamm gegangen, woselbst er allein gespeiset, und auf dem Markt ein wenig promenirt. Wie er nach Hauße gehen wollen, seyen Ihm He. Braun, He. Haller und He. Öttinger begegnet, welche er gefragt, wo sie hinauß wolten? Die geantwortet, Sie wolten ein wenig bey Mondschein spazieren gehen: da er ihnen Compagnie geleistet. Mitten auf dem Marckt seyen Ihnen 2 Wächter begegnet, die Ihnen einen guten Abend gesagt, Sie haben auch solchen gedanckt. Hierauf haben sie unter einand gesagt: gewiß wärens resonable Kerl, sie wolten Ihnen ein Glas Wein spendiern. Seyen also mit Ihnen in die Wachtstub gegangen, welches sie acceptirt. Weil aber ein entsetzliche Hitz in der Wachtstub geweßen, haben sie sich alle resolvirt nach des He. Gmelins Apotheke zu gehen, und ein Glas Zimmet-Waßer zu trincken. Auch haben sie die Wächter gefragt ob sie lust hätten ein Glas aqua vita zu trincken, welches sie mit vielem Vergnügen angenommen.«
Haller berichtete, »der Wächter seyen im anfang 4 oder 5 geweßen, und haben sie den jungen Gmelin zu Ihnen geßelt, daß er ihnen einschencken solle«. Bei dem jungen Gmelin handelte sich's um den damals 17jährigen Johann Konrad Gmelin, der die Apotheke später übernahm. Ob die Wächter eigentlich überhaupt nicht hätten weggehen wollen? »Der eine, wo noch lebt, habe einmahl weggehen wollen, aber der alte habe nicht gewolt, und sey nicht wegzubringen geweßen.« Ob den Wächtern schon in der Apotheke ein Rausch anzumerken gewesen sei? Ja, »dem alten absonderlich, der He. Öttinger habe ihn mit dem Degen von ohngefähr an die Füße gestoßen, darüber der alte gesagt, alß man ihm solches gezeigt, der Degen müßte mit einem Demant gespitzt worden seyn, weil er so spitzig geweßen«. Ob die Wächter aqua vita oder puren Branntwein getrunken hätten? »Habe gehört es sey nur Spiritus vini, im anfang aber sey es aqua vita geweßen.« Spiritus? Dann wäre den guten Nachtwächtern also Sechzig- bis Siebzigprozentiges einverleibt worden...
Für die Studiosi ging auch diese Geschichte recht gut aus, denn am 8. März 1725 wurde verfügt, »dem He. Lembke sollen 15 Gulden, dem He. Braun 9, He. Öttinger 10 Gulden, dem He. Haller aber 7 Gulden und dann dem Apotheker Gmelin, der nicht so viel von solch starcken geträncк geben sollen, 10 Gulden straf andictirt seyn«. Zwei Tage später gab man Braun fröhliches Geleit bis nach Herrenberg, wo noch einmal »wurde tüchtig gesoffen und kamen etliche erst den andern Tag nach Hause«.

Am 21. März verteidigte Haller »öffentlich die Hn. Koschwiz gemachten Einwürfe«. Der Hallenser Gelehrte hatte geglaubt, einen neuen Speichelgang entdeckt zu haben, aber das war ein Irrtum. Was Haller nun mit Duvernoy an Tieren nachwies, sollte er in seiner Leydener Dissertation vom Mai 1727 auch für den Menschen belegen. Wenige Tage nach dieser Disputation in Tübingen, am

25. März, entstanden dann die später seinen »Versuch schweizerischer Gedichte« einleitenden »Morgengedanken«. Vielleicht kamen sie ihm ja auch beim Botanisieren, denn Haller pflegte, wie kolportiert wurde, beim Dichten zu botanisieren, beim Botanisieren zu dichten, beim Lesen zu essen und beim Essen zu lesen. »Der Mond verbirget sich, der Nebel grauer Schleier/ Deckt Luft und Erde nicht mehr zu;/ Der Sterne Glanz erblaßt, der Sonne reges Feuer/ Stört alle Wesen aus der Ruh'.« So beginnen diese »Morgengedanken«. Die großangelegte Form mit fünfstrophiger Eröffnung über die Natur, ebenfalls fünf Strophen Gotteslob und schließlich noch einem demütigen Abgesang in zwei Strophen mag an den dichtenden Hamburger Ratsherrn Barthold Hinrich Brockes erinnern, und Bilder wie »Purpur und Saphire« für Morgenröte, »Rubin« für Sonne oder auch wie der »Lilien Ambraduft« lassen noch den barocken Prunk der zweiten schlesi-

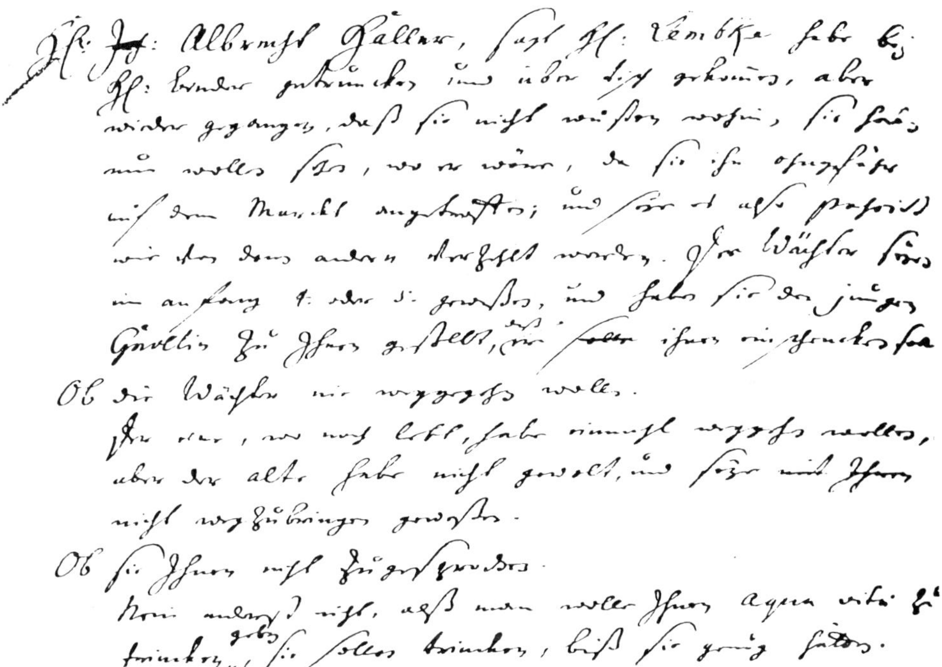

Aus den Senatsprotokollen, in denen es hier etwa heißt: »He. Albrecht Haller, sagt He. Lembke habe bey He. Binder getruncken und über tisch gekommen, aber wieder gegangen, daß sie nicht wußten wohin, sie haben nun wollen sehen, wo er wäre, da sie ihn ohngefähr auf dem Marckt angetroffen; und sey es also passirt wie von den andern verzehlt worden. Die Wächter seyen im anfang 4 oder 5 geweßen, und haben sie den jungen Gmelin zu Ihnen geßelt, daß er ihnen einschenken solle. Ob die Wächter nie weggehen wollen? Der eine, wo noch lebt, habe einmahl weggehen wollen, aber der alte habe nicht gewolt, und sey nicht wegzubringen geweßen. Ob sie Ihnen nicht zugesprochen. Nein anders nicht, alß man wolle Ihnen aqua vita zu trincken geben, sie sollen trincken, biß sie genug hätten.«

schen Schule und Daniel Casper von Lohensteins nachklingen. Gleichzeitig weist die Tendenz zur Geschlossenheit jedoch schon auf das ergriffene Pathos beim späteren Haller hin, auf seinen schwer gefügten Stil, und die Verse wirken neu wegen der Ausmalungen im Detail und dem Reichtum an Farbtönen. Durch die Entdeckung der Natur als Gegenstand interessierten Beobachtens, als Feld für Reflexionen, gewann das Ich einen Orientierungspunkt zurück, befreite sich das lyrische Sprechen von ornamentaler Unverbindlichkeit. Deswegen vor allem hatte dann Hallers Gedichtbuch von 1732 solch große Wirkung.

An Tübingens Universität – das wurde immer deutlicher – hatte er nun eigentlich nichts mehr zu suchen. »Hier ware vor mich nichts Rechtschafnes zu thun. Alle Gesellschaften waren gleiche Müßiggänger, gleiche Säufer. Die Hn. Professoren waren theils ohne Eifer, theils ohne Gelehrtheit. Mein Gelt ging in schädlichen Außgaben auf. Von Holland hörte ich nichts als Lobsprüche, Boerhaavens Werke schienen mir Meisterstüke zu sein.«

Als Extraordinarius Duvernoy, sein Lehrer, dann »durch die Noht nach Rußland getrieben« wird, hielt auch ihn nichts mehr in Tübingen. Und am 26. April 1725, auf dem Weg durch den Schönbuch und über die Fildern, wurden ihm noch ein letztes Mal Auswirkungen des württembergischen Absolutismus vor Augen geführt: »Underwegen trafe sieben schöne Damhirschen an. Ich sahe auch die sogenannte Herrschafts-Wege, die mitten durch Wiesen und Äker gehen, und wann der Hof seinen Weg dadurch nimmt, denen armen Leuten einen großen Theil ihrer Außbeute wegnehmen.«

Christoph Martin Wieland

Pfleghofstraße 13

Ekel vor dem akademischen Leben

Nun mußte er also schon wieder Abschied nehmen von seiner zwei Jahre älteren Geliebten. Dabei hatten sich beide an einem schönen Sonntag im August oder September 1750 während eines Spazierganges gerade erst ewige Liebe und Treue geschworen. Zu der Verlobung am »Lindele« bei Biberach war es gekommen, nachdem eine befremdlich kalte Predigt seines Vaters, Pfarrer zu St. Maria Magdalena, über »Gott ist die Liebe« bei dem jungen Mann feurigstem Redefluß die Schleusen geöffnet hatte. Als Christoph Martin Wieland, der am 5. September 17 Jahre alt geworden war, Ende Oktober nach Tübingen fuhr, um Jura zu studieren, trug er Sophie Gutermann im Herzen, die liebe und gescheite Sophie, ohne deren Einfluß aus ihm, wie er der unter dem Namen La Roche als Schriftstellerin populär gewordenen lebenslangen Freundin später bekannte, nie und nimmer ein Dichter geworden wäre.

Und in seinem Herzen und seinen Sinnen vibrierte auch schon seit längerem der neue Naturton des Albrecht von Haller, dem er am 26. Juli 1759 nach Göttingen schreiben sollte: »Ihre Gedichte, mit denen Ihr Geist seinen bewundernswürdigen Lauf angefangen, haben vielleicht auf niemand stärkere Würkung gethan als auf mich. Ich erinnere mich noch immer mit Vergnügen der geistigen Wollust die ich schon daraus schöpfte da ich kaum Vierzehn Jahre alt war.« Haller blieb sein poetischer Schwarm, bis er Friedrich Gottlieb Klopstock las – in Tübingen dann auch den 1751 gerade erschienen »Messias«.

Die Matrikel der Universität verzeichnet ihn unter dem 30. Oktober und »sub rectoratu primo Georgii Wolfgangi Kraftii« als »Christophorus Martinus Wieland Biberaco – Suevus«. In einer autobiographischen Skizze, deren Manuskript im Schiller-Nationalmuseum Marbach ausliegt, erinnerte sich der alte Wieland 1810 an seine Zeit in Tübingen »als Pensionär des Homannischen Stipendii, welches im 17ten Jahrh. von einem ehemaligen Tübingischen Professor der Rechte, einem gebornen Biberacher, für sechs Studierende aus den Reichsstädten Biberach, Ulm, Reutlingen und Augsburg gestiftet worden war, und worin diese Stipendiaten freie Wohnung in dem ehemaligen Hause des Stifters und einen damals noch sehr guten Tisch zu genießen hatten. Diese Stiftung wurde gewöhnlich, nach dem Nahmen des Professors, der das Ökonomische derselben besorgte und mit den Seinigen darin wohnte, zubenahmset, und hieß damals (: nach dem D. und Prof. nachmaligen Ober-Hofprediger und Prälaten Faber :) die Faberei. Es herrschte eine anständige Freiheit in diesem Hause; der Professor präsidierte bei der Tafel, mischte sich aber nicht in die Angelegenheiten der Stipendiaten, und wenn sie sich nur unklagbar aufführten, so konnte jeder studieren (oder auch nicht studieren) wie und was er wollte.«

Ach, das war aber nun schon so lange her, daß er die eher klösterliche Anstalt wohl allzu besonnt sah und auch ihren Namen nicht mehr genau wußte. Bei dem Hochmannianum handelte es sich um ein seit 1613 in der Pfleghofstraße bestehendes Stipendium ähnlich dem Martinianum im Neuen Bau (Münzgasse 13), wo später Justinus Kerner wohnte, der sich dann übrigens samt seinen Tübinger Mit-Romantikern strikt vom vermeintlichen Klassizismus der Weimarer Zelebrität Wieland absetzen sollte. Nach einem geographischen statistisch-topographischen Lexikon von Schwaben, das der württembergische Pfarrer Röder um 1800 in Ulm herausgab, war das 1789 abgebrannte Hochmannsche Stift »ein altes, großes, hölzernes Gebäude von abscheulicher Bauart«. Immerhin verfügte der Jurastudent darin aber, wie Karl August Böttiger in seinem »Historischen Taschenbuch« von 1839 nach Erzählungen Wielands zu berichten wußte, über »ein Logis, wo er eine ungeheure große Stube und außen herum eine lange Galerie hatte. Hier lief er nun Stunden lang im vollen Paroxysmus herum, und wenn er sich nun recht durchdrungen und befruchtet fühlte, schüttelte er dann seine Hexameter aufs Papier.«

Zunächst hatte es Wieland aber wohl wirklich ernsthaft mit der Juristerei versucht und sich vom poetischen Furor frühestens zwischen Januar und März 1751 hinreißen lassen, als eine Hymne entstand, in welcher er die schöne Tugend mit der fernen Geliebten gleichsetzte. »Dich Sophie«, so die vorletzte von sechs Strophen, »Dich gab der Himmel mir / Mich der Tugend liebreich zuzuführen; / Ja, ich war bereit mich zu verliehren, / Gott! Du sahest es, und gabst Sie mir! / Jezo dring' ich sicher durch verwachsne Hekken, / Denn ihr redlich Herz verläßt mich nie; / Gott und Weisheit Tugend und Sophie / Sind bey mir, welch Unfall kann mich schrekken!«

Bald ging ihm dann aber die Jura so gegen das gesunde Empfinden, daß er nach einer Vorlesung über die Pandekten, eine Sammlung des altrömischen Privatrechts, kein Kolleg mehr hörte. Wieland lebte hier allein vor sich hin, ohne Kontakt zu anderen Studenten, und von den Professoren kannte er nur Johann Gottlieb Faber und den auch als Protektor aller in Tübingen studierenden Reichsstädter wichtigen Christoph Matthäus Pfaff, Kanzler schon zu Hallers Zeiten. Der Autobiographie von 1810 zufolge lebte er »äußerst einsam und unbekannt, und beschäftigte sich hauptsächlich, die ersten Poetischen (vel quasi) Werkgen, womit sein Herz damals seinen Kopf ingravidierte, nach und nach ans Licht zu fördern«.

Noch im Frühjahr wurde sein von früheren Beispielen diese Genres sich durch weiche, beseelte Rhetorik unterscheidendes Lehrgedicht »Die Natur der Dinge« fertiggestellt – wie er im Vorbericht zur dritten Auflage dazu bekannte, »Frucht

Wieland auf dem Titelkupfer zum »Almanach der deutschen Musen auf das Jahr 1773«.

eines enthusiastischen Spaziergangs eines noch sehr jungen und sehr platonischen Liebhabers mit seiner Geliebten, an einem sehr heißen Sommertag des Jahres 1750, nach Anhörung einer etwas kalten Predigt über den Text: Gott ist die Liebe«, Frucht der liebevoll erfüllten Augenblicke am Biberacher »Lindele« also. Und nach diesen sechs Büchern mit Alexandrinern entstanden – nun in Hexametern – ein nicht so ganz überzeugend mit dem vergötterten Klopstock wetteifernder »Lobgesang auf die Liebe« und vier Gesänge auf »Hermann«, die er allzu clever in Richtung auf literarische Vorlieben des mächtigen Zürcher Literaturpapstes Johann Jakob Bodmer hin schrieb und ihm auch am 4. August 1751 zu »Dero Beurtheilung« übersandte.

Den hochedelgebornen, hochgelehrten und hochzuverehrenden Herrn Professor bat der ehrgeizige junge Dichter übrigens gehorsamst, »Dero Antwort à Mr. W. zu richten, und in einem Ueberschlag an HErrn von Daiser, D. Juris, zu Rotenburg am Nekkar, zu schikken«. Die Adresse des Registrators Franz Ignaz von Daiser, dessen Frau aus der Familie von Wielands Mutter stammte, gab er entweder deshalb an, um in der Faberei kein Aufsehen zu erregen, oder weil er von dem Zürcher Großkritiker nicht für einen Studenten gehalten werden wollte, wie Friedrich Sengle in seiner immer noch unverzichtbaren und gut zu lesenden Wieland-Monographie von 1949 vermutet.

Fruchtbare menschliche Beziehungen konnte der jugendliche Poet in Tübingen also nicht knüpfen, Gelegenheit für geistige Auseinandersetzungen fehlten ihm hier. »Aber ich habe bisher fast gantz ohne Freunde leben müssen, und der Himmel läßt mich itzt in Zürich finden was ich noch nirgends gefunden habe«, teilte er am 29. Februar 1752 dem Bodmerianer Johann Heinrich Schinz mit, und Bodmer selbst bekannte er in einem langen Brief vom 6. März, dem er die empfindsamen Reime der »Moralischen Briefe« beilegte: »Ich habe hier keine Lehrer gehabt sondern beständig allein studirt. Der Mangel des Umgangs mit geschikten Leuten und Freunden hat mir sehr geschadet. Ich bin immer allein, und ich fürchte daß mich dieses etwas farouche u: pedantisch machet, so sehr mir beydes zuwieder ist.«

Der Theologe Faber, unter dessen Aufsicht Wieland im Hochmannianum lebte, war seit 1748 Professor der Geschichte, Beredsamkeit und Dichtkunst, aber von diesem trockenen Poesielehrer und Leichenprediger hatte Wieland nichts. Schwaben galt damals überhaupt als poetische Wüste, als schlimmste Provinz. »Auch für die Schweizer«, so Sengle, »die seine Vergangenheit noch nicht kennen, liegt das Wunderbare seiner Erscheinung nicht zuletzt darin, daß er als Schwabe ein solcher Dichter sein kann.« Von den um diese Zeit erschienenen »Gedichten und Abhandlungen in ungebundener Schreibart« aus dem Faber-Kreis distanzierte sich Wieland in Briefen an Bodmer strikt, damit wollte er nichts zu tun haben.

Am 18. April beschreibt er Schinz seinen »Hauswirth« als einen Mann, »der die Gabe hat von Sachen die er gar nicht versteht en dictateur zu urtheilen« und klagte dem Brieffreund wieder einmal seinen Tübinger Frust: »Ich wünsche schon lange von hier erlöset zu seyn. Aber mir ekelt so sehr vor dem Academischen Leben daß ich mir das Schicksal eines Magistri legentis nicht wünschte.« Außerdem teilte ihm Wieland im Vertrauen mit, daß er »den nächsten May den Fryhling besingen werde. Dünkt Ihnen dieses Unternehmen nicht kühn? Nach Thomson und Kleisten sollte ich keinen Frühling schreiben.« Was ihm vorschwebte, war ein ganz konkreter, sorgsam beobachteter Frühling, aber am 25. Mai mußte der arme Poet vorerst nach Zürich melden: »Mein Frühling ist noch nicht geschrieben. Wir haben bisher lauter unangenehmes Wetter gehabt.« Schließlich überkam ihn dann »Der Fryhling« aber doch noch aus frischen Eindrücken und dem berühmten Vorbild Ewald von Kleists: »Sey mir in deiner verneuerten Schönheit, du Jyngling der Zeiten, / Blumichter Fryhling gegryst...« Nur mischten sich jetzt, schreibt Sengle, »in den hellen Blütenjubel die dunkleren Stimmungen des gescheiterten Studenten, der bei allen dichterischen Erfolgen nicht weiß, wohin sein irdischer Weg weiterführen soll«.

Dank einer im Mai an ihn ergangenen Einladung Bodmers wurde Wieland nun zwar wirklich aus seiner Tübinger Existenz erlöst, doch sollte er viel dafür bezahlen müssen. Nachdem er am 20. Juni nach Biberach zurückgekehrt und am 11. Oktober noch einmal kurz mit Sophie zusammengekommen war, deren Vater dem gescheiterten Jurastudenten von grundauf mißtraute, reiste der unglückliche Liebhaber nach Zürich. Sophie Gutermann wird dann Georg Michael Frank von La Roche heiraten, den Sekretär und illegitimen Sohn des Grafen von Stadion. Am 16. Oktober überschritt Wieland die Schweizer Grenze, und in Zürich verlangte der mächtige Kunstrichter, von dem einige Monate vorher Klopstock in Unfrieden geschieden war, die völlige Selbstpreisgabe des Anfängers, um ihn in seinem Sinne zu erziehen. Sengle: »Wielands Mimikry-Periode begann.«

Vielleicht ist »Der Fryhling«, sind die meisten anderen seiner Tübinger Dichtungen, von denen er später wünschte, sie hätten »das Licht nie gesehen«, in einem Gartenhäuschen auf dem Österberg nahe der heutigen Wielandshöhe entstanden. Vielleicht handelt es sich dabei aber auch um eine schöne Legende, wie Sengle vermutet, auf die »klosterartige« Hausordnung des Hochmannianums verweisend. In den »Tübinger Blättern« von 1906 jedenfalls war ein 1867 auf dem Gelände der Wielandshöhe abgebrochenes Häuschen als Wielands Refugium abgebildet worden. Heinrich Ferdinand Eisenbach äußerte in seiner »Beschreibung und Geschichte der Stadt und Universität Tübingen« (1822) jedoch nur

vage Vorstellungen über dessen Lage. »Einer der schönsten Standpunkte«, schreibt er, »ist die Kuppe des Oesterberges, welche von dem, in jeder Rücksicht für das Wohl und die Verschönerung Tübingens so thätigen Kanzler v. Autenrieth eine Art englischer Anlagen erhalten hat (die Autenriethshalde). Nicht weit davon steht auch das Gartenhäuschen, in welchem der berühmte Wieland zu seinem Oberon begeistert worden sein soll.« Zu dem aber nun gewiß nicht, denn das populäre Stanzen-Epos ist 30 Jahre später im Druck erschienen.
Max Eiferts »Geschichte und Beschreibung der Stadt Tübingen« (1849) kommt der heutigen Wielandshöhe, unterhalb derer sich die genannten »Sandgruben« befanden, immerhin näher. Bei ihm liest man: Die lockendste Tübinger Höhe »ist die Spitze des Oesterberges. Am Anatomiegebäude hinauf, an schön angelegten Gärten vorbei führt der Weg zunächst zu dem Häuschen, das über den Sandgruben stehend, als dasjenige bezeichnet wird, in welchem Wieland (1750) zu einem Theil seiner Dichtungen begeistert worden sein soll.«
Das später nach dem Administrator Prof. Wilhelm Gottfried Ploucquet Ploucquetei genannte Gebäude des alten Hochmannianums an der Ecke Pfleghofstraße / Hafengasse brannte 1789 samt 45 Häusern und fünf Scheunen ab. Das Feuer – es war am 9. September gegen 20 Uhr im Viehstall des Stipendiums ausgebrochen – setzte die ganze Nacht über sein zerstörerisches Werk fort und war erst am nächsten Tag morgens gelöscht. Beim Wiederaufbau des ehedem verwinkelten Viertels entstand die Neue Straße neu, und die heutige Hafengasse

Hierher soll sich der junge Wieland, der Legende nach, häufig zurückgezogen haben: Das Gartenhäuschen auf dem Gelände der heutigen Wielandshöhe ist 1867 abgebrochen worden.

wurde verbreitert. Das führte bei dem Nachfolgebau des Hochmannianums auf den teilweise alten Mauern zu einem nach vorne etwas reduzierten Grundriß. Die Stiftung jedoch lebte 1837 in einem 1793 an jener Stelle neben dem Pfleghof erbauten Hause wieder auf, in dem einst der finstere Polyhistor Martin Crusius gewohnt hatte.

Unterdessen war Christoph Martin Wieland im fernen Weimar zu europäischem Ruhm gekommen. Duzfreund Goethe nannte ihn den »Dekan des deutschen Parnasses«, was aber wohl ein allzu bürokratisch klingender Titel für diesen vernachlässigten und unterschätzten Dichter ist, den seine poetische Anmut, seine Gewitztheit und Sinnlichkeit nicht nur in dunklen Zeiten als im Grunde undeutsch gelten ließen. Wieland wirkt immer überraschend unkonventionell, und selbst seine frühen Tübinger Werke, mögen sie auch noch weithin wie schöne arcimboldosche Arrangements aus Lesefrüchten aussehen, haben schon den weiten Horizont der europäischen Aufklärung.

Über die furchtbaren Tübinger Brände des Jahres 1789 – nach der Senatsuntersuchung war wohl Ploucquets mit einer zerbrochenen Laterne im Stall schaffende Viehmagd daran schuld – wird Wieland kaum etwas erfahren haben. Zu dieser Zeit richtete sich sein Hauptaugenmerk auch gerade fasziniert auf die Brände in Paris. Der dialektische Realist beobachtete aufmerksam, was sich dort im Sommer 1789 tat und erhob noch vor Beginn der schlimmsten Jakobiner-Schreckensherrschaft im »Teutschen Merkur« warnend die Stimme.

Friedrich Hölderlin

Klosterberg 2 (Stift)
Bursagasse 1 (Bursa)
Bursagasse 6 (Turm)

Klosterberg 2

Bursagasse 6

Bursagasse 1

Im Zwischenreich am Ufer des Styx

»Man fragt nach dem Zimmer des Herrn Bibliothekars – so läßt er sich noch immer gerne tituliren – und kommt auf eine kleine Thüre zu. Schon hört man innen reden, man glaubt, daß Gesellschaft innen sey: Der brave Tischler sagt aber: er sey ganz allein, und rede Tag und Nacht mit sich selbst. Man besinnt sich, man zaudert, anzupochen, man fühlt sich innerlich beunruhigt. Zuletzt klopft man an, und ein heftiges lautes: Herein! wird gehört. Man öffnet die Thüre, und eine hagere Gestalt in der Mitte des Zimmers, welche sich aufs Tiefste verneigt, nicht aufhören will, Complimente zu machen, und dabey Manieren zeigt, die voll Grazie wären, wenn sie nicht etwas Krampfhaftes an sich hätten.« So beschreibt Wilhelm Waiblinger in seinem Hölderlin-Essay von 1827, was Besucher erlebten, wenn sie zum ersten Stock hinaufgestiegen, den langen, dunklen, gewinkelten Gang (»Öhrn«) hintergegangen und eingetreten waren.

Eingetreten in ein, wie Waiblinger am 3. Juli 1822 in sein Tagebuch notiert hatte, »kleines geweissnetes amphitheatralisches Zimmer, ohne allen gewöhnlichen Schmuck« mit fünf Fenstern (anstelle der heutigen drei), von denen aber wohl ein nach Westen weisendes – dort befand sich das Bett – zugemauert war. Sonst gab es darin noch einen Ofen, einen Tisch, zwei Stühle und nahe der Tür einen »Kasten«. Das von vielen Besuchern erwähnte Klavier, auf dem er immer wieder den gleichen musikalischen Gedanken hören ließ – vor allem an Wintertagen habe es »Ihm viele Unterhaltung gewährt, wobei Er meistens zu Seinem Spiel Singt«, schrieb der wohlwollende Ernst Zimmer in einem Brief vom 21. Januar 1832 – dieses Klavier stand in einem Nebenraum auch des Hauswirts Töchtern und den bei ihm wohnenden Studenten zur Verfügung. Hölderlins Halbrund, hell wie ein Operationssaal, war damals kleiner als heute, nur 4,40 Meter breit und drei Meter tief. Hier, in »gruft und tempel zu denen er die künftigen mit kränzen zu wallen lädt« (Stefan George), vollzog sich das Mysterium der Hälfte seines Lebens, 36 Jahre lang, und hier starb er.
Wo hat der Genius loci seinen Ort? Noch bis 1978 war dem ehrfürchtig staunenden Publikum statt des Turmzimmers im ersten Stock die frühere Schreiner-Werkstatt im Parterre – jetzt Vortragsraum – als des Dichters Refugium vorgeführt worden. Seit Januar 1985, als die jüngste umfassende Renovierung des Hauses abgeschlossen war, hängen nur noch vier ganz einfache vergrößerte Schreibmaschinen-Texturen von späten Jahreszeiten-Gedichten an der Rückwand des weißen, kalten Rondells mit den hellen breiten Dielen. Es atmet sich leicht in dieser hallenden Leere. Die Imagination wird, abgesehen von zwei zierlichen, mit neuem blauem Stoff bezogenen Stühlen, die Zimmer vielleicht selbst gefertigt hat, durch kein Ameublement gestört, welches aber authentisch auch gar nicht mehr vorhanden wäre. Ob wohl Ihre Heiligkeit etwas wünschten über Griechenland, Frühling oder Zeitgeist? Über Frühling! Also: »Der Mensch vergißt die Sorgen aus dem Geiste, / Der Frühling aber blüh't, und prächtig ist das Meiste, / Das grüne Feld ist herrlich ausgebreitet/ Da glänzend schön der Bach hinuntergleitet. // Die Berge stehn bedeket mit den Bäumen, / Und herrlich ist die Luft in offnen Räumen, / Das weite Thal ist in der Welt gedehnet / Und Thurm und Haus an Hügeln angelehnet. // Mit Unterthänigkeit Scardanelli.«
Damals konnte Hölderlin aus dem Fenster weit ins Tal des noch ungezähmt vorbeirauschenden Neckar blicken, ins Steinlachtal, zum Rammert hin und zur Alb. Welch Geistes ist der Genius loci? Zu jener Zeit, als man Mitte der achtziger Jahre das Treppenhaus verlegte, den langen Öhrn im ersten Stock wiederherstellte und die ständige Ausstellung »Hölderlin in Tübingen« neu konzipierte, war nach dem Seher der Jahrhundertwende, nach dem Künder völkischer Erneuerung und nach dem Jakobiner der sechziger und siebziger Jahre auch gerade wieder einmal Zeit für einen neuen Hölderlin geworden: Da wurde der Dichter ökologischer Exegese unterzogen, wurde zum Grünen, obwohl sich ihm doch eigentlich »Natur« nie als problematisch erwiesen hatte. Jedenfalls spiegeln sich in seinem Leben und Werk immer ganz unterschiedliche geistige und politische Anschauungen, während sein Geschick unerklärlich bleibt, unfaßbar.

Friedrich Hölderlin auf dem 1792 entstandenen Pastell von Franz Karl Hiemer.

Wo hat der Genius loci seinen Ort, welch Geistes ist er? Wenn darauf auch in einem museal zugänglichen Gebäude am allerwenigsten Antworten zu bekommen sind, so läßt sich's doch nicht von der Hand weisen, daß das Haus am Neckar zum Symbol für die Existenz des in innere Verborgenheit Geflohenen geworden, daß ihm sinnbildhafte Bedeutung zugewachsen ist. Und es war 1778 auch in einem Grenzbereich, auf abgesondertem Gebiet, in dem Zwinger oder Zwingel genannten Raum zwischen äußerer Stadtmauer und innerem Wehrgang entstanden, war auf den Turmsockel der einen aufgesetzt und an den anderen angelehnt worden. Eine Wohnung im imaginären Niemandsland am Totenfluß – dahin dachte sich Heinz Czechowski, Dichter aus der dahingegangenen DDR, über viele Grenzen hinweg: »Den Acker, den Goethe durchpflügte, / Möcht ich nicht betreten, auch dann nicht, / Wär ich wie Goethe, vielleicht. / Hölderlin aber, / Der dem Wahnsinn verfiel, / Möchte ich sein. / Ich weiß, Weimar und Tübingen / Liegen dicht beieinander. / Aber die Grenze, Freunde, die Grenze, / Scheidet den Styx vom Olymp. // In Weimar bin ich gewesen, / In Tübingen nicht. / Deshalb, das weiß ich, / Ist der Olymp mir so fern / Und der Styx mir so nah.« Inzwischen war er auch in Tübingen. Doch Grenzen fallen und immer sind neue.

Als Hölderlin, der für Czechowski solch große Anziehungskraft vor allem durch die Art hat, wie er die Form des lyrischen Ausdrucks auf sein Maß brachte, wie er ihn individualisierte, als Hölderlin dann am heiligen Wasser des Unterweltflusses angekommen war, lag ein, gemessen an bürgerlichen Normen, mißlungenes Leben hinter ihm. Das begann schon im Evangelischen Stift, wo er den Widerspruch zwischen vorgegebenem äußeren Bildungsziel – die Mutter wünschte sich ihn als schwäbischen Pfarrherrn – und innerer Berufung als zunehmendes Gefühl der Enge erlebte. Am 21. Oktober 1788 waren seine Maulbronner Promotion und dazu noch vier Schüler vom Oberen Gymnasium Stuttgart, darunter Hegel, in das ehemalige Augustinerkloster eingezogen. Vor allem der Umgang mit den etwas älteren Freunden Ludwig Neuffer und Rudolf Magenau konnte seine durch das Leben in der »fürchterlichen Burg« (Karl Friedrich Reinhard) getrübte Stimmung zunächst aufhellen. »Das theol. Stift«, so hat auch Magenau später geschrieben, »war mir von der ersten Stunde an bis zu meinem Abschiede unerträglich. Überal Unordnung, und Planloßigkeit. Tausend Demüthigungen für den guten Kopf, alte mönchische Etiquette, ein Regiment nach keinem

vesten Masstabe – o wie oft seufzte ich im Stillen um Erlößung!« Die Freunde trafen sich in ihrem nach dem Vorbild von Klopstocks Gelehrtenrepublik gebildeten »Aldermannsbund«, sie lasen an den »Aldermannstagen« jeweils donnerstags Gedichte vor und zogen über die grünen Hügel, durch die stillen Täler der Umgebung von Tübingen.
Vergebens beschwor Hölderlin im November 1789 die Mutter, ihn doch aus dem Stift austreten und Jura studieren zu lassen: »O liebe Mamma! mein seeliger Vater pflegte ja so oft zu sagen ›seine Universitätsjahre seien seine vergnügtesten gewesen‹ soll ich einst sagen müssen ›meine Universitätsjahre verbitterten mir das Leben auf immer‹.« Während dieser Monate entzündeten den Freunden die Gedanken der Französischen Revolution Köpfe und Herzen. Als Herzog Carl Eugen, auch Rektor der Universität, angesichts der revolutionären Ereignisse dem Stifts-Ephorus allergrößte Strenge befahl, schrieb Hölderlin im Entwurf zur »Weisheit des Traurers« folgende Verse: »Elender! schon – schon schleichet der Tod in dir, / Es naht Tyrann, der furchtbaren Rache Tag.« Aber wenn Hölderlin auch zeit seines bewußten Lebens leidenschaftlicher Republikaner blieb und den Glauben an die Verwirklichung der Menschenrechte nie aufgab, so wandte er sich doch spätestens 1793 enttäuscht von der einst emphatisch begrüßten Revolution ab, vom schändlichen Tyrannen Marat und »den übrigen Volksschändern« (im Juli an seinen Bruder). Auch dadurch, wie die Hoffnungen im Blut erstickten, wie später alle revolutionären Errungenschaften zurückgenommen wurden, verengte sich für ihn der Raum in der Wirklichkeit immer mehr.
Nachdem Magenau und Neuffer – beide entwickelten sich übrigens zu ziemlich spießigen Pfarrern, und Neuffer sollte in seiner Autobiographie von 1829 sogar Hölderlins Namen verschweigen – nachdem die Freunde im September 1791 das Stift verlassen hatten, traten zwei Stubengenossen an ihre Stelle: Georg Wilhelm Friedrich Hegel und Friedrich Wilhelm Joseph Schelling. Dieser zweite Freundschaftsbund bestand, bis sich Hegel am 19. September 1793 mit der utopischen Bundeslosung »Reich Gottes!« verabschiedete, und am 6. Dezember legte auch Hölderlin in Stuttgart das Konsistorialexamen ab. Sein Förderer Gotthold Stäudlin, in dessen »Poetischer Blumenlese« gerade für dieses Jahr sieben Gedichte von ihm erschienen waren, hatte schon vorher wegen einer Hofmeisterstelle bei Schiller antichambriert, der dann seinen jungen schwäbischen Landsmann auch am 1. Oktober Charlotte von Kalb in Waltershausen für ihren Sohn Fritz empfahl: Der französisch sprechende, poetisch talentierte Bewerber »heißt Hölderlin und ist Magister der Philosophie. Ich habe ihn persönlich kennen lernen und glaube, daß Ihnen sein Aeußeres sehr wohl gefallen wird.«
Aber im Brotberuf des Hauslehrers scheiterte er ebenfalls, und schließlich hat auch die Liebe nicht mehr die bedrückende Mechanik des Üblichen aufheben können. Als Susette Gontard am 22. Juni 1802 gestorben war, riß es ihn mit in die »exzentrische Sphäre der Todten«. Am 11. September 1806 wurde der sich heftig wehrende Bibliothekar von Homburg nach Tübingen gebracht und vier Tage darauf ins Klinikum Johann Heinrich Ferdinand Autenrieths eingeliefert. Am 13. Mai 1805 war die neue akademische Krankenanstalt mit 15 Betten und einer kleinen Abteilung für einen oder zwei Geisteskranke in der dafür umgebauten Burse eröffnet worden. Den Klinikrechnungen zufolge gab es auch ein

»Im Turm beim Tischler Zimmer« – eine von drei Radierungen aus Alfred Hrdlickas Zyklus »Hölderlins Wahnsinn«.

»Narrenzimmer«, in das Kranke für die Dauer der Paroxysmen kamen. Die Einrichtung dieses hellen Raumes bestand aus einer Matratze mit Kopfpolster und einem in die Wand eingelassenen, nur vom Korridor her zu entleerenden Nachtstuhl, den Zimmer gefertigt hatte. Fenster und Ofen waren mit weißen, oben und unten fest verankerten Palisaden vergittert. Die Tür konnte nur von außen geöffnet werden.

Dem neben anderen vom Medizinstudenten Justinus Kerner geführten Rezeptbuch zufolge, das für die Zeit vom 16. September bis zum 21. Oktober vorliegt, bekam Hölderlin Beruhigungsmittel (Belladonna, Digitalis, Opium), aber auch Reizmittel (Cathariden) verordnet. Zwar lehnte Autenrieth schwere Züchtigungen ab, aber man kann doch davon ausgehen, daß dem Patienten körperliche Zwangsmaßnahmen nicht erspart blieben, zumal pädagogische Strafen damals eine nicht unwesentliche Rolle in der Psychiatrie spielten. Sicher mußte er auch mit Zwangsjacke und »Autenriethscher Maske«, die das Schreien verhindern sollte, Bekanntschaft machen. Da ist es nicht verwunderlich, daß Waiblinger für später schreibt: »In Zorn und Convulsionen gerieth er gleich, wenn er jemand aus dem Klinikum sah.« Wie lang der Kranke hier blieb, läßt sich nach den Jahresabrechnungen genau bestimmen: »Magister Hölderlin aus Nürtingen, vom 15. 7 br. (Septembris) biß 3. Maj 1807 auf 231 Tage à 24 x – 92 f 24 x.«

Das an den Klinikumsgarten grenzende Haus im Zwingel hatte Ernst Zimmer 1807 von einem Zeugmacher namens Fischer erworben und darin im Erdgeschoß seine Schreinerei eingerichtet. Am 22. Dezember 1835 gab er einem Unbekannten in einem Brief darüber Auskunft, wie Hölderlin zu ihm gekommen war: »Im Clinikum wurde es aber mit ihm noch schlimmer. Damahls habe ich seinen Hipperion mit der Frau Hoffbuchbinder Bliefers geleßen welcher mir ungemein wohl gefiel. Ich besuchte Hölderlin im Clinikum und Bedauerte ihn sehr, daß ein so schönner Herlicher Geist zu Grund gehen soll. Da im Clinikum nichts weiter mit Hölderlin zu machen war, so machte der Canzler Autenrith mir den Vorschlag Hölderlin in mein Hauß aufzunehmen, er wüßte kein pasenderes Lokal. Hölderlin war und ist noch ein großer Natur Freund und kan in seinem Zimmer daß ganze Näkerthal samt dem Steinlacher Thal übersehen.« Mochte Zimmer nach Waiblingers Zeugnis auch immer Kant, Fichte, Schelling, Novalis oder Tieck gelesen haben, so war er doch vor allem ein guter, einfacher, bescheidener Mann, der den während der ersten Jahre äußerst unruhigen Dichter aus Mitleid und aus Achtung vor seinem Genius aufgenommen hatte. Solch selbstverständliche Menschlichkeit, wie er und seine Tochter Lotte sie bewiesen, wäre heutzutage selbst in der Familie unvorstellbar. »Diese beiden, Ernst und Lotte Zimmer, habe ich, schreibend, zärtlich geliebt.« So beschloß Peter Härtling eine »Widmung« für sie in seinem Roman »Hölderlin«.

Nun lebte er im Zwischenreich am Styx. Vor dem Haus floß wild der Neckar vorbei. Gegenüber bannten damals aber noch keine Bäume den Blick wie das Schwarz einer Toteninsel. Die Platanenallee wurde erst 1820 angepflanzt. Im Jahre 1809 hatte Zimmer das Dachgeschoß in die Wohnung einbeziehen, 1820 den Turm aufstocken lassen, und als der Innungs-Obermeister 1828 erst 56jährig sein Gewerbe aufgab, wurde auch noch das Parterre zu Wohnraum umgebaut. Zehn Jahre später ist Zimmer gestorben. Seine Töchter verkauften das Haus

1865 an einen Repetentendiener Sindlinger. 1868 ging es in den Besitz des Schuhmachers Carl Friedrich Eberhardt über, der das Dachgeschoß zum vollständigen zweiten Stock erweiterte. Nach dem Brand vom 14. Dezember 1875 mußte er aber sein Anwesen so gut wie neu errichten. Statt dem früher viermal geeckten Halbrund mit in den Hauptbau übergehendem Dach entstand nun ein spitzhaubiger halbrunder Turm ohne Ecken.
August Mayer, zwei Jahre später beim Rückzug der Großen Armee in Rußland verschollener Bruder des mit Uhland und Kerner befreundeten Dichter-Juristen Karl Mayer, berichtete Anfang Mai 1810 in einem Brief, wie man als Student bei Zimmer wohnte. Das Haus, schrieb er, »liegt einsam am Nekar und gibt mir Stoff (besonders in der jetzigen Maienzeit) zu tausend angenehmen Betrachtungen. Diese Entlegenheit und Einsamkeit die mir es so werth machen und zum Theil auch die Mühe des Eingangs machen es von Andern weniger gesucht und wohlfeil.« In der Zimmerei, die also dazumal, was heute kaum mehr vorstellbar ist, wirklich etwas Abgelegenes, Exterritoriales hatte, endete Hölderlins Leben am 7. Juni 1843 nachts um 23 Uhr. Noch um Mitternacht unterrichtete Lotte Zimmer in einem Brief Karl Gok »von dem sanften Hinscheiden« seines Bruders: »Die Bestürzung ist nun so groß daß mirs übers Weinen hinaus ist, und denoch dem Lieben Vater im Himmel taußendmal danken muß daß Er kein Lager hatte, und unter taußend Menschen wenige so sanft sterben wie Ihr geliebter Herr Bruder starb.«

Der Gang zum Grab: »Wenn es nicht unmöglich wäre, so ginge ich Morgen mit zur Leiche«, schrieb Gustav Schwab seinem dann am Grabe sprechenden Sohn Christoph Theodor aus Stuttgart. »Aber wie kann ich das, am Samstag Nachmittag, da ich übermorgen zu predigen habe!« Wahrhaft, ein pflichtbewußter Mann! Rund hundert Studenten folgten am Samstag, 10. Juni, vormittags dem Sarg. Akademische Gestalten jedoch sah man, außer etwa dem Historiker Johannes Fallati oder dem Bibliothekar Karl Klüpfel, nur wenige im Trauerzug. Ein Gewittersturm erreichte brausend seinen Höhepunkt, als der Sarg in die Tiefe gesenkt wurde, aber dann brach die Sonne durch. Im November ließ Hölderlins Halbbruder Karl Gok einen hellgrauen Stein mit Eisenkreuz, zu welchem noch ein nicht niet- und nagelfester Lorbeerkranz gehörte, aufs Grab stellen und an der rechten Seitenwand Verse aus dem 1793 in Tübingen begonnenen Gedicht »Das Schiksaal« einmeißeln: »Im heiligsten der Stürme falle / Zusammen meine Kerkerwand, / Und herrlicher und freier walle / Mein Geist in's unbekannte Land.« Über und über besudelt von Kränzen und Kranzschleifen mit Hakenkreuzen war das Grab am 7. Juni 1943. Die Schleife am Lorbeerkranz des Adolf Hitler – Gauleiter und Reichsstatthalter Wilhelm Murr hatte ihn niedergelegt – wand sich um das Eisenkreuz und fiel an beiden Seiten des Steines herab. Die bei Gelegenheit des 100. Todestages begründete Hölderlin-Gesellschaft wurde durch Einsetzung von Gerhard Schumann zum Präsidenten auf Anweisung Joseph Goebbels' einvernehmend gleichgeschaltet. Volles Verstehen, so der Reichskultursenator und Versemacher einem späteren, mit B. Z. gezeichneten Zeitungsbericht vom 7. Juli zufolge, volles Verstehen finde Hölderlin »erst in unseren Tagen, da das deutsche Volk bis in alle Tiefen hinein sich im Ringen um

Sein oder Nichtsein des von Hölderlin erträumten großen Vaterlandes auf die letzten sittlichen und völkischen Werte, auf die Grundelemente des Volksdaseins besinnt, bewußt auf sie zurückgreift und aus ihnen die Kraft für das gewaltige Ringen zu schöpfen sucht.« Von der neuen Hölderlin-Gesellschaft werden nun Jahr für Jahr am Todestag Kränze oder Gebinde am Grab unter der Eibe niedergelegt, direkt hinter dem sich übrigens 1956 der Dichter Wilhelm Schussen begraben ließ. 1987 standen auf der Schleife die dem Homburger Folioheft entnommenen Worte: »Wenn dann in kommender Zeit / Du einem Guten begegnest / So grüß ihn, und er denkt, / Wie unsere Tage wohl / Voll Glüks, voll Leidens gewesen.«

Der Gang zum Denkmal: »Dem hohen Sänger, der aus Wolkennacht / Emporgestrebt zum Lichtreich ew'ger Schöne; Verschwisternd mit dem Reiz der Griechentöne / Des deutschen Sanges urgewalt'ge Macht, / Ihm sei aus Geniushänden dargebracht / Der ewiggrüne Stirnschmuck der Kamöne.« So reimte einst Robert Hamerling für den Sockel von Emmerich Andresens »Genius des Ruhms«, der am 30. Juni 1881 zu Hölderlins Gedenken im (damals noch nicht Alten) Botanischen Garten enthüllt worden war. Seit Jahren nun schon hält der gen Friedhof zum Grabe des Verewigten hinblickende Genius keinen Lorbeerkranz mehr in der Hand, läßt also Hamerlings gründerzeitlichen Auftrag pflichtvergessen unerfüllt. Die auf der Wiener Weltausstellung mit einer Medaille ausgezeichnete Marmorfigur des Königlich Sächsischen Hofrats Andresen, der später Vorsteher des Bildhauerateliers der Porzellan-Manufaktur Meißen wurde, bot überhaupt einen erbarmungswürdigen Anblick, so kaputt, beschmiert und von Algen bewachsen, wie sie war. Nachdem ihr im Laufe der Jahre immer wieder der Kranz und manchmal sogar dazu noch Finger abgerissen worden waren, hatte man die apollinische Gestalt zum Universitätsjubiläum 1977 für 4500 Mark instandsetzen lassen. Schon 24 Stunden nach der Übergabe fehlten dann allerdings nicht nur die vergoldeten Kupferblecharbeiten, der Lorbeerkanz und ein Stern auf dem Kopf, sondern der ganze rechte Arm war auch abgebrochen worden. Alle Liebesmüh um das Denkmal erwies sich als vergebens in Anbetracht von Zerstörungswut und Souvenir-Gier. Der Genius, früher sommers von prächtigen Palmen und Zierpflanzen flankiert, im Winter dagegen durch einen hölzernen Kasten geschützt, zerfiel weiter. Im Sommer 1989 wurde er wieder einmal gereinigt. Strahlend marmorweiß und dabei doch so ruinös, gewann der Torso nun direkt Spannung. Wo hat der Genius loci seinen Ort? An diesem Monument aus neoklassizistisch erstorbenem Geiste dennoch nicht. Den Erwartungen starrer Bildungsbürgerlichkeit willfahrend, wich man vor Hölderlins eigentlicher Problematik in die Allegorie aus und reduzierte ihn auf »Sänger«, »Lichtreich«, »Griechentöne«, »Genius«. Aber daß der Dichter da sakralisiert wurde, bevor es überhaupt zu seiner Wiederentdeckung gekommen war – das läßt dieses Denkmal des Historismus schon auch wieder auf gewisse Weise reizvoll erscheinen.

Friedrich Schiller

Bursagasse 1 (Burse)

Seitdem »offene Casse« bei Cotta

Es war der 11. März des Jahres 1794: Die Postkutsche mit Professor Friedrich Schiller aus Jena und seinem ehemaligen Mitschüler von der Hohen Karlsschule, dem Hofmedikus Dr. Friedrich Wilhelm von Hoven, rumpelte Richtung Tübingen. In Waldenbuch wurde Rast gemacht. Der Sohn des Kaiserlichen Posthalters bediente die Gäste, ohne zu wissen, wen er da vor sich hatte. Bedrückt schlich der junge Eberhard Friedrich Klein um den Tisch der Speisenden herum, ihnen dadurch lästig werdend, und als sie sich erkundigten, was denn los sei, erzählte er ganz gleichgültig, daß man heute morgen seine alte Mutter beerdigt habe. »Und das sagen Sie so kalt, Herr Wirt«, soll Schiller entgegnet haben, »genieren Sie sich doch ja nicht vor uns, wir nehmen teil an Ihrem Verlust und fühlen, wie nahe er Ihnen geht, darum begeben Sie sich sogleich in Ihr Kämmerlein und weinen Sie sich aus, wir werden mit dem Essen schon selber zurechtkommen.« Nach einem verhältnismäßig guten Mahle fuhren Schiller und Hoven dann weiter und erreichten am frühen Nachmittag Tübingen. Vom Gasthof an der Post aus schickten sie gleich zu Jakob Friedrich Abel, ihrem ehemaligen Lehrer an der Karlsschule und nun nach deren Auflösung Professor für Beredsamkeit, Dichtkunst und Philosophie an der Landesuniversität, um für den Abend ihren Besuch zu annoncieren. Aber Abel kam eilends selbst bei ihnen vorbei, nötigte die früheren Schüler, ihre Sachen wieder einzupacken und bestand darauf, daß sie bei ihm in der Burse logieren sollten, deren Vorsteher er war.
Elf Jahre nach seiner Flucht war Schiller als Jenaer Professor und inzwischen berühmt gewordener Dichter für neun Monate nach Schwaben zurückgekehrt. Diese Reise, die ihn nun für drei Tage nach Tübingen führte, sollte seine einzige längere überhaupt bleiben. Schon tief ins Gespräch verstrickt, strebten Abel, von Hoven und Schiller über Neue Straße, Holzmarkt und Bursagasse dem ältesten Gebäude der Universität zu, das Graf Eberhard, Datierungen auf den tragenden Holzsäulen des Hauptgeschosses zufolge, zwischen 1478 und 1480 hatte errichten lassen. Zu Melanchthons Zeiten war also der ausladende Fachwerkbau noch neu, stabil und von um die 100 Studenten bewohnt, aber als Schiller dort nächtigte,

krachte es allenthalben im Gebälk der Burse, die mehr als 20 Stipendiaten kaum noch einmal hatte. Nachdem 1799 im Senat bei einer Debatte über die Zukunft des Gebäudes empfohlen worden war, es zu »abandonnieren«, es aufzugeben, erlahmte das Interesse der Philosophischen Fakultät als Aufsichtsbehörde am Contubernium, in dem die Studenten freie Wohnung und freien Tisch hatten, immer mehr. Der Plan, das baufällige Haus in eine akademische Krankenanstalt umzuwandeln, löste deshalb allgemeine Erleichterung aus. Der junge Hölderlin, den Schiller gerade während des vergangenen Herbstes in Ludwigsburg für eine halbe Stunde empfangen hatte, wird im September 1806 erster Insasse von Autenrieths weißem »Narrenzimmer« sein.

Friedrich Schiller auf dem Pastellbild von Ludovike Simanowiz (Spätherbst 1793).

Der damals 43jährige Abel fungierte also als letzter Vorsteher des Contuberniums und zwar bis 1803. Von nun an nahm er, der einst großen Einfluß auf Schillers dichterische Entwicklung gehabt und mit ihm zusammen 1782 das »Wirtembergische Repertorium der Litteratur« herausgegeben hatte, die beiden früheren Schüler vollkommen in Beschlag. »Ehe wir selbst zu Tische gingen«, erinnerte sich von Hoven, »wohnten wir dem Abendessen der theologischen Stipendiaten bei und trafen da den als Orientalisten berühmten Professor und Ephorus Schnurrer. Der Anblick der Stipendiaten hatte viel Interessantes für uns, und mit Schnurrer unterhielten wir uns auf eine sehr angenehme Weise. Nun gingen wir selbst zu Tisch und saßen da mitten unter den Studenten, vor uns eine ungeheuer große Schüssel, aus welcher für alle die Suppe geschöpft wurde, und alle weitern gemeinschaftlichen Schüsseln von derselben Größe.« Jener Christian Friedrich Schnurrer, der ihnen als angenehmer Gesprächspartner erschien, führte aber ein ziemlich autoritäres Regiment und hatte etwa noch am 10. März des Vorjahrs über die Stimmung im Stift geklagt: »Unsre junge Leute sind großenteils von dem Freiheitsschwindel angesteckt.«

Die Studenten aßen schweigend und musterten verstohlen den berühmten Mann, der auch in Tübingen bei empfänglichen Gruppen schon kulthaft verehrt wurde. Angenehm sah er nicht aus. Der Jugendfreund Georg Scharffenstein beschrieb ihn später so: »sein Hals sehr lange; er hatte etwas Steifes und nicht die mindeste Eleganz in seiner Tournure«, »die Nase dünn, knorplich, weiß von Farbe, in einem merklich scharfen Winkel hervorspringend, sehr gebogen, auf Papageienart«, »die Wangen blass, eher eingefallen, als voll, und ziemlich mit Sommerflekken besät«, »der ganze Kopf, der eher geistermäßig als männlich war, hatte viel

Bedeutendes, Energisches«. Während also die Studenten allenfalls mit ihrem Besteck klapperten, führte am anderen Ende der Tafel jemand derart lautstark das große Wort, daß Schiller und Hoven ärgerlich darüber zu werden begannen, bis sie erfuhren, um wen es sich da handelte: um Abels Schwager Friedrich Wilhelm Schmid, Professor der Rechte.
Am nächsten Mittag aßen sie wieder mit der Familie des geschätzten Lehrers, der nach allen Beschreibungen eine Seele von Mensch gewesen sein muß, und den Stipendiaten zusammen. Überhaupt vertrieb ihnen Abel die gesamte Zeit ihres Tübinger Aufenthaltes, ausgenommen eine Morgenstunde, zu der sie den Medizinprofessor Gottfried Ploucquet besuchten, Sohn des Philosophen, und jenen Vormittag, als sich der Dichter mit dem gegenüber der Stiftskirche residierenden Johann Friedrich Cotta traf, seinem künftigen Verleger. Aus von Hovens Erinnerungen wird ein leicht genervter Unterton hörbar, wenn er schreibt: »Bis spät in die Nacht dauerte unsere gegenseitige Unterhaltung, ja Abel begleitete uns selbst in unser Schlafzimmer und verließ es, das Licht in der Hand und immer im Begriff, es zu verlassen, nicht eher, als bis ich ihm sagte, Schiller sei längst eingeschlafen, was auch wirklich der Fall war.«
Nach einem späteren Bericht Abels hatte es seinem Gast so gut in Tübingen gefallen, daß man den Gedanken ins Spiel zu bringen wagte, ob er vielleicht bereit wäre, hier Professor zu werden. »Schiller erklärte sich, als freundschaftlich darüber gesprochen wurde, daß er wegen seines Gesundheitszustandes fortlaufende Vorlesung nicht halten, auch seine Stelle in Jena nicht mehr versehen könne. Wohl aber sei er noch im Stande, eine einzelne Materie aus den ihm bekannten Wissenschaften in den wenigen, durch seine Gesundheit ihm gestatteten, Stunden so vorzutragen, daß die Zuhörer dadurch ein Muster erhielten, wie solche Materien behandelt werden sollen; auch könne er noch dadurch nützlich werden, daß er in seinem Hause abends eine Gesellschaft gäbe, die bloß der Unterhaltung mit Studierenden über wissenschaftliche Materien und überhaupt über ihre intellektuelle und moralische Bildung gewidmet sein sollte. Beides hoffte er in Tübingen eher als an einem andern Orte ausführen zu können.« Aber daraus wurde nichts. Die Verhandlungen brachten kein Ergebnis, und es erging dann wohl auch kein offizieller Ruf an ihn. Außerdem fühlte sich Schiller dem Weimarer Herzog verpflichtet und war den schwäbischen Verhältnissen einfach entwachsen.
Die in Tübingen geknüpften Beziehungen zu Johann Friedrich Cotta, der die heruntergekommene Verlagsbuchhandlung samt den beiden baufälligen Münzgassen-Häusern am 1. Dezember 1787 übernommen und binnen kurzem hochgebracht hatte, trugen jedoch schnelle Frucht. Dadurch, daß er Schiller für seinen Verlag hatte gewinnen können, waren in Tübingen bedeutsame Voraussetzungen für die Hochklassik geschaffen worden. Erstes gemeinsames Unternehmen sollte nämlich eine Zeitschrift »Horen« sein, für welche Redakteur Schiller auch Goethe, den er später Cotta als Autor zuführte, zur Mitarbeit aufforderte. In Jena kam es bald zu der für die deutsche Literatur so folgenreichen Begegnung zwischen beiden. Aus Stuttgart, wohin Schiller inzwischen wieder gefahren war und seit Mitte März im Hofküchen-Gartenhaus in der Augustenstraße wohnte, schrieb er schon am 29. März an seinen neuen Verleger, der anscheinend clever

reagiert hatte: »Für die Gefälligkeit, die Sie mir durch Vorschuß des Geldes erzeigen wollen, bin ich Ihnen aufrichtig verbunden. Ich werde nächste Woche Herrn Göschen davon benachrichtigen, daß er sich darauf richtet, gegen das Ende Mais jene Summe an Ihre Ordre zu bezahlen.« Herr Göschen – das war sein bisheriger Verleger.

Arm und krank der eine, reich und von gesegnetem Naturell der andere – so stellt man sich landläufig das Dioskuren-Paar Schiller und Goethe vor. Des großen Schwaben schlechte materielle Lage erscheint als zwangsläufige Folge mangelnden Interesses an Geld und Kommerz, an jenen Niederungen, denen allzusehr verhaftet zu sein sich ja auch schlecht zum Postulat der idealischen Forderung fügen würde. Solche Einsicht gedieh zum biographischen Leitmotiv und diente auch immer wieder als Schlüssel zum Verständnis von Schillers Werk. Aber dieser Schlüssel erschließt nichts oder höchstens Falsches. Denn entgegen allen Vorurteilen erweist sich der Dichter gerade auch im Verhältnis zu seinem Tübinger Verleger als kühler, besonnener und erfolgreicher Geschäftsmann.

Lange nach des Freundes Tod trauerte Goethe noch dessen ihm oft dienlich gewesenen kommerziellen Fähigkeiten nach, als er selbst sich genierte, wegen einer Erhöhung des Honorars für »Dichtung und Wahrheit« mit Cotta zu verhandeln. Schiller nämlich kannte »Scheu vor allem Mercantilischen« nicht, obwohl er gerade damit in einem Brief an Cotta vom 20. Mai 1798 kokettierte – zu dem Behufe jedoch, seine Honorarforderungen hochzuschrauben. Auf jeden Fall wußten sich der Verleger und sein Autor im wahrsten Sinne des Wortes zu schätzen, denn schon am 11. September 1795 hatte Cotta ihm kundgetan: »Überhaupt rechne ich darauf, daß Sie in jedem Fall annemen, offene Casse bei mir zu haben, ohne die mindeste Rücksicht, denn ich neme diß als einen Beweiß Ihrer mir so schäzbaren Freundschaft an.«

Nein, Schiller war ein geschickter Rechner, wenn's um Geld ging, wie dann vor allem sein für die Jahre 1802 bis 1809 entworfener »Arbeits- und Finanzplan« erwies, er war ein Kenner des literarischen Marktes, ein gewiefter Taktiker im Umgang mit Verlegern und ganz und gar nicht arm: Sein Grundgehalt als Hofrat samt den Honoraren brachte zum Beispiel jährlich 200mal soviel wie ein Manufakturarbeiter aus Apolda verdiente, und zwischen Mai und August 1802 gab er für das Haus an der Esplanade in Weimar mehr Geld aus, als ein Strumpfwirker während eines 45jährigen Arbeitslebens überhaupt zusammenbekommen konnte.

Wie rührend besorgt sich andererseits der Tübinger Verleger um die Sicherheit seines Erfolgsautors erwies, macht dann ein ebenso merkwürdiges wie aufschlußreiches Anerbieten deutlich. Auf der Rückreise von einem Besuch bei Schiller in Jena plagte Cotta, wie er am 20. Mai 1798 schrieb, »die sorglichste Unruhe wegen Ihrer GartenWohnung, die das am Himmelfaths Abends noch stattgehabte Ungewitter bei mir erzeugte – ich konte keinen Augenblick schlafen, als ich mir Ihre isolirte und hoch gelegene Wonung und Sie und Ihre schäzbare Familie dem nächsten Bliz ausgesezt dachte: mein erster freier Augenblick war also einem Brief an Ihren H. Schwager, Wolzogen gewidmet, in dem ich ihn bat, einen BlizAbleiter auf Ihre Wonung zu errichten, von dem Sie mir die Kosten zu tragen erlauben werden, da ich dises Instrument gern als ein kleines Zeichen meiner ewigen Dankbarkeit für Ihre Sicherheit errichten möchte.« Wie gesagt, man wußte sich zu schätzen, solche Besorgnis hatte ihren Hintersinn. Als der spätere Freiherr Johann Friedrich Cotta von Cottendorf – im ersten Medaillon rechts von der Kanzel am Tübinger Rathaus ist er abgebildet – für eine halbe Million Gulden das Grundeigentum zur Nobilitierung erwerben mußte, fiel ihm das dank der guten Renditen aus den Zeitungen und Zeitschriften seines Verlages, vor allem aber aus dem raschen Verkauf von Schillers dichterischen Werken und Goethes »Faust I« überhaupt nicht schwer.

Aber von den Sachzwängen und dem Geld noch einmal zurück zu jenen Gefilden, in denen sich das Bewußtsein utopisch den Gegebenheiten verweigert und Emanzipation der Geschichte einzuklagen versucht. Die Zeitschrift »Horen«, Zeugnis klassischen Denkens in der Vereinigung gegensätzlicher Geister der Zeit, die sich durch Ideen eines harmonischen Menschentums und ihre Abneigung gegen abgeschmackt zweckgerichtete Aufklärungsphilosophie verbunden fühlten, die »Horen« waren während dieser Märztage des Jahres 1794 in Tübingen geboren worden. Der Kontrakt zwischen Cotta und Schiller datiert vom 28. Mai, Ende des Jahres schickte er dann noch Manuskripte nach Tübingen, und schon Mitte Januar 1795 konnte das erste Stück des ersten Bandes ausgeliefert werden.

In einer Zeit, wo das nahe Geräusch des Krieges das Vaterland ängstige, wo der Kampf politischer Meinungen diesen Krieg in jedem Zirkel erneuere, wo weder bei Gesprächen noch in den Schriften des Tages vor diesem allverfolgenden

Gesellschaftsspiel bei Jakob Friedrich Abel in der Burse (nach einem alten Aquarell): Solcherart hatten sich wohl auch Schiller und von Hoven betätigen müssen, als sie ihren ehemaligen Lehrer von der Hohen Karlsschule an seinem neuen Wirkungsort besuchten.

Dämon der Staatskritik Rettung sei, in so einer Zeit werde nun der Leser zu einer Unterhaltung entgegengesetzter Art eingeladen, heißt es in Schillers Ankündigung. »In der Tat scheinen die Zeitumstände einer Schrift wenig Glück zu versprechen, die sich über das Lieblingsthema des Tages ein strenges Stillschweigen auferlegen und ihren Ruhm darin suchen wird, durch etwas anderes zu gefallen, als wodurch jetzt alles gefällt. Aber je mehr das beschränkte Interesse der Gegenwart die Gemüter in Spannung setzt, einengt und unterjocht, desto dringender wird das Bedürfnis, durch ein allgemeines und höheres Interesse an dem, was rein menschlich und über allen Einfluß der Zeiten erhaben ist, sie wieder in Freiheit zu setzen und die politisch geteilte Welt unter der Fahne der Wahrheit und Schönheit wieder zu vereinigen.« So schöne Träume also wurden einmal in einer Tübinger Zeitschrift geträumt.

Johann Wolfgang Goethe

Münzgasse 15 und 17

Wo Goethe eigentlich zu Hause war

Auf seiner Reise nach Schwaben im Frühjahr 1794 hatte Schiller also auch Johann Friedrich Cotta besucht und enge Kontakte zu ihm geknüpft, als deren erste Frucht des Dichters literarische Monatszeitschrift »Die Horen« reifte. Später spann er den Faden zu Goethe, und als jener dann plante, auf seiner Reise in die Schweiz für einige Tage in Tübingen zu unterbrechen, stimmte Schiller den Verleger in einem Brief vom 21. Juli 1797 folgendermaßen auf den illustren Gast ein: »Nehmen Sie ihn freundlich auf, er sieht auf so was, und sehen Sie daß Sie ihn mit einigen interessanten Personen bekannt machen.« Der clevere Schwabe, dessen Vorfahren aus Sachsen stammten, sollte sich daran halten, und Goethe nahm die Einladung »um so dankbarer an, als ich diese Zeit her, besonders bey den heißen Tagen in Wirthshäusern viel gelitten habe und mich in dem häußlichen Kreise einer wohlwollenden Familie wieder zu erquicken hoffe«, wie er ihm am 31. August aus Stuttgart antwortete.
Am 7. September verließ die Postkutsche mit dem Herrn Geheimde Rat von Goethe samt seinem damals 21jährigen Sekretär Ludwig Geist »früh 5 1/2« Stuttgart. Langsam rumpelte man die steile Stiege nach Hohenheim hoch und fuhr dann über Echterdingen nach Waldenbuch, das »um 8 1/2« erreicht wurde. Von Dettenhausen ging es über die alte Stuttgarter Straße – Bebenhausen sah Goethe also nicht – an Pfrondorf vorbei. »Schöne Ansicht der nunmehr nähern Neckarberge«, notierte er in seinem Tagebuch. »Blick ins mannichfaltige Nekkartal. Lustenau, gemischte Kultur, Wiese, Wald, Trift, Garten, Weinberg. Man sieht das Tübinger Schloß und Tübingen, eine anmutige Aue führt bis hinein.« Als der Wagen mittags vorgefahren kam, eilte der hagere Verleger dem fast etwas korpulent wirkenden Dichterfürsten entgegen und begrüßte ihn mit einer Mischung aus Herzlichkeit und förmlicher Gravität. Zwischen beiden sollte sich von nun an, wo sie sich kennen und achten lernten, eine enge Partnerschaft entwickeln, die über drei Jahrzehnte währte und von der nahezu 600 Briefe zeugen.

Goethe war nicht zum erstenmal in Tübingen. Auf der Rückfahrt von einer Schweizer Reise mit Karl August hatte er am 10. Dezember 1779 schon einmal hier übernachtet. Aber, so schrieb er nun am regnerischen 11. September seinem Herzog nach Weimar: »Wie auslöschlich die Züge der Gegenstände im Gedächtnis seien, bemerke hier mit Verwunderung, indem mir doch auch keine Spur vom Bilde Tübingens geblieben ist, das wir doch auch, auf jener sonderbaren und angenehmen, ritterlichen Expedition, vor so viel Jahren, berührten.« Diesmal jedoch reiste Goethe ganz anders, diesmal lag dem Dichter daran, die Realität an sich, die Realien, wahrzunehmen, während ihn früher vor allem das Abenteuer des eigenen Erlebens und Empfindens als Beobachter gereizt hatte. Dem Maler und Kunsthistoriker Johann Heinrich Meyer, Professor am Freien Zeicheninstitut in Weimar, berichtete er davon, ebenfalls am 11. September: »Durch die Gelassenheit, womit ich meinen Weg mache, lerne ich, freilich etwas spät, noch reisen. Es gibt eine Methode, durch die man überhaupt in einer gewissen Zeit die Verhältnisse eines Orts und einer Gegend und die Existenz einzelner vorzüglicher Menschen gewahr werden kann. Ich sage gewahr werden, weil der Reisende kaum mehr von sich fordern darf«. So kam es denn, daß er Tübingens erst bei dieser zweiten Begegnung »gewahr« wurde.

Johann Wolfgang Goethe: Kupferstich von K. A. Schwerdgeburth.

Noch am Tag seiner Ankunft lernte Goethe den Apotheker Dr. Christian Gottlieb Gmelin kennen und spazierte mit ihm gegen Abend, als es nicht mehr so heiß war, zu dessen sechseckigem Gartenhäuschen auf den Schloßberg hinauf, von wo aus man ins Ammer- wie auch ins Neckartal schauen konnte. »Die Stadt an sich selbst«, trug er abends noch sachlich und kühl in sein Tagebuch ein, »hat drei verschiedne Charaktere; der Abhang nach der Morgenseite, gegen den Neckar zu, zeigt die großen Schul-, Kloster- und Seminariengebäude; die mittlere Stadt sieht einer alten, zufällig zusammengebauten Gewerbestadt ähnlich; der Abhang gegen Abend, nach der Ammer zu, so wie der untere flache Theil der Stadt wird von Gärtnern und Feldleuten bewohnt und ist äußerst schlecht und bloß nothdürftig gebauet, und die Straßen sind von dem vielen Mist äußerst unsauber.«

Das Anwesen des Verlegers bestand aus den nebeneinanderliegenden Gebäuden Münzgasse 15 und 17, welch letzteres im Kataster noch 20 Jahre bevor Johann Friedrich Cotta 1787 die Verlagsbuchhandlung übernommen hatte, als teils zur Cottaschen, teils zur Erbmasse eines Präzeptors Busch gehörend verzeichnet gewesen war. Das Haus Münzgasse 15, in dem Goethe nun »ein heiteres

Zimmer, und, zwischen der alten Kirche und dem akademischen Gebäude, einen freundlichen, obgleich schmalen Ausblick ins Neckartal« hatte, wie er am 12. September an Schiller schrieb, dieses Gebäude war eigentlich schon immer irgendwie herausgehoben, allein durch die Lage am damals zentralen Platz der Universität. Als Vorbewohner des zu europäischer Geltung aufstrebenden Verlegers galten auch die heruntergekommenen Nachkommen der einst so mächtigen Pfalzgrafen von Tübingen, deren letzter, illegitimer Sproß darin am 3. November 1667 das Zeitliche gesegnet haben soll, »nemlich Hanß Jerg von Tübingen / gewesener Hauptmann auf dem Schloß allhier, aet. 73.«, wie Andreas Christoph Zeller in seinen »Ausführlichen Merckwürdigkeiten« von 1743 vermerkt.

Goethe war allem Anschein nach mit seiner Unterkunft zufrieden, wenn auch Karl August Varnhagen von Ense elf, zwölf Jahre später den Eindruck hatte, als präsentiere sich die berühmte Cottasche Verlagsbuchhandlung kaum ihrer Bedeutung gemäß. Vielleicht plante der geschäftstüchtige Verleger, Teilhaber etwa an der Bodensee- und Rheindampfschiffahrt, damals aber auch schon den Umzug nach Stuttgart und investierte deshalb nichts mehr in seine Tübinger Häuser. Jedenfalls schreibt Varnhagen, der Tübingen überhaupt abscheulich fand (»ein schmutziges Nest, schwarz, klein, baufällig«) in seinen »Denkwürdigkeiten«: »Ich glaubte meinen Augen nicht, als ich nach der Cottaschen Buchhandlung fragte, und man mich in ein Lädchen wies, wo ich mich fast schämte einzutreten; so winzig, eng und schmucklos hab' ich neue Bücher noch nie wohnen sehen, alte wohl! Und noch dazu ist dies der Ort, wo Schiller und Goethe recht eigentlich zu Hause sind, von wo sie ausgehen.« Immerhin erblickte der weltläufige junge Mann aber, nachdem er über zwei schmale Stiegen in ein enges Stübchen hinaufgeklettert war, ein Sofa – »das einzige bis jetzt, das ich in Tübingen zu sehen bekommen, denn Studenten und Professoren haben so schwelgerische Gewohnheiten nicht«.

Johann Friedrich Cotta: Lithographie nach einem Gemälde von K. J. Th. Leybold.

Ob Goethe schon auf diesem Cottaschen Sofa hatte Platz nehmen können, war nicht herauszubekommen. Während der ersten Tage hätte es ihm aber dazu wegen des schönen Wetters auch an der Gelegenheit gefehlt. Am 8. September zum Beispiel spazierte er mit Vater und Sohn Ploucquet, dem Philosophen und dem Mediziner, zu deren Garten, »der auf der unter der Stadt wieder aufsteigenden Berghöhe liegt«, auf dem Österberg also, und genoß dort ebenso eine der

Der Goethe-Turm auf dem Schloßberg: Aquarellierte Bleistiftzeichnung von unbekannt aus dem Jahre 1865.

damals besonders beliebten angenehmen Aussichten wie tags drauf noch einmal vom Schloß aus, auf das ihn sein Gastgeber begleitet hatte. Mit Professor Karl Friedrich Kielmeyer, der ihm schon beim Mittagsmahl tags zuvor vorgestellt worden war, fachsimpelte Goethe dann am Morgen des 10. September naturwissenschaftlich. Der Forscher zeigte dem berühmten Mann nicht nur naturhistorische und anatomische Zeichnungen seines früheren Karlsschul-Mitschülers George Cuvier aus Mömpelgard, nun Professor in Paris, sondern trug ihm auch »verschiedene Gedanken vor, wie er die Gesetze der organischen Natur an allgemeine physische Gesetze anzuknüpfen geneigt ist«.

»Regnichter Tag«, steht am 11. September im Tagebuch. Erstaunlich, wie vieles Goethe da so zu Papier brachte: Morgens »diktiert an verschiedenen Aufsätzen nach Weimar bestimmt«, dann besichtigte er in der Stiftskirche die Chorfenster des Peter Andlau und schrieb einen Aufsatz darüber (»Über Glasmahlerei«). Mittags traf sich Goethe mit dem Orientalisten Christian Friedrich Schnurrer und machte anschließend Visiten bei Herren, die er am Vortag im Cottaschen Hause kennengelernt hatte, und bei dem Staatsrechtler Professor Johann Christian Majer. Außerdem schrieb er an diesem Tag noch viele Briefe – zum Beispiel an Johann Heinrich Meyer (»bei Herrn Cotta ganz bequem einlogiert«) oder an den Herzog Karl August mit folgendem Urteil über die Tübinger Universität: »Die Akademie ist hier sehr schwach, ob sie gleich verdienstvolle Leute besitzen und ein ungeheures Geld auf die verschiednen Anstalten verwendet wird; allein die alte Form widerspricht jedem fortschreitenden Leben, die Wirkungen greifen nicht ineinander, und über der Sorge, wie die verschiedenen Einrichtungen im alten Gleise zu erhalten seyen, kann nicht zur Betrachtung kommen, was man ehemals dadurch bewirkte und jetzt auf andere Weise bewirken könnte und sollte.« Vielleicht war der Wetterfühlige ja auch wegen des Dauerregens ein bißchen verstimmt, als er Christiane Vulpius mitteilte, »die Stadt selbst« sei »abscheulich, allein man darf nur wenige Schritte tun, um die schönste Gegend zu sehen«.

Am 12. September regnete es immer noch. Vormittags besuchten ihn Ploucquet und Majer, mittags kam Jakob Friedrich Abel von der Burse herauf, und nach dem Essen ging Goethe in die Bibliothek schräg gegenüber, wo er ein langge-

suchtes Werk des Antonius de Dominis entdeckte, das ihm für seine Farbenlehre wichtig war und aus dem dann bis zum 14. September exzerpiert wurde. Dann noch ein Besuch bei Ephorus Schnurrer im Stift, und abends war Goethe Mittelpunkt einer kleinen Gesellschaft bei Professor Majer mit zwei zur Sitzung des Hofgerichts nach Tübingen gekommenen adligen Herren, einem seine Blessuren ausheilenden Oberlieutnant und einem Geheimden Legationsrat mit Frau – »wegen des Erzherzogs hier«, der am nächsten Tag erwartet wurde. Zwischendurch fand Goethe auch noch Zeit, verdrossen an Schiller zu schreiben, »eine traurige Regenzeit« nötige ihn nun leider mehr zu geselligem Umgang statt Wanderungen durch die schöne Umgebung Tübingens. Aber: »Je näher ich Herrn Cotta kennen lerne, desto besser gefällt er mir. Für einen Mann von strebender Denkart und unternehmender Handelsweise hat er so viel Mäßiges, Sanftes und Gefaßtes, so viel Klarheit und Beharrlichkeit, daß er mir eine seltene Erscheinung ist.« Als Schiller das am 21. September brieflich Cotta hintertrug, wurde der darob von »einer unbeschreiblichen Freude« ergriffen.
Endlich muß es zu regnen aufgehört haben, denn am frühen Nachmittag des 13. ging Goethe zunächst »den Erzherzog ankommen zu sehen, der im Collegio Illustri abstieg« – es war Erzherzog Karl Ludwig von Österreich – und »mit Herrn Cotta nachher spazieren an dem Mühlbache im Ammerthale hinauf, dann über die Weinbergshöhen und wieder zurück«. Als Weimarer Wasser- und Wegebaubeamter hatte er unbedingt die Abzweigung des durch Tübingen fließenden Ammerkanals aufsuchen müssen, der ihm schon am Tag seiner Ankunft als höchst bemerkenswertes Bauwerk erschienen war.
Nächsten Vormittag empfing Goethe wieder Tübinger Professoren und Honoratioren, um anschließend »mit Herrn Cotta zu Professor Storr« zu gehen, zum Mediziner Gottlieb Konrad Christian Storr, der ihnen sein Naturalienkabinett zeigte. Am 15. September machte er vormittags eine »Promenade in's Neckarthal«, durchdachte vor dem Essen »Verschiednes über die thüringischen, kielischen und württembergischen Verhältnisse«, um danach vom Turm der Stiftskirche »die Gegend noch einmal zu übersehen«. Denn am nächsten Morgen schon um 4 Uhr bestiegen Goethe und der junge Geist die Reisekutsche und fuhren durchs Steinlachtal in Richtung Schaffhausen davon.
Auf der Rückreise von der Schweiz – das war dann Goethes dritter und letzter Besuch hier – übernachtete er wieder in Tübingen, aber diesmal, wohl weil sein Kunstfreund Meyer noch dabei war, nicht bei Cotta, sondern im »Gasthof zum goldenen Trauben« vor dem Lustnauer Tor. Am Sonntag, 29. Oktober, kamen sie an, am 30. wünschte er Schiller aus Tübingen brieflich »Viel Glück zum Wallenstein!«, und am Dienstag, 31. Oktober, machte Posthalter Kommerell die Rechnung.
Von den Begegnungen, die Goethe auf dieser Reise hatte, war jene mit seinem Verleger sicher die folgenreichste. Ihr gutes Einvernehmen sollte weder durch finanzielle Mißerfolge getrübt werden, wie Goethes Kunstzeitschrift »Propyläen« (1798 bis 1800) einen brachte, noch durch den süffisanten Korrespondenzbericht Karl August Böttigers für die Cottasche »Allgemeine Zeitung« über Goethes Hochzeit im Jahre 1806: »Weimar, 6. Nov. Göthe ließ sich unter dem Kanonendonner der Schlacht mit seiner vieljährigen Haushälterin, Dlle. Vulpius, trauen,

und so zog sie allein einen Treffer, während viele tausend Nieten fielen. Nur der Ununterrichtete kann darüber lächeln. Es war sehr brav von Göthe, der nichts auf gewöhnlichem Wege thut.«

Nun erschienen die kunstgeschichtlich-biographischen Schriften über Benvenuto Cellini und Winckelmann, dann 1808 »Faust I« in endgültiger Fassung, 1809 die »Wahlverwandtschaften« und 1810 »Zur Farbenlehre«. Cotta sicherte sich bald die Exklusivrechte für das Werk insgesamt, das erstmals 1806 bis 1810 noch in Tübingen dreizehnbändig, 1815 bis 1819 in Stuttgart, wohin der Verlag 1810 übergesiedelt war, in 20 Bänden herauskam und schließlich von 1827 an als Ausgabe letzter Hand. Tübingen oder Stuttgart besuchte Goethe später nicht noch einmal, aber sein »Allverleger« Cotta, 1817 zum Herrn von Cotta zu Cottendorf geadelt, schaute immer einmal wieder in Weimar am Frauenplan vorbei, wenn er nach Leipzig zur Buchmesse fuhr.

Jens Baggesen

Münzgasse 15 und 17

In allen meinen Arten und Unarten

Jens Baggesen, der 1764 in Korsör auf Seeland geborene romantische Antiromantiker, war zumindest seit 1789 ständig unterwegs zwischen Dänemark, Frankreich, Deutschland und der Schweiz. Unterwegs wird der ewig Umhergetriebene dann 1826 in Hamburg auch das Zeitliche segnen, als er von Dresden nach Kopenhagen fahren wollte. Eine für Herbst 1808 von ihm geplante Reise in die dänische Hauptstadt war durch die napoleonischen Kriegswirren unmöglich geworden, weswegen er umdisponierte und sich bei Freunden und Bekannten in Frankfurt, Heidelberg, Stuttgart und Tübingen aufhielt – dort anderthalb Monate lang von Ende 1808 bis Mitte Februar 1809. Johann Gottfried Ebel, Naturforscher und Arzt in Frankfurt, hatte Baggesen dem Verleger Johann Friedrich Cotta als einen »Mann für Sie in jeder Rücksicht« empfohlen, dem zu wünschen wäre, daß sich »ihm in Deutschland eine sichere Lage« eröffnen könnte.

Auch Johann Heinrich Voß, inzwischen in Heidelberg lebender Idyllen-Dichter und Homer-Übersetzer, griff am Morgen des 26. Dezember 1808, einem Montag, zu Feder und Papier, um für den liebenswürdigen Dänen ein Empfehlungsschreiben an Cotta aufzusetzen. »Diesen Brief überbringt mein Freund Baggesen, der mit Ihnen in Verbindung zu kommen wünscht, und es verdient«, schrieb er und verwies auf des Dichters idyllisches Epos »Parthenais«, auf eine im Jahr zuvor erschienene Gedicht-Sammlung »Heideblumen« und die noch ungedruckte anti-romantische Comi-Tragödie »Der vollendete Faust«.

Als der junge Karl August Varnhagen von Ense den Gast dann schon am folgenden Donnerstag bei einer Gesellschaft im Cottaschen Hause kennenlernte, war er aber gar nicht so sehr angetan von ihm. Baggesen mache »Spottgedichte gegen die deutschen Romantiker, will sogar von Goethe wenig wissen und meint, man sei ein Dichter, wenn man sich selbstgefällig über alles erhebt und von Voß die Schmiedearbeit deutscher Hexameter gelernt hat!«, schimpfte er, wie so manchmal vielleicht ein bißchen ungerecht, in seinen »Denkwürdigkeiten«. Obwohl »grenzenlos eitel«, habe Baggesen den Verleger »ganz für sich einge-

Der dänische Dichter Jens Baggesen (1764 bis 1826) auf einer zeitgenössischen Lithographie von E. Lehmann.

nommen und die Frau gleichfalls«. Fast war der Student aus gutem Hause etwas verstimmt darob, daß man dem Gast Geist und Witz im Übermaß zubilligte, während er selbst sich durch seinen eigenen Witz, »Der vollendete Faust« sei »nur eine Faust in der Tasche«, nicht gerade empfahl in dieser Gesellschaft.

Da lebte der dänische Dichter nun als Gast in einem Hause, in dem sich Albrecht von Haller, der Großvater seiner 1797 gestorbenen ersten Frau Sophie, Ende 1723 als Medizinstudent eingemietet hatte. Welch seltsame Fügung! Baggesen verkehrte mit Johann Heinrich von Autenrieth, dem Vorstand des Klinikums, und vor allem mit dem aus Bebenhausen stammenden Naturforscher Karl Friedrich Kielmeyer, Gesprächspartner Goethes einige Jahre früher.

»Bevor ich nach Stuttgart abgehe, was ich gern noch um einige Tage aufgeschoben hätte«, schickte Baggesen seinem Gastgeber am 10. Februar 1809 einen langen Brief, in dem er ihm für »Wohltaten der Gastfreiheit« dankte und resümierte, wodurch ihm die Tübinger Wochen sonst noch so fruchtbar geworden seien: Während dieser Zeit habe er sich »sozusagen nach einer langen französischen Abmagerung wieder geistig, und zwar mit der kernhaftesten deutschen Speise genährt«, seine Gesundheit »vollends durch ein stilles Leben, ohne irgend eine Anstrengung, im Schoße einer mich zart pflegenden glücklichen Familie wiederhergestellt«, vertrauten Umgang »mit einem der tiefsten und gehaltreichsten Genien unserer Zeit« genossen – womit er Kielmeyer meinte –, und schließlich »Sie, vortrefflicher Mann, kennen gelernt«. Ihn wiederum habe er »in alle meine mir natürliche Arten und Unarten blicken lassen«. Dadurch könne der verehrungswürdigste Buchhändler Deutschlands nun besser als zuvor beurteilen, »ob ich auch ein Ihnen konvenierendes Mündel sei«.

Aber der zunächst höchst begeisterte Cotta muß das Mündel dann als doch nicht so recht mit seinen Absichten konvenierend empfunden haben. Es waren wohl sein eigener Geschäftssinn und Baggesens Unordnung in geschäftlichen Dingen, was ihm nahelegte, zurückhaltend zu reagieren. Zwar kamen in Tübingen gerade noch – 1810 wechselte der Verlag nämlich nach Stuttgart über, und die beiden Häuser wurden 1816 vom Buchhändler Heinrich Friedrich Laupp erworben – Baggesens sich gegen die Sonetten-Fabrikation der Heidelberger Romantiker wendender »Klingklingel-Almanach« und das »Taschenbuch für Liebende« auf das Jahr 1810 heraus, allein aus einer weiteren Zusammenarbeit wurde ebensowenig etwas wie aus des Ruhelosen Plan, in Deutschland seßhaft zu werden.

Dagegen hatte sich aber wohl auch seine zweite Frau Fanny geb. Reybaz gesträubt, Tochter des Genfer Gesandten bei der Französischen Republik.
In einem Brief vom 7. Juni 1809 aus Marly la Machine bei St. Germain en Laye wünschte er nichts sehnlicher, als das gerade fertig gewordene Taschenbuch »Ihnen und Ihrer Frau Gemahlin, an Ihrem traulichen, unvergeßlichen Tische in Tübingen sogleich vorlesen« zu können. Das Echo von dorther war jedoch so wenig ermutigend, daß er Ebel am 10. September klagte, es sei ihm unerklärlich, warum Cotta ihm seine Freundschaft entzogen habe. Am 4. Juni 1810 machte Baggesen einen letzten Versuch, die alte Vertrautheit neu zu beleben. »Knüpfen Sie wieder«, bat er, »das Verhältnis, das sich unglücklicherweise hat auflösen wollen; nicht auf meine Weise, sondern auf die Ihrige, legal, bestimmt! Schreiben Sie mir den Entwurf eines gegenseitigen Kontrakts.« Aber der Großverleger antwortete ihm nicht einmal mehr.

Ludwig Uhland

Neckarhalde 24
Hafengasse 3
Gartenstraße 1
(zerstört)

Neckarhalde 24

Hafengasse 3

In des Volkes Seele eingegangen

Während man dem Dichter noch lautschallende patriotische Ehrungen darbrachte, während er in wilhelminischer Zeit – eigentlich seltsam bei einem aufrechten Demokraten von 1848 – zum bevorzugten Schulbuchautor wurde und sein Ruhm auch später ungebrochen in Schule und bürgerliches Heim hineinstrahlte, während dieser Zeit war Tübingen eine ausgesprochene Uhland-Stadt und ihr bedeutsamster literarischer Wallfahrtsort das 1944 durch englische Bomben zerstörte Haus an der Ecke Mühlstraße/Gartenstraße. Man kann nun nicht nur die heruntergekommene Lesekultur allgemein dafür verantwortlich machen, daß es dann so ruhig um den Dichter, Politiker und Philologen wurde, der heute zumindest außerhalb Schwabens weitgehend abgeschrieben ist. Auch in Tübingen trat Friedrich Hölderlin, dessen Gedichte der redliche Mann zusammen mit Gustav Schwab herausgegeben hatte, nach und nach an seine Stelle als Genius loci, ist es doch bei dem Dichter im Turm die Unfaßbarkeit eines offener Entwurf bleibenden Lebens und Werkes, was immer von neuem an ihm fasziniert. Uhland dagegen wirkt seltsam geheimnislos als Mensch wie als Dichter, dem alles Subjektivistische abging, der seine Verse nicht existentiellem Leiden an der Wirklichkeit abrang, sondern sich in der Rolle eines objektiven Sängers fühlte – und Verse überhaupt nur während seiner jungen Jahre schrieb. Aber wenn Hölderlin heute auch anregender und aufregender erscheint als Uhland, so begegnet man dem populärsten deutschen Dichter des 19. Jahrhunderts in seiner Geburts- und Sterbestadt doch immer noch unausweichlich an allen Ecken und Enden.

Tübingens Hauptschule Innenstadt ist auf die Gebäude Hölderlin- und Uhlandschule verteilt, während an der Uhlandstraße das Uhland-Gymnasium liegt. Im Hotel »Krone« kann man in einer Uhlandstube essen und im Uhlandsaal des »Museums« mehr oder weniger rauschende Ballnächte überstehen, wenn's denn sein muß. Auch das 1912 in Betrieb genommene Hallenbad wurde nach dem schwimmbegeisterten Dichter-Gelehrten benannt, dessen Glatze Zeitgenossen häufig unter den Badenden im Neckar hatten aufblinken sehen. Den Namen Uhlands führen auch noch eine Drogerie und ein Institut auf dem Schloß, in welchem man sich der sogenannten Empirischen Kulturwissenschaft befleißigt. Sogar die Streifenwagen der Polizei bekamen den Funkrufnamen Uhland. »Uhland zwo, bitte kommen!«

Und an der Uhlandstraße steht er auch als Denkmal und muß den Blick unter der fliehenden Stirn ehern gen Westen richten. Auf die Fassade des Rathauses wurde Uhland neben den Großverleger Johann Friedrich Cotta gemalt. Am Bonatz-Bau der Universitätsbibliothek findet sich der aus einer alteingesessenen Tübinger Bürgerfamilie stammende Dichter dagegen neben Homer, Platon, Leonardo, Dante, Luther, Leibniz, Goethe, Schiller, Kant und – eine Hommage an Preußen um 1912 – Otto von Bismarck, also in für ihn denn doch etwas zu illustrer Gesellschaft. Die Lücke oberhalb der Neckarbrücke, wo einst sein Wohnhaus stand, ist bis heute nicht angemessen geschlossen, aber außer diesem zerstörten Uhland-Haus der Uhland-Häuser gibt es in Tübingen noch drei andere, wenn man zum Geburtshaus in der Neckarhalde 24 und zum großväterlichen in der Hafengasse 3, wo er aufwuchs, auch noch jenes seines Urgroßvaters am Markt (links neben dem Café Pfuderer) hinzunimmt, des Kaufmanns Joseph Uhland, der aus Kleingartach zugereist und 1720 Tübinger Bürger geworden war.

Das geistige Nachleben Uhlands hatte sich, wie gesagt, immer mehr abgeschwächt. Nun hängt nicht einmal mehr »Des Sängers Fluch« einem Damoklesschwert gleich über Gymnasiasten mit schlechtem Gedächtnis. Daß der Dichter jedoch keineswegs tot ist, wie ihm Heinrich Heine schon 1833 in der »Romantischen Schule« unterstellte (»Wie sein Kollege, das Roß Bayard, hat er alle möglichen Tugenden und nur einen einzigen Fehler: er ist tot«), daß durchaus auch heute noch Impulse des Lebendigen von ihm ausgehen, beweist schon ein flüchtiger Spaziergang durch seine gesammelten Werke. Das Gedicht »Die Kapelle« (»Droben stehet die Kapelle«) in deren drei Strophen der 21jährige das Widerspiel von Leben und Vergänglichkeit gleichermaßen knapp, einfach und plastisch ins Bild brachte, wurde ebenso zum Volkslied wie der unselige »Gute

Kamerad«, mit dem über die Zeiten hin immer wieder Schindluder getrieben und der Soldatentod verklärt wurde. Nachdem der Germanist Heinz Otto Burger in einem Beitrag für die Festschrift zum 150. Geburtstag Uhlands am 26. April 1937 des Dichters Diktum zitiert hatte, sein Streben gehe dahin, sich »immer fester in ursprünglich deutsche Art und Kunst zu verwurzeln«, folgerte er dreist: »Würde das Programm eines nationalsozialistischen Dichters so wesentlich anders lauten? Und Uhland vermochte das Programm so zu verwirklichen, daß noch heute, wo immer Deutsche, seien es zwei oder drei, in stiller Stunde, sei es die ganze Nation in hoher Feier, eines Toten gedenken, das Lied angestimmt wird vom ›Guten Kameraden‹. Als Klage und Gelöbnis der Treue bis übers Grab stiftet es die innigste Gemeinschaft der Trauernden unter sich und mit dem Toten. Es ist eines der deutschen Nationallieder.«

Erstaunlich tief im allgemeinen Bewußtsein verankert blieben auch »Der Wirtin Töchterlein« (»Es zogen drei Burschen wohl über den Rhein«) oder »Einkehr« (»Bei einem Wirte wundermild«). Und »Frühlingsglaube« (»Die linden Lüfte sind erwacht«) sei, fand Friedrich Hebbel, das schönste Frühlingslied überhaupt. »Was willst du dich mir offenbaren, / Wie ungewohnt, geliebtes Tal?« beginnt ein dreistrophiges Gedicht übers Goldersbachtal und »Das ist der Tag des Herrn!« des »Schäfers Sonntagslied«. Allgemeingut geworden sind die markigen Worte »Viel Steine gab's und wenig Brot« oder »Der wackre Schwabe forcht sich nit« aus der Ballade »Schwäbische Kunde«. Gewiß, auch da ist Uhland in des Volkes Seele eingegangen, was man durchaus doppeldeutig verstehen kann. Noch kaum Schule gemacht hat dagegen beispielhaftes feministisches Tun, das er in seinen schönen Sagen-Nacherzählungen auf uns brachte: Die vorher von Siegfried in Gestalt Gunthers hintergangene Brünhilde erwehrt sich dann im Bett des Gibichungen-Königs, bindet Gunther mit ihrem Gürtel Füße und Hände zusammen und hängt ihn so die Nacht über an einen Nagel droben in der Wand. Also, das liest sich streckenweise schon noch gut, aber die beiden Dramen »Ernst, Herzog von Schwaben« und »Ludwig der Baier« sind wohl unrettbar verstaubt und verloren.

Das Haus Neckarhalde 24, in dem Ludwig Uhland am 26. April 1787 zur Welt kam, befindet sich seit einigen Jahren im Besitz der Stadt. Das Gebäude wurde im Kataster 1544 erstmals erwähnt, aber ein Hofgerichtsadvokat Weiße hatte es 1782 auf den alten Fundamenten wohl zum größten Teil neu bauen lassen. Der Vater, Johann Friedrich Uhland, war Jurist und Amtsnachfolger seines Schwiegervaters, des Universitätssekretärs a. D. Jakob Samuel Hoser aus der Haaggasse 15, wo ja später Hauff wohnte. Ludwig Uhlands Großvater väterlicherseits, der Theologieprofessor Ludwig Joseph Uhland, residierte als Stiftsephorus direkt gegenüber in jenem niedriger gelegenen Haus, das von den Stiftlern seit jeher »Hölle« genannt wurde, und Ottilie Wildermuth erzählt, nach dessen Tod sei bei Uhlands arglos vom »Großvater in der Höll' selig« gesprochen worden.

Ihm gehörte das Haus Nr. 3 (heute Spielwarengeschäft Dauth-Zeyer) in der damals sehr engen und düsteren Hafengasse, wohin die junge Familie noch im Laufe des Jahres 1787 übersiedelte. Es war früher Teil des Blaubeurer Pfleghofs und dann bis 1603 im Besitz der Erben des Universitätskanzlers Dr. Jakob Heerbrand. Im ersten Stock – die Fenster von Ludwigs schmalem Zimmer gingen

Aus Anlaß von Uhlands 100. Geburtstag 1887 von H. Nisle und E. Kolb nach Photographien in Holz gestochen und festlich arrangiert: des Verehrten Porträt, das Geburtshaus in der Neckarhalde, das Wohn- und Sterbehaus an der Neckarbrücke, Grab und Denkmal.

nach hinten hinaus – wohnte der Universitätssekretär mit seiner Familie, im zweiten der Onkel, Oberamtsarzt Dr. Gotthold Uhland. Hier also wuchs Ludwig zusammen mit der jüngeren Schwester Luise und dem Bäschen Wilmele auf. Er ging seit 1793 in die Schola anatolica am damals noch nicht vom Österberg abgetrennten Schulberg, absolvierte von 1801 an das verbindliche philosophische Grundstudium, promovierte 1810 zum Doctor juris und machte danach eine Reise nach Paris, die ihm weniger die angestrebten Einsichten in den Code Napoléon als vielmehr in die altfranzösische Literatur bescherte.
Tübinger Professor war Uhland nach 18 Advokatur-Jahren in Stuttgart geworden. Im Sommersemester 1830 las er über deutsche und romanische Literatur, im Wintersemester 1830/31 übers Nibelungenlied, im Sommersemester 1831 über Geschichte der deutschen Poesie des 15. und 16. Jahrhunderts und im Wintersemester 1831/32 über Sagengeschichte der germanischen und romanischen Völker. Schließlich opferte der Gelehrte das geliebte Lehramt seiner Überzeugungstreue auf. Als man ihm den Urlaub zur Wahrnehmung eines Mandats als Abgeordneter in Stuttgart verweigerte, kam er um seine Entlassung aus dem Staatsdienst nach, worauf Minister Johannes von Schlayer, ein Tübinger Bäkkerssohn, ihm am 22. November 1833 ankündigte, daß ihm der König die Entlassung »sehr gerne« erteile.
Zwar setzte sich der Unbequeme als Politiker, als langjähriger Abgeordneter im Stuttgarter Landtag und 1848 auch im Frankfurter Parlament couragiert für Freiheit und Menschenwürde ein. Ansonsten ist seine Position aber gar nicht so einfach zu fassen. Denn Uhland stand bei den Verfassungskämpfen keineswegs auf seiten der »Fortschrittlichen«, sondern der Altrechtler, denen der Tübinger Vertrag von 1514 Richtschnur für die Beziehungen zwischen Landesherrn und Volksvertretern war, und wenn sich der einer großdeutschen Lösung zuneigende Abgeordnete für ein frei zu wählendes Staatsoberhaupt einsetzte, dann war nicht etwa ausschlaggebend, daß er die Erbmonarchie gering schätzte, sondern einfach das ältere Recht des Wahlkönigtums. Dennoch, Uhland gehörte zu jenen, die sich einen Traum bewahrt hatten und ihn verteidigten, den »Frühlingstraum des Jahres 1848«, wie er in seiner Paulskirchenrede vom 22. Januar 1849 bekannte.
In einem »Eichenkranz der Bürgertugend«, den ihm Heine immerhin zubilligte, betitelten Aufsatz über Uhland stellte Gert Ueding denn auch fest: »Man hat ihn zum Konservativen machen wollen, weil er der organisch gewachsenen Überlieferung unbedingte Autorität zuerkannte, doch wie falsch sind dergleichen papierne Klassifizierungen gegenüber dem vollen unzensierten Leben eines unabhängigen Mannes! Die Willkür der Staatsführung, der selbstherrliche Egoismus der deutschen Fürsten, bürgerlicher Untertanengeist und die Unfreiheit des Volkes galten ihm als die verhängnisvollsten Übel der Gegenwart. Er saß auf der linken Seite des Parlaments und stimmte auch meist mit der Linken.«
Während nun Uhland, der kaum noch mal ein Gedicht schrieb, immer berühmter wurde, gaben sich die Besucher – im Sommer 1844 zum Beispiel war Hoffmann von Fallersleben einige Tage zu Gast – bei ihm die Klinke in die Hand. »Tübingen ist fortan sein Wohnsitz geblieben, und es war ein echtdeutscher Zug, daß er an einem Stilleben sich genügen lassen konnte, das einen Franzosen von seiner Bedeutung zur Verzweiflung gebracht hätte. Nahe der Neckarbrücke

stand sein freundliches Haus am Abhang des Oesterbergs, dessen schöne Formen der aus Italien heimkehrende Philolog mit dem Vesuv zu vergleichen liebt.« Das schrieb der Historiker Heinrich von Treitschke nach einer Visite bei Uhland in dessen 1836 erworbener klassizistischer Villa bei der Neckarbrücke. Der 1833 vorübergehend nach Leipzig überwechselnde Jurist Karl Georg Wächter hatte sie 1828 von Karl Marcel Heigelin – er las in Tübingen Baukunst, Ästhetik und Kunstgeschichte und ging später nach Stuttgart – bauen lassen. Dahinter zog sich der große Garten den Hang hinauf, bekrönt von einer »Glaspalast« genannten Gartenlaube. Bis kurz vor seinem Tod sei Uhland, wie Frau Emilie erzählt, bei der Gartenarbeit oder um Gästen die schöne Aussicht vorzuführen, behende die vielen Stufen zur obersten Terrasse emporgestiegen.
Irgendwann im Frühjahr oder frühen Sommer 1851 wollte der damals 21 Jahre alte welschschweizerische Schriftsteller Marc Monnier – das aufgeweckte Bürschchen hatte seine Existenz schon vier Jahre zuvor mit einer Studie über die Eroberung Siziliens durch die Sarazenen papieren werden lassen – dem berühmten Manne seine Aufwartung machen. Nun stand er mit seinem Reisebegleiter vor Uhlands »behaglichem Dichternest«: »Vorn eine Terrasse, dahinter das Haus: zwei Stockwerke mit je sechs Fenstern, darüber das Dach mit griechischem Frontgiebel; hinter dem Haus ein Garten, der sich lieblich blühend den ganzen Hügel hinauf erstreckt, zur Linken die Tür eines Wirtshauses und eine dicke Mauer, von grünen Bäumen überragt, ringsumher bergaufwärtsführende Straßen und Wege, vor dem Haus ein Platz, der zum Ufer hin abfällt. Tübingen ist wie Lausanne: es verabscheut alles, was eben ist.«
Zögernd läuteten die beiden jungen Leute, worauf sie von einem Mädchen freundlich eingelassen wurden und in einem grün tapezierten, einfachen Zimmer warteten, aus dessen Fenstern sich Monnier ein derart herrlicher Blick bot, daß er alles um sich herum vergaß: »Plötzlich belebte ein frischer Windstoß die Luft, türmte Wolkenberge über unseren Köpfen auf, und die Sonne, bis dahin hinter

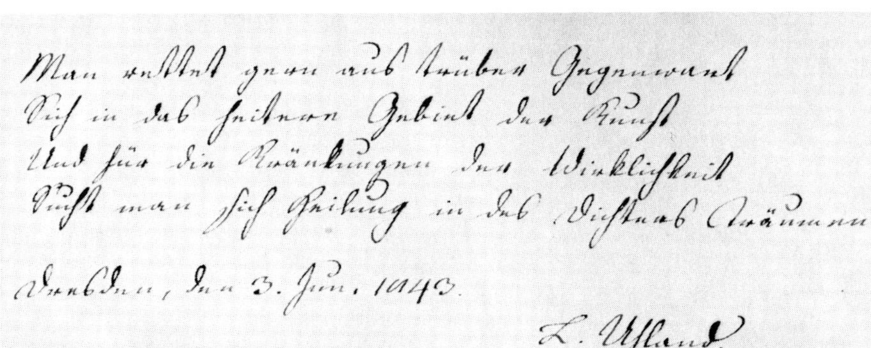
Man rettet gern aus trüber Gegenwart
Sich in das heitere Gebiet der Kunst
Und für die Kränkungen der Wirklichkeit
Sucht man sich Heilung in des Dichters Träumen.
Dresden, den 3. Jun. 1843.
L. Uhland.

»Man rettet gern aus trüber Gegenwart / Sich in das heitere Gebiet der Kunst / Und für die Kränkungen der Wirklichkeit / Sucht man sich Heilung in des Dichters Träumen«: Diese ungereimten Verse dichtete Uhland am 3. Juni 1843 in Dresden allem Anschein nach für ein Stammbuch.

Uhlands Studierzimmer: Holzstich nach einer Zeichnung von Kleemann aus der Zeitschrift »Über Land und Meer« (Dezember 1862).

einem Schleier verborgen, übergoß das Tal mit ihren Strahlen. Nun fühlte ich mich Uhland ganz nah; ich ließ meine Blicke schweifen, so wie er es wohl viele Male getan hatte.« Der Welschschweizer erfuhr eine Art mystischer Communio mit dem verehrten Dichter – »eine neue, vollkommenere und reinere Seele durchdrang mein Wesen, ich war nicht mehr ich selbst, ich war Uhland!« Gerade in diesem feierlichen Augenblick jedoch trat Frau Emilie ein und antwortete auf seine Frage, ob man den Herrn Professor sehen dürfe: »Es tut mir leid, der Herr Professor ist gestern zu einer längeren Reise aufgebrochen. Es ist unbestimmt, wann er zurückkommt.«

Uhland war seit einem Jahr tot, als die Kurzsche Familie 1863 nach Tübingen zog. Die unkonventionelle Marie Kurz machte einen Antrittsbesuch nur bei Frau Emilie, sonst bei niemandem. »Der Uhlandsche Garten, der in Terrassen den Hügel hinanstieg, war wie die Uhlandsche Poesie: regelmäßig, bürgerlich-korrekt und wohlgepflegt, dabei doch lauter lebendige, vollsaftige Natur«, fand Isolde Kurz später. Sonst spürte das junge Mädchen in dem Hause die »kalte Luft der Ewigkeit«.

Als am 14. Juli 1873 das Uhland-Denkmal enthüllt wurde, wofür man um die 90 Ehrenjungfrauen mit schwarz-weiß-roten Schärpen umhüllt hatte, bekam Hermann Kurz einen Sonnenstich, von dem er sich nicht mehr erholen sollte. Die Redner bei diesem heißen Jubelfeste schlugen den Bogen von Uhlands vaterländischen Gedichten und seinem politischen Wirken zur Einigung der wehrhaften Nation. Die andere Seite ließ sich allerdings nicht ganz verschweigen, wie Hermann Bausinger bemerkt: »Beim Tübinger Einweihungsfest war es der alte

Pfarrer Wilhelm Zimmermann, Historiker des Bauernkriegs, der von Owen herübergekommen war und bei der Festversammlung im ›Museum‹ an diese andere Seite erinnerte: Die Vorredner hätten, so sagte er zornig, die Schöpfung des deutschen Reiches als die Vollendung dessen beschrieben, was Uhland ersehnt und wonach er gestrebt habe; Uhland aber habe eine andere, größere Einheit (unter Einschluß Österreichs) vor Augen gehabt, und vor allem habe er für ›die volle Freiheit‹ gekämpft, die er im neuen Reich vermissen würde.«

Daß ausgerechnet Uhlands Wohnhaus am 15. März 1944, einem Mittwoch, zu Bruch ging, war mehr oder weniger Zufall: Als englische Kampfflieger, die Stuttgart im Visier gehabt hatten, kurz vor 23 Uhr von deutschen Jägern bedroht wurden, mußten sie Ballast loswerden und klinkten über dem Österberg eine schwere Luftmine und zwei oder drei Phosphorbrandbomben aus. Die an der nordöstlichen Ecke des Uhlandhauses eingeschlagene Luftmine hatte eine solche Explosionskraft, daß alle Mauern aus dem Fachwerk des »Pomona«-Hauses schräg gegenüber (heute Café Neckartor) herausgedrückt wurden. Den ruinösen Rest ersetzte man später weitgehend durch einen Neubau wie auch bei dem von Phosphorbrandbomben getroffenen Betzschen Haus Mühlstraße 6, dem Haus Mühlstraße 1 und jenem der Burschenschaft Germania.

Der Tübinger Tempel seines Nachlebens und seines Gedächtnisses war also zerbombt worden. Uhland, der Geheimnislose, der Allzuvertraute, müßte jedoch in seiner falschen Vertrautheit erst einmal wieder fremd werden, damit neues Leben aus den längst abgeräumten Ruinen blühen, damit auch folgender, von Walter Jens beim 200. Geburtstag am 26. April 1987 geäußerter Wunsch in Erfüllung gehen könnte: »Ludwig Uhland, allzulange zum Kult-Objekt deutscher Barden und Turner erniedrigt, wartet darauf, Leser zu finden, die seine ihm von Heinrich Heine zugedachten Attribute, ›Dichterlorbeer‹ und ›Eichenkranz der Bürgertugend‹, ihrer Philiströsität berauben und, statt dessen, den nüchtern-witzigen, scharfsinnig-präzisen und noch im Schweigen hochberedten Demokraten wiederentdecken: unseren Uhland.«

Karl Mayer

Münzgasse 13
Gartenstraße 18

Münzgasse 13

Gartenstraße 18

Ein Oberjustizrat naturpoetisch

»Nur schade«, bedauerte er in seiner Lebensbeschreibung von 1864, »daß dieses jugendfrische, von Poesie durchhauchte, trauliche Zusammenleben schon mit dem Herbste 1807 ein Ende nahm.« Im Herbst 1803 war Karl Mayer in den Neuen Bau (Münzgasse 13) eingezogen, hatte sich dann mit dem ein Jahr später ins Stipendium aufgenommenen Justinus Kerner angefreundet und mit dem verschlossenen Ludwig Uhland. Gemeinsames Erleben und gemeinsame Begeisterung, gegenseitiges Ergänzen und gegenseitiges Befruchten waren besondere Kennzeichen schwäbischer Romantik, wie sie in Kerners Bude ihre Blüten trieb, und die im Neuen Bau geknüpften Freundschaftsbündnisse sollten fortan Mayers »ganze Lebensrichtung« vorzeichnen. Einen lyrischen Versuch für das sich gegen Cottas spätaufklärerisch rationalistisches »Morgenblatt« wendende handgeschriebene »Sonntagsblatt« – seine zarten, witzigen Karikaturen blieben unsigniert – unterschrieb er mit dem Pseudonym »Tiro«, das auf sein späteres Tun und Trachten im Dienste Uhlands vorauszuweisen scheint, war Tiro doch Sekretär und Vertrauter Ciceros, der dann dessen Briefe und Reden herausgab und eine Biographie verfaßte.

Karl Mayer (aufgenommen vom Stuttgarter Photographen Hermann Brandseph).

An dem Juristen, über welchen Heinrich Heine in seinem »Schwabenspiegel« spöttelte, er sei »eine matte Fliege und besingt Maikäfer«, ist gewiß kein großer Dichter wiederzuentdecken. Er habe »mehr durch seine Nachbargestirne Uhland und Schwab als durch eigenes Licht geglänzt«, urteilte auch Isolde Kurz in der Biographie ihres Vaters. Sein Freund Nikolaus Lenau schwärmte ihm dagegen in einem Brief zu: »O Mayer, wenn Du stirbst, kommt keiner mehr, der singt wie Du«, und Eduard Mörike fand seine Poesien immerhin »aus dem innersten Naturleben heraus empfunden«. Grund genug also, sich einmal kurz mit ihm zusammen »Im Freien« aufzuhalten: »Du schlängelst dich, ich schlendre mit, / Bächlein, durch Busch und Wiesen. / Der freien Lust folg' unser Schritt; / So mag der Tag verfließen!«

Aber Mayer war nicht nur ein besinnlicher Naturpoet, sondern dazu noch aufrechter Demokrat, der keinen Hehl aus seiner Gesinnung machte. Auch wenn er sich nicht mit derart radikalem Engagement politisch betätigte wie sein Sohn Karl, Revolutionär von 1848, Mitbegründer der Schwäbischen Volkspartei und Redakteur des linken »Beobachters« von 1863 bis 1870, so reichte es doch für die reaktionäre Ottilie Wildermuth hin, sich in einem Brief an Kerner über seine »demokratische Verbissenheit« den Mund zu zerreißen.

Nach 18jährigem Wirken als Oberamtsrichter in Waiblingen wurde er im April 1843, seinem Ersuchen entsprechend, »auf eine Rathsstelle bei dem Gerichtshofe des Schwarzwaldkreises in Tübingen befördert«, was nun »die gewünschte Wiedervereinigung« mit Freund Uhland brachte. Die beiden sahen sich nahezu täglich, und wenn sie sich nicht sahen, dann ließ Uhland etwa »In Eile / Eine Zeile!« ins Haus weiter hinten auf der anderen Gartenstraßenseite schicken. Karl Mayer lebte dort allein mit sechs Töchtern und dem Sohn, denn schon im Jahr nach der Übersiedlung war ihm seine Frau gestorben.

Wenn es irgend ging, flog der manisch Wander- und Reiselustige aus. Frau Ottilie erzählte Kerner, »Nomadenhäuptling« Mayer sei wie ein »aufgezognes Rädle«, und Besucher müßten immer »wohl oder übel mit ihm auf der ganzen Markung herumstiefeln«. Aber der naturpoetische Oberjustizrat reiste auch häufig in die Schweiz zum dort 14 Jahre lang im Exil lebenden Sohn, oder er besuchte eine im Oldenburgischen verheiratete Tochter. Nach Ohio, wohin eine andere Tochter mit ihrem Mann, einem Arzt und Naturforscher, ausgewandert war, machte er sich allerdings nicht auf, obwohl ihm Ottilie Wildermuth ein Paar Extra-Wasserstiefel dafür verehrt hatte.

Im Februar 1862 stand Mayer am Grab von Kerner und ein halbes Jahr später von Uhland. Seine letzten Lebensjahre – zwei unverheiratete Töchter führten ihm, wunderbare Braten und Torten bereitend, den Haushalt – waren von rückblickendem Gedenken erfüllt: Zunächst schrieb er die eigene Lebensgeschichte, dann ordnete er seine Korrespondenzen und errichtete dem Lebensfreund ein biographisches Denkmal. Karl Mayer starb am 25. Februar 1870, wenige Tage vor seinem 84. Geburtstag, in einer ihm fremd gewordenen, befremdlichen Zeit.

Mit klatschbasigem Ernst tat Ottilie Wildermuth ihrem Sohn Hermann in einem Brief vom 28. Februar kund, was sich vor dem stattlichen Trauerhause in der Gartenstraße (heute gibt es übrigens vorn heraus keinen Balkon mehr) zugetragen hatte, während man dort gerade zum Trauern antrat: »Als gestern die ganze Leichenbegleitung versammelt war, gab es plötzlich eine Stockung, man hörte

Apollo und Friedrich Christoph Weißer, Redakteur von Cottas »Morgenblatt« auf einer Karikatur Karl Mayers für das im Neuen Bau herausgekommene »Sonntagsblatt« der Tübinger Romantiker. Justinus Kerner in seiner »Erklärung der Beylage«: »Apollo sprach zu W.....: / Ein Schreiber ist Er, weyß Er! / Der Feder sich befleyß Er, / Nicht auf den Pindus sch... Er / Sonst nimmt man ihn beym Steiß her.«

einen Schrei – der Enkel Karl Mayers, der Sohn des Beobachters (Erbe großen Reichtums), war, auf dem Balkon gestanden, von einem Schwindel übermannt hinuntergestürzt. Man sieht keine äußere Verletzung, aber weiß noch nicht, ob es keinen Schaden im Gehirn gemacht hat. Nach dieser tragischen Unterbrechung ging der sehr lange Zug auf den Kirchhof. Ich habe mich aber geärgert, daß so wenig Studenten mitgingen, daß weder Bürgerschaft, noch Liedertafel, noch Volksliederkranz auch nur für ordentliche Trauermusik sorgten und der elende Paupergesang die einzige Feier am Grabe war.«

Justinus Kerner

Münzgasse 13

Keimzelle der schwäbischen Romantik

Als Karl August Varnhagen von Ense Anfang November 1808 den Neuen Bau in der Münzgasse 13 bezog, wohnte Medizinstudent Justinus Kerner schon fast vier Jahre lang dort und beendete gerade eine Doktorarbeit über die Funktion der Gehörorgane. »In seiner Stube«, so der Schriftsteller und spätere preußische Diplomat über den schwäbischen Kommilitonen, »lebt er mit Hunden, Katzen, Hühnern, Gänsen, Eulen, Eichhörnchen, Kröten, Eidechsen, Mäusen und wer weiß was noch sonst für Getier ganz freundschaftlich zusammen und hat nur seine Not, Tür und Fenster zu verwahren, daß ihm die Gäste nicht entschlüpfen; ob seine Bücher oder Kleider in Gefahr sind, ob ihn ein Tier im Schlaf anschnopert oder unversehens aufgeschreckt nach ihm beißt, das kümmert ihn nicht. Seine Versuche sind schlau und sinnreich, und er sucht alle Quälereien zu vermeiden. Überhaupt steht er der Natur sehr nah, und besonders ihrer dunklen Seite.«

Die Bude im Gebäude der bis zum Beginn des 16. Jahrhunderts zurückreichenden Familienstiftung für bedürftige Studenten war aber nicht nur Wohnraum und Experimentierfeld eines eifrigen Naturwissenschaftlers, sondern auch Keimzelle der schwäbischen Romantik, die sich hier eigenständig entwickelte in einem Freundschaftsbund vor allem von jungen Juristen und Medizinern. Des Gebäudes Ursprünge reichen bis auf die Jahre um 1485 zurück. Es diente zunächst als Dekanat, dann als Amtswohnung des Obervogts und von 1683 an als Stipendium. Um diese Zeit nämlich war das Haus »von der Löbl. Universität zu dem Stipendio Martiniano geordnet, das alte in der Langen Gasse in 3 unterschiedlichen Häusern bestandene aber verkauft« worden. Zugrunde lagen Stiftungen der Theologen Martin Plantsch und Georg Hartesser von 1509, zu denen noch einige andere kamen, vor allem 1590 jene des Speyrer Kammergerichtsadvokaten Johann Michael Fickler, wonach das Martinianum auch »Martin-Ficklersche Stiftung« genannt wurde.

Mehr als hundert Jahre lang stellte der zwischen 1663 und 1665 auf den Mauern des abgebrannten Dekanats errichtete Bau einen architektonischen Glanzpunkt

am ehedem zentralen Platz der Universität mit Stiftskirche und Hauptgebäude dar, welchem Herzog Carl Eugens illegitimer Sohn, der Ingenieur-Offizier Reinhard Fischer, zum Universitätsjubiläum 1777 eine klassizistische Fassade verpaßt und ein Walmdach aufgesetzt hatte. Unter dem Verputz läßt sich am Neuen Bau heute noch eine barocke Fassadengliederung mit stuckierter Eckquaderung und Giebeln über den Fenstern nachweisen. Was ihm dann aber einmal als Modernisierung widerfuhr, erinnert an die Eternit-Orgien der sechziger Jahre dieses Jahrhunderts und wurde später auch ähnlich empfunden. Das Stipendium, so heißt es in einem um 1800 in Ulm erschienenen geographischen Lexikon, »hatte Frontons (= Portalgiebel) über den Fenstern nach italienischer Art, diese sind im Jahr 1777 von unverständigen Mäurern, die das Haus erneuerten, herabgeschlagen worden, wahrscheinlich weil diese Tübinger Baumeister nichts von Frontons wußten und man sie vielleicht hier für Wetterdächer hielt.«
Als Kerner einzog – zunächst war er bei seinem Förderer Karl Philipp Conz untergekommen, der ihm aber bald den Freiplatz verschaffte –, sah das Gebäude jedenfalls schon so ähnlich aus wie heute, nur weniger ruinös. Dank Conz, seinem Ludwigsburger Religionslehrer, hatte der Sohn eines verstorbenen Oberamtmannes die Fron als Kaufmannslehrling der herzoglichen Tuchfabrik aufgeben und zum Studieren nach Tübingen kommen können. Der dicke Gelehrte, ehedem auch Stiftsrepetent, war nämlich 1801 außerordentlicher und 1804 ordentlicher Professor für klassische Literatur an der Universität geworden. Kerners »Bilderbuch aus meiner Knabenzeit« endet mit dem Einzug in Tübingen, wo er vor dem Armenspital, dem heutigen Pauline-Krone-Heim, zunächst ein Schläfchen machte und von einem Hirsch mit Storchenfüßen träumte, der nach dem Linnéschen System klassifiziert zu werden verlangte. Erwacht, wehte ihm dann ein von Oberamtsarzt Gotthold Uhland, dem Onkel des Dichters, ausgeschriebenes Rezept zu, das er gleich als Entscheidungshilfe für die Medizin nahm.
Ab und zu schleppte Conz seine Leibesfülle ins Zimmer des Schützlings, und vor allem später, als sich ein Freundeskreis um den gutartigen, gefühlvollen, jedoch auch schon zur Schwermut neigenden jungen Mann gebildet hatte, beteiligte sich der selbst klassizistisch dichtende Professor an den Diskussionen der Jungen. Kerner hatte bei ihm privaten Unterricht in klassischer Literatur und hörte Conzens philologische und ästhetische Vorlesungen. Aber auch sein medizinischer Lehrer Johann Ferdinand Autenrieth hatte den Studenten bald als ebenso fleißig wie phantasievoll kennen und schätzen gelernt und beauftragte ihn damit, den Patienten Hölderlin zu betreuen. Da mag er mehrmals am Tage die Stufen an der Südseite der Stiftskirche zum Klinikum in der alten Burse hinabgestiegen sein. Die Einträge im Rezeptbuch vom 16. September bis zum 21. Oktober 1806 stammen größtenteils von dem Praktikanten, der sich auch noch um den Kranken kümmerte, als er zu Ernst Zimmer in Pflege gekommen war.
Wo genau sich die Zelle befand, in der Kerner und seine Freunde die schwäbische Romantik keimen ließen, war nicht herauszubekommen, aber nach Anspielungen in seinen jugendlich-frischen »Reiseschatten« von 1811, dem bedeutsamsten Werk, das unter dieses Signum zu stellen wäre, könnte sie im zweiten Stock gewesen sein. Der Neue Bau heißt da »Teufelsmauer« (»ein Gebäude, in dem

zwanzig Studenten ihr Wesen trieben«), und der Autor selbst tritt einerseits als sein eigener, Tiere haltender und Knochen sammelnder Vetter auf und andererseits als Balladendichter Kulikeia, der seine Bibliothek in einem großen Ölfaß aufzubewahren pflegte, wie das auch für Kerner verbürgt ist, der dahinein Bücher von Hans Sachs, Jakob Böhme, Novalis oder das Nibelungenlied gestopft hatte. Im Zusammenhang mit beider Buden kommen immer wieder Treppen vor, und wenn dem Vetter sein Dutzend weißer Katzen, das er für elektrische Versuche in einem Verschlag hielt, »über des Nachbars Dach« ausbrach, dann konnte das am ehesten aus dem zweiten Stock geschehen.

Justinus Kerner auf einer Bleistiftzeichnung von C. Müller (1834).

Der Freundschaftsbund gedieh und vergrößerte sich vor allem zwischen 1805 und 1808. Schon 1803 war Karl Mayer in den Neuen Bau eingezogen, Kerner folgte 1804 und zur gleichen Zeit der Mediziner Heinrich Köstlin, welcher die auch gemeinsam wandernden und bechernden Freunde mit der Philosophie seines Vetters Schelling bekannt machte. Nahe standen ihnen Heinrich Breslau, später Leibarzt Ludwig I. von Bayern, der Mediziner Georg Jäger, Friedrich Kölle, bald württembergischer Geschäftsträger in Rom, Karl Roser, Stuttgarter Staatsrat und Insektenforscher, der künftige Oberamtsrichter Gottlob Rooschüz, Ottilie Wildermuths Vater, und einige andere mehr. Im Wintersemester 1808 wohnte hier schließlich auch noch Varnhagen von Ense, mit dem zusammen Kerner zwei Bücher durcharbeitete, die für seine geistige Entwicklung wichtig werden sollten, nämlich Gotthelf Heinrich Schuberts »Ansichten von der Nachtseite der Naturwissenschaften« und die »Theorie der Geisterkunde« des Johann Heinrich Jung-Stilling.

Was die jungen Leute verband, die sich um Kerner scharten und um den aus Tübingen stammenden Ludwig Uhland, Sohn des Universitätssekretärs, das war Abneigung gegen einen seichten spätaufklärerischen Rationalismus und den bei Wieland, Klopstock, Hagedorn oder Gellert anknüpfenden poetischen Klassizismus, der mit dem von Cotta nebenan verlegten und von Friedrich Haug und Friedrich Weißer in der Residenzstadt redigierten »Morgenblatt für gebildete Stände« seit dem 1. Januar 1807 sein offizielles Sprachrohr hatte. Das »Morgenblatt« sollte dann zum bedeutendsten literarischen und literaturkritischen Organ Deutschlands im 19. Jahrhundert werden.

Ohne Verbindung zu den älteren Romantikern in Berlin und Jena, angeregt höchstens von der volkspoetischen »Wunderhorn«-Sammlung Achim von Arnims und Clemens Brentanos, in die ein Imitat Kerners (»Mir träumt ich flög gar bange«) eingehen sollte, verwirklichte der Kreis seine eigenen romantischen Vorstellungen. Am 11. Januar 1807 erschien erstmals ein aufs »Morgenblatt« parodistisch bezogenes handgeschriebenes »Sonntagsblatt für gebildete Stände« als so eine Art Gründungsurkunde dessen, was man dann außerhalb Schwabens als »schwäbische Dichterschule« zu bezeichnen pflegte. »Diß geschriebene seltene Blatt erscheint jede Woche einmal«, verlautbarten die Herausgeber im ersten der acht Hefte, von denen das fünfte »Sonntags-Blatt für ungebildete...« hieß. »Es wird enthalten: Aufsätze über Gegenstände der Kunst, Gedichte, Satyren, Epigramme, Correspondenz-Nachrichten, Carrikaturen, Musikbeylagen u.s.w. Das Blatt ist vorzüglich blos für den neuen Bau und die die ihn besuchen bestimmt, wo es alle Sonntage zu lesen ist.«

Dazu kam man – nachts zuvor hatte Mayer meist noch eine schöne Karikatur gestrichelt – in der Bude von Kerner (Clarus) zusammen, manchmal auch in der Gastwirtschaft »Zum Ochsen« am Schmiedtor oder im »Waldhörnle« hinten an der Hechinger Straße. Bei diesen Treffen taute sogar der wortkarge Uhland (Florens) auf. Er veröffentlichte im achten und letzten »Sonntagsblatt« vom 1. März 1807 seinen Essay »Über das Romantische«, worin jenes der klaren, maßvollen, olympischen Welt der Griechen als die »dämmernde Sehnsucht nach dem Unendlichen« gegenübergestellt wurde. Manchmal schaute auch der Superattendent des Neuen Baues, Geschichtsprofessor Christian Friedrich Rösler, bei seinen Romantikern vorbei, blätterte in ihren Blättern und würdigte die Beiträge immerhin als gute Stilübungen.

Der 26. April 1807 – Uhland hatte Geburtstag – sollte höchst bedeutsam für Kerner werden, denn da machte er in Gesellschaft von Freunden einen Ausflug auf die Achalm, und als er ein Mädchen, das ihm gefiel, mit Goethes »Trost in Tränen« fragte »Wie kommt's, daß du so traurig bist, / Da alles froh erscheint?«, antwortete sie doch wahrhaftig: »Und hab' ich einsam auch geweint, / So ist's mein eigner Schmerz«. Gleich drauf sollen, wie beobachtet wurde, Herzen hin und her geflogen sein zwischen Justinus Kerner und Friederike Ehmann, die in Lustnau bei der Familie einer Schwester ihrer Mutter lebte, bei Sophie Philippine Hehl, Gattin des dortigen Oberamtmannes. Um Rickele zu sehen, wanderte er nun häufig nach Lustnau hinaus zum Gebäude der heutigen Sophienpflege. Das wurde dann, auch wenn man erst am 28. Februar 1813 heiratete, ebenso 'was fürs Leben wie des weichen Gefühlsmenschen Freundschaft zum nüchternen Uhland, der am 4. Oktober an den noch ferienfernen Feund schrieb: »Uebrigens wäre es jetzt stille genug, um das ruhigste und gesetzteste Lehrgedicht ausarbeiten zu können. Der Neuenbau ist leer, / Die Klöster sind ausgenommene Nester, / Tübingen ist worden zu einem Trübingen, / Der Ammerhof zu einem Jammerhof, / Lustenau zu einem Schmerzenau.«

Am 20. Dezember 1808 bestand Kerner sein Doktorexamen. Auf dem Titelblatt der Dissertation steht (aus dem Lateinischen übersetzt): »Medizinische Prüfungsarbeit / darstellend / Beobachtungen / über / die Funktion der einzelnen / Teile des Ohrs // die / unter dem Praeses / Johann Heinrich Ferdinand Autenrieth / Doktor und ordentlichem öffentlichem Professor der Medizin / zur Erlangung der Medizinischen Doktorwürde / öffentlich verteidigen wird / am 20. Dezember 1808 / der Verfasser / Christian Andreas Justinus Kerner / aus Ludwigsburg //

Randzeichnung eines rachitischen Männchens in Kerners Mitschrift einer Vorlesung von Johann Heinrich Ferdinand Autenrieth.

Tübingen / Hopffersche Druckerei.« Abschied von Tübingen nahm er dann am 28. März 1809, um nach einer Reise durch Deutschland und fünfmonatigem Aufenthalt in Wien im April 1810 noch einmal kurz zurückzukehren.

Den Angaben seines Reisepasses zufolge, der im Marbacher Schiller-Nationalmuseum zu sehen ist, muß man sich Kerners Äußeres so vorstellen: »Dieser ist 22. Jahre alt, / 6. Fuß groß, / und hat eine schlanke Statur, / weisses Angesicht, / hellbraune Haare / schmale Stirne / glatte Augenbrauen / braune Augen / gerade Nase / blasse Wangen / mittlerem Mund / kleine Zähne / rundes Kinn / geradstehende Beine.« Varnhagen von Ense beschreibt ihn als zwar äußerlich etwas schlampigen, »doch schlanken, wohlgewachsenen, ganz hübschen Jungen«. Eine Miniatur im Weinsberger Kerner-Haus macht das einigermaßen nachvollziehbar, denn sonst sieht man den Dichter ja vor allem als beleibten alten Herrn vor sich, dem schon anzusehen ist, daß er täglich mindestens zweieinhalb Liter Wein in sich hineingoß.

Im Jahre 1839 wird Heinrich Heine in seinem »Schwabenspiegel« Spott und Hohn über die ihm provinziell, unpolitisch und vergangenheitsflüchtig vorkommenden Dichter der schwäbischen Romantik ausschütten und auch den Oberamtsarzt Kerner in Weinsberg nicht verschonen, »welcher Geister und vergiftete Blutwürste sieht und einmal dem Publikum aufs Ernsthafteste erzählt hat, daß ein paar Schuhe, ganz allein, ohne menschliche Hülfe, langsam durch das Zimmer gegangen sind, bis zum Bette der Seherin von Prevorst. Da fehlte noch, daß man seine Stiefel des Abends festbinden muß, damit sie einem nicht des Nachts trapp! trapp! vors Bett kommen und mit lederner Gespensterstimme die Gedichte des Herrn Justinus Kerner vordeklamieren!«

Von denen sind drei so volkstümlich geworden, daß man dazu schon kaum mehr den Namen des Dichters weiß, nämlich das von Robert Schumann vertonte »Wanderlied« (»Wohlauf! noch getrunken / Den funkelnden Wein!«), dann »Der reichste Fürst« (»Preisend mit viel schönen Reden«), woraus so eine Art württembergische Nationalhymne wurde, und schließlich – es soll Franz Kafkas Lieblingsgedicht gewesen sein! – »Der Wanderer in der Sägmühle«, in dem eine Tanne davon singt, daß sie gerade für ihn, für den Sarg des Einkehrenden, zerschnitten werde. Leiden am Leben, das nur die Natur zu stillen vermag, war Kerners lyrisches Hauptmotiv von Anfang an.

Wie der Tübinger Germanist Gunter Grimm im Nachwort zu einem 1981 erschienenen Auswahlbändchen schreibt, »scheint Justinus Kerner eine seltsame Mischung aus Melancholie und Humor gewesen zu sein, aus Warmherzigkeit und Nonchalance, aus Lebensverzagtheit und Ausgelassenheit, aus Bequemlichkeit und Geselligkeit; doch schlossen sich die entgegengesetzten Gemüts- und Temperamentseigenschaften in seiner Persönlichkeit zu einer Einheit zusammen«. Auch bei seinen okkulten Neigungen mag der Spiel- und Mystifikationstrieb mitgewirkt haben. So verbreitete er etwa die Mär, Lola Montez, vertriebene Geliebte des Bayernkönigs Ludwig I., habe bei ihm in Weinsberg Zuflucht gesucht.

Gewiß ist Kerner kein ganz Großer, aber dennoch – vor allem auch wegen seiner Zwiespältigkeiten – eine lebendige, anregende Gestalt. »Ich interessiere mich schon allein deshalb für Kerner, weil er verrückt war«, meinte Hans Mayer einmal scherzhaft im Gespräch, und der Nervenarzt Wolfgang Kretschmer schließlich bezeichnete ihn – womit der kleine Reigen Tübinger Stimmen zu Kerner abgeschlossen sei – als einen »jener romantischen Gratwanderer, die sich zwischen den Niederungen des flachen Intellektualismus und den Abgründen abstruser Phantastik zu bewegen wußten; gewiß nicht so souverän wie Carus, sondern stärker gefesselt von der Schwere und Widersprüchlichkeit seiner Natur. Und doch erscheint auch in ihm mit dem Wagnis die Größe der Romantik.«

Wilhelm Hauff

Haaggasse 15

Im Haus von Geistesmutter Regina

Wer einmal wieder, was unbedingt zu empfehlen ist, die Romane, Novellen, Märchen und Prosastücke Wilhelm Hauffs zur Hand nimmt, wird von neuem erstaunt sein über deren leichte, weltläufige Eleganz, die vorgegeben und nicht errungen wirkt. Sie machen einen irgendwie unschwäbischen Eindruck, sind auf jeden Fall amüsant und fesselnd, aber dann doch auch manchmal nicht ganz befriedigend, wenn einem das dahintersteckende clevere Kalkül aufgeht. Unvorstellbar jedenfalls, daß so etwas von einem externen, bei seiner Mutter im Haus Haaggasse 15 wohnenden Stiftler stammen soll, dessen Horizont nach eigenem Bekunden (in einem Brief vom 7. September 1826 an den Studienfreund Moriz Pfaff) eigentlich doch eng begrenzt sein mußte. »Ich habe«, so bekannte er, »vierundzwanzig Jahre alt, ohne die Welt viel gesehen, ohne die Menschen lange studirt zu haben, in der kurzen Zeit von 10 Monaten drei, in sich sehr heterogene Werke herausgegeben, wovon, bey dem jezigen, dürftigen Zustand der Literatur, eines schon hingereicht hätte, mir bedeutende Aufmerksamkeit zuzuwenden.« Dieser selbstbewußte, flott arbeitende geniale Anempfinder verbrachte drei Viertel seiner kurzen, nicht ganz 25 Jahre währenden Lebenszeit in Tübingen, und zwar, worauf wohl sonst bis jetzt noch niemand gestoßen ist, ausgerechnet im Hause der berühmten schwäbischen Geistesmutter Regina Bardili, Tochter des Professors Georg Burckhardt.
Als erster Besitzer des Gebäudes, das von außen eine gewisse abweisende Würde hat, sind der spätere Klostervogt Christoph Linder (um 1569) und anschließend sein »Tochtermann« Wilhelm Fiess, Bebenhäuser Amtsschreiber, verzeichnet. Später folgen der Medizinprofessor und herzogliche Leibarzt Carl Bardili (1600 bis 1647), der es wohl von oben bis unten ausmalen ließ, dann seine Witwe Regina (1599 bis 1669) und schließlich beider Sohn Burckhardt Bardili (1629 bis 1692), Professor der Rechtswissenschaft, dessen Erben das Haus zu Beginn des 18. Jahrhunderts dem Ritterschaftssecretarius Johann Heinrich Tafel verkauften. Anzunehmen, daß die Bardilis einst im »Großen Saal« des ersten Stockes auch ihre Vorlesungen gehalten haben. Dort wurde übrigens 1987 eine qualität-

volle barocke Decke mit doppelten schwarzen Begleitstrichen um die weißen Füllungsbretter und feinsten weißen Ornamenten an den schwarzen Balken aufgedeckt und gleich wieder zugedeckt.
Von Reginas Sohn Burckhardt stammen – man kann das in Hanns Wolfgang Raths 1923 erschienenem Aufsatz über »Regina, die schwäbische Geistesmutter« nachlesen, den Hansmartin Decker-Hauff als bearbeiteten und erweiterten Reprint herausbrachte – von ihm stammen etwa Ludwig Uhland, Friedrich Hölderlin und Karl Friedrich Reinhard ab, der spätere französische Pair, und das Herkommen Friedrich Wilhelm Joseph Schellings, Ottilie Wildermuths oder Karl Geroks läßt sich auf Reginas jüngere Tochter Maria Magdalena Bardili zurückführen. Es fällt nicht schwer, von der Familie Bardili auch genealogische Verbindungen zu Kepler, Hegel, Waiblinger, Vischer oder eben Hauff zu knüpfen, dessen Mutter wiederum, »in ihren früheren Jahren Nachtwandlerin«, wie Kerner im »Bilderbuch aus meiner Knabenzeit« kund tut, die Nichte seiner Mutter war, Kerner demnach Hauffs Onkel zweiten Grades. Im Hause der schwäbischen Geistesmutter, die zu solcher Allverwandtschaft innerhalb der schwäbischen »Ehrbarkeit« den Grund gelegt hatte, verbrachte der über lange Zeiten und viele Ecken mit ihr Verwandte also Kinderjahre, Jugend und Studentenzeit.

Wilhelm Hauff: Kreidezeichnung von J. Behringer (1826).

Nach einigen Zwischenbesitzern hatte 1797 der Ulmer Bote Carl Elias Schott das Gebäude erworben. Später fungierte er als »Ochsenwirt«, nahm auch Logiergäste auf, baute 1814 ein Brauhaus in seinen Garten und übertrug das gesamte Anwesen dann neun Jahre später seinem Sohn Johann Heinrich Schott. Wie auch vorher schon, wo zum Beispiel um 1760 Universitätssecretarius Jakob Samuel Hoser, Uhlands Großvater mütterlicherseits, zur Miete bei Prälat Zeller in der Haaggasse 15 wohnte, gab es im Hause immer noch eine geräumige Honoratioren-Wohnung, die nun der als Richter am höchsten Gerichtshof Württembergs, am Tübinger Obertribunal, tätige Karl Friedrich Elsässer innehatte, Hauffs Großvater mütterlicherseits.
Es war eine unruhige Kindheit: Wilhelm Hauff kam am 29. November 1802 als zweites Kind des Regierungsbeamten August Hauff und seiner Frau Wilhelmine in Stuttgart zur Welt. Im Frühjahr 1806 wurde sein Vater als Hofgerichtssekretär ans Oberappellationstribunal nach Tübingen versetzt, aber schon zwei Jahre drauf wiederum als Geheimer Sekretär zurück ans Ministerium für Auswärtige Angelegenheiten nach Stuttgart, wo er am 2. Februar 1809, erst 37 Jahre alt,

starb. Die Mutter kehrte nun mit den Kindern in die »Schottei« zurück, wo dem Jungen Großvaters Bibliothek zunächst als abenteuerliches Spielzimmer diente, das er bei seinen »Phantasien im Bremer Ratskeller« wieder vor sich sah: »Und gedenkst du des geheimnisvollen Freudelebens in Großvaters Büchersaal? Ach, damals kanntest du noch keine Bücher als den schnöden kleinen Bröder, deinen ärgsten Feind,« – Christian Gottlieb Bröder hatte eine lateinische Schulgrammatik verfaßt – »wußtest nicht, daß jene Folianten noch zu etwas anderem in Leder gebunden seien, als um Hütten und Ställe daraus zu erbauen für dich und dein Vieh! Gedenkst du noch des Frevels, wie roh du mit der deutschen Literatur in kleinerem Format umgingst? Hast du nicht deinem Bruder den Lessing an den Kopf geworfen, wofür er dich freilich mit ›Sophiens Reisen von Memel nach Sachsen‹ erbärmlich zudeckte?«
Bald jedoch baute Wilhelm aus den Büchern nicht mehr nur Häuser und Ställe, sondern widmete sich auch ihren Inhalten. Er verschlang Schiller und Goethe, die Romane von Tobias Smollett, Oliver Goldsmith, Henry Fielding und Laurence Sterne, alle möglichen Historienbücher, Ritter- und Räuberschinken und war immer auf der Suche nach neuer Nahrung für seine Phantasie. Im grusligen Halbdunkel eines Abstellraumes, vielleicht ja in einem der drei Sandsteingewölbe, erzählte er den Schwestern und ihren Freundinnen Geschichten. Anderen hätte solch unkontrolliertes In-sich-Hineinsaugen fremden Erlebens vielleicht geschadet. Hauff jedoch verfügte über die spezifische Fähigkeit, es als unerschöpfliche Quelle für Eigenes zu nutzen und originell umzuformen.
Nachdem ihn der Bremer Ratsdiener mit drei Flaschen Wein und neun Kerzen allein gelassen hatte, überkamen den Erzähler weitere Erinnerungen an die Tübinger Kindheit und an das Haaggassen-Haus im Schatten des Schloßberges: »Tauchet auch ihr auf aus dem Nebel verschwundener Jahre, ihr Mauern des alten Schlosses? Wie oft dienten deine halbverfallenen Gänge, deine Keller, dein Zwinger, deine Verliese der fröhlichen Schar zum Tummelplatz ihrer Spiele! Soldaten und Räuber, Nomaden und Karawanen! Wie wohl war uns oft in der untergeordneten Rolle eines Kosaken, während andere – Generäle, Platows, Blüchers, Napoleon und dergleichen vorstellten und sich prügelten? Ja, waren wir nicht zuzeiten sogar ein Pferd, dem Freunde zu Gefallen? O Himmel, wie schön ließ es sich dort spielen!«
Im Sommer 1817 hatte er endlich mit Müh und Not die Lateinschule am Österberg geschafft, die »Anatolische Schule«, bestand auch das Landexamen und ging im September aufs theologische Seminar nach Blaubeuren. Die Rückkehr nach drei Jahren war für ihn Erlösung »vom Jammerthal«, obwohl nun streng reglementiertes Stiftlerdasein begann. Aber das brauchte der Seminarist, dem bei »Lokationen« immer ein guter Platz im oberen Drittel zugewiesen werden konnte, nicht lange zu ertragen. Während seines gesamten Studiums die Vorteile eines Stiftlers genießend, konnte er von Sommer 1821 an als Stadtstudent bei der Mutter in der Haaggasse wohnen.
Seine sommers immer glühend heiße Kammer befand sich im ersten Dachgeschoß. Man erreicht sie heute noch über einen Gang, der mit alten württembergischen »Handstrichziegeln« gepflastert ist, was damals zur Brandeindämmung in den Dachgeschossen häufig gemacht wurde. Hinter einer biedermeierlich gefaß-

ten Tür tut sich ein geräumiger Raum auf mit schrägen Wänden und einer hölzernen, wohl aus dem 18. Jahrhundert stammenden Kassettendecke. Der Blick aus den drei kleinen, eng nebeneinanderstehenden Fenstern geht direkt auf den Schloßberg und zum Roigel-Haus hinauf. Damals war dort die Schloßküferei, deren verwilderter Garten sich den Berg herunterzog.
In Blaubeuren schon hatten ihn die Ziele der Tübinger Burschenschaftler begeistert, die sich als Vorkämpfer gegen Vielstaaterei und politische Unmündigkeit verstanden. Nun zog er mit seinen Kommilitonen jeweils am 18. Juni, dem Jahrestag des Sieges über Napoleon 1815, zum Waterloo-Fest aufs Wöhrd und trug bei jenem von 1822 nach Reden der Burschenschaftler Karl Wächter, Eduard Kolb, Christian Klüpfel und Albert Knapp, des späteren Gesangbuch-Poeten, ein Gedicht vor, das pathetisch so anhob: »Seid mir gegrüßt im grünen Lindenhain, / Seid mir gegrüßt, ihr, meine deutschen Brüder! / Auf! sammelt euch in festlich frohen Reihn, / Stimmt fröhlich an des Sieges Jubellieder! / Daß heut der stolze Adler niedersank, / Daß sich mein Volk einlöste mit dem Schwerte / Sein Heldentum, der Freiheit Ruhm, die deutsche Erde, / Trag's zu den Wolken, donnernder Gesang!«
Formell gehörte Hauff der Burschenschaft »Germania« nur zwischen Juli und September 1822 an. Wohler fühlte er sich denn auch in ihr nahestehenden Zirkeln wie einer politisch leidenschaftlichen »Kleinen Compagnie«, deren Mit-

Wilhelm Hauffs Zimmer in der Haaggasse 15 heute: Die Kassettendecke stammt wohl aus dem 18. Jahrhundert, der Blick aus den drei nebeneinanderstehenden Fenstern geht auf den Schloßberg.

glieder sich »Feuerreiter« nannten, oder dem apolitischen musikalischen Kränzchen »Fidolia«. Burschenschaft als Lebensform war prägend für Hauff, während ihn die Parolen studentischer Opposition schon bald immer weniger interessierten. In den »Memorabilien« schreibt er über sein »fideles Jungburschensemester« 1821/22: »Musikkranz. Suite nach Hechingen. Museumsball. Eintritt in die Fidolia. Kommerze der Fidolia. Christvakanz. Neujahrsnacht. Riecke läßt sein Herz in Stuttgart. Serenaden mit Plieninger. Verdrießlichkeiten mit der Compagnie, die sich durch meinen Eintritt in die Fidolia beleidigt fühlt. Gedichte in den Kränzchen. Auszug der Fidolia auf einen Berg mit biergefüllten Ranzen. Auflösung der Fidolia und Folge davon. Ihr Begräbnis. Aussöhnung mit dem Kränzchen. Tarokabend zu Hause. Sallwürk, Spatz, Göller und Fäberlein konsiliiert. Im ganzen war das Semester lustig und fidel und doch dabei fleißig.«
Mit Kneipnamen hieß er Bemperle. Als Bämper oder Bämperle pflegt auf schwäbisch ein kleiner dicker Bursche bezeichnet zu werden, was nun der wohlgestaltete Hauff gewiß nicht war, aber man sagt's ja auch liebkosend zu einem Kind. In seinem Buch über »Die schwäbische Litteratur« schreibt Hermann Fischer: »Zu derselben Zeit, als die Tübinger Burschenschaft in ihrer ersten Blüte stand, studierte am selben Ort in der Stille und Verborgenheit einer von allem Studentischen sich fern haltenden Existenz der Jüngling, aus dem der größte Dichter Schwabens im neunzehnten Jahrhundert werden sollte: Eduard Mörike.« Gewiß, sie sind sehr unterschiedliche Gestalten, der umtriebige Hauff und der introvertierte Mörike, Stiftler seit Herbst 1822, die damals ganz nahe beieinander waren in der Geisterstadt Tübingen.
Die Cleverness des in jeder Beziehung so Gewandten ist schon erstaunlich. Seine kurz nach der Abschlußprüfung an der Universität im Sommer 1824 erschienene

Ein Stammbuchblatt Hauffs zur Erinnerung an den studentischen Treffpunkt Neckarbrücke: »Dort draußen auf der Brücke / Da liegt ein schönes Haus / Da fliegen Liebes Blicke / Sie fliegen ein und aus.«

erste Veröffentlichung, die Anthologie »Kriegs- und Volks-Lieder«, widmete Hauff dem württembergischen Kriegsminister. Das noch in Tübingen begonnene Erzählwerk »Der Mann im Mond« (August 1825) schob er, inzwischen Hofmeister in Stuttgart, dem erfolgreichen Unterhaltungsschreiber Heinrich Clauren unter und leitete damit dessen gerichtliche Klage und gewaltige Publicity-Wellen für sich selbst in die Wege. Die E. T. A. Hoffmanns »Elexieren des Teufels« nachempfundenen, sehr gewitzten »Mitteilungen aus den Memoiren des Satan« (1827) ließ er anonym erscheinen, um so allenthalben große Neugierde zu wecken.

Seine Rechnungen gingen immer auf. Dem gewandten Profi gelang es auch als erstem, mit »Lichtenstein« einen historischen Roman nach Walter Scotts Muster in Deutschland einzuführen. Und Hauff verfügte über ein Höchstmaß an Souveränität, um gebührend mit Verlegern und Herausgebern umgehen zu können. So monierte er zum Beispiel am 25. September 1825 bei seinem ersten Stuttgarter Verleger Franckh Honorarabrechnungen für die Satans-Memoiren: »Sie halten mich vielleicht für einen Knaben, den man benützen und behandeln kann, wie man will, gegen den man unverschämt, ungezogen sein darf, weil er es duldet? Sie haben sich dabei in jeder Hinsicht verrechnet.«

Tübingen hat im Werke dieses faszinierenden Erfolgsautors viele Spuren hinterlassen, ja, die Stadt war wohl neben der Lektüre wichtigster Quell seiner Inspiration. Da sind nicht nur die Erinnerungen der Ratskeller-Phantasien: Hauff läßt auch – höchst amüsante Prosa ist das! – den Satan an der Alma mater studieren und in seinen Memoiren darüber berichten, und das Gedicht »Sehnsucht« (»Die Sonne grüßt Tubingas Höhn, / Der Berge Morgennebel fallen«) schildert schillerisch die Schönheit der Stadt zu verschiedenen Tageszeiten vom Wöhrd aus.

Wilhelm Hauff ist am 18. November 1827, wenige Tage vor seinem 25. Geburtstag, gestorben. Am Grabe sprach Gustav Schwab ein Gedicht, beginnend: »O heller Tage dunkles Ende, Tod!« Was wohl wäre aus ihm geworden, wenn er länger gelebt hätte? Zugegeben, diese Frage ist müßig, aber angesichts so frappanter Könnerschaft und eines Fertigseins, das sich kaum mehr zu bestätigen brauchte, kann man sie vielleicht dennoch so beantworten wie Hermann Fischer: »Sein kurzes Leben hat ihm doch erlaubt, eine ausgedehnte Tätigkeit zu entfalten, die genügt, um ihn litterarisch würdigen zu können, vermutlich aber auch, um zu mutmaßen, daß der Frühreife auch schon früh sich ausgegeben hat und ein Aufsteigen zu höheren Leistungen schwerlich von ihm zu erwarten gewesen wäre.«

Albert Knapp

Neckarhalde 12
Neue Straße 1

Neckarhalde 12

Neue Straße 1

Vom Ausfegen ungläubigen Sauerteigs

»›Wer war Albert Knapp?‹, fragt wohl heute schon mancher in unserem raschlebigen und raschvergessenden Geschlecht.« So jedenfalls mutmaßte man bereits 1885 im Familienblatt »Daheim«, und dabei habe der gute Mann, durchaus kein einseitig geistlicher Dichter und auch kein engherziger Pietist, im Laufe seines Lebens doch über zwölfhundert Lieder und Gedichte gedruckt erscheinen lassen. Aber »wenn die ganze übrige Poesie Knapps einst wirklich so vergessen sein sollte, wie sie jetzt bereits unverdientermaßen es zu werden droht«, – ja, das ist eingetroffen und nur in Maßen zu bedauern –, »so wird doch sein Verdienst als Hymnologe und Kirchenliederdichter des neunzehnten Jahrhunderts unvergänglich bleiben« – was man aus heutiger Sicht ebenfalls bestätigen kann.
Wer war Albert Knapp? Nach elf Jahren Abwesenheit kehrte die Familie nun nach Tübingen zurück und zwar nicht in das Neckarhalden-Haus, in dem Albert

am 25. Juli 1798 geboren worden war, sondern in jenes Eckhaus, das in Pfleghof- wie Neuer Straße als Nummer 1 zählt. Noch bis März 1811 hatte der wohl durch Intrigen des am Hofe allmächtigen Günstlings Graf von Dillen aus seinem Amt als Rottweiler Oberamtmann entfernte Jurist Gottfried Knapp mit seiner Frau und den beiden Söhnen im Hause des Nachfolgers wohnen bleiben können, aber dann mußten sie raus. Von April an kam auch kein Geld mehr, und im August erfolgte die endgültige Entlassung durch König Friedrich, bis dann König Wilhelm I. den Vater fünf Jahre später wieder in den Staatsdienst übernahm. So bekam also auch der 13jährige Albert schon frühzeitig die Folgen absolutistischer Willkür zu spüren, was aber anscheinend keine Wirkungen zeitigte bei ihm.
Zwar war er als Student zunächst ganz enragiert auf der damals »fortschrittlichen« Seite als Burschenschaftler aktiv, aber nach der pietistischen »Erweckung« durch den Freund Ludwig Hofacker konnte ihn dann auch in seinem felsenfesten Monarchismus nichts mehr erschüttern, und schon im Frühjahr 1821 sollte der dichtende Diakon Bekannte, die ihn an seine revolutionäre Vergangenheit erinnerten, darauf hinweisen, »daß ich dieß Alles als Sünde achten und für Schaden rechnen gelernt habe gegen die überschwängliche Erkenntniß Jesu Christi, der, als der ewige Freiheitsspender, uns doch dem äußeren Uebel nicht widerstreben heiße«. So jedenfalls steht es in Knapps Biographie seines schon 1825 dahingegangenen Erweckers.
Übrigens war Isolde Kurz' Großmutter mütterlicherseits die Nichte jenes Grafen Carl Ludwig von Dillen, der dafür sorgte, daß Knapps Vater nun ohne Amt nach Tübingen zurückkehren mußte. »Der Vielberufene, der sich ursprünglich Dillenius schrieb, studierte in Tübingen die Medizin, als«, so erzählt sie in dem Buch über ihren Vater, »König Friedrich bei einem Besuche daselbst den bildschönen, hochgewachsenen Studenten erblickte, ihn, wie es seiner Laune gefiel, aufgreifen ließ und den Widerstrebenden mit sich nach Stuttgart nahm, wo er ihn erst in den Marstall, dann ins Militär steckte. Hier durchflog der junge Mann alle Chargen bis zum General und wurde der Mächtigste im Lande nach dem König.« Aber das ist wieder eine andere Geschichte, der nachzugehen auch nicht uninteressant wäre...
Vor allem, als Gottfried Knapp dann den Bezirk Gaildorf in der Ständeversammlung vertrat und zeitweise nicht in Tübingen sein konnte, lastete viel auf der tüchtigen Mutter, die durch Vermietung von Zimmern und einen studentischen Kosttisch zu den kärglichen Einnahmen des Vaters mit juristischen Arbeiten (Handbüchern, Anleitungen, Übersichten über Verordnungen) noch etwas hinzuverdiente. Heimatforscher Paul Löffler hat in einem Aufsatz aus dem Jahr 1929 das Wohnhaus der Familie identifiziert und auch die heute im Deutschen Literaturarchiv Marbach liegenden Tagebücher von Juli 1813 bis Juni 1814 ausgewertet, in denen der Junge – obwohl immer noch Bewunderer Napoleons – besonders die nun gegen den Kaiser gerichteten kriegerischen Umtriebe begeistert beschreibt. Das nach dem großen Brand vom September 1789 entstandene stattliche Gebäude (heute Buchhandlung Gastl) gehörte dem Kaufmann Carl Christian Fischer, der unten ein Spezereigeschäft hatte. 1836 verkaufte er's dann dem Goldarbeiter Heinrich Kommerell, dessen Nachkommen ein Café darin einrichteten.

Albert Knapp: Silhouette von Luise von Breitschwerdt.

Einmal notiert Albert in seinem Tagebuch, daß der »Adler«-Wirt Wildemann an Auszehrung gestorben sei. Die Gastwirtschaft »Adler« befand sich gegenüber, anstelle des heutigen Modehauses Haidt, vordem Geschäftshaus Oppenheim, Offizierscasino und Gerichtshof, von dem aus Gottfried Knapp, wenn er dort zu tun hatte, seiner Frau durchs Fenster über die Straße hinweg zuwinken konnte. Der Nachbar in der Neuen Straße 2, Sattlermeister Gfrörer, habe sich mächtig über die Einquartierungen aufgeregt, schreibt Albert später. Auch Hauswirt Fischer wären zwei Offiziere, dazu an Heiligabend noch ein weiterer samt sechs Kameraden, zugeteilt worden und ihnen selbst als brotlos gewordener Familie immerhin auch drei Offiziere mit Bedienten. An diesen Weihnachtstagen des Jahres 1813 und zu Beginn des neuen zogen – die Völkerschlacht von Leipzig war geschlagen – dauernd russische Truppen durch Tübingen. Kosaken, Baschkiren und wer weiß nicht was marschierten durchs Neckartor herein, über den Holzmarkt – da hatten die Knapps einen Logenplatz – und dann zum Schmiedtor wieder heraus. Die bei dem entlassenen Oberamtmann wohnenden Offiziere waren ein Hauptmann von Ossersky, der estländische Graf von Sonne und Graf Lunel di Cortemiglia, Sohn des sardischen Seeministers, mit dem sich Albert anfreundete.

Am Neckar hatten die Russen auch ein Zeltlager aufgeschlagen und betrieben eine Bäckerei, für welche die Stadt Fröner stellen mußte. Die siegreichen Soldaten waren, so Löffler, »nicht wenig stolz auf ihre Leistungen und nahmen sich sehr viel heraus, und als ein ehrsamer Tübinger Bäckermeister einen aufdringlich gewordenen Gardekosaken kurzerhand die Treppe hinunterwarf, durchzogen sie wütend die Stadt, mit ihren Säbeln Feuer aus dem holprigen Pflaster schlagend, und wenig hätte gefehlt, so wäre die Stadt geplündert worden.« Vater Knapp sei aufgeregt durchs Haus gelaufen, und Fischer habe die Türen mit Käsekisten und Warenballen verbarrikadiert, bis dann die Gefahr schließlich dadurch habe abgewendet werden können, daß man dem Kommandanten eine Goldrolle zusteckte.

Die Truppendurchzüge gingen weiter: »2 Gardekavallerieregimenter, an ihrer Spitze Großfürst Konstantin mit glänzendem Gefolge, zogen am 2. Januar 1814 durch das Neckartor in Tübingen ein. Reich uniformierte Reiter mit blitzenden Augen und wehendem Helmbusch blickten finster auf die neugierigen Tübinger herab. Aufsehen erregten die mächtigen Kürrassierpferde, immer 60 von gleicher Farbe, voran Schimmel, dann Schecken, Rappen, Isabellen, Braunen und Füchse und zuletzt die berittene Gardeartillerie mit ihren von 6 stattlichen

Pferden gezogenen Zwölfpfündern, die auf dem frisch gefallenen Schnee einen achtunggebietenden Eindruck machten. Kaum waren diese Truppen durchs Schmiedtor hinausgezogen, als russische Linienregimenter mit ihren vollzähligen Musikchören über die Neckarbrücke hereinmarschierten, sich auf dem Holzmarkt, gerade vor der Knappschen Wohnung, aufstellten.« Der russische Feldmarschall Barklay de Tolly residierte damals mit seinem Stab im »Ochsen« an der Schmiedtorstraße, Großfürst Konstantin im Collegium illustre (Wilhelmstift).
Der Junge besuchte, wie vor ihm Uhland und nach ihm Hauff, die Schola anatolica wenige Schritte von seinem Elternhaus entfernt und war dort bald Primus. Er las Horaz, Schubart, Schiller, Matthisson, Hölderlin und schwärmte für Louise, für Louise Bohnenberger, Töchterlein des Astronomie-Professors. Zum 15. Geburtstag im Jahre 1813 feierte er sie in zehn steil gestylten alcäischen Strophen, von denen die letzte lautet: »O! dann atme ich froh, atme des Lebens Luft / Freier, mag mich der Tod reißen vom Erdenrund, / Auch in dem Reiche der Schatten / Werd ich entglühen von Deiner Liebe.«
Und auf dem Wöhrd stampfte er den Namen »Louise« in den Schnee »wie noch kein König sich unterschrieben hat; jeder Buchstabe war gewiß 25 Fuß lang«. Aber ach, in Maulbronn dann mußte er an einem Augusttag 1815 abends um halb zehn einen gereimten »Nachruf an Louise« zu Papier bringen, weil die sich inzwischen anderweitig verlobt hatte. Der gute Conz, dessen Leibesfülle schon in Schwabs Schiller-Biographie und Kerners »Reiseschatten« Furore machte, in Alberts Tagebuch aber zu dem Eintrag führte »Er ist ein dicker, keuchender Herr, der einen Kopf wie eine Gelte hat«, also wie ein großer Bottich, jener Karl Philipp Conz hatte ihn übrigens aufs Landexamen vorbereitet und dazu im Herbst 1814 auch nach Stuttgart begleitet.
In Maulbronn regte es Knapp auf, wie kleinlicher Zucht von oben exzessive Zuchtlosigkeit von seiten der Mitschüler gegenüberstand. Am 5. November 1814 schrieb er seinem Bruder Paul: »den ganzen lieben Tag wird unaufhörlich gelärmt u. geflucht und jeder der schaffen will, mit Gewalt vom Lernen abgehalten; abends wird dann das Studierzimmer eine Bierstube, wo getanzt, gesoffen u. gespielt wird«. Aber sonst war er, wie auch sein Freund Ludwig Hofacker, dazumal noch unverdrossen diesseitig. Im September 1816 wechselten dann beide aufs Stift nach Tübingen über, wo Knapp die sonntags zu tragende Kleidung als blödsinnig und die Disziplin ebenfalls als »eine durchaus geistlose« empfand, wie er in seiner Hofacker-Biographie schreibt. Da war's für ihn immerhin eine Labsal, daß er täglich in sein Elternhaus beim Holzmarkt gehen konnte und sein Geburtshaus vom Stiftsbette aus im Blick hatte.
Gegenüber, im dritten Stock der Neckarhalde 12, war er also vor 18 Jahren als Sohn des Hofgerichts-Advokaten Gottfried Knapp aus dem nahen Einsiedel (seine Vorfahren fungierten dort nahezu 150 Jahre lang als Klosterhofmeister) zur Welt gekommen, aber zwei Jahre später schon, um 1800, mußte die Familie wegziehen, weil der Vater die Stelle eines Oberamtmanns in Alpirsbach bekommen hatte. Da lag er nun im Bett und schaute hinüber und klärte die ihn deswegen neckenden Freunde – einem 1817 entstandenen Gedicht »Auf das Hehl'sche Haus zufolge – über die sentimentale Bedingtheit solcher Trägheit auf, habe er doch da drüben zuerst das Licht der Welt erblickt: »Ich war ein klein

zweijährig Kind, / Da mußte ich schon fort; / Und dann, bald langsam, bald geschwind, / Gings fort von Ort zu Ort. // Und wo ich einst um Brei geplärrt / Noch als ein Kindlein zart, / Da bin ich jetzt zurückgekehrt / Und hab schon einen Bart. // So kommt man eben nirgends weit, / Man kreist mehr als man reist, / So wie die Schlange Ewigkeit / Stets in den Schwanz sich beißt.«

In Tübingen waren burschenschaftliche Gruppen schon Ende 1816 gegründet worden, aber Stiftler durften ihnen erst vom Sommer 1818 an beitreten, was Knapp auch gleich tat. Bald gehörte er dem Vorstand an und lud zum Waterloo-Fest am 18. Juni 1819 den sich gerade in Stuttgart aufhaltenden Jean Paul nach Tübingen ein. »Verehrter Mann! Ich schreibe Ihnen im Namen der hiesigen studirenden Jünglinge, welche sich innig freuen, daß das Vaterland Sie besizt«, begann der Brief, aber der durchaus geschmeichelte Dichter mochte solcher Besitzgier seiner Tübinger Verehrer dann doch lieber nicht willfahren. So versäumte er denn, wie sich nach Wetturnen und Eichenlaubbekränzung der Sieger auf dem Markt ein Festzug formierte und durch die Stadt zum Festplatz in der Lindenallee bewegte. Dort trug Albert Knapp sein mit 129 Versen kaum endenwollendes Festgedicht sicher genauso emphatisch vor wie im folgenden Jahr, wo er derart lebhaft mit dem Säbel herumfuchtelte, daß ihm die Spitze durch den Stiefel ziemlich weit in den Fuß drang, seine aufgeregte Prosa.

»Laut gemahnt der Ruf! die Stimmen sind verklungen, / Doch ewig tönt der Zeiten Donner fort, – / O, daß das Wort in eure Brust gedrungen, / Viel Lebenskeime sich ans Licht gerungen, / Daß nicht im Sand die Blüthe sei verdorrt!« So donnerte er gegen Ende des Festgedichtes von 1819, und der Name Sand wurde besonders betont, denn auf dem Manuskript hat er ihn unterstrichen. Gemeint war der von Tübinger Burschenschaftlern noch als Heros angesehene Karl Ludwig Sand, welcher im März 1819 in Mannheim den Schriftsteller August von Kotzebue als angeblichen russischen Spion erstochen hatte. Fürs Wintersemester 1813/14 war Sand hier als Theologiestudent immatrikuliert gewesen und bewohnte bei Kaufmann Spellenberg in der Neckargasse 14 ein kleines Zimmer, das gleiche übrigens wie im Wintersemester 1836/37 der spätere Stuttgarter Oberkonsistorialrat, Oberhofprediger, »Palmblätter«- und »Pfingstrosen«-Dichter Karl Gerok.

Zu dieser Zeit hatte Knapp wirklich nichts mehr mit der Theologie im Sinn. Er entwarf einen Brief an die Königinwitwe Mathilde von Württemberg, worin er um 3000 Gulden bat, um Literatur, Philosophie und Altertumskunde studieren zu können, schickte ihn aber auf sehr dringliches Anraten des Vaters nicht ab. Die Strafen häuften sich. Im Stift hatte er nicht nur Schwierigkeiten wegen Verstößen gegen die Hausordnung, sondern auch, weil man an seinen theologischen Erörterungen die rechte dogmatische Haltung vermißte. Knapp dichtete Faustszenen mit »Silbernen Walpurgisnächten«, in denen der rundum strebend bemühte Gelehrte sich immerhin wieder an den Glauben annähert. Vor allem dem Repetenten Karl August Osiander, dessen Witwe er später als zweite seiner drei Frauen heiratete, war es zu danken, daß man ihn nicht relegierte und ihn schließlich im Herbst 1820 Examen machen ließ, wobei er mit der besten Note bestand.

Zum Glück für die Christenheit (aber weniger für die literarische Welt) ereilte

Albert Knapp als Kind mit seinem Vater, gemalt von Carl Friedrich Dörr.

ihn noch im gleichen Jahr als Vikar in Feuerbach unter dem Einfluß des Freundes Ludwig Hofacker die große Wende hin zu pietistischer Frömmigkeit. In seinem Inneren, das nun Gottes »reiner Tempel« geworden sei, wie der Vikar dem Erwecker schrieb, hatte weltliches Dichten und Trachten keinen Platz mehr (im Dezember 1821 verbrannte er alles) und auch die Musik nicht (der Flügel wurde abgeschafft). Aber schnupfen, nur schnupfen tat er weiter, er schnupfte auch als Vikar in Sulz, als Diakon in Kirchheim und an der Stuttgarter Hospitalkirche, als Archidiakon der dortigen Stiftskirche und als Stadtpfarrer von St. Leonhard. Am 18. Juni 1864 ist Albert Knapp gestorben.

Im Evangelischen Kirchengesangbuch für Württemberg finden sich heutzutage noch drei Lieder von ihm, nämlich »Einer ist's, an dem wir hangen« (Nr. 221), »Der du zum Heil erschienen« (Nr. 412) und das berühmte Passionslied »Eines wünsch ich mir vor allem andern« (Nr. 421), in der zweibändigen Ausgabe seiner »Christlichen Gedichte« von 1829 unter der Überschrift »Mein Wunsch« erstmals veröffentlicht. Außerdem hat er einzelne Strophen zu den Nummern 216, 372 und 496 hinzugedichtet, die Lieder 305, 410 und 433 bearbeitet und die Dies-Irae-Sequenz übersetzt (Nr. 426). Seine von innen heraus empfundenen Lieder sind vor allem bei Gemeinschaftskreisen sehr beliebt – sogar eine Hofacker-Bewegung gibt es ja heutzutage noch –, aber sie werden auch sonst häufig im Gottesdienst gesungen.

Knapp sah sein Hauptbestreben bei der Arbeit am Gesangbuch in der »gründlichen Ausfegung des alten ungläubigen oder halbgläubigen Sauerteiges«, wie es im Vorwort zum »Evangelischen Gesangbuch« von 1855 heißt. Ohne Zweifel hat er aber auch hymnologisch einiges in Bewegung gebracht und etwa dafür gesorgt, daß Friedrich Rückert ins Gesangbuch kam, nämlich mit Lied Nummer 12 »Dein König kommt in niedern Hüllen«. Aber auch Rückert war die Manie Knapps, dauernd alles zu verfrömmeln, auf die Nerven gegangen, ließ er doch sein Gedicht »Die Christliche Kritik« so beginnen: »Du hast im Traum recht greuliche / Gesichte, / Und machst daraus abscheuliche / Gedichte. / Wozu die Nachtumgrauungen, / Die Seelenleichenschauungen? / Zu christlichen Erbauungen!«

Der dichtende Stadtpfarrer selbst schildert sein Leben in vom Sohn Joseph fortgeführten Aufzeichnungen pietistisch stilisiert als Erdenwallen von der Weltverfallenheit hin zur Gottergriffenheit. In seinem 1912 erschienenen Buch »Albert Knapp als Dichter und Schriftsteller« geht dann der Enkel, ein Germanist, mit kühler Distanz an den Opa heran, der für ihn »als Dichter keine überra-

mit kühler Distanz an den Opa heran, der für ihn »als Dichter keine überragende, aber eine psychologisch höchst interessante Erscheinung« war. Zwar schreibt ihm Martin Knapp alle Voraussetzungen für einen großen Lyriker zu. »Aber diese Elemente wirkten nicht rein zusammen, weil sie nicht denselben Ausgangspunkt hatten, ein starkes künstlerisches Bewußtsein, das ihnen die Richtung geben und sie verbunden wirksam machen konnte.«
Zu guter Letzt noch immer böser werdende Äußerungen über ihn von drei anderen Tübinger Dichter-Häuslern. Eduard Mörike war angerührt von einigen Versen aus den »Christlichen Gedichten«. Da sei vieles »voll Poësie und Geschmack, wobey man wohl von der Dogmatik abstrahieren kann«, schrieb er am 11. Februar 1830 aus Owen an seinen Freund Johannes Mährlen. Der Romancier Frank Thiess promovierte 1913 mit einer Arbeit über »Die Stellung der Schwaben zu Goethe« in Tübingen und behandelte darin auch ausführlich Knapps 1833 im ersten Jahresband der »Christoterpe« (bei Osiander) gedruckte 71 Stanzen »Auf Goethes Heimgang«, in welchen der fromme Dichter bedauernd feststellte, daß man beim jüngsten Gericht im Kreise der Erwählten leider vergebens nach Goethe Ausschau halten werde. Thiess zufolge blieb Knapp »stets Sklave seines Glaubens. Er wäre der größte Goetheverehrer gewesen, wenn er nicht der einseitigste und fanatischste Christusanbeter gewesen wäre.«
Den Pietistenfresser Friedrich Theodor Vischer schließlich brachten Pietisten allein schon deshalb in Rage, weil sie sogar auf die einfache Feststellung: Es regnet, ich will einen Schirm nehmen, immer antworten würden: Gut, aber der wahre Schirm ist Gott. In »Dr. Strauß und die Württemberger« (1838) knüpft er bei dem drei Jahre zuvor in der »Christoterpe« erschienenen Gedicht »Leonidas« an und schreibt, Knapp habe »ein ansehnliches Talent zur Poesie durch seine

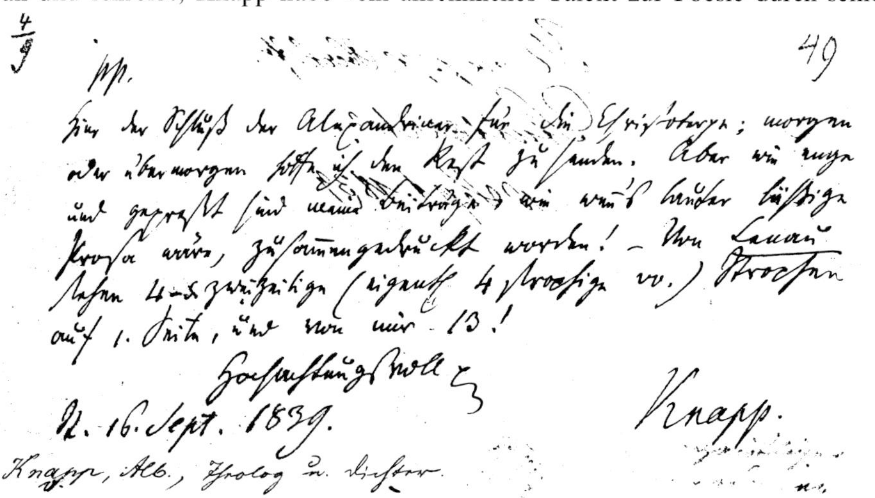
49

Hier der Schluß der Alexandriner für die Christoterpe; morgen oder übermorgen hoffe ich den Rest zu senden. Aber wie enge und gepreßt sind meine Beiträge [illegible] zusammengedrückt worden! – Von Lenau stehen 4–5zeilige (eigentl. 4strophige vv.) Strophen auf 1. Seite, und von mir 13!

Hochachtungsvoll

St. 16. Sept. 1839.

Knapp.

Knapp, Alb., Prolog z. Dichter

Die Jahresbände der »Christoterpe« (1833 bis 1853) mit Beiträgen von Knapp und ihm nahestehenden frommen Dichtern kamen während der ersten zehn Jahre bei Osiander in Tübingen heraus: Hier Anweisungen an den Verlag, seine Gedichte doch luftiger, nicht so zusammengedrückt zu präsentieren.

pietistische Umwendung schimmlicht gemacht. Er läßt Leonidas mit seinen gefallenen Tapferen, das Schwert noch krampfhaft in die Faust gepreßt, in herrlichem Zuge zur Unterwelt wallen, dann stoßen sie aber auf Abraham und Sara und müssen sie küssen. Seine poetische Theorie ist: alles Große und Schöne auch aus der profanen Welt soll Stoff der Poesie sein, aber nur, sofern es durch eine ausdrückliche Beziehung auf das Christliche geheiligt ist, er sagt zu dem Dichter: preise immerhin Griechenland in seiner Herrlichkeit, aber bedaure am Schlusse des Gedichtes lebhaft, daß Athen keinen Stadtpfarrer hatte, daß Homer kein Gesangbuch schrieb und Achilles keinen Konfirmationsunterricht genoß!«

Eduard Mörike

Neckargasse 22 Clinicumsgasse 4 Brunnenstuben Luftschlösser

Neckargasse 22

Clinicumsgasse 4

Ja die alte Melodie des Wassers

Eigentlich, so die verbreitete Meinung, gäbe es in Tübingen nur eine einzige Gedenkstätte für Eduard Mörike, das Evangelische Stift. Aber das stimmt nicht! Zunächst einmal hatte er mindestens während eines Viertels seiner von Herbst 1822 bis Herbst 1826 dauernden Tübinger Zeit als Externer außerhalb des alten Augustinerklosters gelebt. Seine erste, nicht zu identifizierende Wohnung kündigte Mörike Mitte April 1825 zugunsten einer besseren in der Walkmühle am Neckartor, und das Sommersemester 1826 über nahm ihn Schneidermeister Johann Christian Werner in sein Haus Clinicumsgasse 4 auf. Zwischendurch begaben sich die Freunde aber immer auch in naturhafte Refugien ihrer Phantasie, in Brunnenstuben, Laubhütten oder Gartenhäuschen auf dem Spitzberg, im Ammertal, auf dem Österberg und bei der Reutlinger Straße, mit denen, in denen sie die Wirklichkeit verzauberten. Es sind Ahnungen davon, die einen als

Spaziergänger rings um Tübingen manchmal überkommen. Gleichzeitig jedoch scheinen sich in bezug auf Eduard Mörike sogar die Realien als ephemer zu erweisen, so wie sich auch diese zauberisch zwiespältige Gestalt selbst immer wieder entzieht.

Einerseits gehört Mörike zum festen Inventar des schwäbischen Heimatgefühls, andererseits jedoch spürt der aufmerksame Leser gerade bei ihm etwas Vertracktes und Irritierendes. Daß es keine adäquate Biographie gibt, liegt nicht nur an der äußeren Ereignisarmut dieses Lebens, sondern auch an der Schwierigkeit, dessen verwickelte innere Dimensionen darzustellen. Ein Spieler ist er und dabei höchst verletzlich, der den Gefährdungen nur durch Poesie zu begegnen vermag. Große Gefühle bereiten ihm Mißbehagen. Obwohl von ausgesprochen unbürgerlichem Naturell, trägt der Ruhebedürftige die Maske des Biedermannes. Manchmal sogar ganz bewußt: So zeigte er sich zum Beispiel aus Opposition gegen lärmendes Gehabe der damals progressiv patriotischen Burschenschaftler in einem von den schwarzen, runden Filzhüten, mit welchen sonst die Spießer ihre Mostköpfe zu bedecken pflegten.

Während das Gesicht dieses Proteus seltsam undeutlich und unbekannt bleibt, scheint ein anderer Genius loci, Ludwig Uhland, in hiesiger Realität viel stärker gegenwärtig zu sein. Dessen Ruhm hatte einst auch den Mörikeschen überstrahlt. Heute jedoch würde man den gesamten Uhland und Gustav Schwab noch als Dreingabe nicht für einige wenige Verse des Magiers eintauschen wollen, der mit poetischer Traumkraft den Weg ins Sein zurückfand.

Nach den Herbstferien 1822 war der 18jährige »in das Stift eingeliefert« worden, wie es Schwester Luise ausdrückte. Mit ihm kam auch Wilhelm Waiblinger, sein Freund von Urach her, der ihm dann schon am 23. Oktober aus dem »Phaëton« vorlas. Ansonsten mußten sie sich nun erst einmal an Werktags- und Sonntagsordnung, an Studien-, Tisch-, Kirchen- und Kleiderordnung, an Rekreations-, Ausgangs- und Heimkehrzeit gewöhnen. Ständig wurden die Stiftler kontrolliert in ihren Arbeits- und Schlafzimmern, wo sie zu sechst bis zehnt hausten.

Mörikes erste Stifts-Stube hieß »Jerusalem« und umfaßte die heutigen Zimmer 34, 35 und 36 (Repetentenraum) im zweiten Stock des Südflügels zur Platanenallee hinaus. Die Lage der zweiten, des »Bärenlochs«, das er im Wintersemester 1825/26 bewohnte, konnten wir nicht genau orten. Sicher war es eine kleinere, schlechtere Stube vorne am sogenannten »Bärengraben«, über den der Repetentensteg hinwegführt.

Seine Stiftler-Existenz soll nun nicht noch einmal repetiert werden. Auf jeden Fall war Mörike aber in den Ranglisten der halbjährlichen Prüfungen stets einer der letzten und mußte häufig sechs, zehn, zwölf oder gar 24 Stunden im Karzer zubringen wegen mangelnden Fleißes oder »ob fumum in loco publ. haustum« (wegen verbotenen Rauchens an öffentlichem Ort). Auch das prägende Erlebnis der Tübinger Zeit, die Begegnung mit der Somnambulen Maria Meyer, der heiligen Sünderin, welche ihn die dann im Peregrina-Zyklus selbstbewahrend objektivierte Bedrohung der Liebe spüren ließ, ist schon allzuoft nacherzählt worden, als daß das hier noch einmal geschehen müßte.

Von den Peregrina-Gedichten, Bildern der Liebe schlechthin, sei aber wenigstens auf die älteste Fassung von »Der Spiegel dieser treuen, braunen Augen«, damals noch mit der Überschrift »Agnes, die Nonne« hingewiesen, in der sich folgende später gestrichene Strophe findet: »Einst ließ ein Traum von wunderbarem Leben / Mich sprießend Gold in tiefer Erde seh'n, / Geheime Lebens-Kräfte, die da weben / In dunkeln Schachten, ahnungsvoll verstehn; / Mich drang's hinab, nicht konnt' ich widerstreben. / Und unten, wie verzweifelt, blieb ich stehn, – / Die goldnen Adern konnt' ich nirgend schauen, / Und um mich schüttert sehnsuchtsvolles Grauen.« Wenn beide auch in unterschiedlichen Zusammenhängen stehen, so sind doch die Übereinstimmungen zu einem titellosen Gedicht des Jakob van Hoddis, der 100 Jahre später in Tübingen lebte, vor allem wegen ganz ähnlicher Bilder des Bedrohtseins, der Angst vor dem Sich-Verlieren im Nichts, frappierend: »Zu den breiten ungestalten / Tiefen stieg er froh hernieder / Ströme aber lähmten seine Glieder. / Ratlos kreisten eiserne Gewalten. // Und er rang und immer wieder. // Ihn hieß ein Traum in wilden Felsenspalten / Gold und verderbter Götter Blut erbeuten / Und ihrer Leiber brenne Sinnlichkeiten... // Er bäumte auf, und alle Räume hallten.«

Eine 1978 erschienene Monographie des Tübinger Germanisten Gerhart von Graevenitz hat das Irritierende am Werk Mörikes, die Sinnlichkeit hinter seinen Bildern, das komplizierte Motivspiel zum Thema. Da erscheint dann auch »sehnsuchtsvolles Grauen« als feststehende Wendung der traditionsreichen Gefühlssphäre Liebe hinter Klostermauern in ganz anderem Licht. Von Graevenitz' Resumée: »Das Ich, versteckt in der historisierenden Sinnlichkeitskulisse oder: die psychische Thematik in der Perspektive eines literarisch artikulierten Geschichtsbewußtseins – so könnte man Mörikes ›Kunst der Sünde‹ auf eine abstrakte Formel bringen.«

Am 13. Dezember 1824 wurde vom Königlichen Studienrat in Stuttgart gestattet, »daß die Seminaristen Maehrlen und Moerike, dieses Winterhalbjahr außerhalb des Seminars wohnen«. Wo er – zunächst übrigens nicht mit Johannes Mährlen zusammen, sondern mit Ludwig Buttersack – dann unterkam, weiß der Teufel. Anscheinend wohnte jedoch der Theologieprofessor Jakob Gottlieb Wurm damals im Parterre des betreffenden Hauses. Der Suche nach diesem frommen Mann galt nun zunächst einmal eine längere Exkursion. Eine erfolglose, denn alle Versuche, über ihn Mörikes erste Bude in der Stadt zu identifizieren, blieben trotz Bemühungen in fünf Archiven erfolglos.

Dabei hat er während des Frühjahrs 1825 bei jemandem gewohnt, dessen gottgefälliges Erdenwallen sich auf amtlich beschriebenem Papier bündelweise niederschlug. Jakob Gottlieb Wurm war seit 1822 zweiter Frühprediger an der Stiftskirche, zweiter provisorischer Superattendent am Stift und schon seit 1815 ordentlicher Professor der Theologie. Da er kein eigenes Haus besaß, fand sich zunächst einmal beim Kataster und im Häuserbuch des Stadtarchivs kein Hinweis auf ihn. Im Universitätsarchiv liegen dicke Aktenbüschel mit Wohnungsgesuchen von Professoren aus dieser Zeit, aber der Wurm war nicht drin. Aus einer Personalakte ging zwar hervor, welche Bezüge er in Geld und welche in Naturalien bekam, nur nicht die Wohnung. Fehlanzeige darüber auch nach Durchsicht der Inspektorats-Papiere im Archiv des Stifts. In jenem der Stiftskirche gaben zwar die Pfarrberichte immer wieder über den Frühprediger Auskunft, der verheiratet sei, sieben Kinder habe, alle vier Wochen eine Frühpredigt halten

Eduard Mörike auf der 1824 in Tübingen entstandenen Bleistiftzeichnung von Johann Georg Schreiner.

müsse und über »mittelmäßiges Vermögen« verfüge. Wo sich jedoch die Kinder tummelten, wo das Vermögen angehäuft war, stand da nicht.
Mehr und mehr nahm bei den Archiv-Recherchen ein auch theologisch ziemlich uninteressanter Dumpfkopf Gestalt an. Später als Nürtinger Dekan machte Wurm – Akten im Stuttgarter Archiv der Landeskirche zufolge – zum Beispiel vor allem dadurch von sich reden, daß er den Markt vom 24. auf den 23. Dezember verlegte und sich deshalb mit Bürgermeister und Stadträten anlegte, die dann beim König Beschwerde gegen ihn führten. Die Folge waren endlose Schriftsätze mit den abwegigsten theologischen Haarspaltereien. Auch der Versuch, dem Wurm und damit Mörike schließlich in der traditionellen Wohnung des zweiten Superattendenten, im Ecktrakt des mächtigen Gebäudekomplexes am Faulen Eck (heute »Hospiz«) eine irdische Bleibe zuzuweisen, erwies sich als Fehlschlag, denn irgendwo stand dann zu lesen, daß diese Wohnung dem Stift nach 1820 verlorenging, weil für einige Jahre der Prinz Alexander einzog. Dabei ließe sich im Prinzip gewiß erkunden, wo Jakob Gottlieb Wurm in Tübingen sein Dasein gefristet hat – sei es noch über die historisch belegten Unterkünfte der Frühprediger oder auch über die beim Stuttgarter Landesarchiv lagernden Gesuche um staatliche Wohnungen. Aber irgendwann kommt doch der Zeitpunkt, wo das anwachsende Gefühl von der Absurdität des eigenen Tuns in eine Sinnkrise umschlägt, wenn man so lange in einem Heuhaufen – oder ist's trockenes Stroh? – nach einer Nähnadel gesucht hat.
Zurück also zum Wurmschen Haus, auch wenn es nicht zu lokalisieren war. »Gestern Abends nach dem Essen«, erzählte Mörike dem Freund Mährlen in einem Brief vom März 1825, »nahm ich einen absichtlich kurzen Abschied von Bauer auf der Ulmerstube, gieng darauf mit meinem Stuben-Novizen und Forcht-Assistenten Butt u. mit Hartlaub nach Haus, traf eine wohlgefegte, aufgeräumte erwärmte Stube an u. wir nahmen zußammen ein Paar Geschichten v. Hoffmanns SerapionsBrüdern vor«. Erst gegen ein Uhr nachts gingen die Freunde wieder weg. »Leise zünd ich ihnen die Treppe hinunter und lasse sie zum Parterrefenster im Öhrn hinaussteigen (neben dem fielen meine Augen auf eine groß schwarze Tafel, verkehrt an die Wand gelehnt, und mit arithmetischen Figuren versehen, was zu dieser ungewohnten Stunde den seltsamsten Eindruck auf mich machte). Nachdem ich das Fenster still zugedrückt, gieng eben so still die untere Thür des Profess. auf u. es sah mir jemand im Nachtkleid, mit dem Licht in der Hand, nach.«

Der Besuch von Tante Neuffer aus Bernhausen, Mutter des ihm inzwischen treulos gewordenen Klärchen, kündigte sich am nächsten Tag dadurch an, daß »außen d. Stimme der Prof. Wurm u. langsame Frauentritte« zu hören waren. »Die Tante lobte unser Zimmer, entsetzte sich nach ihrer Art mit wahrhaft jugendlicher Heiterkeit über unsere Thee-Chocolade-Caffeemaschine, die hier in Einer Person mit veralteten Spuren sämmtlicher 3 Bestimmungen auf dem Ofen, der unter ihr winselte, in Trauer stand, so daß die l. Frau mit leiser ängstlicher Stimme – auf das Instrument zeigend zu mir sagte ›Hör er! Da würd mirs doch ein bisle gräußelen‹.«

Am 14. April bezog er mit Buttersack, der dann im Mai von Mährlen als Stubengenosse abgelöst werden sollte, eine andere Stadtwohnung – in der Walkmühle beim Neckartor. An dem Gebäude, das nacheinander Pulvermühle, Walkmühle der Zeugmacher, Kornmühle, Bad, Kino und Geschäftshaus mit Cafés war, verweisen aber heutzutage allenfalls noch die Fundamente in frühere Zeiten. »Ich will Euch«, so Mörike tags drauf an Mutter und Schwester, »unsere Wohnung beschreiben. Es ist ein blaues ziemlich großes Zimmer, hat hübsche Vorhänge, Sopha und einige Pfeilerkomödchen. Die längere Seite, woran rechts ein eckigter Erker stößt u. ins Wasser hinunterreicht, hat gerade den Nekkar unter sich und über den grünen Waaßen hin die köstlichste Aussicht. Links, ziemlich nahe, ist die Brücke, und das Thor zu sehen. Dabey dicht an unserer Wand in der Tiefe ein Mühlrad und sein Wasser stürzt sich in einer breiten Rinne gefaßt mit unaufhörlichem lauten Geräusch in den vorbeyfließenden Strom. Du solltest sehen wie das in einem schneeweißen Strudel sich mit dem schönsten Apfelgrün an dieser Stelle mischt.«

Einem Brief an Schwester Luise vom 15. August zufolge machte er sich »gegenwärtig (mit einiger Anstrengung freilich) mit dem Gedanken vertraut, nächstes Halbjahr wieder im Stift zuzubringen« – im Oktober hauste er dann schon im »Bärenloch« –, aber am 20. März 1826 wird ihm vom Königlichen Studienrat erneut bewilligt, »nächstes Halbjahr in der Stadt zu wohnen«. Er bezog das aus dem 16. Jahrhundert stammende Haus Clinicumsgasse 4, ganz nahe beim Stift. Von seinem Zimmer aus konnte Mörike in dessen Hof schauen. Das Gebäude gehörte dem Schneidermeister Johann Christian Werner, der wohl auch gemeint war, als der externe Stiftler im November 1826 betreffs der Wäsche am Mährlen schrieb: »Gibs nur dem Johann, der mein Sach besorgt.«

Die Tübinger Jahre sollten seine glücklichsten bleiben. Schon als der Köngener Vikar vom 10. bis zum 12. September 1827 die Stadt wieder besuchte und auch in der Walkmühle übernachtete, wirkte die Vergangenheit in der Erinnerung sentimental verklärt. »Als ich«, schrieb er an Mährlen, »über die Brücke fuhr und die Häußer-Fronte der Stadt am Neckar hinauf nach alter Weise erleuchtet und dann – Mich selbst ansah da falteten sich unwillkürlich meine Hände u. klemmten sich meine Finger ineinander – ich jauchzte, fast schaudernd in mich hinein! – Wir hielten an der WalkMühle, die erste bekannte Person begegnete mir in der Mine, unserer alten Dienerin. Ja die alte Melodie des Wassers! Ich höre sie! Daß Du sie nicht auch hörest! Ich fühle nun wie innig ich Dich liebe! Wie unzertrennlich Du von mir bist.«

Im Herbst 1825 schon hatte Ludwig Amandus Bauer das Studium beendet,

Der Tübinger Freundeskreis in der Gartenlaube Rudolf Lohbauers, von ihm selbst gezeichnet, mit Edmund Sigel (stehend), Lohbauer (liegend), Mörike (hinten mit Hut und Kranz), daneben einem Unbekannten und ganz rechts Ernst Friedrich Kauffmann.

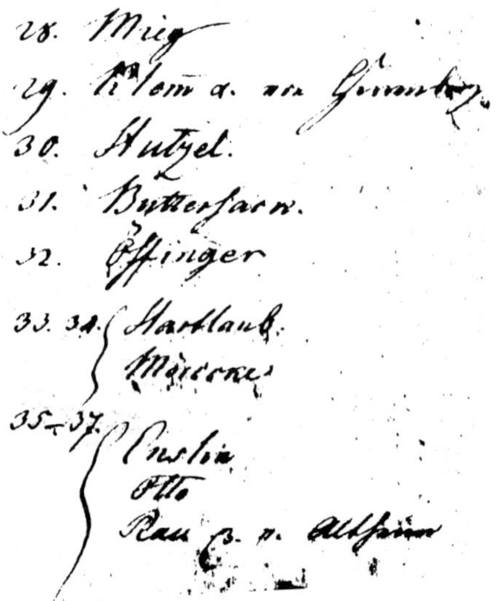

Schluß einer Lokation, der Semester-Rangordnung am Stift, von 1822: Die Namen von Mörike und seinem Freund Wilhelm Hartlaub tauchten immer erst ganz hinten auf.

Tübingen verlassen und war Pfarrverweser in Ernsbach geworden. Er, nach dessen frühem Tod 1843 seine Freunde im Vorwort zu einem Erinnerungsband noch einmal »das ganz Unwiderstehliche seiner Persönlichkeit, das helle schöne Angesicht, mit all dem seelenhaften Glanz des braunen Auges,« und »die gesunde, jugendliche Kraft seines Wesens, die duftige Frische« beschworen, fehlte Mörike nun sehr, der noch ein Jahr lang in Tübingen bleiben mußte. Die beiden hatten aber einen schönen Sommer gehabt, während dem rings um sie her Orplid entstand, die Insel der Vorzeit, das Reich der Verborgenheit, das Heiligtum der Freundschaft. Schon aus einem Brief Bauers vom 27. Juni 1826 spricht wehmütige Sehnsucht: »Ich möchte mit dir in dem Hüttchen auf dem Spitzberge sitzen, und das Rauschen der Tannenwipfel hören; weißt du, den Morgen, ehe wir mit Klärchen bei'm Bengel waren, bereisten wir als Maty und Heinard den Berg, wo der Wartthurm steht, und zogen mit unseren Bogen in jenes Hüttchen, verloren aber das Holz zu'm Spannen. Und was ich eigentlich will? Eine Preisfrage gebe ich dir auf. Besinne dich doch, und berathe dich auch mit denen, die etwas wissen können, an welchem Tage Orplid geboren wurde?«

»Es war«, vermutet Bauer selbst, für welchen sich in dem immer mehr geliebten denn liebenden Mörike schon drei Jahre zuvor die Poesie des Lebens verkörpert hatte, »es war, soviel weiß ich, ein herrlicher Morgen: du führtest mich an die Quelle links von der Reutlinger Straße, dann giengen wir noch eine Weile im Walde spazieren, als wir eben von dem Fußwege auf die Straße kommen wollten, sagte ich: wir sollten mit Zweigen eine Hütte bauen im Walde, und dies sollte vorstellen, wie sich Leute eine Stadt bauen – wie müßte sie doch heißen? ›Orplid‹, sagtest du.«

Lagen die utopischen Gefilde von Orplid an der Reutlinger Straße? Ach, in einem Brief vom 16. August des gleichen Jahres gedachte Bauer auch der Tage, »wo uns die Sonne Homers leuchtete in der heiligen Frühe, auf dem Berge hinter der Ammer, wo Orplid geboren ward, wo wir die Namen erfanden, und uns freudig wieder fanden in einer neuen Heimath. Aber die Schatten des Abschieds fielen weit herein: unsre Gesichter wurden dunkel davon«.

Hinter der Ammer: das kann in Tübingen fast überall sein, am Spitzberg oder am Österberg, auf dem vorne mit dem Gartenhaus des damaligen Archidiakonus Pressel der »orplidische Thurm« (Bauer) stand. Und auf jeden Fall ist Orplid-

Land auch weiter hinten, oberhalb des heutigen Sportinstituts in dem Wäldchen mit seinen wilden Schluchten. Unwillkürlich sucht man an den Stämmen alter Buchen nach eingeritzten Zeichen, aber selbst wenn sie sich dort befunden hätten, wären diese künstlichen Eingriffe inzwischen doch schon längst wieder Natur geworden. Aus dem dämmrigen Wald tretend, blendet einen plötzlich die sonnenhelle Rasenfläche, und darüber schwebt dunkel der Gipfel des Österberges: »Du bist Orplid, mein Land! / Das ferne leuchtet.«

Nirgendwo ist dieses Land und überall, auch an der Reutlinger Straße. Vom Parkplatz am steilen Aufstieg führen Stufen zu einem gemauerten leeren Brunnentrog herab, neben dem eine Quelle plätschert. Sogar ein kleines Brunnenhäuschen gibt es da. Das Wasser fließt frei den Hang herab zum Weg am Schützenhaus. Mit Büchsenknallen mischt sich Hundegebell aus dem Tierheim, das den Eingang eines Tälchens verstellt. Gleich dahinter könnte man schon noch Laubhüttchen bauen zwischen Felsbrocken und sanften Buchen am Bache. Wenige Meter weiter jedoch beginnt dann die »Erddeponie Schinderklinge, Öffnungszeiten Mo.–Fr. 7–17 Uhr«. Orplid heute – ein Müllplatz.

Mit Peregrina wurde die Liebe zum mythischen Ereignis, mit Orplid die Freundschaft, aber auch ins Peregrina-Erlebnis war der Freund einbezogen. Mörike hatte ihm seine Liebe zu Maria Meyer eingestanden, und zwar an einem Ort, den Bauer in einem Gedicht »Geheimniß« so beschreibt: »Du führst mich schweigend nach der Felsenklause, / In ihre feuchten Wände treten wir; / Und strömend aus verschwieg'ner Geister Hause / Hör' ich den Bergquell rauschen unter mir, / Und aufgehangen an den Felsentrümmern / Seh' ich die Lampe trüb herunterschimmern: – / Und Du so nahe mir, so ungetrennet, / Nach dem schon lange mir die Seele brennet!« Dies »Marienbronnenstübchen« (Bauer) könnte sich nun – das vermutet jedenfalls auch Hans-Ulrich Simon, Herausgeber der Briefe Mörikes und Bauers – im Käspersloch befunden haben, jener Schlucht des Österberges, durch welche heute der Wilhelm-Schussen-Weg vom Landesstudio des Südwestfunks herunter zur Brunnenstraße führt.

Auf einem im Stadtarchiv liegenden Plan von 1838 kann man den Verlauf der Wasserleitung, über welche die Zisterzienser einst den Bebenhäuser Pfleghof versorgten, genau verfolgen. Spuren der drei alten Brunnenstuben im Weißen Keupersandstein – die erste müßte sich wenige Meter hinter dem alten Gartenhaus auf halber Höhe befunden haben, zwei weitere höhlten den Fels am steilen Hang gegenüber – sind jedoch so im Vorbeigehen kaum mehr auszumachen. Es gibt sie aber noch, und in ihnen rauscht nach wie vor das Wasser, wenn es heute auch nicht mehr oberhalb der Wilhelmstraße zum Brunnenhaus des Pfleghofs geleitet wird, sondern in den Kanal der Brunnenstraße fließt. Immerhin soll in so einer Brunnenstube auch Mörikes »Maler Nolten« entstanden sein. Bauer am 18. November 1832 an den gemeinsamen Freund Wilhelm Hartlaub: »Und überall er, der liebe Möricke, mit dem Zauberdunste, der ihn begleitet, mit dem schuldlosen Kindersinne, den keine Welt ihm abzuschleifen vermag. Wahrlich, bei aller Feinheit, die er seinem Werke angeschliffen hat, seinen Nolten hat er aus dem innersten Heiligthume der Kunst, aus dem dämmernden Brunnenstübchen hervorgeholt, wo Kunst und Natur als nachbarliche Quellen rauschen.«

Das Sichzurückziehen in Brunnenstübchen am Österberg oder in Hüttchen auf

Federzeichnung Mörikes: Als er mit Ludwig Amandus Bauer und Johannes Mährlen um Weihnachten 1824 einen Ausflug nach Kirchheim/Teck machte, wollten die drei Freunde unter einem Mantel als ein Mann loswandern.

dem Spitzberg (»wieder bin ich im Waldhäusli am frühen Morgen«, schrieb Mörike Mitte August 1824 an Waiblinger), vor allem aber auch in Gartenhäuser – was eigentlich mag es damit auf sich haben? In seiner Monographie »Eduard Mörike: Die Kunst der Sünde« versucht Gerhart von Graevenitz das Motiv des geschlossenen Raumes zu deuten und kommt zu folgendem Schluß: »Die ›Hütte‹ ist nicht nur metaphorischer, sondern auch psychischer Ort. Sie vermittelt eine Geborgenheit des geschlossenen Raumes, die, zumindest in den hier angeführten Belegstellen, auch auf die Vereinbarkeit von Freundschaft und ›Frauenliebe‹ bezogen ist. Die Psychologie hat dafür einen Terminus: das ›Hüttchen‹-Motiv bedeutet einen Regressionsraum, in dem Frauen-Liebe und Männer-Freundschaft noch ganz nahe beieinanderliegen, vielleicht noch nicht getrennt sind.«

In Orplid, wie gesagt, wird Freundschaft zum mythischen Ereignis. Von Graevenitz analysiert zunächst einmal die vielfältigen Zweierbeziehungen Mörikes, um dann auf die bedeutsameren Dreiergruppierungen einzugehen. Denen liegt einmal die Familiensituation Vater–Mutter–Kind zugrunde, sicher wirkt aber auch Sigmund Freuds ödipale Dreierproblematik hinein. Auf jeden Fall erscheint Freundschaft nur in bezug zur dritten Person als vollkommen. Wilhelm Waiblinger spielte im Freundschaftsbund mit Mörike und Bauer eine entsprechende Rolle, wie sie Maria Meyer hatte, als Mörike den Freund im Brunnenstübchen über sein Verhältnis zu ihr unterrichtete. »O Eduard, nun bist Du ganz der Meine, / Du liebest mich, ich liebe all' das Deine!« endet Bauers schon zitiertes »Geheimniß«.

Die Führer-(und Vater-)Funktion hatte der expansive Waiblinger, und zwar vor allem aus zweierlei Gründen: Er machte sich zum Propheten des verstummten Hölderlin und den Dichter zum Gruppengott, er verfügte aber auch über das im Frühjahr 1823 von ihm angemietete Gartenhaus des Archidiakonus Pressel am Österberg, wo die Freunde zusammenkamen. Als sich Bauer und Mörike, der jedoch seinen Abschiedsbrief nie abschickte, nach dem Kleinstadt-Skandal um Julie Michaelis Ende 1824 von Waiblinger zurückzogen (ödipaler Vatermord?), und die Auflösung der Gruppe auch wegen Bauers bevorstehendem Weggang drohte, füllt ihre Orplid-Fantasie »die Lücke des abwesenden Dritten und repräsentiert, als Fiktion einer Urgeschichte, die unwandelbare Einheit der Gruppe. Die Erfahrung der gestörten Gruppen-Einheit ist«, so Graevenitz, »in

den Orplid-Text als Bericht von gewissermaßen frühgeschichtlichen Störungen eingebracht worden«. Mörike war während seiner Stiftsjahre Partner mehrerer Dreierbeziehungen. An die Stelle Waiblingers und Bauers traten zunächst Rudolf Lohbauer, der auch mit einem Gartenhaus dienen konnte, und Hermann Hardegg, später dann die 1825 ins Stift gekommenen David Friedrich Strauß und Friedrich Theodor Vischer. Schließlich sollte Mörike gar eine Ehe zu dritt mit Frau und Schwester führen.
Orplid war also ein Spiel, das sich aus dem gar nicht einmal so harmonischen Gleichklang einer Freundschaft entfaltete, und es ist eine künstlerische Weltschöpfung im kleinen, traumhaft und doch wirklich. Über das »merkwürdige Kleeblatt« dieser drei Freunde schreibt Strauß in einem biographischen Essay über Ludwig Amandus Bauer, daß Mörike »der intensivste, Bauer der receptivste, Waiblinger der expansivste« gewesen sei. »War Waiblinger imposant, so erschien Mörike räthselhaft. Er blendete schon deßwegen nicht, weil er sich entzog. Von dem geheimnißvollen Brunnenstübchen, von dem am Tag künstlich verdunkelten und kerzenerleuchteten Gartenhause, wo er mit seinen Erwählten im Shakespeare lese, oder von Orplid, der Stadt der Götter, sich unterrede, gingen nur dunkle, wunderliche Sagen im Volke.«

Wilhelm Waiblinger

Klosterberg 2 (Stift)
Pressels Gartenturm

Aus der Stube Zion ins Luftschloß

Auf der Stube Zion des Evangelischen Stiftes richtete sich am 23. Oktober 1822 ein Neuer ein. Er war hochgewachsen, und die Mähne nachdunkelnder, früher einmal hellerer Haare wallte ihm ums ovale Gesicht. Drei Monate vorher hatte der Siebzehnjährige beim gerade in Esslingen Station machenden Karl Winter angefragt, ob er wohl den Franz Moor spielen dürfe und sich dem Theaterprinzipal folgendermaßen empfohlen: »Mein Äußeres ist nicht unvorteilhaft. Ich bin schlank und gerade gebaut und habe die Größe von 6 Fuß. Mein Organ ist rein und biegsam genug, sich meines Freundes (des Hofschauspielers Eduard Gnauth) Metallorgan verähnlichen zu lassen.« Im Hinblick auf die bevorstehende Aufnahme ins Stift hatten ihn dann aber Wohlmeinende von seinen Theaterplänen abzuhalten vermocht. Als alles verstaut war in dem Zimmer, das Wilhelm Waiblinger nun mit sieben anderen jungen Leuten zu teilen hatte, machte er zunächst Antrittsbesuche beim Ephorus Gottlieb Friedrich Jäger, genannt Sabel, und den Inspektoren. »Da ward denn von nichts als soliden Studien gesprochen, und von ernsten Wissenschaften, als ob die Poesie nur Spaß wäre«, schrieb er später verärgert in sein Tagebuch. Den ihn mit »warnendem Geschwätze« überhäufenden Herren war er »längst bekannt«, hatten sie doch seinen bei der Aufnahmeprüfung fürs Stift am Stuttgarter Gymnasium abgelieferten Aufsatz nicht gerade ihren Vorstellungen von frommer Dogmentreue entsprechend gefunden und den anscheinend schwer zu Disziplinierenden deshalb auch erst einmal nur provisorisch auf Widerruf aufgenommen.
Die Stube Zion – seit dem Umbau von 1916 zweigeteilt in die Zimmer 52 und 53 – liegt im dritten Stock des neuen Baues, dem Dachstock, links an der Ecke. Eines der Gauben-Fenster weist auf den Vorplatz zum Alten Ephorat, das andere zum Neckar hinunter. Der Blick war beachtlich. »Von unserer Stube aus«, so später im Tagebuch, »geniess ich die herrlichste Aussicht über eine grüne, vom Neckar durchwundene, von einer Pappelallee durchkreuzte, in der Ferne durch hübsche Bergrücken, und darüber hinein durch einen Theil der malerisch gruppirten, den

Tag über in den vielfachsten Farbentönen schwimmenden Alpen begränzte Wiesenfläche.«
Am ersten Abend im Stift spürte Waiblinger zunächst »eine rasende Leere« wegen der vielen unbekannten Menschen, der fremden Gänge, Stuben und Gebräuche, aber das änderte sich bald, als er mit dem ihm von Urach und einem Besuch in Bernhausen her bekannten Eduard Mörike noch bis Mitternacht zusammen war und »dem Fühlenden« aus seinem »Phaeton« vorlas. Allein Mörike glaubte er zu dieser Zeit sein »Tiefstes, besonders wenn ich leide«, entdecken zu können. Nachdem Waiblinger am 24. Oktober wieder einen Besuch bei Hölderlin im Turm gemacht hatte, wo er am 3. Juli während seines kurzen Tübingen-Besuches ein erstes Mal gewesen war, begann dann der Alltag. Schon allein das Nachschreiben in den Collegien fand Waiblinger allzu stumpfsinnig, nein, er schreibe nie nach, und dann die dauernde Gängelung und Überwachung im Kloster ...
Dabei war Ephorus Jäger eigentlich gar nicht so ungnädig zu ihm, auch wenn der widerborstige Stiftler bald massenweise Rügen wegen Verstößen gegen die Hausordnung auf sich häufte. Und daß man ihn schließlich aus der Anstalt herauswerfen sollte, hatte ja vor allem der Stuttgarter Studienrat zu vertreten, von dem das Inspektorat am 25. September 1826 aufgefordert wurde, man möge den Zögling »in Betracht seiner beharrlichen Unordnungen u. seiner gänzlichen Vernachlässigung der bestimmungsmäßigen Studien aus dem Seminar-Verband« entlassen. Aber wie dem auch sei, im nachhinein sind nun einmal nie die Leute der Bildungsgänge, der Disziplin und einer verknorpelten, verknöcherten Wissenschaft im Recht, sondern immer die originellen Außenseiter. Es ist ausgleichende Gerechtigkeit, wenn dann die einst Würdigen zu lächerlichen Figuren werden.
»Sabel ist«, steht am 2. November 1822 im Tagebuch, »eigentlich kein Sabel, sondern eine leere Scheide. Ich stand heut vor diesem Janusgesicht, diesem mißrathenen Camez catuph (= hebräisches Vokalzeichen). Da las ich das über mich erlassene Rescript, worin ich zum Krepiren signalisirt bin. Da heiß ich arrogant, animos, excentrisch, ungründlich, meine Studien nehmen einen ganz falschen Weg, einen philosophisch-ästhetischen – widerstreiten der Dogmatik – ich bin auf dem schlechten Weg, verleitet – übrigens ein Mensch von ganz vorzüglichen Talenten, gutgeartet, von tadellosem Wandel, nur – irregeleitet, Sabel excusirte mich – meine Aufsätze hatte er in den Händen, gieng sie durch – warf mir den Ausdruck: ‚Zusammenschwimmen mit Gott' vor, aber – excusirte mich. Selbstüberwindung! Gründliches Studium ward mir empfohlen, aber – ich habe ganz gründlich studiert, versicherte mich Sabel. Ich thue, was ich will.«
Trotz lebensarmer Umstände versuchte er zu erleben, trotz schier unüberwindlicher Hemmnisse versuchte er dessen teilhaftig zu werden, wonach ihm der Sinn und die Sinne standen. »Das ist nichts mit unsern Verhältnissen!«, heißt es am 23. November im Tagebuch. »Ein Jüngling von meiner Kraft und Stärke sollte billig seine wilden Triebe in den Armen eines ihm ganz hingegebenen Mädchens befriedigen können.« Das Herzen und Küssen war ja unter den Freunden üblich, das gehörte zum biedermeierlichen Freundschaftskult, aber als ihm Christian

Friedrich Wurm, mit dem zusammen er Hölderlin erstmals besucht hatte, eines schönen Januartages im Jahre 1823 anscheinend zu nahe kam, wollte er sein im achten Brief des »Phaeton« geäußertes Verständnis für die griechische Liebe ganz und gar nicht einlösen. »Ach! die Liebe ... kann ich ihm nicht geben, die er möchte«, liest man am 12. Januar nach einer stürmischen Begegnung im Stifts-Hörsaal und dann am 28. Januar: »Ach! ein Mädchen an Lippen und Busen, wäre mir lieber als Analytik und Dialectik, lieber als Universität und Vikariat und Pfarramt. Da würd ich erwarmen, die Bücher lassen mich kalt.«

Wilhelm Waiblinger: Gipsrelief von Theodor Wagner.

Waiblinger tat, was er wollte. Im Frühjahr 1823 schichteten sich die ihm ausgesprochenen Rügen »zu einem furchtbaren Holzstoß«, und seine »Kloster-Existenz lodert darauf zum Himmel auf«, als er sich am Morgen des 25. Mai nach einer beim Reutlinger Maifest und im »Plaisirbad« (Bläsibad) verbrachten Nacht dem Ephorus im Zustande »matter Zerstörung« zeigte. Zwar sehnte sich Waiblinger immer nach Beziehungen zu Frauen und suchte sie bei solchen Gelegenheiten auch, aber im Falle seiner Jugendliebe zu Philippine Heim wie auch der sich später für ihn als »zweydeutig« erweisenden Julie Michaelis liebte er doch vor allem die Liebe. Und über sie konnte er immer mit erstaunlicher Distanz sprechen und schreiben. Diese Distanz und auch die Tatsache, daß Waiblinger später den Kampf um ein freies Schriftstellerdasein viel selbstbewußter und erfolgreicher führte als Mörike, Strauß oder Vischer, deutet neben anderem darauf hin, daß aus ihm ein bedeutender realistischer Erzähler hätte werden können.

»Mein Reich ist nicht von diesem Stift. Darum such ich auch nicht meinen Lohn in ihm. Die Welt ist mein Reich« (6. Januar). Um wenigstens tagsüber der Enge des Klosters entrinnen zu können, beabsichtigte Waiblinger Ende des Monats, auf den Sommer ein Gartenhäuschen zu mieten, »vielleicht das, worin Wieland war«. Jene damals schon legendäre Immobilie war's jedoch gewiß nicht, denn dabei handelte es sich um ein Weinberghäuschen nahe der heutigen Wielandhöhe.

Der spurensuchend auch bei Hölderlin und Mörike häufig fündig gewordene Germanist Alfred Kelletat hatte es 1952 unternommen, Waiblingers »Pantheon«, sein »Sommermuseum« und »Luftschloß«, um das der Wind tobte, zu orten. Zwar kommt der Name des späteren Archidiakonus Johann Gottfried Pressel in den Briefen und Tagebüchern nicht vor, aber Ludwig Bauer spricht am 9. Oktober 1829 in einem Brief an Wilhelm Hartlaub immerhin von »Pressels orplidischem Thurm« und Mörike in einem Brief vom 22. Januar 1832 aus Ochsenwang

an seine Braut Luise Rau davon, daß ihn sein Kirchtürmlein »an Pressels chinesisches Gartenhaus« erinnere, »aus dem wir als Orplid-Wächter zu allen Stunden der lauen Tübinger Sommernächte herausgeguckt hatten«.
Aber wo stand es, und wie ist zu erklären, daß Pressel erst 1831 ein Weinberghäuschen an der Stelle des heutigen Stuttgardia-Hauses (Österberg 14) auf einem im Vorjahr erworbenen Weinberg errichtete? Kelletat nimmt an, der damalige Oberhelfer müsse ein Gartenhaus gepachtet haben, ehe er selbst Grundbesitz erwarb, und machte auch ein dem Maurer Pfulb gehörendes Grundstück aus, die alte Parzelle 503 oberhalb des Mühlrains, einer damals wilden Schlucht, durch die nun seit über 100 Jahren die Mühlstraße führt, und das oben auf dem Berg Ludwig Uhlands Garten berührt. Alte Stiche zeigen an dieser Stelle wirklich einen Turm, der, so Kelletat, den »Thronsaal einer exaltierten literarischen Hofhaltung« bezeichnete. Wer heute von der Neckarbrücke aus die Stufen zum Österberg hinaufsteigt, mag sich diesen Thronsaal anstelle jener Villa im Landhausstil droben vorstellen. Ein Erkertürmchen daran unterstützt immerhin das Assoziationsvermögen.
Als Waiblinger am 3. Februar im mündlichen Examen beim Hebräischen versagte, machte er sich nicht viel daraus, befürchtete jedoch, das könnte die Erlaubnis für sein Gartenhaus hindern, welche ihm dann aber am 6. März doch gewährt wurde. Im April war's sehr kalt. »Frost den ganzen Tag über. Mein Gartenhäuschen wie eine Windmühle. O Norden! Norden! wie möcht ich den Süden!« (11. April) Dennoch zog er sechs Tage drauf schon ein, hängte die geheimnisvoll pantheistische Tübinger Freundschaftslosung »Hen kai pan« (Eins und alles!) an die Wand und stellte ein Bild der geliebten Philippine Heim auf.

Bleistiftzeichnung Waiblingers aus dem Tagebuch: Ein Blick aus den Fenstern der Stifts-Stube Zion auf das Alte Ephorat und die Berge der Schwäbischen Alb.

Mit seinem »Feodor«, einem Schlüsselroman über die Freundschaft, in dem alle seine Stiftsgenossen vorkamen, ging es zügig voran. Später verbrannte er das Manuskript, aus dem man schon einiges erfahren hätte über den intensiven Mörike, den rezeptiven Bauer und den expansiven Waiblinger, wie David Friedrich Strauß die Freunde charakterisierte. In Collegien ging Waiblinger nun kaum mehr. Einmal, am 12. Mai, als er spät aus der Stadt heraufkam, begegnete er sich selbst: »Ich stand heut Abend unter meinem Gartenhäuschen, und glaubte schaudernd meinen Kopf zum Fenster herausgucken zu sehen.«
Hölderlin stieg am 9. Juni erstmals mit ihm zum Gartenhaus auf dem Österberg hoch. »Die Aussicht, der herrliche Frühlingsmorgen schienen doch auf ihn zu wirken. Ich fragt ihn tausenderley, bekam meistens unverständliche oder unsinnige Antworten. Als ich ihn fragte: wie alt sind sie, Herr Bibliothekar? antwortete er unter einem Schwall französischer Worte: bin mir nicht mehr bewußt, Euer Gnaden. Ich erinnert ihn vergeblich an vieles. Zimmer wunderte sich schon, daß er das Häuschen betrat, aber unbegreiflich seys ihm, als Hölderlin gar eine Pfeife rauchte, die ich ihm füllte und anzündete, und die ihm recht zu schmecken schien: Und vollends – Auf mein Vorbringen setzte er sich an meinen Pult, fieng an ein Gedicht zu schreiben: der Frühling, schrieb aber nur 5 gereimte Zeilen und übergab sie mir mit einer tiefen Verbeugung.«
Während der folgenden Wochen war Hölderlin häufiger Gast im Gartenhaus. Er hatte anscheinend Zutrauen zu dem ihm enthusiastisch zugetanen jungen Mann gefaßt und las ihm auch aus seinem »Hyperion« vor. In einem Brief an Ludwig Uhland vom 7. Juli 1823 nach Stuttgart beklagte Waiblinger, wie »gar zu einförmig, zu kahl, zu farbenlos« das Leben im Stift sei und daß er außer Bauer nur noch einen Freund habe, der »ein Licht in meine Seele werfen« könne – Hölderlin: »Dieser Wahnsinnige, wenn er in meinem Gartenhaus am Fenster sitzt, ist mir oft mehr, ist mir oft näher, als Tausende, die bei Verstande sind.«
Der wenig später in freien Rhythmen geschriebene Hymnus »An Hölderlin« beginnt so: »Komm herauf, / Jammerheiliger! / Blick auf / Mit deinem irren Auge, / Deiner Jugendschöne, / Deines Kinderherzens / Offnem Nebelgrab. / Komm herauf, / Schwanke hinan den Fußpfad, / Über Herbstgesträuch-Abhang, / Mein Gartenhäuschen, / Jammerheiliger, / Komm, es wartet dein!«
Das war ein August für Waiblinger, so angenehm, wie keiner vorher und keiner nachher mehr. Das Tagebuch verzeichnet herrliche Nachmittage, eine »himmlische Nacht mit Zeller und Mörike auf dem Gartenhaus. Mondschein. Ruhe«. Mitte des Monats war der »Feodor« fertig geworden, und Mörike korrigierte ihn Blatt für Blatt. Manchmal verleugnete sich Waiblinger, wenn er seine Ruhe haben wollte. Ärgerlich nur, daß es zweimal, am 3. und 27. August, ausgerechnet der »herrliche Uhland« war, der sich bei glühender Hitze auf den Österberg geschleppt und vergebens an die Tür geklopft hatte. Am nächsten Tag, am 28., stand Waiblinger dann aber gleich frühmorgens bei Uhland auf der Matte.
Ihre Geselligkeit stillen spekulativen und naturhaften Schwärmens sahen die Freunde in bewußtem Gegensatz zum lauten, damals hochpolitischen und von Waiblinger verabscheuten Treiben der Burschenschaften, an dem sich ja zum Beispiel Albert Knapp und Wilhelm Hauff eifrig beteiligten. Dennoch ging es oft recht bacchanalisch her an diesem orplidisch verzauberten Ort. Eines Abends

Diese um 1830 entstandene Lithographie von einem Unbekannten (hier im Ausschnitt) bedeutet so etwas wie eine Uraufführung, denn sie macht das Presselsche Gartenhaus vorne am Weinberghang erstmals richtig sichtbar. Nun wird auch deutlich, warum Mörike von »Pressels chinesischem Gartenhaus« sprach, denn da wächst ein schmaler Turm aus der Gerätekammer mit dem geschwungenen Dach, was entfernt an eine Pagode erinnert. Links im Bild ist der Pfleghof zu sehen, und zwischen Österberg und Stadt tut sich die Schlucht des Mühlrains auf.

Anfang September zum Beispiel wollte man die Fertigstellung von Bauers Stück »Agis« feiern, und es wurde »Wein heraufgeschleppt in Fülle«. August Friedrich Gfrörer, später Historiker in Freiburg, war dabei, der sanft pietistische Friedrich Zeller auch, dann Rudolf Flad, im gleichen Jahr wie Waiblinger, 1830, verstorbener Theologe, und schließlich Mörike. »Herrlicher Genuß, wie die Lichter durchs Hellgrün in der Nacht den Berg heraufleuchteten mit dem Klang der einzelnen bekannten Stimmen. Bald wards wilder. Gfrörer scheint mich beleidigt zu haben, als ich schon gewaltig befeuert ward. Ich sprang wüthend auf: alles mir nach: Zeller hielt mich um den Leib fest, ich raste wie ein Thier, er ließ mich los, ich ergriff ein Messer, wollte auf ihn zu, er riß sich die Brust auf, und rief, steche zu; alles war im Wirbel, alles wollte mich halten, ich schlug und stieß um mich; zum Glück gabs nur einige leichte Ritze. Baur warf sich mir auch entgegen, mit dem Ruf, ihn zu erstechen, wenn ich einen Freund erstechen wolle. Gfrörer in ungeheurem Rausche schwieg. Flad im Arm, unter ruhigem Gespräch über Mord, wankte ich hinab ins Kloster.«
Wilhelm Waiblingers »Luftschloß«, dieses seltsame Walmdachhäuschen mit dem dünnen Turm, das an eine Pagode erinnert, wurde zwar um 1880 abgebrochen, tritt jedoch seitdem in der Vorstellung um so animierender hervor. Seine Apotheose hat es 1913 durch Hermann Hesses Novelle »Im Presselschen Gartenhaus« erlebt. Die Atmosphäre dieser schönen Novelle erscheint selbst dann als stimmig und historisch zutreffend, wenn man bedenkt, daß es für Waiblinger während dieses Sommers 1823 noch keine Julie Michaelis gab. Als Charaktere sind die drei Dichter einfühlsam erfaßt, nur erscheint Waiblinger doch allzusehr als lärmiger, Bier saufender Bramarbas mit »mächtiger, dunkelbehaarter Brust« noch dazu und der mädchenhaft zarte Mörike als feinsinnig überlegen, was er niemals war.
Durch die Art, wie Hesse drei so unterschiedliche Gestalten und das Weinberghäuschen, in dem sie sich trafen, über genaue Beobachtung des scheinbar Unscheinbaren zum Vorschein brachte, bekam seine Erzählung mehr Wirklichkeit, Wirklichkeit von sinnbildhafter Magie, als durch alle möglichen Dokumente jemals zu vermitteln gewesen wäre. Von der Neckarbrücke aus stiegen sie – Waiblinger vorweg, Hölderlin in der Mitte und Mörike hinterher – den Österberg hoch. In den Ritzen der Weinbergmäuerchen blühten blauroter Storchenschnabel und weiße Schafgarbe, von denen Hölderlin zuweilen einen Stengel abriß. Dann kamen die drei zu dem Häuschen, »das im Sommer stets an Studenten abgetreten wurde und jetzt schon seit längerer Zeit, solange es die Witterung erlaubte, tagsüber von Waiblinger bewohnt wurde. Dieser zog einen großen geschmiedeten Schlüssel aus der Tasche, stieg die paar Steinstufen zum Eingang empor, schloß die Türe auf und wandte sich mit einer feierlich einladenden Gebärde an den Gast: ›Treten Sie ein, Herr Bibliothekar, und seien Sie willkommen!‹«

Friedrich Theodor Vischer

Burgsteige 18
Karlstraße 7
(abgebrochen)
Neckarhalde 27 und 7
Uhlandstraße 4

Burgsteige 18

Uhlandstraße 4

Neckarhalde 27

Ein Saunest ärger als Du glaubst

Im Sommer 1838 mußte Friedrich Theodor Vischer, 31 Jahre alt und außerordentlicher Professor für Ästhetik und deutsche Literatur, wiederum umziehen, weil »meine Hausfrau ihren Wohnort verändert und den Stock an eine Familie vermietet«, wie er am 28. Juli an David Friedrich Strauß schrieb. »Und wohin ich ziehe? Zur Dr. Steudlin, die Schüblers Haus in der Burgsteig gekauft hat. Da wird der Selige im Grabe etwas weniges erbeben.« Frau Steudels Verewigter – die Witwe hatte das Haus in der Burgsteige 18 neben der Schloßküferei nicht von dem schon vier Jahren verstorbenen Naturwissenschaftler Gustav Schübler, sondern vom Historiker Carl Friedrich Haug gekauft – war der Theologieprofessor und Erste Stifts-Inspektor Johann Christian Friedrich Steudel, von dem bei der »Leben Jesu«-Affäre darauf hingewirkt worden war, Strauß aus seiner Repetentenstelle zu entfernen. Mit Steudels postmortaler Equilibristik konnte man deshalb rechnen, weil nun also dessen bester Freund, ein ähnlich rebellischer Geist, zu seiner Gattin zog. Für Vischer war es schon die vierte Wohnung seit Verlassen des Stifts, und in einem Brief an Pfarrer Ernst Rapp vom 19. August erklärte er solche Unstetigkeit so: »Ich glaube, daß daran die alten Meubles schuldig sind, die ich aus der Fahrnis einer verstorbenen Tante, der Dichterin, habe: diese nämlich zog alle Vierteljahre und kam mehrmal in ganz Stuttgart herum.« Vischer nun kam mehrmals im ungeliebten, nein, im verabscheuten Tübingen herum. Denn anschließend wechselte er noch mindestens ein halbes Dutzend Mal die Wohnung, bis er schließlich Mitte 1849 mit seiner ihm zunehmend mehr auf die Nerven gehenden Frau dorthin zog, wo es ihn immerhin sechs Jahre lang hielt, in das Haus Nummer 4 der späteren Uhlandstraße.

Ins unvermeidliche Stift waren die beiden Ludwigsburger Strauß und Vischer 1825 gekommen. Später dachte Vischer mit unguten Gefühlen an die dort verbrachten Jahre zurück. Er litt unter der Unfreiheit des Internatslebens, unter den pennälerhaften Riten, dem mangelhaften Unterricht und daran, daß Stiftler eben doch Studenten zweiter Ordnung waren, die zum Beispiel auch nicht reitend oder fechtend am studentischen Treiben teilnehmen durften, wonach dem zeitlebens enthusiastisch körperliche Betätigung Propagierenden schon damals der Sinn gestanden hätte. Den Seminaristen erkenne man »leicht an einem blöden und unfreien Zuge, der ihm bleibt«, heißt es in der Verteidigungsschrift »Dr. Strauß und die Württemberger«.

Zu den die kraftmenschlich-sinnliche Seite seines Naturells behindernden äußeren Verdrießlichkeiten kamen bedrückende philosophische Zweifel, was alles sich in ihm zu einem Gefühl tiefer Schwermut verdichtete und Selbstmordgedanken nährte. Die absurden theologischen Studien waren aber immerhin deshalb nicht ganz sinnlos, weil sie Beschäftigung mit der Philosophie Schleiermachers, Schellings und vor allem Hegels nahelegten und ihn für spätere Auseinandersetzungen munitionierten: »Ich habe durch das Studium der Theologie hinter die Kulissen, ich habe der Kirche und dem Dogma in die Karten gesehen; dies ist ein Vorteil, der durch keine andere Art wissenschaftlicher oder weltmäßiger Befreiung des Denkens ganz ersetzt wird« (»Mein Lebensgang«, 1874). Das Examen bestand Vischer im Herbst 1830 furios mit der bestmöglichen Note I a.

Als 77jähriger hatte er ein Lustspiel mit dem Titel »Nicht I a« geschrieben, dessen Dialoge auch heutzutage durchaus noch lustig wirken. Vor dem Hintergrund einer vermeintlichen Franzosen-Invasion und der revolutionären Ereignisse vom März 1848, die sich im Stück allerdings nur als Überfall der »Lumpen« Franzosenhannes, Jäckle, Harigel und Staudigel auf den pfarrhäuslichen Weinkeller direkt bemerkbar machen, geht es vor allem darum, daß der Herr Pfarrer sein Luisle dem Vikar nur dann zur Frau geben möchte, wenn der auch noch gewisse dem Wesen erotischer Anziehung eigentlich fremde Voraussetzungen erfüllt. »Hat der Wallenstein g'sagt: ‚meinen Eidam will ich mir auf Europens Thronen suchen', so darf der gewesene Spezial, Pfarrer in Schusselfingen, sagen: ich will mir meinem Eidam im Korps I a, im Elitekorps der Repetenten suchen!«, spricht Pfarrer Klemmle pathetisch auf hochdeutsch, weil ihm das ganz wichtig ist.

Friedrich Theodor Vischer: Bleistiftzeichnung von seinem Sohn Robert Vischer.

Nach der Vikariatszeit in Horrheim bei Vaihingen, einem Jahr als Repetent am niedern Seminar Maulbronn und der »Magisterreise«, die ihn über Göttingen nach Berlin und München führte, rückte er 1833 selbst ins Elitekorps der Repetenten ein. Als einer mehr oder weniger scherzhaften Bewerbung um das Amt des Herrenberger Stadtpfarrers wider Erwarten stattgegeben wurde, rief er bleich vor Entsetzen aus: »Nicht mit sechs Hengsten bringt man mich nach Herrenberg!« Drauf habilitierte er sich an der Universität mit einer Arbeit über das »Erhabene und Komische«, wobei die darin schon offenbar werdende und später in der »Ästhetik« gipfelnde Neigung zum Kategorisieren und Systematisieren wohl bis zu einem gewissen Grade auch allgemeines schwäbisches Erbteil sein mag.

Als Vischer 1837 außerordentlicher Professor geworden war, bedrückte es ihn gleichzeitig, daß er nun noch fester ans ihm so widerwärtige Tübingen gekettet sei, und in einem Brief an Rapp wünschte er sich »Fort aus dem öden, schmutzigen Nest mit den Holzböcken und Philistern!«, fort von all diesen »Vogelscheuchen« von Professoren. »Wir sind Männer, sollten erleben, und am Erlebten neue Ideen entzünden. Sollten in größeren geselligen Verhältnissen sein und daran reiben. Aber Teufel! Wir müssen versauren. Wir gehen alle Jahre 365mal ins Bett, legen die Hosenträger an die nämliche Stelle, die Strümpfe auch.« So schrieb er am 28. Juli 1838 aus dem Haus von Witwe Steudel in der Burgsteige an Strauß, der ihm riet, nun doch, wie schon seit längerem geplant, nach Italien zu reisen und dann später zu heiraten. Im Sommer 1839 aufbrechend, unternahm Vischer zunächst einmal ersteres. Dank sinnlicher Anschauung lösten sich in Italien und Griechenland vorübergehend seine psychischen Verkrampfungen aus innerer Unsicherheit und Lebenshunger, aus geselligem Ungeschick und übergroßer Reizbarkeit; vorübergehend fühlte er sich frei und leicht, wie neugeboren.

Der junge Professor war nicht nur Vorläufer einer, zugegeben, etwas militärisch motivierten Trimm-Bewegung – »Neuerdings beschäftigt mich eine Lieblingsidee: die Studenten dazu zu bringen, daß sie mit Aufgebung alles Corpswesens sich alle gymnastisch vereinigen, d.h. bei der Regierung um einen Turnlehrer und Offiziere zum Exerzieren bitten«, teilte er Strauß am 22. September 1844 mit –, Vischer lief auch noch einigen anderen Bewegungen voran. Jener des

Tierschutzes zum Beispiel, sei er doch, so erfährt man aus einem Brief an den Freund vom 11. März 1838, »mit Professor Tafel, Aktuar Quittenschnitz und (dem Theologen) Dorner der Unternehmer des Tierqualvereins«. Fast immer hatte der kleingewachsene, aber muskulöse Professor eine Katze und einen Hund in der Wohnung, und diesem pflegte er das Bellen nicht zu verargen, denn dabei handle es sich um den »Stolz des Hundes. Ich bin überzeugt, eine Hundsmutter, wenn sie ihren Sohn zum erstenmal bellen hört, fühlt dasselbe, was eine menschliche Mutter, wenn sie ihrem Sohn, welcher Theologie studiert und welcher die erste Predigt tut, mit Mann, Vetter und Base hineingeht« (»Auch Einer«).

Und Vischer, der später in Stuttgart vor Umweltgefahren warnen und gegen Lebensmittelverfälschung zu Felde ziehen sollte, kämpfte auch für seine geliebten Spazierwege – allein oder bald aus dem Tübinger Verschönerungsverein heraus. »Nächstens«, schrieb er Strauß am 28. Februar 1842, »wirst Du von mir im Beobachter über die Polizei in Tübingen und die scheußliche Verwüstung des Werts (so schreibt man das Wort) durch den Stadtrat lesen.« Da bekommt sein Engagement nun aber etwas Ständisches, unterstellt er doch, die Werkmeister und Gewerbetreibenden in der neuen Neckarvorstadt hätten ihre Holzhäufen, Kruschtablagen und scheußlichen Scheunen bildungsbürgerlichen Spaziergängern zum Tort als künstlich gemachte und deshalb besonders tückische Objekte vor die Füße gebaut.

Inzwischen hatte sich Vischer mit Thekla Heinzel verlobt, einer Lehrerstochter aus Raab im Innviertel, die er auf seiner großen Reise kennengelernt hatte. »Meine Braut nennt unsere künftige Ehe das ‚Kiesische Verhältnis', weil wir bei einem Glaser Kies wohnen« (an Strauß am 23. März 1844). Von diesem Glaser Kies war im Jahr zuvor in der Karlstraße 7 (anstelle des heutigen Zinser, gegenüber dem Eckgebäude Nr. 8 an der Einmündung der Europastraße) gerade erst ein Haus gebaut worden. Noch im Mai traute Bruder August die beiden in seinem Pfarrdörfchen Hausen, und das Unheil nahm seinen Lauf. Ebenso wie Straußens Ehe mit der Sängerin Agnese Schebest sollte auch diese scheitern, und der entnervte Ästhetiker entzog sich nicht nur den Tübinger Verhältnissen, sondern auch der Frau Gemahlin, als er 1855 nach Zürich ging.

Vischer war ein Professor ganz ungewohnter, besonderer Art, der sich durch seinen weiten Horizont wie durch den lebendigen, hinreißenden Schwung seines Vortrags von den öden Kollegen unterschied, die ihm denn auch die vielen Hörer neideten. Erst nach langem Widerstand – seit 1841 hatte er Gesuche eingereicht – war der außerordentliche Professor am 5. September 1844 gegen die Mehrheit der geisteswissenschaftlichen Stimmen im Senat schließlich zum ordentlichen ernannt worden und hielt am 21. November die Antrittsvorlesung.

Daß er darin, seinem Spleen folgend, auf die besondere Nähe zwischen den »gymnastischen Künsten, Reiten, Fechten, Turnen« und der Ästhetik verwies, welcher es doch auch darum gehe, »die äußere Erscheinung der inneren geistigen Lebendigkeit entsprechend durchzubilden«, mochte noch angehen, weniger jedoch sein Bekenntnis zum Pantheismus und am allerwenigsten die Kampfansage zum Schluß. »Ich bin«, rief er aus, »ganz Mann der Partei, weil ich meine Partei nicht für bloße Partei, sondern, so Gott will, für die Sache selbst halte. Ich kenne auch keine Überzeugung, die bloß Überzeugung ist, sondern ich fordere, daß die Überzeugung ganz zur Gesinnung werde, ganz in Blut, Nerv, Empfindung, Glut und Feuer der Energie und des Charakters übergehe. So verspreche ich denn den Feinden – im Prinzip – einen Kampf ohne Rückhalt, ich verspreche ihnen – im Prinzip – meine volle, ungeteilte Feindschaft, meinen offenen und herzlichen Haß!« Nun brach von den Kanzeln herab ein Sturm der Empörung los, nun formierte sich aus protestantischer Orthodoxie und politischer Reaktion ein wahrer Kreuzzug gegen den Professor, dem dann per ministeriellem Erlaß die Lehrbefugnis für zwei Jahre bei Fortzahlung des Gehaltes entzogen wurde. Er nutzte die Zeit und begann mit seinem großen Handbuch der Ästhetik.

Im Februar 1845 klagte der leicht Reizbare dem Freund, er könne »das Kindsgeschrei eben durchaus nicht hören«, es mache ihn rasend, und er fuhr fort: »An Georgii ziehen wir aus unserem Keller, wo mir die Hände von Winterbeulen so aufschwollen, daß ich nicht schreiben konnte, fort in ein neugebautes Haus von Prokurator Lang in der schönen Lage vis à vis dem Hehl'schen am Neckar.« Es war das nach einem Entwurf von Albert Barth, Sohn des Universitäts-Erbauers Gottlob Georg Barth, errichtete und gerade erst fertig gewordene Gebäude Neckarhalde 27, heute evangelisches Dekanat.

»Diesen Brief«, ließ er Strauß am 21. Juni 1845 wissen, »schreibe ich oder fange ich wenigstens an im Senat, um mir die Zeit nicht ganz zu vergeuden, wie diese Ichthyosauren, die um mich herumsitzen. Es ist ein wahrhaft abscheuliches Volk, am abscheulichsten, wenn sie heiter, wenn sie witzig werden. Ich fahre zu Hause fort. Die Menschen berieten gerade das auf den 14. August bestimmte Fest der Einweihung der Aula, wobei ich mich hübsch aus dem Staube machen werde.« Wenn der ebenso schnell Kränkende wie Gekränkte – Staatsrechtler Robert von Mohl führte es auf Vischers verhältnismäßig kleinen Wuchs zurück, daß er's nötig hatte, ständig »vor seiner Ehre Schildwache zu stehen« –, wenn der sanguinische Professor so häufig umzog, dann spielte dabei vielleicht auch sein nicht ganz einfaches Naturell mit. Am 21. Januar 1846 meldete er Strauß jedenfalls einen neuerlichen Wohnungswechsel: »Auf Georgii habe ich nach ewiger Not endlich ein Logis, ein neues Haus wieder jenseits der Neckarbrücke gemietet, wo wir wieder das Farben- und Kalkgift aufzuschnupfen bekommen« – wieder in der noch von Handwerkern und Gewerbetreibenden bestimmten Neckarvorstadt also wohl.

Dann kam das Jahr 1848. »Ich war trunken, wie billig, vom Weine der Zeit und unklar wie alle Welt« (»Mein Lebensgang«). Strauß dagegen sah zwar auch, wie

So sah Vischer seine Tübinger Professoren-Kollegen mit »Rector Walz« an der Spitze (aus einem Brief an Christian Märklin vom 12. November 1845).

unselig die politischen Zustände waren, hielt sich jedoch zurück. Der materialistische Religionskritiker schrieb am 13. April 1848 an den bis zuletzt von der Priorität des Bewußtseins überzeugten idealistischen Ästhetiker: »Einer Natur wie die meinige war es unter dem alten Polizeistaat viel wohler als jetzt, wo man doch Ruhe auf den Straßen hatte und einem keine aufgeregten Menschen, keine neumodischen Schlapphüte und Bärte begegneten.« Vischer jedoch wollte für ein vereinigtes Deutschland als großdeutsche Republik wirken und ließ sich für den Wahlkreis Reutlingen–Urach ins Paulskirchen-Parlament wählen, wo er der gemäßigt linken Fraktion wie Uhland angehörte.

Zwar empfand er auch Frankfurt als »Sau-Nest« und die Einwohner als »potenzierte Tübinger«, aber dennoch mochte er um keinen Preis »jetzt in Tübingen sein und angesichts der großen Wege des Vaterlands in dieser Kloake elender Seelen herumstampfen«, schrieb er am 15. August 1848 an Albert Schwegler, Herausgeber der in Tübingen erscheinenden linkshegelianischen »Jahrbücher der Gegenwart«. Vischer wohnte in Frankfurt »bei Pietisten, die den ganzen Tag singen und predigen, und in Tübingen mußte ich bei Jenters einmieten, wo der Jud wohnt« (am 21. Februar 1849 an Strauß). Einem Lieutnant Jenter gehörte das Haus Neckarhalde 7, nahe beim Stift. Möglich, daß dort Leopold Hirsch, erster in Tübingen ansässig gewordener Jude, zunächst einmal untergekommen war, bevor er in die Kronenstraße zog.

Nach dem Frankfurter »Marterjahr« über das Stuttgarter »Rumpfparlaments«-Erlebnis in die Tübinger Misere zurückgekehrt, zog Vischer wieder um, nun für sechs Jahre in Nummer 4 der späteren Uhlandstraße. Auf das zweistöckige Haus, neben dem rechts jenes von einem Werkmeister Hornung stand, folgte damals links nur noch das Anwesen des Musikers und Pauperpräfekten Heinrich Albrecht. Der Holzschopf von Vischers Wirtin Witwe Adam, ein Arbeitsschopf Hornungs und viele andere Schöpfe – selbst Schweineställe stanken hinter den Häusern – gingen dem Ästhetiker und begeisterten Spaziergänger arg wider das ästhetische Empfinden.

Noch Mitte März 1850 lud er den Freund ein, doch nach Tübingen überzusiedeln, nannte einige Gründe dafür – unter anderem seinen netten Pinscher Hans – und nur einen dagegen: »Saunest. Es wird Dir nach langem städtischen Aufenthalt ärger sein als Du glaubst. Es ist vor Ärger auf Schritt und Tritt kaum auszuhalten.« Ehe Vischer endlich im Herbst 1855 nach Zürich übersiedelte, machte er noch eine Pro-und-Kontra-Rechnung auf, und dafür, der von einem Bekannten eingefädelten Berufung ans Polytechnikum zu folgen, sprach vor allem Tübingen. Unvorstellbar, »wie mich dies Tübingen tötet«, schrieb er. »Ich kann hier nicht einmal eine erträgliche Wohnung finden und ertrage darum seit fünf Jahren äußerst Widerwärtiges. Auch Wasser und Luft ungesund, Zürich gesünder.«

Nun aber gleich noch weiteren Tübingen-Schimpf aus der Zeit, als er von 1866 an wechselweise an der Universität Tübingen und dem Polytechnikum Stuttgart Vorlesungen hielt. »Vor Tübingen graust mir nach wie vor. Grauer, düsterer Tag, Spaziergang am Gutleuthaus, Trauerläuten – dies ist mir das Bild von Tübingen. Ich kann in diesem Nest nicht mehr leben – es ist nicht möglich.« So hatte Vischer schon vorher, in einem Brief vom 16. Juli 1865 an Julius Günthert gejammert, dem er am 16. Dezember 1866 schrieb: »Von meinem Zimmer sehe ich auf die Brücke: was sehe ich da? Kaffern in Saukitteln, Mist- und Angerschenwägen, einen leeren Omnibus, der von der Post zur Eisenbahn fährt.« Zwei Tage drauf ließ er Strauß wissen: »Für Würtemberg wäre z.B. eine Aufgabe, die Universität nach Stuttgart zu verlegen und so einen süddeutschen Bildungs-Mittelpunkt zu gründen. Ich dulde, ehrlich gestanden, immer gleich

Das Akademische Freicorps bei einer Übung auf dem Exerzierplatz Wöhrd im Frühjahr 1848 (nach einer Zeichnung von Carl Baumann): Unbegründete Gerüchte über plündernd sich nähernde Franzosen – auch das Lustspiel »Nicht Ia« handelt davon – hatten die Rekrutierung von Bürgerwehr und Freicorps beschleunigt. Vischer, der schon auf dem Weg nach Frankfurt zum Parlament war, hätte solch ein martialischer Anblick sicher wohlgetan: »Ein wohlorganisiertes Heerwesen mit seiner Reihenfolge gemeinschaftlicher kriegerischer Übungen ist eine Schule des freien Gehorsams«, schreibt er in »Das Bürgerwehr-Institut«. Von den beiden Häusern hinten links könnte das größere übrigens jenes in der Karlstraße 7 (anstelle von Zinser) sein, wo der frischverlobte Professor vier Jahre zuvor gewohnt hatte.

schwer unter der Öde, dem ekelhaften Schmutz, der Traurigkeit Tübingens.« Auf den 14. März 1867 war denn auch eine Denkschrift datiert, in welcher er beim Kultusminister die schon von Leibniz vorgeschlagene Verlegung der Universität in die Residenz zu befördern versuchte. In einem Brief vom 16. Juni 1868 wird die arme, kleine Stadt gar noch zum »schmutzigen Grab«, aber überm nächsten vom 10. Dezember steht dann nicht mehr »Dorf Tübingen«, sondern endgültig Stuttgart, Keplerstraße 34.

Als Zürcher Professor noch hatte er 1862 eine Badekur auf Norderney gemacht und dort seine witzige »Faust«-Parodie zu Papier gebracht: »Faust. Der Tragödie dritter Teil. Treu aus dem Geiste des zweiten Teils des Goetheschen Faust gedichtet von Deutobold Symbolizetti Allegoriowitsch Mystifizinsky«. Die monströse Fleißarbeit der sechsbändigen »Ästhetik« war schon 1857 abgeschlossen, aber Vischer merkte bald, daß seine hegelianische Metaphysik des Schönen nicht mehr stimmte und ließ dem Werk deshalb 1866 und 1873 selbstkritische Einwände folgen, in denen er die Empfindung des Subjekts stärker berücksichtigte. Mit seinem Versuch, Ideell-Objektives und Modern-Subjektives, Sein und Schein, zu versöhnen, trug er auch exemplarisch die Tragödie des deutschen liberalen Bürgertums aus, in dessen Welt sich Weltvernunft nun doch nicht mehr so recht dialektisch zu entfalten vermochte. Davon zeugt ebenfalls der 1878 erschienene essayistische Roman »Auch Einer«, in dem er Zeitkritik mit jenem Leiden an der Tücke des Objekts verbindet, das vorwiegend die Idealisten befällt. Die darin auf fast 600 Seiten exemplifizierte Weisheit lautet: »Von Tagesanbruch bis in die späte Nacht, solang irgendein Mensch um den Weg ist, denkt das Objekt auf Unarten, auf Tücke.«

Friedrich Theodor Vischer, schon 1870 persönlich geadelt und mit dem württembergischen Kronenorden ausgezeichnet, war inzwischen eine große Nummer geworden. Zunächst mißtrauisch gegen Bismarck und dessen kleindeutsche Bestrebungen, wähnte er jedoch im Jahre 1870 seine Hoffnungen von 1848 weitgehend erfüllt und reagierte begeistert. Aber bald wurden auch die Entartungen der Gründerzeit, der »Mammonschwindel« des »Aktien- und Gründerpacks«, von ihm in Grund und Boden verdammt. Daß die Repräsentanten des Landes, die Mitglieder der guten Gesellschaft, zuhauf in seine Vorlesungen strömten und sich sowas klaglos anhörten, kann man als »ein bemerkenswertes Stück gründerzeitlicher Unterwerfungslust« (Otto Borst) ansehen.

Zum 80. Geburtstag am 30. Juni 1887 feierte ihn die Residenzstadt mit einem mächtigen Fackelzug. Besuchern erschien er rüstig und gesund. »Ich gehe an keinem gewaltsamen Unglück zugrund, sondern stolpere über einen Strohhalm«, hatte Vischer am 5. November 1839 aus Italien geschrieben. Nein, er stolperte nicht über einen tückischen Strohhalm, sondern starb – wiederum unterwegs nach Italien – durch eine kleine Unvorsichtigkeit beim Genuß eines tückischen Fischgerichts am 14. September 1887 in Gmunden am Traunsee. Nun konnte sich erweisen, ob Gottfried Keller recht prophezeit hatte und den »großen Repetenten deutscher Nation für alles Schöne und Gute, Rechte und Wahre«, der auch ein großer Tierfreund gewesen war, wirklich Scharen erlöster Tiere ins Himmelreich begleiteten.

Berthold Auerbach

Neckargasse 22
Neckarhalde 24

Neckargasse 22

Neckarhalde 24

Freiheit ist das, was wir nicht haben

Anno 1780 hatte sich der 24jährige Zeugmachermeister Johann Friedrich Fischer mit Katharina Friederika Braun aus Bebenhausen verheiratet, worauf ihm sein Vater die Walkmühle samt gerade von der Stadt noch dazu erworbenem früheren Pulverturm für 2000 Gulden verkaufte. Der Turm wurde anschließend abgehoben und Stock für Stock mit der Walkmühle verbunden. Inzwischen lebte Frau Katharina nun schon über fünfzig Jahre in dem so erweiterten Haus mit dem sich gemächlich drehenden Mühlrad am gurgelnden Flusse und war seit ihres Mannes Tod genötigt, immer einige Studenten zu beherbergen. Im Frühjahr 1825 hatte hier zum Beispiel der Stiftler Eduard Mörike mit seinem Freund Ludwig Buttersack, dann mit Johannes Mährlen, ein »blaues ziemlich großes Zimmer« bewohnt, und sieben Jahre später – am 17. Mai 1832 immatrikulierte er sich als Jurastudent – zog Berthold Auerbach aus Nordstetten bei Horb in die vor dem

Neckartor an der Brücke gelegene Mühle. Zusammen übrigens mit dem Bruder seines Neustettener Lehrers Bernhard Frankfurter, mit Naphtali Frankfurter aus Oberndorf am Ipf, der zu Ostern 1832 sein Studium der jüdischen Theologie begann und später Rabbiner in Braunsbach wurde. Auerbachs Medizin studierender Vetter Emil gehörte schon seit Frühjahr 1831 der verbotenen Tübinger Burschenschaft »Germania« als Mitglied der »engern« Verbindung an und nötigte nun den einige Monate Älteren, wenn er schon nicht der »engern« oder »äußern« Verbindung beitreten wolle, dann doch wenigstens »Kneip-Mitglied« zu werden. Daraus folgender Universitätsverweis, Festungshaft auf dem Hohenasperg und Berufsverbot sollten schließlich dafür sorgen, daß Auerbach geradezu gezwungen war, sich von Anfang an in der Fron eines Daseins als freier Schriftsteller zu bewähren, was ihm auch auf überraschende Weise gelang: Er wurde einer der erfolgreichsten Schriftsteller des 19. Jahrhunderts, ein von den Kollegen zumeist respektvoll anerkannter Bestseller-Autor, also kein Simmel oder Konsalik, ein Erzähler, über den Georg Gottfried Gervinus meinte, seit Walter Scott habe es keinen mehr von solcher Weltgeltung gegeben.
Im bis zum Jahr 1805 vorderösterreichischen Nordstetten, wo Moses Baruch Auerbacher am 28. Februar 1812 als neuntes Kind eines jüdischen Händlers zur Welt kam, hatten die josephinischen Reformen segensreiche Nachwirkungen, denn hier mußten sich die zu einem Viertel jüdischen Bewohner nicht im Ghetto absondern, sondern konnten teilhaben am Leben in dem sonst katholischen Dorf. Moses ging mit den Bauern aufs Feld, trieb sich in den Spinnstuben herum und häufte dabei einen unerschöpflichen Fundus an Stoffen, Bräuchen, Liedern und Charakteren an, aus dem er sich später bedienen sollte.
Für seine immerwährende Liebe zu dem Heimatdorf mag folgendes Erlebnis prägend gewesen sein, das schon auch seinem starken Harmoniebedürfnis frühe Nahrung gab: Zum Einkaufen in die Oberamtsstadt geschickt, wurde der Zwölfjährige unterwegs von Horber Jungen überfallen und, als er sich weigerte, das christliche Glaubensbekenntnis herzusagen, geschlagen, gefesselt, geknebelt und so – symbolisch gekreuzigt – liegengelassen. Heimkehrende Nordstettener entdeckten den Mißhandelten, der dann im Dorf viel Solidarität erfuhr und von christlichen Bauernburschen bei ihren antisemitisch verhetzten Glaubensbrüdern aus der Stadt gerächt wurde.
Durch seinen Lehrer und Freund Bernhard Frankfurter im Deutschen und Hebräischen gut vorbereitet, kam Moses Baruch, der wie sein Großvater väterlicherseits, nach dem er benannt war, Rabbiner werden sollte, mit 13 Jahren auf die Talmudschule nach Hechingen. Dort verbrachte er, einem späteren autobiographischen Fragment zufolge, »ein traurig Stück Leben«. Auch deshalb wohl, weil die nach dem Tod des Großvaters mütterlicherseits plötzlich verarmten Eltern das Kostgeld beim Hechinger Rabbi Nathan Reichenberger nicht mehr aufbringen konnten, wechselte der Junge im Herbst 1827 nach Karlsruhe über und setzte seine Ausbildung – bei Onkel Maier Auerbacher wohnend – in der dortigen Talmudschule des Rabbiners Willstaedter fort. Weil in Württemberg auch für die Ausbildung zum jüdischen Theologen ein gymnasialer Abschluß als Voraussetzung gefordert wurde, trat Berthold Auerbach, wie er sich von nun an nannte, im August 1830 ins Obere Gymnasium in Stuttgart ein.

Berthold Auerbach: lithographiertes Porträt aus der Zeitschrift »Europa« (1844).

Seine Lehrer im Griechischen waren dort August Friedrich Pauly und der nach seinen Erfahrungen bei den Schülern nicht sonderlich beliebte, weil zum Jähzorn neigende Gustav Schwab. Auerbach bekam ein königliches Stipendium von 50 Gulden und verdiente sich durch Nachhilfestunden noch etwas dazu. Er las viel, und vor allem durch die Lektüre von Spinozas »Theologisch-politischem Traktat« und Goethes Schrift »Zwo biblische Fragen« wurde sein Bibelglauben nicht gerade bestärkt. »Wenn ich mich«, so schrieb der vielseitig Interessierte Anfang November 1831 an Jakob Auerbach, einen entfernten Verwandten aus Emmendingen, der ihm seit der Karlsruher Zeit zum Lebensfreund und Briefpartner geworden war, »wenn ich mich müde gearbeitet und müde geturnt habe, blase ich dann ein Stückchen auf meiner Flöte.«

Soviel also zum Herkommen des kleinen, untersetzten Studenten mit den langen, dunkelbraunen Haaren und den etwas vorstehenden, ausdrucksvollen Augen, der nun bei der Witwe Fischer in der Walkmühle wohnte und dem Vetter Emil – »man unterschied uns durch die Prädikate der große u. der kleine«, sagte er später beim Münchner Verhör – nun half, sich einzugewöhnen. Fürs Sommersemester schrieb er folgendes auf den Belegbogen: »Berthold Auerbach jur. stud. aus Nordstetten wohnhaft bei Zeugfabrikant Fischers Wittwe hört im bevorstehenden Sommer-Semester 1832 folgende Vorlesungen / Röm. Antiquitäten bei Prof. Walz / Institutionen bei Prof. Mayer / Allg. Geschichte bei Prof. Haug / Logik u. Metaphysik bei Rep. Strauß / Tübingen den 1ten Juni 1832 / Berthold Auerbach jur. stud«, und unter »Kenntnisse – Fleiß« war zur Vorlesung des letzteren »gute – fleißig« eingetragen.

Der von früh an religiös Geprägte schwankte hin und her, wobei seine Glaubenszweifel durch David Friedrich Strauß noch verstärkt worden sein mögen. Im Wintersemester studierte er dann aber doch jüdische Theologie – als einziger Anfänger in diesem Semester wie Naphtali Frankfurter im vergangenen. Der Belegbogen: »Berthold Auerbach Stud. Theol. oppid(anus) aus Nordstetten hört im Wintersemester 1832/33 folgende Vorlesungen: Einleitung ins A. Testament bei He. Prof. Herbst / Die 12 kleinen Propheten (beides durchgestrichen) / Aristophanes Frösche bei He. Walz / Gesch. der Philosophie bei He. Rep. Dr. Strauß / Plato's Symposion bei He. Rep. Dr. Strauß / Geschichte bei He. Prof. Haug. / Tübingen den 30ten Nov. 1832 / B. Auerbach theol. stud.« Unter »Kenntnisse – Fleiß« hatte Strauß beide Male wieder »gut – fleißig« eingetragen, während Walz den Studenten nur »mittelmäßig« fleißig fand.

»Uhland hielt damals als Professor, ich glaube am Freitag Nachmittag, eine eigenthümliche Art öffentlicher Vorlesung«, schrieb er in einem in Marbach befindlichen Manuskript »Erinnerungen an Uhland« von 1863. »Man schickte ihm Gedichte, historische und philosophische Aufsätze ein, die er dann öffentlich, ohne den Verfasser zu nennen, kritisierte nach Form und Inhalt.« Auerbach überraschte ihn etwa mit Szenen aus Dramen über so unterschiedliche Gestalten wie die Prophetin Deborah und Hermann den Cherusker, welche der Professor behutsam zerzauste.
Freundschaftliche Beziehungen knüpften sich zu den Stiftlern Hermann Kurz (»damals noch das blaue Genie genannt«), Ludwig Seeger (»der muthigste und trinkkräftigste«) und Rudolph Kausler, »der uns den aufgehenden Stern Mörike deutete«. Dem Entwurf eines Nachrufs auf Mörike vom 6. Juni 1875 zufolge kamen manchmal auch die späteren Professoren Johannes Falatti (»der feine Norddeutsche«) und Reinhold Köstlin hinzu, »dessen leuchtendes Auge noch suchte, ob er ein berühmter Gelehrter oder großer Dichter werden sollte«. Da kehrte man etwa eines Sommerabends von einem Spaziergang zurück, ging über die Neckarbrücke und am Hause des Juristen und späteren Kanzlers Carl Georg von Wächter vorbei, das Uhland 1836 erwarb, und saß schließlich noch »in der behaglichen ebenerdigen Wirthsstube der Bekbekei beim Weine«, gegenüber von Auerbachs Wohnung also. Oder die Freunde trafen sich im »Lamm« am Markt – Schauplatz von Hermann Kurz' Novelle »Das Wirtshaus gegenüber«. Bevorzugte Lokalitäten der Tübinger Burschenschaftler aber waren eine nach dem Wirt Nördlinger »Nordland« genannte Kneipe am Faulen Eck, die »Eifertei« in der Gartenstraße 5 und die Wirtschaft des Büchsenmachers Nisch in der Herrenberger Straße 35.
Inzwischen hatte sich Auerbach vom »Kneip-Mitglied« zum Mitglied der »äußeren« Verbindung machen lassen. Die Atmosphäre war allenthalben geladen. Laut Beschluß des Stuttgarter Burschentags Ende 1832 sollten Freiheit und Einheit auch auf revolutionärem Wege erstrebt werden, sofern solches Vorgehen auf dem Volkswillen beruhe. Der von ehemaligen Burschenschaftlern geleitete Frankfurter Vaterlandsverein – er plante, den Deutschen Bundestag in Frankfurt aufzulösen und die Republik auszurufen – schickte am 23. März 1833 den Rechtsanwalt Dr. Gustav Peter Körner nach Tübingen, um die Burschenschaftler für den geplanten Aufstand zu gewinnen. Von denen mochte sich aber keiner daran beteiligen, und der Frankfurter Wachensturm am 3. April 1833 scheiterte denn auch mangels breiterer Mitwirkung kläglich.
Just von jenem Tag, an dem Körner in Tübingen war, stammt der folgende, für die Zeitstimmung symptomatische Stammbucheintrag Auerbachs: »Grau theurer Fr. ist alle Theorie / Doch grün des Lebens goldner Baum. / Freiheit ist – ein Götterfunke, kathedert hier ein Philosoph, nein! bringt nach langem Räuspern ein anderer hervor, Freiheit ist die Fähigkeit von mehreren möglichen Handlungen die auszuüben die man für gut hält pp o ihr Bileams! öffnet eure Augen u. ihr seht den Engel der es mit Flammenschrift auf jedes Blatt der Geschichte gezeichnet. Freiheit ist das, was wir – nicht haben, was man uns schnöder Weise geraubt, wofür man uns das Joch des fremden Willens auferlegt, das wir aber abzuschütteln uns vorgenommen, u – sollte es den Kopf nach sich ziehen. / Dieß

zum Andenken an / Deinen Fr. u Br. / B. Auerbach th. std / Tübingen den 23 März 33.« Da unter seinem Namen ganz dünn »Steudel« zu lesen ist, kann man annehmen, daß diese Zeilen an den Bundesbruder Julius Steudel, einen Jurastudenten, gerichtet sind.
Was Auerbach bedrückte, war zum einen die wachsende politische Repression – ringsum wurden Burschenschaftler verhaftet –, zum andern aber auch die immer länger werdende Liste seiner Schulden. Er stand beim Buchbinder, beim Kaufmann, beim Sattler, beim Schneider in der Kreide und mit 17 Gulden, 24 Kreuzern für Frühstück auch bei seiner Wirtin, der Zeugfabrikantenwitwe Fischer, die das am 15. Mai 1833 zur Anzeige brachte. Aber da hatte sich Auerbach längst schon aus dem Staube gemacht, um der Verhaftung als Burschenschaftler zu entgehen. Zusammen mit dem Mediziner Robert Frasinelli traf er am 30. März in München ein, immatrikulierte sich am 27. April, wurde dann aber am 23. Juni um 5 Uhr morgens aus dem Bette heraus festgenommen.
Fünf Tage zuvor nämlich hatte das Königlich-württembergische Oberamtsgericht Tübingen folgendes Amtsersuchen an das Königliche Kreis- und Stadtgericht München gerichtet: »Die derzeit in München befindlichen diesseitigen Untertanen, stud. Frasinelli aus Ludwigsburg und Auerbach der Ältere aus Nordstetten waren Mitglieder der hiesigen Burschenschaft, als dieselbe durch einen förmlichen Beschluß eine revolutionäre Richtung annahm, sollen jedoch infolge dieses Beschlusses ausgetreten sein. Da denselben nun in jedem Falle Mitwisserschaft einer hochverräterischen Verbindung zur Last fällt, so ersucht man ein k. Kreis- und Stadtgericht dienstfreundschaftlichst, diese beiden Studenten neben Beschlagnahme ihrer Papiere zu verhaften und über den Inhalt des beigeschlossenen Protokolls zu hören, das Resultat aber gefälligst anher mitzuteilen.«
Sofort nach der Verhaftung wurde eine polizeiliche Beschreibung zu Papier gebracht: »Geburtsort: Northstädten. Stand und Gewerbe: Studirender. Wohnort: Burggasse (bei Weinhändler Stern). Alter: 20 Jahre. Gestalt: klein. Maß: 5 Schuh 4 Zoll. Gesichtsfarbe: gesunde. Bart: braun. Haare: braune. Augen: graue. Nase: gewondliche. Zähne: gute. Mund: gewondlichen. Sprache: Wirdenbergische. Kleidung: 1 brauner Gehrock, 1 Roth Seidenes Schille (= Gilet), 1 Schwarz Beinkleid, 1 Schwarz Seidenes Halsduch, 1 paar Halbstiefel, 1 schwarzer Hut.« Nachmittags um drei Uhr begann man ihn dann zu verhören, aber Auerbach leugnete alles. Nein, er könne sich partout keinen Grund denken, warum man ihn verhaftet habe.
Ob er denn in Tübingen Mitglied irgendeiner Gesellschaft gewesen wäre? »Da ich sowohl in Tübingen als hier mittels eines württemberg'schen StaatsStipendiums studire, so war schon dieses ein Grund, warum ich mich von allen StudentenGesellschaften entfernt hielt. Ich kann auch wirklich von dem Bestehen von StudentenGesellschaften nicht einmal den Namen angeben, da ich in dem eine Stunde von Tübingen entfernten Orte Wankheim bei Israeliten Kost nahm, um mir in ritueller Beziehung einen guten Namen zu machen.« Welche Gasthäuser er in Tübingen und hier besucht habe? »Hier besuchte ich gewöhnlich das Kaffeehaus von Baumgarten, in Tübingen kam ich überall herum.« Ob ihm denn wirklich nichts von einer sogenannten Burschenschaft zu Ohren gekommen sei? »In Tübingen selbst habe ich nicht davon gehört, aber unlängst

habe ich in der allgemeinen Zeitung gelesen, daß eine solche dort existire.« Zum Schluß fühlten sich die beiden verhörenden Herren noch bemüßigt anzumerken: »Geberden: Deponirte ganz erschrocken und timid, ist sehr klein und unansehnlichen Körperbaues, hat auch gar kein studentenhaftes Aussehen«, und sie entließen ihn am nächsten Tag.
Aber Berthold Auerbach wußte, daß er in Württemberg niemals einen Beruf würde ausüben können, bevor diese Angelegenheit nicht in Ordnung gebracht wäre, und so kehrte er denn nach Tübingen zurück, um sich den Behörden zu stellen. Im Gefängnis im südöstlichen Turm des Schlosses harrten schon viele Burschenschaftler, zu denen er als weiterer Untersuchungsgefangener gesteckt wurde, ihres Prozesses. Als Auerbach am 12. August zum Verhör vorgeführt wurde, gab er nun zu, der »äußern« Verbindung angehört zu haben, die im Februar aus den Kneip-Mitgliedern formiert worden sei. »Nach dem letzten Burschentag«, so antwortete er ausweichend auf die Frage nach den revolutionären Tendenzen, »hörte ich auf der Kneipe zuweilen im allgemeinen davon reden, daß es möglich sei, daß das deutsche Volk wegen der Bundesbeschlüsse und wegen Unterdrückung der Preßfreiheit eine Revolution beginne, und daß es Pflicht der akademischen Jugend wäre, das Volk zu unterstützen, wenn die Verfassungen aufgehoben oder suspendiert würden. Ich hörte dies nur so im Gespräch von anderen.«
Zwar konnte man dem Häftling allenfalls die einfache Mitgliedschaft in einer verbotenen Verbindung zum Vorwurf machen, aber unter welchem gesellschaftlichen Druck Auerbach darüber hinaus stand, geht aus seiner Antwort auf die Frage hervor, warum er denn nicht ausgetreten sei: »Ich will es gerade sagen, wie es ist. Auf unserer Konfession ruht der Vorwurf der Zaghaftigkeit, und wir fürchteten deshalb aus falscher Scham den Spott. Es hätte eben gleich geheißen: ›Da, seht die Juden!‹«
Nach einem zweiten Verhör wenig später wurde er, als nur der »äußern« Verbindung angehörend, vorerst aus der Haft entlassen, während die Mühlen der Justiz langsam weitermahlten. Auerbach bezog nun eine Wohnung in der Neckarhalde 24, in jenem Haus, wo Ludwig Uhland zur Welt gekommen war. Hofgerichtsadvokat Weiße hatte dort 1772 altes Gemäuer weitgehend abbrechen und ein neues Gebäude darauf errichten lassen, das dann 1823 ein Bierbrauer Müller und ein Uhrmacher Müller erwarben. Der dem Studium durch höhere Gewalt seit längerem Entwöhnte schrieb sich nun wieder an der Universität ein: »B. Auerbach Studierender der mos. Theologie aus Nordstetten logirt bei Uhrmacher Müllers Wittwe hört im Wintersemester 1833/34 folgende Vorlesungen / Kirchengeschichte bei Prof. Baur / Religionsgeschichte und Philosophie, dtto / Homiletik u. Katechetik b. Prof. Schmid / Bibl. Anthropologie b. Prof. Jäger. / Tübingen den 26ten Nov. 33. / Berthold Auerbach.«
Aber es blieb ihm kaum mehr Zeit, beim großen Ferdinand Christian Baur Theologie entmythologisiert als Wissenschaft kennenzulernen, denn Ende November wurden Auerbach und seine noch inhaftierten Bundesbrüder von der Universität verwiesen und bis zum Abschluß der Untersuchung unter Polizeiaufsicht gestellt. Dennoch ließ er sich's nicht verdrießen und verkehrte bei der akademischen Museumsgesellschaft, die über ein stattliches Gebäude mit Lese-

räumen, Billardzimmer und Ballsaal verfügte. Im Desiderienbuch machte Auerbach, wie auch Uhland oder Vischer, wie die Stiftler Kurz und Herwegh, Vorschläge, was für die Bibliothek erworben werden sollte: »Unterzeichneter trägt auf Anschaffung des Blattes: ›Der Jude‹ ›Periodische Blätter für Religions- u Gewissensfreiheit‹, von Dr. G. Riesser an. Er glaubt auf die Tendenz u. den Geist dieses Blattes weniger eingehen zu müssen, und verweist auf ›Menzels Literatur-Blatt v. 25ten Nov.‹ den 3ten Dec. 33. B. Auerbach th. std.«, wozu dann aber der Bibliothekar am Rand vermerkte: »Dieses Blatt scheint doch allzu wenig allgemeines Interesse zu haben, seine Anschaffung wurde deshalb abgelehnt. Zeller.«

Immerhin durften Auerbach und noch sieben andere nicht so stark belastete Tübinger Burschenschaftler »gnadenhalber« ihr Studium in Heidelberg fortsetzen. Bevor er sich dort am 14. Mai 1834 immatrikulierte, hatte der ihm gewogene Dr. Karl Weil, Sekretär der Israelitischen Oberkirchenbehörde in Stuttgart, schon dafür gesorgt, daß dem Mittellosen – seines Stipendiums war er ja auch verlustig gegangen – Korrespondenzen für die »Zeitung für die elegante Welt« übertragen wurden. Karl Weil war es auch, der ihm den Auftrag des Stuttgarter Verlegers Scheible verschaffte, um Holzschnitte und Stahlstiche herum eine populäre »Geschichte Friedrichs des Großen« zu schreiben, die dann zwischen 1834 und 1836 unter dem Anagramm Theobald Chauber herauskam. Gerade die Bestrebungen von Gabriel Riessers Reformjudentum ließen es ihm nun wieder möglich erscheinen, doch Rabbiner zu werden, ein Rabbiner, der erzieherisch und vermittelnd wirken könnte. Als er sich aber im Spätherbst 1835 bei der Israelitischen Oberkirchenbehörde zur Prüfung anmelden wollte, wurde ihm bedeutet, im Kultusministerium habe man ihn von der Liste der Zugelassenen gestrichen, weil er »in Criminaluntersuchung befangen« sei.

Die wurde inzwischen vom Königlichen Gerichtshof für den Schwarzwaldkreis in Tübingen weiter betrieben, und am 17. Dezember 1836 erging endlich das Urteil: »Wegen entfernter Teilnahme an dem Versuch eines die Selbständigkeit des Staates gefährdenden Aufruhrs« erhielten 18 Studenten – darunter Julius Steudel, später Direktor des Rottweiler Kreisgerichtshofes, und Emil Auerbach, dann Arzt in Stuttgart – Strafen zwischen 18 Monaten und vier Wochen Festungs-

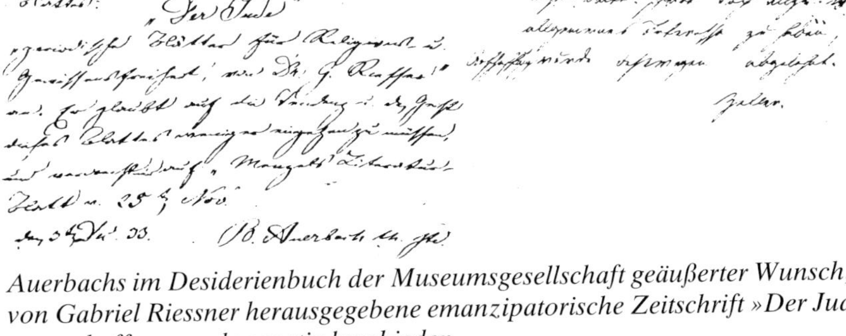

Auerbachs im Desiderienbuch der Museumsgesellschaft geäußerter Wunsch, die von Gabriel Riessner herausgegebene emanzipatorische Zeitschrift »Der Jude« anzuschaffen, wurde negativ beschieden.

haft zudiktiert. Berthold Auerbachs Name taucht in der zweiten Kategorie jener auf, die »wegen durch einen höhern Grad der Verschuldung erschwerter Teilnahme an einer verbotenen Studenten-Verbindung« zwischen zehn und sechs Wochen ins Loch mußten, er selbst für acht Wochen.
Am 8. Januar trat Auerbach seine Haftstrafe auf dem Hohenasperg an. Daß Verleger Scheible einen Vertrag über 400 Gulden Rheinisch für einen »Spinoza«-Roman mit ihm abschloß, von denen er 200 als Vorschuß erhielt, hatte wohl wieder Freund Weil in die Wege geleitet. So brauchte der Gefangene nicht bei karger Kost in den Kasematten zu vegetieren, sondern konnte sich ein eigenes Zimmer nehmen und dort in Ruhe am »Spinoza« arbeiten. Außerdem hatte er »Festungsfreiheit«, durfte also innerhalb der Wälle frei herumgehen. Zumindest für jene, die sich's leisten konnten, Bequemlichkeiten des Lebens zu erkaufen, war der Hohenasperg inzwischen zu einem ziemlich fidelen Gefängnis geworden, in dem es zum Beispiel auch eine Gastwirtschaft gab.
Auf dem Entlaßschein vom 8. März 1837 wurde Auerbach als Student der Theologie bezeichnet, was er aber – durch die Verfolgungen aus der Bahn geworfen – längst nicht mehr war. Nun begann zwangsläufig das Fronen als Berufsschriftsteller, bis er schließlich im Herbst 1843 mit dem Erscheinen, der ersten Sammlung seiner »Schwarzwälder Dorfgeschichten« über Nacht berühmt wurde.
Schon aus der zum Broterwerb geschriebenen »Geschichte Friedrichs des Großen« läßt sich der Keim von Auerbachs Überzeugung erkennen, daß eine preußische Führung am besten für Deutschland wäre. Auch Gabriel Riesser, Vorkämpfer der Judenemanzipation, dessen Zeitschrift Auerbach der Museumsgesellschaft vergebens zur Anschaffung vorgeschlagen hatte, empfand deutsch bis in die Knochen und sollte in der Paulskirche zum Hauptredner für ein preußisches Erbkaisertum werden. Als erste Schrift unter Auerbachs Namen erschien 1836 »Das Judentum und die neueste Literatur«, ein »kritischer Versuch«, der sich mit Wolfgang Menzels Polemik gegen das Junge Deutschland als Jungem Palästina auseinandersetzte, ohne deshalb die Positionen der Jungdeutschen einzunehmen. »Erprobet uns«, so schrieb der jüdische Literat zum Schluß, »in der Feuerprobe der Gefahr, und ihr werdet uns rein finden, rein von allen Schlacken des Egoismus und raffinirter Unsitte; gebt uns das Vaterland, dem wir durch Geburt, Sitte und Liebe angehören, und freudig legen wir Gut und Blut auf seinen Altar, vergesset und lasset uns vergessen der finstern Scheidewand, die uns trennte, und ersparet uns die schmerzliche Mühe, gegen euch in die Schranken zu treten, weil ihr so oft euren vaterländischen Bestrebungen den Dämon des Judenhasses beigesellt. Wir halten fest an dem Wahlspruche, welchen Riesser uns gewählt: *Einen Vater* in den Höhen, / *Eine Mutter* haben wir, / *Gott*, ihn, aller Wesen Vater, / *Deutschland* unsre Mutter hier.«
In dieser Jugendschrift formulierte Auerbach also das Noch-Nicht eines humanen Zusammenlebens. Wie erfüllten sich solche Sehnsüchte für ihn, den vom Wesen her immer ausgesprochen Harmoniebedürftigen, als Deutschland geeint und er selbst weltberühmt war, allseits angesehen und umworben? Gelang sie unter diesen Voraussetzungen wenigstens zeitweise einmal, die deutsch-jüdische Symbiose? Man wird sehen...

Karl Gerok

Klosterberg 2 (Stift)
Neckargasse 14

Klosterberg 2

Neckargasse 14

Stets neue Blüten treibt der alte Glaube

Sein Vater, der würdige Herr Stadtpfarrer aus Stuttgart, und die gute Mutter waren an einem schönen Oktobertag des Jahres 1832 mit nach Tübingen gefahren, um den Sohn im Stift »einzuliefern«. Der brave Junge hatte eigentlich immer nur gut getan, auch auf dem Oberen Gymnasium, wo Gustav Schwab (»ein sprudelnd lebhafter Mann in den Dreißigern, Poet und Weltmann zugleich«) einer seiner Lehrer gewesen war. So brauchten sie denn jetzt ebenfalls nicht zu befürchten, daß den Genügsamen die kleinlich peinliche, im Grunde noch klösterliche Hausordnung sehr einengen oder gar aufmüpfig machen werde. Und dieser Siebzehnjährige hatte auch wirklich den Pfarrberuf im Sinn. Dabei schloß seine natürliche Frömmigkeit jedoch selbstgerechtes Eiferertum aus, wie bald seine Reaktion auf des Repetenten David Friedrich Strauß »Leben Jesu« zeigte. Kurzum, da wurde einer ab- und eingeliefert, der das Zeug zu einem ganz unproblematischen Stiftler hatte.

Karl Gerok, photographiert im Stuttgarter Atelier Brandseph.

»Als man mich am Guckfenster des wachthabenden Famulus vorüber durch den Vorhof mit dem großen Wasserbrunnen, der fortan den täglichen Tischtrunk liefern sollte, in das Klostergebäude einführte, fühlte ich immerhin etwas von dem Herzklopfen des Novizen, hinter dem sich die verhängnisvolle Pforte schließt«, schreibt er in seinen Jugenderinnerungen. »Als man mir meine keineswegs elegante, weißgetünchte Mansardenstube anwies – Hohenheim war ihr Name –, wo ein halb Dutzend fremde Gesichter in mehr oder weniger zerfetzten Schlafröcken hinter den schwerfälligen Pulten hervor nach dem Füchslein guckten, ward mir's etwas eng ums Herz.« Dann rief die Stiftsglocke aus der Stube Hohenheim im dritten Stock, an deren Stelle sich heute die Zimmer 62, 63 und 64 befinden, zum gemeinsamen Essen in den Speisesaal hinunter, »wo 150 Zinnteller klapperten und wir rekrutenmäßig auf unsere Plätze an den langen Tischen kommandiert wurden«. Gesättigt suchte der Novize dann den »Schlafsaal unter dem Dach« auf, »kleiner Ochsenstall« geheißen, den er mit einem Dutzend anderer Jungen zu teilen hatte.

»Indes, ich war entschlossen, mir's im Stift gefallen zu lassen, und so gefiel mir's auch bald«: Der dort unter den Studenten herrschende Geist war progressiv schwarz-rot-golden und Hegel allenthalben up do date, wenn auch nicht »amtlich begünstigt« durch die Lehrstuhl-Inhaber, den trockenen Kantianer Heinrich Christoph Wilhelm Sigwart und den von Schelling beeinflußten Naturphilosophen Karl Adolf Eschenmayer. Als sein Apostel wirkten jedoch zwei Repetenten, der aristokratisch distanzierte Strauß und der burschikos gemütliche Vischer. Auch Gerok hatte die Hegelsche Philosophie imponiert, zumal »ein Umschlag dieses idealistischen Monismus in den materialistischen, wie er sich schließlich in Strauß vollzog«, damals noch nicht abzusehen war.

Den Belegbögen zufolge hörte Gerok während seiner neun Semester Vorlesungen über Platos Symposion (wie auch Berthold Auerbach) und Geschichte der Moral bei Strauß, über Goethes »Faust« (wie auch Hermann Kurz), Geschichte der deutschen Poesie und das Hegelsche System bei Vischer und dann unter anderem noch über Einschlägiges bei zwei unterschiedlichen Theologen, dem textkritischen Ferdinand Christian Baur und dem konservativen Johann Christian Steudel. Als 1835 das »Leben Jesu« herauskam, begann der empfindsame junge Mann nicht rechtgläubig zu eifern, sondern fühlte sich zunächst einmal

Bunt wedelndes Vorsatz-Blatt einer Ausgabe neuer »Palmblätter« aus dem Jahre 1881.

verletzt und beraubt: »Es waren graue, rauhe, frostigtrockene Februar- und Märztage, als ich das Buch las, und gerade so grau und rauh, so frostig und trocken wie draußen die winterliche Luft, wehte diese Kritik mich an, die mit ihrem schneidenden Eishauch über die grünen Auen der vier Evangelien hinfuhr«.

Zuletzt, während des Sommersemesters 1836, wohnte er in der Stube Ulm im zweiten Stock, an deren Stelle sich heute Toiletten befinden. An einem nebligen Herbstmorgen war dann großer Abschied mit viel Herzen und Küssen »in einer Gartenwirtschaft vor dem Lustnauer Tore« – der »Traube« also wohl –, und anschließend bannte Gerok den »Abschied vom Stift« auch noch einmal gereimt aufs Papier. »Hier blühte nach des Tages dürrer Prose / Im Kelch der Nacht mir noch der Dichtung Rose«, heißt es in dem umfangreichen Poem über den zwiespältigen Ort (»Du Möncheszelle, Träumeparadies, / Elysium und finsterer Verlies!«), an welchem er dazu noch häufig »rastlos grabend im Gedankenschacht / Die stille Mitternacht herangewacht«.

Für ihn gab es aber ein Tübinger Nachspiel, denn einige Stiftler hatten die Vergünstigung, ein oder zwei Semester »unter Fortgenuß des in Geld verwandelten Seminarbenefiziums« an der Universität zu bleiben, und so zog er denn zum Wintersemester 1836/37 in das schiefe, kleine Haus des Spezereihändlers Spellenberg in der Neckargasse 14 (heute Schuhmachermeister Schmid). In den gleichen Räumlichkeiten hatte der Burschenschaftler Carl Ludwig Sand, späterer Kotzebue-Mörder, gewohnt, als er im Wintersemester 1814/15 Theologie studierte. Sand fand in Tübingen alles »ein wenig teuer«, wie er an seinen Bruder mitteilte. »So kostet mich z.B. meine Wohnung, ein einziges Zimmerchen mit einer Kammer, Bett und einigen schlechten Geräten mit Bedienung 67 Gulden.«

In diesem zusätzlichen Semester ließ sich Gerok von Vischer als – das war damals Tübinger Usus – so eine Art Sekundanten für die Verteidigung seiner Dissertation »Über das Erhabene und Komische« anheuern. An einem trüben Februartag des Jahres 1837 stand Vischer dann auf einem rot drapierten Podest und sein Helfer etwas niedriger, während Professoren aller Fakultäten die Saalwände säumten. Als Kanzler Carl Georg von Wächter zunächst die scherzhafte formelle Bemerkung machte, der Ankündigung im Titel zufolge würden die Thesen über

das Erhabene und das Komische nur vom Verfasser verteidigt, hier jedoch seien offenbar zwei Verteidiger am Werke, antwortete Vischer, sich dafür dann im gleichen Atemzug leise bei seinem Sekundanten entschuldigend: Immerhin werde doch solche Duplizität durch den Titel seiner Abhandlung selbst eingelöst. »›Das Erhabene‹, sprach er, sich in die Brust werfend, ›hier! Und hier‹, indem er auf seinen Sancho Pansa wies, ›das Komische!‹.«
1840 kehrte Karl Gerok noch einmal für drei Jahre als Repetent ans Stift zurück und bekam nun wohl von seinem Vater jene goldene Repetieruhr geschenkt, die ihm schon als kleinem Jungen versprochen worden war, falls er einmal Repetent werde. Aber der Sohn sollte bald auch Karriere im geistlichen Gewerbe machen, wurde Oberkonsistorialrat und Oberhofprediger. Und er dichtete »Palmblätter«, »Eichenblätter«, »Blumen & Sterne« und »Neue Palmblätter«, die in Original-Prachtbänden mit Goldschnitt, in Miniatur-Ausgaben oder in Taschen-Ausgaben immer wieder herauskamen. »Palmblättern« in »Neuer Folge« standen 1881 die Verse voran: »Palmblätter sinds; – so viel ich schon gepflückt: / Noch tausend seh ich mir zu Häupten prangen, / Fand immer neu den Palmenhain geschmückt, / So oft ich mich in Gottes Wort ergangen.« Obwohl dem geadelten Prälaten noch einige Zeit blieb, ehe sich ihm am 14. Januar 1890 der ewige Palmenhain öffnete, faßte er doch, weiterhin Palmblätter vom immergrünen Baume nehmend, zumindest folgenden guten Vorsatz: »Palmblätter gnug! – die Hand, die diese brach, / Bricht nicht mehr viel, wird bald vielleicht zu Staube, / Doch frische wachsen für die Enkel nach: / Stets neue Blüten treibt der alte Glaube.«

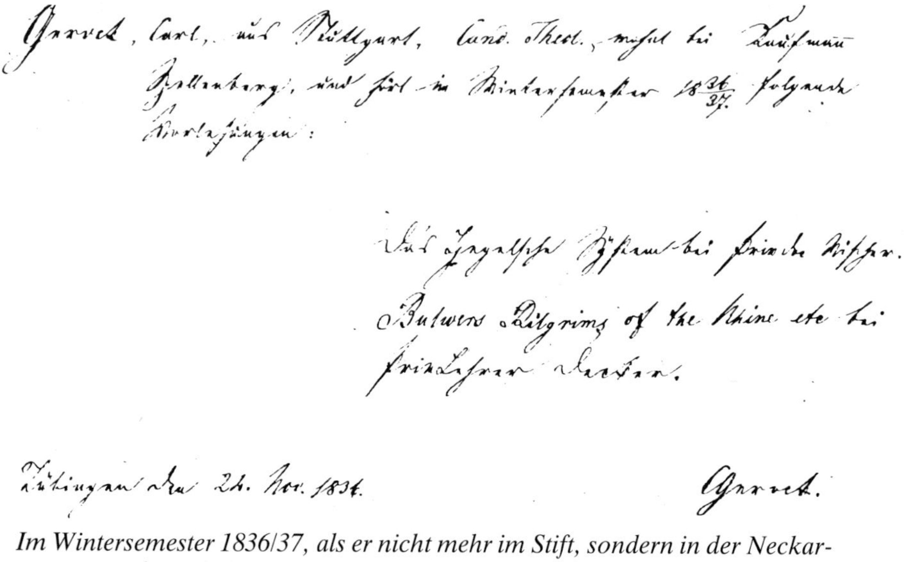

Im Wintersemester 1836/37, als er nicht mehr im Stift, sondern in der Neckargasse 14 wohnte, belegte Gerok eine Vorlesung über das Hegelsche System bei Vischer und einen Lektürekurs über die Romane Bulwers.

Georg Herwegh

Klosterberg 2 (Stift) Neckarbad 4

Klosterberg 2

Neckarbad 4

Ein kurzer strahlender Frühling nur

Seminarist Georg Herwegh war ein hübscher Junge – groß gewachsen, schlank, mit pechschwarzem Haar und schwärmerischen Augen. Aber bleich sah er aus, etwas kränklich oder auch, als ob byroneske Schwermut seine 18 Jahre verdüstere. Der Sohn eines Traiteurs, eines Speisewirts, im Stuttgarter Bohnenviertel, verabscheute das Stiftler-Schwarz und kehrte auch jetzt, wenn schon nicht mit auffallend weißen Hosen, wie er sie später gerne trug, so doch wenigstens in einem grauen Röckchen aus der Stadt ins »Kloster« zurück. Es war Sonntag, der 17. Juli 1836. Herwegh, dessen Gang immer etwas Schwebendes und Schwankendes hatte, schien nun noch mehr zu schwanken als sonst. Dabei sang und lärmte der Angeheiterte zunächst im Wohnzimmer, dann auf der Schlafkammer und soll »einen solchen Unfug« verübt haben, »daß er von dem die Wach habenden Aufwärter bei den Wochen-Repetenten angezeigt und von diesen auf die Repetenten-Amtsstube citirt wurde«, wie es in einem Schreiben des Stifts-Inspektorats hieß, das zwei Tage drauf an den Königlichen Studienrat nach Stuttgart ging. »Hier läugnete er beharrlich, daß er gelärmt habe u. beschuldigte den Aufwärter der Lüge. Nach seiner Zurückkunft auf sein Wohnzimmer machte er die höchst unehrerbietigen u. beleidigenden Äußerungen über den Repetenten Landerer und gegen den Rep. Stock«, nach dessen Zeugnis der Seminarist zwar aufgeregt, aber trotz Trunkenheit doch zurechnungsfähig gewesen sei. Dem Brief Herweghs komplettes Sündenregister beifügend, gab das hochlöbliche Inspektorat dann folgendes ernsthaft zu bedenken: »Indessen müssen wir aufrichtig gestehen, daß es – an sich und wegen des Beispiels – uns zweifelhaft ist, ob ein Seminarist, der sich so gröblich gegen Vorgesetzte, und zwar ins Gesicht hinein vergangen hat, in dem Institut belassen werden könne.« Bei der Stuttgarter Schulverwaltung fand man unzweifelhaft, daß nicht und schickte am 3. August ein Dekret nach Tübingen, demzufolge der Übeltäter ohne Verzug »unter Verfällung in den Kosten-Ersatz, aus dem Seminar entlassen werde«, in welchem er damit kein ganzes Jahr lang zugebracht hatte.

Eingetreten war der gutmütige, aber leicht reizbare junge Mann am 23. Oktober 1835, und Vermerke im Maulbronner Zeugnis wie »ungehaltenes Benehmen und Lärmen in der Kirche« oder »fremdartige Beschäftigung in der Lektion« ließen nun den Neuling seinen Erziehern auf dem höhern Seminar nicht gerade in bestem Licht erscheinen. Vielleicht wußten sie auch von der Ende 1831 ausgebrochenen Krankheit des damaligen Balinger Lateinschülers, die ein Mediziner namens Friedrich Achill Schmid aus Ülzen in seiner Doktorarbeit »Geschichte eines St. Veitstanzes, welcher mit dem tierischen Magnetismus behandelt und zum Teil geheilt wurde« (Tübingen 1831) beschrieben hatte, als Ursache für die Krankheit vor allem elterliche Streitereien anführend. Wenn Herwegh nun »nach Hause« fuhr, dann eher zur geliebten Mutter Katharina Märklin nach Balingen als zum Vater nach Stuttgart, den er verabscheute. Denn 1832 hatten sich die Eltern scheiden lassen.

Hermann Kurz war einige Monate vorher, am 18. Juni, gerade aus dem Stift herausgeworfen worden, aber dem frommen Karl Gerok, der seine Studien dort im Sommersemester 1836 beendete, muß Herwegh tagtäglich begegnet sein. Seine Leistungen wurden als mittelmäßig bis gut beurteilt. Am Fleiß habe es aber bisweilen gemangelt, wie das Inspektorat später nach Stuttgart meldete. »Sitten: gut, nicht ganz geordnet; im Anfang seines Hierseins etwas vorlaut in seinem Urtheil, zusehr auf Belletristik gerichtet, später ruhiger u. bescheidener, u. wie es scheint, den Sinn etwas mehr fürs streng Wissenschaftliche bestimmt.«

Den schwarzhaarigen Seminaristen umgab eine Aura genialischer Fremdheit, was manchmal seltsam mit dem derben, breiten Schwäbisch kontrastierte, das er sprach. Da munkelte man sogar von seinen konspirativen Verbindungen zu Autoren des Jungen Deutschland. Zwar begann er deren Schriften, die ihn später bis in die Diktion hinein beeinflussen sollten, schon während der Maulbronner Zeit zu lesen – Ludwig Börnes »Briefe aus Paris« oder die Kritiken von Karl Gutzkow im »Phönix« und im »Telegraph für Deutschland« –, aber persönlichen Kontakt, nein, den hatte er weder zu Börne oder Gutzkow noch zu Heine.

Auf jeden Fall waren die Zeiten so, daß die Aufseher allenthalben besonders

scharf hinschauten. In diesem Jahr 1835, am 10. Dezember, hatte man nämlich per Bundestagsbeschluß alle Schriften des Jungen Deutschland verboten, und 1835 war auch der erste Band des »Leben Jesu kritisch bearbeitet« von dem Stifts-Repetenten David Friedrich Strauß herausgekommen, der, den Orthodoxen auf den Magen schlagend, Skandal machte und dem Autor eine spätere akademische Laufbahn versperrte. Unter dem Einfluß von Straußens Buch, demzufolge die Berichte der Evangelisten einen kleinen historischen Kern enthalten würden, im wesentlichen aber aus unbewußter Mythenbildung der urchristlichen Gemeinden herzuleiten seien, unter dem Einfluß auch von Ferdinand Christian Baur – im Wintersemester 1835/36 las er gerade Kirchengeschichte und Symbolik – gab der Seminarist seinen Kirchenglauben auf und begann einen Weg, der ihn von der nachhegelianischen Religionskritik zur linkshegelianischen Schule um den später mit ihm befreundeten Ludwig Feuerbach und um Arnold Ruge bis hin zu Karl Marx führte, dessen Einsichten sich der undogmatische politische Gefühlsmensch dann aber doch nicht mehr so ganz zu eigen machen konnte.
Die neu eingetretenen Seminaristen hatten sich am 9. November 1835 um 12.30 Uhr im langgestreckten, von einer Reihe Holzsäulen durchmessenen Speisesaal versammeln müssen. Dort wurden sie nach der von Ephorus Heinrich Christoph Wilhelm Sigwart, einem entschiedenen Anti-Hegelianer, »gehaltenen Anrede, worin ihnen auch der Inhalt der K. Entschließung vom 2. September d. J. betreffend die Ermächtigung und Anweisung der akad. Disciplinar-Commission namentlich in Beziehung auf verbotene Verbindungen (unterstrichen) mitgetheilt wird, auf die Statuten des Seminars und die dazu gehörigen disciplinarischen Bestimmungen von Dr. Steudel in Pflichten genommen« und mußten anschließend mit ihrer Unterschrift bezeugen, daß solches ordnungsgemäß geschehen war.
Unter diesen Umständen wurde Herwegh gewiß besonderes Augenmerk zuteil, als er sich den 1831 gegründeten »Königsstiftlern«, nun »Patrioten« genannt, anschloß, welche die national-liberale burschenschaftliche Tradition lebendig zu erhalten trachteten. Diesem Freundeskreis hatten auch schon Gustav Rümelin,

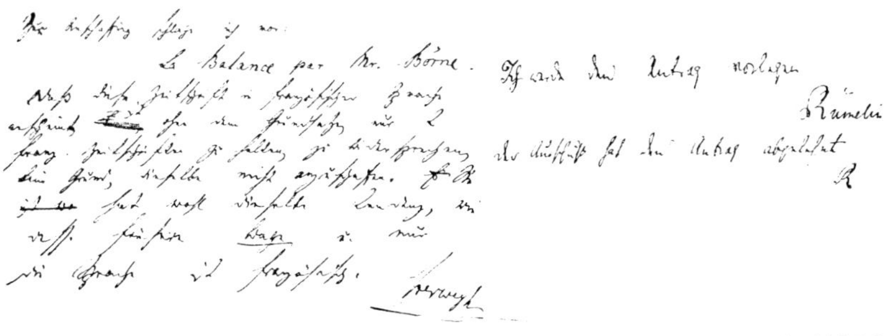

Im Desiderienbuch der Museumsgesellschaft schlug Herwegh Ende 1835 Ludwig Börnes Zeitschrift »La Balance« zur Anschaffung vor, aber der Ausschuß lehnte den Antrag ab.

späterer Paulskirchen-Abgeordneter, württembergischer Kultusminister und Kanzler der Universität, oder Hermann Kurz angehört. Dabei war die patriotische Geselligkeit in verschiedenen Wirtschaften wie der »Tobiesei«, der »Farb« oder dem »König« ganz harmlos, und häufig fühlte man sich eher blau gestimmt als schwarz-goldrot.

Zwischen Weihnachten und Neujahr harrte Herwegh in Tübingen aus. Zum Schmökern – denn Bücher kosteten Unsummen in diesen Jahren – schaute auch er nun häufig bei der Akademikern und Studenten vorbehaltenen Museumsgesellschaft vorbei, damals noch einer reinen Lesegesellschaft. In deren Desiderienbuch schlug der Seminarist, sich vom jüngst erfolgten Verbot der Jungdeutschen nicht einschüchtern lassend, »La Balance« von Ludwig Börne zur Anschaffung vor. »Daß diese Zeitschrift in französischer Sprache erscheint, ist, ohne dem Grundsatz, nur 2 franz. Zeitschriften zu halten, zu widersprechen, kein Grund, dieselbe nicht anzuschaffen«, begründete er seinen Antrag. »Sie hat wohl dieselbe Tendenz, wie dess. frühere Wage (unterstrichen) u. nur die Sprache ist französisch.« Rümelin, der damals als Bibliothekar fungierte, mußte dann an den Rand schreiben: »Der Ausschuß hat den Antrag abgelehnt. R.«

Georg Herwegh in den ersten vierziger Jahren: Kupferstich nach einer Zeichnung von C. Hitz.

Im Frühjahr drauf machte sich Herwegh (wohl vergebens) dafür stark, man möge die »Revue des deux mondes« abonnieren, sei es doch »eine Schande für ein Museum, nicht ein einziges Organ für die Litteratur des Auslandes zu besitzen«. Der Erwerb von Goethes Zeitschrift »Propyläen« (1798 bis 1800) und der nach 1816 fortlaufend erschienenen Sammlung »Über Kunst und Altertum«, wovon sich in der »Museums«-Bibliothek nur kärgliche Bruchstücke fanden, wurde dagegen zugesagt. Die Mitgliedsbeiträge des armen Stiftlers mit den untheologischen Neigungen, der da so Ketzerisches und Kostspieliges zur Anschaffung empfahl, standen jedoch nach wie vor aus...

Erst von Ende Mai 1836 an begannen die Disziplinar-Strafen seine klösterliche Existenz dauernd zu begleiten. Am 26. bekam er »unter Erinnerung wegen Mangels an Fleiß 24. Std Carcer« aufgebrummt und am 27., vier Tage vor seinem 19. Geburtstag, »wegen Mißbrauchs der Reiseerlaubnis über Pfingsten, u. wegen Lüge 48. Std Carcer«. Fürchterliches begab sich, als Herwegh am 16. Juni abends zusammen mit seinen Freunden Diezel, Barth und Krieger von einem größeren Ausflug in die Anstalt zurückkehren wollte. Dem von ihm tags drauf aufgesetzten Entschuldigungsschreiben zufolge überraschte sie nämlich »in Rottenburg ein Gewitter, welches sie daselbst 1½ Stunden, von 7–8½ Uhr, aufhielt. Indeß wäre es noch Zeit gewesen, bis 10 Uhr hier einzutreffen, allein die Nacht war so finster und es regnete so stark, daß beim Zusammentreffen mit einem andern Fuhrwerk es nicht zu verhindern war, daß das unsrige umgeworfen und Deichsel und Stränge zerrissen wurden, was uns nöthigte, in Weilheim einige Zeit zu verweilen, ehe wir weiter fahren konnten.« Nach Mitternacht traf das leidgeprüfte, aber nichtsdestoweniger fröhliche Männerquartett in Tübingen ein, und man übernachtete in der »Post« – dort, wo sich heute noch die Stadtpost befindet. Im Stift trafen Herwegh, Diezel und Barth erst nach 8 Uhr ein, und Krieger kam gar nach 9 Uhr, was das »hochwürdige Inspectorat« veranlaßte, sie von 6 Uhr abends an unter Hausarrest zu stellen.

Am 7. Juli war er »für den Fall fortgesetzten Schuldenmachens mit Carcer bedroht« worden, und seine dann zum Hinauswurf führenden Auffälligkeiten vom 17. Juli hatten zunächst einmal neben dem Bericht an den Königlichen Studienrat zur Folge, daß er am 18. »wegen Betrunkenheit u. einem im höchsten Grade injuriösen Betragen gegen einen Vorgesetzten a) 8 Tage Carcer b) Abbitte vor den Repetenten auf der Amtsstube der Rep.« auf sich nehmen mußte. Der also bis zum 26. Juli Eingesperrte, bat am 31. darum, »ihm den Aufsatz-Termin bis nächsten Freitag zu verlängern«, weil er sich im Carcer die notwendigen Bücher nicht habe beschaffen können. Das Inspectorat lehnte jedoch mit der Begründung ab, ihm wäre das sehr wohl möglich gewesen, »wenn er gewollt hätte«. Aber dann kam sowieso das auf den 3. August datierte Entlassungsdekret aus Stuttgart. »Die Eröffnung gesehen den 5ten Aug. 1836«, bestätigte Herwegh, und an jenem Tag war er auch, wie am Rande vermerkt ist, »das letzte mal bei d. Seminar-Essen«.

Wenn bei den gar nicht so seltenen neueren Verlautbarungen über Herwegh gerne gemutmaßt wurde, daß man ihn politischer Gründe wegen aus dem Stift geworfen habe, die disziplinarischen also vorgeschoben gewesen seien, dann war wohl vor allem der Wunsch Vater des Gedankens, dieser Strafaktion Sinn und Bedeutung zu geben. Überhaupt – das nur nebenbei – wird der spätere revolutionäre Dichter mit dem stürmischen Temperament und den unklaren Vorstellungen immer nach dem jeweiligen ideologischen Standpunkt in Marsch gesetzt: Manchem ist er ein großer Vergessener und Verdrängter, dem nur in der ehemaligen DDR eine gebührende Rolle auf der Bühne deutscher Literatur zuteil geworden sei, während ihn etwa Friedrich Sengle in seinem Biedermeier-Buch als Maulhelden bezeichnete, der »politisch zu predigen begann, weil ihm zur religiösen Verkündung wie zur Dichtung die Berufung fehlte«. Da ist eines so abwegig wie das andere, und seine Entlassung aus dem Stift betreffend, findet sich, wenn man die Dokumente zu Rate zieht, kein Hinweis auf politische Beweggründe dafür. Ein Fall zwei Jahre später, als von sechs wegen »groben Exzesses« gegen den Repetenten Joseph Josenhans Gefeuerten immerhin vier »Patrioten« waren, kann zum Beweis des Gegenteils nicht ins Feld geführt werden, denn im Herbst 1838 war auch amtlich davon die Rede gewesen, sie hätten der anrüchigen Gesellschaft angehört.

Weil die Eltern nicht erlauben mochten, daß er sich nun als freier Schriftsteller und Mitarbeiter an August Lewalds Zeitschrift »Europa« in Stuttgart durchschlug, blieb Herwegh noch an der Universität. Zunächst einmal ersuchte die Akademische Disziplinarkommission das hochwürdige Ephorat, »auch noch die Gründe dieser Entlassung gefl. angeben zu wollen, da hiervon abhängig ist, ob Herwegh bey seinem Übertritte zu denen in der Stadt Studierenden die herkömmliche Warnung, Ermahnung, u. beziehungsweise Drohung erhalten solle, oder nicht«. Postwendend antwortete Ephorus Sigwart, »daß nach vorbemerktem Erlasse des K. Studienraths Herwegh ›wegen Trunkenheit und Lärmens‹ und besonders wegen des sich zur Schuld gebrachten höchst unehrerbietigen und beleidigenden Benehmens gegen zwei Repetenten, zugleich in Berücksichtigung der sich zuvor schon zugezogenen Strafen« entlassen worden sei. Nichts also auch in diesem internen Schriftwechsel der Amtsträger, die untereinander doch nun wirklich Fraktur hätten reden können, über eventuelle politische Auffälligkeiten des 19jährigen.

Am 8. August bestätigte Herwegh dem Königlichen Universitätsamt durch seine Unterschrift, »sich in der Stadt nicht ähnliche Vergehen, wie diejenigen, wegen welcher er aus dem Seminar entfernt worden, zu Schulden zu bringen« und schrieb sich – zunächst enthusiasmiert, wie es seine Art war, von einer Karriere als Staatsmann träumend – an der Juristischen Fakultät ein. Im Wintersemester hörte er bei Kanzler Carl Georg von Wächter eine Vorlesung über die Pandekten, also die Sammlung altrömischen Privatrechts, oder hatte sie zumindest belegt. Wo Herwegh nun wohnte, war nicht mit letzter Sicherheit herauszubekommen. Den seinen Studienpapieren beiliegenden Schuldenlisten läßt sich entnehmen, daß er bei Tanzlehrer Betz Unterricht hatte (Schulden: 8 Gulden und 6 Kreuzer), daß er im »Lamm« am Markt zu essen pflegte (Schulden: 52 Gulden und 48 Kreuzer), daß er bei der Buchhandlung Osiander mit 43 Gulden und 53 Kreuzern in der Kreide stand, bei der Museumsgesellschaft mit 6 Gulden an Mitgliedsbeiträgen und bei »Forstbauer, Ferd. Hausb.« mit 40 Gulden und 43 Kreuzern.

Damals gab es einen Tuchscherer Ferdinand Gottlieb Forstbauer in der Haaggasse 4 und einen Ferdinand Forstbauer, von Beruf Seifensieder, dem das Haus Neckarbad 4 ganz und die Nummer 6 zur Hälfte gehörte. Möglich also, daß Herwegh in dem einen oder, wie dann um die Jahrhundertwende auch der Romancier Bruno Wille (»Die Abendburg«), in dem anderen wohnte, dem später aufgestockten mittelalterlichen Badgebäude. Im März 1837 hatte er aber genug von der Juristerei, den drückenden Schulden und Tübingen und wechselte nun doch nach Stuttgart zum Mentor August Lewald über. In sein Notizbuch schrieb er die »An meine Mutter« gerichteten Verse: »Die Kanzel hattest du mir zugedacht / Und drauf zum Rechtsgelehrten mich gemacht; / Was ist von alledem geblieben? / Die Poesie!«

Die Tübinger Schulden verfolgten ihn. Noch als sich Herwegh – am 6. Juli 1839 strafweise einberufen, weil er einige Tage vorher beim Maskenball im Hoftheater mit einem Oberleutnant aneinandergeraten war – schon längst in die Schweiz abgesetzt hatte, erbat etwa die Osiandersche Buchhandlung vom Universitätsamt eine Bestätigung der 43 Gulden und 53 Kreuzer Schulden, weil man nun gegen den Vater, »gegen den Traiteur Herwegh in Stuttgart«, zu klagen gedenke. Die

ihm bewilligten Stipendiengelder von zwischen 300 und 400 Gulden sollte Georg Herwegh dann vom Ertrag der ersten Auflage seiner »Gedichte eines Lebendigen« zurückzahlen.
In Emmishofen nahe Konstanz kam er bei dem ebenfalls aus Deutschland geflohenen Dr. Heinrich Elsner unter, der ein Jahrzehnt vor ihm Stiftler gewesen war. Auch Dr. Johann Georg August Wirth, ehedem einer von den Initiatoren des Hambacher Festes, wohnte hier und gab das Blatt »Die deutsche Volkshalle« heraus, dessen kritischen Teil Herwegh vom 1. September an edierte. »Die Literatur – und, genauer bestimmt, hier die Kritik – muß«, so schrieb er programmatisch schon in seinem »Eröffnungs«-Artikel, »der Politik unter die Arme greifen.« Als nun der Tübinger Student Johannes Scherr, wackerer Demokrat und später Professor für Geschichte am Polytechnikum Zürich, Elsner besuchte, machte er auch die Bekanntschaft Herweghs: »Damals trug er Haupthaar und Bart, beide von glänzender Schwärze, so lang, wie sie eben wuchsen, und seine feine, schmächtige Gestalt umschlotterten die Fragmente eines Schlafrocks. Auf dem Kopfe trotzte beim Ausgehen eine Jakobinermütze, unter welcher die schönsten Männeraugen hervorfunkelten, die ich je gesehen.«
Tübingen wirkte nach. Dort gemachte Erfahrungen hatten ihn geprägt – im Positiven wie im Negativen. Bei aller beklemmenden Enge war dem Ort doch auch die unfaßbare Weite des Geistes eigen, der in ihm atmete. Herwegh muß Hölderlin häufig begegnet sein, und vielleicht hatte er ja während des Stadtsemesters sogar ganz in seiner Nähe am Neckar gewohnt. Am 4. November 1839 ging es nun in der »Volkshalle« darum, »einen Schatten, einen edlen Schatten« heraufzubeschwören, »den wir unverantwortlicherweise beinahe ganz vergessen haben«. Hölderlin erscheint als »der eigentliche Dichter der Jugend, dem Deutschland eine große Schuld abzutragen hat, weil er an Deutschland zugrunde gegangen ist«, der sich »aus unsern jämmerlichen Zuständen« gerettet habe »in die heilige Nacht des Wahnsinns«: »Es ist rührend mit anzusehen, welche Anhänglichkeit die akademische Jugend dem wahnsinnigen Dichter in Tübingen bewahrt hat; mehr als Neugierde mag es sein, wenn sie zu dem 70jährigen Greise wallfahrt, der ihr nichts mehr bieten kann, als einige übelgegriffene Akkorde auf einem elenden Klaviere.«
Ins Kleinliche und Enge aber führt seine 1840 in der »Volkshalle« erschienene »zoologische Abhandlung« über »Die deutschen Professoren«. Wegen dieser Gattung mit dem Motto »Bete, arbeite und krieche« sei er »heute auf hundert Sachen stolz, für die ich in der Schule Schläge, auf höheren Anstalten Verweise bekommen habe«. Der Professor »ist der treugehorsame Diener des Staats, seine erste Pflicht, dem Staat ebenso treue, gehorsame Diener herauszubilden«. Talente entdecke er kaum. »Seine Rute ist meistens eine Birken-, selten eine Wünschelrute.« Als »geschworner Feind aller Politik« finde der Professor immer nur das Bestehende vernünftig. »Ich kenne einen Lehrer, der es mir heute noch nicht verzeiht, daß ich in einem Kollegium über Geschichte als den passendsten Kommentar dazu Börnes Briefe aus Paris unter dem Tisch gelesen. Wenn er vollends gewußt hätte, daß die Reden, die beim Hambacher Fest gehalten wurden, in meinem Pulte gewesen wären! Ich schlechter Mensch!«
Weil er immer stärker radikaldemokratischen Ansichten zuneigte, als dem

liberalen Herausgeber Wirth recht war, ließen sich Spannungen in der Emmishofener »Volkshalle« nicht vermeiden. So kam es Herwegh gelegen, daß er im April 1840 nach Zürich übersiedeln konnte, wo ihn August Ludwig Follen aufnahm. Der einstige revolutionäre Burschenschaftler hatte eine reiche Schweizerin geheiratet und lebte nun in einem schloßartigen Gebäude in besten Verhältnissen, an welchen er seine Freunde großzügig teilhaben ließ. Bei Follen, der sich als sein »Adoptivvater« fühlte, konnte Herwegh binnen kurzem die »Gedichte eines Lebendigen« fertigstellen, und daneben hielt er auch noch Vorträge an der Zürcher Universität. Eine Phase derart lustvoller Schaffenskraft sollte ihn später nicht noch einmal überkommen.
Im Sommer 1841 erschienen die »Gedichte eines Lebendigen« beim »Literarischen Comptoir Zürich & Winterthur«. Der Erfolg war für eine lyrische Sammlung beispiellos. Herwegh hatte es vermocht, das Empfinden all jener auszudrükken, die sich jung fühlten und unter dem Druck der Verhältnisse litten. »Nirgends klang die Not und Unruhe der ringenden Zeit in so brausendem Akkord wie in diesen Gedichten«, schreibt Franz Mehring in seiner »Geschichte der deutschen Sozialdemokratie«. »Ein Freudenschrei ging durch ganz Deutschland, als sie erschienen.« Denn man konnte sich heraussingen aus der allgemeinen Misere mit diesen Liedern, deren Mischung aus Freiheitspathos und Kampfaufruf deshalb so spontan zu zünden vermochte, weil sie so gewandt in der Form, so prägnant in der lyrischen Reduktion waren. Vom gedanklichen Gehalt her, der sich auf die vage bestimmten Begriffe Freiheit, Volk, Kampf beschränkt, eigentlich gar nicht so aufregend, bekommen manche dieser Gedichte doch Explosivkraft durch die politische Religiosität, mit der Georg Herwegh Demut zu kämpferischer Haltung umkehrt und dem Freiheitsideal religiöse Weihe gibt. Sein berühmter »Aufruf« aus dem Jahre 1841 beginnt: »Reißt die Kreuze aus der Erden! / Alle sollen Schwerter werden, / Gott im Himmel wird's verzeihn. / Laßt, o laßt das Verseschweißen! / Auf den Amboß legt das Eisen! / Heiland soll das Eisen sein.«
Na und wie prächtig er dann noch aussah beim Kreuze-Ausreißen, mit seinem bezwingenden Blick, den schwarzen Haaren und dem dunklen Teint. Seit jeher auch ein wenig zur Pose neigend, spielte der 25jährige den jugendlichen Heros, der die allgemeine Stimmung Stimme werden ließ, zunächst ganz hinreißend. Ende September war der »Matador des Jahres 1842« (Karl Gutzkow) zu seinem berühmten Triumphzug durch Deutschland aufgebrochen, bei dem man ihm allenthalben Festessen gab und Ständchen brachte. Er lernte in Köln Karl Marx kennen und stieg in Dresden bei Michael Alexandrowitsch Bakunin ab. Wenn Herwegh den noch ungedruckten »Morgenruf« vortrug, dessen fünf Strophen mit dem Fanal »Die Lerche war's, nicht die Nachtigall« beginnen und der endet: »Die Völker, sie preisen den Morgen« – dann konnten selbst die Damen der Berliner Gesellschaft kaum noch die Contenance halten. Eine von ihnen, Emma Siegmund, Tochter eines reichen Kaufmannes, war aber auch eine begeisterte Republikanerin und sollte bald seine Frau werden.
Eine Audienz bei König Friedrich Wilhelm IV. am 19. November brachte dann den großen Umschwung auf dieser Reise und im Leben Georg Herweghs überhaupt. Während die Reaktionäre dem König vorwarfen, daß er einen

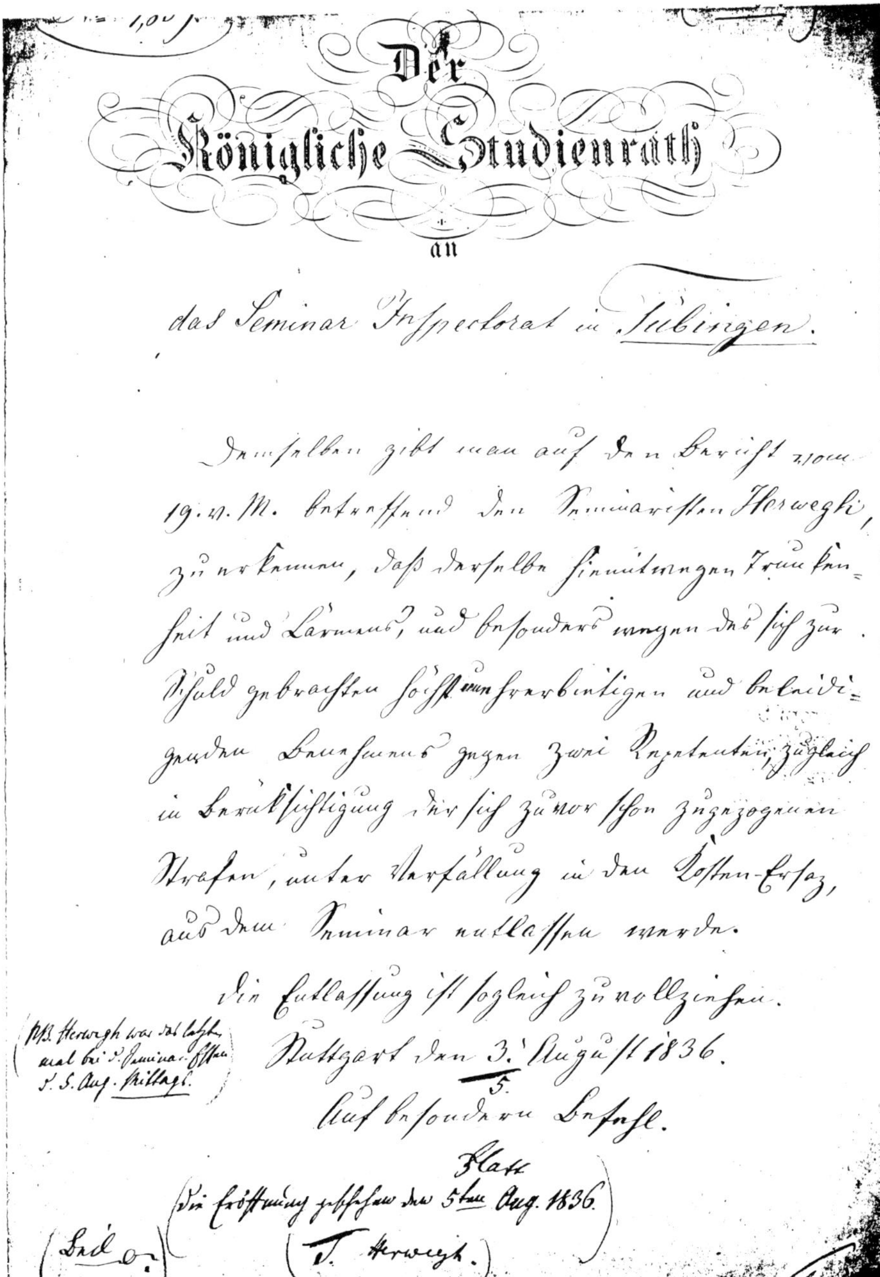
Der Königliche Studienrath an

das Seminar Inspectorat in Tübingen.

Demselben gibt man auf den Bericht vom 19. d. M. betreffend den Seminaristen Herwegh, zu erkennen, daß derselbe wiederholter Trunkenheit und Lärmens, und besonders wegen des sich zur Schuld gebrachten höchst unehrerbietigen und beleidigenden Benehmens gegen zwei Repetenten, zugleich in Berücksichtigung der sich zuvor schon zugezogenen Strafen, unter Verfällung in den Kosten-Ersaz, aus dem Seminar entlassen werde.

Die Entlassung ist sogleich zu vollziehen.

Stuttgart den 3. August 1836.
5.

Auf besonderen Befehl.

Flatt

(NB. Herwegh war das letzte mal bei d. Seminar-Essen 5. S. Aug. Mittags.)

(Die Eröffnung geschehen den 5ten Aug. 1836.)

(Lud o.) (J. Herwegh.)

Das Entlassungsschreiben des Königlichen Studienrats in Stuttgart vom 3. August 1836 wurde dem Seminaristen Georg Herwegh zwei Tage später zur Bestätigung vorgelegt.

Unruhestifter und Deserteur empfange, bezichtigten die Demokraten den Dichter, vor dem König törichte Figur zu machen, »denn im Hofzeremoniell steht geschrieben, daß Marquis Posa nur über das reden darf, um was ihn Don Philipp fragt« (Franz Mehring). Als dann noch ein kraftmeierischer Brief an Friedrich Wilhelm, mit dem der Dichter gegen des Königs gleich nach der Audienz erfolgtes Vertriebsverbot für einen geplanten »Deutschen Boten aus der Schweiz« protestierte, durch eine Indiskretion in der »Leipziger Allgemeinen Zeitung« erschien, ließ man ihn des Landes verweisen.
Die Rechten fühlten sich nun bestätigt, und die Linken warfen ihm vor, durch sein unkluges Auftreten die politische Situation verschärft und härtere Zensurmaßnahmen veranlaßt zu haben, wurden doch auch gleich die »Rheinische Zeitung« und die »Leipziger Allgemeine Zeitung« verboten. Das »Hosiannah!« war in ein allgemeines »Kreuzige!« umgeschlagen gegen ihn, der nun als Prahlhans dastand wie später noch einmal im Jahr 1848. »Wahr ist es: Renommieren / Verdirbt die Renommée!«, rief ihm Ferdinand Freiligrath zu, und auch Heinrich Heine machte sich seine spöttischen Reime auf den Illusionisten und darauf, wie komisch er desillusioniert wurde.
Nach dem kurzen, strahlenden Aufstieg nun ein langer, quälender Niedergang. Schon der zweite Band seiner »Gedichte eines Lebendigen« von Ende 1843 hatte wie ein trockenerer Nachklapp des ersten gewirkt, und Friedrich Theodor Vischer rügte dann auch den Mangel an lebendiger Anschauung daran. Die poetischen Antriebe waren ihm verwelkt, brachten kaum noch Frucht, wenn man von einigen immerhin rhetorisch brillanten tagesaktuellen Polit-Gedichten absieht, die später noch entstanden. Franz Mehring zählt Herwegh in einem Aufsatz von 1914 »zu den glänzenden, aber unglücklichen Talenten, die mit ihrem ersten Wurf gleich ihr Bestes oder selbst schon ihr alles geben. Seinem Dasein fehlte der heiße Sommer und der fruchtreiche Herbst und selbst das wärmende Herdfeuer des Winters. Es war ein kurzer strahlender Frühling, und danach kam eine lange Nacht, arm an Arbeit und arm an Freuden.«
Aber da sage man nicht, bei Georg Herwegh sei alles auf einen einzigen Ton gestimmt, den politischen, denn immerhin gibt es auch diesen Klang: »Ich möchte hingehn wie das Abendrot / Und wie der Tag in seinen letzten Gluten – / O leichter, sanfter, ungefühlter Tod! / Mich in den Schoß des Ewigen verbluten.« Das so beginnende zweite Gedicht der »Strophen aus der Fremde«, eine der schönsten Elegien deutscher Sprache, entstand jedoch auch schon 1839 in Emmishofen, es ist ein Zweiundzwanzigjähriger, der sich nach Tod und sanfter Auflösung sehnt. Fünfmal hintereinander wird darum gebeten, und Franz Liszt, der das Gedicht vertont hat, wandelt den expressiven Abwärtsbogen eines fünftonigen Motivs jeweils anders ab: »Ich möchte hingehn wie der heitre Stern, / Im vollsten Glanz, in ungeschwächtem Blinken; / So stille und so schmerzlos möchte gern / Ich in des Himmels blaue Tiefen sinken.«
Seiner Neigung zum Posieren war jene zum Sichgehenlassen beigesellt. Das ihm durch das Vermögen seiner Frau ermöglichte Wohlleben lähmte den Dichter. Mehring sieht ihn »im betäubenden Genuß des Pariser Lebens«. Er arbeitete – aber alle größeren Pläne zerschlugen sich – in einem Kabinett, das mit weichen Sofas, schweren Samtvorhängen, kostbaren Teppichen und Bronzestatuetten

ausgestattet war. Als dann in Baden die Revolution ausbrach, riß sich Herwegh jedoch aus seinem mit Liebschaften gewürzten seidenen Schlafrock-Dasein und zog – Karl Marx hatte dringend von dem aussichtslosen Abenteuer abgeraten – an der Spitze einer Deutschen Demokratischen Legion mit anfangs 4000 Mann von Paris zunächst nach Straßburg, wo nur noch 800 ankamen. Bei Niederdossenbach wurde die revolutionäre Heerschar geschlagen, und Herwegh floh mit seiner Frau im Bauernwagen über die Schweizer Grenze.
Nun mußte der eh schon als Aufschneider Diffamierte auch noch als Hasenfuß, der sich auf der Kutsche unterm Spritzleder von Frau Emma versteckt haben sollte, durch die Gazetten hoppeln. Eduard Mörike, 13 Jahre vor ihm Stiftler geworden, spöttelte in einem Brief: »Monsieur Herwegh scheint doch einen ganz erstaunlichen Wert auf das Prädikat eines ›Lebendigen‹ zu legen«, und der Ende 1804 zum Studium der Naturwissenschaften nach Tübingen gekommene Justinus Kerner beschrieb in Versen kalauernd »Herweghs Herweg und Heimweg« und paraphrasierte giftig »Herweghs Schlachtruf«: »Reißt die Kreuze aus der Erden, / Alle sollen Schwerter werden!‹ / War dein Schlachtruf; jetzt, mich freut's! / Machst mit ängstlichen Gebärden / Vor den Schwerten du ein Kreuz.« In ganz Europa wurde er verleumdet und verlacht. Sein Ruf war ruiniert.
»Ich möchte hingehn wie der Blume Duft, / Der freudig sich dem schönen Kelch entringet / Und auf dem Fittich blütenschwangrer Luft / Als Weihrauch auf des Herren Altar schwinget. // Ich möchte hingehn wie der Tau im Tal, / Wenn durstig ihm des Morgens Feuer winken; / O wollte Gott, wie ihn der Sonnenstrahl, / Auch meine lebensmüde Seele trinken! // Ich möchte hingehn wie der bange Ton, / Der aus den Saiten einer Harfe dringet, / Und, kaum dem irdischen Metall entflohn, / Ein Wohllaut in des Schöpfers Brust erklinget.« Harfenklang vom Klavier wird zum rauschhaften Höhepunkt der Lisztschen Vertonung des Gedichtes. Dann eine Generalpause und noch einmal die bange Frage des Hauptmotivs... Liszt hatte übrigens wie Richard Wagner – »Herwegh lebt jetzt hier und giebt mir einen angenehmen Umgang«, schrieb der am 2. Juli 1851 an Ernst Benedikt Kietz – zeitweise zum Zürcher Kreis des Dichters gehört.
Freunde wie Robert Prutz und Ludwig Feuerbach versuchten vergebens, ihn aus seiner immer noch komfortabel gepolsterten Lethargie zu reißen. Ende der fünfziger Jahre kamen die Herweghs dann jedoch auch in finanzielle Bedrängnis. Heine: »Die goldnen Dukaten des Schwiegerpapas, / Des Seidenhändlers, sind auch zerronnen – / Der Alte klagt: bei der deutschen Dichtkunst / Habe er keine Seide gesponnen.« Außerdem begann ihn ein Leberleiden zu plagen, und er mußte häufig zur Kur. Um Schulden abzutragen, ließ Herwegh 1867 in der Schweiz gar seine Bibliothek versteigern. Und beklemmend, wie Emma Herwegh im Jahre seines 50. Geburtstages bei der Deutschen Schillerstiftung um Unterstützung für ihren Mann bettelte. »Ich bin nämlich«, so schrieb sie Anfang Mai an Franz Dingelstedt, »zu Gunsten meiner Kinder enterbt worden«. Die Herren reagierten jedoch, anders als bei Ferdinand Freiligrath, sehr zögerlich und wandten ein, Herwegh sei doch mal »vor 25 Jahren ein Dichter« gewesen und dazu noch politisch höchst suspekt.
Die Richtung seines Weges vom Freiheitsdichter des Vormärz hin zur Arbeiterbewegung war jedoch erstaunlich und ohne Beispiel. Herwegh, der 1843 notiert

hatte: »Ich hasse das Absolute (Kommunismus oder Monarchie), ob's unter einer Mütze oder unter einem Hute«, ist gewiß auch später immer ein Sozialist aus dem Gefühl geblieben mit inneren Sperren gegen den Determinismus der Marxschen Gesellschaftslehre. Zu den Freunden, die ihn aufrütteln und wieder zum Verseschmieden bringen wollten, während Bismarck schon so erfolgreich am später von Herwegh verabscheuten Reich schmiedete, gehörte auch Ferdinand Lassalle. Auf dessen Drängen hin schrieb er immerhin das »Bundeslied für den Allgemeinen Deutschen Arbeiterverein«, dem der Dichter auch noch im Gründungsjahr 1863 beitrat. »Bet' und arbeit!' ruft die Welt, / Bete kurz! denn Zeit ist Geld. / An die Türe pocht die Not – / Bete kurz! denn Zeit ist Brot.« So beginnt das Percy Bysshe Shelleys »Song to the men of England« nachgebildete Gedicht, und als zehnte von zwölf Strophen folgt dann das berühmte: »Mann der Arbeit, aufgewacht! / Und erkenne deine Macht! / Alle Räder stehen still, / Wenn dein starker Arm es will.« Damit rief der Spartakusbund noch im Januar 1919 zum Massenstreik auf.
Aber unaufhaltsam erfüllte sich nun, was schon der Zweiundzwanzigjährige vorausgeahnt hatte: »Du wirst nicht hingehn wie das Abendrot, / Du wirst nicht stille wie der Stern versinken, / Du stirbst nicht einer Blume leichten Tod, / Kein Morgenstrahl wird deine Seele trinken.« Und nachdem der Stern versunken ist, ertönt bei Liszt ein Interludium, das mit dem zweiten und dritten Takt des »Tristan«-Vorspiels nahezu identisch ist. »Wohl wirst du hingehn, hingehn ohne Spur, / Doch wird das Elend deine Kraft erst schwächen, / Sanft stirbt es einzig sich in der Natur, / Das arme Menschenherz muß stückweis brechen.« Verminderte Septakkorde über einem Orgelpunkt lassen das Lied in düsterem a-Moll ausklingen. Von 1866 an lebte Georg Herwegh in größter Armut in Baden-Baden und starb dort, als sein geschwächter Körper einer Lungenentzündung nicht mehr Herr werden konnte, am 7. April 1875 mit 58 Jahren. Seinem Wunsch gemäß wurde er in »freier Erde« auf dem Friedhof des Städtchens Liestal bei Basel begraben.

Gustav Schwab

Schloß Gomaringen

O blau Gebirg, dort winkst du ja

»Hast Du auch schon davon gehört, daß wir Pfarrer werden wollen?« fragte Sophie Schwab den Freund Justinus Kerner in einem Brief vom 27. Juli 1837. »Gustav wünscht es sich ja schon lange, und jetzt reizt ihn die herrliche Lage von Gomaringen (nahe Tübingen, gegenüber dem Hohenzollern) so sehr, daß er sich bereits gemeldet hat. Wir waren dort und auch mich hat die schöne Gegend ganz entzückt. Wir bekämen einen wahren Edelsitz, ein Schlößchen, das oben auf dem Hügel liegt und das ganze Dorf beherrscht, es wäre eine Dichterwohnung, die sich mit der Eurigen wohl messen dürfte, kennt ihr es nicht?« Daß sich Gustav Schwab in friedliche Einsamkeiten flüchten wollte – drei Jahre zuvor war der Versuch gescheitert, die erledigte Pfarrei von Lustnau zu bekommen –, hatte unterschiedliche Gründe: Neben seiner aufreibenden Tätigkeit als Professor am Oberen Gymnasium in Stuttgart redigierte er seit 1827 den Literaturteil des Cottaschen »Morgenblattes« und gab seit 1833 mit Adelbert von Chamisso zusammen auch noch den in Leipzig erscheinenden »Deutschen Musenalmanach« heraus. Aber das redaktionelle Geschäft war ihm schon seit längerem verleidet. »Könnte ich mich doch«, hatte er dem Studienfreund Karl Ullmann am 19. März 1836 geschrieben, »in diesen bösen Zeiten, wo das Junge Deutschland den Greuel der Verwüstung aufpflanzen wollte und, auch verfolgt, noch einschwärzt, mich ganz ins Wunderland der Poesie aus der verfluchten und verruchten Tagesliteratur, wo der Judaismus, mit allen ekelhaften Lastern, Lüge, Prahlerei und Feigheit, Schmeichelei und Verleumdung herrscht, herausretten.« Antisemitischen Ressentiments begegnet man häufig bei ihm, worin ihm aber seine biedermeierlichen schwäbischen Mitromantiker kaum nachstehen.

Im Grunde paßte Gustav Schwab, der eigentlich eine mehr heitere, gesellige Natur war, kein Fanatiker, die ganze Richtung nicht. Was ihn vor allem verstimmte, war die um sich greifende Hegelsche Weltdeutung und damit auch des ehemaligen Stiftsrepetenten David Friedrich Strauß' »Leben Jesu«, das »vollends die letzte historische Grundlage dem Christentum zu entziehen« trachte, wie er Ullmann schon im Erscheinungsjahr 1835 geklagt hatte. Kurzum, Schwab wollte sich zunächst einmal aus den vielfältigen Verstrickungen seiner Amtsgeschäfte befreien. Außerdem hoffte er, in Gomaringen Distanz zu den politisch-literarischen Auseinandersetzungen zu bekommen und Muße für sein poetisches Werk. Dabei stand dem frommen Manne aber auch wirklich der Sinn danach, für einige Zeit als Landpfarrer zu wirken. Per königlichem Dekret vom 16. September 1837 wurde er schließlich ernannt. Seine Nachfolge am Oberen Gymnasium trat Ludwig Amandus Bauer an, der Freund Mörikes im Tübinger Zauberland Orplid.

Der neue Pfarrer kam von Tübingen her, wo er mit seiner Familie, mit Frau Sophie, den beiden Töchtern und den drei Söhnen, vom 25. auf den 26. Oktober im Uhlandschen Hause an der Neckarbrücke übernachtet hatte. Nicht wenige Gomaringer waren ihm entgegengeritten und -gefahren, um die Kutsche ein Stück Weges zu begleiten. Auch heute noch, so Pfarrer Volker Teich, werde man im Orte »wohlwollend aufgenommen« und habe es dann mit einer »großen hörenden Gemeinde« zu tun. Als Pfarrhaus diente seit 1817 das auf einer gegen das alte Dorf hin steil abfallenden Höhe gelegene Schloß, ein 1296 erstmals genannter Burgbau mit Gewölbekeller und uralten Wohnräumen, auf den im 16. Jahrhundert noch zwei Stockwerke in fränkischem Fachwerk aufgesetzt wurden. Auf einer anheimelnden barocken Holztreppe in der Südostecke des Schloßhofes, deren obere, laubenartige Terrasse ihm gleich schon als stimmungsvoller Platz auffiel, mit Freunden zusammenzusitzen, stieg Pfarrer Schwab zu seiner künftigen Wohnung im Fachwerkteil über den grauen Schießscharten-Mauern hoch.

Drinnen animierte ihn, dessen »Neckarseite der Schwäbischen Alb« schon 1823 erschienen war, gleich der sich bietende Ausblick: Im Vordergrund unten die Ortschaft im Tal der Wiesaz, dahinter Wiesen, Felder und hellgrüne sanfte Hügel, schließlich die blaue Reihe der Albberge vom nahen Roßberg über Farrenberg und Dreifürstenstein bis zum entfernten Hohenzollern. Da war sie wieder, »Die Alb«, die der Dichter längst schon liebevoll entjungfert hatte: »O blau Gebirg, dort winkst du ja / Mit frischer Jünglingsmahnung; / Mit allen Nebeln bist du da, / Mit aller Sonnenahnung // Geheimnißreich senkt sich dein Hang / Voll unentdeckter Falten. / Und doch – wie oft hat sie mein Gang / Mit raschem Schritt gespalten! // Kein Wald senkt sich in Thalesschoos, / Der nicht mir schon gerauschet, / Kein Bächlein springt aus Feld und Moos, / Das ich nicht einst belauschet. // Kein Steg ist, der nicht unterm Tritt / Mir schon gezittert hätte, / Kein Bergpfad, den ich nicht beschritt, / Kein Gipfel in der Kette. // Den Zauber hab' ich längst gestört: / Hab' ich dich doch beschrieben! / Ein jedes Plätzchen mir gehört. – / Wie ist's nun mit dem Lieben? // Ich habe selbst den Jungfernkranz / Dir von dem Haupt genommen; / Mein eh'lich Weib, das bist du ganz, / Nun, sei auch so willkommen!«

Rechts im inneren Schloßhof ist heute noch eine 1820 für die Pfarrer errichtete Scheuer zu sehen, bezogen diese doch einen wesentlichen Teil ihrer Einkünfte in Naturalien, die gelagert werden mußten. Zwischen Scheuer und altem Backhäuschen versteckt sich ein 1548 errichteter Brunnenstock in edler Renaissance-Ornamentik, den der Reutlinger Vogt Michael Klöwer bei Meister Hans Huber hatte fertigen lassen. Hinter dem Durchgang durch die Mauer, die den Schloßhof

frontal eingrenzt, führt das wohl extra für die Geistlichen aus wuchtigen Balken gezimmerte überdachte »Geisterstiegle« herunter auf den kürzesten Weg zur Kirche hin.
Als Pfarrer Schwab am folgenden Sonntag zum erstenmal predigte – er hatte das Evangelium vom Gastmahl gewählt, für das sich die Geladenen entschuldigen, worauf dann Arme und Krüppel hereingeführt werden –, da war es drangvoll in der Marienkirche, die sich nun wieder einmal als viel zu klein erwies. Außerdem hatten sich während der vergangenen Jahre Schäden am Bau immmer bedrohlicher bemerkbar gemacht, und zwischen Chor und Langhaus traten Wasserflekken hervor. Während Gustav Schwabs Amtszeit sollte denn auch, wie schon seit längerem beabsichtigt, die alte, baufällige Kirche abgerissen und eine neue gebaut werden, die nun dasteht als Denkmal für einen Dichter als Pfarr- und Bauherrn.
Noch am Nachmittag schauten viele Verwandte und Freunde, unter ihnen Uhland, Paul Pfizer, Karl Mayer und Anton Alexander Graf Auersperg, als Anastasius Gruen einflußreicher politischer Lyriker des österreichischen Liberalismus, in dem noch gar nicht eingerichteten Pfarrhaus vorbei. Vielleicht saß man da schon in der später berühmt gewordenen Gartenlaube aus Buchsbäumen mit Tannen zu beiden Seiten, die wohl einmal auf der Terrasse des zur Wiesaz hin abfallenden Gartens gestanden hat. »An diesem von außen nicht einsehbaren und schwer zugänglichen Ort war Schwab kaum erreichbar, was damals«, so vermutet Pfarrer Teich, »sicher sehr wichtig sein konnte.«

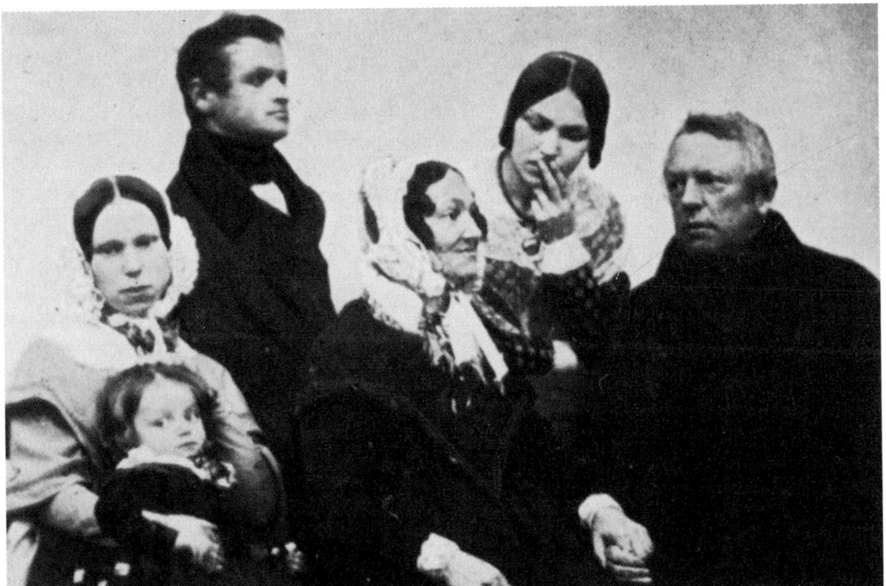

Gustav Schwab (rechts) und seine Familie, nämlich Tochter Sophie Klüpfel mit Söhnchen, Karl Klüpfel, Sophie Schwab, die ihres Mannes Hand hält, und dazwischen Tochter Emmy.

Wenige Wochen später näherte sich eine seltsame Gesellschaft Gomaringen. In der Kutsche saßen Uhland, Friedrich Theodor Vischer und der Junghegelianer Arnold Ruge, gerade auf Werbereise für die »Hallischen Jahrbücher« in Tübingen. »Es war«, erinnerte sich Vischer in seinem Essay über Uhland von 1863, »ein milder Spätherbsttag, wir fuhren im offenen Wagen. Auf ganz ebenem Wege wurden wir plötzlich umgeworfen, weil irgendein haltender Nagel sich ausgespielt hatte. Ich kam mitten im Wege einfach auf die Füße zu stehen, Uhland und Ruge wurden herausgeschleudert, den Kopf voran in einen Graben voll halbgefrorenen Schlammes gespickt, dann fiel der Wagen auf sie und drückte sie gründlich in den zähen Stoff. Als ich mit dem Postillon denselben aufgerichtet hatte, blieben beide, wie dies nach solchen Überraschungen der Mensch zu halten pflegt, noch einige Sekunden stille liegen.«
Ehe die Herren – der über und über schmutzbedeckte Uhland trug auch noch »ein regelrechtes Rundkäppchen« aus Morast auf dem Kopf – zum Pfarrschloß gingen, versuchten sie sich im Wirtshaus erst ihrer Krusten zu entledigen. »Es ischt«, so redete ihnen der Wirt immerhin ermutigend zu, »jo net, als ob's Bosheit wär.« Seinem Freund Strauß berichtete Vischer dann am 2. Dezember süffisant: »Schön war es in Gomaringen bei Schwab. Hätte man diesem und Uhland gesagt: es ist ein Nordteutscher da, der gern ein recht charakteristisches Bild von euch mitnehmen möchte, gebt euch also recht in eurer Naivität, sie hätten nicht besser aufspielen können. Alles ließen sie heraus, ihre ganze Abschließung, gegen die modernen Tendenzen, auch gegen die Deine, und zwar mit großer Lebhaftligkeit und starker Aktion.« Schließlich las der auf seinem Stuhl wie toll herumruckelnde Schwab ein Gedicht von Mörike vor, »und zwar mit so schreiendem, singendem Pathos, daß ich selbst ganz erschrak und Ruge, nachdem er geendet, wie ein Simpel dasaß.«
Zu einer Mitarbeit Schwabs an den »Hallischen Jahrbüchern« sollte es, das war vorauszusehen gewesen, nicht kommen. Selbst in der Gomaringer Ruhe erbitterte es ihn noch, wie das Hegelsche Denken um sich griff, vor allem auch am Stift. »Der fortschreitende Gott« heißt folgendes Epigramm des Landpfarrers: »Hegel's Gott ist der Proceß, / Drin die ew'ge Logik schreitet; / Unaufhörlicher Proceß – / Auf der Tretmühl' eingeleitet.« Als später aus Straußens Professur in Zürich nichts wurde, konnte auch Frau Sophie Justinus Kerner gegenüber christliche Schadenfreude nicht verhehlen: »Solche Herren, die uns armen Menschen den einzigen Trost, die einzige Hoffnung so mit kaltem Blut rauben wollen, sollten nur auch eine Weile unter der Armut leben müssen, die ich auch eigentlich erst hier in ihrer wahren Größe kennen lerne.«
Eine Sinekure, die ihm viel Zeit und Muße gelassen hätte, war das Pfarramt in der großen Gemeinde mit an die 1500 evangelischen Seelen und noch 300 in dem dazu gehörenden Hinterweiler ganz und gar nicht. Oft mußte Schwab mehrere Tage hintereinander predigen, was jedoch dem theologisch konservativen Pfarrer, der auch zu den jeweils samstags um 14 Uhr ihre Stunde haltenden Pietisten am Ort in gutem Einvernehmen stand, nicht viel ausmachte, denn er predigte gern. Hinzu kam aber viel Verwaltungsgeschäft, und vor allem die Bausache ließ ihn nicht zur Ruhe kommen. Meist protokollierte er auch noch selbst, was bei den Sitzungen des Stiftungsrates darüber gesprochen und beschlossen wurde.

Am 22. Januar 1838 bekamen die Räte zum Beispiel einen »Erlaß des K. Gemeinschaftl. Oberamts vom 17. Jan. vorgelegt, durch welchen die Gemeindebehörden, nachdem die zur Vorlegung der Kirchenbau Acten ertheilte zweijährige Frist verstrichen ist, aufgefordert werden, sich binnen 8 Tagen zu erklären, auf welche Weise sie izt das Bauwesen einleiten wollen«, worauf beschlossen wurde, »kommendes Frühjahr alle vorbereitenden Einleitungen treffen zu wollen«. Die vom Oberamt mitgeteilten Baurisse und Überschläge behandelte man dann wenig später am 31. Januar.
Um etwas anderes als den Kirchenbau ging es jedoch am 12. März. Da wurde, dem Protokoll zufolge, »der vom K. Bauinspektor Rupp mitgetheilte neue Plan zu Erbauung eines neuen Stockwerks auf das Schulhaus in Hinterweiler vorgelegt und berathen. Beschluß. Der Stiftungsrath und Bürgerausschuß erklärt sich mit dem neuen Plan des Bauinspektors einverstanden, vorausgesetzt, daß derselbe soweit abgeändert wird, daß die Uhr im Giebelfeld angebracht werden kann, so daß die Uhrengewichte an den vorderen Pfeilern herunterlaufen, was in dem Wohnzimmer des künftigen Schulmeisters und in dem Lehrzimmer nur einen Raum von etwa 1½ Schuh wegnehmen würde.« Mit solchen Problemen also mußte sich der für die Schulen seines Sprengels zuständige Pfarrer damals beschäftigen.
Anfang 1838 war Schwab auch noch in die Gesangbuchkommission berufen worden und mußte deshalb häufig nach Stuttgart fahren. Zusammen mit dem ihm nahestehenden Albert Knapp wirkte er darauf hin, die Folgen rationalistischer Eingriffe aus den neunziger Jahren rückgängig zu machen, was dann von vielen auch als Rückschritt in den Pietismus empfunden wurde. Trotz sich häufender Aufgaben war er aber poetisch weiterhin fruchtbar: 1838 erschienen seine »Gedichte« bei Cotta in neuer Auswahl, und zwischen 1838 und 1840 brachte Liesching in Stuttgart »Die schönsten Sagen des klassischen Altertums« heraus – ein Bestseller und Longseller bis heute, der in Gomaringen entstanden ist. Auch das einst in allen Lesebüchern abgedruckte »Gewitter« (»Urahne, Großmutter, Mutter und Kind / In dumpfer Stube beisammen sind«) war, wenn auch wohl nicht über Gomaringen erstmals niedergegangen, so doch dort bedichtet worden.
Zu Ostern konnte die Familie mit den zwei Töchtern und den Söhnen Christoph, Ludwig und Gustav, der zu einer kaufmännischen Lehre nach Bremen und später nach Amerika ging, letztmals vollständig beieinandersein. Den Sommer über mußte man mit dem heute fürs Pfarramt mehrfach unterteilten großen Saal des oberen Stocks vorliebnehmen, weil in der Pfarrerswohnung darunter die Handwerker waren. Von dort oben aus ließ sich der Blick nach drei Seiten hin genießen, und des Dichters Schwiegersohn und Biograph Karl Klüpfel, bald zweiter Unterbibliothekar an der Tübinger Universitätsbibliothek auf dem Schloß, erinnerte sich: »Oft wenn die Abendbeleuchtung die Gegend verklärte, rief Schwab das ganze Haus zusammen, um sein Entzücken mit den andern zu theilen.«
Die Schwabs verschmähten schon auch das Kränzchen nicht, zu dem die Pfarrersfamilien der Gegend regelmäßig zusammenkamen, aber sein und seiner Frau gesellig-gesellschaftliches Interesse war doch vor allem auf das zu Fuß anderthalb

Stunden entfernte Tübingen gerichtet. »Was Dir Tübingen, ist mir Stuttgart«, hatte ihm Nikolaus Lenau am 5. November 1831 geschrieben. »Mich freut es, daß unsere Paradiese Nachbarn sind.« Wegen der Nähe zur Stadt seiner jungen Jahre, die ihm immer lieb und wert war, hatte er sich ja eigentlich erst auf die Gomaringer Stelle beworben. Alte Erinnerungen wurden wieder wach, als sein Sohn Christoph, der später an Hölderlins Grab sprechen sollte, im Herbst 1839, genau 30 Jahre nach dem Vater, aufs Evangelische Stift kam und dann auch häufig Freunde mit nach Gomaringen brachte. Gustav Schwab selbst war im Herbst 1809 eingetreten, kurz nachdem die Tübinger Romantiker den Neuen Bau verlassen hatten. Dennoch lernte er Kerner und Uhland bald kennen und nahm auch an ihrem »Poetischen Almanach für das Jahr 1812« und am »Deutschen Dichterwald« von 1813 Anteil. Ausgerechnet Gustav Schwab, der Brave, der Fromme, galt damals als Ausnahme-Stiftler. Wegen seines häufigen

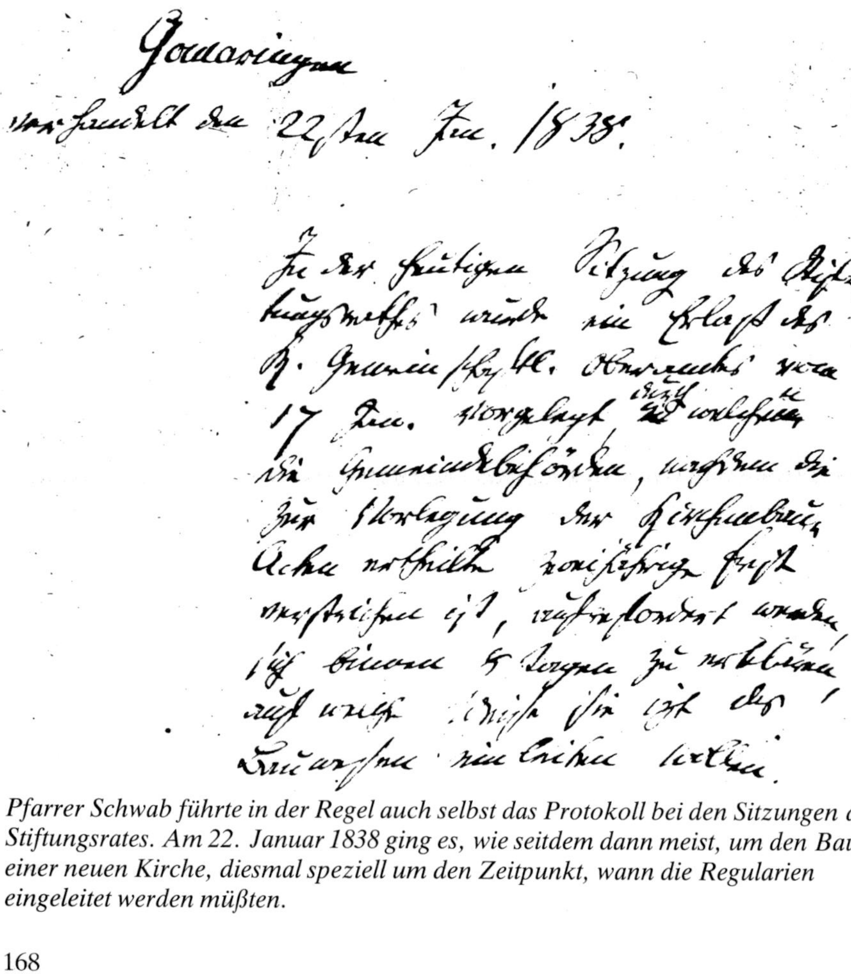
Gomaringen
verhandelt den 22ten Jan. 1838.

Pfarrer Schwab führte in der Regel auch selbst das Protokoll bei den Sitzungen des Stiftungsrates. Am 22. Januar 1838 ging es, wie seitdem dann meist, um den Bau einer neuen Kirche, diesmal speziell um den Zeitpunkt, wann die Regularien eingeleitet werden müßten.

Umgangs mit Stadtstudenten und weil er in einigen honorigen Häusern verkehrte, jenem des Kurators Karl August von Wangenheim zum Beispiel, wurde sein Verhalten vom hochwürdigen Inspektorat als den Klostergesetzen »nicht ganz angemessen« beurteilt. Der wegen eleganter Kleidung und geschmeidiger Manieren von den Freunden auch später noch »Abbé« Genannte, brachte es immerhin zuwege, den nachmaligen Minister Wangenheim dahingehend zu beeinflussen, daß die monströse Tracht der Stiftler endlich reformiert wurde.
Am 17. Januar 1813 gründete er mit der »Romantika« einen auch Burschenschaftliches vorwegnehmenden Freundschaftsbund, in welchem, wie zuvor im Kreis um Justinus Kerner, literarische, ästhetische und politische Themen behandelt wurden. Als Schwab, der Tübingen im Sommer 1814 fürs Vikariat verlassen hatte, zum Herbst 1815 als Repetent zurückkehrte, war der harmlosen Vereinigung, ihr subversive Absichten unterstellend, inzwischen der Garaus gemacht worden. Mit dem Töchterchen des Professors für Kriminalrecht Christian Gottlieb Gmelin, das er von seinem ersten Tübinger Winter an unglücklich geliebt hatte, kam er nun aber doch noch ins Reine. Sophie Gmelin und Gustav Schwab verlobten sich und gingen im Sommer 1816 häufig miteinander spazieren, wobei sie über Gott sprachen, darüber, welch herrliches Tugendmittel doch die Ehe sei und in Maßen wohl auch über die Welt.
Wenn Schwab nun viele Jahre später von Gomaringen aus Tübingen besuchte, dann stieg er vor allem in den Häusern von Uhland und dem Medizinprofessor Ferdinand Gmelin ab, Vorstand des Klinikums. Gmelin war nicht nur Hausarzt der Familie, er beriet Schwab auch, wie der verwilderte Garten am Schloß zu kultivieren wäre, und versorgte ihn aus seinem wohlgepflegten eigenen mit Pflanzen und Sämereien. Aber Schwab, dem die Beschäftigung in der grünen Verborgenheit mit dem weiten Blick immer mehr Spaß machte, war auch in der Residenzstadt nicht vergessen. So dachte man sogleich an ihn, als am 8. Mai 1839 bei der Enthüllung des Schiller-Denkmals von Bertel Thorvaldsen eine Festrede zu halten war. »Die Hülle«, so vereinnahmte er den Enthüllten christlich, »die diesen unsterblichen Geist umgab, war ein Werk und ein Schauplatz der göttlichen Weisheit. Wer bewundernd, wer dankend vor diesem Bilde steht – ihr gibt er die Ehre.«
Währenddessen hatte der Gomaringer Stiftungsrat am 21. März 1839 beschlossen, entgegen früheren Absichten den alten Kirchturm abzubrechen und den neuen nicht in die Kirche hinein, sondern außen am östlichen Giebel zu errichten, die Glocken während des Baus auf der »Halde« zum Läuten aufzurichten, die Turmuhr im Rathaus aufzubewahren und den Überschlag von Orgelbauer Viktor Gruol aus Bissingen im Oberamt Kirchheim der Behörde zur Revision vorzulegen, »da dem Stiftungsrath die Anschläge desselben ziemlich hoch scheinen«. Noch im Frühjahr wurde die alte Kirche abgebrochen, und am 21. Mai, dem Dienstag nach Pfingsten, legte Ortspfarrer »M. Gustav Benjamin Schwab, Professor«, den Grundstein zur neuen. In der Urkunde heißt es: »Den Plan der Kirche samt Turm hat entworfen Johann Georg Rupp, Bauinspektor der Stadt Reutlingen, es baut sie Eduard Schmidt, Werkmeister von Binzdorf O. A. Sulz und Philipp Hornung, Stadtpfleger und Zimmermann von Tübingen. Bauführer ist Bernhard Hofmeister von Rottenburg.«

Am 15. Oktober 1840 starb Schwabs jüngster Sohn auf einer Reise nach Heidelberg, die er zusammen mit dem Vater und Schwester Sophie gemacht hatte, zehnjährig an »Nervenfieber«. Daß sich der Pfarrer vier Tage drauf an Gesangbuchberatungen in Stuttgart beteiligte, erklärte er selbst als »heilsame Nothwendigkeit«. Bei der Kirchenweihe am 22. November 1840 predigte Schwab dann über den 1. Brief Petri 2,5 (»Und bauet auch ihr euch als lebendige Steine zum geistlichen Hause...«).
Vielleicht, weil ihm die ländliche Behaglichkeit durch den Tod des Kindes getrübt worden war, vielleicht auch, weil er hier die rechte Muße nicht gefunden hatte – auf jeden Fall wollte Schwab Gomaringen nun verlassen und wurde auch bald zum Stadtpfarrer und Amtsdekan in Stuttgart ernannt. Am 20. Juli 1841 gerade erst von einer längeren Reise bis nach Schweden zurückgekehrt, verließ der Pfarrer mit seiner Familie schon am 29. Juli das über der Wiesaz gelegene Pfarrschloß. Nach Tübingen, ins Paradies seiner Studienjahre, sollte er dann aber von Stuttgart aus immer wieder kommen, denn dort war seine älteste Tochter verheiratet, und dort wohnten seine besten Freunde. Im Jahre 1845, anläßlich der Einweihung der Neuen Aula, verlieh ihm die Universität den Ehrendoktor. Am 4. November 1850 ist Gustav Schwab an einem Schlaganfall gestorben.
Als man im Juni 1892 auf der Gartenterrasse unterm Schloß seines bevorstehenden 100. Geburtstages gedachte, stand dort noch die Laube aus Buchsbäumen, in der Schwab mit Besuchern zusammenzusitzen pflegte. »Was vor allem«, so sprach Ortspfarrer Schmid, »seine Persönlichkeit betrifft, so lautet die Rede bei allen, die ihn kannten, übereinstimmend: ›Er war ein gar freundlicher Herr‹, womit auch meine eigene persönliche Erinnerung aus meiner Jugendzeit übereinstimmt. Heiterkeit und Wohlwollen blickte ihm aus seinen hellen Augen.« Aber wenn die zum Geburtstagsgedenken im Garten Versammelten den Blick schweifen ließen über das Panorama, das sich vor ihnen auftat, dann dachten sie wohl weniger an den freundlichen Menschen oder an den geschätzten Kanzelredner und Schulaufseher als vielmehr an den Dichter der Schwäbischen Alb.

Fritz Reuter

Kirchgasse 8

Säben swore Johr legen achter mi

Am 26. Oktober 1840 war es noch sonnig und warm wie selten so spät im Jahr. Bei geöffnetem Fenster saß ein kräftiger junger Mann mit vollem rundem Gesicht und blondem Haar in der Bude, die er erst zwei Tage zuvor beim Kaufmann Karl Ludwig Hebsacker in dem alten, spitzgiebeligen Haus Kirchgasse 8 bezogen hatte. Er war Mecklenburger, hieß Fritz Reuter und schrieb gerade an seinen Vater Johann Georg Reuter, Bürgermeister des 1200-Einwohner-Städtchens Stavenhagen. Den Briefwechsel zwischen beiden bestimmten einerseits Mahnungen zu Fleiß und einem weniger leichtsinnigen Lebenswandel, andererseits reumütiges Bitten um Verzeihung und feierliche Gelöbnisse, sich zu bessern. Solche Demutsgebärden aus schlechtem Gewissen, nachgerade fast selbstzerstörerisch, wirkten irgendwie unpassend angesichts des vierschrötigen Studenten, der nun in wenigen Tagen, am 7. November, runde 30 Jahre alt werden sollte und trotz seiner treuherzigen Ausstrahlung vom Leben doch auch schon sichtlich gezeichnet schien.
Aber anders als beim letzten Brief aus Kassel bestand diesmal keine Veranlassung zu wehleidiger Selbstanklage, sondern Fritz Reuter schilderte dem zu Recht besorgten Vater erst einmal nur, wie er's in Tübingen angetroffen hatte: »Der Gedanke, hierher zu gehen, ist vielleicht ein durchaus unglücklicher gewesen, denn man hat mir hier viele Schwierigkeiten in den Weg gelegt, die ich noch nicht überwunden habe. Ich habe mich von hier aus an das Ministerium des Innern nach Stuttgart wenden müssen, um aufgenommen zu werden, und werde im glücklichsten Falle wohl noch einiger Zeugnisse bedürfen, deren erforderlichen Inhalt ich Dir zu seiner Zeit mitteilen werde. Sollte mir die Aufnahme verweigert werden, so muß ich nach Heidelberg zurück, woselbst es, wie mir dort allerseits gesagt ist, durchaus keinem Zweifel unterliegen würde. Hätte ich alles gewußt, wie ich es jetzt weiß, so wäre ich gleich in Heidelberg geblieben; es ist hier fast ebenso teuer als dort, und der Student ist mit 16 Polizei-Dienern umlagert, hat auch keine eigene Gerichtsbarkeit mehr, sondern steht unter der Stadtdirektion.«

Beflissen tat er dem Vater kund, der Professor Heinrich Schrader führe in die Pandekten ein »und zwar 14stündig wöchentlich, mit Ausschluß des Familien- und Erbrechts, welches er dann im nächsten Semester lesen wird; also muß ich ein volles Jahr Pandekten hören, und wie ich dann mit meinen zwei Jahren auskommen werde, weiß der liebe Gott«. Aber im Grunde interessiert den schon sieben Jahre zuvor in Jena vor allem als »Bier-Reuter« bekannten Studiker die ganze Juristerei einen feuchten Dreck. Oder vielmehr war sie ihm seit jeher »fürchterlich dürr« vorgekommen, als eine Wissenschaft, »die gegen die gesunde Vernunft verstößt«, als Nonsens also, wie er den Vater noch vor zwei Jahren aus der Festung Graudenz hatte wissen lassen. Jetzt jedoch, biederte er sich an, liege einstweilen der »Mackeldey« auf seinem Pult, weil er sich vorgenommen habe, außer den Pandekten auch die Institutionen zu studieren. »Du kannst mir sicher glauben, daß ich den festen Willen habe, die Zeit zu nützen und zu lernen, was ich noch lernen kann.«

Der junge Fritz Reuter (noch ohne Vollbart) auf einem Selbstporträt aus seiner Magdeburger Festungszeit um 1837.

Aber der »Mackeldey« lag da gut. Irritiert strich sich Reuter über den Schnäuzer. Von der Gasse drang befremdliches Stimmengewirr herauf. »Wur nich plattdütsch red't ward, holl ick't nich ut!«, soll der zu Ruhm Gekommene später gesagt haben, um unter dem sanften Druck von Frau Luise dann doch nach Eisenach überzusiedeln. Die Stimmen vermischten sich mit Geräuschen aus dem Gasthof »Zum (römischen) Kaiser« nebenan. Es zog ihn hinaus, aber erst mußte dieser Brief fertig sein, zu dem er bisher wirklich nicht gekommen war. Vorgestern zunächst die Suche nach einer Bleibe, die er dann in diesem zentral gelegenen alten Haus fand. Dann der vergebliche Versuch des ohnehin erst 14 Tage nach Vorlesungsbeginn in Tübingen eingetroffenen Studenten, sich einzuschreiben. So hatte er gleich noch am 24. Oktober einen Antrag auf Zulassung an Minister Johannes Schlayer richten müssen, jenen Schlayer, der Ludwig Uhland 1832 nötigte, entweder Tübinger Lehramt oder Stuttgarter Landtagsmandat aufzugeben, und der des Dichters Demission als Professor dann »sehr gern« annahm. Von Rektor Robert Mohl und Universitätsamtmann Christian Riecke sei dieser Antrag mit »günstig lautenden Schreiben« begleitet worden, wie er nun dem Vater mitteilte.

In Anbetracht dessen, was hinter ihm lag, war die Entscheidung, gerade nach

Tübingen zu gehen, sicher wohlüberlegt. Rektor Mohl wie auch Kanzler Karl Georg Wächter hatten einst selbst der verfemten Burschenschaft angehört, und Universitätsamtmann Riecke stand den Tübinger »Feuerreitern« nahe. Die Urteile im Hochverratsprozeß gegen Tübinger Burschenschaftler – auch ihnen versuchte man eine Beteiligung am wirklichkeitsblinden Sturm auf die Frankfurter Hauptwache am 3. April 1833 nachzuweisen und sei es nur in Gedanken – fielen nicht so wahnwitzig grausam aus wie jene des preußischen Kammergerichts in Berlin. Anfang 1837 hatte es nach einem langwierigen Untersuchungsverfahren 35 Burschenschaftler, darunter Reuter, zum Tode durch das Beil und vier zum Tode durch das Rad verurteilt, wobei dann die einen zu dreißigjähriger und die anderen zu lebenslanger Festungshaft »begnadigt« wurden. Der nachmals berühmteste burschenschaftliche Festungsgefangene aus Tübingen, Berthold Auerbach, mußte dagegen nur für acht Wochen auf den Hohenasperg und arbeitete dort an seinem ersten Roman, dem »Spinoza«.
In seinem Antrag auf Zulassung hatte Reuter versichert: »Meine Untersuchungs-Akten weisen aus, daß ich dem Frankfurter Attentat durchaus fremd bin, wie dies denn auch bei allen Studierenden in Jena der Fall ist, und daß ich freiwillig schon im Januar 1833 aus jener verbotenen Verbindung ausgetreten bin.« Mit siebenjähriger strenger Haft sollte doch nun »ein Verbrechen abgebüßt sein, das mehr in jugendlicher Übereilung als in vorbedachter Absichtlichkeit bestand«. Deshalb möge man seiner Bitte um Zulassung allergnädigst willfahren, »zumal ich mich der strengsten Beaufsichtigung unterziehen werde, da der Zweck meines Hierseins kein anderer ist, als durch den äußersten Fleiß die schönen verlorenen Jugendjahre zu ersetzen und, wenn dies auch unmöglich ist, doch die Folgen solchen Verlustes, soviel als möglich ist, unschädlich zu machen«.
Da war er wieder, jener selbstdemütigende Ton, wie ihn der Student sonst dem Vater gegenüber anschlug, den er nun noch wissen ließ: »Außer mir ist kein Mecklenburger hier, und von den Norddeutschen habe ich nur ein paar Holsteiner hier getroffen, die mir aber nicht so zu gefallen scheinen, als daß ich sehr mit ihnen harmonieren werde. Ich habe hier jedoch einen Schwaben gefunden, der sich meiner mit vieler Zuvorkommenheit und Freundlichkeit angenommen hat, mir die richtigen Wege behufs meiner Aufnahme gezeigt hat und der mich heute in die Umgebungen Tübingens führen will, sobald ich meine Pflicht erfüllt habe, Dir zu schreiben; wir verstehen uns leider nicht zum besten.«
Bei dem Schwaben, der sich seiner angenommen hatte, handelte es sich wohl um Karl Mayer, gleichnamigen Sohn des dichtenden Oberjustizrates und Uhland-Freundes aus der Gartenstraße 18. Mit dem mangelnden Verständnis konnte nur die unterschiedliche Sprechweise gemeint sein, ließ sich doch der Mecklenburger sein Platt häufig auch in dieser so anderen Umgebung nicht verdrießen, während der Altwürttemberger Mayer gewiß selbstbewußt und prononciert schwäbisch schwätzte. So wanderten sie an diesem sonnigen Herbsttag vielleicht über Schloß und Spitzberg zur Wurmlinger Kapelle hin oder auch nur ins Elysium mit dem kleinen Wasserfall, oder Reuter schlug Mayer gar vor, doch lieber gleich einen Locus amoenus aufzusuchen, und man landete in der Gartenwirtschaft Traugott Eiferts in der Gartenstraße 5, rechts neben Uhlands Haus.
Der 21jährige Jura-Student fungierte als Kneipwart bei der »Germania«, wo man

den von Preußens Polizeijustiz so schwer mißhandelten Bundesbruder als Märtyrer burschenschaftlicher Ideale noch am Tag seiner Ankunft oder am folgenden herzlich aufgenommen hatte. Der allem Anschein nach so wackere Kämpfer für deutsche Einheit und Freiheit erwies sich dazu noch als ausgesprochen liebenswürdig, gesellig-unterhaltsam und trinkfreudig. Trotz Verbotes hatte sich die Tübinger Burschenschaft 1837 unter dem Namen »Eifertei-Gesellschaft« wiederbegründet, benannt eben nach der Gartenwirtschaft, in welcher man gerne verkehrte. Seit diesem Jahr 1840 nun hieß sie wieder »Germania«, und ihr gehörten außer Reuters Tübinger Freund etwa noch Julius Hölder an, später Vorsitzender der nationalliberalen Deutschen Partei und württembergischer Innenminister. Karl Mayer, der bald das harte Brot des Exils in der Schweiz kosten sollte, war 1852 in Abwesenheit zu 20 Jahren Zuchthaus verurteilt worden. Nach der Rückkehr 1863 führte der streitbare Demokrat seinen Kampf als Redakteur beim »Beobachter« und Führer der Schwäbischen Volkspartei fort.

Im Juli 1875, ein Jahr nach Reuters Tod, als in ganz Deutschland für ein Denkmal gesammelt wurde, machte Mayer im Feuilleton der »Frankfurter Zeitung« seine Erinnerungen an den Tübingen-Besuch des Dichters publik. Da sei also eines Abends zur Burschenschaftskneipe – damals im »Museum« – »ein stattlicher, in Jahren schon ziemlich über das gewöhnliche Studentenalter vorgerückter junger Mann« erschienen. »Er stellte sich als Jenenser vor, war aus Mecklenburg, hieß Fritz Reuter und wollte in Tübingen Jura studieren. Seine Züge waren mehr derb als schön, aber sein Gesicht sprach sofort an durch den besonderen Ausdruck von Herzensgüte, der es belebte; klare, freundliche Augen leuchteten unter der ziemlich tief herein umbuschten Stirn hervor und eine sonore Stimme gewann den Hörer. So ließ ich – als Kneipwart, neben welchem der Gast Platz genommen hatte – auch gleich die gebräuchliche, vorsichtige Zurückhaltung fahren.«

Auch Reuter fühlte sich wohl in diesem Kreise und begann bald von den schlimmen sieben Jahren zu erzählen. Und durch die Art, wie er erzählte, glaubte Mayer rückblickend einer ersten frischen Entfaltung seines Talentes teilhaftig geworden zu sein. »Er erzählte; wir hingen an seinen Lippen. Manches trug er in seinem heimatlichen Platt vor. Die Hergänge und Personen wurden uns dadurch um so lebendiger.« Es sei eine Lust gewesen, ihm zuzuhören, »wie er in behaglicher Kleinmalerei seine Erlebnisse berichtete, und dann plötzlich das Aufblitzenlassen eines einzelnen Zuges, den er typischen Personen oder Vorgängen abgelauscht, seine Erzählung zu einem Gemälde der ganzen deutschen Jammerwelt und politisch trostlosen Periode erhob, daß einem lachend die Tränen über die Backen liefen«.

Im nachhinein fühlte sich Mayer an das mittlere der drei großen Erinnerungsbücher erinnert, an »Ut mine Festungstid« (1862). »Wie Reuter gespannte Situationen prickelnd auszumalen, komische mit aller Kraft der Wahrheit darzustellen, Personen nach dem Leben zu zeichnen und aus ihrem Innersten heraus reden zu lassen vermochte, Deutschland hat es seither aus seinen Schriften erfahren; aber so oft ich zu dieser Quelle des Behagens zurückkehre, wie blaß erscheint mir all dies Niedergeschriebene und Gedruckte gegen jene Schilderungen, die er damals im Kreise guter Gesellen hervorsprudelte, in noch frischester Erinnerung und im Übermute der wiedergewonnenen Freiheit, da nun all diese Plagen hinter ihm lagen. Gleich Leuten aus dem Volke konnte er nicht erzählen, ohne die Handelnden selber sprechen zu lassen, aber wie wußte der Schalk in Ausdruck und Gebärde, in Mundart und Stimme die Personen, die er auftreten ließ, nachzuahmen. Gefesselt lauschte der Hörer solcher Kunst, aber daß es Kunst war, wir ahnten es nicht und er selbst wußte es am allerwenigsten.«

Wovon mochte Reuter, einen Humpen Bieres nach dem anderen leerend, erzählt haben? Vielleicht von seinen Jenaer Burschenschaftler-Tagen. Als sich die radikaleren »Germanen« am 23. Juli 1832 von den gemäßigteren »Arminen« trennten, zog er mit ersteren vom »Burgkeller« in den »Fürstenkeller« um. In der Neujahrsnacht auf 1833 wurde dann das Haus des Justizamtmannes gestürmt, wobei ein dicker Balken als Mauerbrecher diente. Ein Pedell beschwor, unter den Tumultuanten auch Reuter gesehen zu haben. Aber es war nur sein weißer Flauschrock mit schwarzem Samtkragen, den er einem Kommilitonen geliehen hatte, während er selbst, behaglich rauchend, auf dem Sofa in seiner Bude am Markt 8 lag.

Vielleicht hat er auch von seiner Verhaftung am 31. Oktober 1833 in der Wohnung einer Berliner Nutte erzählt und den folgenden Verhören. Sein Vergehen bestand wirklich nur darin, der Burschenschaft angehört zu haben. Ausgeprägtes politisches Bewußtsein hatte Fritz Reuter nie, und die Weltläufte sah er nur in bezug auf sich selbst, was ihm als im Schillerschen Sinne naiven Dichter durchaus förderlich gewesen sein mag. Aber, so Franz Mehring: »Sicherlich erscheint die Grausamkeit der preußischen Demagogenverfolger noch viel ruchloser, wenn sie sich nicht gegen ernsthafte Gegner, sondern gegen einen feuchtfröhlichen Studenten richtete, von dem die Elenden selbst in ihren Protokollen sagten, er sei nicht für den Staat, sondern höchstens für sich selbst gefährlich.«

Und wovon noch mochte er gesprochen haben bei dem Kneipabend im »Museum«? Vom Todesurteil und der gleichzeitigen »Begnadigung«, davon, wie es ihm auf den verschiedenen Festungen erging? Demokraten des alten, guten Schlages hätte es später Mißbehagen bereitet, »daß er über eine so infame Rechtsverhöhnung, wie die preußische Demagogenverfolgung, noch scherzen könne« (Mehring). An diesem Abend schüttete Reuter schon auch einiges in sich hinein, aber den Tübinger Bundesbrüdern konnte seine Gefährdung während der kurzen Zeit nicht in dem Maße offenbar werden wie dann bald den Heidelbergern. Während der Festungsjahre hatte seine Neigung zum Alkohol die Form einer neurasthenischen Krankheit angenommen, welche Dipsomanie genannt wird. Ja, Reuter war Quartalsäufer! Bei seelischer Verstimmung pflegte er bis zur völligen Erschöpfung zu saufen, was alle vier bis acht Wochen vorkam. Nach einer solchen fühlte er sich tagelang angstgepeinigt, elend und krank, ehe dann seine Vitalität wieder erwachte.

Von früh an nicht in der Lage, ein »normales« bürgerliches Leben zu führen, hat Reuter schließlich aus Not zu schreiben begonnen. Während schriftstellerische Existenz sonst eher von der Gesellschaft entfremdet, leitete sie bei ihm eine Versöhnung mit der Gesellschaft in die Wege, die allerdings auch nicht vollkom-

men gelang, wie Reuters lebenslanger Alkoholismus bezeugt. Sein Biograph Kurt Batt: »Wäre es ihm möglich gewesen, in eine bürgerliche Normalkarriere zu gelangen, sei es als Jurist, Landwirt oder Architekt, so hätte er schwerlich daran gedacht, Bücher zu schreiben.«
Womit mag er die Tübinger Bundesbrüder noch unterhalten haben? Vielleicht damit, wie er in Dömitz, kurz vor der Amnestie am 12. August 1840, der 18jährigen Tochter des Festungskommandanten den Hof machte und dadurch das bisher gute Verhältnis zu jenem Herrn von Bülow zerstörte. Bevor Reuter dann, von seinem Vater weiterhin zur Jurisprudenz vergattert, nach Tübingen abreiste, mochte er in einer Stimmung gewesen sein wie gegen Schluß seiner »Festungstid« beschrieben: »So! Säben Johr legen achter mi, säben swore Johr, un wenn ick ok up Stun'ns (gerade) in 'n Ganzen lustig dorvon vertellt heww, sei legen mi dunn (dann) swor as Zentner-Stein up't Hart (Herz); in dese Johren was nicks gescheihn, mi vörwarts tau helpen in de Welt, un wat sei mi mäglich nützt hewwen, dat lagg deip unnen in'n Harten begrawen unner Haß un Fluch un Grugel (Grauen); ick müggt nich doran rögen (rühren); 't was, as süll ick Gräwer upriten un süll minen Spaß mit Dodenknaken (Totenknochen) bedriwen. – Un wat lagg vör mi? – ›Ne Haid‹ mit Sand un Dannenbusch.« Weit und breit kein Weg, keine Aussichten. »Mi was tau Maud, as wir ick en Bom, de kröppt (geköpft) wir, un üm mi 'rümmer stunnen de annern un gräunten un bläuhten un nemen mi Licht un Luft weg.« Und was war, was wußte, was konnte er? »Wat was ick? Wat wüßt ick? Wat kunn ick? – Nicks.«
Die Reise nach Tübingen: Am 14. September 1840 hatte der Herr Bürgermeister vom Amtshauptmann einen Paß für seinen Sohn ausstellen lassen, und Anfang Oktober fuhr Fritz Reuter los, ausgerüstet mit den besten Vorsätzen und reichlich Geld. Aber schon in Quedlinburg überkam es ihn dann mit solcher Gewalt, daß der erschrockene Wirt in Stavenhagen Kunde davon gab. »Freilich, wahr ist's, daß ich höchst unwohl und durch heftiges Fieber abgemattet und geängstet bin«, ließ der depressiv Verstimmte am 12. den Vater wissen, um zwei Tage drauf aus Kassel zu klagen: »Ich bin zum Sterben müde und erschöpft, kann aber doch nicht unterlassen, alles anzuwenden, was zu Deiner Beruhigung dient. Lieber, guter Vater, ich bin wahrlich unglücklicher als Du: ich mit Schuld, Du ohne Schuld; darin liegt der Unterschied.« Durch den Anfall zunächst einige Tage aufgehalten, drang Reuter nun über Frankfurt, Mainz, Worms, Mannheim und Heidelberg weiter nach Süddeutschland vor und erreichte am 24. Oktober Tübingen.
Hermann Engel, Bruder von Karl Engel, dem ersten Herausgeber des Reuterschen Briefwechsels mit dem Vater, behauptete steif und fest, vor allem der anstößige Lebenswandel des entfernten Verwandten habe die Zulassung in Tübingen verhindert. »Seiner Mittheilung nach hat man ihm hier wegen seiner Antecedentien (in politischer Beziehung) Schwierigkeiten bezüglich der Immatriculation gemacht; ich glaube aber mehr – (er nahm es damals nicht so ganz genau mit dem Referiren in eigenen Angelegenheiten) – daß es wegen seines anstößigen Treibens dort nicht zur Immatriculation gekommen ist.« Weder wegen des einen noch des anderen. Seiner »Alleruntertänigsten Bitte« um Zulassung hatten Rektor und Universitätsamtmann wirklich eine Empfehlung

beigegeben, derzufolge Reuter »nach seinem Aeußern und seiner mündlichen Versicherung nach durch lange Gefangenschaft und reiferes Alter von seinen jugendlichen Verirrungen zurückgekommen zu sein« scheine. Der ablehnende Bescheid vom 31. Oktober gründete sich dann auch allein darauf, daß bei den Unterlagen ein Jenaer Abgangszeugnis und die bürgerliche Restitution von seiner Landesregierung vermißt wurden – Papiere, die er binnen kurzem hätte nachreichen können und in Heidelberg auch nachreichen sollte. So jedenfalls sah es Karl Riecke, Sohn des Universitätsamtmannes und nachmaliger württembergischer Finanzminister, als er der Sache 1880 noch einmal nachforschte und in der Wochenschrift »Im neuen Reich« darüber berichtete.
Möglich aber immerhin, daß die Furcht vor einem vermeintlichen Ruhestörer bürokratische Hindernisse künstlich aufrichtete, möglich auch, daß Reuter eigentlich lieber nach Heidelberg gehen wollte. Von dort schon meldete er dem Vater, noch am 5. November habe er in Tübingen »im Freien in Hemdärmel gesessen, weil es mir zu warm war«. Am 6. hatte er die Stadt verlassen und tags drauf, an seinem Geburtstag, in Heidelberg »einen Strauß von Feldblumen« gepflückt. Die ihn dort ereilende Katastrophe wäre wohl auch in Tübingen unausweichlich gewesen. Den Ansprüchen des Studiums mochte er nicht nachkommen. Bei den Kommilitonen wandelte sich der gefeierte Volksheld bald zum Spottobjekt. Er wurde in Prügeleien verwickelt, verbrauchte Unsummen Geldes, soff zum Steinerweichen und verwahrloste auch äußerlich. Von Hermann Engel, der sich seiner annahm (»Kumm, Fritzing, wi willen nach Hus' gahn!«), über das trostlose Leben des Sohnes informiert, ließ ihn der Vater schließlich im Juli 1841 durch einen seiner städtischen Beamten aus seiner Bude in der Oberen Neckarstraße 5 abholen. »Ich bitte Dich, gräme Dich nicht zu sehr über mich, Du wirst gewiß einst froh an mich denken«, schrieb Fritz Reuter fast prophetisch in seinem

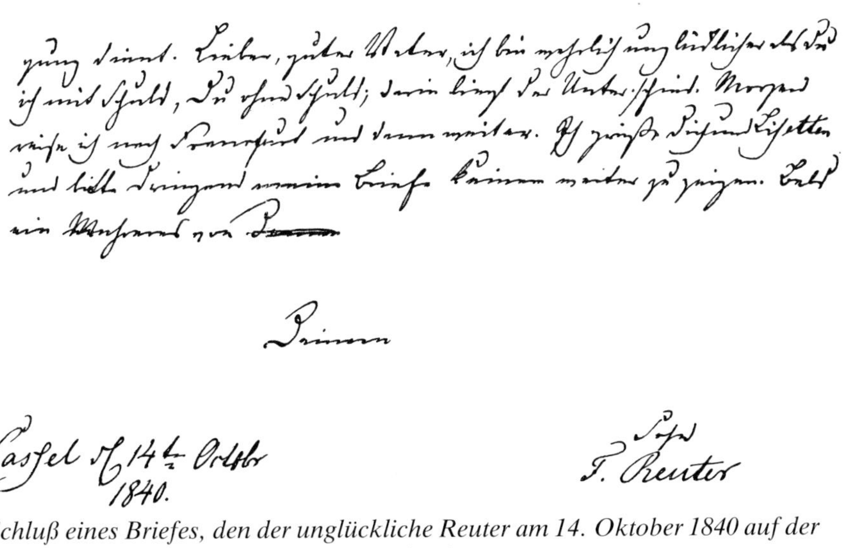

Schluß eines Briefes, den der unglückliche Reuter am 14. Oktober 1840 auf der Fahrt nach Tübingen an seinen Vater schrieb.

ersten Brief aus Heidelberg, aber Bürgermeister Reuter erlebte den Ruhm des Sohnes, der ihm soviel Kummer bereitet hatte, nicht mehr; er starb im Frühjahr 1845.

Daß Fritz Reuter dann ganz erstaunlich populär wurde, daß sein häufig realitätsverklärender Humor mühelos alle Sprachgrenzen überwand, läßt sich auch an den vielen wohlfeilen Gesamtausgaben ersehen, denen man heute noch auf Schritt und Tritt in den Antiquariaten begegnet. Selbst Kaiser Wilhelm soll den seinerzeit meistgedruckten Autor als »einen der besten Klassiker unserer deutschen Schriftsprache« bezeichnet haben, was ja nun eher zu denken gibt. Differenzierter sah das der scharfsinnige Franz Mehring, für den Humor, Laurence Sternes und Jean Pauls eingedenk, eher langsam gereifte Frucht denn spontane Naturgabe war: »Eine merkwürdig große Naturanlage, Humorist in unserem Sinne zu werden, ist unzweifelhaft Reutern beschert gewesen, seine Gabe des Komischen ist die größte in der deutschen Literatur, des Sentimentalen ist er Meister, und im düsteren Pathos weiß er der heimischen Mundart ungeahnte Effekte abzugewinnen. Aber diese prachtvollen Talente sind ihm nicht Mittel zu einem Höheren geworden, nicht der ästhetischen Zucht, sondern einem Instinkt hat er sie anheimgegeben, der meistenteils ihn glücklich beriet, aber auch ebenso unbefangen neben dem Schönen das Geschmacklose und Häßliche bestehen ließ.« Und Mehring resümierte: »Seine Ernte war reichlicher als seine Saat, aber wer wollte mit dem Schicksal hadern, das ihm im Alter mit übervollen Händen doch nicht ersetzen konnte, was tückische Diebesfinger seiner Jugend geraubt hatten?«

Zu Eisenach in einer herrschaftlichen Villa mit Blick auf die Wartburg residierend, war Fritz Reuter dann zur Sehenswürdigkeit geworden. Auf dem Messingschild vorn am Gartentor las man: »Dr. Fritz Reuter. Vormittags nicht zu sprechen«. Der ihm 1869 seine Aufwartung machende Journalist Paul Lindau nimmt an, Reuter könnte, mit einem Sternchen versehen, sogar in den Baedeker gekommen sein. Englische Raritätensammler wollten sich ein Stück, wenn schon nicht von ihm, so doch von seiner Jacke abschneiden, und Massen ästhetischer Damen überschwemmten den armen Mann mit ihren Alben, um ein paar autographe Zeilen bittend. Immer wieder standen vor der Gartentür Wartburg-Wanderer, die eben auch gleich Reuter noch mitnehmen wollten. »Der Herr Doktor läßt Ihnen sagen, daß er nicht zu Hause ist«, versicherte das Dienstmädchen ungebetenen Gästen. Nein, manchmal traute er sich schon gar nicht mehr in seinen schönen Garten.

Nun hatte es damals, als Reuter in Tübingen war, auch einen Dichter gegeben, der als Sehenswürdigkeit herhalten mußte: Ludwig Uhland, den Patenonkel seines Bundesbruders Karl Mayer. »Sich dem Dichter vorzustellen, war unser Freund viel zu bescheiden gewesen und zudem durch das Gefühl verkümmerter Jugend damals viel zu gedrückt«, meinte Mayer. Es sei jedoch Sitte gewesen, Neuangekommenen von der Neckarbrücke aus das Haus und den berühmten Mann zu zeigen, wie er bei gutem Wetter abends auf der obersten Terrasse seines Gartens auf und ab ging. »So haben wir ihn gewiß auch dem Reuter gezeigt.«

Ottilie Wildermuth

Gartenstraße 13 a
Uhlandstraße 11
Wilhelmstraße 16 und 14

Gartenstraße 13a

Wilhelmstraße 14

Uhlandstraße 11

Ein Kuchengrüßlein von daheim

Schon seit den sechziger Jahren war sie die gewiß prominenteste Tübingerin, und auf Reisen wie auch in Briefen wurde ihr immer wieder dankbar bestätigt, wie angenehm unterhaltend man in ihren Geschichten das eigene (biedermeierliche) Lebensgefühl zum Ausdruck gebracht fand. Selbst Adalbert Stifter schrieb der Erfolgsschriftstellerin, die sich aber mehr als Hausfrau und Mutter fühlte, daß ihn so etwas Verwandtes zu ihr hinziehe. Später fand sie immer seltener Zeit, die gefräßigen Magazine und Journale zu füttern. Der alltägliche Kleinkram des Haushaltes überwucherte, eine ungeheure Korrespondenz harrte der Erledigung, und außerdem ging es ihr gesundheitlich nicht mehr so gut. Ein wenig mochte die vitale Frohnatur schon auch unter der peniblen Grämlichkeit ihres Mannes, des Gymnasialprofessors a. D. Johann David Wildermuth, gelitten haben. Tochter Agnes war inzwischen Pfarrfrau in Meldorf/Dithmarschen, die unverheiratete Adelheid lebte noch im Haus, und Sohn Hermann hatte gerade sein Medizinstudium beendet. »Wie Marius auf den Trümmern von Karthago sitze ich inmitten des Grusts von einer eben gebügelten Wäsche nieder, um Deinen Brief zu beantworten«, begann sie am 22. Juni 1876 abends ein langes Schreiben an ihn. Immer noch kam viel Besuch ins gastfreundliche Haus Wilhelmstraße 14, schräg gegenüber vom »Museum«, dauernd schellten Verwandte, Bekannte und durchreisende Verehrer an der Tür zur Mansardenwohnung im dritten Stock. »Und heute war schon ein großer Menschheitsstrom da«, vermeldete die Mutter dem Sohn am 18. März 1877. Knapp fünf Wochen, nachdem sie von einer Kur in Baden-Baden zurückgekehrt war, am 12. Juli, ist Ottilie Wildermuth gestorben. Während 34 Tübinger Jahren war sie auch zur lokalen Institution geworden. Ein schier endloser Trauerzug bewegte sich durch die Wilhelmstraße zum Stadtfriedhof hin.

Mit ihr, so war dann im Staats-Anzeiger für Württemberg zu lesen, »ist eine Zierde Schwabens dahingeschwunden und wenn die unwiderstehliche Anmuth Wildermuth'scher Erzählungsweise ihre Geschichten und ihren Namen weit über unsere Grenzen hinausgetragen, wenn die unbeschränkte Gastfreundschaft des Wildermuth'schen Hauses ihre liebenswürdige Persönlichkeit auch zahlreichen Norddeutschen und Ausländern nahe gebracht und verehrungswürdig gemacht hat, so hat doch die schwäbische Heimat sie vor allem als die Ihrige verstanden und wird sie als die Ihrige betrauern«.

Diese »Tochter Altwürttembergs«, am 22. Februar 1817 in Rottenburg als Tochter des Landvogteikriminalrats Gottlob Christian Rooschüz geboren und in Marbach aufgewachsen, hatte 1843 den Neuphilologen Dr. Johann David Wildermuth geheiratet. Die Verwandten Karl Gerok und Hermann Kurz – innerhalb der schwäbischen Ehrbarkeit ist ja jeder mit jedem verwandt – nahmen in Marbach an der Hochzeit teil. Anfang Oktober bezog das junge Paar ein kleines Haus, das der Architektur-Theoretiker Karl Marcel Heigelin, der an der Universität über Baukunde, Ästhetik und Kunstgeschichte las, 1826 zusammen mit seinem Wohnhaus am Österberg erbaut hatte und in dem er bis 1829 eine private Bauschule unterhielt. Heute ist's das Gebäude Gartenstraße 13a, zu dem eine schmale Treppe zwischen den Nummern 11 und 13 heraufführt.

Ganz vorne in der Gartenstraße (auch einem Heigelin-Bau) wohnte seit 1836 Ludwig Uhland, und die Wildermuths durften des Dichters Garten am Hang mit benutzen. Sein von Heinrich Heine boshaft verspotteter Freund Karl Mayer, der reiselustige Jurist, erwarb 1843 das Haus Gartenstraße 18 auf der anderen Straßenseite. Später, schon aus der heutigen Uhlandstraße 11, schrieb Ottilie Wildermuth an Justinus Kerner nach Weinsberg: »Ich habe mir den Spaß gemacht, dem Mayer ein paar entsetzlich alte Ueberschuh zu schicken als eine Probe der neuerfundenen schwedischen Wasserschuh zu einer Fußreise nach Amerika; dem Uhland, dem mit einem Scherz gar schwer beizukommen ist, fabrizierte ich ein schauerlich wüstes altdeutsches Lied als neuaufgefundenen Gesang Wolframs von Eschenbach, weiß nicht, ob der Spaß Erfolg haben wird« (November 1854).

Nach dem Tod von Ottiliens Vater im Juni 1847 entschloß sich ihre Mutter, zu der jungen Familie – 1844 war Tochter Agnes geboren – nach Tübingen zu

Die alte Ottilie Wildermuth, aufgenommen im Stuttgarter Atelier Hanfstaengl.

ziehen. »Ich kann nicht sagen wie unendlich wohltuend die schöne freie Umgebung, der rasch und lustig vorbeifließende Fluß, der Blick in die schöne Ferne mir getan haben«, schwärmte Ottilie Wildermuth in der (unveröffentlichten) »Hauschronik«, aber »das kleine freundliche Haus am Österberg« war nun zu klein geworden. Es mußte etwas anderes gesucht werden.

Wenn man auf Frau Ottiliens Spuren ist, dann begegnet einem übrigens auf Schritt und Tritt der Tübinger Spaziergänger Martin Kazmaier. So saß er zum Beispiel schon vorm »Dachsbau« Gartenstraße 13a. »Ich stieg«, liest man bei ihm, »besagtes Treppchen hinauf. Ich sah mich um. Die Gartenstraße hat den Garten gekostet. Doch auf Schubkarren, in Töpfen und vor allem in Kübeln: klassizistisches, kupferpatina-grünes Blattwerk, sogar Palmen-Ähnliches und eine Andeutung von Gewächshaus, Steinpflanzen und roten Geranien – eine letzte Spur also von Ottilie Wildermuths tugendhafter Gartenlust«. Auch in der Uhlandstraße war er gewesen und hatte kritisch das jetzt zur Unkenntlichkeit entstellte Gebäude Nummer 11 gemustert, welches Familie Wildermuth samt Mutter Rooschüz im Herbst 1847 bezog. Nur das dritte und vorletzte ihrer Tübinger Domizile in der Wilhelmstraße 16 sollte seiner ottilienhaften Neugierde entgehen, ließ er doch die Seelenfreundin alle ihr noch verbleibenden Jahre in der Mansarde des benachbarten Hauses Nummer 14 dichten und vor allem trachten.

In unveröffentlichten Jugenderinnerungen schreibt Pfarrer Ernst Hoffmann, Sohn des Tübinger Professors für Staatswissenschaft Karl Hoffmann: »Aus unserem Nebenhaus zogen Prof. Wildermuths aus, Herbst 1847, weil Tante Leonore zu ihnen zog, in die Neckarvorstadt, in das letzte Haus links, damals dem Glaser Kies gehörig. Später gehörte das Haus Photograph Hornung. An der Ostseite war über der Glaserwerkstätte eine große verdachte, zum Wildermuthschen Logis gehörige Altane, wo wir oft herumsprangen (jetzt verschwunden, ins Haus verbaut); an der Westseite, vom Besucherzimmer zugänglich, ein kleiner Balkon, zu welchem Grün aufrankte (...) Erst später mit der Zeit erfuhr ich, daß die Frau Wildermuth die Frau sei, die so viele schöne Geschichten geschrieben hat, die gedruckt sind. Zunächst war sie uns Kleinen die gute freundliche Frau Base, die uns mit reichlichem Vesperbrot versorgte.«

Hier in der heutigen Uhlandstraße wurden die Kinder Adelheid (1848) und

Hermann (1852) geboren, hier entstanden die beiden Bände der »Bilder und Geschichten aus Schwaben«, ihr bestes, ihr frischestes Werk. Ach, Ottilie Wildermuth vermag einem damit zum Beispiel das Ausflugsziel Hohenentringen aufs schönste zu beleben, wenn sie beschreibt, wie sich einst ihre Urgroßmutter das Schlößchen zum Witwensitze erkor und einem geldgierigen Entringer Wirt, der nächtens einsteigen wollte, ein paar auf die Pfoten gab, oder wenn sie berichtet, daß die Ahne Anfang 1762 die beiden folgenden Denkwürdigkeiten in ihr Tagebuch eintrug: »Am 5ten Januar die Kaiserin Elisabeth von Rußland gestorben. / Die große Sau gemezget, hat drei und einen halben Zentner gewohgen.«
Im März 1859 kündigte ihnen der Hausbesitzer Kies. »Ich kann nicht sagen, wie schwer es mich trifft, diese Wohnung zu verlassen; nun sind wir bald zwölf Jahre hier, und diese zwölf Jahre habe ich mich hier glücklich gefühlt, so mitten im Grünen, in Luft und Licht und Sonnenschein«, steht in der »Hauschronik«, und später dann: »18. Mai haben wir den großen Entschluß gefaßt und im dritten Stock bei Baron Schillings eingemietet. Ein hübscher Salon, zwei nette gerade Zimmer für die Mutter und Wildermuth, eine große Mansarde zum Schlafzimmer, zwei kleine Mansarden für die Mädchen, ein geräumiges Gastzimmer im Parterre, kleine geringe Küche, hübsche Speisekammer, ordentlicher und geschloßener Öhrn, nur eine Kammer, 200 fl. Miete.«
Am 8. Juli »geht der Sturm an durch den nahen Umzug«, und »am 26. Juli haben wir zum erstenmal in der neuen Wohnung geschlafen«. Damals konnten die Wildermuths »viel Hilfe und Freundlichkeit erfahren, fast mehr gefällige Hände als wir brauchen konnten, besonders Frau Schütz war unermüdlich gefällig. Uhlands luden uns Alle zum Mittagessen, Frau Palmer erquickte uns mit reichlichem Kaffee, Frau Schütz mit Tee und Abendbrot, Frau Gärttner brachte eine Torte, Frl. Kronmüller einen Hefekranz, die Kinder leben in all dem namenlosen Trubel wie Vögel im Hanfsamen, wir durften reichlich erfahren, was gute Freunde und getreue Nachbarn sind.«
Das Gebäude Wilhelmstraße 16 gehörte eine Zeit lang ebenso dem Baron Eduard von Schilling wie Nummer 14 mit dem 1864 erbauten Hopfentrockenhaus dahinter. In den Giebelstockwerken wohnten zumeist bescheidener Situierte, und das waren schon auch die Wildermuths. Rosalie Braun-Artaria, aus Mannheim gebürtige Tochter des Kunsthändlers Artaria und mit einem Professor verheiratet, läßt in ihren Lebenserinnerungen »Von berühmten Zeitgenossen« auch Ottilie Wildermuth auftreten. Schon gleich, nachdem die einem späteren Lenbach-Bild zufolge schöne Frau 21jährig nach Tübingen gekommen war, nahm sie Kontakt zu ihrer berühmten Nachbarin auf, an der ihr mehr lag als an den ebenso dummen wie dünkelhaften Professorengattinen zusammen: »Auch sie bewohnte ein benachbartes Giebelstockwerk, denn das Schriftstellern trug damals nicht viel ein und der Gehalt ihres Gatten, eines verdienten Schulmannes, erlaubte auch keinen Luxus. Ich fand die klug und mütterlich aussehende Frau vor einem Berg von zugeschnittener Leinwand, wurde freundlich aufgenommen, und bald waren wir tief im Gespräch. Sie gab sich vollkommen einfach: von schriftstellerischer Eitelkeit keine Spur.«
Geschrieben habe Ottilie Wildermuth, deren Hauptsorge und Wirksamkeit

Mann, Kindern, Haus und Freunden gegolten habe, eigentlich immer nur nebenbei. Frömmelndem Muckertum sei sie abgeneigt gewesen, und, so Rosalie Braun-Artaria, »lachend erzählte sie mir von einem kleinen sechsjährigen Mädchen aus einer ›erweckten‹ Familie, das sich in ein Eckchen setzte, die Hände über dem Bäuchlein faltete und mit zum Himmel aufgeschlagenen Augen seufzte: ›Ach, was ich mich auf mei' Auflösung freu!‹«
Allem Anschein nach wechselten die Wildermuths aus dem Giebelstockwerk des Gebäudes Nummer 16, das der Hopfen-Baron aber schon 1862 für 20600 fl. an »Johann Häusler, Partikulier« verkauft hatte, von dem es 1873 Buchhändler Gustav Kötzle erwarb, in das gegenüberliegende Giebelstockwerk von Nummer 14 über – vielleicht ja sogar in deren freigewordene Wohnung, als die Brauns nach München gezogen waren. 1866 heißt es jedenfalls in der »Hauschronik«: »12. Oktober sind wir aus dem Hause, das wir seit sieben Jahren bewohnt, in die nebenstehende Wohnung bei Baron v. Schilling gezogen. Der Herr wolle unseren Ausgang und Eingang segnen und behüten! Es sei, ihm tausendfacher Dank gesagt für all seine Gnade und Treue, die wir im alten Hause erfahren in all diesen sieben Jahren.«
Am 9. Oktober hatte Ottilie Wildermuth noch viel »Putzarbeit in der alten Wohnung«, und drei Tage später mußte dann auch Hermann ins Seminar nach Urach gebracht werden. Zu ihrer eh schon umfänglichen Korrespondenz kam nun noch jene mit dem Sohn. Da gingen dauernd Briefe hin und her zwischen Tübingen und Urach. Manchem legte sie »ein klein Geldgrüßlein« bei, und die »Waschkiste« mit der frischen Wäsche enthielt ab und zu »ein Kuchengrüßlein

Das Haus Nummer 11 in der heutigen Uhlandstraße gehörte einem Glaser Kies. Die inzwischen sechsköpfige Familie – auch Ottilie Wildermuths Mutter Leonore Rooschüz war dazugekommen – wohnte hier zwischen Herbst 1847 und Juli 1859.

Das am 10. August 1887 eingeweihte Denkmal im Seufzerwäldchen: auf diesem Photo noch ganz neu.

von daheim«. Schulmeisterlich mäkelte Vater Wildermuth häufig an des Sohnes Handschrift herum, wovon ihn die Mutter dann immer mahnend in Kenntnis setzt. Oh, und ihre Urteile: »aber innere Bedeutung haben seine Sachen wenig«, meinte sie zu E.T.A. Hoffmann, und Hermanns Begeisterung für Heinrich Heine (da sieht sie sich an südliche Gegenden erinnert, »wo wundersame Blumen blühen und prachtvoll üppige Sträucher, aber der Boden ist giftiger Sumpf«) weckt ebenso ihre Besorgnis wie seine Hingezogenheit zu Goethe und den Göttern Griechenlands. »Assoziiere Dich mit's Herman Kurzen und betet den Neptun an!« rät sie dem Sohn in einem Brief vom 17. Januar 1869 nach Urach. »Welche Mythologie hat eine Gestalt erschaffen wie Christus?«

Anfang Januar 1873 verkaufte der Hauswirt das Gebäude für 45000 fl. an den Hopfenhändler Ferdinand Hoch. Ottilie Wildermuth gegen Ende des Monats: »Herr von Schilling hat sich vorläufig eine Wohnung nebst Garten in Cannstatt gemietet, will sich später vielleicht auf dem Lande in der Nähe Stuttgarts ankaufen. Mir tut ihr Gehen leid; wir sind doch immer in Fried' und Freundschaft ausgekommen.« Aber die Wildermuths konnten doch wohnen bleiben und auch die anderen Mieter wie etwa der berühmte Kehlkopfspezialist Prof. Viktor von Bruns. So berichtete denn die Mutter ihrem Sohn Hermann weiterhin aus dem Giebelstockwerk in der Wilhelmstraße 14, was sich so im Flecken tat.

Manchmal konnte ihre gestrenge Weltsicht regelrecht zynisch zum Ausdruck kommen. »Eine schauerliche Erscheinung ist«, schrieb sie ihm zum Beispiel am 14. Februar 1873 nach Leipzig, »daß hier in niedern Kreisen der Selbstmord so überhand nimmt. Haben sich in fünf Tagen zwei erhängt: ein Sohn des Uhrmachers Seelos und Fischer Flammer, beide Säufer. Die wären auch nicht zu gut auf die Anatomie gewesen! Aber nein, ehrenvolles Begräbnis, Blumenspenden etc.«

Am 22. Februar 1873 dann schickte sie Hermann nicht nur neue Hosen, sondern schilderte ihm auch brühwarm die Umstände einer Brandkatastrophe im Haus von Prof. Friedrich August Quenstedt (1809 bis 1889), dem verdienstvollen Geologen und Mineralogen: »Daß es bei Quenstedts gebrannt, daß laut Chronik

›die Geistesgegenwart der Fräulein Töchter‹ Stadt und Haus gerettet, daß Quenstedts Heldentat dabei die war, daß er das Wägele mit dem kleinsten Kind umwarf und dann sagte: ›Das Wurm ist nun schon tot, laßt uns man löschen‹, das hat Dir vielleicht Vater schon geschrieben. Als gelöscht war, sagte er : ›Nun laßt uns nach das tote Wurm sehen!‹ Das Wurm war aber dick und gesund unter den Betten geblieben. Sie hatten, um ihren Schinken zu räuchern, den Christbaum im Kamin angezündet und dadurch den Brand verursacht.«

Als blendende Erzählerin erweist sich Ottilie Wildermuth allein schon mit solchen Briefen. Wenn aber heutzutage ihr Name fällt, dann taucht verschwommen das wenig Leselust weckende Bild von einer betulichen Unterhaltungsproduzentin auf, einer »Marlitt der bürgerlich-christlichen Gesellschaft, die die Sehnsucht nach heiler, heiterer Welt nicht mit Grafenschlössern, sondern mit Pfarrhäusern stillte«, wie Elisabeth Moltmann-Wendel einmal schrieb. Da lugt jedoch eine Matrone bigott hinter biedermeierlichen Mullgardinen hervor, die ganz überraschend in angenehmerem Lichte erscheint, sobald man lesend erprobt, was an ihren Geschichten noch genießbar und lebendig ist.

Ohne Zweifel war sie reaktionär, monarchistisch, von christlicher Innerlichkeit erfüllt und derlei Anrüchiges mehr, aber sie war auch noch etwas anderes, nämlich als Schriftstellerin professionell und genau. Sicher, die aufgrund großer Nachfrage eilends produzierten späteren Geschichten für die Jugend wirken durch ihre penetrante pädagogische und moralische Tendenz, allerlei biedermeierliches Ziergetue oder das »Der Herr macht alles wohl« zum Schluß unerträglich, wenn man sie nicht mit der gebotenen ironischen Distanz liest. Immerhin überraschen auch darin gewitzte, lebendige Beschreibungen im einzelnen. Spontan durchaus noch zu genießen sind jedoch ihre Briefe, in Maßen die Typenstudien der »Schwäbischen Pfarrhäuser« und voll und ganz die »Bilder und Geschichten aus Schwaben«.

An diese dachte wohl auch Hildegard Gulde, ehemalige Direktorin des Tübinger Wildermuth-Gymnasiums, als sie meinte, daß es ein einseitiges Bild von Frau Ottilie geben würde, »wenn sie sich nicht auch in ihrer genauen Beobachtungsgabe, in ihrer satirischen Ader und unbekümmerten Übertreibungsfreude vorstellen würde«. Dieser aus der Sprache des Alltags und vom Hinschauen lebenden, auch flüchtige Nuancen einfangenden Prosa gelingt es, die Zeit des Biedermeier plastisch widerzuspiegeln. Wie von Ottilie Wildermuth zum Beispiel in der Geschichte »Ein Stadtschreiber«, deren Lektüre sogar dem griesgrämigen Uhland ein Lächeln abgenötigt haben soll, Hierarchie beschrieben wird, wirkt unübertrefflich. Daß ihr dabei die »gehörige Rangordnung« von Stadtschreiber, Amtssubstituten, Substitut und Incipienten vielleicht sogar – oh, ihre Abgründe! – wirklich als »gehörig« erschien, ist dann kaum mehr der Rede wert.

Etwas von dieser verwirrenden Ambivalenz hat auch Peter Härtling bemerkt, der in seiner Einleitung zu einem Auswahlband feststellte: »Sicher: eine Aufklärerin war die Wildermuth nicht, doch sie verstand zu beobachten. Sie machte das Kleine nicht kleiner, sondern ging damit herzlich und neugierig um. Wahrscheinlich war die Neugier die Triebfeder ihres Schreibens, diese verflixte Lust, den andern nicht nur in die Stube, sondern auch in die Töpfe zu gucken.«

Hermann Kurz

Karlstraße 13
Kronenstraße 11

Karlstraße 13

Kronenstraße 11

Ein Unstern über seinem Leben

Gleich nachdem man ihn davon in Kenntnis gesetzt hatte, daß er per Dekret des Kirchen- und Schulministeriums – das Benachrichtigungsschreiben an den akademischen Senat war vom liberalen Minister Ludwig von Golther am 25. November 1863 unterzeichnet worden – zum zweiten Unterbibliothekar an der Universitätsbibliothek mit einem (kärglichen) Gehalt von 900 Gulden ernannt worden sei, fuhr der Schriftsteller Hermann Kurz von Kirchheim nach Tübingen und suchte dort zunächst eine Wohnung für seine siebenköpfige Familie. Der hochgewachsene, schwere Mann mit dem Vollbart ums breite Gesicht und dem seltsam strahlenden Blick aus blauen Augen fand eine entsprechend große nur in einem wenig wirtlichen Gebäude der neuen Neckarvorstadt. Es war das heutige Haus Karlstraße 13. Am 1. Dezember trat er sein subalternes Amt auf dem Schloß an, das aber »doch nach so viel Stürmen einen Friedensport« bedeutete, wie Tochter

Isolde in ihrer Biographie des Vaters schrieb. Mutter Kurz kam mit der damals gerade zehn Jahre alt gewordenen Tochter und den vier Söhnen – der jüngste, Garibaldi, Balde genannt, war erst drei – etwas später nach, als Hermann Kurz schon alle Antrittsbesuche gemacht hatte, denn sie verabscheute solche gesellschaftlichen Verpflichtungen.
Die letzte Nacht in Kirchheim hatte man auf dem Boden liegend verbringen müssen, waren doch die Betten bereits in Tübingen. Und dort, so Isolde später, »erwartete uns der Vater an der Bahn, um uns in die von ihm gemietete Wohnung zu führen. Bei der Einfahrt durchzuckte das Herz der Gattin die düstere Ahnung, daß dies die letzte Station auf des Dichters Lebensreise sei und daß sie ihn in diesem Boden einst werde betten müssen. Doch sein gutes Aussehen verscheuchte gleich das schwarze Gespenst. Das neue Haus lag einige hundert Schritte vom Bahnhof entfernt an der Steinlach, einem eiskalten Flüßchen, das mehr Kiesel als Wasser führte, uns aber gleichwohl, sobald nur der Schnee schmolz, zum Baden lockte. Jenseits der Steinlach dehnte sich eine große Wiese mit Schießständen aus, die von der Studentenschaft täglich zum Exerzieren benutzt wurde; auch gab es große Aufzüge daselbst mit Waffen und Fahnen« (»Lebensgeschichte«).
Damals hatte Tübingen 8181 Einwohner, von denen 4026 männlichen und 4155 weiblichen Geschlechts waren. In ihren Erinnerungsbüchern, vor allem eben »Hermann Kurz. Ein Beitrag zu seiner Lebensgeschichte« und »Aus meinem Jugendland«, die sich viel frischer gehalten haben als der Seelenplüsch ihrer an Conrad Ferdinand Meyer geschulten Romane und Novellen, kann Isolde Kurz kaum darüber hinwegkommen, wie eng und dumpf damals die Gassen Tübingens und der Geist ihrer Bewohner gewesen sei. Eigentlich hätte der Umzug einer Rückkehr in die Heimat gleichen können, denn genealogische Bande verknüpften Hermann Kurz mit der Stadt – seine Mutter stammte aus der Familie Schramm, die in der Kronenstraße 6 und 8, gegenüber der Rückseite des späteren Kurzschen Wohnhauses am Markt, eine akademische Buchdruckerei betrieben hatte –, und zwischen 1831 und 1835 war ihm ja außerdem auf dem Evangelischen Stift die Berufsperspektive eines Pfarrers eröffnet worden. Es wurde dann aber doch mehr ein Umzug ins Philisterland als eine Rückkehr in die Heimat daraus.
Das Tübinger Spießbürgertum spürte sofort etwas ihm Fremdes an dieser Familie und reagierte entsprechend. »Die Universitätsstadt aber«, schreibt Isolde Kurz in den »Florentinischen Erinnerungen«, »war damals außerhalb der akademischen Kreise (und auch innerhalb derselben, soweit es das weibliche Geschlecht betraf) noch etwas rückständiger als die übrigen Landesteile. Unser ganzes Sein und Treiben konnte also nur tiefste Mißbilligung erwecken. Diese Mißbilligung warf sich aber nicht auf den Vater, der allen eine schweigende Ehrfurcht einflößte, auch nicht auf die Mutter, die man einfach nahm, wie sie war, sondern ausschließlich auf die Kinder, die in einer so ungewöhnlich scheinenden Weise erzogen wurden.« Isolde ging deshalb auch nur ungern durch die Straßen, sondern trieb sich lieber auf dem Turnplatz und an der Steinlach herum. Aber dort kam's dann auch vor, daß sie, auf Zimmermannsbalken schaukelnd, von Nachbarskindern heruntergerissen und beschimpft wurde, ist doch der Nach-

Hermann Kurz im 30. Lebensjahr (Lithographie von Georg Engelbach).

wuchs bornierter Leute häufig noch unverhüllter böse als die Alten.
Nein, von Rückkehr in die Heimat konnte keine Rede sein, denn erfreulich an seinem Stiftler-Dasein war allenfalls der Freundeskreis, waren einige Lehrer gewesen. Ende 1831 zum Wintersemester eingetreten, hatte er bald an Ludwig Uhlands berühmtem »Stylisticum« teilnehmen dürfen – am 5. Juli 1832 wurde seine lyrische Übertragung »Sonett von Vittorelli« besprochen – und hörte etwa bei Uhland (Sagengeschichte), bei Ferdinand Christian »Höllen«-Baur (Kirchen- und Dogmengeschichte), beim Repetenten David Friedrich Strauß (Metaphysik) und beim Repetenten Friedrich Theodor Vischer (»Faust«), zu dem sich aber keine engeren Kontakte knüpften.
Berthold Auerbach, der als Stadtstudent zu seinen Freunden gehörte und ihn später als seinen Nachfolger beim »Deutschen Familienbuch« in Karlsruhe empfahl, sollte nach Kurzens Tod in einem Brief an Jakob Auerbach bemerken, der Verblichene habe »als Opposition gegen das Stiftlerwesen sein Leben lang etwas Gewaltsames« behalten, »von den Forderungen und Formen des bürgerlichen und sozialen Seins sich burschikos Emanzipirendes«. Das wäre ja nun gar nicht einmal so schlecht, aber diese seltsame Einrichtung, in der begabte junge Leute, um überhaupt etwas studieren zu können, sich ausgerechnet mit der Theologie beschäftigen mußten, wirkte schon auch deformierend: »Der Mehrzahl der Stiftler ging aber die einseitige Erziehung lebenslang nach. Mit einem äußerst prall gestopften Schulsack verbanden sie häufig die größte Unkenntnis des wirklichen Lebens und jenes linkische Ungeschick der äußeren Welt gegenüber, das man in Schwaben mit dem Wort ›stiftlermäßig‹ bezeichnet« (»Jugendland«).
In der Novelle »Das Wirtshaus gegenüber« fungiert er selbst »als ein schmächtiger Jüngling mit einem kleinen blonden Schnurrbart, den die andern seiner von blauen Schnupftüchern stets gefärbten Nase wegen Cäruleus nannten«. Aber »Blaues Genie« hieß er wohl weniger wegen seiner gefärbten Nase als vielmehr seiner Vorliebe für blaue Kleidung. Eigentlich stellte Kurz im Stift gar nichts Schlimmes an, in den Incarcerationen- und Annotationen-Verzeichnissen finden sich jedoch immer wieder Vermerke über ihn, den man schon mit der Charakteristik »Gut, doch zu viel Selbstgefühl« von Maulbronn nach Tübingen geschickt hatte. Bald heißt es etwa »Wegen unangemessenen Benehmens gegen einen Kameraden mit sechsstündiger Incarceration bestraft« (21. Juni 1833) oder auch »Verweis wegen Verschweigung der Anwesenheit Günzlers« (29. Juli). Ein Ende

August an die Stiftsleitung gerichteter Bericht, Kurz habe nun »offen gestanden, daß er wirklich am 12t. d. M. Vormittags aus Lebensüberdruß einen Vergiftungs Versuch durch Belladonna Körner an sich gemacht hatte«, deutet auf eine schwere Lebenskrise des starken Stimmungen unterworfenen Sonderlings hin. Am 9. Mai 1834 bekommt Kurz einen »Verweis wegen unerlaubten Reitens«, am 26. Mai wird er »als leichtsinniger und träger Mensch, dem es mit seinen Studien überall kein Ernst ist, auf 4. Tage Carcer verurth. u. mit dem Ultimatum auf das Nachdrüklichste bedroht«. Eine dreitägige unerlaubte Reise bot schließlich den Anlaß, daß man ihn per Dekret des K. Studienrats vom 13. Juni 1835 aus dem Stift hinauswarf. Dem akademischen Rektoramt wird der bei 27 Gläubigern mit 141 Gulden hochverschuldete neue Stadtstudent am 18. Juni annonciert.
Während der Jahre 1834 und 1835 taucht der Name »Kurtz« – das »t« fiel später als Zopf der Revolution von 1848 zum Opfer – häufig im Desiderienbuch der 1821 gegründeten Museumsgesellschaft auf, einer autographen Fundgrube, die noch überhaupt nicht ausgewertet ist. Die Bibliothek befand sich damals auch schon im zweiten Stock, denn im »Wirtshaus gegenüber« wird beschrieben, wie jemand, als beim Ball eben der erste Walzer anhebt, plötzlich aus der im selben Hause befindlichen Leseanstalt »behend die Treppe zu dem Saale hinab« eilte. Am 8. September 1834 empfiehlt der Stiftler etwa, statt der im letzten Stadium von Schwindsucht begriffenen »allgemeinen musikalischen Zeitung« besser die »Neue Leipziger Zeitschrift für Musik« anzuschaffen. Gemeint ist die am 3. April mit der ersten Nummer erschienene »Neue Zeitschrift für Musik«, deren Redaktion Anfang 1835 Robert Schumann übernehmen sollte. Und Hermann Kurz regte auch an, Schriften von Jungdeutschen wie Heinrich Laubes »Das Junge Europa« oder die Zeitschrift »Phönix« von Karl Gutzkow zu bestellen. Schon zu jener Zeit also waren seine geistigen Bedürfnisse alles andere als antiquiert und reaktionär.
In Ehningen bei Böblingen, wohin er Ende 1835 nach Stift, Lesegesellschaft und »Wirtshaus gegenüber« als geistlicher Adjunkt übergewechselt war, erklärte der kompromißlose junge Mann bald seinem Onkel, dem Pfarrer Mohr: »Lieber tot sein als Vikar!«, und machte sich nach Stuttgart davon, wo er zwischen 1836 und 1844 nach eigenem Bekunden »grausame Jahre« als freier Schriftsteller und Übersetzer durchlitt. Der über seinem Leben waltende Unstern begann nun mit Macht zu wirken, als Georg von Cotta den schon angenommenen Roman »Heinrich Roller« aus Loyalitätsgründen dem Königshaus gegenüber zurückwies. Das Buch kam erst 1843, nach sechs Jahren des Suchens und Wartens, bei Franckh in Stuttgart unter dem vom Verleger gewünschten Titel »Schillers Heimatjahre« heraus. Es wurde ein Mißerfolg, und der Autor verdiente kaum etwas daran.
Im Herbst 1844 trat er in die Redaktion des eigentlich unpolitischen »Deutschen Familienbuches zur Belehrung und Unterhaltung« in Karlsruhe ein, lernte aber dort die wichtigsten Köpfe des badischen Liberalismus kennen. Als Kurz Anfang 1848 nach Württemberg zurückgekehrt war, um weiter am »Sonnenwirt« zu arbeiten, brach die Februarrevolution aus. »Die völlige Umgestaltung einer Welt, in der den Besten kaum die Luft zum Atmen gegönnt war, schien ihm jetzt eine noch nähere und dringendere Aufgabe, als poetische Gebilde ins Leben zu

rufen« (»Lebensgeschichte«). Seit April 1848 war er, erst in der Stuttgarter Paulinenstraße, dann im Königsbad wohnend, Redakteur des »Beobachters«, der als bürgerlich-revolutionäres Volksblatt das »andere Württemberg« repräsentierte, und als dann dessen Hauptschriftleiter Adolf Weißer von der wiedererstarkenden Reaktion zur Flucht in die Schweiz genötigt wurde, machte Kurz bis Ende 1854 alleine weiter. Ihr Vater, der während dieser Zeit auch einmal den Hohenasperg kennenlernen mußte, sei, so Isolde Kurz, »kein weltfremdes, rein lyrisches vas dei wie sein Freund Mörike«, sondern »mit allen seinen Organen dem Leben zugewendet« gewesen, und »wie Schiller lagen ihm die sozialen, die politischen, die philosophischen Tendenzen seiner Zeit, unbeschadet der Poesie, im Blute« (»Lebensgeschichte«). Zum Zerwürfnis mit Mörike kam es mitten im »tollen Jahr« 1848 auf der Stuttgarter Königsstraße, wo der politische Journalist dem Freund mit Nachdruck zu verstehen gab, daß man sich eben in dieser Zeit nicht »selig vor der Welt« verschließen dürfe.

Am Geburtstag der wie ein Frühlingssturm über das Land gekommenen Revolution, am 24. Februar 1848, hatte er beim Museumsball in Esslingen seine künftige Frau kennengelernt, die aus einer kurländischen Adelsfamilie stammende Marie von Brunnow. Ihr Vater, ein ehemaliger Offizier, besaß ein kleines Landgut in Oberesslingen, wo sie dann auch am 20. November 1851 heirateten. Marie Kurz empfand immer radikal demokratisch bis sozialistisch, und auch als sich ihr Mann eine Zeitlang resignierend mit den Entwicklungen abfand, blieb sie eisern bei der Stange: »Der Zeiger unseres Mütterleins wies unverrückt auf Achtundvierzig; sie konnte sich in das Reich Bismarckscher Prägung niemals finden« (»Lebensgeschichte«).

Ach ja, der Mensch ist schlecht, wenn auch nicht unbedingt von Natur aus, sondern vor allem wegen der Verhältnisse, wie Hermann Kurz in seinem Roman »Der Sonnenwirt« (1854) am Werdegang des Johann Friedrich Schwahn aufzeigte, Sohn eines wohlhabenden Wirtes und Metzgers in Ebersbach an der Fils, der 1760 zu Vaihingen auf dem Rad endete. Mit diesem Gleichnis von einem, den die Umstände zum Verbrecher machen, einem Gleichnis, »in welchem jeder sich als gut und bös erkennen mag«, ergriff der Dichter unter dem Druck des Gewissens dostojewskihaft Partei für das »gekränkte Menschenherz«, und vielleicht war solches ja vom radikalen demokratischen Engagement seiner Frau gar nicht so weit entfernt, die dadurch auch das Unrecht vornehmer Geburt auszugleichen und die von ihren Vorfahren aufgehäufte Schuld abzutragen versuchte. Aber dieser in den »sieben mageren Jahren« (Paul Heyse) seiner journalistischen Tätigkeit entstandene Roman, frühestes und bedeutendstes deutsches Zeugnis des Realismus im 19. Jahrhundert, wurde dann, weil mit den Zeitmoden nicht in Einklang, wiederum kein Erfolg. Die Werke von »Hans Unstern«, wie er sich einmal in einem Brief an Justinus Kerner nannte, fielen immer irgendwie zwischen die Zeiten und verschwanden, ohne Spur und Echo zu hinterlassen.

Süffisant plaudert der Komponist Robert von Hornstein in seinen Memoiren über die »merkwürdige« Familie, deren Grundzug »ein petrifizierter Demokratismus aus dem Jahre 1848« gewesen sei: Ihre Not »war manchmal so groß, daß der deutsche Dichter Essig ins Wasser goß, um sich die Illusion zu verschaffen, er tränke Wein. Der Billigkeit halber lebten sie jahrelang in kleinen württembergi-

schen Landstädtchen« – von 1858 an in Oberesslingen bei einem alten Freund des Vaters, dem Ex-Pfarrer und Landtagsabgeordneten Franz Hopf, der nun den »Beobachter« redigierte, und dann, nachdem das Hopfsche Gütle im Sommer 1862 verkauft werden mußte, in Kirchheim.
Dort goß Kurz weiter Essig ins Wasser, rauchte Zigarren aus Erdbeerblättern, aß Brotsuppe, und er begann nun auch physisch und psychisch immer mehr dem Druck des Lebens zu erliegen. Unaufhaltsam ging sein Genius an dieser täglichen Drangsal zugrunde. Der Dichter wurde müde und resigniert. Resigniert, weil sich seine politischen Wünsche nicht erfüllten – »ach! und mancher Traum, / Der wesenlos verrann zu Trug und Schaum, / Von Freiheit, Menschenglück und Völkerfesten«, heißt es in einem Gedicht aus dieser Zeit –, resigniert aber auch wegen des Desinteresses für sein schriftstellerisches Werk. Die drei Bände der zwischen 1858 und 1861 erschienenen »Erzählungen« seien noch vor wenigen Jahren nicht völlig vergriffen gewesen, berichtete Isolde Kurz anno 1905.
Nachdem sich für den politisch Verfemten und literarisch Unbeachteten auch noch das Projekt als Luftschloß erwiesen hatte, in München einen Kalender herauszugeben, bedeutete die am 8. Oktober 1863 im Staatsanzeiger ausgeschriebene Stelle eines zweiten Unterbibliothekars – Karl Klüpfel sollte nach dem Tode des ersten aufrücken – wirklich »nach so viel Stürmen einen Friedensport«. Das Bewerbungsschreiben kann man als Zeugnis vornehmer Bescheidenheit ansehen, aber auch als Indiz dafür, wie klein sich ein großer Schriftsteller machen mußte, um brauchbar für einen miesen Job zu erscheinen.
Links oben auf dem Blatte steht: »Hermann Kurz, Schriftsteller, wohnhaft zu Kirchheim an der Teck, bittet um Uebertragung der zweiten Unterbibliothekarstelle an der Universität Tübingen«, und die Bewerbung hört sich dann so an: »Königliche Majestät! Zu Reutlingen den 30. November 1813 geboren, Sohn des Kaufmanns G. D. Kurz daselbst, habe ich in den Jahren 1827–1835 die evangelischen Seminarien durchlaufen und mich seitdem schriftstellerischen Arbeiten gewidmet, welche theils in eigenen Hervorbringungen, theils in Uebersetzungen aus dem Französischen, Englischen und andern neueren Sprachen bestanden, bis ich in den letzten beiden Jahren durch die Aufgabe, zu den in Stuttgart erscheinenden ›Lebensbildern aus dem classischen Alterthum‹ von L. Weißer den erläuternden Text zu schreiben, wieder fast ausschließlich zu dem humanistischen Bildungskreise meiner akademischen Jugend zurückgeführt wurde. Da ich nun mit alter, mittlerer und neuerer Literatur mich mehrfältig beschäftigt habe, und auch dem Rechnungswesen nicht völlig fremd geblieben bin, glaube ich auf die mit der zweiten Unterbibliothekarstelle der Universität Tübingen verknüpften Anforderungen so weit vorbereitet zu sein, um die Bitte um Uebertragung derselben wagen zu dürfen. In tiefster Ehrfurcht Ew. Königlicher Majestät unterthänigster Hermann Kurz Schriftsteller. Kirchheim an der Teck, 24. October 1863.«
Die Herren der Bibliothekskommission plädierten nun aber beim akademischen Senat für eine »tüchtige junge Kraft«, »während uns nicht damit geholfen ist, wenn ein älterer Mann auf die Stelle berufen würde, dessen Kräfte dann nachzulassen anfingen, wenn er eben einigermaßen eingeschult wäre«. Auch sei »die Dotation des Amts offenbar nur für einen jungen Mann und Anfänger

genügend; ein älterer Mann mit Familie wird vom ersten Tag nach Zulagen sich umsehen« und dann eben auch »auf schriftstellerischen Nebenerwerb zu viel Zeit und Kraft« verwenden. Das alles war eindeutig auf Hermann Kurz gemünzt, den mit 50 Jahren ältesten unter den zwölf Bewerbern für die Stelle. Oberbibliothekar Rudolf von Roth, der ein bedeutender Sanskrit-Forscher gewesen sein soll, brachte es zwar nicht expressis verbis zum Ausdruck, aber nach seiner konservativen Weltsicht ähnelte doch ein Literat und Demokrat wie Hermann Kurz auffallend dem Leibhaftigen, und es galt, ihn unter allen Umständen zu verhindern.

So schlug denn die Kommission dem dann zustimmenden Senat auch drei Kandidaten vor, zu denen Kurz nicht gehörte. Erst durch ein »Separatvotum« des Professors Albert Schäffle, später österreichischer Handelsminister, dem sich drei weitere Professoren anschlossen, und vor allem dank persönlicher Intervention des Kultministers Ludwig von Golther beim König bekam er schließlich die Stelle. Nun war Hermann Kurz also zweiter Unterbibliothekar, und sein Freund Ludwig Pfau dichtete mit Ingrimm: »Auserwählt zum Bücherschreiben / Und verdammt zum Schriftverwalten, / Sollst den Einband du bekleiben, / Statt den Inhalt zu gestalten. / Freund, du mußt in Lettern kramen, / Doch von deinem kurzen Namen / Werden mehr als viere bleiben.«

Im »Diarium« der Universitätsbibliothek, die sich seit 1819 im Rittersaal auf dem Schlosse befand, verzeichnete Kurz den täglichen »Einlauf« aller durch Kauf, Tausch oder als Geschenk eingegangenen Bücher; er korrespondierte mit Buchhändlern und gelehrten Gesellschaften, rechnete mit den Fakultäten ab und beantwortete bibliographische Anfragen. Das Verhältnis zu seinem Vorgesetzten war naturgemäß wenig ersprießlich, und als der zweite Unterbibliothekar 1865 – in jenem Jahr hatte ihm die Universität Rostock für seine Entdeckung des Hans Jakob Christoffel von Grimmelshausen als »Simplicissimus«-Verfasser den Ehrendoktor verliehen – als Kurz am 24. November 1865 um eine Gehaltszulage von weiteren 100 Gulden bat, äußerte sich Roth ablehnend zu dem Gesuch, weil der Antragsteller »keine besonderen Leistungen aufzuweisen« habe, fügte jedoch mit verächtlichem Wohlwollen hinzu, »in Erwägung der persönlichen Verhältnisse des Bittstellers« wäre an die Gewährung einer Zulage aus allgemeinen Universitätsmitteln zu denken. Kurz bekam sie dann auch, aber wiederum nur auf besondere Stuttgarter Initiative.

»Die Amtsstunden«, erzählt Isolde Kurz, »waren von neun bis zwölf und von zwei bis vier Uhr. Da der Weg nach der auf Schloß Hohentübingen befindlichen Bibliothek ein weiter war, pflegte er am Mittag gar nicht nach Hause zu kommen, meine Mutter trug ihm täglich in einem Körbchen etwas Fleischbrühe, Gerstenschleim oder dergleichen hinauf. Er benutzte alsdann die Mittagspause zu eigener schriftstellerischer Arbeit, deren Manuskript er in seinem Stehpult im großen Bibliotheksaal unter den Rechnungen verborgen hielt wie ein Schüler die verpönte Allotria unter den Schulheften« (»Lebensgeschichte«).

Die politischen Ereignisse von 1866 polarisierten allgemein, und Kurz suchte deshalb auch nicht mehr die akademisch honorable Donnerstagsgesellschaft in der »Post« auf, als dort preußische Staatsideologie beherrschend wurde. Überhaupt zog er sich mehr und mehr zurück, verkehrte außer mit den Philologen

Moritz Rapp, Wilhelm Ludwig Holland und Adelbert von Keller kaum noch mit jemandem in Tübingen. Als der Krieg von 1866 ausgebrochen war, pflegten auch die Kurzschen Kinder, besonders Isolde, ihren kleinen antipreußischen Affekt. Eines Tages kam von Hohenzollern her ein Leiterwagen vor das Haus in der Karlstraße gerattert, »der ganz mit schwarz-weißen Fähnchen umsteckt und von preußischem Militär besetzt war. Ich sah diese Fähnchen für ein sehr großes Unglück, für eine unmittelbare Bedrohung unserer Freiheit an. Es schien mir Pflicht, wenigstens einen Versuch zur Rettung meiner Heimat zu wagen. Wenn es mir gelänge, eines der Fähnchen, vielleicht das äußerste an der uns zugewandten Ecke, herabzuholen, dann hätte ich, wenn nicht der Freiheit eine Gasse, so doch wenigstens der Unterdrückung eine Ecke abgebrochen« (»Jugendland«).
In dem kalten und zugigen Haus an der Steinlach hatte sich der fünfjährige Balde akuten Gelenkrheumatismus geholt, aus dem sich später ein Herzfehler entwikkelte, der zu seinem frühen Tode führte. Mit dem groben Hausbesitzer lag die Familie in einem beständigen Krieg, und schließlich kam es gar zum Prozeß. »So zogen wir im April 1867 aus und ließen uns in einem auf dem Marktplatz gelegenen altersgrauen Haus mit spitzem Giebel und schön geschnitzter alter-

Im Rittersaal des Schlosses (hier auf einem Photo von Paul Sinner) und den angrenzenden Räumen befand sich zwischen 1819 und 1912 die Universitätsbibliothek, Hermann Kurz' Arbeitsstelle während der letzten zehn Jahre seines Lebens.

Hermann Kurz 1873, kurz vor seinem Tod (Photo aus dem Tübinger Atelier Hornung).

tümlicher Holztreppe nieder, das einem Konditor gehörte. Es hatte seinen Haupteingang in der düsteren Kronengasse, – von dort aus lag unsere Wohnung im zweiten Stock; von der anderen Seite blickten die Fenster turmhoch auf den tiefgelegenen Marktplatz hinab und waren voll Sonne. Im Erdgeschoß, das vom Markt aus den ersten Stock bildete, lag ein vielbesuchtes Studentencafé, wo es meist die ganze Nacht nicht stille wurde. Oft kamen im Morgengrauen nachtschwärmende Gäste, die, wenn sie die Haustür geschlossen fanden, vor unseren Fenstern sangen und jubilierten oder wohl auch fluchten und wetterten. Mein Vater fand daher erst seine Ruhe, als nach einiger Zeit noch zwei Mansardenstübchen frei wurden, wohin er sich mit seiner Arbeit flüchten konnte; das eine enthielt sein grünes Stehpult und den runden Tisch, worauf man ihm das Essen stellen mußte und der für gewöhnlich ganz mit Büchern und Heften bedeckt war, sowie einen Lehnstuhl, von dem er wenig Gebrauch machte, da er beim Arbeiten wie beim Essen zu stehen pflegte, das andere sein Bett und sein wenig umfangreiches Büchergestell.«

Zum neuen Hausbesitzer nun, dem polnischen Cafétier Friedrich Genschowski, der hier mit schwäbischer Frau und seiner Schwester wohnte, traten die Kurzens bald in das freundschaftlichste Verhältnis. »Diese einfachen Menschen faßten für den Dichter, der unter ihrem Dach wohnte, eine tiefe Verehrung, die er ihnen durch traulichen Verkehr vergalt. Manche Abendstunde, wenn der Laden nach dem Marktplatz geschlossen war, saß er drunten in dem kleinen Stübchen der Konditorei, das zwei Stockwerke tiefer als die Straße lag, und unterhielt sich mit den freundlichen Hauswirten« (»Lebensgeschichte«).

Das Haus am Markt, welches innen keine Korridortüren hatte, so daß Kurzens betagtes Familien-Faktotum Josephine eines Tages voller Unwillen einen unbekannten Studenten in ihrem Bette unterm Dach vorfand, den Dunkelheit im Haus und alkoholischer Nebel im Kopf dorthin geführt und zur Ruhe kommen lassen hatten, wendet also die eine Fassade dem Markt zu und die andere der nach einer uralten Gastwirtschaft so heißenden Kronenstraße. Genschowski war auch Isoldes »besonderer Freund« (»Jugendland«), nahm er doch das Latein lernende Mädchen vor den aggressiven Spießbürgern in Schutz, wo es nur ging. Sogar Ottilie Wildermuth kommentierte ja in Briefen immer mit Häme, was so aus dem unchristlichen Kurzschen Hause zu hören war.

Aber man machte sich kaum etwas aus dem Gerede, am wenigstens die souveräne Mutter. Marie Kurz war eine der interessantesten Frauengestalten des

19. Jahrhunderts und zwar nicht nur, weil ihr der Germanist, Journalist und Schriftsteller Adolf Bacmeister ein dann über die Jahre hin gehütetes »Rotes Album« dediziert hatte, mit dem sich die Revolutionäre von 1848 selbst auf den Arm nahmen, nicht nur, weil von ihr 1867 ein freisinniges Märchenbuch erschienen war, sondern vor allem auch wegen ihrer gesellschaftlichen Nonkonformität und ihrer unbeirrbaren politischen Konsequenz. Tochter Isolde schreibt erschöpfend und verständnisvoll über ihre Eltern. Etwas zurechtrücken muß man höchstens die Einschätzung der politischen Wirksamkeit von Hermann Kurz, welcher – auch die Besucher im Haus am Markt legen das nahe – in viel stärkerem und radikaleren Maße ein homo politicus geblieben war, als es die Tochter wahrhaben wollte.
Der Vater wirkte kaum auf die Kinder ein und hütete sich auch davor, ihren »hochgehenden Jugendmut durch seine Enttäuschung und seine Abkehr vom Leben niederzuschlagen. Um keine schöne Täuschung wollte er uns bringen, er, der so viele Täuschungen begraben hatte.« Hermann Kurz wirkte nun sehr fremd, sehr entfernt und undurchschaubar in seinem inneren Leben. »Je weniger er seine dichterische Welt mehr gestalten konnte, desto mehr beschäftigte ihn ihr inneres Weben; man scheute sich, ihn anzusprechen. In tiefem Schweigen lebte er neben uns, meist mit einem Abglanz seiner höheren Welt auf den Zügen, niemals mürrisch oder verdrossen, aber ebensowenig fröhlich, ich erinnere mich kaum, ihn einmal lachen gehört zu haben« (»Lebensgeschichte«).
Allerlei Besucher aber gaben sich schon in der Karlstraße 13 laufend die Klinke in die Hand. Der französische Schriftsteller und Rassentheoretiker Graf Gobineau (»Die Renaissance«) stieg sogar zum Schloß hinauf, um Hermann Kurz zu treffen. Dann kam Paul Heyse, der Freund und Förderer, mit dem zusammen er den »Deutschen Novellenschatz« herausgab, und »halb Tübingen, besonders der weibliche Teil, schwärmte hernach für den glänzenden Fremdling«. Zu Gast bei Kurzens war auch Ferdinand Blind-Cohen, Landwirtschaftspraktikant auf dem Bläsiberg, der am 7. Mai 1866 auf den preußischen Ministerpräsidenten Bismarck schoß, ihn aber verfehlte und sich danach selbst umbrachte. »Wer denkt dabei nicht an Sand, an Charlotte Corday?« wurde in der »Tübinger Chronik« vom 13. Mai gefragt. »Der opferwillige Jüngling wird hier allgemein bedauert, wenn auch die That verdammt wird.«
Im Haus am Markt verkehrten bürgerliche Liberale und Linke aller Schattierungen. Häufig schaute etwa Adolf Bacmeister vorbei, der 1848 aus dem Stift geflohen war, sich in Straßburg Georg Herweghs Deutscher Demokratischer Legion angeschlossen hatte und inzwischen als Redakteur bei der »Augsburger Allgemeinen Zeitung« schaffte. Albert Dulk – um 1870 kämpfte er gegen Krieg und Franzosenhaß, und später als Sozialdemokrat sollte er in Stuttgart die erste deutsche Friedensgemeinde gründen – Dulk las Hermann Kurz in einem Derendinger Gartenlokal ein Lustspiel vor. Dem österreichischen »Dichter und Freiheitsmann« Moritz Hartmann, Verfasser der »Reimchronik des Pfaffen Mauritius«, einer Satire auf das Paulskirchen-Parlament, hatte Marie Kurz »in ihrem Herzen einen Altar errichtet«, und nun stand der Göttliche eines Tages plötzlich vor der Haustür.
Ludwig Pfau, kämpferischer Publizist und Schriftsteller von besonderem Sprach-

gefühl, kam häufig vorbei und auch der Arzt und Publizist Artur Mülberger, Schüler Proudhons, mit dessen anarchistischer Lehre Karl Marx im »Elend der Philosophie« abrechnete. Ende der sechziger Jahre schließlich »verkehrte bei uns ein Franzose, Dr. Edouard Vaillant, der als späterer Minister der Kommune bestimmt war, in der Geschichte seines Vaterlandes eine Rolle zu spielen. Daß ich diesen Mann kannte, hat mir den Geist der großen französischen Revolution näher gebracht als alle Geschichtsstudien: der starre doktrinäre Robespierre und der tiefglühende, unheimliche Saint Just schienen in seiner Person beisammen, aber in veredelter Ausgabe« (»Jugendland«). 1867 war Vaillant zum erstenmal nach Tübingen gekommen, und im Spätherbst 1869 schaute der zur Gefolgschaft des Auguste Blanqui gehörende Revolutionär dann noch einmal bei den Kurzens vorbei.

An der Schwelle zum 60. Lebensjahr war der Dichter äußerlich nur wenig gealtert. »Den Kopf aufrecht und die Augen voll Glanz, die Hände auf den Rücken gelegt, die hohe Gestalt noch unberührt vom Alter, so sah man ihn auf den Straßen, in den Alleen Tübingens vor sich hingehen« (»Lebensgeschichte«). Aber seine Schöpferkraft war gebrochen, der Vorrat an Lebensmut aufgebraucht. »Wenn ich euch versorgt wüßte«, soll der Vater eines Tages gesagt haben, bevor er sich aufs Schloß begab, »so dürfte jetzt wohl ein Morgen kommen, wo ich nicht mehr erwachte.« Als im Juli 1873 das Uhlanddenkmal feierlich enthüllt wurde, war glühende Hitze. Ihr Vater habe, wie sich Isolde erinnerte, einen leichten Sonnenstich mit nach Hause gebracht, und von da an sei sein Befinden gestört gewesen.

Am frühen Nachmittag des 10. Oktober bewegte sich Kurz langsam und matt, auf der Stirn hatte er kalte Schweißperlen. Isolde blieb bei ihm bis sie von Edgar und einem Freund zum Spaziergang abgeholt wurde. Auf dem Rückweg, zwischen Lustnau und Tübingen, kam ihnen dann der 16jährige Erwin entgegengerannt und rief, der Vater sei tot. Zu Hause sah sie ihn: »Ein Märtyrerantlitz, in dem das tiefe Lebensleid durch überirdische Hoheit nicht ausgelöscht, aber überwunden war. Kein Nachglanz einer Freude lag darauf, nur das Erlösungswort: Es ist vollbracht. Ich lernte nun plötzlich sein Wesen, das ich bisher nur bruchstückweise im Licht der Stunde gesehen hatte, als ein Ganzes zu überschauen und begriff den nie ausgesprochenen Schmerz um die unverstandenen Werke seines Genius und den noch größeren um die nicht geschaffenen, die durch den Druck des Lebens in ihm ertötet worden waren« (»Jugendland«).

Unter »Hiesiges« und dem Datum 11. Oktober meldete die »Tübinger Chronik« am 12.: »Gestern Abend verschied in Folge eines Schlaganfalls Herr Dr. Herm. Kurz, Bibliothekar an der hiesigen Universitätsbibliothek, im Alter von 60 Jahren. Unsere Universität verliert an ihm einen Mann, der seine Stellung durch Pflichttreue und rastlose Tätigkeit gewissenhaft ausfüllte, und auch die Wissenschaft wird seinen Hingang betrauern, indem er sich als Verfasser verschiedener Schriften belletristischen Inhalts, z.B. ›Schillers Heimathjahre‹, einen bedeutenden Ruf erworben hat.« Tote Nachruf-Worte also in der Zeitung, und am 12. Oktober beerdigte man ihn dann. »Einfach, ernst und würdig, wie wir Hermann Kurz im Leben gekannt haben, war auch die Leichenfeier, mit der gestern seine sterbliche Hülle zur Ruhe bestattet wurde«, hieß es in der »Chro-

Tübingen.

Todes-Anzeige.

Freunden und Bekannten die Nachricht, daß **Dr. Hermann Kurz**, Bibliothekar, Freitag den 10. Oktober, Abends halb 6 Uhr, an einem Herzschlag verschieden ist.

Man bittet, dies statt besonderen Ansagens anzunehmen.

Beerdigung Sonntag um halb 4 Uhr.

Todesanzeige in der »Tübinger Chronik« vom 12. Oktober 1873.

nik«. Den Auftritt eines Geistlichen hatte sich Kurz verbeten – am Grabe sprachen der Dichter Johann Georg Fischer und Ernst Kurz, der Bruder –, aber im »langen Zug der Leidtragenden« folgte die Tübinger Geistlichkeit doch immerhin vollzählig dem Sarge.
Nachdem Isolde Kurz eine Zeitlang abgewartet hatte, ob sich nicht »die Heimat jetzt ihres verkannten großen Sohnes erinnern und ihm den späten Dank an seinem Grabe abtragen würde« (»Jugendland«) – aber die Heimat erinnerte sich nicht –, ließ sie von ihrem ersten Honorar die Kopie einer lebensgroßen antiken Muse in Sandstein aufstellen, und an den Sockel kam ein Reliefbild des Vaters von Erwin Kurz, der später an der Münchner Akademie Bildhauerei lehren sollte. Noch immer gilt nun der Satz, mit dem Isolde Kurz ihre Lebensgeschichte von Hermann Kurz beendet: »Hölderlin und Uhland sind seine Schlafgefährten. So erwartet er seine Auferstehung im Geist und Herzen des deutschen Volkes.«

Eduard Mörike

Zur Sommerfrische in Bebenhausen (Böblinger Straße 15)

Wie in Wolken eingewickelt

Es war am 28. August 1863, einem Freitag mittag, als Eduard Mörike samt Schwester Klara und Mariele, der sechsjährigen Tochter, am Tübinger Bahnhof eintraf. Gegen ein Uhr stiegen die drei dann in eine Kutsche und fuhren mit offenem Verdeck über Lustnau nach Bebenhausen. Unterwegs dachte der früh gealtert aussehende Dichter – die Züge hatten etwas Resigniertes, Erschlafftes, wirkten aber dennoch kindlich offen – an seinen ersten Bebenhäuser Besuch im Orplid-Jahr 1825 zurück. Nicht der Freund Ludwig Amandus Bauer jedoch hatte ihn damals begleitet, sondern Albert Rheinwald, ein Stiftler, der später Kaufmann wurde. »Es war im Spätjahr, und hingen weiße Nebel an den Thalwänden. Das Wirthshaus wo wir einkehrten war vermutlich das jetzt an die Straße versetzte Waldhorn«, notierte Mörike nachher gleich in dem kleinen Tagebuch, das er für seine mit der älteren Tochter zu Hause gebliebene Frau und für die Familie Wolff anlegte. Karl Wolff nämlich, Rektor des Katharinenstiftes Stuttgart, an dem auch Mörike noch bis zur ersehnten Pensionierung 1866 als Professor lehrte, hatte dem ruhebedürftigen Freund die dann bis zum 15. Oktober dauernden glücklichen Herbsttage in seinem Landhaus an der Böblinger Straße ermöglicht. Elf Jahre später, vom 6. Juni bis zum 25. Juli 1874, fuhr er noch einmal zur Sommerfrische hierher – diesmal auf Einladung von Luise Walther, Stieftochter Wolffs und Enkelin des von Goethe hoch geschätzten Naturforschers Karl Friedrich Kielmeyer.
In Mörikes derzeitigen Bebenhäuser Refugium war Kielmeyer am 22. Oktober 1765 als Sohn eines herzoglichen Jagdzeugmeisters zur Welt gekommen. Er studierte, mit dem aus Mömpelgard stammenden Georges Cuvier befreundet, an der Hohen Karlsschule in Stuttgart und wirkte zunächst dort und von 1796 an in Tübingen als Professor der Chemie, bis man ihm 1817 zum Direktor der wissenschaftlichen Sammlungen nach Stuttgart berief. Der Forscher, der als Begründer der vergleichenden Anatomie und der allgemeinen Stammeslehre gelten kann, kehrte später immer wieder gerne in das geräumige Bebenhäuser Haus zurück.

Seine früh verwitwete Tochter hatte also, ein Mädchen mit in die zweite Ehe bringend, Karl Wolff geheiratet. Luise Walther, die das Anwesen nach dem Tode ihrer Eltern erbte, war eine begabte Silhouetten-Schneiderin und Malerin, unter deren Händen nicht nur Mörike und seine ganze Menage Schattenriß-Kontur annahm, sondern 1874 auch ein sehr schönes aquarelliertes Porträt von dem Dichter entstand.

Luise Walthers zartes Aquarell von Eduard Mörike entstand 1874 in Bebenhausen.

Das langgestreckte, würdige Gebäude zwischen der inneren und der äußeren Mauer am Alten Böblinger Sträßle wurde damals noch »Gasthaus« genannt und war wohl ehedem auch einmal die Taverne des Klosters mit Übernachtungsmöglichkeiten für Nichtkleriker gewesen. Dem nachmaligen Besitzer Karl Volle zufolge erwarb sein Urgroßvater Christian Riekert das Anwesen für wenig Geld von einem Herrn von Plato, bei dem er als Knecht gedient hatte. Im Erdgeschoß erinnerten die Pferdeställe rechts und die Futterkammer links noch lange an jene Zeit, als das Haus Poststation war, von der aus es dann mit Pferd und Wagen weiterging nach Weil im Schönbuch. Dort, wo sich heute die Poststelle befindet, hat Volle selbst noch Krippen abgebaut.

Der Wagen mit Eduard, Klärchen und Mariele Mörike ratterte nach Bebenhausen herein. »An dem herrlichen Schreibthor vorbei und Halt vor dem Wolffischen Gasthaus! Freundliches Gesicht der Pächtersfrau, doppelt freundlich nach Empfang des Empfehlungsbriefs (›Herr Märike‹). – Während ausgepackt wurde ging ich dem leisen Rauschen eines Brünnleins nach. Einladender Steinsitz am Waschhaus. – An Ludw. Richter gedacht. Erste Augen- und Seelenweide am Kloster, der Epheubewachsenen Ringmauer u.s.w.« Steinerne Einfassungsringe von einem Brunnen haben sich auf der anderen Seite des Sträßchens übrigens vor Jahren noch gefunden, und das alte Wasch- und Backhaus etwas weiter oben – nach der Steinbank hält man vergebens Ausschau – ist inzwischen zur Garage umgebaut worden.

Im Parterre befindet sich also heute die Poststelle, im ersten Stock, jenem einst der Pächtersfamilie Jaud, sind zwei Wohnungen, und im zweiten, wo die Feriengäste untergebracht waren, mehrere Studentenbuden. Die Mörikes richteten sich in zwei Zimmern mit schrägen Wänden im Westteil des Hauses ein. Der Blick konnte auf der einen Seite das Goldersbachtal hinunter bis zum Dickenberg schweifen (heute verbaut), und auf der anderen erhob sich fast beklemmend nah der filigrane Dachreiter. »Wohlthätiger Eindruck der Einfachheit in allen Zimmern, das natürliche Braun des Holzwerks an Türen und Gesimsen, Erinnerungen daher an die Pfarrhäuser von Bernhausen und Cleversulzbach bis auf den Geruch hinaus«, schrieb Mörike ins Tagebuch. Einige von den groben Gesimsen

und den Holztüren mit ihren alten Beschlägen haben sich erhalten, erneuert wurde jedoch inzwischen der Fußboden des langen dunklen Ganges, den der Dichter vor allem deshalb besonders schätzte, weil man sich hier nach dem Essen oder bei schlechtem Wetter »die nöthige Motion« verschaffen konnte.
Noch am ersten Tag durchstreifte Mörike, durch einen guten Kaffee von Frau Jaud gestärkt, das Kloster und sah abends mit Marie im Stall beim Melken zu. Am Samstag, 29., stöberte er zunächst im Bücherschrank herum, schließlich an »Reliquiis Kielmeyerianis« hängenbleibend. »Nach Tisch mit Mariele beim Schreibthor, einzig schöne Stellung der beiden Linden zu ihm. Die Skulptur durch das Fernglas betrachtet. Die kindliche Behandlung der Brust am Crucifix – lauter kleine Halbkugeln – bemerkt.« Ja, wirklich, die Brust des Christus dieser Kreuzigungsgruppe aus dem frühen 15. Jahrhundert ist im oberen Teil glatt, unter den Muskelfeldern dann aus kleinen Halbkreisen zusammengesetzt, die wie Schuppen aussehen, und am Bauch wird sie, abgesehen von einer Falte über dem Nabel, wieder glatt.
Während Klara und Marie am Sonntag in der Kirche waren, beschäftigte sich Mörike weiter mit Kielmeyers Hinterlassenschaft und wanderte nachmittags, von der Tochter begleitet, hinauf zu Wiedmanns Denkmal. Tags darauf brachte er den Morgen bei der Scheune hinter dem Haus Zigarre rauchend zu, studierte dann, nachdem es ihm zu heiß geworden war, Karl Klunzingers »Artistische Beschreibung der vormaligen Cisterzienser-Abtei Bebenhausen« (1852) und reinigte nach dem Essen »den Ammoniten auf der Ecke des Mäuerchens«. Am Dienstag, 1. September, liest man schließlich: »Auf dem Jordan. Derselbe verdient wahrhaftig seinen Ruhm!« Damit endet das Tagebüchlein.
Die heutige Scheuer stammt zu einem Teil von 1914, zum anderen von 1935. Der alte Bau war schmaler und direkt auf die äußere Mauer draufgesetzt. Von dem erwähnten Mäuerchen im Garten sind noch Reste zu erkennen, und auch zwei große, algenbewachsene Ammoniten liegen hier – Volle zufolge seit Menschengedenken. Ein Gang zum Jordan, heute: Oben am Waldrand zweigt der Weg ab. »Zur Mörike-Ruhe 5 Min.«, steht auf dem hölzernen Wegweiser. Im Buchenwald geht es über seltsame braune Hügellandschaft zu einer Hütte von urigem Sepplhosen-Stil empor. Hier hat man einen schönen Blick aufs Kloster, nach Waldhäuser-Ost, ins Lustnauer Tal. Drinnen sind Distichen der »Bilder aus Bebenhausen« auf eine Kunststoff-Platte gestanzt. »Nachmittags« etwa: »Drei Uhr schlägt es im Kloster. Wie klar durch die schwülige Stille / Gleitet herüber zum Waldrande mit Beben der Schall, / Wo er lieblich zerfließt, in der Biene Gesumm sich mischend, / Das mich Ruhenden hier unter den Tannen umgibt.« Aber so recht Mörikesche Stimmung des erlebten Augenblicks will doch das rustikale Gehäuse nicht gestatten.
Am 8. September kommt seine Frau mit Fanny für fünf Tage zu Besuch. Frau Gretchen bringt den Wolffs dann die ersten »Bilder aus Bebenhausen« nach Stuttgart mit. Mörike fühlt sich seltsam eingesponnen in Klosterkunst, Natur und sommerliche Stimmung. Seinem alten Freund Wilhelm Hartlaub, dem Urfreund, der ihn vom 28. September bis zum 1. Oktober besuchen wird, teilte er am 19. September mit, an seiner Schreibfaulheit sei »die wunderbar gemischte Stimmung schuld, in welcher ich, zumal die erste Zeit, als wie in einer nur halb

durchsichtigen Wolke eingewickelt stand. Mein stündlich lebhaft angeregtes Interesse an allem, was uns hier umgibt, war überall und immer mit heimlichen Gesundheitssorgen und Grillen versetzt.« Klara fand, sie habe ihn noch »nie so verpelzt und verduselt« gesehen. Mit ihr und Marie machte Mörike dann am 9. Oktober einen Ausflug nach Tübingen, der zur »Krone unseres hiesigen Aufenthaltes« wurde. Zunächst besuchte er Karl Mayer und den Germanisten Wilhelm Holland. Über Nacht wurden die drei Mörikes dann von der Base Lempp in der Münzgasse aufgenommen. Am nächsten Tag stieg er, in Erinnerungen schwelgend, zum Schloß herauf und schaute bei Emilie Uhland und dem Universitätsmusikdirektor Otto Scherzer vorbei, ehe es am 11. Oktober in die Sommerfrische nach Bebenhausen zurückging.

Melancholisch gemischt, hypochondrisch verschattet, waren seine Gefühle und Empfindungen auch jetzt, wo er sich regelrecht in die Idylle einzuspinnen versuchte. Seit seiner Mozart-Novelle von 1855 hatte Mörike keine größere Werkidee mehr verwirklicht, sondern vor allem Gelegenheitsverslein gemacht. Während dieser Bebenhäuser Herbsttage jedoch wurde er zum letztenmal in jenem Zustand gestaltschaffender Dämmerung versetzt, aus dem seine großen Gedichte erwachsen waren. Auch die »Bilder« leben und atmen daraus, aber selbst für sie gilt, daß das Klostermotiv hier nicht nur eines des direkten Erlebens oder ein antiquarischer Topos ist, sondern »die ganze Assoziationsfülle des Mörikeschen Themas ›Freundschaft‹« trägt, wie Gerhart von Graevenitz in seiner Monographie »Eduard Mörike: Die Kunst der Sünde« nachweist.

Seit 1845 führte Mörike eine Ehe zu dritt mit seinen »geliebtesten Schwestern«, der wirklichen Schwester und Margarethe von Speeth, die im November 1851

Mörikes Großvater mütterlicherseits hatte als Bebenhäuser Klosterschüler »C. F. Beyer Nyffensis 1752« in den Stein geritzt, was von Schwester Klärchen eines schönen Tages im Kreuzgang entdeckt worden war.

seine Frau geworden war. »Vielleicht«, so von Graevenitz, »hat sich bei ihm die emotionale Bindung an das dreigliedrige Ersatzmilieu und das Abbild der Ursprungsfamilie so verfestigt, daß sie nicht mehr von einer ›neuen‹ direkten Beziehung abgelöst werden konnte.« Bald jedoch gingen sich die geliebtesten Schwestern nach Möglichkeit aus dem Wege, bald begann es im Gebälk dieser delikat komplizierten Verbindung zu knistern. An Kleinigkeiten kann man das ablesen, etwa wenn Mörike am 13. September 1863 aus Bebenhausen ganz harmlos an Karl Wolff über Maries Kindermund folgendes schreibt: »Ein andermal: Papa gelt, der Unterschied von homöopathisch und den andern Arzneien ist nur wie: katholisch und deutsch. Die Mutter ist katholisch und wir sind deutsch.« Anfang der siebziger Jahre nahmen die Spannungen weiter zu, und im Herbst 1873 kam es zur Trennung: Mörike zog mit Klara und Marie nach Fellbach, Margarethe blieb zunächst in Stuttgart wohnen und ging dann mit Fanny nach Mergentheim.
So richtig dynamischen, rationalen und starken Menschen mußte ein Individuum seiner Art zum Ärgernis werden, weich und passiv, wie er war, ein Leben lang vom süßen Nichtstun begeistert, das seine spielerische Phantasie am besten anzuregen vermochte. Selbst Hermann Fischer konnte sich's nicht verkneifen, den Menschen Mörike zu schulmeistern, meinte er doch: »Im Leben tritt er nicht immer in der erfreulichen Form hervor, und die Unfähigkeit, energisch, gelegentlich auch einmal mit der nötigen Härte, zu handeln, hat seine letzten Jahre ihm und Andern zu nutzloser Qual gemacht.«

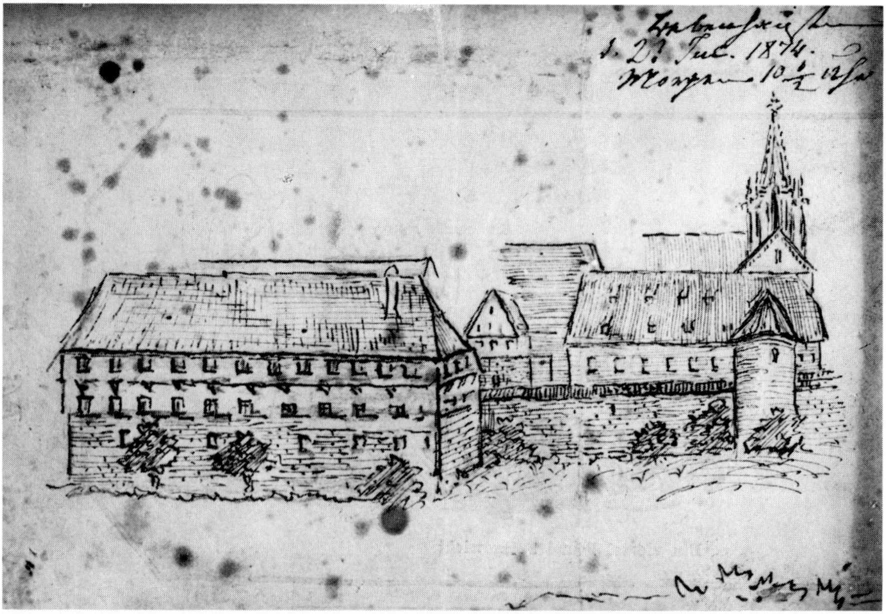

Eine Zeichnung Mörikes, die das Kloster vom Prälatengarten aus zeigt. »Bebenhausen d. 23. Jul. 1874 Morgens 10½ Uhr«, notierte er oben rechts.

Elf Jahre später, am 6. Juni 1874, kam er noch einmal für sieben Wochen nach Bebenhausen. Der Ort hatte sich inzwischen verändert. Das verschlafene Idyll war zur Nebenresidenz König Karls geworden. Karl Wolff lebte schon seit fünf Jahren nicht mehr, nun fungierte Luise Walther als aufmerksame Gastgeberin. Es war des Dichters letzter Sommer. Sonst »halb im Himmel hier« sich fühlend, versuchte er angestrengt, wenn auch vergebens, den »Maler Nolten« zu überarbeiten. Besuche wünschte Mörike zunächst nicht, aber dann kamen sie doch: am 24. Juni der Wiener Literaturhistoriker Emil Kuh, am 14. Juli die Walthers, und Luise schnitt nun Mörikes Silhouette mit Schlapphut, am 19. Juli die Tübinger Professoren Wilhelm Ludwig Holland und Adelbert von Keller.
Auch Isolde Kurz und ihre Mutter besuchten ihn. Über den Waldhäuser wanderten sie nach Bebenhausen. »Während wir«, schreibt sie in dem Buch über ihren Vater, »während wir so im Grünen auf Bänken und Stühlen um einen verwitterten Holztisch saßen, und ich mir die Physiognomie des Dichters beim Sprechen betrachtete, kam über mich die wunderliche, aber unabweisliche Vorstellung, daß dieser große Kopf eines schwäbischen Landpfarrers mit den etwas schlaffen Zügen und den stehenden grämlichen Falten nur eine scherzhafte oder schützende Maske sei, unter der jeden Augenblick ein feiner jugendlicher Griechenkopf oder ein lächelnder Ariel zum Vorschein kommen könnte. Die beiden alten Geschwister begleiteten uns auf dem Rückweg ein Stück weit durch Wiesen und Wald.« Und Isolde Kurz fährt fort: »Beim Abschied wurde ein Wiedersehen verabredet, aber übers Jahr um die gleiche Zeit, als ich mit meiner Mutter und einer Freundin von einer mehrtägigen Schwarzwaldwanderung zurückkam, empfing uns auf der Schwelle des Hauses die Nachricht vom Tode Mörikes.« Am Freitag, 4. Juni 1875, um 8 Uhr war er gestorben.

Berthold Auerbach

Zur Sommerfrische in Bad Niedernau (Marienbergstraße 15)

Ich sehe in die trübste Zukunft

Das sei er, der berühmte Berthold Auerbach, sprach man an diesen Sommertagen des Jahres 1879 häufig hinter seinem Rücken, wenn er durch den Flecken ging, und der rundliche alte Herr nahm das mit einem gewissen Behagen wahr. Denn wie viele bedeutende Leute, bei denen man meinen würde, sie nun gerade müßten doch über sowas erhaben sein, war er ausgesprochen eitel, immer auf Lob und Anerkennung erpicht. Der kleine Großschriftsteller, um den sich Großfürstinnen und Großherzöge bemühten und dessen Gönnerin die Kaiserin Augusta schon als Gattin des Prinzregenten gewesen war, grüßte freundlich zurück und hatte auch nichts gegen einen Schwatz am Wege einzuwenden. Dabei fiel er, der sonst nur mit schwäbischer Färbung sprach, sogar wieder tiefer in seine Nordstettener Mundart.
Nach einem Marienbader Kuraufenthalt den Mai und Juni über war Auerbach im Juni bei seinem Vetter und Vertrauten Jakob Auerbach in Frankfurt zu Besuch gewesen und dann Anfang Juli nach Niedernau gekommen, wo er nun – nur unterbrochen von einem kurzen Abstecher in die Schweiz – bis Oktober in der Sommervilla »Waldhaus« von Dr. Kilian Steiner wohnte, einem Freund, der sein Geld als Bankier in Stuttgart verdiente. Bei aller sprudelnden Jovialität fühlte sich der 67jährige nicht wohl und klagte auch vor Steiner über körperliche Beschwerden, über Schwermut. Was seine Wohnorte betraf, so war dem weltbekannten Heimatschriftsteller seit jeher schon seltsame Unrast eigen, aber diese Sommerreise fiel auch für ihn selbst als »Irrfahrt« aus dem Rahmen des Gewohnten. Wegen anschließender Aufenthalte in Karlsruhe und Stuttgart sollte es nämlich noch bis Mitte Februar 1880 dauern, daß er wieder in Berlin eintraf.
»Niedernau! Könnte ich dem Wort nur etwas von dem Zauber einhauchen, den es in Mädchenohren besaß«, schwärmte Isolde Kurz, Tochter von Auerbachs Jugendfreund. »Man denke sich ein bescheidenes, lieblich ernstes Schwarzwaldtal, von Tannen umstanden, von einem Bächlein durchflossen; daselbst ein anspruchsloses Kurhaus mit einem großen Tanzsaal, der an sich kein Schaustück war, der sich aber zur Sommerzeit an den Nachmittagsstunden der Sonn- und

Donnerstage in ein Stück Jugendparadies verwandelte. Junge Mädchen in den duftigen Sommerkleidern damaliger Mode aus Mull oder Jakonett, die den Trägerinnen das Ansehen von Wiesenblumen gaben, Studenten in Couleur, geduldige Mütter an den Wänden, Geigenschrillen, Tanzgewirbel.«
Nein, heute vermag man sich kaum noch vorzustellen, was dieses an beiden Seiten des Katzenbaches und vorne auch im Neckartal gelegene Dörfchen damals nicht nur vergnügungssüchtigen jungen Damen bedeutete. Es war beliebter Kur- und Erholungsort, Ausflugsziel für die Bewohner der umliegenden Städtchen und Hochburg studentischer Geselligkeit. Zwar ließen sich's an den Heilquellen schon die Römer wohl sein, aber so richtig zum Bad entwickelte sich Niedernau erst, nachdem der Arzt Dr. Franz Xaver Raidt aus Rottenburg hier 1804 ein Gasthaus, ein einfaches Badehaus mit Zubern und ein landwirtschaftliches Gebäude samt zu alldem gehörendem Grund und Boden erworben hatte. Bald erweiterte er das Hauptgebäude, ließ 60 Gästezimmer, einen Speise-, einen Tanzsaal und einen Billardraum einbauen, worauf seine Nachkommen dann 1868 nördlich davon noch das »Sommerhaus« errichteten. Beliebteste Zerstreuung von Niedernau war, wie gesagt, das Tanzen. Man tanzte im großen Saal des Kurhotels, man faßte sich aber auch zu fröhlichem Ringelreihen auf der Wiese an den Händen. Die Niedernauer Badmusik, oft böhmische Musikanten, hatte einen guten Ruf, und manchmal rückte sogar Universitätsmusikdirektor Friedrich Silcher mit seiner Sängerschar an.
Inzwischen sind die alten Kuranlagen hinten im Tal durch An- und Umbauten verdorben worden. Eindrucksvoller wirkt ein burgartiges Gebäude mit Eck-Erkern, das am Hang über drei Stockwerken noch einen dreigeschossigen Giebel steil emporstreckt. Dieses hochfahrende gelbe Haus in der heutigen Raidtstraße 15 hatte sich 1865, ein Jahr nach Eröffnung der Eisenbahnlinie Tübingen–Horb, der Tübinger Medizinprofessor Felix Niemeyer bauen lassen, und nach dessen frühem Tod 1871 mit 51 Jahren war es von Kilian Steiner erworben worden. Auerbach pflog schon seit längerem freundschaftliche Beziehungen zu dem Stuttgarter Bankier, der ihn zum Beispiel im September 1869 auch bei der Umarbeitung des Romans »Das Landhaus am Rhein« beriet. »Ich sprach«, heißt es in einem Brief an Vetter Jakob, »gestern Dr. Steiner, als den Ersten, der das umgestaltete Buch gelesen. Er ist mir durchaus wohlwollend, aber die Art, wie er sich ausdrückt, zeigt mir, daß das Buch zunächst den Eindruck der Anstrengung hinterläßt, die es dem Leser macht.«
Der spätere Geheime Kommerzienrat Dr. Kilian von Steiner sollte sich vor allem durch umfangreiche Stiftungen für ein künftiges Schiller-Nationalmuseum in Marbach bleibendes Verdienst erwerben, und weil darunter auch Autographen anderer schwäbischer Dichter als Schillers waren, entstand der Gedanke, ein Museum schwäbischer Literatur allgemein entstehen zu lassen. Im September 1903, kurz bevor es an Schillers Geburtstag, dem 10. November, in Anwesenheit des Königspaares eröffnet wurde, starb Steiner. Seine Erben verkauften die Niedernauer Villa 1917 dem Verband des württembergischen Kriegervereins, und der Kyffhäuser-Bund richtete darin ein Erholungsheim ein. Damals entstanden auch Liegehalle und Nebengebäude im Landhaus-Stil aus Backsteinen mit Fachwerk und gedrechselten Säulen. 1957 erwarb die ehedem vorwiegend in

Böhmen und Ungarn tätige Gemeinschaft der armen Schulschwestern das Steinersche Anwesen (wie sechs Jahre später auch das in ein Sanatorium verwandelte Kurhaus) und betrieb darin bis 1985 eine Förderschule für Kinder von Spätaussiedlern. Hinter einem rostigen schmiedeeisernen Gitter mit akanthusartigen Früchten breitet sich den Hang entlang ein dunkler Garten aus, verwunschen und verwildert, in dem Efeu wuchert und exotisches Gehölz für dämmrige Stimmung sorgt.

Rund 200 Meter weiter vorne, im gleichen Grundstück damals, besaß Steiner außerdem eine kleinere, zweistöckige Villa mit durchgehendem Erker und spitzer Haube darauf – eben das zu jener Zeit wirklich noch von Bäumen umgebene »Waldhaus« (heute Forstamt), in dem Auerbach wohnte. Drinnen oder im Garten arbeitete er an seiner letzten Dorfgeschichte, der 1880 erscheinenden »Brigitta«. Krankheitsanfälle plagten ihn, und zu seiner allgemeinen Verstimmung trug auch bei, daß er nicht mehr über die gleiche erzählerische Kraft wie früher zu verfügen glaubte. Aber des Dichters Heimweh nach Kindheit war noch stark und sein großer Vorrat an Optimismus nicht aufgebraucht, so daß er hier in Niedernau auch den Plan faßte, das eigene Leben zu erzählen. Aus dem Heimweh nach Kindheit, einem Kindersinn, den er überhaupt als Quell aller Poesie betrachtete, waren schon Auerbachs erste »Schwarzwälder Dorfgeschichten« von 1843 erwachsen, die wie ein Fanal gewirkt und einem Herbststurm gleich den damals herrschenden modischen Byronismus aus zweiter Hand entblättert hatten. Die Erzählungen des »Schöpfers der lebenswahren Idylle« (Friedrich Theodor Vischer) wurden regelrecht verschlungen, und sie hatten anregende, befreiende, auslösende Wirkung auch auf Schriftsteller wie Turgenjew und Tolstoi, auf Björnstern, auf Anzengruber, Rosegger, Ganghofer und Thoma. Heinrich Heine jedoch klagte schon am 5. April 1847: »Liebster Laube! Mein Zustand ist noch immer derselbe – mein Kopf so schwach als wäre ich der Verfasser einer Auerbachschen Dorfnovelle – mein Magen eben so katzenjämmerlich sentimental und religiös-sittlich-flau wie eine dito Novelle.«

Sicher, manche der späteren »Dorfgeschichten« kündeten doch allzu einfältig vom schlechten, aber rechtschaffenen Leben, und vor allem die großen Romane »Neues Leben«, »Auf der Höhe« und »Das Landhaus am Rhein« entstellte auch das, was Hermann Kurz den »Tendenzfurunkel« nannte – jene programmatische Zeitbezogenheit, die so beflissen konfektioniert wirkt, jener moralisch den Zeigefinger hebende Drang zu humanistisch-liberaler Volksbildung. Dennoch werden die »Dorfgeschichten« überdauern als lebendige Abbilder der bäuerlichen Welt vor Industrialisierung und Eisenbahn, in denen Sitten und Gebräuche bewahrt sind und jene große Armut sichtbar wird, die damals zur Massenauswanderung zwang. Als ihr Bruder Dami, der gescheitert aus Amerika zurückgekehrt war, des Dorfes verwiesen werden sollte, sagte Amrei, das »Barfüßele« der einst wohl erfolgreichsten »Dorfgeschichte«: »Jawohl, ihr könnet ihn ausweisen; aber wisset ihr, wann? Wenn ihr hinausgehen könnt auf den Kirchof, dort wo unser Vater und unsere Mutter liegt, und wenn ihr zu den Begrabenen sagen könnt: Auf! geht fort mit eurem Kind! – Dann könnt ihr ihn ausweisen. Man kann niemand ausweisen aus dem Ort, wo seine Eltern begraben sind, da ist er mehr als daheim.« Nun ja, da übermannt einen schon die Rührung, und man wischt

Berthold Auerbach, photographiert im Wiener Atelier Adèle am 18. Dezember 1875.

sich verstohlen die Tränen aus den Knopflöchern, wie es einst die Leser seines überwiegend bildungsbürgerlichen Massenpublikums getan hatten. Amreis Worte lassen den jüdischen Friedhof von Nordstetten erscheinen, außerhalb des Dorfes auf einer sanften Höhe gelegen. Dort, wo der Dichter selbst einmal liegen wollte, sind die Gräber seiner Eltern und auch des Lehrers Bernhard Frankfurter. Am 24. Juli machte er mit Steiner zusammen einen Ausflug nach Nordstetten, dem Ursprung aller »Dorfgeschichten«, von woher ihn auch Frankfurter immer wieder mit Informationen über Eigenheiten der Leute, über Gewandnamen oder alte Gebräuche versorgt hatte. Heute, so schrieb er tags drauf an Jakob Auerbach, habe er diese Ausfahrt »mit fliegender Feder« geschildert – in dem Bericht »Ein Tag in der Heimat« –, und er konstatierte erfreut: »Es sprudelt und quillt frisch in mir«, um dem Vetter dann noch zu berichten: »Ich war heute in der Frühe, es hatte heut Nacht stark geregnet, bei hellem Sonnenschein auf der Weiler Höhe, wo man die Kette der rauhen Alb überschaut. Die Hopfenranken hängen voll duftiger Dolden, Herbstmeisen freien auf den Stangenspitzen, und auf den Stoppeläckern weiden Schafe.«
Vorher schon hatte Auerbach immer wieder den Ort seiner Kindheit besucht. Im Frühjahr 1857 zum Beispiel wollte er bei Uhland in Tübingen vorbeischauen, traf ihn aber nicht an und fuhr deshalb kurzentschlossen das Neckartal herauf nach Nordstetten, wo ihn zunächst wieder das jesuitische Steinkreuz am Ortseingang verärgerte, denn: »mit goldenen Buchstaben ist am Sockel die Stelle aus der Epistel Pauli an die Epheser eingegraben: Wir predigen Jesum Christum den Gekreuzigten, der den Juden ein Abscheu u. den Heiden eine Thorheit ist. Und das vor einem Dorfe, in dem ein Drittheil Juden wohnen. Mir schnitt es in die Seele« (am 16. Juli an Wilhelm Hemsen). Anfang 1865 fuhr er mit der Bahn – »wie fremd war mir's, das Thal, das Ivos Emmerenz wanderte, nun von der Eisenbahn aus zu sehen« (am 9. Oktober an Jakob) – von Stuttgart nach Eyach, wo ihn sein Bruder und Lehrer Frankfurter abholten. Am Samstag drauf begab sich Auerbach nach Tübingen, um dort seinen Sohn August an der Universität abzuliefern und um am Sonntag Ottilie Wildermuth, die er zuvor schon zufällig auf der Straße getroffen hatte, einen Besuch abzustatten. »Sie ist«, berichtete er am 16. Oktober dem Vetter Jakob, »absolut christlich und faßte es nicht, daß ich Barfüßele nicht religiös anlehnte. Es giebt da keine Verständigung, und sie war erstaunt, als ich ihr sagte, daß ich glaube, ein Christ könne den höchsten

sittlichen Gehalt in sich haben, nur möge sie das auch von Nichtchristen annehmen«. Als dann Frau Ottilie die Eindrücke von diesem Besuch ihrer Mutter vermeldete, lobte sie vor allem, daß der Gast – so gewinnend, offen und treuherzig – »keinen Zug von einem Juden habe« ...

Genau einen Monat nach seinem Ausflug in die Nordstettener Kindheit im Juli 1879 von Niedernau aus, fuhr der Steinersche Sommergast am 24. August über Zürich nach Rigi-Kaltbad und kehrte erst am 1. September nach Niedernau zurück. Bei einem Tübingen-Besuch am 20. stieg Auerbach zum erstenmal seit 1833 wieder aufs Schloß, wo er zwar den alten Freund Karl Klüpfel – dessen Kollege Hermann Kurz war nun schon bald sechs Jahre tot – nicht in der Bibliothek antraf, aber, so schrieb er, »ich erweckte mir viel alte Erinnerungen. Hier am Wege wohnte ich mit Frankfurter, hier oben saß ich im Untersuchungsgefängniß und hier erschoß sich mein Kamerad Bartold Frasinelli« (am 22. September an Jakob Auerbach).

Kurz drauf kam Klüpfel nach Niedernau, und da tauchte man tief in die Vergangenheit ein, wie er am 26. dem Vetter berichtete. Klüpfels Frau übrigens sei »eine Tochter von Gustav Schwab, und das höhere Leben ist bei ihr so prunklos selbstverständlich, wie ich es nur wieder bei Schwäbinnen erkenne; auch die Frau meines Arztes Dr. Gärtner in Tübingen ist so, und beide waren Freundinnen der Ottilie Wildermuth, die diese ehrenfeste Art schwäbischer Bildung, mit schlichter Religiosität durchtränkt, in der Literatur repräsentiert«.

Folgendermaßen charakterisiert Hermann Fischer den sprudelnden Gesellschafter, den gefragten und bereitwilligen Redner für Säkulartage und Gedenkfeiern, den manchmal auch mimosenhaft reagierenden Erfolgsautor: »Rasse und Temperament trieben ihn über die Enge der Heimat hinaus und hielten ihn doch zugleich, echt jüdisch, mit aller Glut leidenschaftlicher Neigung an sie gefesselt; er hat sich so recht als den Schwaben unter den deutschen Publizisten und als den deutschen Publizisten unter den Schwaben fühlen können. Mit seinem Ursprung, mit dieser eigentümlichen Doppelstellung und mit seiner dialektischen Neigung hing auch jene stark ausgeprägte Eitelkeit zusammen, die, wie ein verwandter Zug bei Vischer, zumeist auf der Furcht beruhen mochte, falsch verstanden zu werden.«

A propos Vischer. Als Auerbach die »Irrfahrt« seiner Sommerreise von Niedernau über Karlsruhe nach Stuttgart fortsetzte, besuchte er auch den berühmten Ästhetiker wieder, und später urteilte der eitle Vischer über des eitlen Auerbachs Eitelkeit, den »Vischer-Erinnerungen« von Ilse Frappan zufolge, sehr milde: »sie hatte für ihn ›etwas Kindliches‹; Auerbach vergaß ja auch nie hervorzuheben, daß er aus dem armseligsten Leben emporwuchs; die Freude und Dankbarkeit, ›daß er aus seinem Dreck heraus sei‹, wie er es nannte, stand ihm immer auf dem Gesichte, und das ward dann oft als leere Eitelkeit mißverstanden. Hie und da konnte er freilich wohl protzig thun. Als er einmal bei Vischers gewesen war und nun wegreiste, fragte ihn eins der Familie: ›So, so, Sie fahren erster Klasse?‹ ›Ja, wer sollte denn erster Klasse fahren, wenn nicht unsereins?‹ meinte Auerbach.« Erster Klasse fuhr er dann also Mitte Februar von Stuttgart wieder nach Berlin zurück.

Einmal jedoch sei sie gelungen, die große Synthese zwischen Deutschtum und

Judentum als Summe zweier Identitäten: bei Heinrich Heine. »Ein einziges Mal nur«, so Walter Jens 1981 in seiner Dankrede für den Düsseldorfer Heine-Preis, »gelang es einem Schriftsteller, älteste jüdische Nationalerfahrungen (ein Heine-Begriff!) auf deutsch erblühen zu lassen«. Wirklich nur dieses eine Mal und dazu mit Heine noch durch jemanden, der zwischen den Fronten stand, der vom jüdischen Lager ebenso leidenschaftlich attackiert wurde wie vom christlichen? Wie etwa war es bei Auerbach? Der fühlte als Deutscher, als Schwabe, als Jude und glaubte, einem Brief an Max Ring zufolge, all das habe bei ihm »die richtige Mischung gegeben«. Wie keinem sonst lag ihm daran zu vermitteln, zu vermitteln zwischen Süden und Norden, zwischen Bauern und Bürgern, vor allem zwischen Judentum und deutscher Kultur. Aber sein Glaube an die auf den Weg gekommene Integration wurde ihm ebenso grausam erschüttert wie seine eigene schwer errungene Identität. Insofern erscheint der populäre Auerbach geradezu als tragisches Beispiel für das endgültige Scheitern einer deutsch-jüdischen Symbiose.

Schon die menschenfreundlichen Verhältnisse seiner Nordstettener Kinderjahre waren gewiß nicht die deutschen. Jens: »Einen offenen und konsequenten, durch keine Gegen-Aussagen konterkarierten Antisemitismus hat es – nehmen wir den einen Richard Wagner aus – bis zur Reichsgründung nicht gegeben: wohl aber Demütigungen, Absagen, Rücknahmen von Versprochenem, unentwegtes Sich-Taubstellen und jene perfide Vergeßlichkeit, die sich vor allem darin äußerte, daß man den Wartenden wieder und wieder abverlangte, was sie freiwillig längst zugestanden hatten – die ›Euthanasie des Judentums‹ (Kant).« Zwar hatte Auerbach nie eine fast zärtliche Anhänglichkeit an die Religion seiner Väter

Der jüdische Friedhof in Nordstetten (nach einem Holzstich aus der »Illustrirten Zeitung« vom 20. November 1858).

aufgegeben, aber Folge solcher Euthanasie war es immerhin, daß er zeitlebens unter der Vorstellung litt, man könnte sein Judentum als Makel ansehen. Gerade während der letzten Jahre jedoch, als sich sein alter Burschenschaftler-Traum vom geeinten Vaterland unter preußischer Führung erfüllt hatte, formierte sich der Antisemitismus so aggressiv wie lange nicht mehr.

Nach dem Gründerkrach von 1873 schon sollten die Juden an allem schuld sein. Bei Auerbach ist nun immer wieder von »gemeinem Judenhaß« (1875) oder »neuerwachtem furor teutonicus« (1876) die Rede. Wie übrigens auch Vischer wurde ihm bald alles, was sich da so gründerzeitlich breit machte, aus tiefster Seele zuwider. Gleich nachdem er Mitte Februar 1880 von seiner »Irrfahrt« nach Berlin zurückgekehrt war, nahm ihm dieser »Hochmut und Widerwille gegen die Juden, der nur auf Gelegenheit wartet, um zu Tag zu kommen« (am 19. März an Jakob Auerbach), schier den Atem.

Die Debatten des Berliner »Antisemitismus-Streites« Ende 1880 verwirrten und erschreckten ihn. »Da suchst du nun ethische Gedanken in die Massen hineinzubringen, da hegst du nun mit aller Emsigkeit einzelne Pflanzen, und ein Gewittersturm und Windbruch reißt ganze Wälder zusammen! Und wenn nun Bismarck auch darauf antwortet, daß er mit den Postulaten und ihren Begründungen nicht einverstanden sei – da kann selbst der Gewaltige nicht helfen; die tiefe Verhetzung, die Aufreizung zur Empörung, den scheelen Blick, der auf jeden Juden fällt, das alles kann er nicht aus den Gemüthern herausreißen, und ich kenne die Welt genugsam, ich weiß, wie im Casino zu Rastatt und in der Weinstube in Bingen und im Bierkeller in München das alles mit Jubel aufgenommen wird. Was ist da zu thun? Müssen wir in unserem Alter unthätig und stillduldend zusehen, wie das Unheil immer größer wird und was die Kinder in

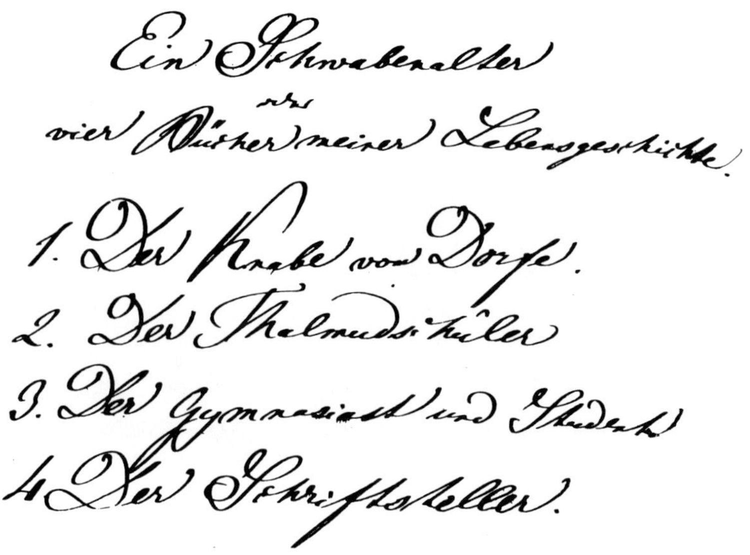
Ein Schwabenalter
oder
vier Bücher meiner Lebensgeschichte.
1. Der Knabe vom Dorfe.
2. Der Thalmudschüler
3. Der Gymnasiast und Student
4. Der Schriftsteller.

Gliederung Auerbachs für die geplante Geschichte seines Lebens, von der er jedoch in Niedernau nur einen Teil der Kindheitserinnerungen schrieb.

den Schulen leiden von Lehrern und Mitschülern? Ich sehe in die trübste Zukunft hinein.« So schrieb er am 11. November an Jakob Auerbach und dann am 23: »Vergebens gelebt und gearbeitet! Das ist der zermalmende Eindruck, den ich von dieser zweitägigen Debatte im Abgeordnetenhause habe. Und wenn ich mir auch wieder sage, es ist vielleicht nicht ganz so arg, so bleibt doch die entsetzliche Thatsache, daß solche Rohheit, solche Verlogenheit und solcher Haß noch möglich ist.«

Das Jahr 1881 war nun angebrochen, in dem fast 300000 Unterschriften für ein Volksbegehren gegen die Juden gesammelt werden sollten. Den letzten Sommer seines Lebens, vom 23. August bis Anfang Oktober, verbrachte Auerbach noch einmal im Niedernauer »Waldhaus« Kilian Steiners. Von dort fuhr er auch zum letzten Mal nach Nordstetten und schrieb am 6. September aus dem zwischen Schloß und Kirche gelegenen Elternhaus an Jakob Auerbach: »Es war mir eigentlich bang, hieher zu gehen. Wozu mir die Aufregung machen, in den Ort zu gehen, wo mir Alles gestorben ist und mich jeder Stein, jeder Baum mit Erinnerungen ruft? Ich dachte mir aber wieder, ich muß doch endlich lernen, mich abzustumpfen, und so ging ich hieher.« Nun brachte er seine Kindheitserinnerungen zu Papier. »Ich habe«, teilte er Jakob am 19. September aus Niedernau mit, »heute schon vermocht, einzelne Bilder aus der Familiengalerie von Nordstetten zu fixiren, die Thatsachen strömen mir leicht und voll zu, und ich habe daneben das Gefühl, daß ich, wann ich will, Mitlebende leicht zur Ergänzung befragen kann.«

Was er da vorerst »flottweg« und »ohne weiteres Besinnen« (30. September) niederschrieb – auch diese Manuskripte kamen 1902 als Stiftung Steiners in den Besitz des Schwäbischen Schiller-Vereins nach Marbach – wirkt nun auf einmal so ausgesprochen jüdisch, als wolle hier jemand etwas von den sinnlos gebrachten Opfern der »Euthanasie des Judentums« rückgängig machen. Da ist von der Purim-Nacht die Rede, in welcher er geboren wurde, vom Sabbath, der Synagoge, seinem ersten Lehrer Reb Moses. Als man auf der Fahrt von Nordstetten nach Hechingen an Friedrichstadt vorbeifuhr, erschien dem 13jährigen die Tatsache, daß dort nur Juden wohnen würden, »als ein wahres Paradies. Keinem Spott und keinem Haß ausgesetzt, unter lauter Juden wohnen, wie herrlich muß das sein!«

Während der letzten Jahre litt Auerbach an einem Unterleibsleiden, das ihn auch in Niedernau immer wieder anfallartig befiel, und schmerzlich berührte ihn dazu die Krankheit der Zeit, der Antisemitismus. Selbst unfähig zum Haß, fühlte er sich dem Haß ausgeliefert, der böse Ahnungen bei ihm weckte. Von heute aus gesehen, nach allen Erfahrungen, wird über dem Ende dieses Lebens ein Schatten sichtbar, der Schatten von Auschwitz. Nordstettens jüdischer Friedhof wirkt wie ein stimmungsvolles Denkmal der Vergänglichkeit. Nur an einem einzigen von den alten Steinen verstören die später hinzugefügten Worte: »Zum Gedenken an Anna Pick geb. 19. Oktober 1862 umgekommen in Theresienstadt am 30. November 1942.« Auf diesem durch eine breite Senke vom Dorf getrennten Friedhof wurde Berthold Auerbach, der am 8. Februar 1882 in Cannes gestorben ist, am 15. Februar unter großer Anteilnahme von an die zweitausend Trauergästen begraben.

Otto Erich Hartleben

Hafengasse 8

Drei Treppen hoch zum Hades

Im Juni 1948 hatte ein eifriger Kulturamtsleiter überall in der Stadt 14 neue Gedenktafeln aus Bronze anbringen lassen und den Zeitungen mitgeteilt, sie wären »von der WMF gleichzeitig mit dem Marktbrunnen hergestellt« worden, gleichzeitig also mit einer freien Nachbildung des nach dem Entwurf Heinrich Schickhardts aus Keupersandstein gefertigten und schließlich immer mehr verwitterten Neptunbrunnens. »Hier wohnte 1884 als Student der Dichter Otto Erich Hartleben«, steht seitdem ehern am Hause Hafengasse 8. Das stimmt aber nicht, denn zu dieser Zeit besuchte der 1864 in Clausthal/Harz Geborene, dem während der siebziger Jahre Mutter und Vater gestorben waren, so daß der Hannoveraner Großvater Senator Angerstein zum Vormund des Waisen wurde, noch das Gymnasium im Städtchen Celle am Südrand der Lüneburger Heide. Nein, Hartleben wohnte hier übers Sommersemester 1886. Während dieser Zeit entwickelte er wohl auch deshalb kaum Beziehungen zu Tübingen, weil die schwäbische Universitätsstadt so eine Art Verbannungsort für ihn bedeutete.
Ende 1885 nämlich hatte sich der von früh an dichtend tätige, dabei etwas sprunghafte und konzentrationsschwache junge Mann, dem der Wunsch seiner Verwandten dennoch Befehl gewesen war, an der Berliner Universität ausgerechnet Jura zu studieren, in ein 16jähriges Mädchen verliebt. Sowohl dessen Pflegevater als auch sein eigener Großvater mochten aber nichts von einer Verlobung wissen. Der alte Senator legte ihm nahe, Ellen zu vergessen und sich dafür die juristischen Paragraphen um so tiefer einzuprägen. Zu diesem Behufe kam er dann also nach Tübingen. Aber das Feuer dieser Jugendliebe wurde von den angeblichen Notwendigkeiten des täglichen Lebens nicht erstickt, es glomm auch in Tübingen weiter, und als sich die beiden dann im September 1896 wiedertrafen, konnte kein Großvater den inzwischen schon mit Frau Selma (»Moppchen«) Verehelichten mehr von der früheren Geliebten (»Ellen, mein Kind«) trennen. Unentschlossen, irgendwie beider bedürfend, schwankte der lebensfrohe, dicke Dichter bis zu seinem frühen Tod Anfang 1905 zwischen diesen beiden Frauen hin und her.

Am 3. April 1886 war er noch zu Hause in Hannover und schrieb dem wenig jüngeren Nachbarsjungen Alfred Hugenberg – als Herr über einen Pressekonzern, Mitbegründer der Harzburger Front und erster Wirtschaftsminister Hitlers sollte der später nicht mit dem besten Leumund in die Geschichte eingehen – einen langen Brief nach Berlin. Sein eigener Großvater gehe gerade in Zylinder und schwarzem Rock im Garten auf und ab, vor jeder Krokusblüte stehen bleibend, erzählte er, und Hugenbergs Mutter bewege sich nebenan still mit der Harke in der Hand am Bosquet entlang. »Ich bin traurig«, heißt es dann weiter, »und das schöne Wetter kann mich nicht aufheitern. Du brauchst nicht zu glauben, daß mich eine unbezwingliche Sehnsucht nach den Reizen der Friedrichstraße, nach den Berliner Theatern, den Berliner Nachtcafés, Kellnerinnen oder Literaten, oder gar nach dem stumpfsinnigen Mittagessen in Eurem stumpfsinnigen Kreise so niedergeschlagen macht. Und doch ist es mir sehr, sehr schwer geworden, mich der wohlwollenden Willkür meines angebeteten Onkels zu fügen und mich für Tübingen zu bestimmen. Tübingen soll sehr schön liegen, ach! Alfred es ist gräßlich. Meiner kleinen E. das mitteilen zu müssen: ich darf nicht: ich soll nicht: du kannst mir glauben, das war eine verdammt saure Arbeit.«
Unbewußt ging es ihm aber schon darum, den Weg des geringsten Widerstandes zu suchen und die Trennung von der Geliebten so zu arrangieren, daß er davon im Augenblick ganz unbeschadet blieb. Dem Onkel gestand er, sich in Berlin mit allen Konsequenzen, »wenn auch nicht öffentlich, so doch moralisch«, verlobt zu haben, worauf der ob solcher Ernsthaftigkeit erfreut reagierte und nun auch zu verstehen glaubte, warum der Neffe den Großvater wissen lassen hatte, nicht länger als sechs Semester studieren und dann – wider noch vor einiger Zeit geäußerte Absichten – gleich in den Staatsdienst gehen wolle.
Und auch Ellen, »dieses mutige Mädchen«, finde, schreibt er Hugenberg: »Es wäre zu schön gewesen und du hättest hier deine Studien über mich vergessen, und sie bittet mich, mich ganz den Anordnungen meiner Vorfahren zu fügen.« Und weiter dann in dem Brief: »An E. habe ich das gefunden, was vielleicht nötig war, um mich einem Leben zu entfremden, das ich geneigt war, in epikuräischer Behaglichkeit lediglich zu genießen. Ich werde wirklich in 2 Jahren meine Examina machen und werde wirklich wieder ernstlich schriftstellern. In Tübingen habe ich mir vorgenommen, mich von Verkehr so gut wie ganz frei zu halten und mit einigen günstigen Modificationen ein Leben zu führen, wie jahrelang in Celle.«
Kurzum, da wird eingelenkt und umgebogen und alles bequem ins Lot gebracht. Die Verbannung nach Tübingen erscheint fast als Kuraufenthalt und Ellen als Geistheilerin aus der Ferne, die ihn gerade durch ihre Abwesenheit vorm Versacken im Genuß behütet. Dem Dichter Hartleben lag alles Sentimentale immer ausgesprochen fern, den Menschen Hartleben jedoch hatte es zeitlebens fest im Griff und knetete sich ihn zurecht.
Karl Henckell, ein fruchtbarer naturalistischer Lyriker, der zunächst sozial stark engagiert war und pathetisch die baldige Revolution prophezeite (»Was gelten wir? Die Zukunft gilt allein, / reif ist die Frucht und muß geschnitten sein«), ist, falls möglich, noch stärker der Vergessenheit anheimgefallen als Hartleben. Höchstens dadurch blieb er vielleicht noch im Gedächtnis, daß Richard Strauss

Der Dichter Otto Erich Hartleben als Biertrinker: Zeichnung von Arpad Schmidhammer aus der Zeitschrift »Jugend« 1897 Nr. 14.

sein proletarisches »Lied des Steineklopfers«, aber auch »Ich trage meine Minne« und »Ruhe, meine Seele« vertont hat. Diesem Freund teilte Hartleben am 17. Mai auf einer Postkarte mit: »Meine Adresse ist ›Hades‹«, und am 20. Mai klagte er ihm: »Meine einzige Rettung ist Stuttgart, wohin ich alle 8 Tage fahre und einige Gattinnen besitze. Tübingen ist schrecklich öd! Hier im Hades besitze ich zwar einen ganzen Harem von Weibern, aber von schaurigen: weshalb ich ihn nicht benutze. Nur Mariechen, die Kellnerin. Aber die verstehe ich absolut nicht.« Dann bat Hartleben darum, seine Gedichte in dieses »schmierige Bierdorf« hier kommen zu lassen, weil er gerade dabei sei, ein »Studenten-Tagebuch« zusammenzustellen.

Das, eine Gedichtsammlung, kam dann auch 1887 unter dem Namen Otto Erich im Zürcher Verlags-Magazin (J. Schabelitz) heraus. Zwar warnte er darin scherzend davor, in des Dichters Gedichten sein Leben zu suchen, denn nicht erleben brauche er das alles, sondern nur empfinden. Aber »Studentisches« wie etwa: »Der in dem schäbigen Rock, dem schwarzen, der ist Theologe: / heiligt den Sonntag, denn dann wäscht er sich. Ehre dem Herrn!« mag schon auch ganz direkt erlebt sein, und vielleicht hat er sich wirklich vom ›Hades‹ aus folgendermaßen ins Bett einer Pepi manövriert (wobei ihm dann aber in späteren Abdrukken des »Revolverle« überschriebenen Gedichtes nicht mehr stilblütig das »Hirn geschlagen« hat, sondern der »Puls«): »1. Von keiner Not besiegt und keiner Liebe, / hab' ich genossen früh und stets genossen. / Die Eltern starben mir, und kalt verschlossen / fröhnt' ich als Kind schon eigensücht'gem Triebe: // bekam derzeit vielleicht zu wenig Hiebe / und ward verzogen früh zu eitlen Possen. – / Und doch hat sich der Mutter Blut ergossen / in meine Brust, daß es lebendig bliebe! // Mein Herz war warm und warm hat es empfunden, / für alles Edle hat mein Hirn geschlagen – / das Leben schwoll; die Dämme sind geschwunden, // der Sinne Strom hat sie hinweggetragen ... / Du, Pepi, hast das Lösungswort gefunden: / ›Revolverle‹ kannst Du so drollig sagen! // 2. Sei still, mein Kind, ich schieße mich nicht tot: / ich schlafe lieber diese Nacht bei Dir. / Ich scherzte nur, mein Mund ist frisch und rot: / komm bring' mir lieber noch ein Krügel Bier! // Was hast Du denn? Hab' ich Dich so erschreckt? / Das ist nicht recht von mir, ich seh' es ein. / Hab' Dich, mein süßes Mädel nur geneckt, / ich leb' doch noch: ich kneif Dich ja ins Bein! // Siehst Du, nun lachst Du wieder! Das ist nett! / Das Wort ›Revolverle‹ vergessen wir / und gehen heut' besonders früh zu Bett ... / So! Komm! Nun bring' mir noch ein Krügel Bier!«

Aber nun war Hartleben wieder einmal in Stuttgart, von wo aus er, nach einem Besöffnis abends zuvor, am 2. Juni mit schwerem Kopf eine Postkarte an Arno

Holz nach Berlin schrieb: »Meine Adresse ist der mit recht für verworfene Seelen so beliebte Hades, Tübingen. Kein Mensch will es glauben, aber es ist so: ich bin eben schon so tief gesunken. Ich wohne 3 Treppen hoch.« Hausbesitzer war ein Kaufmann namens Hermann Schneider im Parterre. Der Gastwirt, bei dem er Untermieter war, hieß Johann Fischer und betrieb das Restaurant zum Hades im ersten Stock. Seinen Studienpapieren nach hatte Hartleben Vorlesungen in deutscher Rechts- und Verfassungsgeschichte, Handels- und Steuerrecht und Wechselrecht belegt und zwar alle drei bei Prof. Otto von Franklin.

Gewiß schickte Hartleben im Frühjahr und Sommer 1886 auch Brief auf Brief an die liebe Ellen, aber die »hat leider eine eifersüchtige Hand vernichtet«, wie Fred B. Hardt im Vorwort zu dem fünf Jahre nach des Dichters Tod erschienen »Briefen an seine Freundin« spitz feststellte. Diese Hand gehörte wohl dem Moppchen, und der Herausgeber empörte sich nun darüber, daß im Band eines anderen Herausgebers Hartlebens Briefe an seine Frau neben solchen von ihr selbst mit dem Tenor standen: »Kehre zurück, nur ›sie‹ drückt dich nieder«. Dann teilte »Ellen, mein Kind«-Lobbyist Hardt der interessierten Öffentlichkeit klipp und klar mit, Hartlebens Herz habe eben während der letzten zehn Lebensjahre einer anderen als seiner Frau gehört, während die in Leipzig, wohin er zum Wintersemester 1886/87 von Tübingen aus gewechselt war, geknüpfte Verbindung zu Selma bald in eine stumpfe kleinbürgerliche Ehe übergegangen sei. Aber mit »Ellen, mein Kind«, die sich Hartlebens wegen von ihrem Mann hatte scheiden lassen, war's schon auch heiß, und ein Brief vom 20. Dezember 1897 an sie lautet kurz und bündig so: »Mein süßer Tiger! Erwarte mich bitte morgen Dienstag nachmittag zwischen 4 und 5. Ohne Korsett bitte. Ich habe bis 7 Uhr Zeit. Herzlichst! Dein Erich.«

Moppchen-Lobbyist Franz Ferdinand Heitmueller wiederum, Herausgeber von Briefen und »Ausgewählten Werken« in drei Bänden, läßt Frau Selma von 1886 an bis zu Hartlebens Tode »über des Dichters Lebens wie ein goldener Stern, der ruhig und unwandelbar auch durch Wetterwolken blinkt«, stehen. In Moppchens eigenen anekdotischen Erinnerungen »Mei Erich« (1910) kommt die Rivalin ebenfalls nicht vor, und über »das große Kind« schreibt sie: »Alles, was ihm häßlich oder gar unbequem erschien, räumte er aus seinem Weg. Wenn ich so manches Mal beobachtete, wie man seine Güte mißbrauchte, seine Leichtgläubigkeit benutzte, sagte ich: ›Ja siehst du denn nicht, was das für Menschen sind?‹«

»Ich lebe gern«, heißt es 1896 in einem von Heitmueller posthum veröffentlichten »Tagbuch«, »ich lebe gern und habe wohl stets mehr und freier genossen als die Mehrzahl meiner Mitmenschen. Dazu hab' ich mich nicht immer gern bekannt – es gab eine lange Zeit in meinem Leben, wo ich mich meiner natürlichen Genußfreudigkeit schämte. Ich war zwar nie ein Christ, aber ich glaubte zeitweise Sozialdemokrat sein zu müssen; ich glaubte heilig werden zu müssen und erachtete es für meine Pflicht, meine Kräfte in den Dienst einer guten Sache zu stellen. Das ist jetzt vorbei. Ich habe gelernt, daß man diese gute Sache selber ist, und seitdem bemühe ich mich, meine Kräfte in meinen Dienst zu stellen«.

Es war wohl auch weniger Einsicht in die Formen von Ausbeutung oder soziales Mitleid, was ihn bis zu seinem 30. Lebensjahr sozialdemokratisch empfinden ließ, als vielmehr Reaktion des Antiphilisters, dem die bourgeoise Vorstellung ewiger sozialer Ordnung ebenso zuwider war wie alle Paragraphenmoral. Die Einsicht dann, daß man selbst die gute Sache sei, in welche darum auch möglichst viel Pilsner hineingeschüttet werden sollte, bekam dem zusehends vom Alkohol Ruinierten aber gar nicht einmal so gut. Hartleben muß auf eine Weise kindlich irrwischhaft und Augenblicksempfindungen unterworfen gewesen sein, daß er seine Nächsten damit manchmal schon ein bißchen verstören konnte. Aber wie häufig bei Satirikern, Humoristen und drolligen Zynikern seiner Art klang bei ihm aus tiefem Grund auch eine Stimmung dunkler Melancholie herauf.
Ein erstes Satyrspiel post mortem fand schon vor jenem statt, das dann mit den beiden Frauen aufgeführt werden sollte, nämlich gleich, nachdem er am 11. Februar 1905 in seiner Villa Halkyone am Gardasee gestorben war: Der Leichnam wurde im Weinkeller aufgebahrt, wo Angestellte die Totenwache übernahmen, sich dabei jedoch vollaufen ließen, so daß es später beim Transport zu einigen Zwischenfällen kam. Des Dichters Wunsch, seinen Leichnam in Brescia einäschern zu lassen und den Kopf nach Deutschland zu bringen, wurde entsprochen. Der in Zeitungspapier eingewickelte Schädel kullerte dann aber auf den Boden, als der Arzt – auf dem Weg nach Hause – noch in einer Osteria einkehrte.

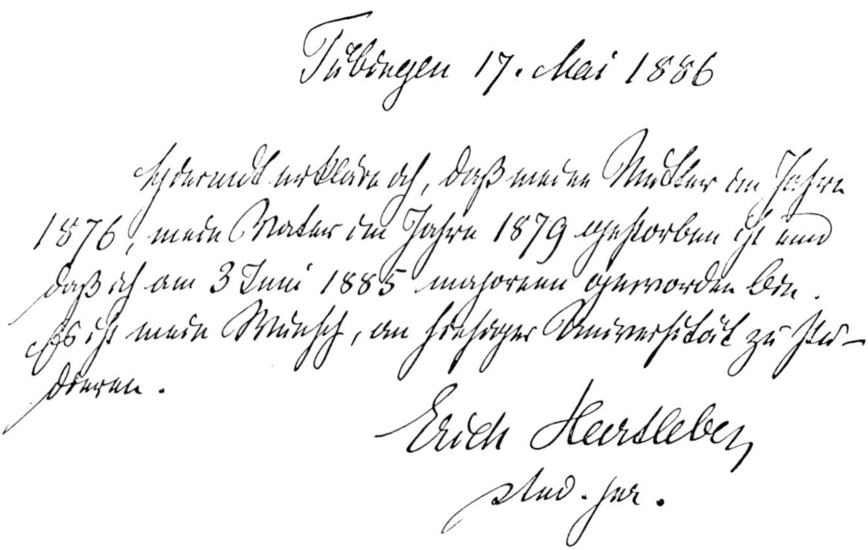
Tübingen 17. Mai 1886

Hiermit erkläre ich, daß meine Mutter im Jahre 1876, mein Vater im Jahre 1879 gestorben ist und daß ich am 3 Juni 1885 majorenn geworden bin. Es ist mein Wunsch, an hiesiger Universität zu studieren.

Erich Hartleben
stud. jur.

Handschriftliches Dokument Hartlebens bei den Studentenpapieren: »Hiermit erkläre ich, daß meine Mutter im Jahre 1876, mein Vater im Jahre 1879 gestorben ist und daß ich am 3 Juni 1885 majorenn geworden bin. Es ist mein Wunsch, an hiesiger Universität zu studieren.«

Der Blick in irgendwelche Dichter-Häuser bekommt eigentlich erst dadurch Sinn, daß man ihn mit der Frage verbindet: Was ist vom Werk dessen, der da ein- und ausging noch lebendig, was könnte oder sollte noch gelesen werden? Sogar mancher, der sich als Kulturmensch versteht, verknüpft heutzutage kaum noch etwas mit dem Namen Hartleben. Einige wenige meinen, er sei ein zweitrangiger Naturalist gewesen, oder sie kennen seine zarte und duftige Übertragung von Albert Girauds »Pierrot Lunaire«, welcher Arnold Schönberg zu Ruhm verholfen hat. Aber seinerzeit war Hartleben ein Erfolgsautor, und gerade sein schwächstes Stück »Rosenmontag« (1900) wurde zum großen Erfolg und allenthalben in Europa gespielt. Der Selbstmord eines unglücklich verliebten Paares kontrastiert dabei effektvoll mit dem Militärkarneval, aber ansonsten ist es weniger »Eine Offiziers-Tragödie« als vielmehr ein ziemlich plumpes Intrigenstück.
Von mäßigem literarischen Wert sind auch sozialkritische Komödien wie »Die Erziehung zur Ehe« (Motto: »In Philistros!«) oder »Hanna Jagert«, wobei letztere von einer sozialdemokratischen Proletarierin handelt, die sich aus ihrer Schicht löst, Erfolg als Unternehmerin hat und eigentlich gerne frei und unabhängig leben möchte, zwänge sie nicht das Kind, das sie von ihrem (geliebten) Liebhaber erwartet – Baronin zu werden. Hartleben konnte Dialoge schreiben wie kein anderer, seine Plauderkunst ist unübertroffen, aber seltsamerweise wirken die Dramen fesselnder, wenn man sie liest als auf der Bühne.
Aus dem in Tübingen zusammengestellten »Studenten-Tagebuch« übernahm er dann die meisten Gedichte in »Meine Verse« (1895). Dort finden sich nun auch Gebilde, in denen unmittelbares Erleben Sprache und Form geworden ist, wie bei der folgenden, von Alban Berg vertonten »Liebesode«: »Im Arm der Liebe schliefen wir selig ein. / Am offnen Fenster lauschte der Sommerwind. / Und unsrer Atemzüge Frieden / trug er hinaus in die helle Mondnacht. // Und aus dem Garten tastete zagend sich / ein Rosenduft an unserer Liebe Bett / und gab uns wundervolle Träume. / Träume des Rausches – so reich an Sehnsucht!«
Ohne Einschränkung lesbar, höchst unterhaltsam bei aller Kalauerei, sind seine Erzählungen. Im »Einhorn-Apotheker« wird etwa dem Fräulein Hannchen weisgemacht, die Bäume an der Stolberger Chaussee habe einst der Fürst Adolf vom Kinderkreuzzug aus dem Heiligen Land mitgebracht, und sie versichert sich nun: »– Ist das wirklich wahr, Herr Konsistorialrat, der Herr Referendar hat mir erzählt, die beschnittenen Bäume an der Chaussee wären alle von jüdischer Abstammung?«
Die Geschichte »Vom gastfreien Pastor« war einst zurecht sehr berühmt gewesen. Der heikle Stoff, wie ein weltfremder Stolberger Pastor die Einladung zweier fremder Damen, die er selbst einmal beherbergt hatte, nach Magdeburg annimmt und nicht bemerkt, daß er dort in einem Bordell gelandet ist, wird nämlich erstaunlich graziös behandelt. Vor Beginn seiner Tagung des Vereins für Innere Mission setzte sich der geistliche Herr an dem schönen Morgen ans offene Fenster und ließ die Pfeife herunterhängen, als sein alter Freund und Studiengenosse Friedrich Spüleboom aus Halberstadt um die Ecke bog. »Ich rufe also in der Freude meines Herzens herunter: ›Spüleboom, Bruder, bist du's denn wirklich?‹«, aber der machte sich seltsamerweise fluchtartig davon.

Im ersten Teil der Geschichte werden Stolberg und das dort regierende Geschlecht der Grafen Stolberg-Stolberg beschrieben. »Eng und begrenzt wie diese örtliche Lage Stolbergs ist auch der Sinn und das Gehirn der armen Stolberger«, fand Hartleben, als er dort nach Tübinger und Leipziger Studium seine Referendarzeit absolvierte. »Dem Fremden, der in Stolberg einzieht, fällt es sofort unangenehm auf, wie zahlreich kleine, verkümmerte Kretins, kröpfige Untiere aller Art aus dem Kot der Straße hervorzukriechen scheinen. So erhält er gleich ein richtiges Bild von dem Menschenschlage, der in diesem schönen Erdenwinkel gedeiht.« Ein Glück (oder ist es zu bedauern?), daß die Stadt Tübingen während des Sommers 1886 anscheinend gar nicht so ganz in Otto Erich Hartlebens Bewußtsein eingedrungen ist, denn andernfalls: Was hätte das für Schnurren geben können?!

Paul Ernst

Clinicumsgasse 10

Hinter alldem immer ein Dunkel

Den Winter 1885/86 über, während seines ersten theologischen Semesters in Göttingen, fühlte sich der Sohn eines Pochsteigers aus Clausthal im Harz unglücklich und verwirrt. Paul Ernst erlebte – so jedenfalls legte er sich's 45 Jahre später für Erinnerungen an seine »Jünglingsjahre« zurecht – die allenthalben anstelle des stürzenden Alten vorläufig Neues setzenden Gründerjahre als bedrohliche Revolution. Da hätten zum Beispiel Schriftsteller versucht, auf der Seite des Proletariats neue Stoffgebiete aufzutun, damit die Grenzen früherer Dichtung aufhebend, und bald sollte ja auch Ernst selbst zunächst einmal entschiedener Naturalist und Sozialist werden, ehe er sich um 1910 ganz zum rigiden Idealisten und Moralisten wandelte. Während dieses Göttinger Winters jedoch, noch ohne den Hort eines festen Weltbildes, wußte er nicht aus noch ein, war von Verfolgungswahn und Selbstmordabsichten gepeinigt und wollte sich am liebsten eskapistisch in den Wahnsinn verfügen. »Ich habe immer geglaubt, daß der Wahnsinn Hölderlins so zu erklären ist, daß er als Erster die fürchterliche, unerträgliche neue Welt gespürt hat, daß er nicht vorbereitet war auf sie, oder zu schwach, oder zu einsam, und daß er sich da in den Wahnsinn gerettet hat.« Es war nur so ein vages Gefühl, aber als sein Freund Johannes Warneck in Nordhausen Abitur gemacht hatte und fürs Sommersemester 1886 nach Tübingen ging, schloß er sich an, wähnend, »da könnte vielleicht eine Rettung für mich sein«.

Die Reise vom Harz nach Schwaben war für damalige Verhältnisse recht aufwendig und mußte deshalb »ausgenutzt« werden. In Frankfurt traf er mit Warneck zusammen, und als sich die beiden dann in einem muffigen Zimmer des christlichen Hospizes zur Ruhe gelegt hatten, juckte und brannte es sie nach einer Weile überall am Körper. Wanzen! Wanzen ließen nun die tragische Verfassung menschlichen Seins offenbar werden, welche Ernst später in seinen Tragödien immer wieder aufzudecken unternahm. Die beiden jungen Männer waren eingespannt in Antinomien des Weltseins wie Antigone zwischen das göttliche Gebot der Pietät und die Staatsraison. Sollten sie liegenbleiben und sich weiter mißhandeln lassen, oder sollten sie – es war gegen 4 Uhr morgens – aufstehen und einige Stunden sitzend darauf warten, bis es im Haus lebendig wurde? An dieser »Kreuzung zweier Notwendigkeiten« entschieden sich Ernst und Warneck für letzteres, fühlten sich dann aber nicht nur übernächtigt und elend, als sie durchs Goethe-Haus am Hirschgraben gingen, sondern auch noch vom Jucken der Einstiche gequält.

Ein Trauerspiel mußte das mit den Wanzen allein schon deshalb sein, weil der spätere Neoklassizist doch postulierte, nur hochstehende Menschen könnten Helden von Tragödien sein, stünden sie doch häufiger im Mittelpunkt mehrerer Notwendigkeiten als niedriger stehende, die reinen »Milieuprodukte«. Die beiden Harzer jedenfalls waren hochstehende Menschen, denn sie unterbrachen auf dem Weg nach Tübingen, Schillers wegen, auch noch in Marbach. »Gewiß ist Schiller ein adeligerer Dichter als Goethe; aber bei uns ist wohl die adelige Gesinnung häufig in solchen kleinen und niedrigen Stübchen gewesen und hat nicht selten in den Schlössern gefehlt«, dachte er im Wohnzimmer mit dem Kachelofen.

Über die Wohnung des Theologiestudenten, der sich am 19. Mai 1886 immatrikulierte und dem am 24. Juli das Abgangszeugnis erteilt wurde, bestehen gewisse Unklarheiten. Auf seinen Belegbogen hat er, wie übrigens auch Warneck, »Clinicumsstr. 10 bei Frau Witwe Gerber« geschrieben. Andererseits liest man aber in den »Jünglingsjahren«: »Wir hatten Wohnungen in demselben Haus, es lag an der Neckarhalde, am Abhang des Berges, so, daß die untern Räume am Abhang in den Berg hinein gebaut waren und nur die obern frei lagen, daß es also von der vordern Seite zwei Stockwerke hatte und von der hintern Seite drei. Die Wirtin war die Witwe eines Tischlers, sie betrieb noch das Handwerk mit einem Gesellen in den halb kellerartigen unteren Räumen.«

Sollten die beiden also umgezogen sein? In der Neckarhalde 4 neben dem Hospiz lebte zum Beispiel die Schreinerswitwe Friederike Keppler, aber ihr Haus hat zur Neckarhalde hin vier und zur Schloßsteige drei Stockwerke. Nein, dieses »Neckarhalde« meinte er wohl allgemein topographisch, Clinicumsgasse 10 ist schon richtig. Hier wohnten im oberen Teil (Clinicumsgasse) die Sattlerwitwe Louise Gerber und im unteren (Bursagasse) die Drechslerwitwe Magdalena Karle und der Drechsler Johannes Walz. Anscheinend brachte Ernst, Memoiren schreibend, häufiger einiges durcheinander. So glaubte er sich eines »Weinberghäuschens« zu erinnern, in dem Hölderlin, dessen Denkmal im Botanischen Garten ihm »gewiß gut gemeint« erschien, seine letzten Jahrzehnte verbracht habe.

Ernst und Warneck verfügten jeweils über einen Wohnraum und ein Schlafzimmer. »Ich war doch gewiß ein armer Student, aber daß ich nicht in demselben Raum schlief und arbeitete, das war mir doch selbstverständlich. Heute« – die Erinnerungen kamen 1931 heraus – »wird noch selten ein Student zwei Stuben haben, die gebildeten Stände sind rasch verarmt«. In der nahegelegenen kleinen Bierwirtschaft »Zur Seif« in der Neckarhalde 6 kam ihm die anmutige Wirtstochter oder Kellnerin anscheinend mit keimender Zuneigung entgegen. Seine verkrampfte Abwehr legte sich Ernst später so zurecht, daß er nicht für Leichtsinn, sondern für Leidenschaft geschaffen sei, daß ihm aber noch weite Umwege bevorstanden, ehe er Natürliches, Natur, habe erleben können, »und da lag sie

Der zwanzigjährige Paul Ernst, am 10. Juli 1886 in Tübingen von seinem Freund Johannes Warneck gezeichnet.

schon unter mir, da erlebte ich schon, was ich selber wollte, und nicht, was die Natur wollte«.
Wie »Zur Seif« waren es auch nur ein paar Schritte zum Stift, wo die theologischen Vorlesungen gehalten wurden. Er hörte etwa Encyclopaedie der Theologie bei Professor Emil Kautzsch, Erklärung der synoptischen Reden Jesu bei Professor Paul Buder, eine Einleitung ins Neue Testament »vom Standpunkt der heutigen kritischen Geschichtsforschung« bei Professor Carl von Weizsäcker, dem Urgroßvater des Bundespräsidenten, und – mit Weizsäckers Vorlesung kaum unter einen Hut zu bringen – eine Erklärung der wichtigsten messianischen Weissagungen des Alten Testaments bei Professor Robert Kübel. Was dieser ihm sonst sehr achtbar erscheinende Mann sagte, wie er die messianischen Weissagungen auf Jesus bezog, dünkte ihm doch der bare Unsinn zu sein. Da war sie wieder, die Angst des Göttinger Winters, eine Angst, daraus entstanden, daß er Gott von den Menschen getrennt wähnte wie von der unglücklichen Welt überhaupt. »Es haben sich damals in Tübingen die ersten Grundlagen meiner tragischen Auffassung des Lebens in mir ans Licht des Bewußtseins gehoben, die ich mehr als zwanzig Jahre später in meinen Trauerspielen darstellte.«
Verzweifelt suchte er, der auch nach Warnecks Erinnerung immer weniger mit der Theologie anfangen konnte, was langsam eine zusätzliche »unsichtbare Wand« zwischen den Wand an Wand wohnenden Freunden wachsen ließ, verzweifelt suchte Ernst nach Auswegen: »Die Theologen machen aber immer Bilder und Gleichnisse von Gott. Ich will mutig sein, will fleißig sein und wahrhaftig sein, dann werde ich nicht Gott denken, nicht Gott schauen, aber ich werde zu Gott kommen.«
Zu dieser Zeit schrieb er religiöse Gedichte, Hymnen an Gott, die sich aber nicht erhalten haben. Der verklemmte Gottsucher – »In Schwaben konnte ich noch ein protestantisch-religiöses Volksleben sehen« – wanderte eines Samstags zu einem Dorf in der Nähe von Tübingen, wo »ein in ganz Schwaben berühmter Stundenlehrer« wirkte, und er fuhr zu Pfingsten 1886 nach Boll zu Pfarrer Christoph Blumhardt, der bald den Gemütszustand des jungen Hermann Hesse untersuchen und ihn, nach einem Selbstmordversuch, in die Nervenheilanstalt Stetten im Remstal schicken sollte.
Die Worte, die Blumhardt sprach, gingen ihn nichts an; »es waren Worte einer fremden Sprache, der theologischen, die ich nicht mit dem zusammenbringen

konnte, das ich in mir spürte«. Als der Student nun gerade wieder einmal eine seiner mit anfallartiger Heftigkeit auftretenden Erkältungen hatte, betete der Pfarrer mit ihm, worauf der Infekt flugs zurückging. Später, inzwischen längst kein Sozialist mehr, hörte er in Berlin von der Schauspielerin Luise Dumont »etwas Schauerliches über Blumhardt«, nämlich, daß er Sozialdemokrat geworden sei. Nun fühlte sich Ernst bestätigt in seinem Gefühl, damals nichts als Worte gehört zu haben. »Was ist denn der Glaube an Gott Anderes, als das Wissen darum, daß unser Leben jenseitig bedingt ist! Nur Dankgebete darf ich an Gott richten, und wenn an mir geschieht, was nach meinem beschränkten Geist mir als Leiden erscheint, dann muß ich dankbar sein, weil Gott mir, menschlich gesprochen, eine Aufgabe stellt und mich höher bringen will. Ich kann heute nicht anders, als daß ich Blumhardts Gebet als eine Gottlosigkeit auffasse.«
Das wirkt alles so philosophisch disputativ, abstrakt und ein bißchen verquer wie seine Dramen, wie das »Kaiserbuch« oder auch die »Erdachten Gespräche«. Wenn Stefan George im Gedicht die Rückkehr zum »hohen« Stil gelang, dann vor allem deshalb, weil ihm immer bewußt war, daß der Gedanke alles verdirbt. Prosaisten wie Rudolf G. Binding oder Wilhelm Schäfer jedoch scheiterten, und auch bei Paul Ernst ist der Inhalt mehr trockene Idee als in Wirklichkeit wurzelndes Leben.
Obwohl sein Glaube an soziale Demokratie längst schon jenem an die Kulturaufgabe der Kunst und an die große Harmonie in einer organischen Gesellschaft gewichen war, tat das doch der langjährigen Brieffreundschaft mit Georg Lukács keinen Abbruch. Gemeinsam hatten sie den wachen Sinn für Form, verbunden mit einem aufs Ganze gerichteten Ethos und dem Willen nach Veränderung. Der eine, Ernst, war Marxist gewesen, der andere, Lukács, sollte Marxist werden. Bei einem Treffen in Heidelberg war auch noch Ernst Bloch dabei, der Paul Ernst dann am 16. Dezember 1916 zum 50. Geburtstag gratulierte und bedauerte: »Kleine, unerhebliche Umstände haben es, wie mir scheint, damals in Heidelberg verhindert, in ein wesentliches Gespräch zu kommen.« Der die Welt gerade im »Geiste der Utopie« umdenkende Philosoph las nebenher Ernsts

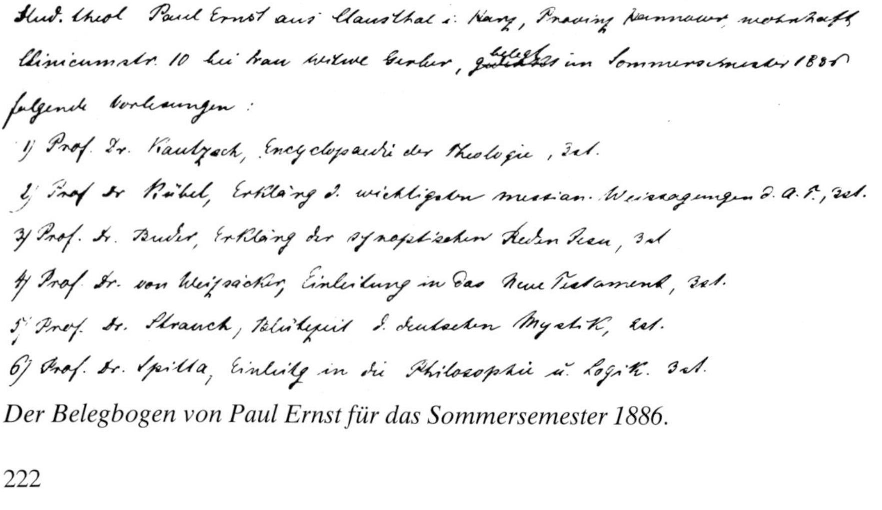
Stud. theol. Paul Ernst aus Clausthal i. Harz, Provinz Hannover, wohnhaft Clinicumstr. 10 bei Frau Wittwe Gerber, belegt im Sommersemester 1886 folgende Vorlesungen:
1) Prof. Dr. Kautzsch, Encyclopaedie der Theologie, 3st.
2) Prof. Dr. Kübel, Erklärg d. wichtigsten messian. Weissagungen d. A.T., 3st.
3) Prof. Dr. Buder, Erklärg der synoptischen Reden Jesu, 3st
4) Prof. Dr. von Weizsäcker, Einleitung in das Neue Testament, 3st.
5) Prof. Dr. Strauch, Blütezeit d. deutschen Mystik, 2st.
6) Prof. Dr. Spitta, Einleitg in die Philosophie u. Logik. 3st.

Der Belegbogen von Paul Ernst für das Sommersemester 1886.

jüngst erschienene Novelle »Die Taufe« und freute sich, »Lukács darin zu begegnen. Wobei mir freilich«, wie er mit schöner Tücke hinzufügte, »›der deutsche Gott‹ nicht sehr konkurrenzfähig mit den bisherigen, legitim im okkulten Bett erzeugten Göttern zu sein schien.«

Der Kommunismus ergebe sich, so schreibt Paul Ernst in einem 1933, seinem Todesjahr, gedruckten Aufsatz, »als eine falsche Zielsetzung, der aber doch ein richtiges Gefühl zugrunde liegt: die Arbeit ist heute gesellschaftlich geworden und muß für die Gesellschaft geschehen, nicht mehr für den einzelnen. Die Nationalsozialisten haben die Falschheit der Zielsetzung erkannt; auch ihrem Streben liegt ein richtiges Gefühl zugrunde; aber ihr Vorzug ist, daß sie das richtige neue Lebensgefühl predigen, das aus einer tragischen, ja, religiösen Lebensauffassung kommt«. Und später heißt es dann: »Der Dichter muß das Volk so lange führen, bis er es zu der Vorhalle von Gottes Tempel geführt hat; dort wird ein anderer Führer an seine Stelle treten, wie Christus an die Stelle des Täufers Johannes trat.« Dieser andere Führer ließ dann nicht lange auf sich warten ... Und post mortem himmelte der mit Tübingen unselig verbundene Nazi-Lyriker Gerhard Schumann den Dichter in einem Sonett an (»Als ich den Weg zu deinen Nächten fand«), während Gottfried Benn am 24. Oktober 1941 an F.W. Oelze schrieb: »Paul Ernst ist mir einer der größten Greuel.«

Rückblickend scheint es so, als sei schon während der Tübinger Monate des Theologiestudenten alles Spätere, Schlimmes und Fruchtbares, im Keim angelegt gewesen, wenn damals auch noch eine große Leere diffuser Angst Raum gab. »Da lebte ich denn in dem Ländchen, welches die Heimat Hölderlins war, ich machte mit meinem Freund Wanderungen in die Berge, die Hölderlin besungen, am Neckar entlang«. Der Student spürte, wie am Ort alles belebt wirkte durch Bewohner der toten Stadt, der Geisterstadt. »Nun ging ich in den engen Gängen, saß in den niedrigen Räumen auf den uralten Bänken, auf denen schon Hölderlin, Hegel, Mörike und die Andern gesessen außer Schiller.« Doch, doch, auch Schiller!

In Göttingen hatte er Lichtenbergs Haus aufgesucht und Bürgers Grab, aber sonst gab es dort eigentlich kaum Verbindungen zur Vergangenheit, die in Tübingen viel näher an der Gegenwart zu sein scheint als anderswo. Tübingen: »Ich denke an die runden Hügel mit ihren Buchenwäldern, den gewundenen Neckar, an Sonnenschein und kleine Wölkchen am blauen Himmel, an das freundliche schwäbische Volk mit seiner Aussprache, die uns bald heimelig wurde: aber mir ist doch heute, als ob ich hinter dem Allen immer ein Dunkel und eine Angst verspürt hätte.«

Rudolf G. Binding

Neckarhalde 52

Bis ihm alles lieb und ewig wurde

Auf der Fahrt von Leipzig nach Tübingen machte der hochgewachsene Achtzehnjährige zunächst in Kassel Station, um dort die Einstellung in ein Husarenregiment zu erwirken, bei dem er nach seinem ersten Semester, dem Sommersemester 1886, dienen wollte. Gymnasiasten hatten nämlich das Vorrecht, statt in drei Pflichtjahren wie das gewöhnliche Volk während eines einzigen freiwilligen Jahres, so einer Art Kompaktkurs, Krieg spielen zu lernen. »Frisches, farbiges studentisches Leben in einer drolligen Wichtigkeit wehte mich an, als ich nach einer Nachtfahrt zu ziemlich früher Stunde in der Stadt ankam«, schreibt er in seinen Erinnerungen »Erlebtes Leben«. Am Tübinger Bahnhof machten sich gleich gelbbemützte und zwei- oder dreifarbig gestreifte Keiler mit starrer Höflichkeit über ihn her. Die seltsamen Bundesbrüder lauerten ihm jedoch nicht deshalb auf, weil er der Sohn eines bekannten Leipziger Strafrechtsprofessors war, nein, ein solcher Empfang blieb damals keinem neuankommenden Studienanfänger erspart. Und ab ging's dann mit zwei Landauern – auf dem einen Binding und der dreigestreifte Bursche, auf dem andern seine Koffer und zwei zweigestreifte Füchse – dem Quartier in der Neckarhalde 52 zu, das ihm Freunde seines Vaters schon im voraus besorgt hatten.

Das Haus gehörte einer Professorenwitwe, »Frau Prof. Milner«, wie es auf dem Belegbogen heißt, die im oberen Stockwerk mit der Tochter einer Verwandten oder Bekannten wohnte, welche ihr Haushalt und Garten besorgte. Das Gebäude – die Topographie wird bald von einigem Belang für den jungen Studenten – »lehnte sich an den steilen Weinberghang der hinter ihm emporstieg und teilte mit andern der Straße die Eigenschaft, so in den Berg hineingebaut zu sein, daß die ihm zugekehrten Zimmer zu ebener Erde lagen während die Räume des gleichen Stockwerks die nach der Straße schauten von dieser aus ein volles Stockwerk höher lagen. Ich bewohnte zwei Zimmer nach dem Berge, was bei der brennenden Hitze des Sommers nur angenehm war. Die Fenster der Rückseite begannen kaum zwei Fuß über der Erde, so daß ich mit beiden Beinen mühelos in meine Wohnung hineinspringen konnte; eine Bequemlichkeit von der ich oft

genug Gebrauch machte, da der Hausschlüssel von einer mittelalterlichen Schwere und Größe war und also regelmäßig zu Hause blieb.«
Binding glaubte zwar zu spüren, hier in Süddeutschland würde eigentlich das »Herz Deutschlands« schlagen und machte gleich anfangs die Erfahrung: »Das Leben war billig, der Wein leicht, das Land heiter, die Menschen unbeschwert.« Dennoch konnte ihn in Tübingen nichts so recht animieren, weder die Verbindungen, denen er sich entzog (»Ich spürte Fesseln der Person und der Anschauungen in allem Kameradschaftlichen«), noch das Studium der Jurisprudenz.
Dabei hörte er »die schärfsten, geschultesten römischen Institutionen« (bei Prof. Heinrich Degenkolb), »die lässig freiesten Vorlesungen über die deutschen Revolutionen und staatbildenden Versuche« (bei Prof. Bernhard Kugler), »die berühmteste Philosophie der Geschichte« (bei Prof. Christoph Sigwart) und dann noch römische Rechtsgeschichte bei Prof. Otto Geib und allgemeines Staatsrecht bei Prof. Ferdinand Martitz. Wie der Memoirenschreiber des Jahres 1927 meinte, hätte er die Stadt gewiß vergessen und »die reizende Wohnung gegen den ansteigenden Garten in der Neckarhalde«, wenn ihm nicht »alles das durch ein einziges Erlebnis lieb und ewig geworden wäre«.

Rudolf G. Binding wenige Wochen vor seinem Tod.

Vor den niedrigen Fenstern der Gartenseite des Hauses standen zwei einfache eiserne Bänke, und auf jener direkt vor seinem Wohnzimmer nahm der gerade nach Hause Gekommene eines Abends silhouettenhaft den runden, vollen Kopf mit den aufgesteckten Zöpfen des an die 25 Jahre alten Mädchens wahr. »Ach!« hauchte sie, »Nun sitze ich gar auf Ihrer Bank!« Als er, ihrer Aufforderung folgend, aus dem Fenster gestiegen war und sich neben ihr niedergelassen hatte, forderte sie ihn unvermittelt auf, doch morgen mit in die Kirche zu kommen. Er gehe nicht in die Kirche? Aber dort sei es doch »immer so hübsch«, meinte sie. Goldregen blühte, Johanniswürmchen leuchteten, und die späte Jungfrau wurde plötzlich sehr ernst. »Was wissen Sie wer ich bin?« fragte sie mehrmals mysteriös verhuscht. »Sie halten etwas von mir?« Schließlich brach etwas aus ihr heraus, »es weinte in ihr«, bis es dann auf einmal in ihr lächelte und sie, wieder ruhig geworden, feststellte: »Bei dir kann man eben weinen.«
Am nächsten Vormittag ging das Mädchen also mit dem Studenten in die Stiftskirche, führte ihn zu einer der Längsbänke, von wo aus man einen guten Überblick hat, und begann leise zu sprechen: »Ist sie nicht reizend, die mit dem halbgeöffneten Mund, die junge? Die Sonne scheint in diese rosenfarbene Höhle

und die Zähne sind fast durchsichtig.« Dann kam der Apotheker – zu spät, weil er letzten Kirchgängern noch Hustenbonbons hatte verkaufen müssen, wie sie erklärte –, und schließlich erschien auch noch der auf dem Holzmarkt für Ruhe und Ordnung zuständige Polizist. Bindings Begleiterin ließ den Blick schweifen und flüsterte: »Diese große ältliche Person – sehen Sie wie schön sie wird! Sie hängt an dem Wort der Predigt, diesem Wort für sie, für ihre einfache Seele – und wird schön davon.« Bei alldem, so jedenfalls fand Binding später, sei keine Spur von Neugier auf den Verrat menschlicher Regungen gewesen, keine Lust zu gaffen und in andere einzudringen. »Sie begehrte nicht zu wissen, sie begehrte nur zu schauen. Vielleicht habe ich in dieser Stunde zu viel von ihr gelernt.«
Ehe der in Tübingen lustlos Jura Studierende zum Schriftsteller wurde, sollten aber noch Jahre vergehen. Zunächst ließ er sich ohne eigentlichen Beruf dahintreiben, handelte mit Vollblütern und beteiligte sich in England an Pferderennen. Im Jahre 1907 bestätigte ihm jedoch Gabriele d'Annunzio, von dem der junge Lebemann ein Gedicht übersetzt hatte, daß er ein Dichter sei. Die Wende brachte dann 1909 eine Griechenland-Reise, wonach erste Gedichte, Legenden und Novellen herauskamen, 1911 auch der berühmte »Opfergang«. Nun entfaltete Binding seine spezifische Art der Darstellung von Menschen nach ihrem Wesen, nach ihrem »Inbild«, wie er das nannte, von Menschen, denen es dann aufgegeben ist, sich schicksalhaften Mächten gegenüber zu bewähren.
Dementsprechend deutete er später auch sein Tête-à-tête mit dem ältlichen Mädchen, neben das ihn der Zufall auf die Eisenbank bei dem Tuff-Haus in der Neckarhalde 52 gespielt hatte: »›Sie saßen neben mir!‹ das war die große Zurechtsetzung des Lebens. Wie viele Küsse bleiben ungeküßt, weil kein Mund dem andern nahe ist; wie viele Tränen bleiben ungeweint, weil niemand ist bei dem man weinen kann. Und Küsse fallen Lippen zu, weil Lippen nahe sind; und Blumen weinen, weil einer nahe ist bei dem sie weinen können. Doch jeder denkt, der Mund, er blühe nur für ihn, und jede Träne sei nur ihm geweint.«
Wenn von Binding die Rede war, wurden immer sein Formbewußtsein, seine zuchtvolle gemeißelte Sprache und sein strenges Ethos der Haltung aus männlich-soldatischem Geist gerühmt. Während des Ersten Weltkrieges machte der Kavallerie-Rittmeister und Herrenreiter die Erfahrung, daß der allein auf sich selbst gestellt Mensch erst unter äußersten Belastungen, in Ausnahmesituationen, eine ehrliche Einstellung zu den Dingen und zu sich selbst gewinnen könne. Die Art und Weise, wie im »Opfergang« Entsagung um gesellschaftlicher Norm willen als sittlicher Wert und Selbstberaubung als Selbstzucht gefeiert wird, ist nicht weit entfernt von jener sinnlosen Opferbereitschaft, auf welche der Faschismus spekulierte.
Und so zum Beispiel klingt Opfer-Getön und -Gedröhn, wie er's 1924 bei einer Langemarck-Feier hören ließ: »Was dort in Flandern geschah als in späten Oktobertagen neunzehnhundertvierzehn mitten im schon regnenden Feuer des Feindes unter dem nächtlichen Himmel, überglüht von wildem in rotem Achatschliff erstarrtem Gewölk, Scharen von jungen Männern aus kaum vertieften Gräben, aus Furchen, von flacher Erde plötzlich empor sprangen und, den Gesang eines brausenden Liedes auf den Lippen, den Sturm gegen die feindlichen Linien trugen, war ein Unvergleichliches.«

Binding, der 1935 von der Villensiedlung Buchschlag bei Frankfurt, wo er seit 1910 gewohnt und auch als ehrenamtlicher Bürgermeister gewirkt hatte, nach Starnberg umgezogen war, wurde bei aller vornehmen Zurückhaltung dennoch zu einer literarischen Galionsfigur des Nazireiches. An Staatsrat Emil Georg von Stauss, mächtigen Mann der Wirtschaft und Wegbereiter des NS-Regimes, der ihn für den Vorsitz des Deutsch-Europäischen Kulturbundes werben wollte, schrieb er am 19. Dezember 1933 in der ihm eigenen Zeichensetzung: »Was mich betrifft so beruht mein ganzes Ansehen im Ausland und meine Wirkung, die ganze Glaubhaftigkeit meiner Stimme und meines Wortes darauf daß ich betonen darf und betone: ich hätte nie der nationalsozialistischen Partei angehört. In dieser sehr starken Position ist es mir erlaubt als unverdächtiger Zeuge für den Nationalsozialismus und das Neue Deutschland einzutreten.«
Am 4. August 1938 ist Rudolf G. Binding gestorben. Ernst Penzoldt schwärmte am Grab mit umflorter Stimme von der ritterlichen, gepflegten Erscheinung des Dichters, seinem edlen Anstand, der Eleganz, mit welcher er den Braten zu tranchieren vermochte, kurzum, von der Kultur, die man bei ihm habe lernen können. Nach 1945 jedoch war der Lack ab; da ließ das Interesse an Binding, der zwischen den Kriegen ein Lieblingsautor des deutschen Bildungsbürgertums gewesen war, immer mehr nach. Von den hohen Auflagen einstigen Ruhmes kündet heutzutage nur noch, daß man seinen Büchern in Tübingen und anderswo auffallend häufig in Antiquariaten begegnet oder auf Trödelmärkten.

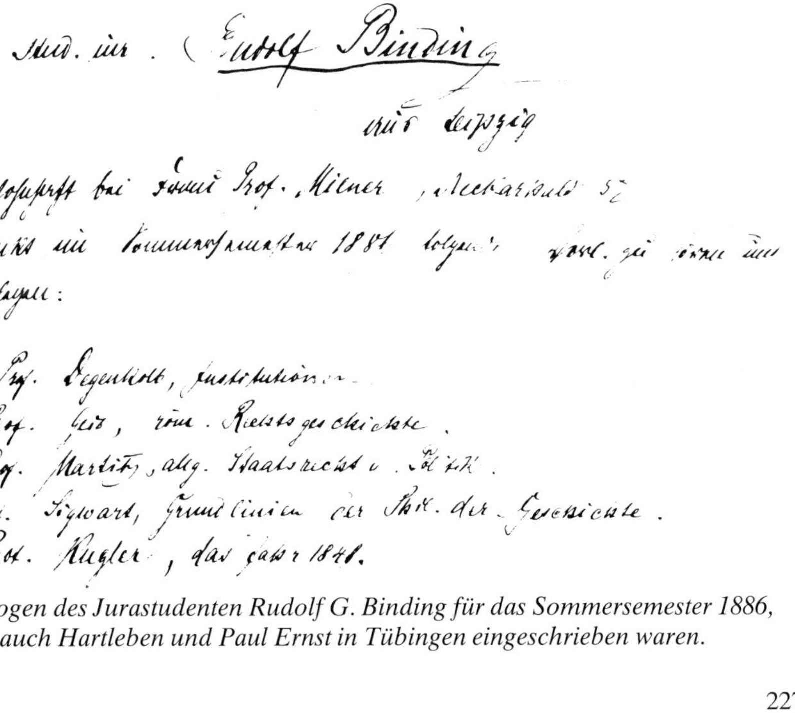

Belegbogen des Jurastudenten Rudolf G. Binding für das Sommersemester 1886, in dem auch Hartleben und Paul Ernst in Tübingen eingeschrieben waren.

Hans Erich Blaich

Neckargasse 7

Doktor Eulenspiegel und das Eichhörnchen

Die »Lebensperspektive« war für den Medizinstudenten, der im Mai 1892 sein viertes und letztes Tübinger Semester begann, erstaunlich klar: »Ich muß wohl oder übel im Physikum eine I machen; das erfordert in den nächsten 6 Monaten eingehende naturwissenschaftliche Studien. Bleibe ich faktisch bei der Medizin (und das geht mir jetzt leichter hinab, da ich in der Theorie immerhin etwas leisten zu können hoffe), so sind gründliche naturwissenschaftliche Kenntnisse Voraussetzung. Gehe ich aber bald nach meinem Physikum zur Journalistik über, so wäre es höchst unklug, durch ein schlechtes Examen der kritischen Welt Grund zur Vermutung über das Warum? zu geben.« Und weil er, wie es in der Tagebuch-Notiz vom 18. Mai 1892 weiter heißt, später unter allen Umständen auch journalistisch tätig sein möchte, wäre es »nachgerade Zeit, meine etwaige Begabung hiefür, namentlich auf dem Gebiete der Satire, auf die Probe zu stellen.«

Schon als Abiturient war es dem Sohn des Schultheißen von Leutkirch bewußt gewesen, daß er skizzierend, glossierend und pointierend Originelleres würde leisten können als mit großen Entwürfen in Jamben oder Prosa. Hans Erich Blaich, der damals bereits weltanschaulich gewitzte oder pathetische Kleinigkeiten in den »Fliegenden Blättern« oder dem Freidenker-Organ »Menschenthum« veröffentlicht hatte, bezog im Frühjahr 1890 eine Bude bei Privatier Maier im ersten Stock des Hauses Neckargasse 7. Zurückgezogen lebend – er ließ sich für keine Verbindung keilen –, versuchte der Student im Austausch mit wenigen Freunden vor allem sein »Gedankenkonglomerat« zu klären, kam mit der sozialistischen Theorie in Berührung und focht militant für den Atheismus. Weil seine Neugierde mehr philosophisch generalisierend als spezialisiert war, sollte er dann immerhin 14 Semester studieren: vier in Tübingen, fünf in München und fünf in Heidelberg.

Eifrig absolvierte Blaich alle Fächer des vorklinischen Studiums von der Anatomie bis zur Zoologie. Die Medizin hätte er gewiß auch in Tübingen zu einem guten Ende bringen können, aber im Interesse seiner anderen, der literarischen Berufung empfahl es sich schon, zum Wintersemester 1892/93 nach München zu gehen. Dem Tübinger Abgangszeugnis zufolge war er hier auf keine Weise auffällig geworden.
Schließlich praktizierte Blaich von 1905 an in Stuttgart, dann von 1911 bis 1931 in München und Fürstenfeldbruck als Facharzt für Lungen- und Halskrankheiten. Außerdem war ihm seit 1905 die Mitarbeit am »Simplicissimus« als Hausautor neben Frank Wedekind und Ludwig Thoma zur Lebensaufgabe geworden. Schon 1895 hatte er sein erstes Pseudonym Dr. Owglass (engl. für Dr. Eulenspiegel) gewählt und unter ihm melancholisch-heitere Versgebilde veröffentlicht, die es darauf anlegten, den Riß zwischen Sein und Schein, zwischen Wollen und Können zu schließen. Später kam das Pseudonym Ratatöskr hinzu, wie in der »Edda« jenes wackere Eichhörnchen heißt, das auf der Weltesche Yggdrasil zwischen dem Drachen im Wurzelwerk und dem Adler auf dem Gipfel vermittelt, und als solches kommentierte er in sprachlich eleganten Versen kulturelle oder politische Tagesereignisse.
Der dichtende Arzt war von melancholischem Gemüt, hatte jedoch bei aller Schwermut immer Trost parat, wie das folgende titellose Gedicht verrät: »›Was drückt dich, lieber Freund?‹ – ›Ich wollt', ich könnte fliegen / und alle Lebenslast und Erdenpein besiegen. / Ich bin so voll davon und wiege, ach, so schwer! / Warum bin ich nicht leicht?‹ – ›Warum bist du nicht leer?‹« Daß man beim

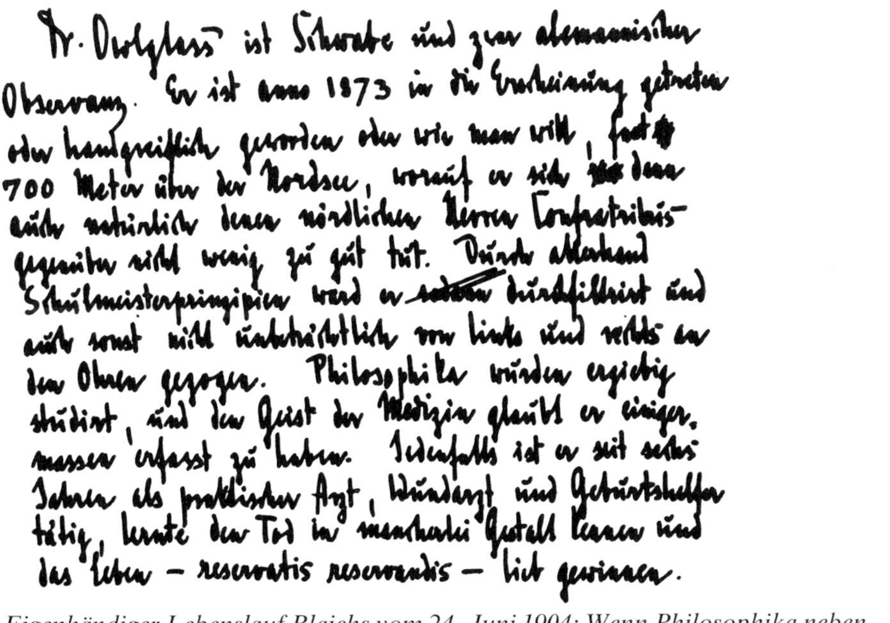
Dr. Owglass ist Schwabe und zwar alemannischer Observanz. Er ist anno 1873 in die Erscheinung getreten oder handgreiflich geworden oder wie man will, fast 700 Meter über der Nordsee, worauf er sich denn auch natürlich denen nördlichen Herren Confratribus gegenüber nicht wenig zu gut tut. Durch allerhand Schulmeisterprinzipien ward er durchgefilzt und auch sonst nicht unbeträchtlich von links und rechts an den Ohren gezogen. Philosophika wurden ergiebig studirt, und den Geist der Medizin glaubt er einigermassen erfasst zu haben. Jedenfalls ist er seit sechs Jahren als praktischer Arzt, Wundarzt und Geburtshelfer tätig, lernte den Tod in mancherlei Gestalt kennen und das Leben – reservatis reservandis – lieb gewinnen.

Eigenhändiger Lebenslauf Blaichs vom 24. Juni 1904: Wenn Philosophika neben der Medizin »ergiebig studirt« wurden, so geschah das vor allem in Tübingen.

Hans Erich Blaich, gezeichnet vom »Simplicissimus«-Kollegen Th. Th. Heine.

»Simplicissimus« den Krieg im August 1914 eilfertig mit Feder und Mordio begrüßt hatte, folgte schon auch aus einer dort seit längerem offenbar gewordenen Standortlosigkeit. Blaich, der dann von 1933 bis 1935 sogar als Chefredakteur der gleichgeschalteten Satire-Zeitschrift wirkte, war weder kriegerischer Jubelpatriot noch Nazi, aber doch ein Anpassungskünstler, zu dem ihm einst nahestehende aufrechte Gestalten wie Kurt Tucholsky, Käthe Kollwitz oder Hermann Hesse deshalb auf Distanz gingen.

Zwar belieferte Blaich den »Simplicissimus« noch locker bis zu letzten Nummer am 6. September 1944, aber längst schon hatte sich der »Alte Satiriker« eskapistisch in Haus und Garten zurückgezogen: »Und was nun? ... Er ist ganz sanft geworden, / außerstand, noch geistig wen zu morden. / Weisheitssprüche sprudelnd fast wie Goethe, / schlurft er durch die eigne Abendröte.« Am 29. Oktober 1945 ist Hans Erich Blaich alias Dr. Owlglass alias Ratatöskr an den Folgen eines Gehirnschlages gestorben.

Hermann Hesse

Herrenberger Straße 28
Holzmarkt 5

Herrenberger Straße 28

Holzmarkt 5

Überm Ufer Heimwehland

Auch beim Frühstück konnte seine Wirtin, Frau Dekan Leopold, ihre Plauderlust nicht bezähmen. Butter, Wecken und Kaffee auftragend, wußte sie »von tausend interessanten Todesfällen, Verlobungen, Krankheiten, Reisen und ähnlichen Freuden zu erzählen«, teilte Hermann Hesse seinen Eltern am 18. Oktober 1895 mit, einen Tag, nachdem er sich im Erdgeschoßzimmer des Hauses Herrenberger Straße 28 bei der Frau Dekanin eingerichtet hatte. »Den Tod ihres Mannes kenne ich schon mit allen Details, bald werde ich von ihrer Kindheit, Verlobung, Hochzeit, Ehe, Freuden und Nöten ebenso genau unterrichtet sein. Sie ist wie aus einem Dickens'schen Roman exzerpiert, beweglich, heiter, lustig, sorglich, zum Platzen voll von alten und neuen Geschichten, und dabei voll Gutmütigkeit und Liebe.« Um viertel nach sieben verließ dann der 18jährige Lehrling das Haus und wanderte, vor sich die aufgehende Sonne, zum Geschäft

am Holzmarkt hin. Nun »waren die Türme und die Häuser am Berg rotumflossen, während unten die Stadt im weißen Nebel lag – ein malerischer Anblick, an dem ich mich jedesmal freute«. Sein täglicher Weg sei jedoch nicht ganz ungefährlich, ließ er im gleichen Brief vom 24. Oktober wissen, führe der doch schnurstracks durchs »ärgste Räuberviertel« mit versoffenen Männern, schlampigen Weibern und frechen Kindern. »Diese Raupen (alias Gägen) sind ein horribles Geschlecht, schmutzig und vierschrötig, und gegenwärtig voll neuen Weins. Ihr Schwäbisch ist echt und faustdick und mahnt ans Slowakische.«
Nach Jahren schwerer Jugendkrisen – der selbstmordgefährdete 15jährige war in die Irrenanstalt Stetten eingeliefert worden und hatte von dort einen ganz erstaunlichen, rebellisch trotzigen Brief nach Hause geschrieben, der nicht zu Unrecht mit jenem Franz Kafkas an den Vater verglichen worden ist –, nach vergeblichen Ansätzen zu einem »ordnungsgemäßen« äußeren Bildungsgang auch machte er nun den Versuch, sich anzupassen, einen vorläufigen Kompromiß einzugehen, indem er die Ausbildung im ungeliebten Beruf des Buchhändlers als »Sprungbrett zu meinem Ziel« (»Erinnerung an Hans«, 1935) bewußt auf sich nahm. Dabei verriet Hesse seinen Kindsheitstraum nicht, sondern akzeptierte nur die Bedingungen, unter denen er ihm am ehesten nahekommen könnte. Seine Ausbildung wie die Bildung der eigenen geistigen Welt gleichermaßen intensiv betreibend, lebte er während dieser vier Jahre in der gefährdeten Balance eines Schwebezustandes, der für ihn die Möglichkeiten des Alles oder Nichts in sich barg.
Die beiden äußeren Pole einer solchen Existenz waren das Geschäft am Holzmarkt und die Wohnung. Abends, nach einem durch die Mittagspause kurz unterbrochenen Arbeitstag von 7.30 bis 19.30 Uhr, flüchtete er sich »vom Äußern der Bücher ins Innere« (2. Oktober 1898). Am Stehpult schaffte er während dieser Zeit der Selbsterziehung und Selbstfindung hier wie dort, dort jedoch, im Hause der Frau Dekanin, war in dessen dunklem Hohlraum »noch immer Zauber, Geheimnis und Schatzkammer, war noch immer Zuflucht vor der nüchternen Außenwelt in ein magisches Reich«.
Vor des Sohnes Abreise nach Tübingen hatte Johannes Hesse ganz genau aufgeschrieben, was Hermann dort zu tun und und zu lassen habe: »1. Wohnung und alle Mahlzeiten bei Frau Dekan Leopold, Herrenbergerstraße 28«, hieß es da etwa und »2. Vormittagsvesper gibt sie mit; Nachmittagsvesper läßt Herr Sonnewald kommen (Bier und Brot). 3. Taschengeld, 1½ Mk. wöchentlich, zahlt jeden Samstag Frau Dekan Leopold« oder »7. Das Rauchen auf ein Minimum beschränken, weil es den Appetit vermindert, die Nerven reizt und Geld kostet. Nur wenn man sich ganz bestimmt ein festes Maß setzt und daran streng und regelmäßig festhält, kann man ein mäßiger Raucher bleiben«.
Zwar vergingen noch einige Jahre, ehe er seine Jugendkrisen im Werk zu bewältigen vermochte, aber während der Tübinger Zeit entdeckte Hesse – auch eine Folge seiner Anpassung – immerhin schon Gemeinsamkeiten zum Vater und schrieb liebevolle Briefe nicht nur an ihn und die Mutter, sondern auch an Geschwister und Freunde, etwa an Eberhard Goes, den Vater des Dichters und Pfarrers Albrecht Goes. Deshalb weiß man denn auch nahezu für jeden Tag, was er getan, gelesen und gedacht hat. Selbst die Einrichtung seines Zimmers ist bis

Der einundzwanzigjährige Hermann Hesse während seiner Tübinger Zeit im Mai 1899.

in die letzten Einzelheiten bekannt, denn er zeichnete es für die Eltern (mit der falschen Himmelsrichtung West statt Süd) und beschrieb auch das Interieur mehrmals. Zwischen den beiden Fenstern des zur Straße gelegenen Parterrezimmers stand das aus unlackiertem Holz gefertigte breite Stehpult seines magischen Reiches, während ein heutiger Nachmieter dort ein Karate-Trainingsgerät angebracht hat, ebenfalls aus unlackiertem Holz. Von den drei Türen an den anderen drei Wänden wurde und wird nur die den Fenstern gegenüber gelegene benutzt: Die linke, hinter Bett und Waschtisch, hatte Hesse mit einem Vorhang zugehängt, und vor die rechte war der »Kasten« geschoben worden.

Irgendwann im Jahre 1898, als ihn Kopfweh an anderer Beschäftigung hinderte, brachte er eine lange und penible Beschreibung seines Zimmers zu Papier, in der es heißt: »Über dem Sofa hängt Böcklins ›Villa am Meer‹ in großem Stich und eine allzu kleine Toteninsel, Fotografien von Teinach und Teinacher Sägemühle und ein Tschibuk (= lange türkische Tabakspfeife mit kleinem Kopf). Links vom Sofa zwischen Ecke und Fenster Georgi's ›Alte Stadt‹, darunter in Oktavformat Portraits von Hauptmann, Nietzsche, Chopin. Über dem Pulte, zwischen beiden Fenstern, ein hohes und schmales Seestück. Über dem Bette hängen drei Bilder von Adele (= seine ältere Schwester) und ein Damenbild von Franz Stuck. Über dem Waschtisch ein Spiegel, von dem darunterstehenden Rasierspiegel ironisiert. Über der Kommode ein größeres Chopinportrait, von vier Oktavbildern: Beethoven, Mozart, Schumann, Weber umgeben. Unter Chopin steht ein bunter Papierfächer, als Hintergrund einer auf der Kommode stehenden Hermesbüste« und so weiter und so fort.

Ohne Kenntnis der Grundrißzeichnung, hatte man bis vor kurzem – von der vormaligen Hausbesitzerin fehlinformiert – ein anderes, vom Treppenhaus erreichbares Zimmer daneben für das von Hesse bewohnte gehalten. Fan-Gruppen aus Japan, die auch häufig zum Haus in der Herrenberger Straße kommen, waren also im falschen bewundernd ins Schnattern geraten. Es besteht aber wirklich kein Zweifel daran, daß Frau Dekanin dem Sohn des Calwer Missionars den schönsten Raum in ihrer Wohnung überließ.

Inzwischen wurde das rund 100 Jahre alte Gebäude für die Zwecke zweier Musiklehrer saniert und mit einem Anbau versehen. 1985 hatten sie es von einem Makler erworben, der an seiner Stelle Terrassenhäuser mit 45 Studentenzimmern errichten wollte. Das jedoch war nicht möglich, weil die Stadt, Hesses wegen, zumindest auf Erhaltung der Fassade bestand. Mag man nun den aufwendigen neuen Anbau statt eines ruinös gewordenen alten passend finden oder nicht, auf jeden Fall gab, was sich dort tat, der traurigen Verfallsgeschichte des Gebäudes unverhofft noch eine Wendung zum Guten: Da entstand nämlich ein Domizil für Musiker mit Unterrichtsraum und drei Übzimmern, ein Haus, in dem vor allem Instrumentalisten wohnen und unbehelligt arbeiten können. Auch Hesse hatte zumindest während seiner ersten Monate noch häufig die Geige zur Hand genommen, aber später ließ er's dann.

Die Gegend draußen bei der Marquardtei war damals noch sehr ländlich. »Da ich«, schrieb Hesse am 11. Januar 1896 an die Eltern, »vor dem Dorf draußen wohne, ist mir Neckartübingen als Stadt noch nicht verleidet. Ich lebe eigentlich fein-fein: Die Bürostunden im Zentrum der Stadt, Privatlogis auf dem Lande. Die Freuden des Landlebens hat schon Horaz genügend besungen, ich kann seinen Idyllen noch die Gestalten mistführender Gagen, halbwilder Hündlein und Kinder und einer himmelan qualmenden Brauerei zufügen.«

Die Sonntage »werden verträumt, d. h. vergeigt, verschlafen, verbummelt und verlesen« (20. November 1895), oder Hesse hielt sich, wie auch an schönen Abenden manchmal, in der kleinen Laube neben dem Haus auf: »Sie ist so dicht, daß es ganz dunkel drin ist, und man kann durch die Rebranken die Vorübergehenden beschauen, ohne selbst sichtbar zu sein« (15. Juni 1896). Er wanderte während der Mittagspause häufig aufs Schloß, machte Ausflüge nach Bebenhausen, Schwärzloch, zum Schloß Lichtenstein oder nach Urach und ließ sich's während der letzten Tübinger Monate gesellig vor allem im Freundeskreis »Le petit cénacle« wohl sein, zu dem auch der Jurastudent Ludwig Finckh gehörte. In einem späteren kurzen Lebenslauf heißt es, er sei damals in Tübingen auf drei Gebieten zugleich fleißig gewesen: »im Geschäft, in privater Lektüre und in abendlich, nächtlichem Verkehr mit einigen Kameraden, meist ausgesprungenen oder sonst verbindungslosen Studenten, mit großen Saufereien«.

In der Buchhandlung am Holzmarkt waren außer dem Prinzipal Carl August Sonnewald und dem Prokuristen Heinrich Hermes noch Herren namens Straubing, Schmidt, Knapp, Klett und zwei Austräger beschäftigt. Der Lehrling mußte am wackligen Stehpult im Raum hinter dem Laden – heute werden dort bunte Kinkerlitzchen für Haushalt und Wohnung verkauft, während das Antiquariat nur noch in einem Nebenhaus fortlebt – Hesse mußte dort, wie später auch Josef Eberle alias Sebastian Blau, Fakturen kollationieren, d. h. antiquarische Bücher auf ihre Vollständigkeit überprüfen, Zeitschriften expedieren und Ansichtssendungen zusammenstellen.

Freudig tat er das nicht gerade. »›Der Heckenhauer‹, der Gewalt über mich hat«, bekam die Mutter am 3. Juli 1896 zu hören, »steht wie ein Berg hinter mir und wirft überallhin einen langen Schatten. Das Staubschlucken und Geldzählen macht einen zum elenden Kerl.« Lange scheute er sich denn auch, der Brieffreundin Helene Voigt-Diederichs in Leipzig überhaupt mitzuteilen, welchen Beruf er ausübe, so daß sie in einem Brief extra danach fragen mußte. Aber Hesse stand es durch, und schließlich schrieb Sonnewald dem Lehrling, der dann noch vom 1. Oktober 1898 bis zum 31. Juli 1899 als zweiter Sortimentsgehilfe arbeitete, ins Zeugnis, er habe sich »stets fleißig, treu und ehrlich erwiesen«.

»Morgen! morgen! – das ist, wenn mein Leben ein ebener Strom sein, wenn meine Liebelust in Rosen wohnen wird. Morgen – das ist die Zeit, wo ich mich und den Schwerpunkt meines Wesens werde gefunden haben, wo meine Lieder Spiegel meines Glückes und meine Gedanken selber Seligkeiten sein werden. Morgen – wenn meine fressende Schuld erschlagen ist, und viele Monate meines Lebens vertilgt sein werden. Morgen – der Sonnenaufgang meines Geistes, der die Welt mir in lichter Wahrheit zeigt. Morgen – der Tag, der nie Heute sein wird« (Tagesnotiz, 9. Juni 1897). Dieses Morgen brachte Hesse dem Heute näher, als er Wissensstoff nicht nach Sammlerart häufte, sondern zielstrebig seine geistige Welt daraus baute. Zunächst diente ihm vor allem Goethe zur Daseinsbewältigung, wobei er bei ihm die Notwendigkeit erfuhr, »ein Stückchen Seele, einen Raum in der Brust, still und stumm zu bewahren, damit der Grund ruhig sei, wenn auch oben Stürme gehen« (am 11./13. Januar 1896).

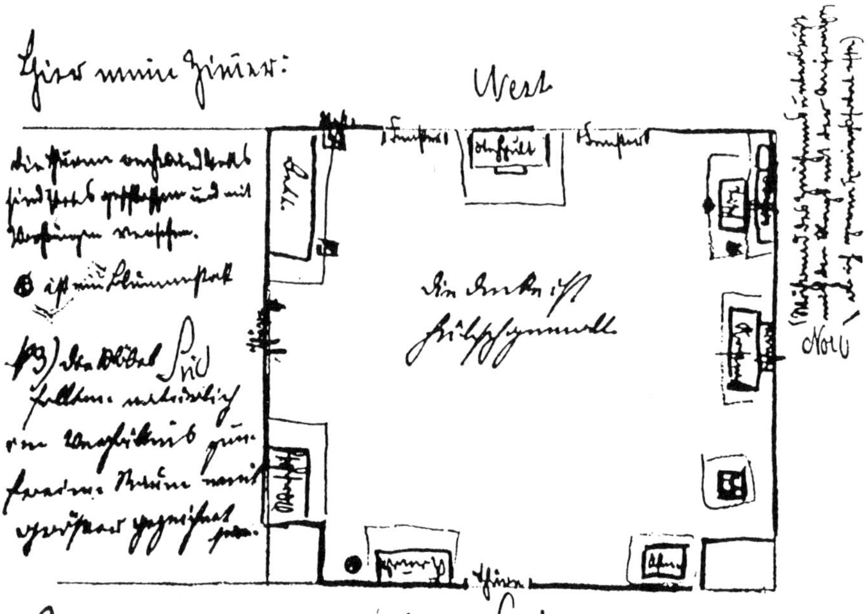

Für den ersten Brief an die Eltern aus Tübingen vom 20. Oktober 1895 zeichnete Hermann Hesse den Grundriß seines Zimmers, wobei er sich aber in der Himmelsrichtung vertat: Die beiden Fenster oben, zwischen denen sich das Stehpult befand, weisen nicht nach Westen, sondern nach Süden, zur Straße hin. In der linken Zimmerhälfte stehen Nachttisch, Bett, Stuhl, Waschtisch, Kommode und Blumenstock, in der rechten Sofa, Tisch, Stuhl, Kasten und Ofen. Am linken Rand notierte Hesse unter anderem: »Die Möbel sollten natürlich im Verhältnis zum freien Raum weit größer gezeichnet sein«, in der Mitte des Zimmers steht: »Die Decke ist hübsch gemalt« und am rechten Rand: »Während des Zeichnens unterbricht mich die Magd mit der Anfrage, ob ich gern Heringssalat esse.«

Danach nahm ihn Friedrich Nietzsche gefangen, dann die Welt der Romantik. Er machte sich ein ästhetisierendes Weltbild, eine Art poetischen Pantheismus zu eigen. »Denn ich bin schlechterdings seit langem des festen Glaubens, daß die Moral für Künstler durch die Ästhetik ersetzt wird«, schrieb er den verschreckten Eltern am 4. Oktober 1897.
Im Oktober 1898 erschienen beim Dresdner Selbstbeteiligungs-Verlag Pierson zunächst seine »Romantischen Lieder«. Die dritte Strophe von »An die Schönheit« läßt schon auch etwas von der Gestimmtheit seiner geistigen Existenz zu dieser Zeit anklingen: »Tänze und Gefahren sanken / In den dunklen Fluß der Zeit, / Ohne Nähen, ohne Schranken / Wölbt sich meine Einsamkeit / Grün und Gold und Himmel schwand; / Überm Ufer meiner kranken / Seele liegt mein Heimwehland.« Eines dieser Lieder hat den Titel »Eine Stunde hinter Mitternacht« und gab bald einer Sammlung von neun kurzen, Maurice Maeterlinck nahen Prosastücken den Namen, die noch im Sommer 1899 beim Leipziger Verlag von Eugen Diederichs erschien, dem Mann seiner Brieffreundin.
In Tübingen hatte Hermann Hesse seine Identität gefunden und war zum Dichter geworden. Später sollte er, der in den USA und in Japan am meisten gelesene europäische Autor dieses Jahrhunderts, dann auch vielen anderen zum Helfer bei der Identitätssuche werden. Man unterschätzte ihn – »den empfand ich immer als einen durchschnittlichen Entwicklungs-, Ehe- und Innerlichkeitsromancier – eine typisch deutsche Sache«, urteilte etwa Gottfried Benn 1950 –, und man überschätzte ihn auch, machte den vom Suhrkamp-Verlag hemmungslos vermarkteten Dichter zum Guru für alle möglichen verschwitzten Ideologien oder »Meisterführer zum psychedelischen Erlebnis« (Timothy Leary). Andererseits wiederum stellte Hans Mayer im Jahre 1977, als man Hesses 100. Geburtstag feierte, dem Innerlichkeitsromancier den ernsthaften politischen Schriftsteller gegenüber, der vielleicht gerade deshalb unter pervertierten Verhältnissen immer klar sah, weil er keine zum homo politicus geschrumpfte Gestalt war.
Im »Steppenwolf« lasse der Dichter, Mayer zufolge, alles Romantische hinter sich. Da werde reale Welt nicht mehr verklärend integriert, sondern Kunst erscheine als Gegenkunst zur bürgerlichen Wirklichkeit. Wenn Harry Haller, der Held des Buches, die Realität mit den künstlichen Paradiesen des Magischen Theaters vertausche, mache er jedoch kein Ausnahmewesen aus sich, sondern bleibe ein typisches Produkt der bürgerlichen Gesellschaft, diese nicht gefährdend, sondern stärkend. Sie bestehe nämlich weiter »wegen der unernsten Spielerei von Bürgern mit der Unbürgerlichkeit«, wie Mayer des Dichters Einsicht zugespitzt formulierte. Diese Diagnose spreche für Hesses Modernität, und der »Steppenwolf« sei deswegen so aufregend geblieben wie auf andere Weise die Gedichte der »Krisis« (1928) oder die Erzählung »Die Morgenlandfahrt« (1932).
Was nun das äußere Dasein betrifft, so wölbte sich der Spannungsbogen folgendermaßen von den Tübinger Anfängen zur Jahrhundertmitte: »Komische Sachen«, notierte Hermann Hesse im September 1955, »verlangt jeden Tag die Post von mir. Heut muß ich, zwecks Gedenktafel, dem Kulturamt von Tübingen die Hausnummer meiner Wohnung anno 95 angeben.«

Wilhelm Lehmann

Neckarhalde 35
(abgebrochen)

Mich trieb dahin ein besonderer Traum

Warum kam er zum Studium ausgerechnet nach Tübingen? Wilhelm Lehmann, am 4. Mai 1882 in Puerto Cabello (Venezuela) als Sohn eines Kaufmanns geboren, war bei der Mutter in Wandsbek aufgewachsen. »Der Vater, begabt, aber voll unsicherer Triebe, verließ seine Familie und verscholl bald in Mexiko« (»Biographische Notiz«, 1932). Auf dem Matthias-Claudius-Gymnasium bestand er das Abitur am 20. März 1900, und zwar mit »sehr gut« in Gesang, »gut« in

Rechts das 1969 abgebrochene Haus Neckarhalde 35, in dem Wilhelm Lehmann um 1900 wohnte. Das Photo muß aus der Zeit vor 1896 stammen, weil in jenem Jahr eine größere Brücke anstelle des alten Hirschauer Steges errichtet wurde.

Deutsch und den neueren Sprachen, »genügend« in alten Sprachen, Physik, Geschichte und Erdkunde und einem »Nicht genügend« in Mathematik. Nun also fuhr Lehmann, gerade 18 Jahre alt geworden, von Hamburg in die schwäbische Universitätsstadt. Warum ausgerechnet nach Tübingen? »Mich trieb dahin«, so schrieb er in den biographischen Aufzeichnungen »Mühe des Anfangs« (1952), »ein besonderer Traum. Längst hatte ich in der Dichtung gewühlt, war längst zusammen mit dem Bruder ein Büchernarr geworden. Halb zum Ärger, halb zum Stolz der Mutter füllten unsere Regale durch Privatstundengeld erworbene Reclambändchen, die Meyerschen Volksbücher, auch, mit Lust den Antiquariaten Wandsbeks und Hamburgs entgraben, ausrangierte Leihbibliotheksexemplare, seltene Erstausgaben, besonders der Romantik, die man damals wieder zu entdecken anfing«. Und: »Liebend hatte ich mich in Eduard Mörikes Welt eingewohnt. Wie er mit dem Freunde Ludwig Bauer auf einem Weinberge oder in einer Brunnenstube hausend, dem Geräusch der Wasser hingegeben, nur ein Klavier zur Seite, den Stimmen der Einsamkeit horchte, dem hing ich hartnäckig nach.«

Wer damals auf dem Tübinger Bahnhof ankam und wie ein Studienanfänger aussah, der wurde gleich – davon berichteten auch Rudolf G. Binding und Paul Ernst in ihren Erinnerungen – von Korporierten belästigt, die sich mit holzgeschnitzter Höflichkeit näherten und Hilfe anboten. Der junge Norddeutsche erwehrte sich zunächst einmal mühsam der Versuche, ihn zu »keilen«, denn: »Sollte ich die eben erworbene kostbare Freiheit gleich wieder verlieren?« und schleppte den schweren Schiffskoffer aus des Vaters Bestand selbst zu seiner Bude in »einem an einer Neckarbrücke gelegenen Häuschen, mit einem Dachzimmer darin«. Es war das 1969 für den autogerechten Ausbau der Kurve abgerissene, aus der ersten Hälfte des 19. Jahrhunderts stammende Gebäude Neckarhalde 35, am linken Ende der Alleenbrücke, wenn man vom Wildermuth-Gymnasium her kommt. Heute klafft an seiner Stelle eine grüne Grube.

Beim städtischen Bauordnungsamt liegenden Plänen von Werkmeister Franz Josef Bärtle zufolge, beantragte Hausbesitzer Robert Raach 1898 den Aufbau von Dachläden. Gerade in diesem neuen Dachstübchen mit Blick auf die ebenfalls neue, 1896 anstelle des alten Hirschauer Stegs von 1508 errichtete Alleenbrücke, zog Lehmann nun also ein. Aber er fühlte sich nicht so ganz seinen Erwartungen entsprechend bei der Witwe Fanny Bart, weniger frei, weniger menschenfern, als er sich's – von Weinberghütten und Brunnenstuben träumend – vorgestellt hatte. Seine Wirtin, »ein altes, verhutzeltes Weibchen«, erlaubte ihm aber immerhin, »das Klavier ihres Hauptmieters zu benutzen, das in der großen Stube des unteren Stockes stand«. Da suchte er sich, »dilettantisch, in Hugo Wolf hinein, bezaubert von den Mörikeliedern«, wohl nicht einmal wissend, daß Wolf einige Häuser weiter, in der (für den Schloßbergtunnel 1973 abgerissenen) Neckarhalde 60 bei Universitätsmusikdirektor Emil Kauffmann 1890, 1891 und 1894 ein- und ausgegangen war. Und oft saß der Student unten »am Ufer des Neckars und vergeudete die Zeit mit barem Träumen«.

Wegen seines besonderen Interesses an Literatur und an der englischen Sprache, dann auch, um als Lehrer möglichst bald wirtschaftlich unabhängig werden zu können und weil er das ihn ebenfalls reizende Fach Biologie aus mathematischem

Wilhelm Lehmann um 1913, als er Lehrer an der Freien Schulgemeinde Wickersdorf bei Saalfeld war.

Unvermögen nicht studieren konnte, hatte sich Wilhelm Lehmann für neuere Philologie und Philosophie entschieden, schwankte aber suchend zwischen den Fakultäten hin und her. Offiziell belegte er am 12. Mai 1900 Metaphysik bei Christoph von Sigwart, neuere französische Literatur bei Karl Voretzsch und Geschichte der deutschen Literatur bei Hermann Fischer, machte französische und englische Übungen und hörte griechische Mystik bei dem damaligen Stifts-Repetenten Theodor Eisele.

Lehmann besuchte die philologischen Vorlesungen, »um erschreckt zurückzuweichen«. Auch der Kunsthistoriker Konrad Lange enttäuschte ihn. Als Emil Kauffmann im Stift über Richard Wagner las, saß er unter den Hörern, und in einem kleinen abgelegenen Raum der Universität machte der in allem Unschlüssige Pflanzenbestimmungs-Übungen bei dem alten Prof. Friedrich Hegelmair, an denen außer ihm nur noch zwei katholische Theologen teilnahmen. »Wo blieb die Philologie? Wo der vorgezeichnete Studienplan, der mich einer Anstellung zuschieben sollte?«

Denn der Philologe hörte auch die Hauptvorlesung des Botanikers Prof. Hermann Vöchting und nahm an dessen Exkursionen teil. Überall in seiner Dachkammer standen Schüsseln und Gläser mit der Ausbeute herum, mit Baldrian und hohen Dictamusbüscheln auch, deren Öl sich entzünden ließ. Bei alldem spürte er Gewissensbisse und bedauerte, daß die Botanik nicht als Gestaltlehre galt, als welche sie mit dem Wort verbunden wäre, man also keine Mathematik brauchte. »Zu ausschließlich hing ich den Dingen an. Von ihnen sollte ich mich wegdenken – wo sie strebten, sich zu mir hinzudenken? Heute weiß ich, daß Novalis recht hat, wenn er einem dichterischen Menschen Beschäftigung mit Abstraktem, mit Mathematik und umgekehrt rät.«

So schrieb er 1952, das mathematische Unvermögen als Mangel empfindend. »Jedoch, sinnliches Dasein und das Wort als seine Wiedergeburt – dem bohrte ich unklar entgegen, voll Schmerzen, voll Öde, voll glücklichem Leid. Ich irrte durch Wüsteneien; da wollte kein Brunnen springen. Sollte ich von vornherein verzichten, da ich kaum begonnen hatte? Meine achtzehn Jahre konnten sich nicht in die geläufige Ordnung finden. Vielleicht wäre mir dienlicher gewesen, als Gärtnerlehrling bestimmte Arbeiten zu verrichten, statt vage ins Vage zu schweifen. Wahrscheinlich ist mir gerade das Unnütze nützlich geworden.«

Wahrscheinlich. Was Lehmann damals schrieb, war jedoch noch epigonale Romantik in Inhalt und Klang. Ein kurzer Blick in die Zukunft dessen, der da träumend am Neckar saß, des späteren Dichters, dem man in allen geläufigen Nachschlagwerken den Stempel des »Naturmystikers« aufzudrücken pflegt: In Kiel sollte er 1905 mit einer Arbeit »Das Präfix uz- im Altenglischen« promovieren und sich 1908 durch das Staatsexamen doch noch die Voraussetzung für den Zugang zum Lehrerberuf schaffen. Seine erste Veröffentlichung, die Prosaskizze »Cardenio und Celinde«, erschien 1912 in Alfred Kerrs Wochenzeitschrift »Pan«, die Novelle »Michael Lippstock« kam 1915 heraus und der Roman »Der Bilderstürmer«, nach welchem ihn Kurt Pinthus als »Erzähler des Konkreten« begrüßte, im Jahre 1917. Die Hauptgestalt, Ernst Magerhold, weist Züge des jugendbewegenden Schulreformers Gustav Wyneken auf, in dessen Freier Schulgemeinde Wickersdorf Lehmann zunächst als Lehrer tätig war, mehr jedoch als dem die Natur im Namen des Geistes ideologisch vergewaltigenden Wyneken dessen Gegenspieler Martin Luserke zuneigend.

Heute gelesen, erscheint diese expressive Prosa mit ihrem Streben nach dem absoluten Bild, der absoluten Metapher, nicht mehr so recht erträglich, mag da immer auch Natur sich gleichsam selbst erzählen. »Der Tag«, so beginnt der Roman, »kreischte in den Farben des Kakadus. Im Schoße der Luft lag heller Gesang: ›Komm heraus, komm heraus, du schöne Braut!‹ Kerne von Licht tummelten sich da, wo die Eschenwipfel aufhörten. Ihr Widerschein auf dem frohen Staubboden ließ die sonstige Helligkeit dunkel erscheinen. Alle Dörfer pflanzten Kartoffeln.«

Die Detailgenauigkeit seines zwischen 1927 und 1932 geführten »Bukolischen Tagebuchs« ist beispielhaft für Prosa der Neuen Sachlichkeit. »Aus der durchhöhlten Steckrübe, die vom Wagen herab in den Graben gefallen ist, huscht eine Maus. Sie hat die Frucht, die ihr willkommen fiel, fast ganz verzehrt, die gelbe, violett gesprenkelte Schale klafft leer«, notierte er am 1. Januar 1929, was dann Ausgangspunkt für das Gedicht »Altjahrsabend« wurde: »Aus der durchhöhlten Rübe springt die Maus. / Der steife Wind zwingt das Hollunderblatt zu tagelangem Purzelbaum – / Die leere Rübenbacke klafft, / Die Tauben peitscht der Wind ans Haus. // Den Bauernpferden wächst das Haar wie Moos so dicht. / Das Jahr geht hin. Kein Anfang ist und Ende nicht. / Die Eichel fällt – die Einsamkeit erschrickt, und Öde schluckt den Ton. / Sie schluckt auch meiner Sohle Lärmen, sie vergaß mich schon.«

Ernst Bloch, der später wenige Meter weiter oben am Neckar wohnte, begegnete dem Gedicht in der »Frankfurter Zeitung« vom 3. Januar 1932 und schrieb darüber, angetan schon vom ersten Vers: »Gespräch sind diese Versbilder, sie richten sich nach dem, was man in der Jugend zwischen den Zeilen gesehen hat, im Nebel und Glanz, der dort liegt und der, in der ›Erinnerung‹, viel mit Herbst, dann mit Weihnacht, dann vor allem mit Silvester gemein hat« (»Die Landschaft zwischen Silvester und Neujahr«).

Aber erst durch das Gedichtbuch »Antwort des Schweigens«, das er dem brutalen Reim-Lärm der Baldur von Schirach oder Gerhard Schumann unseligen Tübinger Angedenkens als Studentenführer der ersten faschistischen Stunde entgegensetzte, erst durch diesen von Alexander Mitscherlich in Ernst Niekischs Widerstands-Verlag lektorierten Band machte sich Lehmann als Lyriker einen Namen, und seine Gedichte begannen untergründig zu wirken auf die Empfängli-

chen. »Verse zur Erhellung der Todesnacht, die uns umgibt«, nannte der seit 1923 als Studienrat in Eckernförde Wirkende ein Gedicht, das er der verfemten Elisabeth Langgässer schickte.
Nach 1945 übte der Naturmagier vor allem durch seine zauberischen Sprachbilder nachhaltigen Einfluß auf eine ganze Generation junger deutscher Lyriker wie Hermlin, Huchel, Krolow, Piontek, Höllerer, Härtling, Meister, Fried oder Eich aus, er wurde ihnen zur Vaterfigur neben Gottfried Benn, Bertolt Brecht oder Hans Arp. Günter Eich zum Beispiel dankte »dem großen Wilhelm Lehmann dem lebenslangen Vorbild« am 4. Mai 1967, ein Jahr vor dessen Tod am 17. November 1968, in einem Telegramm zum 85. Geburtstag »für sichtbare Zeit für das vorliegende und das zukünftige Werk«.
Dichterische Sprache, heißt es in seiner »Einladung, Oskar Loerke zu lesen«, »ist eine Widerstandsbewegung gegen Entstellung und Konvention. Sie rettet das Konkrete, das Allgemeine erhält sich von selbst«. Nun hatte aber der Tübinger Student des Jahres 1900 noch keine Sprache, die fähig gewesen wäre zu entdekken, zu zeugen, zu verändern. Was er den Novellen-Helden Michael Lippstock von »seinen rätselhaften, dunkel durchsummten, unbeständigen, nur in Träumereien beständigen Studienjahren, den unglücklichsten seines Lebens«, sagen läßt, gilt auch für ihn selbst. Lehmann spürte das Unvermögen, all dem, was in ihm gärte, Ausdruck zu geben. Unglücklich irrte er durch die Wüsteneien, in denen keine Brunnen springen wollten.
Seltsam und zu beklagen, daß in der schönen Jugend so viel Verquollenes, so viel Qual und Unklarheit ist, daß sie sich nur selten in erlebter Gegenwart selbst Genüge tun kann. Jugend, so schrieb Lehmann »An meine Sid«, seine ältere erste Frau, irgendwann zwischen 1903 und 1905, Jugend ist »ein qualvoller Zustand, ein Zustand stinkend wie faulige Rosenblätter, wie eine Blase an der Hand, ein inhaltsleeres Bewußtsein hat man in jener Epoche, nichts hat man in sich zu zerbeißen, immer nur schlägt man in seine eigene Leere«.
Der Student ging den Menschen aus dem Weg, er fand das studentische Treiben leer, ließ sich aber schon intensiv mit der Landschaft ein bei seiner »Mühe des Anfangs«: »Ich trieb in der dörflichen Umgebung Tübingens herum, bettete mich an Waldabhänge, die Füße in den rotweißen Büschen des großen Lerchensporns.«
Und der Träumer, zwischen rauschhaftem Glück und Verzweiflung schwankend, fragte sich dann auch, ob er nicht schon dabei sei, seine Jugend zu versäumen. »Eines frühen, scheuen, unberührten Sommermorgens« stand er kummervoll am Fenster seiner Dachkammer und sah unten »ein junges Paar, wohl von einem Fest zurückkehrend, über die Neckarbrücke gehen. Ein schlanker Offizier beugte sich zu einem weiß-gelb gekleideten Fräulein; sie neckten, sie küßten sich. Das durchschauerte mich; mir war, als wandere ich vergeblich meiner Jugend nach.«

Bruno Frank

Am Stadtgraben 31
Brunsstraße 14

Am Stadtgraben 31

Brunsstraße 14

Glücksfundus fürs ganze Leben

Für eine »Festgabe« zum 450jährigen Bestehen der Universität 1927 wurden von der »Württemberger Zeitung« auch einige frühere Studenten, die inzwischen als Schriftsteller zu Ruhm gekommen waren, um Erinnerungen an ihre Studienzeit gebeten. »Tübingen – schon der Name überschüttet auch mich mit einem Segen köstlicher Jugenderinnerungen«, schrieb der klassizistische Dramatiker Heinrich Lilienfein, Generalsekretär der deutschen Schillerstiftung zu Weimar, und tat kund, im ersten und damals wohl einzigen Haus an der Brunnenstraße »ein ungeheures Versepos in drei Teilen, alle Weltfragen ergründend und lösend, rauchumqualmt bis spät in die Nächte, umwittert von Nietzsche-Dionysos« geboren zu haben. Dem »Rosendoktor« Ludwig Finckh stieg noch in Gaienhofen am Bodensee, wo er Nachbar Hermann Hesses war, ein scharfer, brenzliger Geruch in seine geistige Nase, und vor seinem geistigen Auge sah er wieder den Post-Louis vergnügt lächelnd bei seiner Wirtschaft oben an der Wilhelmstraße stehen. Da wußte er: »Es ist eine Wildsau geschossen worden im Schönbuch, man hat ihr die Borsten abgesengt, und es gibt heute Braten in der Post. Ganz Tübingen riecht nach Wildschwein.« Der gerade 40 Jahre alt gewordene Bruno Frank schließlich schwärmte: »Tübingen ist ganz gewiß die schönste deutsche Universitätsstadt. Dies innige Zusammenbestehen von sanfter, reicher Landschaft und uraltem Stadtzauber hat in Deutschland nicht seinesgleichen. Es ist wundervoll, daran zu denken, wie durch die Gemäuer aus Vorväterzeiten alljährlich ein frischer Quell von Jugend schäumt. So stark ist dies Empfinden für mich sonst nur noch in Oxford gewesen. Persönliche Erinnerungen? Was soll einer da sagen? Ein Satz wäre ganz erschöpfend: Ich war glücklich, und ich war jung. Akademisch gelernt habe ich nicht viel dort, und das war meine Schuld, aber einen Glücksfundus fürs ganze Leben gesammelt, der sich nicht ganz erschöpft.«

Gleich nach der Hochzeit – 1924 hatte Frank die Tochter der Operetten-Diva Fritzi Massary geheiratet – war er mit seiner jungen Frau von Oberbayern nach München in die ehemalige Villa Bruno Walters gezogen. Zum Nachbarn Thomas Mann und der ganzen Mann-Familie entwickelte sich eine enge, lebenslange Freundschaft. Damals lagen von Frank schon einige Gedichtbände, Dramen und Erzählungen vor. Erfolgreich vor allem »Tage des Königs« (1924) über den alternden Friedrich II. – Hermann Bahr zufolge »ein Kernschuß von Laune, stiller Heiterkeit und melancholischer Menschenkenntnis« – oder »Trenck. Roman eines Günstlings« (1926), und zu jener Zeit arbeitete er gerade an seiner »Politischen Novelle«, die 1928 herauskommen sollte.

Damit hatte sich der eigentlich Politikferne zur Politik nötigen lassen und das brisante Thema einer deutsch-französischen Aussöhnung behandelt. »Wodurch er als Erzähler einnimmt, fesselt, ja entzückt, sind«, so schrieb Thomas Mann über den Freund, »Mittel und Reize persönlichster Art, ist vor allem ein Vortrag so klug und klar, so angenehm, witzig auch wohl, pointiert, schlagkräftig-elegant und wieder von so beherrschter Innigkeit, daß sich durch ihn schon die heiterunverdächtige Verzauberung erklärt, die den Leser gefangenhält. Das Aufsehen, das seine Erzählung erregt, hat sich rasch über die deutschen Grenzen hinaus verbreitet: ihr Gegenstand ist groß und brennend, er beschäftigt Millionen.«

Der Sohn eines Stuttgarter Bankiers – auf sein Geburts- und Elternhaus in der Silberburgstraße 159 weist eine Tafel hin – muß die Gabe gehabt haben, spontan für sich einzunehmen. In »Escape to Life« (1939) schreiben etwa auch Erika und Klaus Mann über ihn und seine Frau Liesl: »Man fühlte sich bei diesen beiden Menschen wohl, bei guten und gescheiten, hilfsbereiten, mit Phantasie und Verständnis begabten Wesen.« Als Schriftsteller hatte Frank gleichermaßen den Hang zum klassisch Geformten wie zum unterhaltsam Gefälligen, zum moralischen Ernst wie zum lockeren Humor. Vor allem der Erzähler neigte allerdings auch dazu, psychoanalytisch erfahrbare Gegebenheiten allzu kolportagehaft in (oft erotische) Zwangshandlungen umzudeuten. Sein Talent als literarischer Entertainer, das später für den Exilanten in Hollywood überlebenswichtig werden sollte, offenbarte sich zunächst bei dem Stück »Zwölftausend« (1927) und dann beim erfolgreichen »Sturm im Wasserglas« (1930), einer, so Hans Mayer, »kleinen Komödie der Menschlichkeit«.

Als »humaner Gentleman«, wie er einmal Iwan Turgenjew bezeichnete, wäre auch der kosmopolitische Schwabe selbst bestens zu charakterisieren. Sein Münchner Haus wurde zum Ort gepflegter Geselligkeit und schöngeistigen Gesprächs. Und dort kam ihm auch hin und wieder unversehens die alte Universitätsstadt in den Sinn, versicherte er jedenfalls in jenem Jubiläumsjahr 1927: »Oft gehe ich noch, im Traum oder im Wachen, vom Bahnhof her über die Brücke, und zur Linken spiegeln sich die grauen, unregelmäßigen Häuser der Bursagasse im Fluß. Oder ich sitze droben im Schloß, wo ja damals noch die Bibliothek war, an einem der Fenster und arbeite schon seit einer halben Stunde gar nichts und blicke über die buckligen Gassen hinweg in die freie Neckarflur. Oder ich gehe den Weg nach Lustnau hinaus – ein Name, der mir damals schon immer klang wie Himmels-Au oder Paradies.«

Im Sommer 1905 hatte Frank, vorher Schüler des Deutschen Landerziehungsheimes Haubinda in Thüringen, nach dreimonatiger Vorbereitung das Abitur am Eberhard-Ludwigs-Gymnasium in Stuttgart bestanden und war zum Studium nach Tübingen gekommen, wo er sich am 26. Oktober für Jura immatrikulierte. Er zog in die Grabenstraße 31 zu Witwe Beiermeister, deren Mann »Sesselfabrikant« gewesen war, wie ein altes Adreßbuch verrät. Heute ist es ein verwohntes, unansehnliches Haus Am Stadtgraben neben dem Kino »Arsenal«. Fürs Wintersemester belegte er System des römischen Privatrechts bei Prof. Otto Heinrich von Wendt, Bürgerliches Gesetzbuch bei Prof. Max von Rümelin, Allgemeines Strafrecht und Gerichtsverfassung bei Prof. Ernst Beling, Strafprozeßrecht und Auslieferung flüchtiger Verbrecher bei Prof. Reinhardt von Frank und Gerichtliche Psychiatrie bei Prof. Robert Wollenberg. Mag sein, daß sich Frank für das Jura-Studium vor allem aus bürgerlichem Pflichtbewußtsein heraus entschieden hatte oder weil er seine eigentlichen geistigen Ambitionen freihalten wollte vom Berufs- und Erwerbsstreben oder auch beider Gründe wegen.

Am allerschönsten, erzählte er später, sei es gewesen, wenn er in seinem Zimmer bei der Witwe Beiermeister die Nächte hindurch mit seinem Freund saß, »und wir lesen und delirieren und sprechen uns Verse vor – und die schönsten dieser Verse sind hier in Tübingen geschrieben worden, denn sie sind von Hölderlin und von Mörike. Oder wir debattieren und tasten uns in die Philosophie hinein – und die stolzesten Ideen, an die wir uns wagen, sind hier in Tübingen empfangen worden, denn ihre Urheber sind Hegel und Schelling. Und dann ist es schon Morgen, aber wir sind noch nicht zu Ende, und ich begleite, bei beginnendem Vogelsang in den Gärten, meinen Freund durch das altersschiefe Gemäuer nach Haus, und neue Verse oder neue Philosopheme fallen uns ein, und wir machen den Weg noch viermal miteinander, und auf einmal ist es hell.«

Und falls die Verse nicht von Hölderlin oder Mörike waren, dann von Frank selber – wenig originell noch, auch kaum angerührt von der Erfahrung des Wirklichkeitszerfalls in den Worten. Symbolistische Anklänge immerhin, wenn der Student ein »Erlebnis« am Neckar in Verse bringt, die er später auch in den Band »Aus vielen Jahren« (Querido-Verlag Amsterdam 1937) aufnahm: »Im

Flußbad hob ein Arm sich, flutbenetzt, / Und schwand mir wieder, fest und braungebrannt, / Der war von einem Eisenreif umspannt / Mit drei Rubinen flammendrot besetzt. // Betroffen haschte nach dem rostigen Band / Mit seiner seltnen Purpurzier mein Blick, / Allein der Taucher kam mir nicht zurück / Und stieg an unbekanntem Ort ans Land.«

Bruno Frank 1943, zwei Jahre vor seinem Tod in Beverly Hills.

Nach dem Tübinger Jura-Semester sattelte Frank dann doch auf Germanistik und Philosophie um, studierte in München, Straßburg, Heidelberg, Leipzig und Freiburg und kehrte im Sommersemester 1911 zum Promovieren nach Tübingen zurück. Inzwischen hatte er – der Student war umstrahlt von epigonaler Dichter-Gloriole – schon einiges veröffentlicht: 1905 und 1907 Gedichtbände, zwischendurch die Novelle »Im dunkeln Zimmer«, dann den Roman »Die Nachtwache« (1909), den Novellenband »Flüchtlinge« (1911). Ein umfangreiches, 1911 entstandenes »Requiem« für eine verstorbene Freundin in 29 Strophen sollte 1913 erscheinen. Das funeralische Poem klingt so: »An deine Urne lehnte ich die Wange / Und meinte, dir ein wenig nah zu sein, / Man nahm sie mir, die dunkle birgt sich lange / Nun überm Meer im dunkleren Gestein. / Es löst sich alles, was dem kranken Hange / Noch Stillung bot, ich bleibe ganz allein. / Die Stimmen, die den holden Namen summen, / Sind schwächer schon und werden ganz verstummen.«

Während dieses Sommersemesters wohnte er in der damaligen Liststraße 14 bei Gerichtsnotarswitwe Wilhelmine Leonhardt. 1916, im Todesjahr des Mediziners Paul von Bruns, der dort seine Villa hatte, sollte die Straße per Gemeinderatsbeschluß in Brunsstraße umbenannt werden. (Erst 1928 gab es dann weiter hinten nach Lustnau hin wieder eine Liststraße). Frank hörte nun bei dem damals 60jährigen Hermann von Fischer über Literatur Schwabens im 18. und 19. Jahrhundert und nahm an dessen zweistündigem Germanistischen Seminar teil. Ansonsten belegte er bei dem Philosophen Heinrich Maier eine Vorlesung über Geschichte der neueren Philosophie und ein Seminar über Englischen Empirismus vor Kant, bei dem Kunsthistoriker Konrad von Lange aber Vorlesungen über Hans Holbeins Beziehungen zur schwäbischen Malerei seiner Zeit und über Meisterwerke der Plastik im 19. Jahrhundert. Da ließ sich Frank also zielstrebig nur auf seinen Doktorvater und jene beiden Professoren ein, die er dann noch für die Nebenfächer brauchte.

Es war eine sehr schwäbische Arbeit, die er angenommen hatte, eine Untersuchung über die Dichtungen von Gustav Pfizer (1807 bis 1890), Bruder des

ebenfalls sehr schreibgewandten Politikers Paul Pfizer, der auf dem Tübinger Stadtfriedhof nahe dem vorderen Eingang ruht. Gustav Pfizer kannte man vor allem als Verfasser eines Buches über Ludwig Uhland und Friedrich Rückert, durch sein Auftreten im Streit zwischen Heinrich Heine und den schwäbischen Poeten, durch die üble Beurteilung schließlich auch, welche Goethe seinen Gedichten in einem Brief an Karl Friedrich Zelter hatte angedeihen lassen.
Fischer empfahl nun Franks Arbeit in einem Gutachten vom 18. Juli 1911 als »der Promotion entschieden für würdig«. Er schrieb: »Frank ist Schriftsteller und hat schon ein paar Bändchen Gedichte und Novellen geschrieben. Er hat offenbar bloß pro forma Jus studiert und im jetzt ablaufenden Sommer bei mir, bei Coll. Lange und Maier gehört. Das würde nach unsern Bestimmungen nicht genügen. Ich beantrage aber, ihm davon Dispens zu geben. Sein Fall ist offenbar ein anderer als gewöhnlich, und nicht bloß die Qualität der Arbeit gewinnt mich für ihn, sondern auch sein persönliches Auftreten habe ich immer angemessen, weder unbescheiden noch kriecherisch gefunden.« Die Collegae hatten dann auch nichts dagegen, ihn zum Colloquium zuzulassen. Es begann am 3. August um halb sechs Uhr gegen Abend, und der Kandidat bestand »cum laude«.
Wenig später promovierte auch Frank Thiess bei Fischer mit einer im Frühjahr 1913 angenommenen Arbeit über »Die Stellung der Schwaben zu Goethe«, jener Thiess, der dann nach 1945 den Exilanten allgemein mit dem unappetitlichen Ressentiment eines »inneren Emigranten« entgegentreten sollte. Seltsame Bezüglichkeiten! Nun waren sie von ihm schon mit berücksichtigt worden, die Frankschen Untersuchungen über Pfizer, den Goethe so gesehen hatte: »Wundersam ist es, wie sich die Herrlein einen gewissen sittig-religiös-poetischen Bettlermantel so geschickt umzuschlagen wissen, daß, wenn auch der Ellenbogen herausguckt, man diesen Mangel für eine poetische Intention halten muß.« Bruno Frank habe, so der spätere Romancier Thiess anerkennend, »diesen Brief sehr geschickt und, meines Erachtens, völlig überzeugend mit dem, in der von Goethe kritisierten Sammlung Pfizerscher Gedichte, enthaltenen Poem ›Vision‹ zusammengebracht. Die Phantasie des Dichters taucht in das Totenland hinab und schaut dort auch Goethe, auf dessen verehrtem Haupte allein unversehrt vom Hauch des Kozytus der Lorbeerkranz ruht. Um 1834, wo der zweite Teil des Briefwechsels mit Zelter erschien, ›mag ihm zu seinem Schmerze Goethes abfälliges Urteil über die ›Gedichte‹ vor Augen gekommen sein‹ (Frank), aber es hat seiner Stellung zum Meister keinen Eintrag getan.«
Seltsame Bezüglichkeiten: Der Name von Karl Otten – im September 1914 war er als Pazifist ins Tübinger Gefängnis eingeliefert worden – stand neben den Namen von Bruno Frank und Hans Sahl auf der Gründungserklärung eines »Bundes freie Presse und Literatur (Verband unabhängiger deutscher Schriftsteller und Journalisten im Exil)«, der sich 1938 vom durch kommunistische Abweichlerjagd- und Liquidations-Mentalität vergifteten »Schutzverband der deutschen Schriftsteller« abspaltete, dem Anna Seghers, Egon Erwin Kisch oder Hans Marchwitza unbeirrt treu blieben. Marchwitza hätte damals Sahl gar zu gern am nächsten Laternenpfahl aufknüpfen lassen. Das blieb diesem erspart, und siebenundachtzigjährig kehrte er 1989 aus dem amerikanischen Exil zurück und zog nach Tübingen.

Bruno Frank, der 1942 über Sahls Gedichtband »Die hellen Nächte« geschrieben hatte: »Wenn aber einmal die Blut- und Schlammflut dieses finstern Jahrzehnts sich verlaufen hat, dann wird dies Tagebuch in Strophen als ein Ganzes stehen bleiben, als ein wahrhaftiges und erschütterndes Memento«, Frank ist auch Sahl als von grundauf angenehme Erscheinung in Erinnerung geblieben. »Oh, das war ein reizender, sehr lieber Mensch«, meinte er im Gespräch, »klug, menschlich, freundlich. Und Frank half, wo er nur konnte. In Hollywood hatte er mit Frau Liesl so ein Komitee gegründet, um Bedrohte zu retten. Aber er war ja nicht nur ein anständiger Mensch, sondern doch auch ein guter Schriftsteller, ein solider, kultivierter Erzähler vor allem. Begegnet sind wir uns selten, haben aber viel korrespondiert. In Marbach« – dort befinden sich inzwischen Sahls schriftliche Hinterlassenschaft und auch Teile von Franks Nachlaß – »müssen einige Briefe liegen, die er mir geschrieben hat in seiner sehr schönen Handschrift.«

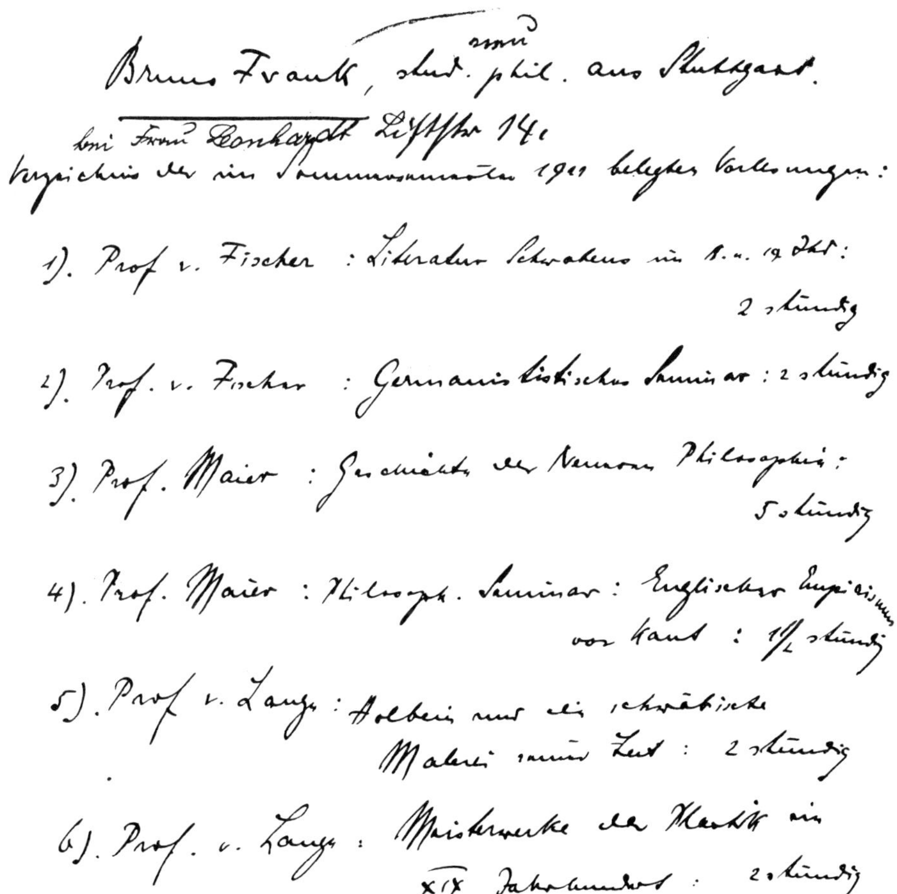
Bruno Frank, stud. phil. aus Stuttgart.

bei Frau [illegible] Lessingstr 14

Verzeichnis der im Sommersemester 1911 belegten Vorlesungen:

1). Prof v. Fischer : Literatur Schwabens im 18. u. 19 Jhdt: 2 stündig

2). Prof. v. Fischer : Germanistisches Seminar : 2 stündig

3). Prof. Maier : Geschichte der Neueren Philosophie: 5 stündig

4). Prof. Maier : Philosoph. Seminar: Englischer Empirismus vor Kant : 1½ stündig

5). Prof v. Lange: Holbein und die schwäbische Malerei seiner Zeit : 2 stündig

6). Prof. v. Lange: Meisterwerke der Plastik im XIX. Jahrhundert : 2 stündig

Franks Belegbogen fürs Sommersemester 1911, als er bei Hermann Fischer promovierte.

Wie dem ebenfalls aus großbürgerlichem Hause stammenden Hans Sahl hatten auch Bruno Frank erst die Nazis so richtig klar gemacht, daß er Jude war. Sofort nach dem Reichstagsbrand flohen die Franks von München aus in die Schweiz. Zunächst lebten sie abwechselnd in Aigen bei Salzburg und in London. 1934 erschien »Cervantes«, sein vielleicht bester Roman, in dem das Leben des spanischen Dichters erzählt und gleichzeitig ein für damals existentiell besonders bedrängender Diskurs über menschliche Freiheit geführt wird. »Und eben hat mir der Brunonarr aus seinem neuen Romane vorgelesen, der entschieden gut zu werden verspricht, – die Geschichte eines kleinen deutschen Prinzen, – etwa des schönen Hessenprinzen, den der Emil (Ludwig) immer so gern hatte, – in Nazideutschland, – sehr leidenschaftlich erzählt, dabei aber übersetzt«, schrieb Erika Mann im Mai 1936 aus London an ihre Mutter. »Der Reisepaß«, Roman auch der Tragödie des Konservatismus in Deutschland, kam noch in jenem Jahr bei Querido in Amsterdam heraus.
Im Oktober 1937 siedelten Liesl und Bruno Frank – seine berühmte Schwiegermutter folgte ein Jahr später – in die USA nach Hollywood über, wo er eine feste Bindung mit dem Film, mit der Firma Goldwyn, einging. Nun profitierte er von seiner leichten Hand, aber – wie Lion Feuchtwanger – auch davon, daß beim amerikanischen Lesepublikum gerade historische Stoffe en vogue waren.
Ob ihm der in Tübingen angesammelte Glücksfundus wirklich fürs ganze Leben gereicht hätte? Wohl kaum! Als die grausige Wahrheit immer mehr offenbar wurde, wäre auch einem Mann vom harmonischen Naturell Bruno Franks derart besonnte Rückschau nicht mehr möglich gewesen, wie er sie 1927 auf seine Tübinger Anfänge gehalten hatte. Am 20. Juni 1945 ist er in Beverly Hills gestorben. »Ich bin sehr traurig wegen Bruno Frank«, schrieb Klaus Mann einem Freund. »Er war jemand, an den man sich so schrecklich gewöhnt hatte. Wie konnte solch ein feiner, gebildeter Mensch nur so rücksichtslos sein und einfach sterben – und dadurch all unserem Kummer noch mehr Bitterkeit hinzufügen? Ich bin enttäuscht.« Und auch seinem Nachleben tat der gute Bruno damit einen schlechten Dienst. Alle Autoren des Exils hatten es schwer, im deutschen Sprachgebiet wieder literarisch Fuß zu fassen, aus dem sie einst vertrieben worden waren. Am schlechtesten ist es dort aber nach wie vor um das Gedenken an jene bestellt, die im Exil gestorben sind.

Friedrich Wolf

Herrenberger Straße 67
Kelternstraße 2

Herrenberger Straße 67

Kelternstraße 2

Ein Wandervogel als Aktmodell

Schon von Anfang Juni an war es ungewöhnlich heiß im Sommer des Jahres 1908. Da ging der Student Fritz Wolf lieber mit Freunden baden, rudern und gegen Abend noch auf den Sportplatz als zum Chemischen Praktikum für Mediziner oder zu den Vorlesungen in Theoretischer Anatomie, in Physik und Organischer Chemie, die für dieses Semester auf seinem Belegbogen standen. Außerdem hatte Wolf gerade erst eine Wandervogel-Gruppe gegründet und schipperte flößend, wie er sich in einem Brief vom 29. Februar 1952 an die Tanzpädagogin Irmgard Schaaf erinnerte, seine letzte Liebe, »nach Heidelberg mit meinen Jungens (Schülern), wo wir Hans Breuer trafen & unsere Handgeschriebenen Lieder zum ›Zupfgeigenhansl‹ brachten«. Aber dieses Wandervogel-Fähnlein hatte inzwischen schon Mißtrauen und Feindschaft der Tübinger Spießbürger auf sich gezogen, und eines Sonntagabends geschah es …

Die Sonne war noch nicht untergegangen, als Wolfs Gruppe, müde gewandert und zur Klampfe singend, ins Städtchen einzog. Auf dem Kelternplatz erlebten die Jungen nun eine Überraschung. Da lauerte ihnen, so erzählte er später in »Schuld und Schicksal in der deutschen Jugendbewegung« (1925), »ein ehrbarer Metzgermeister mit einer erklecklichen Schar Fleischergesellen und Brachialgestalten« auf und verprügelte sie trotz verzweifelter Gegenwehr mit Ochsenziemern, »weil wir seinen und anderen Söhnen rechtschaffener Leute Flöhe ins Hirn gesetzt und sie ›wie die Wilden‹ in die Berge geführt hätten«.
Aber man ließ sich nicht einschüchtern, und Wolf reizte, schon damals als Wandervogel, gerade das Widerborstige, Antibürgerliche, Nonkonforme: »Kein Consilium abeundi, keine Hungerblockade durch Metzger, Bäcker und Wirte konnte uns veranlassen, nach einer anderen Universität abzurücken und unsre Jungs im Stich zu lassen. Wir standen füreinander, wir wußten, daß es eine gute, große und gerechte Sache galt; die Erschwerung band uns um so fester und ward unser Prüfstein. Erschwerung und Gefahr, sie gehören zur Jugend, so wie das Holz als Nahrung zum Feuer gehört. Es war das Schicksal des Wandervogels und der bürgerlichen Jugendbewegung, daß diese Erschwerung zu bald schwand, daß die Ziele zu schnell erreicht wurden, daß die Entwicklung ihm zu willig entgegenkam, daß er am Ende einer Epoche stand und nicht am Anfang.«
Bevor der am 23. Dezember 1888 in Neuwied geborene Sohn eines jüdischen Kaufmanns fürs Sommersemester 1908 nach Tübingen gekommen war, hatte er von München aus, wo er an der Akademie studierte, zusammen mit einem Freund eine Fußwanderung über Venedig und Florenz nach Rom gemacht. Zurückgekehrt, beschloß er dann, von Malerei und Bildhauerei auf Medizin umzusatteln. Ein früheres Schlüsselerlebnis – kurz vor dem Abitur hatte sich Fritz vom Gymnasium beurlauben lassen, um seine Mutter, deren Unterleibskrebs als hoffnungslos diagnostiziert worden war, zu pflegen und mit Lehmpakkungen, vegetarischer Kost, Luftbädern und bestimmten Tees zu behandeln, worauf sich die Geschwulst zurückbildete – diese zum Schlüsselerlebnis gewordene Erfahrung wirkte nach und bestärkte ihn nun wohl auch endgültig in dem Entschluß für die Medizin. Durch die Krankheit seiner Mutter war ihm klar geworden, daß er allenthalben Verfechter natürlicher Prozesse sein werde, die vorantreibend man Unkonventionelles als das einzig Richtige tun müsse.
Die Kontinuität im Leben des Arztes, Schriftstellers und Kommunisten Friedrich Wolf zeigte sich von früh an darin, daß er anderen immer die wahre Kost verordnen wollte und daß auch die Helden seiner Dramen immer irgendwelche gesellschaftlichen Geschwüre abstoßen. Im »Armen Konrad« (1923) kommt Bauernführer Konz zwar zu Tode, sagt aber sterbend mit letzter Kraft: »es war doch ein große Sach, die wir taten ... sie ward nit widerrufen, Geselln, sie ward nit widerrufen ... einmal wird sie wiederkommen!«, einmal werde sich also das Natürliche durchsetzen. Und der konservative jüdische Chefarzt in dem antifaschistischen Stück »Professor Mamlock« (1934) erkennt spät, zu spät, was für ihn das Natürliche gewesen wäre, nämlich sich zu wehren, zu kämpfen. Mamlock: »Denn kein größeres Verbrechen gibt es als nicht kämpfen wollen, wo man kämpfen muß!!«
Während seines ersten Tübinger Semesters wohnte der Medizinstudent im ersten

Friedrich Wolf um 1908.

Stock der Herrenberger Straße 67 bei Frau Anna Oswald, Privatierswitwe. Das Gebäude Nr. 85 – so seine Adresse nach den Studentenpapieren – war im Jahre 1927 umnumeriert worden, denn da hatte man von der Herrenberger die Michaelstraße abgehängt. Wolf befand sich offenbar auf dem Nachhauseweg, als er in der lauen, sternklaren Nacht vom 1. auf den 2. August 1908 durch Schutzmann Kurz auf der Kreuzung Keltern-/Belthlestraße gestellt wurde, weil er »durch lautes Jauchzen die Nachtruhe gestört« hatte. Dieses Strafmandat war auf den 14. August datiert, und ein anderes vom 21. August galt dem skandalösen Tatbestand, daß er eines schönen Nachmittags im Neckar gebadet hatte, »ohne sich der Badehose zu bedienen«. Sechs Mark Strafe kostete ihn das.

Vor Beginn des Wintersemesters 1908/09 zog Wolf in die Kelternstraße 2, zweiter Stock, zu Familie Weber. An der Universität machte er Präparierübungen bei Prof. August von Froriep im Anatomischen Institut am Österberg und hörte außer spezieller Entwicklungsgeschichte, Experimentalphysik und Zoologie auch Physiologie und Anorganische Chemie, zu diesen beiden Fächern noch ergänzende Praktika absolvierend.

Zwischen 1907 und 1912, zumal in den Sommermonaten, habe er »vorwiegend von Haferflocken, Milch, Nüssen, Obst und Grahambrot gelebt«, heißt es in seinem Bestseller »Die Natur als Arzt und Helfer« (1928). »In diesen Jahren nahm ich als Sportsmann an mehreren Turn-, Leichtathletik-Rudertrainings teil. Damals war zumal für das Regattatraining das ›Ruderbeefsteak‹ noch Trainingsdiät. Der Mann sollte bei möglichst explosiver Kraftentwicklung die geringste Belastung für das Boot bieten, also möglichst leicht sein. Ein Sportkamerad und ich, wir bestanden jedoch auf unserer alten Haferflocken-Obst-Diät«. Zu Recht, denn der schon von Gymnasiasten-Tagen an ausgesprochen Körperbewußte – da hatte er mit seinem Freund Heinrich Friedmann am Rhein nackt für »Lebendige Bilder« posiert – war körperlich so blendend in Form, daß ihn sich von Froriep zum Aktmodell auserkor, als er anatomische Tafeln für Künstler vorbereitete.

Das rechte Bein auf einem Holzpflock angewinkelt und den rechten Arm erhoben, präsentierte er sich dem Zeichner. Von Froriep ließ dann den »wohlgebauten Körper eines 22jährigen gesunden Mannes«, der damals allerdings erst 21 war, in seinen »Anatomischen Wandtafeln für den Aktsaal« (Leipzig 1911) mit Haut bei plastisch hervortretenden Muskeln und ohne Haut, fleischig muskulös, insgesamt neunmal in halber Lebensgröße darstellen.

Von diesen Tafeln, die Generationen von Kunststudenten und Künstlern als Vorlagen dienten, mögen Wolfs gut ausgebildete Muskeln für die unterschiedlichsten plastischen Kunstwerke bronzen abgekupfert worden sein. Wenn es aber in einer neuen, aufwendigen Dokumentation über Wolf heißt, er sei »Vorbild für später vor der Tübinger Universität aufgestellte Plastiken mit antiker Thematik« gewesen, dann ist das wohl mißverständlich ausgedrückt und von einigen Rezensenten (etwa Klaus Völker in »Theater heute«) auch so mißverstanden worden, als habe der junge Medizinstudent direkt Modell gestanden für die beiden kontrapostiert aufeinander bezogenen Bronze-Jünglinge, mit denen der Stuttgarter Akademieprofessor Ludwig Habich dem Nietzsche-Wort »Frei – sei unsere Kunst geheißen / Fröhlich – unsere Wissenschaft« Ausdruck geben wollte. Daß sie nach Frorieps Tafeln, also indirekt nach dem Modell Wolf, modelliert wurden, wäre in Anbetracht der späteren Arbeitsweise Habichs durchaus möglich. Es fand sich aber kein Hinweis darauf, die erst 1931 am »Ehrenhof« der Neuen Aula aufgestellten Läufer könnten schon so lange vorher entstanden sein. Immerhin schrieb Wolf 1912/13, die (heute nicht mehr vorhandene) »Statue des Speerträgers vor der Anatomie wurde damals nach mir gemacht«. Daher wohl die Mißverständnisse!

Der körperbewußte, sportliche Wandervogel stand in Tübingen nicht nur Modell für einen Speerträger vor der Anatomie, den es aber heute nicht mehr gibt, sondern auch für »Anatomische Wandtafeln« seines Lehrers Prof. August von Froriep.

Im Sommersemester 1909 – er wohnte weiterhin bei Frau Weber in der Kelternstraße – hatte Wolf Physiologie und Histologie samt Praktika, Vergleichende Anatomie und einen Parasitenkurs belegt. Außerdem weitete er seine sportlichen Betätigungen auch noch auf den Rücken der Pferde aus und meldete sich im Universitäts-Reitinstitut an der Wilhelmstraße bei Stallmeister Ernst Fritz zu Reitstunden an.

Seine Vorliebe für alles unkonventionell Natürliche sättigte er nun auch zwischendurch häufig bei einem ungewöhnlichen Tübinger Arzt, der in der Neckarhalde 13 praktizierte. »Wie habe ich«, schrieb der Botschafter Wolf dem Genossen Prof. Karl Bittel, ehemaligem Wandervogel, der schon vor ihm Kommunist geworden war und während der zwanziger Jahre Karl Raichles Uracher Kolonie angehört hatte, am 15. Juni 1950 aus Warschau, »wie habe ich am Schloßberg/Tübingen mit dem alten Emil Schlegel, dem Meisterhomöopathen und Paracelsus-Biographen, in seinem Pflanzengarten stundenlang botanisiert und diskutiert! Sudhoffs Paracelsus-Biographie kenne ich natürlich, ebenso den verstiegenen Romanversuch von Kolbenheyer.«

Am 19. Oktober 1909 hatte sich Friedrich Wolf exmatrikulieren lassen und war nach Berlin gegangen. Die Kontakte zu Tübingen blieben aber eng, als er dann von Herbst 1921 bis 1926 als Kassenarzt in Hechingen praktizierte. Nach den spätexpressionistischen »Oh Mensch!«-Dramen pazifistischen Inhalts entstand dort, im »Zentralafrika Deutschlands« (Brief an die KPD-Ortsgruppe Hechingen vom 18. September 1932), das historisch-realistische Stück »Der Arme Konrad«, für welches er zu Quellenstudien etwa der Schriften Martin Luthers, Thomas Müntzers oder auch von Wilhelm Zimmermanns »Der deutsche Bauernkrieg« (1847) immer wieder nach Tübingen in die Universitätsbibliothek fuhr. »Ich sitze hier«, ließ er Else Wolf am 27. Januar 1922 wissen, »inmitten von dicken Schwarten der Tübinger Bibliothek und bin ganz im Bauernkrieg. Jetzt habe ich endlich, was ich die letzten Jahre suchte.«

Das Stück, in dem Wolf vielschichtige Ereignisse des Ringens ums »alte Recht«, das zum Tübinger Vertrag von 1514 führte, auf den Kampf zwischen den Bauern einerseits und Herzog, Adel, Beamten andererseits reduzierte und als Klassenkampf erscheinen ließ, wurde 1926 vom Liederkranz Nehren unter seinem Dirigenten, dem Oberlehrer Karl Dalaker, einstudiert. Schaubühne war eine von den Sängern selbst angelegte Terrasse im Wald oberhalb der »Kirschenfelder«. Wolf ließ sich mehrmals bei den Proben sehen. Zu den vier Aufführungen kamen dann jeweils über tausend Zuschauer. »Wir sind selbst aus dem Bauernstand gewesen und haben das Stück nicht nur gespielt, sondern auch erlebt«, erinnerte sich Karl Steimle, der in der Rolle des Rechtsverdrehers Molinarius mitwirkte. Und Dr. Wolf zufolge hätten »es die Nairemer besser gemacht« als zwei Jahre zuvor bei der Uraufführung die Profis vom Stuttgarter Landestheater.

Schon 1924 war es gewesen, daß sich in Hechingen junge Handwerker, Arbeiter, Studenten und Lehrer zu einer »Schwäbischen Werkschar« vereinigt hatten. Mit ihr glaubte Wolf, der alte Wandervogel, seinen Gedanken des Zusammenschlusses von bürgerlicher Jugendbewegung und proletarischer Jugend in die Tat umsetzen zu können, sei doch ihr Weg »der gleiche wie der unsere: die Selbstverneinung zur Bejahung umschmieden, die Armut zur Vereinfachung, die Not zur gegenseitigen Hilfe, den weißen Tod der Maschinenhallen zu Handwerk und Siedlungswerk, die Massenarbeit zu Wertarbeit« (»Die Fahne und ihr neuer Träger«, 1925). Aber nachdem er sich intensiv mit dem Marxismus-Leninismus beschäftigt hatte, war ihm an solchen Vereinigungsbestrebungen dann bald weniger gelegen. 1928 trat Friedrich Wolf, inzwischen Arzt für Homöopathie und Naturheilkunde in Stuttgart, der KPD bei und hielt auf einer Tagung des »Arbeiter-Theaterbunds Deutschlands« die programmatische Rede »Kunst ist Waffe«.

Von Sommer 1929 an machte »Cyankali«, sein Stück gegen den »Mordparagraphen 218«, allenthalben Skandal. 1931, am Freitag, 17. April, um 8 Uhr abends sollte der, wie er in der Zeitungsanzeige angekündigt wurde, »bekannte Vorkämpfer gegen § 218« im Tübinger »Löwen«-Saal sprechen. Der Andrang zahlungswilliger Zuhörer – »Eintritt 50 Pfg., Erwerbslose und Frauen 30 Pfg.« – war

so groß, daß noch eine Parallelveranstaltung im »Anker« in der Belthlestraße 15 angesetzt werden mußte. Tübingens KPD-Vorsitzender Ferdinand Zeeb teilte zunächst mit, daß, so referierte es der lokale Berichterstatter, »von der Museumsgesellschaft die Überlassung des Schillersaals für diesen Zweck mit Rücksicht auf ihre Mitglieder, die in der überwiegenden Mehrzahl anderer Meinung als der Kampfausschuß seien, nicht gestattet worden sei«.
Vom »Anker« her kommend, traf Wolf erst gegen 21 Uhr im »Löwen« ein. Der Paragraph 218 bedeute weniger ein juristisches als vielmehr ein politisches Problem, erklärte er zu Beginn, denn mit seiner Beseitigung allein wäre noch niemandem geholfen. Vielmehr müßte das Übel an der Wurzel gefaßt und die wirtschaftliche Lage des deutschen Volkes grundlegend verbessert werden. Wie schon eine Vorrednerin aus Berlin habe dann auch er »Rußland als Vorbild in allem« gepriesen, stand im Zeitungsbericht. »Die Kommunisten seien nicht für

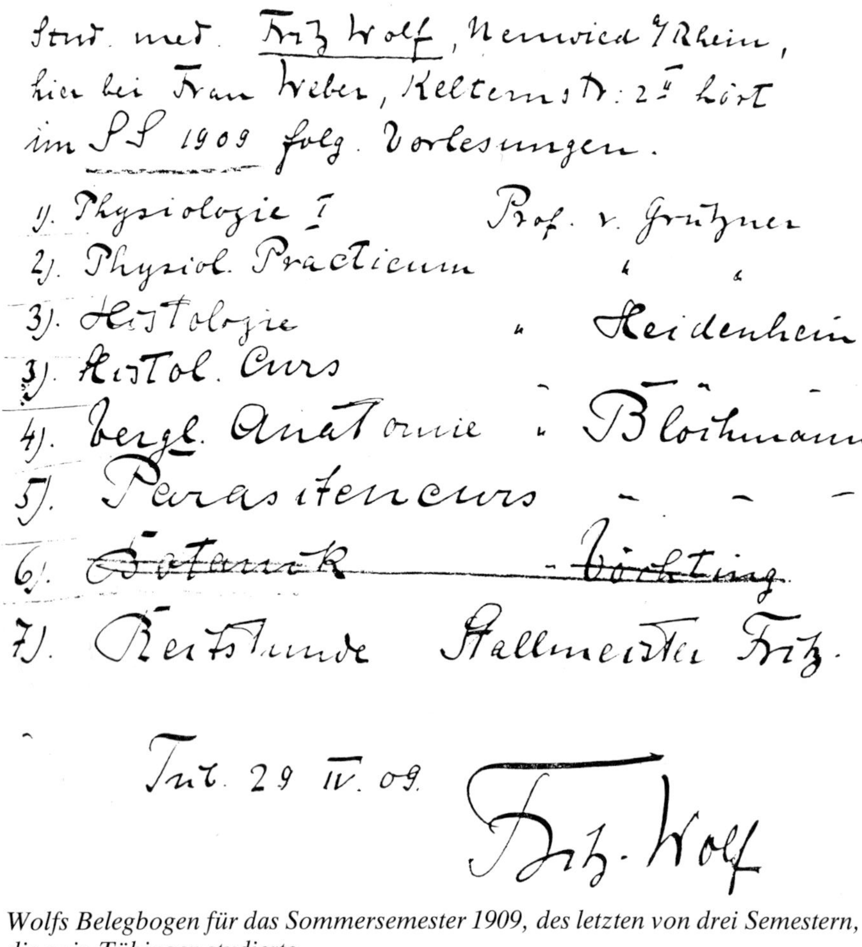
Stud. med. Fritz Wolf, Neuwied/Rhein,
hier bei Frau Weber, Kelternstr. 2 I hört
im SS 1909 folg. Vorlesungen.

1). Physiologie I Prof. v. Grützner
2). Physiol. Practicum " "
3). Histologie " Heidenhain
3). Histol. Curs
4). vergl. Anatomie " Blochmann
5). Parasitencurs – – –
6). ~~Botanik – Vöchting~~
7). Reitstunde Stallmeister Fritz.

Tüb. 29 IV. 09.
Fritz. Wolf

Wolfs Belegbogen für das Sommersemester 1909, des letzten von drei Semestern, die er in Tübingen studierte.

die Abtreibung, sondern Befürworter der Geburten. Es werde die Zeit kommen, wo es für Frauen eine Freude sei, Kindern das Leben zu schenken, aber das nur dann, wenn der marxistische Staat wie in Rußland auch in Deutschland aufgerichtet sei.« Nein, von heute aus gesehen war damals kein guter Prophet am Werk im überfüllten »Löwen«-Saal!
»Abgesehen von einigen Zwischenfällen, verlief die Veranstaltung ruhig«, hieß es resümierend im Bericht der »Chronik«. Um so einen Zwischenfall handelte es sich wohl, als der Referent von jemandem niedergebrüllt wurde, der die versammelten deutschen Männer und Frauen lauthals vor diesem Rattenfänger zu warnen versuchte. Die Zuhörer, von denen viele aus dem Steinlachtal gekommen waren, lehrten den Störer jedoch bald Mores, wie sich wiederum der Nehrener Liederkränzler Steimle erinnerte.
Aber allzu nachhaltig hatte sich ihm Nehren anscheinend doch nicht eingeprägt, denn aus Anlaß einer Aufführung seines Agitprop-»Spieltrupps Südwest« am 25. September 1932 in Balingen schrieb Wolf den Genossen von der KPD-Ortsgruppe Hechingen: »Wir wollen dort besprechen, wie wir eine Freitags- bis Sonntags-Tournee für Hechingen und das Steinlachtal/Mössingen, Nehringen, Tübingen organisieren können.« Sein 1923 in Hechingen geborener Sohn Markus, später als Spionage-Chef der DDR an vorderster Front im Kalten Krieg kämpfend, erinnerte sich in einem Interview: »Aber diese Zeit ist mir lebendig, denn mein Bruder Konrad und ich waren bis zur Emigration im Sommer 1933 noch häufig in dieser Gegend, vor allem auf Besuch in Hemmendorf bei der Familie unserer Haus- und Sprechstundenhilfe, Hildchen. Hildchen war eine gute Seele, gehörte bei uns praktisch zur Familie und bewies nach dem Januar 1933 bei Hausdurchsuchungen ihre Treue, Mut, Übersicht und einen gesunden Menschenverstand.«
Ende der zwanziger und Anfang der dreißiger Jahre, bis ihn die Nazis verjagten, war Friedrich Wolf einer der bekanntesten, meistgespielten und wirkungsvollsten Dramatiker in Deutschland, einer dazu noch, der nun wirklich im Sinne Ludwig Rubiners in die Politik griff. Denn den einzig greifbaren Punkt der Ewigkeit stellte für ihn die Gegenwart dar, und Schriftsteller, welche die Konflikte des Heute nicht auf der Straße sahen, hatten seiner Meinung nach kein Blut in den Adern. »Oft nahm er sich nicht die Zeit, seine Gestaltungen so zu vertiefen, ihren Sprachleib so zu durchbluten und durchzubilden, daß seinen Werken außer ihrem Dienst am Augenblick auch noch die Nachwirkung für Jahrzehnte verbürgt sein würde«, sagte der Kollege Arnold Zweig einmal von ihm. Ob seine Stücke also heute noch irgendwelche Wirkung entfalten können, mag dahingestellt sein. Immerhin, »Cyankali« in der Stuttgarter Inszenierung Niels-Peter Rudolphs von 1975 war ein Erfolg, zumal sich

Freitag, 17. April, abds. 8 Uhr spricht im Löwensaal der bekannte Vorkämpfer gegen den § 218
Dr. Friedrich Wolf
Eintritt 50 Pfg., Erwerbslose und Frauen 30 Pfg.
Der Vortrag ist ohne Bewirtschaftung. 6855

Ankündigung eines Vortrags über den Paragraphen 218, den Friedrich Wolf 1931 im »Löwen«-Saal und, wegen des großen Andrangs, zuvor im »Anker« in der Belthlestraße hielt (»Tübinger Chronik« vom 15. April 1931).

auch die Problematik des Abtreibungsparagraphen 218 immer noch nicht erledigt hat.
Dem aus der DDR weggegangenen Alfred Kantorowicz blieb Wolf als »der vornehme, gütige und menschenfreundliche Altkommunist« im Gedächtnis, und auch der nun in Tübingen lebende Hans Mayer erinnerte sich mit Zuneigung des ungewöhnlich liebenswürdigen, aufrichtigen und hilfsbereiten Menschen, der ihm als Leipziger Literaturprofessor duzfreundschaftlich verbunden gewesen sei und ihm etwa seine frühen Stücke mit dem Fritz Reuter nachempfundenen Motto »Ut mine Formalistentid« dediziert habe. Aber gerade in Anbetracht solch menschlicher Integrität ist da noch etwas, das nicht aufgeht, das unverständlich bleibt, es sei denn, man erklärte sich's aus ungeheurer Glaubensstärke, die blind macht.
Wie schon während der stalinistischen »Säuberungen« von 1936 an, als Menschen der gesäuberte Schmutz waren, schien Friedrich Wolf, für den doch nur die Gegenwart Ewigkeit hatte, auch in den Anfangsjahren der DDR seltsam unberührt zu bleiben, als sich dort den Menschen gängelnde und schurigelnde Gewalt etablierte. Warum der am 5. Oktober 1953 gestorbene Dichter unter diesen Umständen eben nicht mehr spürte, was das Natürliche ist – das mag verstehen, wer unbedingt will, denn nur der kann es vielleicht.

Frank Thiess

Neckarhalde 14
Hechinger Straße 26

Neckarhalde 14

Hechinger Straße 26

Beim Aufdröseln eines Wollknäuels

Am 18. Mai 1912 immatrikulierte sich ein ausgesprochen aufgeweckt wirkender junger Mann an der Universität Tübingen, dessen gymnasiale Laufbahn in Berlin und Aschersleben allerdings durch viermaliges Sitzenbleiben retardiert worden war. Frank Thiess, um den sein Mitschüler Walter Heynen schon frühzeitig das »Elmsfeuer einer Aura« leuchten sah, war von dem Berliner Germanisten Max Hermann geraten worden, über »Die Stellung der Schwaben zu Goethe« zu promovieren. »Dazu«, heißt es in seinem Memoirenband »Verbrannte Erde« von 1963, »könne ich freilich nicht in Berlin bleiben, sondern müsse nach Tübingen gehen. Das Thema war steifledern, aber in Tübingen lebte ich auf; es sollten die glücklichsten anderthalb Jahre meiner Studienzeit werden«. Nahezu alles, was der äußerst produktive Erzähler später zu Papier brachte, waren dichterische Verwandlungen persönlicher Erlebnisse auf ganz direkte Weise.

Frank Thiess im Alter.

Deshalb kann man sich seines 1937 erschienenen, im Tübinger Szenarium spielenden Romanes »Stürmischer Frühling« auch unbesorgt als Quelle für das hiesige Dasein des 22jährigen Studenten bedienen.

Dieses 400-Seiten-Werk ist ohne Zweifel – soviel sei vorweg schon warnend festgestellt – eine der fadesten Früchte aus Frank Thiess' Roman-Plantage. In gewisser Weise gehört »Stürmischer Frühling« noch in den Umkreis der Generationsprobleme behandelnden Tetralogie »Jugend« mit »Abschied vom Paradies«, »Das Tor zur Welt«, »Der Leibhaftige« und »Der Zentaur«, wird darin doch am Beispiel einer Liebesgeschichte deutlich, so jedenfalls zitierte Rolf Italiaander den Autor in einer Festschrift zum 60. Geburtstag, »wie nahe sich alle diese jungen Menschen in ihrem Denken, ihrem Fühlen, ihren Träumen und Sehnsüchten standen und daß Europa als geistige Einheit sich in seiner besten Jugend bereits verwirklicht hatte, ehe ein dunkles Gebot ihr den Befehl gab, einander gegenseitig zu zerfleischen«.

Beherrschend unter den Freunden war ein Baron Sternenthal, für den Kurt von Stutterheim Modell stand. Der spätere Auslandskorrespondent hatte im obersten Stockwerk eines Hauses in der Gartenstraße eine mit eigenen Möbeln ausgestattete Zwei-Zimmer-Wohnung, wo man sich auch häufig zum gemeinsamen Abendessen traf. Neben Sternenthal, der über den schwäbischen Kleindichter, Gelehrten und Übersetzer Wilhelm Hertz promovierte, gehörten noch der unschwer als Autor selber zu identifizierende Philologiestudent Wolf Brassen, der gepflegte, höfliche Franzose Marcel Lambert und der sportive Engländer James Field dem studentischen Quartett an, dessen Mitglieder auf unterschiedliche Weise zu einer schicksalsgeschwängert von Buenos Aires nach Tübingen gekommenen jungen Dame namens Mara von Miller in Liebe entbrannten.

Das ernsthafte, Hölderlin auf den Lippen und Pferde meisterhaft unter den Schenkeln führende Fräulein hat aber nichts mit dem Germanisten Professor von Miller zu tun, dessen Urbild der gleich ihr auf dem Österberg wohnende Hermann von Fischer war, von dem, Thiess zufolge, für sein auf sechs Bände angelegtes Schwäbisches Wörterbuch »sogar die Ameisen der Alb nach ihrem Insektendialekt befragt« worden seien. Bei dem Historiker Professor Dahl handelt sich's um den allseits hochgeschätzten Adalbert Wahl, und der im Roman über Hölderlin lesende Dr. Krach war wohl Franz Zinkernagel.

Das goldene Zeitalter Schwabens sei längst zu Ende gewesen, als er in die geistige Hauptstadt des Landes, nach Tübingen, überwechselte, meint Stutterheim in seinen Erinnerungen »Zwischen den Zeiten«. »Ja, ein etwas spießbürgerlicher Geist hatte sich über das Land gesenkt, so daß Rudolf Borchardt mir schreiben konnte: ›Welcher böse Stern hat Sie nach dem literarischen Schwaben verschlagen, wo Sie nichts vernehmen werden als Urteile von Spießbürgern über Spießbürger?‹«

Für den 24jährigen Baron hätte es eigentlich näher gelegen, sich an der als fein und feudal geltenden Heidelberger Universität einzuschreiben, und eine exotische, ausschließlich durch das Thema der Doktorarbeit bedingte Wahl traf schon auch der Balte Frank Thiess, dessen Familie 1893 aus Protest gegen die rabiate Russifizierung Livlands nach Berlin übergesiedelt war, als er ausgerechnet an der schwäbischen Landesuniversität weiterstudierte. Im Sommersemester 1912 bezog der hagere junge Mann ein Zimmer im zweiten Stockwerk des Hauses Neckarhalde 14, jenem der »Traube«. An der Universität belegte er zunächst Vorlesungen über Geschichte der deutschen Literatur, über Uhland und einen Kurs über die mittelhochdeutsche Verserzählung »Meier Helmbrecht« des Wernher der Gartenaere – im Roman ist von »stechender Langeweile« die Rede – bei seinem Doktorvater Fischer, hörte über Probleme der Willensfreiheit bei Ernst Adickes, über Bismarck bei Wahl und über Erkenntnistheorie und Metaphysik bei Karl Groß.

In Anbetracht der hübschen Wohnung seines adeligen Freundes aus dem Bayerischen in der Gartenstraße erschien Wolf Brassen alias Thiess die eigene Bude auf einmal arg niederdrückend. »Ich gedachte des unschönen Raums bei meinen Wirtsleuten Laemmle in der Neckarhalde, eines flüchtig hergerichteten Zimmers, kahl und hungrig, einem aufgerissenen Maule gleichend, gedachte des Gezänks meiner Wirtsleute, des Lärms zechender und johlender Mitbewohner, des wackelnden Tischchens, an dem ich meine Dissertation schrieb, der riechenden Petroleumlampe und des mit einer häßlichen weißen Decke überhängten Kiefernholzbettes.« Doch Marcel Lambert tröstete ihn damit, daß die Aussicht stets wichtiger sei als das Zimmer selbst: »Sie schauen dem schwäbischen Frühling direkt ins Herz. Die blauen Höhen der Alb, die trägen, weißen Wolken darüber, – herrlich!«

Zu seinem Zimmer drang abends von unten das Geläut der Kühe herauf, die also damals noch über die Neckarhalde in ihre städtischen Ställe zurückgetrieben wurden, und vor der Tür des Hauses, erzählt Thiess, »saß mein Wirt Laemmle, ein schwächlicher Mann, der häufig von seinem Weibe geschlagen wurde, nun aber an ihrer Seite friedlich des Sonntags genoß. Sein Weib war bäumig, robust, derb, dunkles fettes Haar türmte sich auf ihrem Kopf. Unter dem Rock hielt sie die Beine gespreizt wie ein gewöhnlicher Mann. Ihre groben Füße drückten fest auf den Boden. Der Boden wich und wankte nicht unter ihren Füßen. Dennoch hatte sie bei aller Ruhe etwas von der Beweglichkeit einer großen Ratte. Sie blickte mit flinken Augen bald auf das Strickzeug in ihren tätigen Händen, bald die Straße entlang und ließ keinen der Spaziergänger, die vorbeizogen, aus den Augen. Sie sah alles, sie sah nichts. Der Mann hockte leicht geschrumpft an ihrer Seite auf dem Rande der Bank.«

Karl Merz' Nymphe so gut wie neu: 1910 war sie vor der Neckarmüllerei an der Neckarbrücke aufgestellt und dort wenig später von Thiess und seinen Freunden sehr bewundert worden. Jetzt kniet sie unter einer Trauerweide in den städtischen Anlagen.

Und droben disputierten die Freunde zum Beispiel über den Antagonismus der Klassen. Sternenthal zufolge beruhte die Annahme sozialistischer Klassenfeindschaft auf dem verkehrten Schlusse, daß die Menschen durch ihre Tätigkeitsgebiete geschieden seien. Dabei würden sie jedoch nicht durch ihre Handlungen, sondern durch ihre Haltung voneinander getrennt, und auch in einem klassenlosen Staate wäre ein Ehepaar Laemmle »von unsereinem weltenweit entfernt«, wähnte der Baron. »Einem Rassepferde fühle ich mich näherstehend als einem Menschen, der weder Geist noch Kultur besitzt.« Derart also äußerten sich diese von grundauf unpolitischen Studenten aus gutem Hause in ihrem Tübinger Sommer von 1912.

Ob Frank Thiess mit diesen Wirtsleuten nun wirklich in der Neckarhalde 14 – Karl Maier hieß der Vermieter – oder in der Hechinger Straße 26 zu tun hatte, wo er das Wintersemester 1912/13 und das Sommersemester 1913 über bei einer Familie Lechler wohnte, mag dahingestellt bleiben. Auf jeden Fall war sein neues Zimmer in dem vor kurzem erst erbauten Mietshaus in der Südstadt schöner als das alte, aber zur Universität hatte er einen längeren Anmarsch. Bei Fischer hörte der Doktorand nun Vorlesungen über deutsche Grammatik und Gottfried von Straßburg, bei Wahl über französische Geschichte des Mittelalters und bei Zinkernagel über den Bildungsroman, nahm aber auch an einer Übung dieses unterhaltsamen Dozenten übers Hebbelsche Drama teil. In seinem letzten Semester schließlich belegte Thiess außer einem deutschen, einem historischen und einem philosophischen Seminar noch Vorlesungen über deutsche Metrik (Fischer), Allgemeine Geschichte 1815 bis 1850 (Wahl) und den Aufbau der philosophischen Systeme (Groß).

»Ins Herz geschlossen«, so Thiess in seinen Erinnerungen, »hatten wir Hermann von Fischer, der uns durch die Schreckenskammern der alt- und mittelhochdeutschen Sprachwissenschaft führte. Doch den Stoff seiner Vorlesungen fanden wir derart zäh, daß wir es für aussichtslos hielten, ihn zu verdauen. In der Philosophie belehrte uns Karl Groß über Erkenntnistheorie; ein sehr gut aussehender und liebenswürdiger Herr, der in nichts dem Bilde eines Philosophen glich und ohne weiteres den Chefingenieur einer Fabrik für Dampfturbinen hätte abgeben

können. Seine Kollegs waren korrekt und trocken wie Jahresbudgets, und um sie zu behalten, mußte ich eifrig mitschreiben.«
Am meisten beeindruckt waren die Studenten jedoch von Adalbert Wahl. Stutterheim lobpreist den »glänzenden Dozenten, dessen farbige und temperamentvolle Darstellungsgabe jedes Zeitalter verlebendigen konnte«, ebenso wie Thiess, der sich nicht einmal durch die ihn immerhin verdrießende Sympathie des Historikers für die monarchische Staatsform davon abbringen ließ, dessen Kollegs »hinreißend durch die Form seines Vortrags wie durch die Gründlichkeit der Quellenforschung und Interpretation« zu finden. Von Wahl lernte er, daß keine Vergangenheit vollständig abgestorben sei, sondern alles geistige Spuren hinterlasse, die weiterwirkten, und Wahl hatte seiner Ansicht nach auch schon vor C.G. Jung so etwas wie das kollektive Unbewußte als mythenbildende geschichtliche Kraft entdeckt.
Des brillanten Professors Vorlesungen und Seminare hätten weiter gewirkt und ihm 14 Jahre später den Mut gegeben, »die Geschichte des Russisch-Japanischen Seekriegs so zu schreiben, daß er zum tragischen Epos eines zum Tode verurteilten Geschwaders werden konnte: unterbaut durch die von mir benutzten, Quellenschriften und getragen vom Willen zur lebendigen Gestaltung« (»Verbrannte Erde«). Der binnen kurzem in 16 Sprachen übersetzte dokumentarische Roman »Tsushima« (1936), den Thiess' Mit-Balte Hermann Graf Keyserling als eines der bedeutendsten Epen deutscher Sprache empfand und aus dem Ernest Hemingway Passus in seine Anthologie »Men and War« übernahm, wurde zu seinem größten Erfolg, zum Welterfolg.
Da lauschten die Freunde nun während ihres Tübinger »Stürmischen Frühlings« dem geistvollen und witzigen Wahl in der Alten Aula, »durch deren hohe Fenster die sanftmütige schwäbische Landschaft zu uns hereinschaute«.Was sie am meisten beschäftigte, war jedoch die geheimnisumwitterte schöne Mara, Tochter eines gerade pleite gehenden deutschstämmigen Fabrikanten in Buenos Aires, und es war die Liebe allgemein. Auch in bezug auf Hölderlin. »Ihr Hölderlin«, sagte James Field, »ist gewesen kein Mann. Da hat er begleitet seine Susanne nach die Stadt Cassel und Hamburg und was hat er getan? Ihr vorgelesen sein poems.« Auch der Germanist Brassen nennt Susette übrigens Susanne und Hölderlin einen »Pfarrersohn aus Schwaben«. Später dann meinte der Baron: »Die Schwaben sind schon vermöge ihrer Mundart denkbar ungeeignet, mit einer schönen Frau länger als zehn Minuten zu flirten.« Darauf Brassen-Thiess: »Können Sie sich eine gute Liebeserklärung im Dialekt von Dußlingen vorstellen?« Der Baron: »Ich kann mir überhaupt keine gute Liebeserklärung vorstellen. Es gibt nur schlechte.«
Ach, die Liebe ... Auf dem um 1910 vom Architekten Theodor Fischer mit Mauern, wuchtigen Steinbänken und Brunnenbecken angelegten Platz vor der Neckarmüllerei hielten die Freunde inne. Was sie fesselte »war die Plastik eines nackten Mädchens, dessen junge und fehlerlose Körperlichkeit alles Abstrakte, Mathematische, Sachliche ins Sinnlich-Lebendige verwandelte. Wir standen davor, und es dünkte mich, als ob auch der Baron im Augenblick nicht das Kunstwerk, sondern das Leben aufnahm, indem er sagte: ›Der Bildhauer scheint sich hier ein wenig in sein Modell verliebt zu haben.‹«

Dieser Bildhauer – er hieß Karl Merz – war einst an der Münchner Akademie Meisterschüler Wilhelm von Rümanns und für kurze Zeit recht erfolgreich gewesen, ehe er dann in einer angesehenen Tübinger Kleinbürgerexistenz als Oberreallehrer versank. Für die inzwischen vom verunstalteten Platz vor der abgebrochenen Neckarmüllerei in den hinteren Teil der Anlagen deplazierte Nymphe, deren an sich weiße toskanische Marmorhaut Algen und Schlieren bedecken, stand damals dem Vernehmen nach eine im Brautstand befindliche Tübingerin Modell, deren Verlobtem Merz versprechen mußte, daß niemand jemals davon erfahre …

Als sein Freund die geliebte Mara in dem steinernen Akt am Brückenkopf erblicken wollte, wies ihn der erfahrene Baron zurecht: »Lieber Brassen, es ist ein Rückfall in die Pubertätsjahre, wenn man sich ein Mädchen, das man nicht besitzen kann, unbekleidet vorstellt.« Auf jeden Fall wurde die heute doch schon so ein bißchen wie eine ausgezogene Hausfrau wirkende Nymphe zum Medium für die erotischen Sehnsüchte und schwellenden Gefühlsströme der Studenten während ihrer Zeit des »Stürmischen Frühlings«: »Auf den weißen Gliedern lag der Schein der elektrischen Lampen. Nichts von der zärtlichen Sonne des Frühlings pulste im Stein. Das Halblicht der Nacht hatte ein Neues und Unbestimmbares aus ihm an die Oberfläche gehoben. Die nymphenhafte Glätte der Haut spiegelte etwas in mir, das eben dieser Nacht angehörte, dunkel und unentrinnbar wie ein Lavastrom aus meinem Blut brach. Ich verstand mich selbst nicht mehr. Gab es eine doppelte Tiefe? Eine nach den Abgründen der Unterwelt und eine nach den Lichtern der Sterne zu?«

Während der arme Student nun also zwischen Finsternis und Morgenlicht, zwischen Gottes Atem und dem Dunst der Sünde zu schweben schien, beschäftigte ihn aber auch noch die »Aufdröselung eines Wollknäuels, mit dessen Faden ich einen philologischen Strumpf zu stricken hatte«: Für seine Doktorarbeit eifrig Belege dafür sammelnd, welche Wirkung Goethe auf seine Zeit und besonders auf die Schwaben gehabt habe, machte er die Erfahrung, daß von echtem Verständnis nicht die Rede sein könne, daß Goethe selbst aber ebenfalls übersehen und fehlgeurteilt habe. Bei dieser eigentlich doch sehr stumpfsinnigen Kärrnerarbeit wurde dem Doktoranden der Mensch wichtiger als das Werk. Goethes Dichtungen waren für ihn vor allem elastische Häute, die das geheimnisvolle Weben seines seelischen Organismus umspannten, eines Organismus, aus dem man spannungsvoll ein Leben zwischen Entsagen und Exzeß, Leidenschaft und Kälte spürte. Während er durch Wahl vom Wesen und Wirken des Historischen erfuhr, bescherte ihm die Beschäftigung mit Goethe »das erste, noch unvollkommene Wissen um das Lebensgeflecht hinter der Haut der Erscheinungen«, wie er in den Erinnerungen schreibt.

Bei der mündlichen Doktorprüfung ging dann so ziemlich alles daneben. Nur wegen seiner als hervorragend eingeschätzten Dissertation und wegen seiner eifrigen Mitarbeit während der vergangenen Semester ließ man ihn nicht durchs Rigorosum fallen. »Da ich«, heißt es im »Stürmischen Frühling«, »in den Seminarien stets etwas zu sagen hatte, während die dumpfen, aber mir an Kenntnissen siebenfach überlegenen Schwaben meist verklemmt schwiegen, zeigten mir die Professoren ihre besondere Sympathie.«

Seine eigene und Thiessens studentische Existenz sah Kurt von Stutterheim später als ausgesprochen unpolitisch, sei ihnen doch diese Sphäre allenfalls in künstlerischer Verkleidung schmackhaft gewesen, und er folgerte (in einem Beitrag für die Festschrift zum 60. Geburtstag des Romanciers) daraus: »Daß das Himmlerregime in Deutschland möglich war, geht nicht nur auf die Torheiten von Versailles und die Wirren der Nachkriegszeit zurück. Das Übel begann früher: mit der Generation, die Macht vor Recht setzte, und der nächsten, der unseren, die sich in den Elfenbeinturm der Kunst zurückzog, gleichgültig gegen alles, was sich außerhalb des Turmes abspielte.«

Andernfalls hätte man vielleicht verstehen können, was da geschah, bis es im August 1914 zu spät war. Aber Thiess sah noch 1937 nicht viel mehr als jenes »dunkle Gebot«, dem folgend sich die Jugend zerfleischte, obwohl Einzelne die Einheit Europas bereits verwirklicht gehabt hätten. Davon jedenfalls sollte sein Tübingen-Roman zeugen, der übrigens noch in den fünfziger Jahren als Rowohlt-Taschenbuch hohe Auflagen erlebte. Ein Gewitter machte nun erst einmal düstere Stimmung im »Stürmischen Frühling«. Mara erschoß sich, und dann folgte das allgemeine Finale: »Vier Wochen später war diese Welt nicht mehr. Ein anderer Schuß hatte sie ins Herz getroffen. Sie brach zusammen. Zersprengt unsere Freundschaft, die Maras Blut gekittet hatte. Der Sturm, der sich erhob, jagte uns auseinander. Überfüllte Züge rasten davon. Die Gesichter tauchten ein in das Gesicht von Millionen.«

Die Romane des Zyklus »Jugend« hatten einst hohe Auflagen. Heutzutage jedoch sind sie einem ebenso fern wie der ganze Eduard Spranger in seiner Ganzheitlichkeit, aus dessen Nachlaß man übrigens in der Tübinger Universitätsbibliothek Thießsche Widmungsexemplare ausleihen kann. Alle seine Bücher sind nach eigenem Bekunden des Autors Enträtselungen von dem Verstande

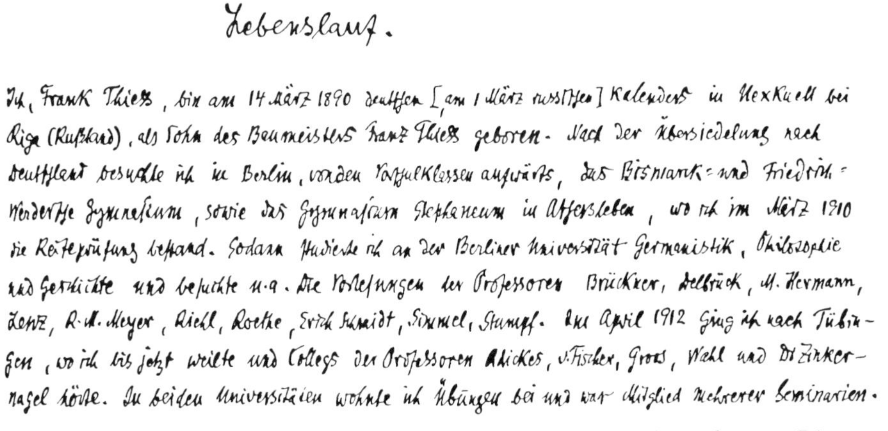

Lebenslauf.

Ich, Frank Thiess, bin am 14. März 1890 deutschen [am 1. März russischen] Kalenders in Uexküll bei Riga (Rußland), als Sohn des Baumeisters Franz Thiess geboren. Nach der Übersiedelung nach Deutschland besuchte ich in Berlin, von den Vorschulklassen aufwärts, das Bismarck- und Friedrich-Werdersche Gymnasium, sowie das Gymnasium Stephaneum in Aschersleben, wo ich im März 1910 die Reifeprüfung bestand. Sodann studierte ich an der Berliner Universität Germanistik, Philosophie und Geschichte und besuchte u.a. die Vorlesungen der Professoren Brückner, Delbrück, M. Hermann, Lenz, R. M. Meyer, Riehl, Roethe, Erich Schmidt, Simmel, Stumpf. Im April 1912 ging ich nach Tübingen, wo ich bis jetzt weilte und Collegs der Professoren Adickes, v. Fischer, Groos, Wahl und Dr. Zinkernagel hörte. In beiden Universitäten wohnte ich Übungen bei und war Mitglied mehrerer Seminarien.

Lebenslauf von Frank Thiess, der einem Gesuch beiliegt, aufgrund seiner Dissertation zum Colloquium zugelassen zu werden.

nicht faßbaren Kraftfeldern unter der Oberfläche des Wirklichen. Dabei wurden dem Romancier jeweils Freiheit und Gesetz zum zentralen Problem. Als Teil des Großorganismus, in dem er wirke, sei der Mensch unfrei, frei dagegen als geistig-schöpferisches Individuum. Geist und Geschichte, Geist und Politik stünden in einem Spannungs- und Gegensatzverhältnis, aus dem sich die tragische Situation des Menschen ergebe.

Von dem mit ihm befreundet gewesenen Hermann Broch war jedoch die Rolle des Menschen als Spielball im Hauptstrom unkontrollabler Tiefen viel härter, viel verbindlicher gefaßt worden als vom Abendländer Thiess, dessen Prosa denn auch vor den Abgründen des Grauens in dieser Zeit – vor Auschwitz und dem Archipel Gulag – versagen mußte. Erzählend führte Thiess die Prosatradition des 19. Jahrhunderts fort, als sei nichts geschehen. Mit Mitteln der Unterhaltungsliteratur kann man aber nichts anderes hervorbringen als Unterhaltung. Form ist Inhalt, der Stil die Botschaft und umgekehrt.

So wurde es denn auch gleich recht still um das Werk des Vielgeehrten, des einstigen Bestseller-Autors, nachdem er am 22. Dezember 1977 gestorben war. Nun taucht er vor allem noch als Erfinder des Begriffes von der »inneren Emigration« auf – wahrlich kein Ruhmesblatt für ihn. Unter dieser Überschrift meinte Thiess nämlich am 18. August 1945 in einem von Ressentiments und Ahnungslosigkeit gegenüber Schicksal und Leiden der Exilanten triefenden Artikel, falls es ihm gelänge, diese schauerliche Epoche lebendig zu überstehen, »würde ich dadurch derart viel für meine geistige und menschliche Entwicklung gewonnen haben, daß ich reicher an Wissen und Erleben daraus hervorginge, als wenn ich aus Logen und Parterreplätzen des Auslands der deutschen Tragödie zuschaute«.

Sicher, Frank Thiess hatte in dem dann auch verbotenen Roman »Das Reich der Dämonen« (1941) Konflikte zwischen Volk und hellenischen, römischen und byzantinischen Machtusurpatoren als sinnbildliche Kritik am Faschismus gemeint, aber dennoch: ein Widerständler war er beileibe nicht. Man kann Thomas Manns Wut darüber verstehen, wie hier aus der Not eine Tugend gemogelt wurde. Am 12. Oktober jedenfalls antwortete er Thiess und dem ebenfalls in die Affäre verstrickten Walter von Molo im »Augsburger Anzeiger«: »Es mag Aberglaube sein, aber in meinen Augen sind Bücher, die zwischen 1933 und 1945 überhaupt gedruckt werden konnten, weniger als wertlos und nicht gut in die Hand zu nehmen. Ein Geruch von Blut und Schande haftet ihnen an. Sie sollten alle eingestampft werden.«

Karl Otten

Doblerstraße 18 (Gefängnis)

Auf dem Floß »Menschheitsdämmerung«

»Im September des Jahres neunzehnhundertvierzehn, in der Blüte der Großen Zeit, nachts, um die elfte Stunde, landete der Trupp der Verdammten aus Stuttgart kommend in Tübingen und schlich, umringt von etwa hundert Soldaten mit aufgepflanztem Bajonett, schweigend wie eine Prozession durch die Straßen, die von aufgeregten und leise knurrenden Zuschauern erfüllt waren.« Der 25jährige Karl Otten hatte während des Sommersemesters in Straßburg studiert, wo man ihn gleich bei Kriegsausbruch wegen antimilitaristischer Agitation verhaftete und deswegen, »weil ich nicht dienen will, lieber verrecken«. Denn die grauenvolle Zukunft war ihm schon gegenwärtig geworden, als er 1912 bei einer Reise nach Griechenland in den Beginn des ersten Balkankrieges geriet, »des unbekannten, geheimen Krieges, der, wie der Offizier sagte, nur Vorübung sei für ›das Richtige‹, die Schlacht der Millionen«. Nun also geschah es, das Richtige!

Zunächst hatte er noch in Straßburg zwei Haftwochen durchleiden müssen, isoliert, bei Wasser und Brot, das Schreien zum Tode Verurteilter im Ohr. Am 16. August war dann ein elender Treck von an die vierhundert mißhandelten Menschen mit ihm als einzigem Reichsdeutschen und sonst lauter Franzosen nach Stuttgart unterwegs. Karl Otten, der sich in »Wurzeln«, seinem autobiographischen Roman, »Herodes alias Aage alias Dominik« nennt, hatte ebenso noch einen verbundenen Kopf wie der neben ihm die Koffer schleppende Florian, ein freundlicher elsässischer Dorftrottel, der ihm seit Straßburg nicht mehr von der Seite wich. Während sich die als Spione Verdächtigten und von vornherein Verdammten durch Stuttgart bewegten, waren Aage und Florian nämlich aus der haßerfüllten Menge heraus, die den Straßenrand säumte, angegriffen und verletzt worden. Dann hinderte aber der den Zug begleitende Hauptmann Xaver Jennerwein das brave Volk daran, sein Mütchen weiter an ihnen zu kühlen – und wurde in der folgenden Nacht erstochen. Die Gefangenen waren in die neue Infanterie-Kaserne gebracht worden. Tags drauf, am 17. August, mußte sich

Otten von zwei Landwehrleuten mit aufgestecktem Bajonett einem General vorführen lassen, der die Erschießungswand in Sprache und Blick hatte. Wider Erwarten wurde dann aber unbegrenzte »Schutzhaft« verhängt über den Studenten. Mag sein, daß schon September war, wie er schreibt, Anfang September, als sich der aus Stuttgart eingetroffene Transport Verurteilter nächtens durch die Straßen Tübingens bewegte.
Seltsam, in diesem scharf bewachten, traurig bewegten Sträflingshaufen fühlte er sich nun auf einmal an Prozessionen in seinem rheinländischen Heimatort nahe der holländischen Grenze erinnert. Aber: »Das hier in Tübingen gehörte einer anderen Zeit an, der als einziger Märtyrer Hölderlin verblieben war, der größte und heiligste aller Dichter und Denker, der dem Volke der Richter und Henker entsproßt, jetzt irgendwo auf Seminartischen seziert wird. Wer versteht ihn noch? Niemand. Und die ihn verstanden, wie Aage, die sperrte man ein.«

Karl Otten – von Egon Schiele für Franz Pfemferts Zeitschrift »Die Aktion« gezeichnet.

Nahe der Neckarbrücke forderte er plötzlich laut und befehlend dazu auf, für die Seele des Hauptmanns Jennerwein zu beten, und alle im Zug fielen ein. Da staunten die Soldaten ebenso wie die gerade noch aggressiven Schaulustigen. »Es ging hügelan«, und dann kam man zu dem 1902 neben dem Justizgebäude erbauten Gefängnis in der Kaiserstraße 18 (heute Doblerstraße), und Oberaufseher Huntiger – wirklich hieß er August Strobel – nahm sie in Empfang. Aage bekam Zelle elf im dritten Stock zugewiesen, deren unerreichbar hohes Milchglasfenster Tag und Nacht offen blieb.
Bald schon bemühte er sich aber auch gar nicht mehr darum, etwas von der »grausig grauen Gegenwart zu erhaschen«, reichten doch schon die beiden täglichen Rundgänge im Hof, um seinem Lebensüberdruß neue Nahrung zu geben. Florian alterte und verwelkte zusehends, fern seiner dörflichen Umgebung im Beton. Außer ihm, dem zwielichtigen Kalfaktor Karl, ohne dessen Schwarzmarktgeschäfte Aage als Politischer aber wohl verhungert wäre, und noch »dem alten Wärter, den sie aus dem Sarg hervorgelockt hatten«, betrat niemand Aages Zelle.
Aus purem Beschäftigungstrieb dachte er sich nun eine Zeitlang Briefe an Unbekannte aus wie: »Entschuldigen Sie, daß ich immer noch im Gefängnis sitze, diesmal in Tübingen, inmitten der schwäbischen Dichterschule, immer noch in der gleichen, ganz von mir imprägnierten Zelle, die zum Glück gegen Süden liegt, was ich daran erkenne, daß die Wanderung der Sonne in ihr sich abzeichnet, von der linken Ecke neben der Tür bis zur anderen Wand, gegen die mein Bett geklappt ist und der Kübel lehnt.«

Und er korrespondierte mit dem damals in München lebenden Wiener Kunstkritiker Arthur Roessler, der wohl auch die Verbindung zu dem jungen Maler Egon Schiele geknüpft hatte, als Otten während der letzten Vorkriegsmonate zusammen mit Josef Amberger, Johannes R. Becher und Heinrich F. S. Bachmair die expressionistische Zweimonatsschrift »Die Neue Kunst« herausgab. Am 13./14. Dezember 1914 schrieb er Schiele: »Von Zeit zu Zeit klaube ich Ihren Brief aus dem Schube und delektiere mich – ich war so froh über Ihr anerkennendes mitfühlen. Ich glaube nicht, daß Sie sich vorstellen können was das heißt aus den geordneten Kreisen freier Gedanken und Beziehungen eingekastelt zu werden – eingemauert in 3:6 Fuß Betonmauern. Draußen Sommer – Herbst – Winter – Schicksal und Krieg – Gesang der Soldaten – Musik von Begräbnissen – Siegesläuten und Pöllerschießen – Kinder singen – hier drinnen aber Vakuum o.o – ohne Endziel ohne Vernunftgründe! man frißt sich selbst mit Haut und Haar und speit sich wieder hin und ein Ekel ohne Grenzen.« Dann erkundigte sich Otten auch noch nach einzelnen Autoren von Franz Pfemferts »Aktion«, die er demnach ins Gefängnis geschickt bekam, und schloß: »Seit einigen Tagen habe ich eine Fahrradlaterne, sodaß ich des Abends etwas arbeiten kann – ich zeichne, dichte – schneide Linoleum – schnitze Götzen und Weibsbilder – bunt durcheinander – Towubawowu von Kraft und Einfalt.«
Die Frau eines wegen Verführung von Kindern angeklagten Malermeisters schmuggelte dann aber auch Briefe von ihm aus dem Gefängnis, in denen er Freunde bat, seinen Fall – »fast drei Jahre sitze ich hier, ohne Urteil, ohne Untersuchung, ohne Anwalt« – öffentlich zu machen. Da saß er gerade ein Vierteljahr. Den die Verhältnisse stilisierenden autobiographischen »Wurzeln« zufolge wurde er auch erst am 10. September 1917 aus der Haft entlassen. Weil dieser Roman zwar tiefenpsychologisch sehr konkrete Aufschlüsse bietet, die äußere Wirklichkeit aber unter anderem durch assoziative zeitliche Zuordnungen verfremdet, dürfte man ihn eigentlich gar nicht als biographische Quelle benutzen und wenn schon, dann nur in bezug auf andere Lebenszeugnisse. Nun schreibt Bernhard Zeller in der Einleitung seines zusammen mit Ellen Otten, der Witwe, herausgegebenen Nachlaßberichtes, der Dichter sei Ende 1915 durch Intervention des Reichstagsabgeordneten Conrad Haußmann, Führer der Württembergischen Volkspartei, aus der Haft entlassen worden. Briefe an Freunde sprechen jedoch dafür, daß es schon im Januar war, worauf man ihn allerdings auf der Festung Koblenz bald wieder als Arbeitssoldat internierte.
»Am wichtigsten von allem«, so monologisierte Aage während der Revolutionstage in Berlin, »war mir die Erfahrung des Zusammenpralls von Nichts und Ego im Gefängnis zu Tübingen, zwischen denen es nur eine Brücke gab, die mich vor dem Untergang bewahrte – Leben und Werk von Hölderlin. Was bedeutet, daß der Geistige nur vom Geistigen gerettet werden kann, daß der Geist nur zwischen Geistigen wählt, sich niederläßt und den Gast segnet. Es gibt keine Aussicht, noch für lange Perioden nicht, daß in Deutschland die Geistigen, welche den Weltuntergang durch Technik und Technologie überlebten, sich erkennen, finden, entschließen, der Macht der Parteien kritisch entgegenzutreten. Wir haben es versucht, wie immer Doktoranden später urteilen mögen, wir haben es versucht, eine Gruppe von Geistigen zu gründen, die ihren Schmerzen

an der Welt unterlagen, als sie sich um die Macht mühten.«
Im Tübinger Gefängnis und auf der Koblenzer Festung entstanden – »Schrei der Verzweiflung« – jene Verse gegen kriegerische Gewalt, die Franz Pfemfert Ende 1917 in seiner Reihe »Der Rote Hahn« veröffentlichte, und das Titelgedicht »Die Thronerhebung des Herzens« daraus nahm Kurt Pinthus zwei Jahre später neben fünf anderen von Otten auch in seine berühmte Anthologie »Menschheitsdämmerung« auf: »Schlage dein Herz auf, Bruder: / Das Buch der Morgenröte, Bruder / Der neuen Zeit, Bruder / Den Mantel der Furcht, Bruder / Das Auge der Erkenntnis, Bruder! // Dein Herz sieht Erleuchtung / Durch deine mordgesegneten Hände: / Blasse jammervolle wetzen sie vergebens / Den Schorf der Schande vom entweihten Leib. / Heilig! heilig! heilig! / Unaussprechliches, deine Schneeschwingen / Deinen Himmelsatem / Deine todrasselnde Brust – / Menschheit!«

So sah August Macke den jungen Karl Otten 1913 in München.

In der biographischen Notiz für diese »Symphonie jüngster Dichtung« tat Otten kund, daß er sein Leben dem Kampf für den Sieg des Proletariats geweiht habe und daß für ihn das Heil nur aus dem Osten, aus der Sowjetunion kommen könne. Anfang 1959, kurz nach seiner Übersiedlung aus dem englischen Exil in die Schweiz, bat Pinthus den 1944 Erblindeten um einen Text für die geplante Neuauflage. »Sie, ein Überlebender des Weltunterganges, bitten einen anderen Überlebenden zum zweiten Stapellauf unseres Floßes ›Menschheitsdämmerung‹, auf dem sich vor 40 Jahren 23 ›sehnsüchtige Verdammte‹ den Stürmen der Utopie ausgesetzt sahen, ein paar Worte über das Leben eines Schiffbrüchigen zu sagen«, begann Ottens erstaunte Antwort, worauf er es unternahm, vor vier Jahrzehnten Gesagtes zu erklären, zu beschwichtigen – auch zu berichtigen. »Das gilt dann für jene Stelle in meinem damaligen Zornesausbruch, in der ich, den messianischen Kommunismus ernstnehmend, in Rußland und seiner Revolution die Erlösung vom Übel zu erblicken glaubte. Ich war nicht der einzige, der das tat.« In einem ungedruckten Entwurf aus dem Nachlaß äußerte sich Otten noch genauer dazu: »Die Schlußfolgerung, Rußland betreffend, nahm ich wenige Monate später zurück: Paul Levi und Franz Pfemfert hatten mich geheilt, und ich, der geschworene Gegner aller Parteien, hütete mich erst recht vor der

kleinbürgerlichen und dummen Idelogie der kommunistischen Partei Deutschlands.«
Als Karl Otten dann während der Wochen vor seinem Tode – er starb am 20. März 1963 – in dem Roman »Wurzeln« sein Leben erzählte, legte sich ein dichter Flor von Bitterkeit und Trauer auf seine Worte. Doch ist sich dieser große Einzelne und Einzelgänger bis zuletzt treu geblieben, den Traum seiner Jugend nicht verleugnend.

Erwin Guido Kolbenheyer

Neckarhalde 39

Ein Mystiker von Art und Volk

Es war irgendwann im Jahre 1931. Am Neckar ging ein Herr spazieren, der, so jedenfalls berichten alte Tübinger heute, als geheimnisumwitterte Gestalt galt. Er trug einen Havelock, einen Radmantel ohne Ärmel, und Schuhe mit besonders dicken Sohlen, ging also auf Kothurn wie die antiken Mimen. Zu Hause in der Neckarhalde 39 setzte er sich dann an den Schreibtisch und brachte einen kleinen Aufsatz über das zu Papier, was ihn unterwegs bewegt hatte. Der Anfang war harmlos feuilletonistisch: »In diesen dunklen Tagen ging ich an einem Sonntagmorgen dem Flußufer entlang, an dem ich wohne. Es ist hier der Brauch, daß von dem Turm der Hauptkirche nach allen vier Himmelsrichtungen das Lied des Gottesdienstes von den Stadtbläsern über die Stadt hinposaunt wird, um zur Kirche zu laden. Ich ging unter den starkmütigen Klängen, mir war, als wüßte ich keine Musik so sprechend wie die des evangelischen Kirchenliedes.« Aber der das schrieb, war kein gemütvoller Kleinstadt-Feuilletonist, sondern ein Dichter, der bald zum Haupt- und Staatspoeten des Tausendjährigen Reiches werden sollte. Erwin Guido Kolbenheyer lebte, dem Melderegister zufolge, vom 5. April 1919 bis zum 13. Februar 1932 in Tübingen und zog dann mit seiner Familie nach München-Solln.

Das große Haus an der Neckarhalde, in dem einst auch einmal ein Stall für die Postpferde Richtung Hirschau untergebracht gewesen sein soll, wirkt heute charakter- und alterslos. Dr. Christiane Kolbenheyer, eine der beiden Töchter des Dichters, hatte das mit der Zeit heruntergekommene Gebäude im Herbst 1968 verkauft, worauf es – wie damals üblich – zwar von Grund auf, aber zur Gesichtslosigkeit von Ganzglasfensterfronten hin saniert wurde. Die Familie bewohnte den ersten Stock des Hauses, von dem Kolbenheyer übrigens nach 1945 zeitweise leben mußte, und im zweiten unterm Dach befanden sich außer seinem Arbeitszimmer noch Räume für Gäste. Souterrain und Parterre waren vermietet.

Von seinem Spaziergang zurückgekehrt, hatte der kleine, kompakte, grimmig blickende Mann also zu Papier gebracht, was ihm gerade am Neckar durch den

Kopf gegangen war. In dem Aufsatz »Die Wende«, den er elf Jahre später auch in sein Buch »Bauhüttenphilosophie« aufnahm, kam Kolbenheyer dann über Posaunenklang vom Stiftskirchenturm und trutzige Luther-Lied-Assoziationen (»Das Reich muß uns doch bleiben!«) zum Kern der Sache. Auch vor dreihundert Jahren, fuhr er fort, sei das deutsche Volk in Armut geworfen, von innerem Hader vergällt und von fremdem Willen beherrscht gewesen, aber trotz des gleichen Elends erscheine ihm die heutige Zeit noch ungleich ärmer. »Wir haben verlernt, die Ereignisse, die an uns, mit uns und neben uns bestehen und unseren Lebensbestand bedeuten können, auf unser innerstes, auf unser eigengeartetes Volkstum zu beziehen, als wären wir irgendeine chaotische Masse, aus der jeder Fremde nach seinem Willen ein lebendiges Volk zurechtkneten kann.«

Erwin Guido Kolbenheyer während seiner Tübinger Jahre.

Der »arteigene Lebenswert« der deutschen Ehe, der deutschen Familie, des deutschen Gemeinschaftslebens sei besudelt, dem Hohn jeglicher Verachtung preisgegeben worden, fand Kolbenheyer. Dennoch hätten »die Lästerer und Zersetzer des deutschen Wesens« zu früh frohlockt. »Das innere Wachstum eines Volkes läßt sich überdecken, verhehlen, hemmen, aber nicht vertilgen, solange das Volk noch lebendige Kraft birgt. Wir stehen an einer Wende, die nicht nur politische Zeichen gibt.« Und bald sollte sich ja die Prophetie von Kolbenheyers Tübinger Sonntagsbetrachtung verhängnisvoll erfüllen...

Dem Dichter zufolge, der sich auch als Philosoph verstand, ist das Bewußtsein nur »eine ordnende Hilfsfunktion des Biologisch-Organischen«, was ihn zur Verneinung des ichbetonten Idealismus und zu der Forderung führte, daß sich der einzelne in die übergeordneten Wirklichkeiten von »Art und Volk« eingliedern müsse. Wegen dieser biologistischen Kulturauffassung konnte er während der Nazizeit aus innerer Übereinstimmung und nicht, wie andere, nur dank opportunistischer Anpassung so gut reüssieren.

Daß Kolbenheyer seinen Weg geradeaus habe fortgehen können, als die große Wende kam, würdigte 1938 in einem ihm und Hermann Claudius gewidmeten Almanach des Verlages Albert Langen / Georg Müller auch ein Vertreter jener Wissenschaft, die es neben der Volkskunde immer am besten verstand, flugs den jeweils aktuellen Farbton anzunehmen. Nazi-Germanist Franz Koch schrieb über des Dichters Theorien: »Denn aller Nachdruck liegt naturgemäß in Kolbenheyers Weltbild auf dem überindividuellen Leben, auf Lebensformen wie Familie, Stamm und Volk, auf dem Arteigenen und Volksgebundenen, auf der natürlichen Ordnung der Dinge. Er denkt und sieht nicht den einzelnen. Das Grundelement des Lebendigen ist für ihn die gewachsene Gemeinschaft, Familie, Sippe, Volk.«

Trotz solch irrationalen Wustes ist aber Kolbenheyers Werk wegen seiner theoretischen Konsistenz und seines künstlerischen Niveaus der Nazi-Ideologie weit überlegen, mit der es doch auf weiten Strecken übereinstimmt. Sich dem Dichter nur polemisch zu nähern, brächte kaum etwas. Notwendig wäre dagegen die analytische Bewältigung seines literarischen Oeuvres. Daß die heutige Germanistik auf diesem Felde nicht viel getan hat, könnte sich rächen. Dann nämlich, wenn die verdrängte, ungeläuterte Tradition irgendwann einmal wieder akut würde und Unheil stiftete.

Zu den rühmlichen Ausnahmen gehört ein 1976 erschienener Sammelband »Die deutsche Literatur im Dritten Reich«, in dem sich Bodo Heimann auch über dieses Forschungsdefizit Gedanken macht. »Wer heute«, schreibt er in einem Aufsatz über »Die Konvergenz der Einzelgänger«, »wer heute Autoren wie Thomas Mann, Hermann Hesse, Hermann Stehr, Emil Strauß und gar Erwin Guido Kolbenheyer im gleichen Zusammenhang nennt, setzt sich allzuleicht dem Vorwurf aus, er vergleiche Inkommensurables. Hier ist offensichtlich die 1933 einsetzende Spaltung in Exilliteratur und NS-konforme Literatur wirkungsgeschichtlich sehr relevant geworden, so sehr sogar, daß der letztere Zweig weitgehend aus dem literarischen Leben verschwunden ist. Eine Rezeption findet nicht mehr statt, allenfalls in geschlossenen Gesellschaften. Eine Tradition erscheint abgebrochen beziehungsweise – im doppelten Sinne – ›verdrängt‹.«

Persönlich muß Kolbenheyer sehr schwierig gewesen sein. Seine in einem Tübinger Altersheim lebende Tochter erklärt sich das auch damit, daß der 1878 Geborene nach dem frühen Tod des Vaters, der in Budapest als Architekt gewirkt und die dortige Universität gebaut hatte, von der Mutter maßlos verwöhnt worden sei. Sie war in ihre Heimat, nach Karlsbad, zurückgekehrt, und der verhätschelte Sohn besuchte dann in Eger die höhere Schule. Nach Studium und Promotion in Wien machte sich Kolbenheyer bald einen Namen als Schriftsteller. 1908 hatte er seinen ersten Erfolg mit dem Spinoza-Roman »Amor Dei«. Dann erschienen »Meister Joachim Pausewang« (1910), »Montsalvasch« (1912), die Paracelsus-Trilogie (1917, 1922 und 1926) und »Das gottgelobte Herz« (1938).

1911 wurde ihm der Bauernfeld-Preis, 1925 der Adalbert-Stifter-Preis und 1937 der Frankfurter Goethe-Preis verliehen. Seit 1926 war er Mitglied der Preußischen Akademie. Die Gegensätze zwischen dem linken Flügel um Heinrich Mann und Alfred Döblin und dem völkisch-nationalistischen brachen jedoch schon im Herbst 1930 bei Gelegenheit einer Statuten-Diskussion offen aus, worauf Kolbenheyer, Wilhelm Schäfer und Emil Strauß am 5. Januar 1931 austraten.

Nachdem die Sektion der Akademie dann aber im Zuge der »Machtergreifung« von fast allen bedeutenden Schriftstellern »gesäubert« worden war – im Frühjahr 1933 wichen die Gebrüder Mann, Alfred Döblin, Ricarda Huch, Leonhard Frank, Georg Kaiser, Jakob Wassermann und viele andere dem Terror –, kehrten die Völkischen im Triumph zurück, und was sich dann am 7. Juni 1933 neu konstituierte, beschreibt Oskar Loerke in seinen Tagebüchern so: »Im übrigen waren die Herren Nationalisten sehr unter sich. Schäfer, immer zu hysterischen Wutausbrüchen neigend, brüllend, Schwarzalbe. Das tückische aufgeblasene breiige Nichts Kolbenheyer, stundenlang redend. Eitle Diktatoren. Durch die hohlen, üblen Radaubrüder Schäfer und Kolbenheyer geriet die Sitzung auf ein unwahrscheinlich schäbiges Niveau.«

Kolbenheyers Tübinger Haus auf einem Foto vom Frühjahr 1931. Im Vergleich zum heutigen läßt sich nachvollziehen, wie auch Gebäude ihr Gesicht verlieren.

Als er derart auftrumpfte, wohnte Kolbenheyer aber schon nicht mehr in Tübingen, sondern in München-Solln. Er habe sich, vermutet seine Tochter, »in die schwäbische Mentalität nur schlecht hineingewöhnen« können und in Bayern wohl seinen sudetendeutschen Ursprüngen näher gefühlt. Nach Tübingen war er 1919 auf Anraten eines alten, in Stettin als Bibliothekar tätigen Freundes gezogen, der hier studiert hatte. Einen besonderen Anreiz bedeutete ihm die Universitätsbibliothek, und dann sollten auch die beiden Töchter nicht in der Großstadt aufwachsen.

Kolbenheyer pflegte schon früh am Morgen hinter dem Schreibtisch zu sitzen und nur zu den Mahlzeiten herunter in den ersten Stock zu kommen. Viel Umgang hatte er nicht in Tübingen, wo ihm die Universität bald den medizinischen Ehrendoktor verlieh. »Vater lebte und arbeitete mehr für sich selbst«, erzählte die Tochter. »Er war froh, wenn man ihm seine Ruhe ließ.«

Ansonsten müssen ihre Beziehungen zu ihm nicht sehr eng und herzlich gewesen sein. Die wenig resolute Mutter und die beiden Töchter hatten es schwer mit dem Vater, der dazu neigte, schnell aufzubrausen, zu brüllen und zu schlagen. Er zeigte kein Verständnis, als Christiane schließlich am Uhland-Gymnasium nicht mehr mitkam. »Bevor ich«, erzählte sie, »auf ein Töchterheim in Eisenach überwechselte, konnte ich damals eigentlich nur von Dr. Otto Binder, dem Oberstudiendirektor am Uhland-Gymnasium, jene Liebe erfahren, die mein Vater hatte vermissen lassen.«

Nach dem Abitur studierte sie in Tübingen und München und promovierte mit einer Arbeit über den mittelalterlichen Mystiker Sebastian Franck. »Vater«, erinnerte sie sich, »wollte absolut eine akademische Tippmamsell haben, er wollte, daß ich ihm ohne Gehalt die Briefe schreibe und alphabetisch ordne.«

Dagegen begehrte die Tochter auf und half zunächst im Haushalt. Als sie später in einem Nürnberger Altersheim eine Stelle als Krankenschwester angenommen hatte, wurde ihr vom Vater nahegelegt, entweder ein Schriftstück zu unterschreiben, daß sie es als Belohnung betrachte, der Mutter im Haushalt beizustehen, oder sein Haus für immer zu verlassen. In Anbetracht solcher Erlebnisse schwang schon auch trotzige Abwehr mit, wenn sie auf die Frage, was ihr denn vom Werk des Vaters bekannt sei, antwortete: »Gar nichts.«
Als im Oktober 1943 jemand von der »Tübinger Chronik« den Dichter-Philosophen in seiner Sollner Wohnung besuchte, sah er dort auch ein Bild der beiden Töchter Uli und Christiane stehen, von denen die eine, wie dann in der Zeitung zu lesen war, mit einem Universitätsprofessor in Greifswald verheiratet sei und die andere bei ihren Eltern lebe. Auf die Frage, warum er eigentlich damals Tübingen verlassen habe, brachte Kolbenheyer folgende quallig wabernde Antwort hervor: »Es mag 1931 gewesen sein, da kamen zu mir Studenten der verschiedensten deutschen Hochschulen und legten mir die Gewissensfrage vor, ob deutsche Kultur und deutsches Geistesleben am Ende seien. Das hat mich so stark bewegt, daß ich mir sagte: Du mußt hinaus! Bis dahin hatte ich alle Vortragsreisen abgelehnt, um meiner schriftstellerischen Arbeit willen. Nun aber rief mich die Jugend, und ihr mußte ich helfen! Das konnte ich jedoch von Tübingen aus nicht; da war ja dieses Plochingen, wo man bei jeder Reise stundenlang sitzen mußte und Zeit verlor! Ich bin aber nicht gerne von Tübingen weggegangen. Ich hatte ja dort alles gefunden, was ich für meine Arbeit brauchte: Ruhe, landschaftliche Schönheit und nicht zuletzt eine große Bibliothek.« Dann kam man auch noch auf das Zeitgeschehen zu sprechen, und der Dichter schwärmte: »Nur ein Auslandsdeutscher kann die Größe des Werkes des Führers voll begreifen und werten. Aber auch nur Adolf Hitler konnte dieses Werk vollbringen, weil er aus eigener Erfahrung den jahrelangen Kampf des Auslandsdeutschen um sein Deutschtum kannte.«
Nach seiner großen Zeit während des Dritten Reiches hatte Kolbenheyer zunächst fünf Jahre Schreibverbot. Dann erschienen die Autobiographie »Sebastian Karst, über sein Leben und seine Zeit« und von 1957 an eine Gesamtausgabe. 1958 wurde ihm der Sudetendeutsche Kulturpreis verliehen. Am 12. April 1962 starb er im bayerischen Geretsried-Gartenberg bei Wolfratshausen. Kleine Kreise von Verschworenen, vor allem auch eine Kolbenheyer-Gesellschaft, nahmen sich des Werkes im alten Geiste und mit ungebrochenem Traditionsbewußtsein an. Die kritische Aufarbeitung von Kolbenheyers Romanen, Dramen, Gedichten und philosophischen Schriften aber steht, wie gesagt, noch aus.

Arnold Zweig

Dorfstraße 3

Mit Bice in irgendeine Einsamkeit

Im November 1918 endete dann das massenhafte Sterben überall, nachdem die Waffen an der Ostfront schon Monate zuvor niedergelegt worden waren. Von dort kehrte der Dichter Arnold Zweig Anfang Dezember nach Berlin zurück, wo ihn seine Frau Beatrice, von ihm Bice, später Dita genannt, erwartete. Aber es war ein ganzes Bündel diffuser Ursachen, das sein Unbehagen an der Stadt bald immer stärker werden ließ. Nein, er mußte unbedingt eine Zeitlang weg aus Berlin. »Politisch sein ist heute unumgänglich«, versicherte er am 19. April 1919 Helene Weyl, seiner Seelenfreundin seit dem Wintersemester 1912/13 in Göttingen, um dann fortzufahren: »Allerdings habe ich schlecht predigen, denn ich lege die Politik für etwelche Zeit hin, um zu schaffen. Die vielen Jahre, die mich von jeder Produktion trennten, haben meinen Hunger unzähmbar gemacht. Ich gehe mit Bice in irgendeine Einsamkeit. Die Koffer sind gepackt, die Wohnung gehört einem Anderen, der Haushalt ist aufgelöst: am 22. reisen wir, und wir wissen noch heute nicht, wohin. Das ist entzückend ...«
Was war seiner Flucht in »irgendeine Einsamkeit«, die dann Tübingen heißen sollte, Lustnau, vorausgegangen? Zweig hatte den großen Krieg zunächst emphatisch begrüßt wie nahezu alle Intellektuellen damals. Wegen seiner schlechten Augen mochte er sich zwar nicht freiwillig melden, wurde aber doch schon militant mit einer chauvinistisch greuelpropagandistischen Novelle »Die Bestie«, die am 23. April 1915 in der »Schaubühne« erschien. Am 23. April dann eingezogen, kam er im August als Landsturmmann zum Armierungsbataillon 120, das erst in Südungarn und Serbien stationiert war, im Frühjahr 1916 jedoch an die Westfront verlegt wurde, zunächst nach Lille, dann nach Verdun. Damit begann seine Erziehung im Kriege. Der Schrecken des Stellungskrieges vor Verdun, wo er auch die lebensklug menschliche Einstellung des sogenannten gemeinen Mannes dem Grauen gegenüber schätzen lernte, führte bei ihm zu einem gründlichen Gesinnungswandel. Und nachdem Freunde dafür gesorgt hatten, daß man den Schriftsteller zur Presse-Abteilung des Oberkommandos in

Bialystok, dann in Kowno versetzte, konnte Zweig auch noch »aus der Perspektive des Stabs sehen, was er vorher von ganz unten durchgestanden hatte« (»Lebensabriß«), und was er sah, erfüllte ihn mit Abscheu.
Es war ein anderer, der da aus dem Krieg zurückkam, als in ihn hineingegangen war. Der hagere 31jährige mit der randlosen Brille und dem licht werdenden schwarzen Haar sah sich selber als »ganz tief zerstörte, vom Krieg bis in ihre Urgründe hinein aufgerissene Person« (»Über literarische Freundschaften und literarische Kritik«). Auch sein nach wie vor sprudelnder Redefluß im kleinen Kreis konnte nicht darüber hinwegtäuschen, daß er erschöpft und gebrochen war. Aber hier in Berlin glaubte Zweig vorerst nicht zur Ruhe kommen zu können, hier hielt es ihn nicht. Zwar begrüßte er die November-Revolution, bedauerte jedoch gleichzeitig die Spaltung der Arbeiterschaft, als der »Spartakus« gewalttätig wurde und der sozialdemokratische Reichspräsident das Militär zu Hilfe rief. Einerseits war ihm durchaus bewußt, daß man in diesen Zeiten nicht unpolitisch sein könne, andererseits jedoch stand ihm der Sinn danach, nun einmal ganz dem literarischen Werk zu leben, um die verlorene Zeit des Krieges auszugleichen, aufzuarbeiten.

Arnold Zweig im Juni 1919, als er in Lustnau wohnte.

Zu seiner politischen Enttäuschung und den zwiespältigen Bestrebungen zwischen engagiertem und eremitenhaftem Dasein kam auch noch, daß ihn der Berliner Literaturbetrieb anwiderte, so hohl durchdröhnt vom auslaufenden Expressionismus, wie er ihm zu sein schien. Da erschöpfte man sich, fand Zweig, in ebenso dilettantischen wie überflüssigen Formexperimenten statt »all die Bruchstellen unserer Zivilisation aufzudecken, die der Krieg mit sich gebracht hat, den Kampf zwischen Sollen und Sein, die Kluft zwischen der Fassade und der Wirklichkeit« (»De Vriendt kehrt heim«). Nein, er mußte weg von Berlin!
In jenem Brief, in dem er Helene Weyl seine Absicht kund tut, Berlin zu verlassen, heißt es weiter: »Und ich lehne für die nächste Zeit jede geldbringende Tätigkeit ab. Ich habe voluminöse Werke, wilde Werke, große ausgeformte schicksalhaltende Werke im Schädel, Weylin! Mich zieht's in die Nähe von Freiburg, ich weiß knapp warum. Husserl ... aber ich will nicht denken! Ich will dichten! Romane und Tragödien sollen erstehen. Alles, was ich bis jetzt gemacht habe, ist eine Vorhalle gewesen.« Schließlich zogen sie jedoch nicht nach Freiburg und damit in die Nähe von Edmund Husserl, dessen Phänomenologie sich Zweig schon vor dem Krieg in Göttingen erschlossen hatte – als ob es für Juden besonders wichtig gewesen wäre, aus der sie bedrohenden gesellschaftli-

chen Wirklichkeit in die abstrakte Welt der reinen Phänomene zu fliehen! –, sondern landeten »nach mannigfacher Irrfahrt«, wie er bald Seelenfreundin Helene schrieb, »anderswo als wir wollten, vor allem nicht so hoch im Bergland, als wir sollten«.

Da waren nun also Arnold Zweig und seine Beatrice vagabundierend in Schwaben unterwegs. Drei Jahre zuvor hatte der Soldat übrigens ein paar Tage Urlaub bekommen, um die entfernte Cousine in Berlin endlich heiraten zu können, deren wohlhabende Eltern sich lange gegen die Verbindung mit dem Sohn des Glogauer Sattlermeisters sträubten. Seiner Schwägerin Maria (später Miriam) Zweig klagte er nun am 26. Mai aus »Rottenburg (Reutlingen)«: »Es ist blödsinnig schwer, Wohnung zu finden, von 500 m Höhe ist keine Rede mehr. Ich habe mich vielmehr heute in Tübingen immatrikulieren lassen, damit wir ein für alle Mal einen Grund zum Wohnen haben. Eine Wohnung wird sich nun auch finden.« Die Immatrikulation löste also nur das Wohnungsproblem, weswegen sich auch sonst nirgends ein Hinweis auf das Studium findet, in keinem Brief und auch in seinem kleinen Taschenkalender nicht.

Das war schon seine sechste Universität nach Breslau (1907/08), München (1908/09), Berlin (1909 bis 1911), Göttingen (1911/12), Rostock (1912/13) und wieder München (1913/14), an der er sich eingeschrieben hatte. Aber nun ging es ihm nicht mehr wie früher darum, an der Universität ein Fundament zu finden, »von dem aus sicher zu denken war« (»Lebensabriß«), denn der da zum ungestörten Arbeiten nach Tübingen kam, war ein bekannter Schriftsteller, von dem schon ein stattliches Werk vorlag. 1911 hatte er die von Thomas Manns »Buddenbrooks« inspirierte Décadence-Geschichte »Aufzeichnungen über eine Familie Klopfer«, den Niedergang einer jüdischen Familie behandelnd, veröffentlicht. Mit den zum Roman zusammenschließenden »Novellen um Claudia«, psychologisch subtilen Studien über die Liebe zwischen einem Mädchen aus wohlhabender deutscher Bürgerfamilie und einem armen Privatdozenten, war dann 1912 der Ruhm gekommen. Sein erstes Theaterstück, die Tragödie »Abigail und Nabal« (1913), fand nur geringes Echo, aber für die jüdische Tragödie »Ritualmord in Ungarn« (1914; später: »Die Sendung Semeals«), einen auf wahren Begebenheiten beruhenden Versuch über den Antisemitismus, wurde ihm 1915 der begehrte Kleist-Preis zugesprochen.

Inzwischen hatten die Zweigs wirklich eine Wohnung gefunden, wenn auch draußen im damals noch selbständigen Lustnau. Das Haus Alberstraße 74 (heute Dorfstraße 3) gegenüber dem Gasthof »Rose« ist ein großes, wenig charakteristisches Gebäude, das den Aufenthalt in irgendwelchen Einsamkeiten nicht gerade anzuheimeln vermag. Am 5. Juni füllte der 1887 in Groß-Glogau (Schlesien) als Sohn eines Sattlermeisters geborene Student der Philosophie in der Neuen Aula den Belegbogen aus, wonach er zwei Wochenstunden »Philosophie der Gegenwart« bei dem außerordentlichen Professor Traugott Konstantin Oesterreich und drei Stunden »Stillehre und Geschichte der Plastik« bei Prof. Konrad Lange zu hören gedachte. Der damals 39jährige Oesterreich gehörte übrigens zu den wenigen Professoren, die den neuen demokratischen Staat bejahten, und zwei während dieser Zeit von ihm veröffentlichte Schriften sollten wesentlich dazu beitragen, daß er 1933 aus dem Staatsdienst entlassen wurde. Nachdem Zweig

nun also belegt hatte, machte er sich auf den unangenehmen Gang zum Kassenamt in der Münzgasse 28 und bezahlte 37 Mark.
»In Tübingen habe ich mich einschreiben müssen, um Wohnung zu bekommen, natürlich nichts, was ich wünschte«, versicherte er am 6. Juni auch Martin Buber, um seinem zionistischen Mentor dann erste Erfahrungen mitzuteilen: »Hier in Tübingen grassiert eine unvorstellbare Gegenrevolutionsstimmung, die mit Antisemitismus identisch ist. Man negiert sogar schroffstens die jetzige Regierung und möchte sich je eher je lieber gegen den inneren Feind erheben. Und natürlich auch gegen die Franzosen.« Die Studentenschaft in ihrer Gesamtheit war unpolitisch bis reaktionär. Zwar plädierte man in einer Vollversammlung am 8. März noch dafür, »sich rückhaltlos auf den Boden der neuen Ordnung« zu stellen, stand ihr dann aber zunehmend ablehnend gegenüber. Der antisemitische Hochschulring Deutscher Art (HDA) gewann rasch großen Einfluß, und für das Anfang 1919 durchaus noch zum Schutz der Republik gegen rechts und links aufgestellte Tübinger Studentenbataillon wurde dann der Kampf gegen »Bolschewismus« und »Spartakus« – Anfang Mai half es, die Münchner Räterepublik zu beseitigen – zum einzigen Movens.
Aber es ist nichts darüber bekannt, wie weit sich Zweig überhaupt auf Tübinger Verhältnisse einließ und mit wem er hier Umgang pflog, es ist auch nicht bekannt, ob er die Universität wirklich ab und zu betrat oder die meiste Zeit schreibend in der Lustnauer Behausung verbrachte. Am 10. Juni bedankte er sich aus Lustnau bei einem »Herrn Meyer«, wohl dem Verlagsbuchhändler Georg Heinrich Meyer vom Kurt Wolff Verlag, brieflich »für die schnell gesandten M 1000.– Vorschuß« und äußerte sein Unbehagen darüber, was einen heutzutage so an Literatur zugemutet werde: »Die vier Jahre, die meine Altersgenossen, die draußen waren, der Krieg gekostet hat, haben diejenigen unter den modernen Literaten, deren schwache Konstitution sich mit friedfertiger Gesinnung und guten Verbindungen vereinte, benutzen können: alles Gute das wir erstrebt oder geleistet haben ist einfach verschüttet vom Wust des dilletantischesten, gesinnungsvollsten Gemaches das je für Dichtung ausgegeben worden ist. Ich denke zum Beispiel an die Erhebung, die Wolffenstein herausgegeben hat und die mir auch gesandt wurde; ich denke an den grauenhaft grünen Mist, den man jetzt über alle Bühnen zerrt und an den heiligen Tamtam der an die Stelle der Kritik getreten ist.«
Der nicht ganz uneitle, besonders gerne ausschweifend über sich und seine Arbeit sprechende Schriftsteller trug ja wirklich »voluminöse, wilde Werke, große ausgeformte schicksalhaltende Werke im Schädel«, nur war damals während seiner Lustnauer Wochen noch nicht die Zeit gekommen, sie auch zu Papier zu bringen. Denn seit Zweig aus dem Krieg zurückgekehrt war, litt er auch an tiefen Depressionen, die zumindest sein dichterisches (nicht sein essayistisches) Ausdrucksvermögen hemmten. Aus dieser orientierungslosen Lebensphase sollte den Schriftsteller dann erst Sigmund Freuds analytische Seelenkunde herausführen. Das Erscheinen von Lion Feuchtwangers »Jud Süß« im Jahre 1923 habe ihn, so Zweig später, wieder an die Möglichkeit des deutschsprachigen Romans glauben lassen, und 1924 begab er sich zum erstenmal in psychoanalytische Behandlung. Frühestens mit der 1925 in seiner Sammlung »Regenbogen«

erschienenen Novelle »Pont und Anna«, in welcher er am Beispiel des Baumeisters Laurenz Pont die Überwindung einer seelischen Krise durch Psychoanalyse beschreibt, meldete sich sein schöpferisches Vermögen zurück. Bis dahin hatte er vor allem ältere Stücke umgearbeitet und sich in Essays mit zionistischen Fragen beschäftigt. Immerhin stand aber auch diese Tübinger Zeit ganz im Zeichen seiner doppelten Lebensthematik: der Auseinandersetzung mit dem Krieg und mit dem Judentum.

So wie später durch Freud hatte der junge Schriftsteller vor dem Krieg geistigen Halt bekommen durch den Philosophen und Kulturzionisten Martin Buber, mit dem er seit 1912 korrespondierte. Als Soldat in der östlichen Etappe, in Bialystok, Kowno und Wilna, lernte er dann das immer von Pogromen bedrohte Leben der jüdischen Menschen dort kennen und beschloß, zu Lithographien seines Freundes Hermann Struck, darüber zu schreiben. Schon am 13. Mai 1918 hatte er Buber sein Vorhaben angekündigt: »Und ich werde dort das Urteil begründen, daß ich hier nur hinschreibe: der jüdische Mensch ist unzerstörbar, unverzerrbar und unablenkbar auf Güte, Herzlichkeit und Offenheit gerichtet.« Bis zum »Sommer 1919 / Im Monat Ab 5679«, wie unter der Vorrede steht, hatte er das Manuskript abgeschlossen, und 1920 erschien »Das ostjüdische Antlitz« beim Welt-Verlag in Berlin.

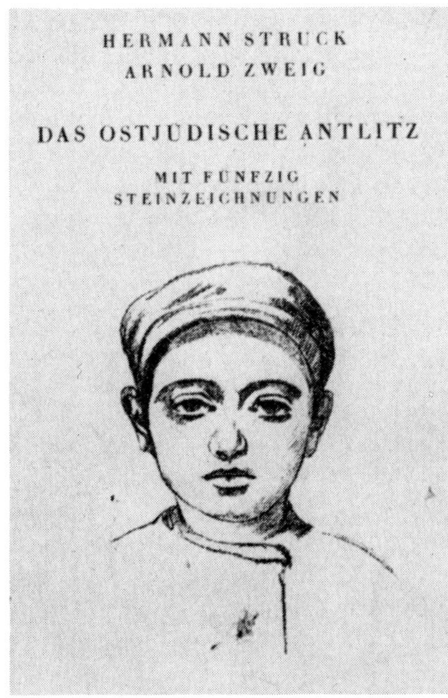

»Das ostjüdische Antlitz« wurde im Sommer 1919 abgeschlossen und erschien im Jahr drauf beim Berliner Welt-Verlag.

Außerdem beschäftigten ihn während dieser Zeit noch zwei 1917 entstandene Fragmente von Antikriegsdramen: eine Komödie »Die Lucilla« vor allem und das Stück »Der Bjuschew« über einen offenbaren Justizmord an einem russischen Sergeanten namens Grischa Iljitsch Paprotkin. Sein großer Stoff war also schon lange da und wirkte in ihm, der Stoff, aus dem er dann später ein Gesamtbild der Kriegsmaschinerie entwerfen sollte als eines politisch gesellschaftlichen und ökonomischen Systems, das im großen wie im kleinen mit mörderischer Folgerichtigkeit wirkte. Hier in Lustnau bemühte sich Zweig aber erst einmal erfolglos um die 1918 in Kowno in der Urfassung abgeschlossene »Lucilla«. Darin wollte er vor Augen führen, wie die Armee in Litauen gehaust hatte, verlegte die Handlung allerdings vorsichtshalber ins von den Römern besetzte Spanien um 55 v. Chr. Die Komödie blieb aber unfertig liegen.

Nun war ihm und Frau Beatrice aber wohl doch nicht mehr so recht klar, was sie eigentlich in Lustnau bei Tübingen sollten, und die Zweigs beschlossen, nach München zu ziehen, wo man ja von Mai 1913 bis August 1914 schon einmal sehr glücklich miteinander gewesen war. Am 25. September schrieb er aus dem Münchner Hotel »Baseler Hof« an Martin Buber: »Wir haben eine Wohnung in Solln, einer uns sehr teuren Landschaft, klein, aber sehr hübsch gelegen, und kämpfen um sie; aber zum Bodensee und der uns so nötigen Erholung kommen wir nicht, denn wir müssen ja auch in Lustnau einpacken.«
Beim Kampf um die Wohnung waren die Zweigs aber wohl unterlegen, denn am 8. Oktober erfuhr Helene Weyl noch aus Lustnau: »Übrigens ist Kurt Wolff jetzt auch in München in einer der vornehmsten und schönsten Gegenden der Stadt, in einem großen alten Haus mit Garten – ja, und die, aus deren Gedanken, Gefühlen und Erleben dies mit stammt, fahren heimatlos umher und können nicht arbeiten; wir haben noch immer keine Wohnung. Zum Glück fand sich ein Provisorium in Starnberg, eine möblierte 4-Zimmerwohnung, so daß man fürs erste wenigstens geborgen ist.« Von der Premiere seiner Tragödie »Die Sendung Semaels« am 28. Oktober in Frankfurt ist Zweig dann anscheinend nicht mehr nach Tübingen zurückgekehrt. Das auf den 14. November datierte Abgangszeugnis der Universität mag er schriftlich beantragt haben.
Arnold Zweig, inzwischen von Starnberg wieder nach Berlin übergesiedelt, hatte das 40. Lebensjahr vollendet, als er den Stoff endlich zu bewältigen vermochte, der über Jahre hin virulent gewesen war in ihm, als er eine literarische Form dafür fand, die ihn frei machte. Mit dem Roman »Der Streit um den Sergeanten Grischa« (1927) gelang ihm der große Durchbruch, das Buch wurde zum Welterfolg. »Seine wahre Universität aber«, so sollte Lion Feuchtwanger dem Freund 1952 zum 65. Geburtstag gratulieren, »seine wahre Universität aber war der Weltkrieg. Der riß ihm die Augen auf und machte ihn den Sergeanten Grischa sehen und erleben, diesen Sergeanten Grischa, der in den Mechanismus des deutschen Kriegsrechts und der deutschen Kriegspolitik gerät. Der Krieg gab dem Dichter Arnold Zweig das Erlebnis und die Kraft, das Schicksal des Sergeanten Grischa zu einem jener Symbole zu machen, die Geltung über die Zeit hinaus haben.«
Es mag wohl grundsätzlich nicht so sein, daß objektivierend aufklärende Bewältigung der dunklen Vergangenheit auf den Fuß folgen kann. Ähnlich, wie der verdrängte Faschismus die Studentenrevolte von 1968 bewirkte, wird auch irgendwann später die verdrängte Auseinandersetzung mit kommunistischer Zwangsherrschaft, vor allem mit diesem seltsamen Nicht-Wahrnehmen von Wirklichkeit durch viele westliche Intellektuelle, noch ihre Folgen haben. Irgendwann klärt sich alles, aber das braucht Zeit. So hatten wohl auch zwangsläufig einige Jahre vergehen müssen, ehe dieses eindringlichste deutsche Buch über den Ersten Weltkrieg geschrieben werden konnte, und die Romane von Ludwig Renn und Erich Maria Remarque folgten ihm ja sogar noch nach. Der »Grischa« gehört zusammen mit den anderen Romanen aus Zweigs Zyklus »Der große Krieg der weißen Männer« (»Junge Frau von 1914«, 1932; »Erziehung vor Verdun«, 1935; »Einsetzung eines Königs«, 1937; in Maßen »Die Feuerpause, 1957), vielleicht dem Palästina-Roman »De Vriendt kehrt heim« (1932) und dem

Roman »Das Beil von Wandsbek« (1943/1947) zu den Meisterwerken deutscher Epik in der ersten Hälfte dieses Jahrhunderts.
Im Herbst 1948 war Arnold Zweig aus dem palästinensischen Exil nach Deutschland zurückgekehrt und zwar in die damalige sowjetische Besatzungszone. Nun wurde er bald zum Staatsdichter gemacht, mit Preisen und Ehrenämtern ebenso überhäuft wie mit materiellen Privilegien und diente dafür der Diktatur als Galionsfigur. Seine Bücher erschienen in hohen Auflagen, und zumindest der »Grischa« gehörte (zu Recht!) zum Lektürekanon an den Schulen. Aber während seiner zwanzig DDR-Jahre hat Zweig (wie übrigens auch Bertolt Brecht und Anna Seghers) nichts mehr von Belang hervorgebracht außer Überarbeitungen und dem mißglückten Versuch einer Selbstüberzeugung im letzten Roman »Traum ist teuer«. Statt dessen sagte er Loyalitätsadressen auf, begrüßte beflissen jeden ideologischen Richtungswechsel, pries den Massenmörder Stalin zum letzten Geburtstag als leuchtendes Gestirn, »dessen Reichweite mit den Segnungen von Gegenwart und Zukunft die halbe Erde überschattet oder besser: überglänzt«; er schwieg zu den antijüdischen Kampagnen im Ostblock oder zu den Volksaufständen in Ost-Berlin, Polen, Ungarn und ließ es zu, daß man seine im Exil geschriebenen Manuskripte auf die herrschende Ideologie hin verfälschte. Es war ein Elend!
Verständnisheischend könnte man ins Feld führen: dieser kranke, vorzeitig gealterte Mann, der sich immer couragiert auf die »andere« Seite gestellt hatte, mochte das nun nicht mehr, sondern verlangte endlich auch einmal danach, »aufzugehen in Ströme einer großen Übereinstimmung, zu gutem Ziel – nichts

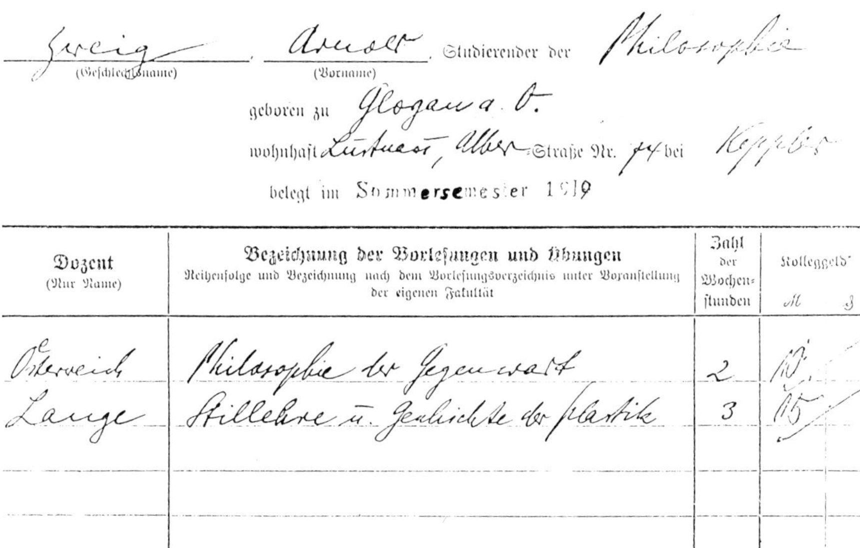
Zweig (Geschlechtsname), Arnold (Vorname), Studierender der Philosophie

geboren zu Glogau a. O.

wohnhaft [illegible] Straße Nr. 44 bei Keppler

belegt im Sommersemester 1919

Dozent (Nur Name)	Bezeichnung der Vorlesungen und Übungen Reihenfolge und Bezeichnung nach dem Vorlesungsverzeichnis unter Voranstellung der eigenen Fakultät	Zahl der Wochenstunden	Kolleggeld ℳ ₰
Oesterreich	Philosophie der Gegenwart	2	10
Lange	Stillehre u. Geschichte der Plastik	3	15

Es ist nicht erwiesen, ob Zweig auch wirklich gehört hat, was er da fürs Sommersemester 1919 belegte.

Besseres vermag sich der Mensch zu wünschen« (»Traum ist teuer«). Aber, so wäre doch zu fragen, wie empfanden es zum Beispiel all jene Schüler, die der »Grischa«-Roman ergriff, dieses ehrliche und menschliche Buch, wenn sie dann einen Autor erlebten, der sich immer wieder um seine humane Glaubwürdigkeit redete? So fällt vom Ende her ein Schatten auf sein Leben und sein Werk. Am 26. November 1968 ist er gestorben und wurde dann – Arnold Zweig, der Pazifist – mit militärischem Gepränge auf dem Dorotheenstädtischen Friedhof in Berlin beerdigt.

Jakob van Hoddis

Wilhelmstraße 25
Sofienstraße 2
Osianderstraße 22
(Nervenklinik)

Wilhelmstraße 25

Osianderstraße 22

Sofienstraße 2

Aus dem Geröll der Erinnerung

»Auf einmal flattert ein Rabe auf, ein schwarzschillernder Kopf blickt finster über die Brüstung des Lesepults. Jakob van? Er spricht seine kurzen Verse trotzig und strotzend, die sind so blank geprägt, man könnte sie ihm stehlen.« So schreibt Else Lasker-Schüler in einer Rezension über den dritten Abend des »Neopathetischen Cabarets« in Berlin am 9. November 1910 für den »Sturm«. Dieser Jakob van Hoddis – dazu hatte der 1887 geborene Hans Davidsohn die Buchstaben seines Namens umgestellt – war während der zwanziger Jahre, inzwischen flügellahm und orientierungslos geworden, auch durch Tübingen geflattert. Mit »Weltende« hatte er das berühmteste Gedicht der expressionistischen Aufbruchjahre vor dem Ersten Weltkrieg hervorgebracht, zwei Strophen, acht Verse, die zum Signal, zum Fanal wurden: »Dem Bürger fliegt vom spitzen Kopf der Hut, / In allen Lüften hallt es wie Geschrei, / Dachdecker stürzen ab und gehn entzwei / Und an den Küsten – liest man – steigt die Flut. // Der Sturm ist da, die wilden Meere hupfen / An Land, um dicke Dämme zu zerdrücken. / Die meisten Menschen haben einen Schnupfen. / Die Eisenbahnen fallen von den Brücken.« Das kennt man, das ging über die »Menschheitsdämmerung« in Dutzende Anthologien ein, das hat Wolf Biermann gesungen. Was jedoch an Hoddis so faszinierend wie beklemmend wirkt, ist sein Geschick, ist der tödliche Ernst seiner Wortabenteuer, die erschreckende Folgerichtigkeit im Bezug zwischen Dichtung und Leben.

In Tübingen war er von 1922 bis 1927, zu einer Zeit also, an die heute gerade noch Erinnerung möglich ist. Erinnerung an eine seltsame Gestalt, von deren Vorleben niemand etwas wußte, Erinnerung nicht an einen ganzen Menschen, sondern nur an äußeres Gehabe, soziales Verhalten – mehr war nicht zu erwarten. Immerhin würde man dabei jedoch sowohl etwas über jenen erfahren können, an den man sich erinnerte, als auch über jene, die sich erinnerten, und über den Strom der Zeit, welcher das Geröll ihrer Erinnerung schon länger als sechs Jahrzehnte mit sich führte.

»Gegen 1922 wurde er bei primitiven, der Mutter als gut bekannten Leuten in Tübingen untergebracht, bei denen er gut aufgehoben war, sich wohl fühlte und frei umherging. Als die Mutter ihn dort besuchte, zog er beim Spazierengehen vor jedem Tier tief den Hut, die Kinder warfen Steine nach ihm. Er war schon etwas abgestumpft und schwerhörig geworden.« So viel wußte Erwin Loewenson über den Aufenthalt des Jugendfreundes in der schwäbischen Universitätsstadt, und das dortige Melderegister verzeichnet folgende Daten: »Davidsohn, Hans / geb. 16. 5. 1887 in Berlin / Fam. Stand : Ledig / Religion: Freirel. / Beruf: Literat, Schriftsteller / Staatsangehörigkeit: Pr. [= Preußen] / Meldeverhältnisse: Zuzug von Frankenheim [= Frankenhain] nach Tübingen, Wilhelmstraße 25 bei Julius Dieterle am 15. 8. 1922; Umzug Sofienstraße 2 (bei Julius Dieterle) am 12. 11. 1924; Wegzug am 1. 7. 1927 Nervenklinik als Patient.«

Dieterle fungiert im Adreßbuch von 1919 als »Restaurateur zum König Wilhelm, p. u. 1.« und sechs Jahre später als »Privatier«. Die Sofienstraße, in der er dann wohnte, war nach seiner damals noch lebenden Schwiegermutter Sophie Belser benannt worden, deren Mann, ein Bauunternehmer, in diese gerade außerhalb der alten Stadtbegrenzung liegende Gegend nicht nur sein eigenes Haus, sondern auch noch einige andere gestellt hatte. Der privatisierende Gastwirt sei, so alte Nachbarn in der Sofienstraße, »a leitseliger, onderhaltender, legerer Ma« gewesen, »en der bürgerlichen Omwelt sehr ahgnehm«. »Der hot neamierd nix do, isch emmer gfällig gwä«, erinnerte sich ein Weingärtner an den 1947 Verstorbenen. »No war er no em Dinscht der Stadt, hot Strom abgelesa und vom Blutdruck emmer so a rots Gsicht ghet.« Er wurde als »mehr verinnerlicht»« beschrieben und seine Frau, die ihm anderthalb Jahre später in die Belsersche Familiengruft auf dem alten Tübinger Friedhof folgte, als »tatkräftig, energisch«. Sie hatte das Heft in der Hand.

Während die Eheleute Dieterle in vielen Einzelheiten gegenwärtig waren, konnte man sich an ihren Pflegling nur noch ganz dunkel erinnern. Von den Kindern, die Steine nach ihm geworfen hatten und wegen denen er letztlich in die Nervenklinik eingeliefert werden sollte, fand sich keines mehr. »Ghet hen se so

Jakob van Hoddis im Jahre 1927 auf einem den Krankenpapieren der Tübinger Universitätsnervenklinik beiliegenden Photo.

oin, der net recht war«, sagte zögernd eine 88jährige aus dem Haus gegenüber, »der hot em Soutrain gwohnt« – in einem separaten Zimmer, gleich rechts hinter dem Eingang, ehe man zur ersten Etagenwohnung kommt. »Groß isch er et gwä, gschafft hot er glaub nix«, meinte sie und fügte, den Namen Hans Davidsohn aufnehmend, hinzu: »I han scho denkt, dees kennt a Jud gwä sei.«

Von der verglasten Veranda aus habe Frau Dieterle immer, mit Handarbeiten beschäftigt, hofgehalten und verkündet: »Hier isch aller Gleibigen Sammelplatz.« Und während man sich an der Straßenecke traf, huschte Jakob van Hoddis vorbei oder lag grübelnd und kritzelnd in seinem Zimmer links von der Veranda.

Wie ganz von ferne kam er auch einem damaligen Gymnasiasten wieder in den Sinn. Durch die Altstadt spazierend, habe Dieterles Pensionär immer einen Stock bei sich getragen und dauernd den gleichen Schlager, vielleicht »Im Grunewald, im Grunewald ist Holzauktion«, gesummt. Der ansonsten freundlich Friedliche – Kinder des Viertels beschenkte er mit Buntstiftzeichnungen – sei jedoch in fürchterliche Beschimpfungen ausgebrochen, wenn jemand einen Hund an der Leine führte oder vor dem Kolonialwarenladen an der Ecke festband. Da habe man ihn schon auch mal das Stöckchen drohend erheben sehen.

Daß er aus dem Thüringer Wald ins schwäbische Tübingen gebracht werden konnte, kam durch Vermittlung seiner Schwester Marie. Sie, eine engagierte Zionistin, die in Berlin den ersten zionistischen Studentinnenverband gegründet hatte, war zwei Semester lang in Tübingen an der Staatswissenschaftlichen Fakultät immatrikuliert gewesen. »Davidsohn, Marie, cam.«, heißt es auf den Belegböden, »geboren am 2. November 1888 / in Berlin / Tochter des Sanitätsrats in Friedenau-Berlin / Aufnahme den 18. Okt. 1917 / Abgangszeugnis 22. Mai 1918 / Das akadem. Bürgerrecht bis Schluß des Semesters verlängert.« Ihr schon 1908 in Berlin begonnenes, aber von praktischer Ausbildung an einer Sozialen Frauenschule und beruflicher Tätigkeit auf diesem Felde zweimal unterbrochenes Studium hatte sie dann, die mündliche Prüfung am 6. Juni 1918 bestehend, mit einer Dissertation bei dem Nationalökonomen Robert Wilbrandt abgeschlossen. Das Thema: »Die Grundlagen der Kindererziehungstheorie des wissenschaftlichen Sozialismus«.

Zunächst wohnte Marie Davidsohn in der Neckarhalde 13 bei Sattlermeister Brutscher, dann in der Wilhelmstraße bei Dieterles, zu denen vier Jahre später ihr Bruder ziehen sollte. Von seiner vitalen Frau dazu animiert, hatte der zurückhaltende Mann 1904 für 42000 Reichsmark die Gastwirtschaft »König Wilhelm« gekauft – ein Gebäude, dem gegenüber damals der Rasenteppich des Österbergs begann und heute das Neuphilologikum der Universität steht. Nachdem von Frau Dieterle bei König Wilhelm II. in Bebenhausen antichambriert worden war – ein Stammgast, der Kammerdiener Anstett, soll diesen Bittbesuch vermittelt haben –, erhielt er noch die Erlaubnis, seinen Locus amoenus als Gartenlokal zu führen. Wilhelm kam selbst oft daran vorbei, denn er pflegte die Kutsche in Lustnau stehen zu lassen und dann, von seinen Spitzen begleitet und mit jedermann am Wege plaudernd, in die Stadt herein zu wandern. Als van Hoddis 1922 hierher zog, war der gute dicke König aber schon ein Jahr lang tot. Im Juni also brachte Doris Davidsohn den Sohn nach Tübingen, wo er ein Zimmer im Parterre des Gasthauses bezog. Sie blieb einige Tage da und kehrte dann nach Nürnberg-Ebensee, ihrem derzeitigen Aufenthaltsort, zurück.
Ganz deutlich sah Pauline Hagmann den Pensionsgast ihrer Eltern in der Erinnerung noch vor sich, sie sah einen nachlässig gekleideten schwarzhaarigen Mann, wie der die Straßen bei ausgedehnten Spaziergängen nach Kippen absuchte und alle Papierfetzchen aufhob, um sie später mit Zeichnungen, Gedichten oder endlosen Zahlenreihen zu füllen und in die Tischschublade zu stopfen. Hoddis – so wollte er übrigens auch jetzt noch genannt werden, und so wurde er auch genannt. Nur wenn »die Davidsöhnere«, seine Mutter, zu Besuch war, sprach man ihn mit dem bürgerlichen Namen an.
Bei der Mutter beklagte er sich dann jedesmal, daß ihm nicht genügend Geld zur Verfügung stünde, um etwas zu Rauchen oder Papier kaufen zu können. Deshalb sammelte er auf der Straße Kippen und Papierfetzen, aber er sammelte auch Abfälle, die im wert schienen, aufbewahrt zu werden. Für das Personal der Gastwirtschaft muß es eine wenig dankbare Aufgabe gewesen sein, in dem unangenehm riechenden Zimmer sauberzumachen. Zwar kümmerte sich Frau Dieterle, gewiß kein bigottes, kleinliches schwäbisches Wirtinnenmonster, auch um das Äußere des seltsamen möblierten Herrn, der den halben Vormittag verschlief und sein Essen aufs Zimmer gebracht bekam, aber sie hatte damit nur mäßigen Erfolg.
Wenn van Hoddis von seinen stundenlangen Spaziergängen durch die Stadt zurückgekehrt war, schloß er sich ein, um ungestört in Worten, Zahlen und Zeichnungen träumen zu können. Die Schublade mit den Zeugnissen dieser Stunden und von der Straße Aufgelesenem wurden wohl immer einmal wieder in den Mülleimer geleert, denn es ist nichts davon erhalten geblieben. Julius Dieterle soll sich häufig und schon auch einfühlsam mit dem Pensionsgast beschäftigt haben, der aus einer ganz anderen Welt kam als aus der kleinbürgerlich schwäbischen und in einer ganz anderen Welt lebte.
Zwar sei Hoddis, so die Tochter, wortkarg und verschlossen gewesen, zeitweise jedoch habe man sich auch »gut« mit ihm unterhalten können. Für die Familie und Freunde des Hauses verfaßte er sogar Gelegenheitsgedichte. Eines entstand zum Beispiel, als Frau Hagmann am 13. Oktober 1923 eine Tochter zur Welt

So wie auf dem oberen Bild sah die Gastwirtschaft »König Wilhelm« in der Wilhelmstraße 25 Anfang der zwanziger Jahre aus, kurz bevor van Hoddis von Julius Dieterle (rechts im Fenster zu sehen) aufgenommen wurde. Das untere Bild zeigt die Eheleute Dieterle, die sich dann einfühlsam um den Pflegling gekümmert haben, bei der Hochzeit ihrer Tochter.

brachte. Leider erinnerte sie sich nur noch an einen »freien Hofpatchier« oder so ähnlich, der darin vorgekommen sei, und an die beiden Schlußverse: »Wenn schon Kinder aus den Bäuchen kräuchen, / Zu Kindern sag ich nein.«
1924 hatte Dieterle den »König Wilhelm« an eine studentische Verbindung verkauft und war ins Haus der Schwiegereltern gezogen. Damals sei es ja, wie die Tochter meinte, »ein gutbürgerliches Ziel gewesen, daß man von den Zinsen lebt«. Wenn Julius und Sophie Dieterle auch geduldige und großzügige Leute gewesen zu sein scheinen, so dachten sie doch vor allem an das finanzielle Zubrot, als sie sich entschlossen, den Wunsch Doris Davidsohns zu erfüllen und ihren Sohn in die Sofienstraße mitzunehmen. Dort also wohnte Hoddis im ausgedienten Büro des Bauunternehmers Belser, bis er eines Morgens in die Universitätsklinik für Gemüts- und Nervenkranke geschafft wurde, einen pompösen Neorenaissance-Bau, der beherrschend vom Föhrberg zur Stadt herunterdroht.

Zwei Irre begegnen sich

Durch die tote Stadt geistern zwei wahnsinnige Dichter, von denen jedoch nur der eine als Schimäre der Erinnerung sichtbar ist. Die Ähnlichkeiten zwischen Friedrich Hölderlin und Jakob van Hoddis sind beträchtlich. Sie erstrecken sich auf das äußere Dasein wie auf das Verhalten. So haben beide häufig mit sich selbst gesprochen, so spielte für sie Zeit keine Rolle mehr. Hoddis blieb immer 28 Jahre alt, während Hölderlin einmal zu Wilhelm Waiblinger sagte, er sei 17. Und beide pflegten vor kleinen Kindern und vor Tieren den Hut zu ziehen, sie gebrauchten zeremonielle Titulaturen und ließen sich ungern die Fingernägel schneiden. Hölderlins Klavierspiel soll deswegen von eigenartig kratzendem Geräusch begleitet gewesen sein.
Es war am 3. Mai 1807, als Magister Hölderlin nach 231tägigem quälendem Aufenthalt in Johann Ferdinand Autenrieths Klinikum in der alten Burse unter die Obhut von Ernst Zimmer und seiner Frau kam. Im Turm am Neckar fand Hölderlin ein stilles Eckchen, ein verhältnismäßig angenehmes Refugium, und Hoddis ging es bei dem zapfmüden Gastwirt Dieterle ebenfalls recht gut. Aus der Welt gefallen, konnten sie sich doch aufgehoben fühlen und wie Eremiten in der Welt leben, ohne allzu brutal von ihr belästigt zu werden. Gewiß war auch Hölderlin, der manchmal fünf Stunden lang am Tag im Zwingel umherlief und dabei beharrlich mit dem Taschentuch auf Zaunpfähle schlug oder Gras ausraufte, »dem Spott heilloser Menschen ausgesetzt«, wie Waiblinger beobachtete. »Das machte nun Hölderlin, wenn er's bemerkte, so wild, daß er mit Steinen und Kot nach ihnen warf, und dann war's ausgemacht, daß er noch einen Tag lang fortwütete.« Viele jedoch, die sich des Dichters erinnerten, begegneten dem Irren mit einer Mischung aus Verehrung und Neugierde und mystifizierten ihn zum von den Göttern Geschlagenen.
Als er, der aus der schwäbischen »Ehrbarkeit« stammte, am 10. Juni 1843 auf dem Tübinger Friedhof begraben wurde, folgten rund 100 Studenten dem Sarg; die Tübinger Liedertafel sang, und der junge Stiftler Christoph Theodor Schwab

hielt eine Leichenrede. Hoddis dagegen, der Berliner Jude, war nur irgendeine hergelaufene Gestalt, von deren Vorleben niemand wußte, mochte auch 1925 die Neue Folge (»Im Banne des Expressionismus«) von Albert Soergels »Dichtung und Dichter der Zeit« erschienen sein, in welcher des »Hirnlyrikers« zehn Jahre vorher schon in der »Aktion« und dann in der »Menschheitsdämmerung« abgebildetes Konterfei von Ludwig Meidner auftauchte und das »Weltende« zitiert wurde. Welche Belästigungen ihm widerfuhren, wenn er stundenlang durch die Straßen ging, Kippen und Papierfetzen aufsammelnd, kann man allenfalls aus den Umständen der Zwangseinlieferung in die Universitätsnervenklinik oder aus den Angaben auf dem Krankenblatt erahnen. Und sein Tod? Hoddis wird in einer nationalsozialistischen Menschenvernichtungsfabrik enden. Ein anonymes Sterben. Keine Rede und kein Lied also, kein Begräbnis.
Aus der Wilhelmstraße ist nichts über Quälereien bekannt. Nachdem jedoch Familie Dieterle ihre Gastwirtschaft aufgegeben und im November 1924 das Haus der Schwiegereltern in der Sofienstraße bezogen hatte, war es Hoddis nicht mehr möglich, sich so frei zu bewegen wie vorher. Die Kinder aus der Gegend liefen hinter ihm her, zogen an seinen Rockschößen und riefen ihm alles mögliche nach – »wie Kinder halt so sind, wenn sie merken, daß jemand nicht ganz normal ist«, meinte die Tochter seiner Pflegeleute. Der Vater habe Hoddis in Schutz genommen, wo es nur ging, aber irgend etwas müsse dann doch mit den Nachbarskindern gewesen sein. Genau erinnerte sie sich nicht mehr, auf welche Weise er sich den Ruf der Gemeingefährlichkeit einhandelte. Jedenfalls holten

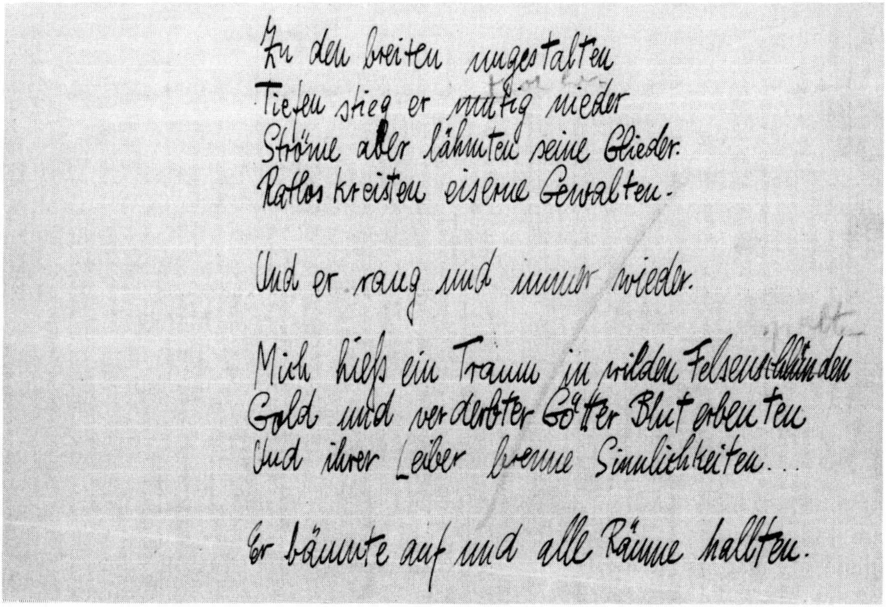
Zu den breiten ungestalten
Tiefen stieg er mutig nieder
Ströme aber lähmten seine Glieder.
Ratlos kreisten eiserne Gewalten.

Und er rang und immer wieder.

Mich hieß ein Traum in wilden Felsenschlünden
Gold und verderbter Götter Blut erbeuten
Und ihrer Leiber brenne Sinnlichkeiten..

Er bäumte auf und alle Räume hallten.

Handschrift eines Gedichtes, dem van Hoddis' Freund und Nachlaßverwalter Erwin Loewenson später den Titel »Der Denker« gab, mit Rotstift-Korrekturen (»froh hernieder« statt »mutig nieder«, »Felsenspalten« statt »Felsenschlünden«).

ihn Polizisten am 13. Juni 1927 frühmorgens ab und brachten ihn in die Universitätsklinik für Gemüts- und Nervenkrankheiten.
Gerade die deutsche Psychiatrie der Zeit ging unerschütterlich von der Annahme aus, daß Schwachsinn, Epilepsie, Alkoholismus, Kriminalität oder Irrsinn erbliche Belastung zugrunde liege und daß man es insbesondere bei der Schizophrenie mit einer angeborenen Störung zu tun habe. Welche inhumanen Konsequenzen solchem Glauben innewohnten, dem Glauben an etwas körperlich Faßbares, das also auch ausgerottet werden könnte, wird unter anderem durch die schriftliche Hinterlassenschaft von Robert Gaupp deutlich, dem Direktor der Tübinger Universitätsnervenklinik zwischen 1906 und 1936, der zu den frühesten und eifrigsten Protagonisten einer immer wieder auflebenden Kampagne dafür gehörte, Sterilisationen in bestimmten Fällen nicht nur zu erlauben, sondern zu erzwingen.
Zwei Jahre vor seiner Emeritierung hatte der angesehene Arzt noch einmal einen großen Auftritt gehabt und am 12. Februar 1934 zu den »Deutschen Volksgenossen« vom Landesverein Württemberg des Deutschen Roten Kreuzes über das Thema »Die Quellen der Entartung von Mensch und Volk und die Wege der Umkehr« gesprochen. Dabei ging er vom biologischen Zweck- und Wertgedanken aus, demzufolge Gesundheit zweckmäßig und Krankheit zweckwidrig sei, der »Entartete« also für sich selbst oder für seine Umwelt unzweckmäßig.
Gaupp referierte dann, daß mit 70 von 100 die Mehrzahl der Irrenhaus-Insassen dem vielgestaltigen Formenkreis der Frühverblödung (Dementia praecox) oder des Spaltungsirreseins (Schizophrenie) angehörten, und ließ gleich auch einen derart Unzweckmäßigen auftreten: »Friedrich Hölderlin litt an einer solchen Frühverblödung und lebte bekanntlich Jahrzehnte lang in geistig hochgradig geschwächtem Zustande im runden Turme in Tübingen, bis ihn der Tod von einem wertlos gewordenen Leben befreite.«
Man dürfe doch nicht zusehen, wie die Zahl der Geisteskranken, der Schwachsinnigen und Epileptiker, der sittlich Verkommenen und der entarteten Verbrecher immer mehr zunehme und müßte vor allem auch in Zeiten der Not solche »Ballastexistenzen schmerzlos beseitigen dürfen«, forderte der Arzt. Daß dabei eigentlich gar nicht mehr von »Tötung«, sondern allenfalls von »Beseitigung« die Rede sein könne, hatte übrigens schon sein Leipziger Kollege Alfred Erich Hoche in der zusammen mit dem Juristen Karl Binding, dem Vater des Dichters Rudolf G. Bindung, verfaßten Schrift »Die Freigabe der Vernichtung lebensunwerten Lebens« (1920) festgestellt. Gaupp brüstete sich nun damit, seit jeher Gesetze gefordert zu haben, durch die »Minderwertige« eugenischer Behandlung zugeführt werden könnten. Solche Ansichten, wie er sie auch schon neun Jahre vorher in einem beim deutschen Psychiaterkongreß in Berlin gehaltenen Vortrag über »Die Unfruchtbarmachung geistig und sittlich Kranker und Minderwertiger« zum Ausdruck gebracht habe, seien aus weltanschaulichen Gründen vor allem von katholischer Seite leider entschieden abgelehnt worden.
»Allein diese Fragen«, konnte Gaupp nun jedoch triumphieren, »kamen nicht mehr zur Ruhe und als Adolf Hitler die Führung des Staates übernahm, da war zu erwarten, daß er bald zum Gesetz machen werde, was bisher an der Zersplitterung des Parteienwesens gescheitert war. Die Erwartung trog nicht. Am 14. Juli

1933 wurde das ›Gesetz zur Verhütung erbkranken Nachwuchses‹ von der Reichsregierung beschlossen, das die chirurgische Sterilisierung erbkranker Menschen gestattet, ja sogar verlangt, wenn nach den Erfahrungen der ärztlichen Wissenschaft mit großer Wahrscheinlichkeit zu erwarten ist, daß ihre Nachkommen an schweren körperlichen oder geistigen Erbschäden leiden.« 1935 sollte ein Änderungsgesetz folgen, das den Eingriff auch bei Schwangeren erlaubte, und später der »Euthanasie« genannte Massenmord, für den es keiner gesetzlichen Grundlagen mehr bedurfte.

Auf dem Föhrberg ausgegrenzt

Hoddis wurde also in den schloßartigen Gründerzeitbau über der Stadt gebracht, in dem Gaupp runde 30 Jahre lang als Direktor seines Amtes waltete. Die mit Elementen früherer Herrschaftsarchitektur prunkende Dreiflügelanlage ist innen sinnvoll gegliedert: Links geht es zur Männerabteilung, rechts zur Frauenabteilung, und beide wiederum sind in Trakte für ruhige und unruhige Kranke, aber auch noch nach einem Dreiklassensystem unterteilt.
Während sich der Patient ohne Widerstreben auf die geschlossene Abteilung fahren ließ, gab Sophie Dieterle folgendes zu Protokoll: »Lebt bei dieser seit 7 Jahren. Harmlos, untätig, sonderbar. Beschäftigte sich mit Zeichnen. Fabrizierte zeitweise ganze Stöße von kindlich-primitiven Zeichnungen. Daneben bedeckte er große Papierbogen von oben bis unten mit Zahlen. War meistens gut zu haben. Zeigte eine große ›Ehrerbietung‹ vor Hunden. Grüßte alle Hunde und auch andere Tiere durch Hutabnehmen. Hat neulich ein Mädchen, das einen Hund an der Leine geführt, geschlagen. Stieß auch Drohungen gegen die Nachbarsleute aus. Aus diesem Grunde von der Polizei festgenommen und auf die Klinik verbracht. Pat. soll sogar mit Schießen gedroht haben. Diese Drohungen seien aber wohl nicht ernst zu nehmen.« Nun wurde aus seinem auffallenden Verhalten flugs ein Krankenbild geschaffen, das den Namen »Hebephrenie (Endzustand)« bekam.
Man habe ihn, so Hoddis selbst, am Morgen beim Aufstehen überfallen, mit Gewalt ins Auto gesteckt und in die Klinik gebracht. »Er sei Schriftsteller bei allen besseren Zeitschriften und nebenbei Privatdetektiv. Der Überfall sei eine ganze typische Sache, die ihm in seiner Praxis schon öfters begegnet sei. In Tübingen sei es unmöglich Manuskripte zu verfassen. Deshalb habe er in der letzten Zeit nichts mehr geschrieben. Die Bevölkerung in den Wirtschaften sei ganz hysterisch, er werde alles (verschrubbelt?). Er komme nicht durch die Wirtschaft hindurch. Es sei so eine (schrobble?) Wirtschaft. 1917 sei ein Band gesammelter Gedichte von ihm erschienen und von namhaften Persönlichkeiten, Kerr etc. rezensiert worden. Von der Polizei sei es eine philiströse Bosheit eine kommune Gemeinheit ihn zu überfallen ein solches Gebrumbel. In der letzten Zeit habe er nichts zu Hause gemacht. Er habe nur nachgedacht über die Ekligkeit von Tübingen. Im übrigen sei es eine philiströse Ansicht, wenn man von einem Schriftsteller verlange, daß er sich mit etwas bestimmtem beschäftige. Im übrigen beschäftigte er sich mit Spitzenmathematik. Es sei ziemlich schwer

unter diesen Verhältnissen eine großzahlige Vorstellung zu erreichen. Auch hat man den ganzen Tag zu tun, daß man nicht überrannt wird.«
Schon 1919 hatte sein Freund David Baumgardt beobachtet, wie von Hoddis große Papierbögen eng mit Zahlenreihen beschrieben worden waren. Das Verhältnis zu diesem anderen Bereich seiner Phantasie, der Zahl und den ihr innewohnenden Möglichkeiten transzendierender Kombinatorik, ist also ebenso dauerhaft wie jenes zu Tieren, von dem auch im Göppinger Krankenblatt noch die Rede sein wird. »Spitzenmathematik«, erläuterte er, »sei Mathematik, die sich mit den Gesetzen der Spitze beschäftige. Er finde das sehr interessant. Die Spitzenmathematik sei seit Jahrzehnten schon bekannt.«
Dann fragte ihn der Arzt anscheinend wieder nach den Umständen der Einlieferung und nach seinem Leben in Tübingen. »Daß er jemand bedroht habe, das sei eine vollständige Lüge und Gemeinheit«, antwortete Hoddis. »Er habe sich nur verbeten, daß man dauernd seine Bude berenne. Durch philiströse, ladenhafte, hysterische Ungezogenheiten, werde er belästigt, durch ungeschicktes unnormales Benehmen. Durch rücksichtsloses Benehmen gegen ihn als Schriftsteller. Schlechtes hysterisches Benehmen zu Hause und rüdes Benehmen außerhalb, dagegen habe er sich zu verwahren.«
Schließlich zeterte der Patient, den der Arzt als schlampig gekleidet und stinkend beschreibt, noch über »die ›Kleiderordnung‹ der ›dirigierenden wirtschaftlichen Personen‹. D.h. darüber, daß seine Hauswirtin ihm gelegentlich vorschreibe, was er anziehen müsse. Immer wieder beklagte er sich über die hysterische Philistrosität der Bevölkerung. ›Hysterie ist eine geistige Erkrankung, die sich aufgrund von Einbildungen, die sich verstandesgemäß nicht rechtfertigen lassen eine geistige oder körperliche Tatsache realisiert, die der Vernunft nicht entspricht.‹ ›Philistrosität‹ ›ist dasjenige Verhalten, das zu ungefällig gegen freidenkende oder denkende oder elegante, was stört, im Grunde störende Verhalten, was gebildeten menschl. Begriffen nicht entspricht.‹ Worin die Ungefälligkeiten und das rohe Benehmen der Bevölkerung bestehen ist nicht recht aus dem Kranken herauszubekommen. Spricht noch von ›Ausbeuterei‹ von ›gemeinem Herumlaufen als Subalterner‹.«
Dem Arzt gegenüber argumentierte Hoddis also mit den Vernunftgründen einer Welt, die er längst verlassen hatte. Während der folgenden Tage kam es dann nur noch zu flüchtigen Kontakten. Das mochten auch Verständigungsschwierigkeiten wegen der schon für die Zeit des Ersten Weltkrieges belegten und dann immer stärker gewordenen Schwerhörigkeit des Patienten bedingt haben. Fast scheint es so, als sei sie ein Vorwand für ihn gewesen, um sich noch besser abschotten zu können. »Ruhig, geordnet still für sich«, »fügt sich anstandslos in die Hausordnung«, notierte der Arzt am 17. Juni, und am 4. Juli wurde der Patient nach 22tägigem Klinikaufenthalt in das Christophsbad Göppingen überführt, eine Privatklinik für Gemüts- und Nervenkranke.
Auf dem Krankenblatt ist das Wort »ungeheilt« unterstrichen. Aber wer hätte ihn auch nach seinen Erfahrungen auf welche »Gesundheit« hin heilen sollen? Gewiß nicht irgendwelche angepaßten und anpassenden Nervenärzte, die doch insgesamt wesentlich dazu beigetragen hatten, daß die Dämme der Menschlichkeit dann so bald brechen konnten. Ohne den klirrenden Panzer ihrer Macht,

ohne ihr gesellschaftlich sanktioniertes Instrumentarium zur Ausgrenzung, hätten sie sich allenfalls wie der auf Godot wartende Estragon versichern können: »Wir finden doch immer was, um uns einzureden, daß wir existieren, nicht wahr, Didi?«

Jakob-van-Hoddis-Staffel: Die Anregung, die östlich des Parkhauses »König« zur Nervenklink hinaufführende Robert-Gaupp-Staffel umzubenennen, war vom »Koordinierungstreffen Tübinger Behindertengruppen« und dem »Förderverein zur Erforschung der Heimatgeschichte des Nationalsozialismus« ausgegangen. Nach Robert Gaupp, dem langjährigen Direktor der Tübinger Universitätsnervenklinik, durfte nun wirklich kein Weg, keine Staffel heißen, gehörte er doch zu jenen Psychiatern, die Ungeheuerlichkeiten wie Sterilisation oder euphemistisch »Euthanasie« genannten Massenmord vordachten. Andererseits wäre es auch unzulässig, diesen bedeutenden Arzt, eine Kapazität seines Faches und gewiß kein Nazi, als Sündenbock in die Wüste zu schicken. Dazumal waren nämlich alle bekannten Psychiater solcher Geisteshaltung, deren Gefährlichkeit später erst so richtig offenbar wurde, als die Nazis fürchterliche Konsequenzen daraus gezogen hatten. Man dachte auch daran, der Staffel den alten Namen »Bettlersteig« wiederzugeben, was jedoch ein Armutszeugnis gewesen wäre, oder sie nach einem Opfer etwa der »Euthanasie« zu benennen. Aber Straßennamen können keine moralische Institution sein. Verordnetes Nachdenken, verordnetes Bewußtsein schlagen nie zum Guten aus. Gut und richtig deshalb, daß sich am 17. Februar 1992 im Tübinger Gemeinderat eine Mehrheit für Jakob van Hoddis fand. Zwar handelte es sich bei ihm ebenfalls um ein Opfer, aber sein Name als der eines Lyrikers von singulärer Bedeutung ist eben auch für sich aussagekräftig und nicht nur als dialektisch-didaktische Funktion. Es sind Erfahrungen, die das Verhalten eines Menschen bestimmen, den Stoff, aus dem man Biographien und psychiatrische Krankengeschichten schreibt. Bei einem Dichter schlagen sich Erfahrungen außerdem im Werk nieder. Im Falle Jakob van Hoddis' nun liegen personales und lyrisches Ich ganz eng beieinander, ja fast kann man davon ausgehen, daß sich das eine im Gedicht mimetisch dem anderen anverwandelt. Schon vor dem Ersten Weltkrieg hatten sich böse Ahnungen wie Schatten auf sein Leben, über seine Verse gelegt, und schließlich erwies sich sein

Im Frühjahr 1992, kurz nach seinem 50. Todestag, wurde die zur Nervenklinik herauf führende Stiege nach dem Dichter Jakob van Hoddis benannt.

persönliches Geschick als Epochenschicksal. Doch auch Gaupps Wirken gehörte zu dem, was dunkel in die Zeit verspannt war. Seit dem 12. Mai 1992 – da wurden die Schilder ausgewechselt – heißt nun also die zur Nervenklinik heraufführende Staffel nach Jakob van Hoddis, dem bedeutendsten Dichter auf jeden Fall, der in diesem Jahrhundert in Tübingen gelebt hat, und dem neben Georg Heym und Georg Trakl wirkungsmächtigsten des frühen Expressionismus. Es gibt eine Handvoll Gedichte von ihm – und das ist viel, sehr viel! –, in denen alles erlebt und erlitten und Sprache geworden ist! Gerade ein halbes Jahrhundert zuvor hatte sein Leiden geendet. Während der ersten Maitage des Jahres 1942 war Jakob van Hoddis in einem Vernichtungslager auf polnischem Gebiet – in Belzec, Chelmno oder Sobibor – ermordet worden.

Peter Weiss

Neckarhalde 31

Angstvoll in einer Art Verbannung

»Im Sommer 1928 war ich einige Monate lang in Tübingen«, erzählte Peter Weiss ein halbes Jahrhundert später einem Interviewer. »Wir wohnten damals in Bremen; familiäre Schwierigkeiten führten dazu, daß meine Mutter es für gut befand, wenn ich einige Zeit ›Luftveränderung‹ erhielt. Ihre Schwester, also meine Tante, war verheiratet mit einem hohen Juristen in Tübingen, Eugen Autenrieth – einem direkten Nachfahren des Irrenhausarztes, der Hölderlin behandelte. Meine Tante hieß Emma. Autenrieths wohnten direkt an der Uferstraße (unterhalb des Schlosses), im ersten Haus gleich an der unteren Brücke. Das Haus steht heute noch, ich kann mich nur an den Namen der Straße nicht mehr erinnern. Das Grundstück grenzt an den Neckar, vom Ufer aus konnte man hinaufblicken zur Hauptbrücke und zum Hölderlinturm.« Es war das zweite Haus nahe der damals noch schmäleren Alleenbrücke mit ihren putzigen Bögen. Die Straße heißt Neckarhalde. Landgerichtsrat Dr. Eugen Autenrieth bewohnte zu jener Zeit das Parterre des Hauses Nr. 31. Damals gehörte die Villa noch dem schon seit 1920 emeritierten Heinrich Spitta, Honorarprofessor für Philosophie. Bald sollte sie dann Philosophieprofessor Theodor Haering (»Der Mond braust durch das Neckartal«) erwerben, der das Gebäude später der Stadt für kulturelle Zwecke übereignete.
Die beiden Frauen plauschten häufig am Gartenzaun miteinander: Irgendwann im Frühsommer 1928 erzählte Emma Autenrieth ihrer Nachbarin im Haus direkt an der Brücke, der Ende des Vorjahres aus Horb zugezogenen Arztwitwe Lina Günthner, während der nächsten Tage komme ihr elfjähriger Neffe, mit dem seine Eltern Schwierigkeiten hätten, für einige Monate zu ihnen und werde hier auch auf die Oberrealschule gehen; da wäre es doch schön, wenn er sich gleich an einen der drei Günthner-Jungen halten könnte, am besten an den gleichaltrigen Dieter. Dessen um einige Jahre ältere Schwester Gretel – der Bremer Neffe war inzwischen eingetroffen – erinnerte sich »an ein hübsches, schlankes, schwarzhaariges Geschöpf, das irgendwie sehr distinguiert wirkte«. Peter kam oft in den

benachbarten Garten, wo die beiden Jungen miteinander spielten und bastelten, sich aber letztlich doch fremd blieben. Wohl auch deshalb, weil der eine wie der andere sehr scheu und sehr schüchtern gewesen sei, vermutete Gretel Günthner. Die damals 44jährige Frau Autenrieth hat sie als »ausgesprochen reizend, lieb und tüchtig« in Erinnerung, während der 1877 in Ebingen geborene Herr Landgerichtsrat unangenehm gewesen sei – »arrogant und hochmütig«.

Der elfjährige Peter Weiss Ende 1927 vor der neuen Wohnung seiner Eltern in Bremen.

»Mit Nachbarkindern im Garten spielend, hörte ich«, so Weiss in dem Interview 1978, »von dem wahnsinnigen Dichter Hölderlin, der dort einmal in dem Turm lebte.« Das blieb haften und wurde zum Hintergrund für sein späteres Hölderlin-Bild. Eine gute Zeit waren die knapp fünf Monate für den Jungen beileibe nicht. »Ich fühlte mich (damals 11 bis 12 Jahre alt) in einer Art Verbannung, kam mit dem alten Autenrieth auch nicht gut aus. Er war sehr streng, strafte mich oft, bezichtigte mich des Diebstahls usw. Ich war häufig krank, der Schulweg war eine Plage, ich ging Umwege, vor allem auf und ab in der Allee, wo ich mich einige Male ins Gebüsch erbrach. Von der Schule habe ich auch nur ›Plackerey‹ in Erinnerung. Ging auch ins Schwimmbad, lernte also im Neckar schwimmen.« Und im Traumbild sollte Peter Weiss auch bewahren, wie er mit dem Roller in rasender Fahrt die Neckarhalde herunterratterte, wie man ihm auf dem Sonntagsspaziergang im Schloßkeller die Instrumente erklärte, die zur Tortur gebraucht würden.

Zwar litt der Junge im Hause Autenrieth, aber: »Tübingen wurde für mich nur zufällig, indem ich dort einige Monate lang als Kind in der Verwaisung lebte, zu dem Ort, der für ›psychische Unterdrückung‹ stand – doch war dies alles ja schon in meiner eigenen Konstitution vorbereitet.« Und auch den Grund zum Familienschrecken mit Onkel und Tante hatten schon die Eltern gelegt: Seine Mutter, von alemannischer Herkunft, war vor dem Krieg unter den Namen Frieda Hummel und Frieda Thierbach eine Stütze von Max Reinhardts Ensemble gewesen. Die emotionell starke Frau trieb zum Beispiel ihrem Ältesten die Lust am Klavierspielen aus, indem sie ihn, wenn er übte, bei jedem falschen Ton ohrfeigte. Dagegen war der jüdische Vater, Textil-Unternehmer von österreichisch-ungarischer Herkunft, ausgleichend, weich und eigentlich musisch.

Beide erschienen dem Jungen jedoch von früh an als feindliche, seiner Individuation entgegenstehende Gestalten, denn gerade ihre Sorge um bürgerliche Sicherheit und bürgerliches Wohlergehen wurde für ihn nur als Zwang erfahrbar wie dann auch bei Onkel und Tante. »Das waren wohlmeinende Bürger, die mich zum Bürger erziehen wollten, weil meine Eltern mit mir nicht mehr zurechtkamen. Sie hatten sich eine Aufgabe gestellt – und diese Aufgabe wirkte auf mich erdrückend. Ich sehe da noch das Zimmer, in dem ich schlief: ein Blumenmuster auf der Tapete, Schatten und Reflexe von Bäumen im Garten und vom Fluß – das war Gefangensein, Depression, Angst.«
Noch heute kämen ihm im Traum Bilder aus der Tübinger Zeit, sagte Weiss 1978, Traumbilder mit atmosphärischen Einzelheiten, obwohl er die Namen von Straße, Schule, Brücke vergessen hatte. Im Traumbild also wurden seine frühen Verletzungen, die unverstandenen Schrecknisse der Kindheit, geborgen und bewahrt und immer wieder erneuert. Der Traum, nicht der verbalisierende Verstand, erwies sich als verläßlichster Hort des Erinnerns. »Was ich behielt lag weniger auf dem Gebiet der allgemeinen Bildung als auf dem Gebiet der Empfindungen, mein Wissen setzte sich zusammen aus bildmäßigen Erfahrungen, aus Erinnerungen an Laute, Stimmen, Geräusche, Bewegungen, Gesten, Rhythmen, aus Abgetastetem und Gerochenem, aus Einblicken in Räume, Straßen, Höfe, Gärten, Häfen, Arbeitsplätze, aus Schwingungen in der Luft, aus Spielen des Lichts und des Schattens, aus Regungen von Augen, Mündern und Händen«, heißt es in »Abschied von den Eltern«, und dort erzählt er auch, wie die Mutter 1936 bei der Flucht von Prag nach Schweden alle seine gemalten Totentänze, die Weltuntergänge und Traumlandschaften vernichtet habe, um

Peter gibt den Eltern Nachricht aus seinem Verbannungsort. Die Postkarte wurde allerdings von Tante Emma beschriftet.

sich vor deren bedrohlicher Wirkung auf die Behütetheit ihres Heimes, ihrer Existenz, zu befreien.
Dort unten also, ein paar hundert Meter weiter flußabwärts, lebte der Wahnsinnige in seinem Turm. Aus der eigenen Situation damals als »Verbannter«, aus seiner »Gefangenschaft« und dem »Unverstandensein« wächst ihm der Turm dann in den Traum als Symbol gesellschaftlicher Isolation. Im absurd surrealen Hörspiel »Der Turm« (1948) gelingt Pablo schließlich die Befreiung durch das Wagnis, sich mit der eigenen Vergangenheit zu beschäftigen, sich – als Entfesselungskünstler – im wahrsten Sinne des Wortes zu entfesseln, zu entbinden, letztlich doch zu seiner Identität zu kommen. Der noch Gefesselte: »– Und nachts schlich ich mich dann zur Speisekammer, um mir zu stehlen, was ich brauchte. – Diese nächtlichen Reisen – (Ein dumpfes Dröhnen füllt den Turm. Die Uhr tickt. Das Schnarchen, die Atemzüge der Schlafenden sind zu hören. Ein Sausen und Rauschen.) Wie in einem sinkenden Schiff – das Wasser strömt ein – der Onkel und die Tante da oben – wie hydraulische Pumpen. – Ich gleite durchs Haus auf dem großen Ball. Ich fliege – Huiii – die Treppe hinab – durch die Korridore – durch die Hallen – wie das saust und rauscht – wie groß das Haus ist. – Huiii – zum Keller – zum Löwen – Löwe! Löwe – bist du da? – Löwe! – Seine Augen leuchten – wie still er da liegt – (Geheimnisvoll). Er ist verzaubert. Ich werde dich befreien, Löwe – wir werden draußen durch die Welt laufen – wir werden laufen – laufen – laufen – niemand wird uns einhalten –«.
Wenn sich Nachbarin Lina Günthner später bei Emma Autenrieth erkundigte, was denn Peter mache, klagte seine Tante, ach, der sei Künstler, könne bei nichts bleiben, versuche gerade, sich als Maler durchzuschlagen. In Schweden übrigens. Warum gerade dort, darüber sprachen die beiden Bürgersfrauen wohl nicht. Zu allerlei Gerüchten und Vermutungen in der Nachbarschaft gab dann Anlaß, als der Onkel seinem Leben mit einem Revolverschuß in den Kopf ein Ende bereitete. Am Sonntag, 17. September 1933, vormittags ist er »unerwartet rasch von uns gegangen«, wie es in der Todesanzeige hieß, und auch die Turnerschaft Straßburg betrauerte »aufrichtig den jähen Tod unseres lieben, um das Wohl der Turnerschaft hochverdienten Ehrenmitgliedes«. Soweit die Nachbarn das mitbekamen, war Ursache für seinen Freitod wohl seine Verleumdung eines Ebinger Verwandten, wofür er vom Gericht verurteilt wurde, in einigen Zeitungen öffentliche Abbitte zu leisten. Seine Verbindung hatte ihn daraufhin ausschließen wollen. Erst bei den Studien zum »Hölderlin«-Stück von 1971 war Weiss klar geworden, daß es sich bei dem Onkel um einen Nachfahren jenes Johann Heinrich Ferdinand von Autenrieth, Professor der Medizin und Kanzler der Universität, handelte, der dem Dichter in der Alten Burse auch Zwangsjacke und Gesichtsmaske antat. Man könne sich denken, »daß die Beschreibung seiner Behandlungsmethoden gegenüber dem desperaten Dichter von mir stark erlebt werden konnte«.
Peter Weiss' zentrales Thema war immer die Suche nach dem Ich. Inzwischen – das Stück »Die Verfolgung und Ermordung Jean Paul Marats, dargestellt durch die Schauspieltruppe des Hospizes zu Charenton unter Anleitung des Herrn de Sade« (1964) brachte ihm den ersten großen Erfolg – neigte er mehr Marat zu, dem Vertreter des Kollektivs und der Revolution, als dem Individualisten de

Sade. Individualkonflikte interessierten ihn nur noch mittelbar. Sein Theater wurde Appell, Aufruf. Hölderlin, so schreibt er in »Notizen« zu dem Stück, wurde »in eine totale Entfremdung geworfen«, den Dichter streckte die »Brutalität der Außenwelt« nieder, »ohne ihn zu besiegen«, denn: »Vielleicht ist er, in seinem Turm, von allen der am wenigsten Gebrochene.« Aber nach diesem Stück, an dem das Kolportagehafte und die allzu mechanische Verschiebung aller Konflikte ins Gesellschaftliche zurecht moniert wurden, erfolgte wieder ein Bruch im Werk von Peter Weiss. Voraussetzungsloses Streben nach individueller Identität interessierte ihn nun ebensowenig wie agit-propagandistische Rhetorik. In seinem Hauptwerk, dem dreibändigen Roman »Die Ästhetik des Widerstands« (1975 bis 1981) kommt das einzelne Ich nur dadurch zu sich selbst, daß es sich seiner eigenen Geschichte in einer Wunschbiographie entäußert und für die Selbstverwirklichung aller eintritt. Weiss macht ästhetisch ernst mit dem Bewußtsein der subjektiven Identität als politischer Identität, aus welcher heraus geleisteter unaufhörlicher Widerstand allein gesellschaftliche Erneuerung zu bewirken vermag.

Peter Weiss während der ersten sechziger Jahre.

Da sind dann die Traumbilder seiner kindlichen Verletzungen anders bewahrt, nämlich nahe bei Auschwitz und den faschistischen Todeskellern von Plötzensee, anders jedenfalls, als noch im Stück über den im Turm vergehenden Dichter. Dort löst sich schließlich – Veränderung wurde proklamiert – das apotheotische Tableau auf. Der Sänger tritt hervor, den schwarzen Stiftsmantel umgelegt, und stimmt den Kehraus an: »Als weggesunken aus der Stadt er war / und in der Erde lag da war der Thurm noch da / und als zu Erde er geworden ganz und gar / und man von ihm nur noch den GrabStein sah / stand nah am Nekar immerdar / sein Kercker nimmst ihn heut noch wahr«. Aber wenige Meter weiter oben am Neckar steht noch ein zweiter Kerker, das stattliche Haus Neckarhalde 31, worin den Sommer 1928 über ein elf-, zwölfjähriger Junge gefangen war.

Eugen Gottlob Winkler

Isoldenstraße 4

Vom Leiden am Bewußtsein

Der junge, großgewachsene Mann war geschwächt, hatte er sich doch schon während der vergangenen Jahre »über weiteste Zeiträume des Erstorbenseins« hinwegschleppen müssen. Deshalb geriet er auch in Panik, als ihn Mitte Oktober 1936 bei einem nächtlichen Spaziergang unweit der verlassenen Villa Thomas Manns in München-Bogenhausen ein Kriminalbeamter ansprach und seine Personalien aufnahm. Eugen Gottlob Winkler glaubte, nun zum zweitenmal ganz direkt den Würgegriff des faschistischen Regimes zu verspüren und befürchtete eine neuerliche Verhaftung. Knapp drei Jahre vorher nämlich hatte er in Tübingen die Erfahrung machen müssen, wie schnell das gehen kann. Damals war die terroristische Wirklichkeit der Zeit als banale Denunziation – man hatte ihn beschuldigt, ein nationalsozialisisches Wahlplakat beschädigt zu haben – verstörend in die provokativ aristokratische Geisteswelt des verletzlichen Dichters eingedrungen, dem Kunst mit Nietzsche die letzte metaphysische Tätigkeit des Menschen bedeutete, dank der das Leben überhaupt nur zu ertragen sei. Der ohnehin von Schwermut Gelähmte, der Ermattete und Mittellose, dem es seine geistige Konsequenz verbot, Kompromisse einzugehen, reagierte also panisch. Er kehrte in seine Schwabinger Wohnung zurück und vergiftete sich mit Veronal. 24jährig starb Eugen Gottlob Winkler am 26. Oktober 1936 nach qualvollem, lange währendem Todeskampf.

Auch im Zusammenhang mit dieses Dichters Leben und Sterben gilt es, von »Machtergreifung« zu berichten, davon, wie diktatorische Macht den Einzelnen ergreift. Vorerst jedoch ein Wort zu seinem Nachleben: Die Kunde von ihm ist nur bei wenigen angekommen, Winklers Ruhm blieb exklusiv. Dazu mag auch beigetragen haben, daß seine Dichtungen in Prosa und die Essays etwa über Proust, Jünger, Platen, George, den Oberst Lawrence oder Hölderlin, die er selbst unterschätzte, wie auch die von ihm überschätzten eiskalt kristallin wirkenden Gedichte, schwer zugänglich in doppeltem Sinne sind. Nach den 1937 beim Karl Rauch Verlag erschienenen Nachlaßbänden »Gestalten und Probleme«, »Dichterische Arbeiten« und der Brief-Edition von 1949 kamen Winklers wichtigste Schriften 1956 bei Günther Neske in Pfullingen erneut heraus, wanderten aber bald in den Ramsch, und eine 1960 von Walter Jens besorgte Auswahl für die Fischer-Bücherei ist inzwischen vergriffen. 1985 machte man dann beim Münchner Schneekluth-Verlag noch einmal den Versuch, »Dichtungen, Essays, Briefe« in einem Sammelband herauszubringen.

Es gibt auch wenig Sekundärliteratur über ihn, aber bei dem Wenigen handelt sich's immerhin nicht um routinierte Germanisten-Makulatur, sondern um lesenswerte Arbeiten, etwa einen Essay in Hans Egon Holthusens Band »Der unbehauste Mensch« (1951, erweitert 1955), eine Dissertation von Helmut Salzinger über Winklers ästhetische Anschauungen (1967), einen Zeitungsartikel von Gottfried Just über den »Jongleur mit dem Nichts« (1966) aus Anlaß von dessen dreißigstem Todestag und vor allem Walter Jens' Essay in dem Fischer-Auswahlband. »Allein die Kunst, Inbegriff aller Kreation, reines, dem Nichts abgerungenes Sein, vermag wenigstens für eine Weile den sich verdunkelnden Himmel mit zarten Schleiern zu verhüllen«, heißt es dort über Winkler, für den Formalismus die gemäße Art der Résistance gewesen sei und jedes Wort das schwer errungene Destillat vielfältiger Zusammenhänge bei dem Versuch, die schon von Hugo von Hofmannsthal erlittene zunehmende Ablösung des Begriffs vom Ding rückgängig zu machen.

Eugen Gottlob Winkler, der mit 15 seinen Vater, der Werkmeister war, verloren hat, wuchs in Wangen bei Stuttgart auf. Im Sommer 1930 reiste er erstmals nach Italien, um danach an der Münchner Universität das Studium der Romanistik, Germanistik und Kunstgeschichte zu beginnen. Während des Winters 1931/32 sammelt Winkler in Paris Material für eine Arbeit über »Moderne französische Klassikeraufführungen auf Pariser Bühnen«, mit der er, zwischendurch noch ein Semester in Köln verbringend, im Mai 1933 bei Karl Vossler in München promovierte. Gleich anschließend zog es ihn wieder nach Italien, nach Florenz und Rom, und später, im Juni und Juli, auch noch nach Sizilien.

Seine finanzielle Situation – die Mutter verfügte nur über eine kleine Rente – war bedrückend. Freunde der Familie sicherten ihm jedoch etwas Geld unter der Bedingung zu, daß er noch das Staatsexamen ablege. Winkler nahm daraufhin das Studium wieder auf und zwar in Tübingen, wo er dann auch sein Sizilien-Erlebnis in dem vollkommenen Prosatext »Gedenken an Trinakria« verarbeiten sollte. Schon am 5. Februar 1933 hatte er in einem Brief geschrieben: »Was nachher kommt, nach bestandenem Examen, ist mir noch reichlich unklar. Vielleicht mache ich noch das Staatsexamen in Tübingen, um noch einige Galgenfrist zu gewinnen, eh' mich der Broterwerb wenn nicht gerade köpft, so doch geistig kastrieren wird.«

Die atembeklemmende »braune Luft« mag ihn geradezu genötigt haben, gleichermaßen Kunst als absoluten Wert, als Lebenshaltung zu nehmen, außerhalb der es nichts Wirkliches gibt, wie die einfachen Dinge zu lieben und ihnen nachzuspüren. Am 6. Mai 1933 schreibt er: »Heute, da der Nationalsozialismus zu seiner Mystik des Blutes und des Staates jeden einzelnen gewaltsam zu bekehren sucht oder ihm andernfalls die nackte Lebensmöglichkeit nimmt, fühle ich mich stärker denn je meiner besonderen Art und meiner Neigung zum Dinghaften, Wahrnehmbaren, Begrenzten, kurz zum Substantiellen bewußt, wie

Photo von Eugen Gottlob Winkler aus seinem Tübinger Studentenausweis.

ich es im Spiegel Italiens gesehen habe.« Angewidert erlebt er an der Münchner Universität Bücherverbrennungen und Gleichschaltung und in der Stadt den allgemeinen Jubel, mit dem die braune Barbarei begrüßt wurde. »Es ist die Masse, die regiert, ein Feind der Kunst, und sie verlangt handgreifliche Tendenz, an der sich ihr Gefühl begeistern kann«, schreibt er in einem Brief vom 10. Mai 1933.

Anfang Oktober war Winkler nach Tübingen gekommen. Schon bald – denn folgendermaßen äußerte er sich in einem Brief vom 31. Oktober – wurde ihm deutlich: »Tübingen ist eine Stadt, in der der Spießergeist lebt, wie ich es heute nicht mehr für möglich gehalten hätte. Das geht bis in die Universität. In einem Seminar über deutsche Verslehre begann der Professor, ein Schullesebuch in der Hand, mit der Interpretation von Arndts ›Es blasen die Trompeten – Husaren heraus‹. Es werden hier nur Oberlehrer herangezogen. Ich blamierte mich gleich, indem ich nicht wußte, von wem das Gedicht war. Tübingen als Kleinstadt hat etwas, was mich sofort abstößt. Ich besitze einen seltsamen untrüglichen Sinn für das Unsichtbare an den Städten«.

Über eine Anzeige in der »Tübinger Chronik« hatte er ein Zimmer im Hause Nr. 4 der nach Isolde Kurz benannten Isoldenstraße gefunden. Es befand sich im ersten Stock, mit Blick nach Süden, zur Schwäbischen Alb hin. Gisela Vischer, die Tochter seiner Wirtsleute, des Ehepaares Bäder, sieht ihn noch vor sich – groß, meist gestreifte Hemden tragend und mit langen Koteletten an den Wangen. Allem Anschein nach habe er in Tübingen kaum Kontakte gehabt, und sehr zurückhaltend sei er gewesen. »Irgendwie muß ihn innere Angst gequält haben«, meinte Frau Vischer, »denn gleich nach Betreten seines Zimmers schloß er sich jedesmal ein, noch den schwarzen Samthut in der Hand. Wenn er aber zur Universität ging oder ins Café, blieb die Tür immer offen.«

Nach dem großen Sich-zu-Hause-Fühlen des Sizilien-Aufenthaltes – denn das bedeutete ihm Reisen – griff dann das faschistische System in Tübingen nach ihm und bediente sich dafür eines Kindes. »Ich war unschuldig zehn Tage im Gefängnis!«, schrieb er am 27. November. »Ein zehnjähriges Mädchen, das in meiner Tübinger Nachbarschaft wohnte und das ich selber mit Bewußtsein zum ersten Mal auf dem Kriminalkommissariat erblickte, will mich gesehen haben, wie ich am 9. November im Vorbeigehen ein Stück von einem Wahlplakat abgerissen habe. An der ersten Verhandlung hatte sie es vorgemacht! Es war ein Plakat da. Das Stück, das sie abriß, war handgroß!! An der zweiten Verhandlung verwickelte sich das Kind in Widersprüche. Man setzte mich mangels Beweise auf freien Fuß. Von der Tat freigesprochen wurde ich nicht, da man dahinter kam, daß ich, wenn auch nicht ›marxistisch‹ doch auch nicht nationalsozialistisch war. Man hatte mir alle Schriftstücke beschlagnahmt und Haussuchung gehalten.«

Und Winkler fährt in dem Brief aus Bad Cannstatt fort: »Nach der ersten Verhandlung erlitt ich einen vollkommenen Nervenzusammenbruch. Unschuldig wie ich war, erwartete ich von ihr vollständige Klärung dieses Mißverständnisses, sah mich aber im Gegenteil von dem Justizapparat zermalmt und hatte noch bis zur zweiten Verhandlung eine ganze Woche im Gefängnis zu sitzen. Ich trat in Hungerstreik. Seit Mittwoch den 22. abends bin ich wieder frei. Meine Mutter hatte meine Kölner Freunde benachrichtigt, und sie hatten auch einen Abgesandten von den Ihren geschickt, der wieder in mir aufzurichten begann. Hart genug ist es. Niedertracht und Gewalt sind mir zu furchtbar erschienen – und das Schlimmste: der Glaube an das Recht ist bei mir dahin. Ich kann nicht mehr widerstehen – nur noch flüchten, Zuflucht nehmen in der Welt des reinen Geistes.«

Richard Bäder, sein Zimmerwirt, war SPD-Mitglied gewesen, der nahebei wohnende Vater des Mädchens jedoch, von dem Winkler denunziert worden war, Leiter der NSDAP-Ortsgruppe Tübingen-Steinlach und später auch Leiter des Presseamtes bei der NSDAP-Kreisleitung. Außerdem arbeitete der eine als Lokomotivführer und der andere als Inspektor bei der Bahn. Es wäre also gut möglich, daß der Nazi nun eine Gelegenheit sah, alte Animositäten abzureagieren und deshalb erst einmal den Untermieter Bäders anzielte. Auf jeden Fall hatte es sich aber Frau Vischer tief eingeprägt, wie die Polizei am 13. November Winklers Zimmer ausräumte und seine Sachen die Treppen herunterwarf, während der Ortsgruppenleiter unten triumphierend zuschaute. Den gegen Abend Heimkehrenden habe man dann gleich in Empfang genommen und ins Gefängnis gebracht.

Bei der Wahl am 12. November ging es darum, die Frage »Billigst Du, deutscher Mann, und Du, deutsche Frau, diese Politik Deiner Reichsregierung, und bist Du bereit, sie als den Ausdruck Deiner eigenen Auffassung und Deines eigenen Willens zu erklären und Dich feierlich zu ihr zu bekennen?« mit »Ja« oder »Nein« zu beantworten und außerdem einen neuen Reichstag zu wählen. »Auf dem Stimmzettel für die Reichstagswahl wird in den Kreis hinter dem Namen der Nationalsozialistischen Deutschen Arbeiterpartei ein Kreuz eingetragen«, legte das »Neue Tübinger Tagblatt« nachdrücklich nahe. Am Tag, bevor Winkler seine volksfeindliche Tat begangen haben sollte, am 8. November, war in dem Nazi-Blatt gerade eine »Warnung« erschienen: »Wer diese Plakate beschädigt oder entfernt, ist ein Schuft und versündigt sich am Vaterland. Der Betreffende wird bei Betreten an Ort und Stelle entsprechend behandelt werden.« Damit war also das rechte Klima für Denunziation bereitet, deren Schuld und Schande in diesem Falle aber gewiß nicht auf dem verhetzten Kind, sondern allenfalls dessen Vater lasten sollte.

Am Tag nach der Durchsuchung des Zimmers in der Isoldenstraße brachte ein Oberkommissar der Tübinger Polizeidirektion folgenden Aktenvermerk zu Papier: »Winkler wurde heute dem A.G. Tübingen wegen Sachbeschädigung i. des § 304 StGB vorgeführt. Tatbestand: Obiger ist dringend verdächtigt, am 9. 11. 1933, zwischen 17 und 18 Uhr, in der Bahnunterführung Karl- und Fürstenstraße (= Fürststraße) hier, ein dort angeklebtes Wahlplakat abgerissen zu haben. Winkler bestreitet die Tat. Da außerdem festgestellt wurde, daß Winkler bei der am 12. 11. 1933 erfolgten Volksabstimmung mit ›Nein‹ abgestimmt hat und er sich dadurch, wie durch weitere Handlungen als Gegner des heutigen Staates bekannt hat, wurde die Württ. Politische Polizei mit besonderer Meldung von dem Sachverhalt verständigt.«

In diesem Schreiben wurde der Politischen Polizei auch der Inhalt eines Briefes an den dänischen Generalkonsul Max Strauß mitgeteilt, in dem Winkler schilderte, wie er im Wahllokal Gasthaus zum Engel in der Hechinger Straße beobachtet worden sei, als er »Nein« ankreuzte, wie man ihm den Stimmzettel dann weggerissen und ihn genötigt habe, noch einen anderen auszufüllen. »Mit Rücksicht darauf, daß Winkler«, so die Tübinger Kriminalpolizei, »dem heutigen Deutschland zweifellos feindlich gegenübersteht, und der Verdacht nicht von der Hand zu weisen ist, daß er seine Wahrnehmung ins Ausland übermittelt, wohin er gute Beziehungen zu erhalten scheint und dadurch die Interessen des Staates gefährdet erscheinen, wird das Vorkommnis dem Württ. Innenministerium – Württ. Politische Polizei – ergebenst zur Kenntnis gebracht.«

Seltsam, wie präzis und schnell in Diktaturen immer alles ineinandergreift. Am 28. November fragte nämlich auch Dr. Theodor Knapp vom Universitätsrat in Stuttgart an, ob denn Anlaß bestehe, gegen den zwar vom Tübinger Amtsgericht freigesprochenen, jedoch bei der Politischen Polizei angezeigten Dr. Eugen Gottlob Winkler auch seitens der Universität vorzugehen. Das brauche man nicht, kam am 7. Dezember die Antwort aus Stuttgart, und es werde gegen Winkler auch keine »Schutzhaft« verhängt. Glück im Unglück!

An dem Freispruch »mangels sicheren Beweises« vom 22. November kann man unter Umständen, mag der Prozeß auch von grundauf eine grausige Farce gewesen sein, letzte Reflexe von Rechtsstaatlichkeit entdecken. Der Plakatabreißer, bezeugte das Mädchen, sei ihr vor allem wegen seines unangenehmen »Kotelett-Bartes« aufgefallen. Daß sie den als »rötlich« bezeichnete, während der Winklersche schwarz war, sah der Richter in seiner Urteilsbegründung als augenblicklichen Erinnerungsfehler nach. Aber wenn auch sonst kein Anlaß bestehe, an den Beobachtungen der aufgeweckten jugendlichen Zeugin zu zweifeln, habe sich das Gericht doch nicht restlos von der Schuld des Angeklagten überzeugen lassen, weil objektive Beweismittel fehlten und zumindest theoretisch Aversionen wegen der Koteletten auf einen anderen übertragen worden sein könnten, dem sie die schlechte Tat zugetraut hätte.

Allerdings sei diese Möglichkeit in Anbetracht der »gesunden und unverbogenen Person der jugendlichen Zeugin« ebensowenig wahrscheinlich wie die folgende, aber man müsse sie immerhin in Betracht ziehen: Nach Angabe ihres Vaters »ist es nicht unwahrscheinlich, daß er vor der Tat zu Gehör seiner Tochter über die Schändlichkeit solchen Plakatabreißens mit Recht sich ausgelassen hat«, womit diese Sache für sie »sehr negativ gefühlsbetont« wurde. »Mit dieser seelischen Haltung traf sie den ihr unsympathischen Angeklagten, sah ihn vor sich ganz

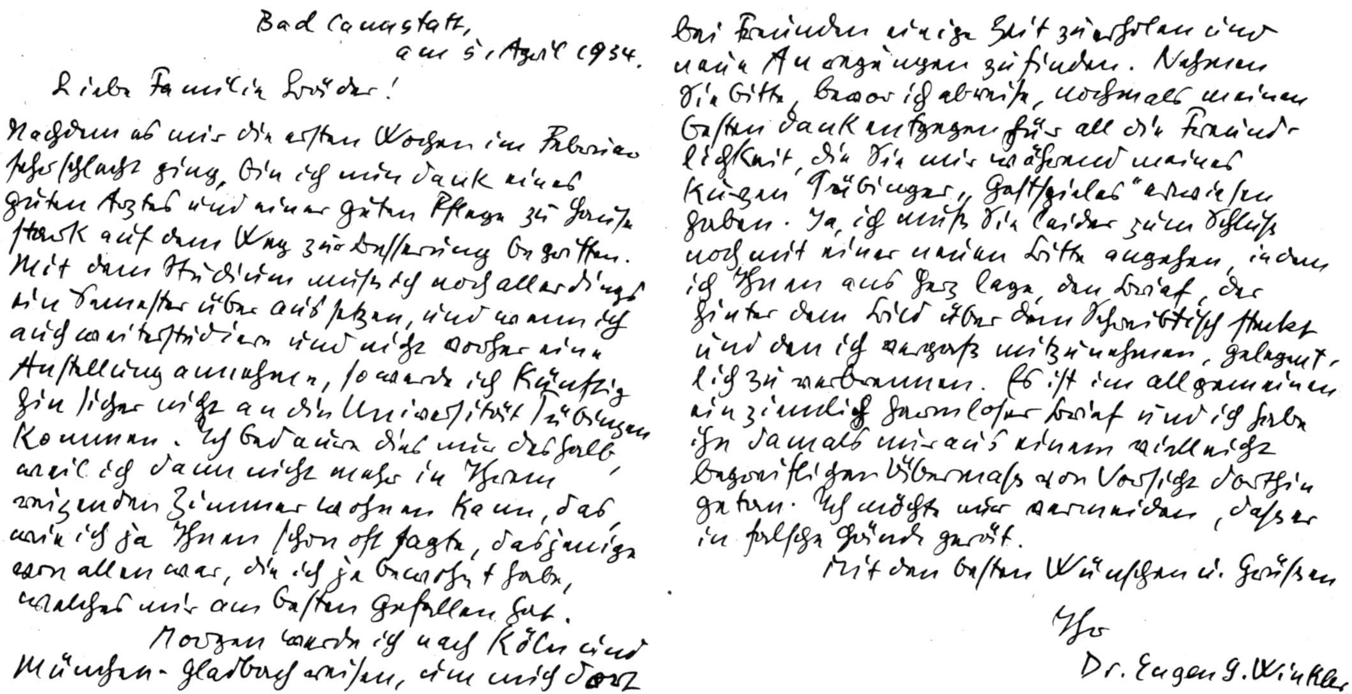

Bad Cannstatt,
am 5. April 1934.

Liebe Familie Bäder!

Nachdem es mir die ersten Wochen im Februar sehr schlecht ging, bin ich nun dank eines guten Arztes und einer guten Pflege zu Hause stark auf dem Weg zur Besserung begriffen. Mit dem Studium muss ich noch allerdings ein Semester über aussetzen, und wenn ich auch weiterstudieren und nicht vorher eine Anstellung annehmen, so werde ich künftig sicher nicht an die Universität Tübingen kommen. Ich bedauere dies nur deshalb, weil ich dann nicht mehr in Ihrem reizenden Zimmer wohnen kann, das, wie ich Ihnen ja schon oft sagte, dasjenige von allen war, die ich je bewohnt habe, welches mir am besten gefallen hat.

Morgen werde ich nach Köln und München-Gladbach reisen, um mich dort bei Freunden einige Zeit zu erholen und neue Anregungen zu finden. Nehmen Sie bitte, bevor ich abreise, nochmals meinen besten Dank entgegen für all die Freundlichkeit, die Sie mir während meines kurzen Tübinger „Gastspieles" erwiesen haben. Ja, ich muss Sie leider zum Schluss noch mit einer neuen Bitte angehen, indem ich Ihnen ans Herz lege, den Brief, der hinter dem Bild über dem Schreibtisch steckt und den ich vergass mitzunehmen, gelegentlich zu verbrennen. Es ist im allgemeinen ein ziemlich harmloser Brief und ich habe ihn damals nur aus einem vielleicht begreiflichen Übermass von Vorsicht dorthin getan. Ich möchte nur vermeiden, dass er in falsche Hände gerät.

Mit den besten Wünschen u. Grüssen

Ihr

Dr. Eugen G. Winkler.

Unveröffentlichter Brief Eugen Gottlob Winklers an seine Tübinger Wirtsleute vom 5. April 1934: Bei ihnen hatte er sich wohlgefühlt – sein Zimmer dort war dasjenige von allen, »welches mir am besten gefallen hat« –, und zu ihnen hatte er Vertrauen. Denn Winkler bat die Familie Bäder auch noch, einen vor hausdurchsuchenden Nazi-Kriminalisten versteckten Brief in Sicherheit zu bringen.

nahe an der Wand entlang gehen, an der die Plakate hingen, sah den Angeklagten mit dem rechten Arm eine Bewegung von unten nach oben gegen die Wand machen und dann alsbald die rechte Hand wieder in die Manteltasche stecken, sah dann gerade ungefähr an dieser Stelle ein derart beschädigtes Plakat, wie es mit der Bewegung des Angeklagten hätte beschädigt worden sein können – und schloß daraus, das habe der Angeklagte eben gemacht.«
Letztlich sah das Gericht auch kein schlüssiges Motiv für die Winkler unterstellte Tat, denn einem Mann zielbewußter politischer Aktivität hätte es doch unsinnig erscheinen müssen in einer Passage mit mehr als 20 Plakaten an einem etwas herumzuzupfen. Dem stellvertretenden Amtsrichter Krauß zufolge war Winkler – welch anmaßende Urteile! – »noch ein haltloser junger Mensch, wohl empfindsam und gut begabt, mit Verstand und schriftstellerischen Anlagen, aber er dreht sich fast noch ausschließlich um die eigene schmale Achse eines 21jährigen Menschen. Wenn er an dieser gepackt wird und diese bedroht fühlt, dann wird sein Empfinden zu unschöner Empfindlichkeit. Er machte in der Untersuchungshaft einen armseligen Selbstmordversuch und einen kläglichen Hungerstreik, den er beizeiten, bevor er Schaden nehmen kann, wieder aufgab. Das sind keine Taten, sondern unschöne Gesten der persönlichen Empfindlichkeit. Er ist mit einem Wort noch in keinem Belang ein aktiver Mensch, dazu steht er nicht fest genug auf dem Boden, die eigene Achse, um die er sich dreht, ist zu schmal dazu. Er ist vielleicht darüber hinaus wohl sogar politisch uninteressiert, was für die Entscheidung des Falles von näherer Bedeutung ist.«
Weniger behutsam äußerte sich ein Journalisten-Nazi vom »Neuen Tübinger Tagblatt« in seinem infamen Report über den Prozeß. Da ist von einem Angeklagten die Rede, »dessen staatsfeindliche Gesinnung unserer begründeten Ansicht nach eindeutig festgelegt wurde«, und der Verteidiger, wird gerügt, habe die Stirn, das Abreißen von Plakaten als Bagatelle hinzustellen, »obwohl es sich nicht um ein x-beliebiges Wahlplakat einer der 35 Parteien seligen Gedenkens handelt, sondern um *den* Aufruf *der* nationalen Regierung«.

Warnung!

An verschiedenen Stellen der Stadt sind Wahlplakate (Aufrufe zur Wahl am 12. November 1933) abgerissen worden.

Wer diese Plakate beschädigt oder entfernt, ist ein Schuft und versündigt sich am Vaterland. Der Betreffende wird bei Betreten an Ort und Stelle entsprechend behandelt werden.

Aus dem »Neuen Tübinger Tagblatt« vom 8. November 1933.

Aus dem Gefängnis entlassen, habe Winkler, wie sich Frau Vischer erinnert, zunächst einmal bei ihren Eltern angefragt, ob er ein Bad nehmen dürfe, »um diesen ganzen Schmutz von sich abzuwaschen«. Dann fuhr er nach Hause zur Mutter in der Bad Cannstatter Kasernenstraße 15, war aber am 5. Dezember wieder in Tübingen. Am 11. schrieb er einem Freund: »Ich verlasse mein Zimmer nur am späten Vormittag, um nötige Lebensmittel einzukaufen, und um meinen unvermeidlichen Kaffeehausbesuch abzustatten, auf den ich nur im Sommer verzichten kann, wenn es dafür das Baden und das Herumliegen im Grünen gibt. Das eine wie das andere bedeutet für mich die beste Art der Sammlung, von der aus dann mein Tag organisiert wird. Es gibt mir zudem noch die Empfindung des Sich-draußen-Fühlens, des In-der-Welt-Seins, gleichsam der Ersatz für das Reisen.«

Einem anderen Freund teilte er am 6. Februar 1934 aus Bad Cannstatt mit: »Vielleicht hast Du schon gehört, daß ich Tübingen Hals über Kopf verlassen mußte. Ich habe so starke Nervenanfälle erlitten, mit wiederholtem plötzlichen Schwarzwerden vor den Augen, wobei ich stehenden Fußes umsank, daß ich mich nach Hause und in Behandlung eines Nervenarztes begeben mußte.«
Kompromißlos und konsequent ging Winkler seinem Ende entgegen. »Kunst ist eben etwas durchaus Aristokratisches und die Rolle der körperlichen Existenz muß dabei vollkommen aus dem Bereich der Gedanken entfernt sein«, heißt es im selben Brief und: »Lieber großartig betteln als kümmerlich sein Brot verdienen. Der Vorschlag, Tagesschreiber zu werden, ist noch erniedrigender als Schullehrer zu sein, dem wenigstens das Odium der Geschwätzigkeit und Seichtigkeit nicht in gleichem Maße anhaftet.«
Zumindest pro forma nahm er im Wintersemester 1934/35 das Studium wieder auf, nun an der Universität München. Schwermut zehrte an ihm, wie er sie in dem Essay »Der späte Hölderlin« beschreibt: »Die Schwermut ist die dem Geiste tödlichste Macht. Sie kommt über den im Glauben Gelähmten, den der Hoffnung Entblößten. Nicht durch das Rätsel des Daseins, sofern es nicht deutbar ist, wird sie erweckt. Das Geheimnisvolle macht unruhig, rastlos und sehnsüchtig. Ein Unglück erregt im Gläubigen wie im Ungläubigen einen genau lokalisierbaren Schmerz. Der Schwermütige aber und sein Leiden stehen außerhalb eines als Macht und Wille empfundenen Schicksals.«
Winkler spürte einerseits »einen solch maßlosen Wunsch nach Vollkommenheit« (2. März 1936) und befand sich andererseits »in jener unaufhörlichen Traurigkeit, in einem Leiden ohne Ende, das von dieser seltsamen Fähigkeit des Bewußtseins herrührt, durch das sich der Mensch von den Tieren unterscheidet« (5. Juni 1936). Doch da war noch die Liebe zu einer Frau als letzte Hoffnung, als letzte Möglichkeit der Erlösung vom Bewußtsein, vom Ich. »Liebe, Zärtliche«, schrieb er ihr noch am 23. Oktober, »– ich habe solch großes Verlangen nach einer guten mit Dir zu verbringenden Ruhe. Ach, ein ruhiges sicheres Leben!«
Aber dieser Wunsch sollte sich ihm nicht mehr erfüllen, die Wirklichkeit zur Zeit der Mörder kam dazwischen. Eugen Gottlob Winkler starb, so Walter Jens, »der Geborgenheit in der Liebe nahe, an der Schwelle der Meisterschaft«.

Isolde Kurz

Paul-Lechler-Straße 24
(Tropenheim)

Greisin nach Wirken und Wandern

Vier Tage vor Weihnachten, Wintersonnenwende, im Kriegsjahr 1943: Vor 90 Jahren – »der Sonne Wiegenfest ist meines auch« – war Isolde Kurz zur Welt gekommen. Die Umstände ihrer Herkunft erschienen ihr nicht als zufällig, sondern sie sah dabei jahrhundertelange Zuchtwahl am Werk, weswegen denn auch »Ahnenkult und Ahnenstolz ihren tiefen Sinn« hätten. Es war gewiß in aller Unschuld, daß sie solcherart von Bluterbe schrieb und sprach, aber der herrschende Ungeist, dem das entgegenkam, hatte sich längst schon blutig schuldig gemacht. Im Sinne dieses Ungeists war währenddessen (1941 in »Schwaben, Monatshefte für Volkstum und Kultur«) eilfertig auch ihr Erfolgsroman »Vanadis« (1931) nachträglich braun eingefärbt worden, sei da doch anstelle humanistisch übersteigerten, ichbezogenen Selbstvollendungsdranges von Renaissancemenschen die Einordnung in die Pflicht zum Du getreten, welche die Titelheldin mit dem nordischen Götternamen als Hüterin und Bewahrerin volkhafter Kräfte erscheinen lasse. Und nun also galt es, die 90jährige zu feiern, sie bei einer von der NSDAP-Kreisleitung ausgerichteten Veranstaltung noch weiter in den braunen Schmutz zu ziehen.
Der Gartensaal des Tropengenesungsheimes war mit Weihnachtsbegonien, Lorbeer, Farnen und Palmen geschmückt. Die erwartungsvoll Harrenden trugen größtenteils Uniformen, Partei- oder Wehrmachtsuniformen. Dann öffnete sich die Tür, und flankiert von Dr. Samuel Müller, dem Direktor des Hauses, und ihrer vertrauten Pflegerin Lisa wurde die weißhaarige Isolde Kurz im Rollstuhl hereingefahren. Die Festgäste erhoben sich von den Plätzen und streckten den rechten Arm empor, und die Dichterin, die alte Frau im Rollstuhl, erwiderte diesen Gruß der gleichgeschalteten Gesellschaft. Man stelle sich dieses Bild vor und lasse es auf sich wirken... Eine Minute feierlicher Stille folgte, ehe vom örtlichen Gilbert-Trio das in melodisch weitgebogenem Pathos ausschwingende Largo aus Johann Philipp Kriegers Triosonate a-Moll gespielt wurde.
Zunächst trat der NSDAP-Kreisleiter, Oberbereichsleiter Hans Rauschnabel, ans Rednerpult. »Mit gutem Recht«, so wandte er sich an die Neunzigjährige mit

den noch strahlenden blauen Augen – Augen, wie sie auch der Vater gehabt hatte! – »mit gutem Recht dürfen wir heute sagen, geht von der Sappho und der Annette Droste-Hülshoff die nächste Station zu Ihnen. Ihr Werk, das zu einer Dauerreife gelangt ist und das bleiben wird durch die Form und die Reinheit Ihrer Dichtung, hat Sie den Lorbeer erringen lassen, der Ihnen gebührt, den Lorbeer der größten lebenden deutschen Dichterin.« In Vertretung von Gauleiter Wilhelm Murr überreichte ihr anschließend der Gaupropagandaleiter, Hauptbereichsleiter Adolf Mauer, die Goethe-Medaille mit der vom »Führer« unterschriebenen Urkunde. Sichtlich bewegt vertiefte sich die Jubilarin gleich in den kargen Text, der da hieß: »Im Namen des deutschen Volkes verleihe ich der Dichterin Dr. h. c. Isolde Kurz die von dem verewigten Herrn Reichspräsidenten von Hindenburg gestiftete Goethe-Medaille für Kunst und Wissenschaft.«
Den Gratulanten-Reigen eröffnete der (für den im Kriegseinsatz befindlichen Dr. Ernst Weinmann) beauftragte Oberbürgermeister von Tübingen, Alfred Kercher, und machte der Dichterin immerhin neben schönen Blumen auch nützliche Dinge zum Geschenk: einen Rollstuhl, Obst, Wein. Für die Universität – außer dem Rektor Prof. Otto Stickl sah man noch die Professoren Paul Kluckhohn und Theodor Haering – hatte Stickl der Ehrendoktorin schon in einer handgeschriebenen Grußadresse versichert: »Ihr Werk wird nicht veralten, sondern ist ›aere perennius‹.« Nun ja, der Mann war Mediziner und konnte es nicht besser vorausahnen!
Gute Wünsche und Geschenke überbrachten die teils auch uniformierten Oberbürgermeister Dr. Dederer, Dr. Strölin und Dr. Klaiber aus Reutlingen, dem Geburtsort des Vaters, aus Stuttgart, ihrem eigenen, und aus Esslingen, wo sich Hermann Kurz und Marie von Brunnow, die Eltern, einst beim Museumsball im tollen Jahr 1848 auch als radikale Demokraten und streitbare Linke schätzen und lieben gelernt hatten. Gaufrauenschaftsleiterin Haindl ließ sich's nicht nehmen, noch einige Worte zu sagen, und Hedwig Eggers, Tochter des Germanisten Hermann Fischer, der Isolde Kurz 1913 – im Jahr ihres 60. und des Vaters 100. Geburtstag – als erster Frau das Ehrendoktordiplom der Tübinger Philosophischen Fakultät ausgehändigt hatte, überreichte der Jubilarin schließlich im Auftrag des Oberbürgermeisters von München eine kunstvoll ausgeführte Huldigungsadresse aus der »Hauptstadt der Bewegung« und eine Alt-Münchner Puppe.
»Herrgott ist das schön!« rief sie aus und roch an einem Strauß weißen Flieders. Als alle gratuliert hatten, setzte sich die Dichterin gravitätisch zurecht und dankte mit gar nicht einmal so gravitätischen Worten. »Wir sind gewiß alle darüber einig«, sprach sie, »daß es schönere Tage im Leben geben kann, als gerade einen 90. Geburtstag. Aber wenn es nötig war, dieser an sich nicht ganz erfreulichen Tatsache eine schöne Seite abzugewinnen, so hat es diese Feier fertiggebracht.« Träumerisch blühte dann der Gesang des Andante un poco mosso aus Franz Schuberts Klaviertrio B-Dur op. 99 auf. Das Schluß-Tableau wurde vom Berichterstatter der lokalen Zeitung so beschrieben: »Mit zum Gruß erhobenem Arm nahm die Dichterin, dann, als sie den Saal verließ, Abschied von ihren Gästen, die sich wieder erhoben hatten und auf die gleiche Weise

grüßten.« Noch einmal: Man stelle sich dies Bild vor, und lasse es auf sich wirken...

Die neunzigjährige Isolde Kurz, von Alfred Göhner am Tag ihres Geburtstages photographiert.

Am Mittwoch, 3. November, einem nebelverhangenen Tag, hatte man Isolde Kurz aus dem Krankenhaus des kleinen Gebirgsdorfes Aschau im Chiemgau, wo sie nach längerer Krankheit gepflegt wurde, nach Tübingen gebracht. Ihre letzte Münchner Wohnung in der Ainmillerstraße war inzwischen von Bomben zerstört. Im Tropengenesungsheim wurde sie von Chefarzt Müller und dem beauftragten Oberbürgermeister Kercher begrüßt, der zur Feier des Tages sogar einen fünfstrophigen »Gruß der Heimat an Isolde Kurz« verfaßt hatte. »Greisin nach Wirken und Wandern / Krönt dich unsterblicher Preis, / Wohlig im Lande der Jugend / Schließet dein Leben den Kreis«, hieß es darin und dann, schon sehr, sehr gewagt: »Herbstlich auf lichtvoller Höhe, / Heilig in Reife und Ruh, / Hängest mit herrlichen Früchten / Froh du uns Hungrigen zu.« In der Samstagsausgabe darauf konnte man das Gedicht unter einem älteren Bild von der Zurückgekehrten im Blatte lesen.

Innerlich mochte sich ihr bei dem Wort »Greisin« etwas zusammengekrampft haben wie dann auch später immer wieder, wenn in den Geburtstagsartikeln dauernd von der »greisen Dichterin« die Rede war. Da forderte sie: »Nennt mich nicht Greisin, / glaubt, ich bin es nicht: / Dies ekle Wort / zerstört mein Angesicht. // Nennt mich ›Die Wanderin‹! / Mit Stab und Schuh / wandr' ich ewig / meiner Heimat zu.« Und wirklich, unter pompösem Gehabe und einer Sprache auf Kothurn, wovon viele Besucher berichteten, die sich ihr in diesen letzten Wochen verehrungsvoll näherten, war doch der Dichterin eine gewisse jugendliche Spontaneität nie verwelkt, eine Gegenwärtigkeit des Aufnehmens und Reagierens, der verwandelnde Kraft innewohnte, so daß man sich bei ihr binnen kurzem in eine andere, verzauberte Welt versetzt glaubte. »Das inbrünstige Jugendgefühl der schöpferischen Naturen«, so hatte sie selbst einmal geschrieben, »muß den Alltagsmenschen immer unverständlich bleiben, da es in dem Gefühl des steten Werdens und niemals Fertigwerdens besteht!«

Blumen über Blumen füllten das kleine Zimmer, Blumen mit denen sie neben den beiden Städten Tübingen und Reutlingen auch die Kreisleitung der NSDAP willkommen hieß. Von Lisa gestützt, ging Isolde Kurz zum Fenster und blickte in ihr Jugendland hinaus, auf ihre Jugendstadt hinab: auf die Stiftskirche, das

Schloß, die nun fast ganz von Wolken verhüllten Berge der Alb. »Ich bin glücklich, wieder in Tübingen zu sein«, sagte sie, »meinem lieben Tübingen!« Erinnerungen reihten sich ihr nicht wie Perlen an einer Kette, sondern schienen bedrängend im Kreise um sie herumzustehen. Immer wieder mußte dann einmal eine zur näheren Betrachtung herangeholt werden. Ist dieses noch so und das? Nein, schon lange würden keine flößenden Jockele mehr den Neckar hinuntertreiben, antwortete man ihr. »Was, keine Jockele mehr!? Das kann ja gar nicht sein! Die Tübinger müssen doch ›Jockele spearr‹ schreien, ›spearr, s geit en Aillaboga!‹«

Aber auch das war ihr unverlierbar im Gedächtnis geblieben: Als die Familie Kurz zunächst in der Karlstraße 13 oberhalb der Steinlach und dann in der Kronenstraße 11 wohnte, hatte Isolde Schlimmes erlebt. Die Tübinger Kleinstadtatmosphäre war für sie nicht nur bedrückend, sondern häufig ganz handfest bedrohend gewesen. Das blonde Mädchen, das Griechisch lernte (»Unwissenheit galt damals noch als besondere Zierde der deutschen Jungfrau«), das mit einem Trupp der akademischen Reitschule durch die Straßen galoppierte (»ein Gefühl wie von Herrschaft über die Erde«) und das dafür stritt, man möge das große Schwimmbecken wenigstens an einem Tag den Frauen vorbehalten (»die ganze Entrüstung wandte sich gegen mich als Anstifterin des unsittlichen Antrags«), dieses von ihren Eltern freizügig erzogene, gescheite Mädchen war von einem Wall aus Mißbilligung, Feindschaft und Haß umgeben, an dem eben nicht nur kleinbürgerliche, sondern auch akademische Dumpfheit mauerte. »Kaum dürfte je die Frau in Deutschland niedriger gestanden haben, als im letzten Drittel des vorigen Jahrhunderts«, liest man in »Die Pilgerfahrt nach dem Unerreichlichen«, dem letzten großen Werk der Dichterin, die sich als Frau ausgesprochen couragiert selbst verwirklichte. »Das Los der Mädchen: Ein Kleben am Pech mit leerem Kopf und unterdrückten Lebensinstinkten, im Herzen nur diese Angst, den rechten Zeitpunkt (zur Heirat) zu verpassen. So blieb die Frau ein unerlöster Mensch und ein durch und durch gefälschtes Erzeugnis einer falschen Zivilisation.«

Dennoch fand die Sechzigjährige, »Aus meinem Jugendland« berichtend, daß die Stadt ihrer Jugend doch tiefer mit ihr verwachsen sei als angenommen. »Sie hatte auch für alle Zeit richtunggebend auf mein Stilgefühl eingewirkt. Noch heute, wenn ich mir eine ideale Stadt in Gedanken baue, mit solchen kühnen Terrassen, solchen überschneidenden Dächern, steinernen Treppen, Durchgängen, hängenden Gärten, steigt sie nach einem stillen Fluß hinunter. Einen schwingenderen Rhythmus als die Straßenzüge Tübingens habe ich nirgends gefunden, dieses Anschwellen und Absinken der gepflasterten Straßen, für mich sind es die Hebungen und Senkungen und wunderbar gefühlte Zäsuren eines Gedichts.«

Beim historischen Festzug zur Vierhundertjahrfeier der Universität am Freitag, 10. August 1877, vormittags um zehn Uhr hatte sie, im (Hoftheater-)Gewande einer Muse auf dem Herzogs-Wagen stehend, vier gewaltige Grauschimmel sicher über die bucklig bergig krummen Tübinger Straßen geleitet, was ihr aber anschließend auch wieder vor allem Bosheiten einbrachte. Als Isolde Kurz nun am letzten Tag des Jahres 1943 die Zeitung aufschlug, konnte sie sich auf zeitgenössischen Zeichnungen eines Malers Pilgram vom Festzug wiedersehen, die zum Artikel »Rund um das Haus Tübingen Kronenstraße 11« des Heimatforschers Paul Löffler abgebildet waren.

Nach dem Universitätsjubiläum – die Entscheidung für die Übersiedlung nach Italien hatte man schon vorher in München getroffen –, wurde es höchste Zeit, der Tübinger Enge zu entkommen. Am Abend, ehe Isolde, ihre Mutter, der in Florenz als Arzt praktizierende Bruder Edgar, dann Balde (Garibaldi), der kränkelnde Jüngste, und die Haushälterin Josephine im Zuge saßen, ging die 24jährige von der Neckarbrücke noch einmal die steile Holzstiege auf den Wöhrd herunter und schrieb im Schatten zweier Linden die folgenden wehmütigen Verse des Abschieds von der »Heimat, vielbescholten, doch vielgeliebt und vielbeweint« in ihr Taschenbüchlein: »So laß uns denn in Frieden scheiden, / Von Groll bewahr' ich keine Spur. / Dein Bild soll ewig mich begleiten / Und wecke teure Schatten nur. / Und kehr' ich einst mit müdem Flügel, / Wenn meine Bahn ein Ende hat, / Dann gönne bei des Vaters Hügel / Der Tochter eine Ruhestatt.«

Nun, wo sich der Kreis schloß, fielen ihr diese Verse wieder ein. Aber Thanatos ließ noch auf sich warten, und die wehrlose alte Frau wurde während der letzten fünf Monate ihres Lebens in den Dunstkreis pathetischer Feierlichkeit gezogen, wie sie als Kehrseite von Blut und Gewalt zum Faschismus gehört, wie sie überhaupt jede totalitäre Herrschaft vernebelnd zelebriert.

Einst im Süden war Isolde Kurz' »Drang nach Ausdehnung und Erfüllung« gestillt worden, und sie erlebte ihre schöpferische Befreiung als so eine Art Epiphanie. Gleich die »Florentiner Novellen« (1890), ihr frühestes Buch nach den »Gedichten« vom Jahr zuvor, hatten sie berühmt gemacht, berühmter als der Vater jemals war. Diese Renaissance-Novellen um sich wacker selbst verwirklichende große Einzelne sind als klassizistische Formkunst durchaus von Rang. Nach Ausbruch des Ersten Weltkrieges zog dann Isolde Kurz, schon auch vom nationalistischen Begeisterungstaumel erfaßt, das »Schwert aus der Scheide«. So heißt ein kleiner Gedichtband aus dem Jahre 1916, in welchem sich Verse finden wie »Mein Volk, wie bist du groß!« oder »Wir klagen nicht, wir schlagen«. Wenn ihr auch der begeisterte Widerhall, den das Bändchen fand, ein wenig Mißbehagen bereiten sollte, weil sie, der doch Italien und Frankreich nach wie vor geistig nahestanden, zumindest nicht als grelle Kriegsfurie gelten wollte, so schrieb sie doch später: »Ich sah mich aus meiner Vereinzelung hineingezogen in die Gemeinsamkeit des Volksgeschicks, ein zugehöriges Stück des gewaltigen Ganzen, dem aus dem gewaltigen Ganzen Antwort kam. Wer konnte mir sagen, ich hätte keine Kinder? Waren sie nicht alle meine Söhne, die da draußen?«

Schon seit jeher war Isolde Kurz besondere Vorliebe für Opfer und »Heldentum« eigen, verbunden mit einem Faible für Soldaten. Auf dem Tischchen ihres Münchner Krankenzimmers hatte ein Konterfei des Generalfeldmarschalls Erwin Rommel gestanden, an den sie auch einige ungelenke Huldigungsverse richtete. Mit ihnen, die im Blatte am 30. Oktober 1943 faksimiliert wiedergegeben waren, wurde gleichzeitig auch der Dichterin bevorstehende Heimkehr in ihr Jugendland annonciert. »Nicht wahr, der ist ein richtiger Schwabe! Er kann lachen, der hat Humor«, schwärmte sie einer Besucherin vor. In dem Haus am Paul-Lechler-Weg, wo 1945 auch die Dichterin Anna Schieber (»Alle guten

Isolde Kurz in jungen Jahren.

Geister«) starb, befand sich damals außer dem christlich geprägten Tropengenesungsheim noch ein Kinderheim und ein aus zwei Stationen bestehendes Lazarett. Die zu jener Zeit als Kinderkrankenschwester tätige Ilse Sturm erinnert sich noch an die nicht ganz einfach zu behandelnde, manchmal etwas »kritische« alte Dame. »Meine Soldaten müssen mich in den Keller tragen!« habe sie bei Fliegeralarm immer gefordert, und Schwester Ilse sieht die Dichterin noch vor sich, wie sie von einem genesenden Soldaten im Rollstuhl spazieren gefahren wurde...

Heute ist Isolde Kurz' einst sehr populäres Werk nahezu vergessen. Was aber bleibt, was bleiben sollte, sind ihre Erinnerungsbücher »Hermann Kurz, ein Beitrag zu seiner Lebensgeschichte« (1906), »Aus meinem Jugendland« (1918), »Meine Mutter« (1926), die »Florentinischen Erinnerungen« (1937) an ihre Brüder, an Arnold Böcklin und Adolf von Hildebrand und mit Einschränkungen »Die Pilgerfahrt nach dem Unerreichlichen« (1938). Viel Autobiographisches ist etwa auch in ihren erfolgreichen Frauenroman »Vanadis« (1931, bis 1958 14 Auflagen) eingegangen, aber direkt erzählt wirkt es doch frischer und lebensvoller als von altmodischem Seelenplüsch des 19. Jahrhunderts romanhaft umhüllt. Beginnend beim Naturalismus entstanden ihre Werke immer fernab der literarischen Zeitströmungen, was dann mit dazu beitrug, daß die »Zeitlose« zu Zeiten, als es in Deutschland keine deutsche Literatur mehr gab, besonders hofiert und gefeiert wurde.

Den Nationalsozialisten gegenüber verhielt sich Isolde Kurz, die doch als Frau so mutiger Selbstverwirklichung fähig war, zwiespältig und opportunistisch. Zunächst sah sie in ihnen die Retter der deutschen Kultur und war vom wirtschaftlichen Aufschwung ebenso begeistert wie dann vom »Wiederanschluß« Österreichs. Was aber ihr Mißtrauen weckte, waren der immer offener zutage tretende Antisemitismus und die rigide Unterdrückung der freien Meinung. So wurde sie genötigt, die Namen jüdischer Freunde aus der »Pilgerfahrt« zu tilgen. Bei der Reichsschrifttumskammer hatte man ein wachsames Auge auf ihre Veröffentlichungen, auch wenn die Parteigrößen – Joseph Goebbels voran – bei jedem feierlichen Anlaß Grußtelegramme zu schicken pflegten wie nun wieder zum 90. Geburtstag.

Am Fenster ihres Zimmers sang ein Kanarienvogel. Die Dichterin hatte immer Kanarienvögel gehabt: in München zwei, die gelbe Muschi und den blauen

Bubsi, Muschis allzufrüh dahingegangene Liebe. Wie der Tropenheim-Vogel hieß, war nicht zu eruieren. Einmal führte ihre Pflegerin und Gefährtin Lisa zwei Mädchen von der Reutlinger Oberrealschule (heute: Isolde-Kurz-Gymnasium) herein, für welche die Dichterin Ende der dreißiger Jahre die Patenschaft übernommen und in der sie auch einmal gelesen hatte. Würdevoll reichte die alte Dame jedem von den beiden einen Apfel und sprach: »Kinderchen, labet Euch!« Diese altfränkisch klingende Aufforderung wurde dann geflügeltes Wort in der Klasse, und noch heute sagen ehemalige Reutlinger Oberrealschülerinnen »Kinderchen, labet Euch!«, wenn sie sich etwas anbieten, wie eines der beiden Mädchen von damals, Brünhilde Melzer, erzählte.
Als die Schriftstellerin Dr. Lore Sporhan einst am Geburtstage oder kurz danach die schön aufgeräumte Stube im Tropenheim betrat, um der Verehrten zu gratulieren, lagerte Isolde Kurz auf dem Sofa: »fein, zierlich, sorgfältig angezogen, wie eine Porzellanpuppe«. Der Kanarienvogel zwitscherte. Die Blumen wurden überreicht, und für die folgende Unterhaltung stellte sich die Alternative, entweder der schwerhörigen Jubilarin ins Ohr zu schreien oder Lisa dazwischenzuschalten, von deren Mund sie ablesen konnte. Lisa, »mein Arm ins Leben hinaus«, »mein zweites Ich«, »mein Hauskreuz« manchmal, wenn sie der »Frau Doktor« etwa allzu dringlich nahelegte, doch zu essen, Lisa war nun also auch das Ohr der Dichterin. Aber die Gratulantin beging bald einen Faux pas, als sie sich nach den poetischen Plänen erkundigte. Hoheitsvoll antwortete Isolde Kurz: »Das fragt man einen Dichter nicht!«, und Frau Sporhan legte es nun darauf an, sich möglichst bald mit Anstand zurückzuziehen.

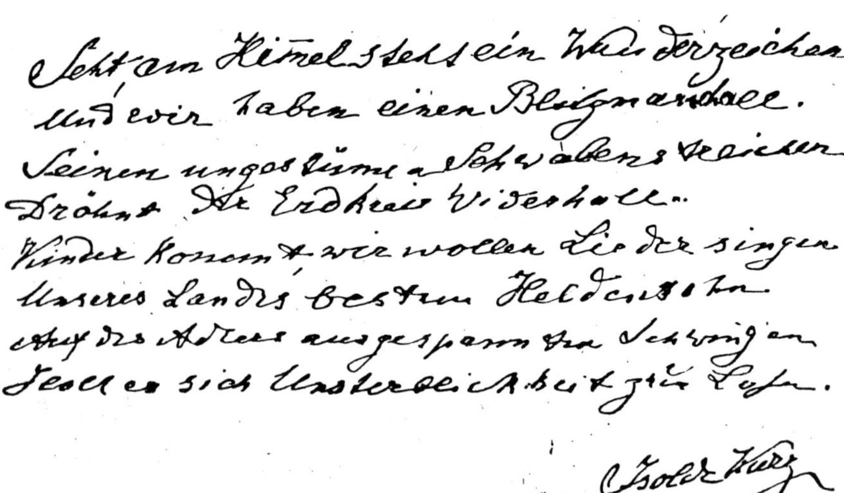
Seht am Himmel steht ein Wunderzeichen
Und wir haben einen Blitzmarschall.
Seinen ungestümen Schwabenstreichen
Dröhnt der Erdkreis Widerhall.
Kinder kommt, wir wollen Lieder singen
Unseres Landes bestem Heldensohn
Auf des Adlers ausgespannten Schwingen
Stellt er sich Unsterblichkeit zu Lohn.

Isolde Kurz

»Die Schriftleitung der Chronik«, so stand am 30. Oktober 1943 unter diesen Versen, »freut sich, dieses bisher unveröffentlichte Gedicht der greisen Isolde Kurz in der Originalhandschrift veröffentlichen zu können. Es ist Generalfeldmarschall Rommel gewidmet.«

So lebte sie, häufig besucht, noch einige Wochen im Tropenheim über Tübingen. Eine Lungenentzündung, die am Morgen des 5. April 1944 diagnostiziert worden war, führte dann schon gegen Abend zum Tode. Am Ostersamstag, 8. April, zeigte Lisa Betz in der Zeitung an, ihre »geliebte Herrin, die Dichterin Dr. h.c. Isolde Kurz« sei am Mittwoch sanft entschlafen. Im Nachruf vom selben Tag hieß es, nach der Rückkehr habe sich Isolde Kurz von der Heimat »nach langer, oft harter Lebensfahrt umfassen lassen wie ein Kind von den Armen seiner Mutter. Draußen zwar tobte der Kampf um das Leben ihres Volkes und dessen heiligste Güter; aber im stillen Zimmer der Dichterin wehte die Luft eines höheren, edleren Friedens. Sie ahnte die letzten tiefsten Geheimnisse dieses Ringens.«
Bevor ihre sterbliche Hülle an diesem Samstag um 14.30 Uhr im Reutlinger Krematorium den Flammen übergeben wurde, sprachen Prof. Kluckhohn und der beauftragte Oberbürgermeister Kercher. Während die Trauergäste dann mit erhobenem Arm grüßten, versank der Sarg in der Tiefe. Diese erhobenen Arme – sie warfen Schatten auf ihr Leben in den letzten fünf Monaten, und sie warfen Schatten über den Tod hinaus.
Am Mittwoch, 12. April, wurde dann die Urne bei einer von der NSDAP-Kreisleitung ausgerichteten Feier in einem Ehrengrab, wenige Schritte von jenem ihres Vaters entfernt, beigesetzt. Der Reichsminister für Volksaufklärung und Propaganda, der Gauleiter und viele andere Nazi-Größen hatten Kränze geschickt. Die Gedenkrede hielt Georg Schmückle, auch Landesleiter der Reichsschrifttumskammer. Staatsschauspielerin Elsa Pfeiffer sprach Texte der Dahingeschiedenen, dann wehte feierlicher Bläserklang eines Ensembles der Württembergischen Staatstheater über den Friedhof. Auf dem Stein des Grabes jedoch, in dem sie nun mit ihrer Mutter ruht, stehen Worte, die sich nicht in falscher Feierlichkeit spreizen: »Fern / Ueberm Wassserpfade / Flimmert zur Nacht ein Schein / Lichter vom andern Gestade? / Was mag sein?« Lisa aber, die Treue, war ihr wenig später, am 21. Juli, im Alter von gerade 56 Jahren gefolgt. Ganz nahe bei der »Herrin« liegt sie begraben.

Michel Tournier

Schloßbergstraße 15

Wegen Hegel Schwäbisch gelernt

Nach dem Krieg hatte er hier als Philosophiestudent »die schönste Zeit« seines Lebens verbracht. Später, als bekannter Schriftsteller, kam Michel Tournier dann immer einmal wieder nach Tübingen. Mitte Oktober 1989 etwa, zur Frankfurter Buchmessenzeit, stellte er sein neuestes Buch »Le médianoche amoureux« über eine sich erst im Nachhinein als Liebesmahl erweisende mitternächtliche Schlemmerei vor, zu der als Gastgeschenke neunzehn Geschichten mitgebracht werden, und um seine Beziehung zu Deutschland, die unerfüllte Liebe zu dem Land, das er seit jeher sucht und nicht findet, war es bei einem Vortrag im Januar 1986 gegangen. Beide Male hatte er im »Hospiz« in der Neckarhalde gewohnt wie auch einige Jahre zuvor schon einmal. Da sei hier gerade ein Erdbeben gewesen, das den zehnjährigen Sohn einer Freundin viel mehr beeindruckt habe als sonst alles auf dieser Reise, erinnerte er sich lachend. Tournier lacht überhaupt häufig. Die ausgeprägten Furchen in seinem Gesicht, krähenfüßig um die Augen, waagrecht auf der Stirn und senkrecht auf den Wangen, treten dann besonders stark hervor.
Sein Blick wanderte zum Stift hinüber, angesichts dessen ihm zuerst die Namen Hegel und Schelling einfielen. Weiter unten an der Neckarhalde steht das ehemalige Haus des Hegelianers Theodor Haering, und Tournier sah den alten Professor noch vor sich, wie er kurz nach dem Krieg frierend in seiner Bücherburg saß. Für einen Sack Kohlen, den er ihm besorgte, revanchierte sich Haering mit einer schönen alten Schelling-Ausgabe. Rechts vom Fußgängertunnel führt dann die heutige Haeringstaffel zur Schloßbergstraße hoch, wo der Schriftsteller als Student vier Jahre lang in Nummer 15 gewohnt hatte.
Es ist ein großes gründerzeitliches Backsteingebäude mit spielerischem Fachwerk oben und schön geschwungenem hölzernem Zierrat um die Giebel. Das Haus gehörte Metzgermeister Fritz Zeiher, und der französische Student war zur Untermiete bei Familie Baumann im ersten Stock untergekommen. Ein Großvater, Reichsbahninspektor i. R. Thomas Baumann, habe ihm damals handschriftliche »Lebenserinnerungen eines schwäbischen Eisenbahners« zum Lesen gege-

ben, erzählte Tournier und lachte wiederum. Sie seien sicher ungedruckt geblieben.

Der gegenwärtig außerhalb seines Heimatlandes – vor allem in den USA – bekannteste französische Schriftsteller schreibt langsam, braucht viel Zeit. »Ich bin Langstreckenläufer, kein Sprinter. Sechs Romane, zwei Essays und zwei Sammelbände mit Erzählungen – das ist wenig für einen Autor in meinem Alter«, sagte der am 19. Dezember 1924 als Sohn eines Germanisten-Ehepaares in Paris Geborene, nicht ohne gleich hinzuzufügen, daß heutzutage viel zu viel veröffentlicht werde. Aus dieser langsamen Arbeitsweise folgt wohl auch, daß er von seinen Tübinger Jahren ganz ähnlich erzählt, wie er sie in dem autobiographischen Essay »Der Wind Paraklet« schon brillant beschrieben hat. Das sind eben schwer errungene Formulierungen, hinter denen seine Person dann wieder zurücktritt.

Während der dreißiger Jahre, als Kind, war er mehrmals in Freiburg gewesen, wohin die Mutter zusammen mit ihrem Onkel, einem Priester und Lehrer, seit 1909 regelmäßig in das katholische Studentenheim Albertusburse kam. Nachdem Michel Tournier dann 1946 an der Sorbonne seine Diplomarbeit über Platon mündlich vertreten hatte, drängte es ihn nach Deutschland, zur deutschen Philosophie, zu Fichte, Schelling, Hegel, Husserl, Heidegger. Die Möglichkeit dazu ergab sich, als René Cheval, Kurator der Universität, eine Gruppe französischer Studenten für drei Wochen nach Tübingen einlud. Nach 24stündiger Bahnfahrt mit mehrmaligem Umsteigen trafen sie am 26. Juli 1946 bei schönstem Sommerwetter in der kleinen Universitätsstadt »mit ihrem überbordend romantischem Reiz« ein.

»Waren wir wirklich draußen aus dem dunklen Gang? Wir waren zwanzig. War es zu glauben, daß uns das Schicksal ein solch berauschendes Geschenk machte: miteinander leben, miteinander an den Dingen des Denkens, des geschliffenen Geistes zu arbeiten, frei schaffen zu dürfen, ohne mehr die blödsinnigen Drohungen des Krieges fürchten zu müssen. Endlich gehörten wir einander. Die Welt gehörte uns. Habe ich je den Rausch erlebt, jung zu sein, dann ganz sicher in jenem Sommer 46 am Ufer des Neckars.« So dachte sich Tournier in »Der Wind Paraklet« schwärmend zurück. Ja wirklich, wiederholte er nun im Gespräch, »das war die schönste Zeit meines Lebens«.

An dem Cours de vacances nahmen jeweils zur Hälfte junge Franzosen und junge Deutsche teil, die einerseits ihr Sprachvermögen erweitern sollten und andererseits – durch Vorträge und gegenseitiges Kennenlernen – auch ihren Horizont. Ein Teil der dafür ausgewählten Studenten begann das binationale Meeting in Tübingen, um dann nach Bad Teinach überzuwechseln, während der andere umgekehrt aus dem Schwarzwald-Örtchen nach Tübingen kam. Dort gab es das in Anbetracht damaliger Hungerzeiten ausgesprochen gute Essen in der Wildermuth-Schule. Für Michel Tournier wurden aus den drei Wochen des deutsch-französischen Ferienkurses schließlich vier Jahre, denn er blieb, als einziger Chevals Angebot annehmend, zum Studium in Tübingen und zog auf den Spitzberg in die Schloßbergstraße.

Die Atmosphäre in der Universitätsstadt kam ihm wie an einem Hof des 18. Jahrhunderts vor. »Ein Souverän war da; er logierte in einem Schlößchen auf

Michel Tournier, der einmal von sich sagte: »Meine unerfüllte Liebe zu Deutschland macht mich richtig zum Krüppel. Deutschland ist mein Lebensproblem, das Land meiner Träume. Ich suche es und finde es nicht.«

dem Österberg, hoch über der Stadt: der französische Gouverneur Guillaume Widmer – im Zivilberuf Bankier –, ein wahrer König von Württemberg. Er lebte in großem Stil, flankiert von einer Art Kammerherr, einem Haushofmeister, der für Zeremoniell, Bälle, Jagden, Reitturniere und sonstige Lustbarkeiten zu sorgen hatte: Philippe Whitechurch – nach ihm hieß seine Lieblingsstute Blanchéglise –, der ebenso groß und blond war wie sein Herrscher Widmer rundlich und braunhaarig.«

Dem Zwanzigjährigen kam diese Hofhaltung zumindest dadurch zugute, daß er sich im Reitstall an der Wilhelmstraße jederzeit ein Pferd satteln und ausreiten konnte. Das habe ihn wohl mehr in Anspruch genommen als die Philosophie, glaubt er heute. Und von Tübingen aus reiste der Student ein paarmal, wenn da nun auch gehandicapt durch Mangel an Geld und Lebensmittelmarken, in den amerikanischen Sektor, nach Heidelberg etwa. Beim Skifahren in Oberstdorf brach er sich ein Bein und lag eine Zeitlang droben in der Chirurgischen Universitätsklinik.

Tournier machte die Bekanntschaft von Friedrich Sieburg und Carlo Schmid, und zu seinen Lehrern gehörten Eduard Spranger, Wilhelm Weischedel, Traugott Konstantin Oesterreich, Romano Guardini, der Orientalist Enno Littmann und eben Theodor Haering, dem er wohl am meisten verdankte. Dessen Diktum, wer des Schwäbischen nicht mächtig sei, könne auch Hegel nicht verstehen, ließen sich doch einige seiner Schlüsselbegriffe wie zum Beispiel »aufheben« nur so begreifen, nahm sich der junge Franzose derart zu Herzen, daß er den Dialekt – Verrenkungen der Zunge und der Lippen heroisch in Kauf nehmend – zu erlernen suchte.

In der Antwort auf eine Umfrage der »Frankfurter Allgemeinen Zeitung« vor dem 100. Geburtstag Heideggers am 26. September 1989 bezog Tournier die Bemerkung Haerings dann auch noch auf den Seinsdenker von Meßkirch. Es mache dessen Bedeutung und Verdienst aus, daß er sein Denken tief in einer in Zeit und Raum genau umgrenzten Sprache verwurzelt habe: »Martin Heidegger versetzt sich an einen Ort äußerster Ursprünglichkeit: den der Vorsokratiker. Bewußt übersieht er den verhängnisvollen Bruch, welchen die Sophisten – und unter ihnen der schädlichste, Sokrates – zwischen dem Sein und dem Gesagten aufgerissen haben. Er hat die tiefe Identität von Wort und Sache wiedergefunden, also den Logos.«

Folgenreich sollte vor allem die Freundschaft zu seinem deutschen Kommilitonen Hellmut Waller werden. Der spätere Oberstaatsanwalt und Landgerichtspräsident übersetzte nicht nur alle Bücher Tourniers, ausgenommen den Debut-Roman »Freitag oder Im Schoß des Pazifik« (1967), bis hin zu »La goutte d'or« (»Der Goldtropfen«, 1987), sondern er hatte auch wesentlichen Anteil am Zustandekommen jenes Buches, das Tourniers Ruhm begründete, am »Erlkönig« (1970).

Von Waller erfuhr Tournier etwa, »der SS-Obergruppenführer August Heißmeyer, der ehemalige oberste Chef aller Napolas, wohne wie er in dem kleinen Dorf Bebenhausen, ein paar Kilometer von Tübingen, wo er seit Ende des Krieges die Coca-Cola-Vertretung und -Auslieferung für die ganze Gegend unter sich hatte. So bezog ich bei Hellmut Waller Quartier und besuchte Heißmeyer mehrmals; durch ihn kam ich mit einem seiner Söhne zusammen, der – wie man sich denken kann – in einer Napola aufgewachsen war. Heißmeyer bewohnte mit seiner Frau, der ehemaligen ›Grande Dame‹ des Dritten Reiches, ein wunderschönes altes Haus. Seine Frau zeigte mir ein Exemplar des ›Völkischen Beobachters‹, wo sie als Mater Germania auf dem Titelblatt prangte: sehr schön, sehr blond, das Haar ›geflochten, geschnatzt und aufgesatzt‹, um sich her ein ganzes Nest voller Kinder. Ganz offenbar hatten Waller und Heißmeyer weder Lust noch Anlaß, einander zu begegnen, doch merkte der ehemalige SS-Führer schließlich, daß ich in der Nachbarschaft bei seinem natürlichen Widersacher wohnte« (»Der Wind Paraklet«).

»Erlkönig«, gleich nach Erscheinen mit dem Prix Goncourt ausgezeichnet, ist der Roman eines Einzelgängers, der vom grausigen Mechanismus des Schicksals erfaßt wird, »Zwillingssterne« (1975) die Geschichte zweier Menschen, die so tief vereint sind, daß jeder von ihnen sein Schicksal in der Person des anderen findet. Schicksal bedeutet Mythos. Tournier glaubt, darum erst so spät den Durchbruch geschafft zu haben, weil ihm die romanhafte Umsetzung des Metaphysischen zunächst nicht habe gelingen wollen.

Der Held des »Erlkönig« gerät als französischer Kriegsgefangener auf ein Jagdschloß Görings und rekrutiert dort schließlich Zöglinge für das HJ-Internat »Kaltenborn«. Man hat Tournier vorgeworfen, er stelle das Ogerhafte des NS-Regimes, dessen menschenvernichtenden Barbarismus ästhetisierend dar, worauf der Romancier dann immer wieder antworten mußte, daß er das Grauen gar nicht zu schönen brauchte, weil doch die Nazi-Propaganda ganz auf ästhetische Verführung hin angelegt gewesen sei: »Schöne Spiele spiel' ich mit dir – das ist mein Thema«, sagte er und zitierte den Sozialisten Léon Blum: »Der Sozialismus ist eine Moral, der Kommunismus ist eine Technik, und der Faschismus ist eine Ästhetik.« Günter Grass' »Blechtrommel« halte er für einen großartigen Roman, vielleicht den wichtigsten der Nachkriegszeit überhaupt, aber man müsse Grass doch den Vorwurf machen, daß er nur ein Zerrbild zeige, nur die lächerliche Seite des Faschismus und nicht das Schaufenster.

Michel Tournier sitzt souverän zwischen allen Stühlen, die von den ideologischen Betonköpfen überall hingestellt wurden, gilt er doch in Frankreich manchem

Rechten als anarchistischer Linker und in Deutschland manchem Linken als Rechter. Die für die Zeit vor einigen Jahrzehnten noch stimmig wertbeladenen Gleichungen links = Aufbruch zu mehr Gerechtigkeit und rechts = regressive Macht stimmten nicht mehr, seit, so heißt es in dem autobiographischen Essay, »in einer Reihe von Ländern eine Revolution die regierenden Klassen weggefegt, die Schichten der Besitzenden aufgerieben und an ihrer Stelle eine sozialistische Staatsgewalt errichtet hat, die sich letztlich als Oligarchie der Spitzenfunktionäre entpuppte. Seitdem die Linke die Macht in Händen hat, will sie diese Macht behalten und widersetzt sich mit aller Gewalt nicht nur einer neuen Revolution,

Student Michel Tournier im Sommer 1946 auf dem Sprungbrett des Schwimmbades von Bad Teinach: In dem Schwarzwald-Ort verbrachten die beiden Gruppen eines deutsch-französischen Ferienkurses jeweils einen Teil ihres dreiwöchigen Aufenthaltes.

sondern jeder Art von Veränderung, die automatisch für konterrevolutionär erklärt wird. Das aber heißt, daß die Linke konservativ wird, und die Erfahrung beweist, daß die Sturheit des sozialistischen Konservativismus, die reaktionäre Hemmungslosigkeit, mit der er jede Demonstration unterdrückt, welche die bestehende Ordnung auch nur im geringsten in Frage stellen könnte, den einstigen Monarchien von Gottes Gnaden um nichts nachstehen.«
Verabsolutierter Glaube ans Erbgut (Genetik/Biologie) ist eine rechte Idee, verabsolutierter Glaube ans Milieu (Soziologie) eine linke Idee. Darauf gründen dann unterschiedliche Formen von Gewaltherrschaft, wobei die eine bestimmte Menschengruppen der Vernichtung anheimgibt und die andere ein vergiftetes Milieu schafft, in dem sich Menschen in bürokratisch ausgelegten Netzen verfangen. Zwischen Erbgut und Milieu möchte sich Michel Tournier nun nicht festlegen. »Ob der Mensch«, meinte er im Gespräch sibyllinisch, »Produkt der Vererbung, der Biologie, ist oder des Milieus, der Soziologie, kann ich nicht entscheiden. Wenn dem aber so oder so wäre, dann gäbe es auf jeden Fall keine Freiheit, denn Freiheit heißt, kein Produkt zu sein, sondern sich selber zu produzieren.«
Inzwischen – sein autobiographischer Essay über den »Wind Paraklet« als Verheißung der Wahrheit war schon 1977 erschienen – hat sich aber der Wind gerade auch im Osten nach jahrzehntelanger Stagnation überraschend schnell gedreht. Er hat sich gedreht in einem Sinne, der Michel Tournier seit jeher schon als einzig mögliche Alternative vorschwebte, nämlich hin zu chaotischer Menschlichkeit in dauernder Unruhe, zu dauernder Veränderung, hin zu dauernder Krise auch ...

Fred von Hoerschelmann

Doblerstraße 4
(abgebrochen)
Christian-Laupp-Straße 5

Auf der schweigsamen Insel

Während Peet einen geeigneten Stein sucht, der die Setzangel halten könnte, gleitet das kleine Boot langsam vom Strand herunter aufs offene Meer und verschwindet. Der Fischersohn muß sich auf dem öden Eiland, dessen Boden seltsame Löcher überziehen, erst einmal einrichten, um auf Hilfe zu warten. Und nun wechseln in der Geschichte »Die schweigsame Insel« immer wieder Erzählhaltung der dritten Person mit innerem Monolog. Erinnerte Wirklichkeit – der debile Vater, dessen Freund, der Säufer Jurka, oder die Nachbarin Pedimaa sprechen mit Peet – ist kaum mehr von der realen zu unterscheiden, beiden gegenüber jedoch fühlt sich der Verhungernde gleichermaßen fremd. Auch vorher schon, das wird nun offenbar, hatte er auf einer Insel gelebt, stumm, einsam, ausgesetzt, und immer war dieser Schatten um ihn gewesen: »Etwas hatte im Dunklen dabeigestanden und gewartet. Eine unbekannte und gefährliche Macht, die neben jedem Glück wartet und es zu verhindern sucht.« Solch eines Inselmodells bediente sich Fred von Hoerschelmann für fast alle seine Hörspiele, für die meisten Erzählungen, und auch er selbst führte eine Inselexistenz. Während dreier Jahrzehnte, von 1945 bis zu seinem Tod am 2. Juni 1976, hieß diese Insel Tübingen, und seine kärgliche Höhle – Peet entdeckte »einen schmalen Raum, lang genug, daß man sich darin ausstrecken konnte« – befand sich bis zum Spätherbst 1966 im vierten Stock des dann für den Anbau der Kreissparkasse abgerissenen Hauses Doblerstraße 4, danach noch zehn Jahre lang in Derendingens Christian-Laupp-Straße 5.
Der 1901 in der kleinen baltischen Hafenstadt Hapsal Geborene – sie diente als Vorwurf für das imaginäre Tondi seiner Erzählungen – lebte von 1927 bis 1936 in Berlin, zog sich dann vor den Nazis wieder nach Estland zurück und wurde von dort 1939 nach dem Hitler-Stalin-Pakt in den polnischen Warthegau umgesiedelt. Nachdem er im Jahre 1945 durch die Wehrmacht »befreit« worden war, verschlug ihn der Zufall nach Tübingen.
Schon 1933 hatte des Hörspiel-Pioniers erstes Werk »Flucht in die Freiheit« viel Aufmerksamkeit erregt, wenn es auch durch Eingriffe des zwischen Faschismus

und Kommunismus hin und her pendelnden Rundfunk-Dramaturgen Arnolt Bronnen, der damals gerade mehr dem Faschismus zuneigte, verfälscht worden war, und auch drei Theaterstücke von ihm lagen vor, erfolgreich uraufgeführt in Berlin (mit Paul Wegener), in Stuttgart und Hamburg. Hoerschelmann kamen sie jedoch später, so sagte er jedenfalls in einem Interwiew, »ziemlich schrecklich« vor.

Nach Tübingen zog er vor allem deshalb, weil seine Schwester Senta von Hoerschelmann – sie unterrichtete dann als Lehrerin in Pfrondorf und Ofterdingen – im dritten Stock des Hauses Doblerstraße 4 eine Wohnung gefunden hatte und weil sich aus diesem Grunde auch seine wenigen Habseligkeiten hier befanden. Hoerschelmann nahm also ein Zimmer – dann kam noch ein zweites dazu – im Dachgeschoß darüber mit Blick hinten hinauf zum Anatomischen Institut und blieb dort wohnen.

Im März 1953 war sein Hörspiel »Das Schiff Esperanza« erstmals gesendet worden, und seitdem verknüpfte sich sein Name mit jenem des hoffnungslosen Schiffes, sie wurden nahezu Synonyma. »In jedem Museum«, so sagte Jean Cocteau, als er sich mit Louis Aragon über die Gemälde der Dresdener Galerie unterhielt, »in jedem Museum gibt es die verbrecherischen, die mörderischen Bilder, die fast alle anderen umbringen.« Aber es gibt auch mörderische Musik wie jenes unselige Menuett, welches das übrige Werk des nicht unbedeutenden Luigi Boccherini erstickte, es gibt mörderische Gedichte wie Jakob van Hoddis' »Weltende«, dessen überdeutliche Zeitsymptomatik alle anderen Verse dieses wichtigsten expressionistischen Lyrikers neben Georg Trakl und Georg Heym beiseite schob und vernichtete, es gibt schließlich sogar mörderische Hörspiele wie eben Fred von Hoerschelmanns dann nach der Ursendung unzählige Male wiederholtes, in mehr als 20 Sprachen übersetztes, zum Schulstoff gewordenes »Schiff Esperanza«.

Das von einem korrupten Kapitän handelnde Stück, der Auswanderer auf einer bald wieder von Wasser überfluteten Sandbank aussetzt und bei seinen üblen Geschäften den eigenen, parsifalesken Sohn verliert, ist eindringliches Gleichnis für das Verhängnis auch heutigen Menschseins noch. Es nahm ihn, sein äußeres Leben und Nachleben, ganz in Beschlag und überwucherte alle anderen Hörspiele wie auch seine meisterliche Prosa. Hat er später darunter gelitten? Nein, keinesfalls, war die Antwort von Leuten, die ihn kannten, denn einerseits bedeutete ihm ja gerade dieses Hörspiel eine laufende Einnahmequelle, und andererseits ging ihm jeder Ehrgeiz ab, fühlte er sich gänzlich unabhängig und frei von den Meinungen seiner Umwelt. An Ruhm und Wirkung lag ihm nichts. Wenn Hoerschelmann im heimatlichen Estland hätte als Erbe sein Dasein fristen können, würde von ihm, dem ganz nach innen Lebenden, vielleicht überhaupt nichts Veröffentlichtes vorliegen.

Mit übergroßer Innigkeit war Hoerschelmann Tübingen nicht gerade zugetan. Diese Stadt, schrieb der Dichter am 16. September 1953 an eine Freundin – er hatte immer viele, gute und recht bedeutende Freundinnen –, diese Stadt sei »sparsam, geschwätzig und selbstgefällig, und gleich wie ein Nebel die dumpfe, bedrückende Luft«, und am 9. Oktober 1956 teilte er eineranderen Freundin mit: »Ich mache seit vielen Jahren immerzu Hörspiele, eins nach dem anderen, und lebe so vor mich hin, mit einem kleinen grünen Auto, welches Lindenblatt heißt, und mit vielen Reisen (weil ich nicht sehr lange in Tübingen sein kann, wo ich ziemlich zufällig nach dem Kriege niedergekommen bin und dann aus Faulheit weiter wohnen blieb).«

Fred von Hoerschelmann als Siebzigjähriger.

Hier ganz oben, auf einer ruhigen Insel mitten in der Stadt, lebte er dann also, umgeben von Büchern, Schallplatten und technischen Gebrauchsgegenständen. Es war irgendwann im März 1965, daß Gottfried Just die 97 Stufen zu ihm hinaufstieg und im »Schwäbischen Tagblatt« über seine Begegnung mit dem »Imponierenden Außenseiter« berichtete. »Im dunkel getäfelten Treppenhaus«, so Just, »könnte man sich in die Schnitzler-Zeit versetzt fühlen, wenn nicht das Schwäbisch entgegenkommender Menschen die Täuschung gleich korrigierte. Vielleicht hauste eine Figur des Wiener Dichters wie der Schriftsteller Edmund Nürnberger in solch düsterer Umgebung. Nicht die entindividualisierte Uniformität der modernen Massengesellschaft, sondern höchst private Psychologie spricht aus den Ritzen und Winkeln, Geschichten mit Namen spinnen ums Treppengeländer. Ganz oben, im letzten Stock, steht auf einer verblichenen Karte in verblichener Schrift: Hoerschelmann dreimal läuten.« Inzwischen befindet sich nun aber dort, wo aus allen Ritzen und Winkeln Geschichte und Geschichten gewispert hatten, befindet sich anstelle des ehemaligen Hauses Näser in der Doblerstraße 4 ein siebengeschossiger Bürokastenanbau der Kreissparkasse...

Und Just beschreibt dann das Zimmer als ebenso verwinkelt wie das Haus. Ein Stadtplan von Paris aus dem Jahr 1860 lag wie eine Decke über dem Tisch, vor dem Wandschrank standen Tonbandgerät und Fernsehapparat. Plakate etwa von der Kasseler »documenta« oder einem Festival in Granada bedeckten die Wände, und über der Sitzcouch hing ein Jugendbildnis seiner Mutter in Öl. Dann das zweite, das Arbeitszimmer: »Ein spanischer Trinkbeutel erinnert daran, daß Fred von Hoerschelmann jährlich drei Monate reist, um in anderen Ländern leben zu können, nicht im Touristen-Status, wie er betont. Im Rücken der elektrischen Schreibmaschine, für deren präzise und lautlose Mechanik der Baron Zärtlichkeit zu empfinden scheint, ist, unter einem mächtigen Wandspiegel und dadurch im Umfang gedoppelt, eine Batterie von Alkoholika in zauberischer Buntheit aufgebaut, – Grappa, Calvados, Armagnac, nichts fehlt. Allerdings verrät Hoerschelmann, daß er wie fast alle Schriftsteller kaum etwas trinkt

außer Kaffee und Tee, die den Kopf wach machen und klar halten. Mitten im Raum, wie ein Kran in filigranhafter Verkleinerung, ruht ein Projektionsgerät auf schwenkbarem Arm«. Eigene Filme abspielend und dabei etwa die Technik der Kameraführung studierend, stellte sich der Hörspiel-Autor so auf eine Gattung der Zukunft ein, das Fernsehspiel.
Schon kurz nachdem die Buchhandlung Gastl 1949 gegründet worden war, kam Hoerschelmann regelmäßig um die Mittagszeit dorthin, und man ging dann ins »Museum« oder ins »Deutsche Haus« essen. Außer Julie Gastl und Dr. Gudrun Schaal gehörten zu dieser »Stadtgarde« etwa noch der Universitätszeichenlehrer Gerth Biese und Walter Jens, in dessen Werk wiederum sich auch Spuren des großen Erzähltalents von Hoerschelmann finden. Die Parabel nämlich von dem ausgebrochenen Häftling Hattington, der die Stadt einen Winter lang in Angst und Schrecken versetzt durch ihm zugeschriebene Morde, Vergewaltigungen und Einbrüche, bis es dann taut und man unter einer Schneeverwehung die Leiche des also schon die ganze Zeit über Toten findet, diese Parabel hat Hoerschelmann selbst nicht ausgeführt, aber sie erschien 1963 in Jens' Romanessay »Herr Meister« und bildete dann auch den Plot für sein Libretto des gesellschaftskritischen Musicals »Der Ausbruch« (1975).
Das schon erwähnte Auto namens »Lindenblatt« war ein grüner, vom »Esperanza«-Erlös erworbener Hanomag, mit dem er sich schon bei der ersten Ausfahrt auf den Kopf stellte. Hoerschelmann brauchte dieses Auto, um von Tübingen wegkommen zu können. Monatelang lebte er in Mittelitalien, auf Sizilien, in Griechenland und später meist in Nordwestspanien nahe beim Kap Finisterre, dem Ende der Alten Welt. Dort photographierte er viel, drehte Filme, segelte, tauchte. Als dem Asthmatiker das Atmen immer schwerer fiel, zog er sich den Winter über auf die Kanarischen Inseln zurück. Der im Oktober 1989 gestorbene Kunsthistoriker Georg Scheja traf ihn zum Beispiel in Gran Canaria in einer Galerie. Vorher schon, bei zufälligen Begegnungen mit dem Dichter auf der Wilhelmstraße, hatte der aus Berlin nach Tübingen Gekommene gedacht: Wenn es hier solche Gestalten gibt, dann wird sich's hier gewiß leben lassen.
Sowohl Scheja als auch Gudrun Schaal berichteten übereinstimmend, Hoerschelmann habe ziemlich weit »links« gestanden, über Möglichkeiten einer wirklich sozialistischen Ordnung für Deutschland nachgedacht und den Marxismus als einzige Möglichkeit der Rettung zumindest für die Dritte Welt gesehen. Auch da paßt wieder etwas nicht zusammen bei dieser komplexen Gestalt, denn solcher gesellschaftliche Optimismus will sich partout nicht zum abgründigen Nihilismus des Hoerschelmannschen Werkes fügen.
So führte er also seine Inselexistenz weiter, voller Pläne und blendend erzählend, aber doch von großer Scheu gehindert, allzuviel davon öffentlich zu machen. Das Angebot des List-Verlages, ihm für einige Zeit monatlich 400 Mark zu zahlen, wenn er einen Romanplan ausführe – ein Engelwesen geht in einen Toten ein –, lehnte er schließlich ab. Denn Opfer mochte der Ehrgeizlose als Schriftsteller nicht bringen, und Geld zum Leben konnte er leichter mit Hörspielen verdienen.
Epiphania hießen bei den Griechen die zum Gedächtnis der Anwesenheit oder der Erscheinung von Göttern gefeierten Feste. In ganz großer Dichtung – bei

Irgendwann während der fünfziger Jahre: Fred von Hoerschelmann im Arbeitszimmer seiner kleinen Wohnung in der Doblerstraße 4, aus welcher er 1966 ausziehen mußte.

James Joyce etwa klingt das an –, in ganz großer Musik auch, leuchtet etwas auf, das die Wirklichkeit überschreitet. Es ist nun möglich (Gudrun Schaals Vermutungen weisen da sicher in die richtige Richtung), daß Hoerschelmann eigentlich nur etwas schreiben mochte, das die Wirklichkeit transzendiert, das in diesem Sinne Epiphanie evoziert. Weil ihm das aber nicht gelang, arbeitete er lieber zum Broterwerb an Hörspielen, um sich diese Suche, diese Sehnsucht, leisten zu können. Das führt zum Kern von Hoerschelmanns Existenz, wozu auch die dauernde Beschäftigung mit dem Tod gehört. In einem Interview, das Dieter Hasselblatt aus Anlaß seines 70. Geburtstages mit ihm geführt hatte, sagte er: »Meine Hörspiele handeln ja alle im Grunde genommen in irgendeiner Weise vom Tod. Es ist eine Art Totentanz, der durch die ganzen Hörspiele geht. Wenn Sie das einmal überlegen wollen, – (lacht) ein bürgerlicher, ein kleinbürgerlicher Totentanz.«

Im Spätherbst 1966 mußte Hoerschelmann also umziehen und fand im dritten Stock des Hauses Christian-Laupp-Straße 5 in Derendingen eine preiswerte Wohnung. Die Ratten auf der »schweigsamen Insel« – deshalb die vielen Löcher am Boden – zeigten nun immer weniger Zurückhaltung. 1970 mußte er im Reutlinger Kreiskrankenhaus operiert werden. Vielleicht blieben Metastasen zurück, jedenfalls ging es Hoerschelmann danach meistens sehr schlecht. Weil ihm das Gehen schwerfiel, schleppte er sich nun auch nur noch selten zur Buchhandlung Gastl.

Aber der Tübinger Schriftsteller, Übersetzer und Buchhändler Kay Borowsky, der nach Hoerschelmanns Tod dessen Wohnung und auch dessen russische Bücher übernahm, sah ihn dort doch noch langsam und angestrengt die geschwungene Treppe hinaufsteigen. In seiner Geschichte »Landschaften» beschwört Borowsky den Vormieter: »Das Wasser auf den Tapeten meines Zimmers ist ganz flach, kleine Kinder könnten darin baden. Es ist so sauber, daß die Tapetenlandschaft darunter in jeder Einzelheit zu erkennen ist. Und es handelt sich nicht um einfache Muster in der langweiligen Art, wie wir sie alle kennen. Mein Vorgänger in der Wohnung, ein alter Herr, dessen Gesicht so gefältet war wie ein zusammengeknülltes Seidenpapier, das man vergeblich glattzustreichen

versucht, und in dessen tausend winzigen Tälern er sich vor dem Tode zu verbergen trachtete, hatte den Einfall gehabt, seine Wände mit Reproduktionen berühmter Landschaftsbilder tapezieren zu lassen, und das kommt mir nun zugute.«
Auf der »schweigsamen Insel« regten sich in den vielen Löchern raschelnd die Ratten. Hoerschelmann wartete auf den Tod. »Ich werde nie mehr aufstehen«, sagte er zu Hasselblatt, als der ihn im Mai 1976 besuchte, »die Schmerzen sind bisweilen unerträglich«. Der gepeinigte Dichter hoffte, es möge bald ein Ende mit ihm nehmen. Da, der Klang eines Motors, aber Peet war schon zu müde, längere Zeit zu winken. »Als der Lärm des neuen Motors verklungen war, näherten sich die Ratten. Sie machten sich zuerst an das Gesicht und an die Hände. Es waren sehr viele, sie kamen von allen Enden der Insel zusammen, sie stritten sich untereinander, sie pfiffen böse, und die Spitze des Hügels war mehrere Tage lang in einer grauen, wogenden Bewegung.«

Hans Sahl

Primus-Truber-Straße 42

Wir sind die Letzten. Fragt uns aus

Das 1973 entstandene Gedicht »Die Letzten« ist zum Motto seiner späten Jahre geworden. Es steht den Neuauflagen des Exil-Romans »Die Wenigen und die Vielen« (1977, 1992) ebenso voran wie der Lyrikauswahl »Wir sind die Letzten« (1986), die fünf Jahre danach noch um seine späten Gedichte (»Der Maulwurf«) ergänzt wurde. Auch diese Verse sind Ausdruck jenes unmittelbaren lyrischen Sprechens, das bezeichnend für ihn ist, Ausdruck des im Gegenwärtigen und vom Persönlichen erfüllten Augenblicks, durch den er sich selbst zum Gedicht, zur Begebenheit macht: »Wir sind die Letzten. / Fragt uns aus. / Wir sind zuständig. / Wir tragen den Zettelkasten / mit den Steckbriefen unserer Freunde / wie einen Bauchladen vor uns her. / Forschungsinstitute bewerben sich / um Wäscherechnungen Verschollener, / Museen bewahren die Stichworte unserer Agonie / wie Reliquien unter Glas auf. / Wir, die wir unsre Zeit vertrödelten, / aus begreiflichen Gründen, / sind zu Trödlern des Unbegreiflichen geworden. / Unser Schicksal steht unter Denkmalschutz. / Unser bester Kunde ist das / schlechte Gewissen der Nachwelt. / Greift zu, bedient euch. / Wir sind die Letzten. / Fragt uns aus. / Wir sind zuständig.« Und Hans Sahl, ein Zuständiger wie kaum sonst noch jemand, hat auch immer wieder bereitwillig Auskunft über seine Lebens- und Leidenserfahrungen gegeben, seit er im Juni 1989 aus dem amerikanischen Exil nach Deutschland zurückkehrte und in Tübingen ansässig wurde.

Sicher tastet sich der Neunzigjährige – wegen einer Netzhaut-Degeneration, die vor zwölf Jahren begonnen hatte, sieht Sahl fast nichts mehr – durch die Etagenwohnung in der Derendinger Primus-Truber-Straße, wenn er irgendetwas sucht, ein Buch, ein Manuskript, um dann, ohne den Faden verloren zu haben, souverän und hellsichtigen Geistes weiterzusprechen. Wie stark muß er sein, der trotz allem so ungebrochen wirkt und bei dem sich gewinnende Güte mit dem gebieterischen Anspruch dessen verbindet, der etwas zu sagen hat. Nur wenige von den großen alten Männern konnten dieses furchtbare Jahrhundert des Hitler und des Stalin unbeschadet an ihrem Gewissen durchleben, und Hans Sahl gehört gewiß zu den Wenigen. Bei der Begegnung mit ihm kann man wieder lernen, was längst verlorengegangen scheint, nämlich Achtung, ja höchste Zuneigung für einen Alten, dessen aus Lebenserfahrung erwachsene menschliche Würde nun etwas Versöhnliches hat, gerade weil er nie versöhnlich war den Heilslehren von Rasse oder Klasse gegenüber.

»Wir sind die Letzten. / Fragt uns aus.« Nun ist er aber nicht nur ein Zeitzeuge, dem größte Aufmerksamkeit gebührt, sondern auch ein Romancier, Lyriker, Dramatiker und Essayist von Rang, dessen Lebenswerk allerdings lange Zeit sträflich vernachlässigt wurde und dann erst während der Monate vor seinem 90. Geburtstag am 20. Mai 1992 Schlag auf Schlag herauskam. Aber auch, wenn es nun einigermaßen unter Dach und Fach ist: der jugendliche Alte mag keine Ruhe geben, regt sich nach wie vor auf und wütet. »Oh, ich bin böse, böse auf alles!« wütet er und lacht herzlich dabei. »Deutschland hat doch seine Identität verloren in zwei totalitären Diktaturen. Ich erkenne dieses Land nicht mehr wieder.« Und Sahl hört nun übers Fernsehen, daß die Stasi-Offiziere und alle anderen Stützen des DDR-Systems wieder einmal nur ihre Pflicht getan haben sollen. Ihm geht ganz furchtbar auf den Geist, wie die ehedem stufenweise marxistisch-leninistisch-stalinistischen Intellektuellen inzwischen einfach weggetaucht sind. »Jeder Schriftsteller ist doch ein Weichensteller. Wenn einer bei der Bahn die Weichen falsch stellt und Menschen sterben, kommt er vor Gericht. Von einem Schriftsteller kann man nun zumindest verlangen, daß er seine eigenen Worte verantwortet, daß er vor sein Publikum tritt und bekennt: Ich habe die Weichen falsch gestellt, bitte Euch um Verzeihung und warne Euch vor Leuten wie mir.«

Während ihm die optischen Eindrücke in den vergangenen Jahren immer undeutlicher geworden sind, nahm die Frische und Klarheit der Erinnerungsbilder stetig zu. »Es ist merkwürdig: da tauchen die Menschen plötzlich leibhaftig vor mir auf, reden wie damals und machen, etwa im Romanischen Café sitzend, auch wieder bestimmte tickartige Bewegungen.« Hans Sahl, der am 20. Mai 1902 in Dresden als Sproß aus nationalkonservativem jüdischem Elternhaus geboren wurde, sieht etwa die Mutter vor sich, wie sie »Tristan« spielend über die Tasten des Flügels rauschte, während der Vater, ein Bankier, in gefaßter Versunkenheit zuhörte. Auf alles Ostjüdische sah man verächtlich herab. Wenn dem Sohn einmal das Wort »nebbich« entfuhr, wies ihn der Vater streng zurecht: »Hier ist ein deutsches Haus!« Solch blinde Anpassungsbereitschaft, die dann auch weite Teile des jüdischen Bürgertums naiv-gläubig in die Katastrophe stolpern lassen sollte, wurde ihm vor allem in den beiden Theaterstücken »Hausmusik« und »Rubinstein oder Der Bayreuther Totentanz« zum Thema. Später dann, so der alte Mann fast beschämt, habe er allergrößte Achtung vor dem Ostjudentum bekommen und dessen auf Identität bedachter Bereitschaft zur religiösen Selbstdarstellung.

Sahl, dem also, wie vielen anderen, erst die Nazis so richtig klargemacht hatten, daß er Jude war, wuchs in Berlin auf und promovierte 1924 in München mit einer Arbeit über altdeutsche Malerei. Gegen den Willen des Vaters etablierte er sich als freier Schriftsteller und schrieb Film-, Theater- und Literaturkritiken für den

»Berliner Börsen-Courir«, für »Montag-Morgen« oder »Das Tagebuch«, in welchem er schon Anfang 1927 keine Scheu hatte, Franz Kafka mit Dante und Hölderlin in einem Atemzug zu nennen. »Die Filmkritik als Kategorie, als Disziplin, wurde von mir eigentlich mitgeschaffen«, meinte er. »Siegfried Kracauer und ich haben damals als erste versucht, ihre Ästhetik zu begründen.« Gewiß, man spürte es schon: Während der letzten zwanziger Jahre sei ihm ahnungsvoll bewußt geworden, daß »sich etwas vorbereitet, das entsetzlich ist«, denn die Verwirrung der Gehirne habe stetig zugenommen. Nach der »Machtergreifung« mußte der als Jude und linksintellektueller Journalist doppelt Bedrohte am 15. März 1933 – Max Reinhardt saß im selben Zug – überstürzt nach Prag fliehen. Weitere Stationen seines Exils waren Zürich und Paris. Aus dem Internierungslager entflohen, schlug er sich nach Marseille durch und erreichte 1941 mit einem der letzten Schiffe New York. Von dort berichtete Sahl dann nach Kriegsende als Kulturkorrespondent für »Neue Zürcher Zeitung«, »Süddeutsche Zeitung« und »Die Welt«.
Im Frühsommer 1989 bewog ihn jemand »mit denselben Maßstäben wie die Meinigen«, von New York nach Tübingen überzusiedeln, eine hier wohnende, fast 35 Jahre jüngere Frau, die im Juni 1989 seine Frau wurde und ohne die es zur Wiederkunft des Exil-Schriftstellers auch in seinem Werk gewiß nicht gekommen wäre. Wenn Sahl diese späte Ehe auch als Erfüllung seines Lebens sieht, so hat ihn nach Tübingen doch eigentlich nur der Zufall verschlagen. »Aber ich lobe diesen Zufall, der mich in die Stadt Hölderlins und vieler anderer großer Gestalten der deutschen Literatur- und Geistesgeschichte führte. Es ist schön, hier zu sein, wo es so still ist, und noch ein bißchen nachzudenken über die Vergangenheit, die so laut war und schrill. Ich bin gerne in Tübingen, war allerdings auch gerne in New York.«
Doch Friedrich Hölderlin, der die Jahre von 1933 bis 1945 unmöglich in Tübingen verbracht haben kann, war schon mit ihm im New Yorker Exil gewesen. Er war übrigens auch mit Bertolt Brecht im Exil gewesen, über den es in einem poetologischen Gedicht Sahls von 1970 heißt: »Brecht? Letzter Versuch / einer Synthese von Hölderlin, Luther, Lenin.« In New York griff Kobbe, sein alter ego als Held des Romans »Die Wenigen und die Vielen«, in verzweifelter Situation zum »Hyperion« und suchte sich die Verse: »Doch uns ist gegeben, / Auf keiner Stätte zu ruhn, / Es schwinden, es fallen / Die leidenden Menschen / Blindlings von einer / Stunde zur andern« ... Zwar nannte sich Sahl selbst einen »exterritorialen Menschen«, aber er hat es schon, sein Territorium: »Ich gestehe, daß Sehenswürdigkeiten wie Versailles bei mir nur einen Bildungsehrgeiz befriedigen. Aber es gibt Orte, wo man zu atmen aufhört. Delphi. Der Hölderlinturm in Tübingen. Die Akropolis« (»Das Exil im Exil«). In Tübingen herrschte niemals ein geistiges Reizklima das literarisch hätte fruchtbar werden können. Da befanden sich immer nur Einzelne irgendwie auf der Flucht. Wegen der Verbindung von Vergangenheit und Gegenwart, die hier enger ist als anderswo, wird die Gelehrtenstadt dennoch zu einer Stadt der Geister ohnegleichen, und Hans Sahl, der Exterritoriale, gehört inzwischen längst zu ihren prominentesten Bewohnern.
An seinem Roman hatte er 1944 in New York zu schreiben begonnen. Ehe

S. Fischer das Manuskript dann 1959 annahm, war es schon von vielen anderen Verlagen abgelehnt worden: »Die einen sagten, es sei zu früh, die andern, es sei zu spät, und die dritten sagten, es sei zu früh oder zu spät ... Die Auseinandersetzung mit der Vergangenheit hatte in Deutschland gerade begonnen. Kritik an Stalin und am Kommunismus überhaupt wurde von denen, die es angehen sollte, damals noch mit Mißtrauen und Unbehagen zur Kenntnis genommen. Man hatte bereits genug Schwierigkeiten, Hitler zu bewältigen, und verschob deshalb die ebenfalls unumgängliche Bewältigung Stalins bis auf weiteres. Mein Roman ›Die Wenigen und die Vielen‹ enttäuschte vor allem jene, die bei einem heimkehrenden Emigranten den Trost des Aufruhrs, der revolutionären Verbrüderung erwarteten« (»Das Exil im Exil«).

Dabei ragte das Buch durch seine literarische Qualität aus all dem Gesinnungsschutt, der damals hohe Auflagen erzielte. Das wurde zwar bemerkt, nützte aber nichts. Kurt Pinthus, legendärer Herausgeber der Anthologie »Menschheitsdämmerung« von 1920 schrieb: »Staunenerregend Sahls Nerv und Sinn für Atmosphäre, für Gerüche und Geräusche, für visuelle Eindrücke von Städten, Räumen, Landschaften, Straßen, Einzelmenschen und Massen, und noch unglaublicher: wie er dies schwer Greifbare schnell und schlagend in Worte faßt, nicht die Einzelheiten genau beschreibend, sondern blitzartig erhellend durch seltene

Der neunzigjährige Hans Sahl: »Aufreibend ist es und beschwerlich, / sich zu verweigern dem Herkömmlichen ...«

Von Ludwig Meidner gezeichnet: Hans Sahl Anfang der fünfziger Jahre.

Vergleiche, durch Erinnerungen an Kunsteindrücke oder Historisches.« Und Wolfgang Koeppen fand: »Es ist ein wichtiges Buch der Besinnung, eine ergreifend stille Stimme aus dem Chaos, ein Bericht voll bitterer Konsequenz.«
Der 1977 noch einmal bei Goverts aufgelegte Roman war dann längere Zeit ebenso wieder vergriffen wie Sahls Erzählungen (Zürich, 1987) und die »Memoiren eines Moralisten« (Zürich, 1983). Aber rechtzeitig vor seinem 90. Geburtstag, wie gesagt, brachte Luchterhand alles heraus: »Memoiren eines Moralisten« und »Exil im Exil«, die Erinnerungen, liegen inzwischen ebenso auch als Taschenbücher vor wie der Roman. In »Wir sind die Letzten / Der Maulwurf« (1991) fügte Sahl seinen bis 1975 entstandenen Gedichten noch jene aus den Jahren danach hinzu. Der Band »Und doch ...« (1991) versammelt Essays und Kritiken aus sieben Jahrzehnten. Das Stück »Rubinstein oder Der Bayreuther Totentanz« wurde im Herbst 1991 am Tübinger Landestheater uraufgeführt, und 1992 schließlich erschienen auch noch seine besten Erzählungen in einer schönen Ausgabe, die »Der Tod des Akrobaten« heißt. So wird nun der bedeutende Romancier, der Lyriker mit eigenem lucidem Ton, der die Verwerfungen des deutsch-jüdischen Verhältnisses analysierende Dramatiker und der brillante Essayist sichtbar, während der wirkungsmächtige Mittler amerikanischer Dramatik dieses Jahrhunderts – man kennt die Stücke von Thornton Wilder, Tennessee Williams oder Arthur Miller nur in seiner deutschen Sprachgestalt – zu verschwinden droht. Denn unnötigerweise hat der S. Fischer Verlag damit begonnen, Williams zum Beispiel neu verdeutschen zu lassen.
In den kurzweilig zu lesenden Memoiren erfährt man nicht nur, wie Sahl auf einer Berliner Mülltonne mit Bertolt Brecht Sekt getrunken hat, wie ihn Joseph Roth in einem Pariser Café von der Seite anlallte, wie er bei Thomas Mann zu Gast war, mit Erich Maria Remarque in einem amerikanischen Nachtclub feierte oder im Harvard Club von New York ersten Kontakt zu Thornton Wilder aufnahm. Über filmisch wirkende Bildsequenzen (»Dem Fragmentarischen entspricht doch das Zusammenhanglose unserer Zeit«) und unterschiedliche Erzählperspektiven tut sich darin auch ein farbiges Panorama der Emigration auf, das Raum und Rahmen bietet für den großen Diskurs über die Korrumpierbarkeit des Geistes durch die Macht, verbunden immer mit der Preisgabe menschlicher Würde.

Als Prosaist wie auch als Lyriker geht es Sahl eigentlich in erster Linie darum, Erfahrungen zu vermitteln. In diesem Sinne dient ihm die Sprache, versucht er nicht, Sinn hermetisch aus dem Wort zu evozieren. Da verbringt nun der alte Mann seine Tage seit Sommer 1989 in sich versunken im ersten Stock des Derendinger Reihenhauses. Diese Ruhe ... Manchmal wünschte er sich doch ein bißchen Unruhe herbei, die geistige Unruhe des Dialogs, welche die Dinge in der Schwebe hält. Denn es ist Unruhe, was im Gedicht zur Ruhe kommt. Wehe, »wenn ich aus dem Reich des Werdens / in das Gewordene, / aus dem noch Ratenden / in das Ungeratene / desertiere«, warnt sich »Der Maulwurf« selbst. Daß er »blind in der blendenden / Helligkeit des / Nochnicht« bleiben muß – klingt das nicht blochisch? Die Frage erschreckt den alten Mann ein wenig.
Nach wie vor unveröffentlicht sind drei Einakter und drei abendfüllende Theaterstücke: Während einer »Inselfahrt« (1967) spielt der Mythos Griechenlands poetisch in eine achtköpfige Reisegesellschaft hinein; in »Hausmusik« (1981 am American Jewish Theatre New York uraufgeführt, dann 1984 in Landshut) enthüllt sich am Beispiel jüdischer Überanpassung die Absurdität der grausigen Realität, und »Rubinstein oder Der Bayreuther Totentanz« (1984) behandelt die selbstmörderische Hingabe der deutschen Juden an einen Komponisten, der zu ihrer Vernichtung aufgerufen hatte. Sahl glaubt in dem Stück »eine ganz neue Form epischen Theaters« ausprobiert zu haben, was aber bei der Tübinger Aufführung nicht angemessen zum Ausdruck gekommen sei. Er sah ja nichts, sondern hörte nur und dachte erschrocken: »Was schreit die bloß wie ein Stier, die Cosima. Und dann der Nietzsche am Schluß. Das habe ich doch alles nur so angedeutet.«
Kann man denn Wagners Antisemitismus wirklich aus der Erfahrung von Auschwitz beurteilen? Sahl: »Aber natürlich! Man muß es sogar!« Leichthin wird dann auch das von Frau Cosima überlieferte furchtbare Wagner-Wort gesprochen: »Es sollten alle Juden bei einer Aufführung des Nathan verbrennen«, und zum Schluß zieht Hitler den Taktstock des Meisters aus der Tasche und gibt den Einsatz. Wie ist es da überhaupt noch möglich, die Musik dieses Monsters zu hören? Zwischendurch tritt der Autor selbst an die Rampe und erklärt: »Ich bin ratlos. Hier ist eine Musik, die mich betört, und den Mann, der sie geschrieben hat, verstehe ich nicht, mehr noch, er mißfällt mir. Ich finde ihn abstoßend, und doch verdanke ich einen Teil meiner Menschlichkeit seiner Musik ...«
Der größte Erfolg seines Lebens, ein Massenerfolg, war dem illegal in der Schweiz sich aufhaltenden Hans Sahl mit der szenischen Kantate »Jemand« (Musik: Tibor Kasicz) beschieden gewesen, die 1938 von über 800 Mitwirkenden der Schweizer Arbeitersängerschaft zwölfmal hintereinander aufgeführt wurde. In dem Chorwerk nach Frans Masereels Holzschnittfolge »Die Passion des Menschen« wandte er sich nicht marxistisch klassenkämpferisch gegen Faschismus und Barbarei, sondern humanistisch beschwörend – allerdings unüberhörbar in der Diktion von Brechts Lehrstücken. Wie sieht Sahl das aus der Agitprop-Tradition erwachsene Stück heute? »Zweifellos war ich stark von Brecht beeinflußt. Gleichzeitig bedeutete ›Jemand‹ für mich aber auch den Durchbruch zu meiner eigenen Lyrik. Und darüber hinaus möchte ich das Erlebnis nicht missen, wie die Leute ihr Gefühl, ihre Haltung, ihr Wollen in dem Stück ausgedrückt

fanden, wie sie aufsprangen und im Schlußchor mitsangen: ›Rettet den Menschen, rettet den Menschen, / Rettet die Welt vor der Barbarei.‹ Das kann heute noch bestehen!« Im Jahre 1988 war »Jemand« dann auch während der Zürcher Festwochen noch einmal aufgeführt worden.

Es geschah dann im Pariser Exil, daß sich die Geister wegen der Moskauer Prozesse, dem Hitler-Stalin-Pakt und Intrigen gegen Unliebsame im stalinistischen »Schutzverband deutscher Schriftsteller« endgültig schieden. Anna Seghers wurde vorgeschickt, um Sahl auf Linie zu bringen. »Sie war«, schreibt er, »die Therese von Konnersreuth der KP, die in eine Art von transzendentem Singsang verfiel, wenn es darum ging, die letzten Beschlüsse des Politbüros bekannt zu machen.« Zusammen mit Leopold Schwarzschild, Joseph Roth, Alfred Döblin, Bruno Frank und anderen gründete er dann als Gegenorganisation den »Bund Freie Presse und Literatur«, womit für ihn eigentlich das »Exil im Exil« begann, jenseits der großen verbindlichen und verbindenden Lügen. Das Gedicht »Aufreibend ist es ...«, das er dem zweiten Band seiner Memoiren vorangestellt hat, kann als Leitspruch für sein ganzes Leben dienen: »Aufreibend ist es und beschwerlich, / sich zu verweigern dem Herkömmlichen, / Entscheidungen zu durchschauen, die nur / Nuancen sind derselben / Ratlosigkeit. // O die Wahrheit zu wissen, bevor sie / allgemein wird, / Ertragen die lange Schweigepflicht, / bis alle aussprechen, / was dir zu sagen / so schwer fiel, / bis die Wahrheit in aller Munde ist / und dadurch / schon wieder fragwürdig geworden ist / und beinahe falsch.«

Muß man nicht mit einem besonders starken Naturell gesegnet sein, um solches durchzustehen unter den harten Bedingungen des Exils? »Eigentlich bin ich mehr ein nervöser Mensch«, antwortete Sahl. »Ich sage mir jetzt immer: Mein Vater war ein Spießer, aber ein Spießer, der die Eigenschaft hatte, mir von Zeit zu Zeit einzuhämmern: ›Mein Sohn, Du darfst nicht lügen!‹ Immer, wenn ich dann in so eine unangenehme Situation kam mit der Kommunistischen Partei, hörte ich meinen Vater sagen: ›Du darfst nicht lügen‹, und der anständige kleine Spießer hat letzten Endes gesiegt über die Seghers, Brecht, Kisch oder Marchwitza. Ich fand einfach: Das kannst Du doch nicht mitmachen. Der erste Satz meines Romans lautet: ›Ich bin kein Held.‹ Nein, ich war wirklich kein Held und wollte auch nie einer sein. Manchmal dachte man: Jetzt ist's zu Ende, jetzt geht es wirklich nicht mehr weiter, fühlte sich aber doch gleichzeitig gedrängt, das noch hinzuschreiben und dem noch einen Sinn zu geben. Willenlos wurden wir weitergeschoben von Stadt zu Stadt, von Land zu Land, von Grenze zu Grenze. Wir waren Getriebene auf der Flucht nach vorn ...«

Es gibt keinen bedeutenden Schriftsteller, der Faschist war, kann so etwas wohl auch nicht geben. Es gibt aber viele Schriftsteller wie Anna Seghers, Bertolt Brecht, Arnold Zweig, Friedrich Wolf oder Ernst Bloch, die Stalinisten waren und zu Zeiten des blutigsten Terrors wie dann auch des bürokratischen Sozialismus ihre Stimme nicht erhoben gegen menschenschinderische Gewalt. Wie ist das zu erklären? »Durch dieses seltsame Ineinandergreifen von Glauben und Macht. Man glaubte an eine Idee, und dann kommen Augenblicke, wo sich die Frage stellt: Stimmt das denn noch? Aber da hat man schon einen Zipfel Macht erwischt, hat Privilegien – Auto, Chauffeur, Villa – und gehört dazu. Vor allem

dieses Dazugehören ist sehr wichtig. Und Macht schlägt dann wiederum in Glauben um. Das ist eine Kette. Über kurz oder lang wird es einem dann unmöglich zu sagen: um der Wahrheit willen gebe ich das alles auf.«
Aber was ist Wahrheit? Wer weiß das schon?! Man wisse jedoch, so Sahl, wo sie nicht sein kann, nämlich dort, wo auch nur ein einziger Mensch für irgendeine Idee zu Tode gebracht wird. Karl Marx habe große Schuld auf sich geladen, als er die Moral relativierte und zum Überbauphänomen der herrschenden Klasse erklärte. Im Zeichen dessen sind für Sahl die Unterschiede zwischen den beiden Schreckensgestalten dieses Jahrhunderts, zwischen Hitler und Stalin, immer

Jacques Lipchitz, der Bildhauer, illustrierte Sahls »Gedicht« 1953 für eine Mappe – nun gar nicht mehr kubistisch, sondern mit amorpher Figuration.

kleiner geworden: »Das Prinzip der Intoleranz bis zur Ausrottung der zu Gegnern Gemachten ist doch dasselbe.« Für Sahl sind Martin Heidegger und Ernst Bloch jeweils auf ihrer Seite hereingefallen. »An Bloch vermag ich nicht ohne Bitterkeit zu denken. Auch in der DDR hatte er ja niemals protestierend seine Stimme erhoben, sondern ist erst weggegangen, als man ihm die Lebens- und Arbeitsbedingungen unzumutbar einengte. Und was heißt das schon – ›Prinzip Hoffnung‹? Ein solches haben auch alle Religionen in sich aufgenommen. Die große Frage ist doch, ob das ›Prinzip Hoffnung‹ mit der Diktatur des Proletariats einhergehen kann. Hat sich denn nicht endgültig erwiesen, daß jede Diktatur keinesfalls zur Freiheit hin, sondern immer von ihr wegführt?« Und das inzwischen geflügelte Wort vom »Aufrechten Gang« meinte Bloch zunächst einmal klassenspezifisch als den Wunsch, »ohne Ausbeutung und Herrn zu leben«. Wenn es darüberhinaus mit Zivilcourage, Menschenrecht und Menschenwürde in Verbindung gebracht würde, dann müßte man schon eher an Hans Sahl denken. »Sie haben sogar eine Straße nach ihm benannt, die Ernst-Bloch-Straße, mein Gott, wenn ich das damals geahnt hätte, als ich ihm zehn Francs in Paris geborgt habe, daß einmal eine Straße nach ihm benannt werden würde, nach mir wird man keine Straße benennen, höchstens eine Sackgasse …«, heißt es in den Memoiren. Aber die Tübinger Ernst-Bloch-Straße ist doch eine Sackgasse! »Ja, das habe ich inzwischen auch erfahren«, meinte er lachend.
Aber muß es denn nicht ein utopisches Gegengewicht geben zum Bestehenden, das sonst verkommt und erstarrt? »Sicher, Sozialismus als soziale Verantwortung muß auf irgendeine Weise lebendig bleiben. Nur, um Himmelswillen, weg mit diesen großen Konzepten, diesen furchtbaren Heilslehren. Die haben wir doch nun alle der Reihe nach durchprobiert, und die Welt ist dabei fast aus den Fugen geraten. Nach alldem sollte es niemand mehr wagen, totale Prinzipien zu verkünden. Die Welt läßt sich nur aus einer individuellen Ethik heraus verändern, durch gewisse Grundregeln des anständigen Zusammenlebens, der Toleranz und der kleinen Möglichkeiten zu essen, zu trinken, zu leben, zu sterben – durch einen Katechismus des Lebens.«
Der Neunzigjährige blickt entschlossen nach vorne und arbeitet – den Kassettenrecorder zu Hilfe nehmend – an einem dritten Memoirenband, in dem er sich mit der Zeit seiner Übersiedlung nach Deutschland und dem Niedergang des Kommunismus beschäftigt. Ab und zu entsteht noch ein Gedicht, und er hat auch schon Stoff für einen Essay im Recorder, der »Anti-Brecht« heißen und sich gegen »all diese Snobs des Kommunismus« wenden soll. »Da würde ich gerne noch das Resumée einer Epoche ziehen, die einem großen Irrtum erlegen war, einem Irrtum, der sich allerdings am Anfang – in meiner Jugend glaubte ich auch daran – noch nicht als solcher erwiesen hatte. Mit der Idee der sozialen Befreiung wurde etwas probiert, das wichtig war und längst fällig. Aber wie so oft in der Geschichte erfüllte sich nicht, was man beabsichtigt hatte, und als der Moment kam, wo nun wirklich nicht mehr erlaubt war, daran zu glauben, da haben sie alle weitergemacht.«
Gegenwärtig stellen sich Sahl nicht mehr so viele Fragen wie früher. Die Alternativen links-rechts, Fortschritt-Rückschritt, Kapitalismus-Kommunismus seien irrelevant, sie existierten nicht mehr für ihn. Überhaupt diese rigiden

Entweder-Oder, oft verbunden mit dem Bedürfnis, für etwas zu sterben statt zu leben! Eine Fragestellung allerdings gebe es für ihn, die noch nicht erledigt sei – der Tod. Seine Memoiren klingen in »Strophen« aus, die ganz ruhig vom Sterben sprechen. Wolf Biermann, mit dem er sich anfreundete (»Ich mag das Unmittelbare an ihm, die Empörung, den Zorn«), hat sie gesungen. Biermann liebt diese »Strophen« eines alten Mannes, der sein Leben lebendig gelebt hat und nun an sein Ende denkt, Verse, an deren Schluß als »ein himmelschreiender Hauch von Hoffnung« die beiden Wörtchen »oder kaum« stehen: »Ich gehe langsam aus der Welt heraus / in eine Landschaft jenseits aller Ferne, / und was ich war und bin und was ich bleibe / geht mit mir ohne Ungeduld und Eile / in ein bisher noch nicht betretenes Land. // Ich gehe langsam aus der Zeit heraus / in eine Zukunft jenseits aller Sterne, / und was ich war und bin und immer bleiben werde / geht mit mir ohne Ungeduld und Eile, / als wär ich nie gewesen oder kaum.«

Peter Härtling

Burgholzweg 58

Vom tiefen Drang aus- und aufzubrechen

Und einige Landschaften werde er auch mit geschlossenen Augen immer sehen, vor allem Hölderlins Landschaft – die Schwäbische Alb und das Neckartal. Als der Zwölfjährige aus dem Güterwagen, der zufällig in Nürtingen abgekoppelt worden war, zum erstenmal die Alb sah, da, so schrieb er später, »las ich die Urschrift meiner Landschaft« (»Über Heimat«). Bis auf den heutigen Tag trage er seitdem Bilder mit sich herum, aus denen »ich fiel, in die ich hinein möchte«, Bilder, in welche er auch mit dem autobiographischen Roman »Herzwand« (1990), sich selbst in der Wirklichkeit leidvoller Jugendjahre erfindend, hineinzukommen versuchte. Für den in Nürtingen aufwachsenden verwaisten Flüchtlingsjungen hatte das 22 Kilometer neckaraufwärts gelegene Tübingen damals schon »eine fast mythische Bedeutung«.

Aber die Suche nach Heimat im Blochschen Sinn, nach »Heimat, in der wir noch nicht sind«, kann doch nur im Kopf vonstatten gehen, ähnlich wie sich auch Vergangenheit nicht einfach über die Erinnerung wiedergewinnen, sondern höchstens dadurch bewahren läßt, daß man sie mit Hegel verwandelnd »aufhebt«. Was also hat Peter Härtling bewogen, sich außer seinem Haus in Walldorf bei Frankfurt, das er als Cheflektor und dann (bis Ende 1973) Geschäftsführer des Verlages S. Fischer baute, noch ein zweites Domizil in Tübingen zuzulegen als »Denk- und Werkelwohnung«? Da sei »ein ganzes Gewirk von Ursachen und Erwartungen« zusammengekommen, bei diesem übrigens seit Jahren gehegten Vorhaben, und in dieses Gewirk gehöre schon auch das Bedürfnis, »seiner« Landschaft nahe zu sein, »einem Blick, der zu meinem Leben gehört«.

Zwar hatte er sie schon im Frühjahr 1990 bezogen, dann aber doch die meiste Zeit in Walldorf oder unterwegs zugebracht, weshalb die Wohnung auch im Herbst noch nicht ganz eingerichtet war. Bald kam aber »eine gewaltige schöne große Couch« hinein, »auf der auch zwei Gäste schlafen können und schon geschlafen haben«. Die Lust des auf Musik Angewiesenen, des nach Musik Süchtigen, stillt allerdings nach wie vor – vielleicht aus Selbstschutz? – nur ein bescheidener Transistor mit Kassettenrecorder. Auch als er sich damals ganz konzentriert dem geliebten Schubert zuwandte, wurde keine leistungsfähigere Anlage aufgestellt. Das kleine plärrende Gerät habe ihm genügt, »um mich zu vergewissern«.

An der Wand hängen neben anderem ein spätes Selbstporträt Conrad Felixmüllers und ein starkes, mit Kasein gemaltes Bild von Fritz Ruoff, seinem einstigen Nürtinger Mentor. Härtling: »In den Jahren nach 1945 habe ich doch zunächst mit Erwachsenen gar nicht sprechen wollen. Aber da war nun ein Erwachsener, der mir von seinen Erfahrungen mitteilte, der sich benahm wie ein Freund.« Seine erste Veröffentlichung, »poeme und songs« (Esslingen 1953), erschien mit einer Zeichnung Ruoffs. Doch auch andere Bilder gehen ihm nah. »Das müssen Sie unbedingt sehen«, sagte er, den Gast auf die Terrasse hinausführend, wo der Blick über Restbestände weiter, lieblicher Landschaft schweifen kann. Allerdings nicht der Alb, sondern des Ammertales, von dem ein studentenulkiger Zweizeiler, der einst dem dichtenden Tübinger Sonnenwirt und Metzger Christian Späth zugeschrieben worden war, versichert: »Die Erde ist kein Jammertal, / Am wenigsten im Ammertal.«

Vor Jahren hatte Peter Härtling auch einmal erwogen, sich auf der Schwäbischen Alb eine Arbeits-Einsiedelei zu schaffen. Aber weil er nicht Auto fährt und deshalb mit den schlechten Bus-Verbindungen hätte vorlieb nehmen müssen, erwies sich das als unmöglich: »Mir war bald klar geworden, daß die Alb heutzutage nur noch für Autofahrer bewohnbar ist.« So konzentrierte sich seine Wohnungssuche immer mehr auf das ihm seit jeher nahe Tübingen als die Stadt, die ihm auch das meiste bieten könnte: durch das ganze Universitäts-Ambiente, die Universitätsbibliothek und hier Lehrende, die ihn zum Teil interessierten; als Ausgangspunkt für Wanderungen aber auch. Und dann – es sei ihnen jetzt gerade wieder unabhängig voneinander aufgefallen, seiner Frau und ihm – »ist es doch für alternde Menschen sehr angenehm in einer so extrem jungen Stadt zu leben. Wenn man aus dem Frankfurter Raum kommt, fällt einem zunächst einmal auf, wie viele kleine Kinder es hier gibt. Das ist doch sehr schön, und das ist doch auch belebend.«

Seine Bezüge zu Tübingen reichen bis in die ersten fünfziger Jahre zurück. »Es gab und gibt einen ganz engen Freund, bei dem in Hirschau an der Hauptstraße ich damals oft wochenlang wohnte: das war Johannes Poethen in seiner frühen Hungerzeit. Es ging uns elend, aber wir merkten das kaum und lasen uns unsere Gedichte vor. Aus dieser Zeit kenne ich auch Leute wie Martin Schmid, den Maler und Universitätszeichenlehrer, wie den Altphilologen Walter F. Otto oder Friedrich Beißner. Unvergeßlich ist mir noch Reimar Lenz, der damals den SDS anführte und immer wieder den Schaukasten an der Wilhelmstraße reparieren mußte, weil der dauernd eingeschlagen wurde. Lenz, an dessen ›Lyrischen Blättern‹ ich mitarbeitete, bewohnte ein unglaublich lauschiges Gartenhaus damals.« Kurzum, es gab eine große Nähe zu der Stadt, in der gerade auch seine spätere Frau zu studieren begann.« Allein schon dieses mehrfache Aufbrechen aus Nürtingen den Neckar hoch zu Johannes, das waren für mich Befreiungsakte.«

Als die Kinder noch klein waren und die Familie über die Jahre hin, häufig auch

Peter Härtling verfügt seit April 1990 über eine »Denk- und Werkelwohnung« in Tübingen.

im Winter, Ferien im »Hirsch« zu Erpfingen auf der Alb zu machen pflegte, gehörten regelmäßige Ausflüge nach Tübingen einfach zum Programm. Ein weiteres Mal ganz intensiv wurden die Kontakte zu der Stadt jedoch 1974/75 durch die Vorarbeiten für den »Hölderlin«-Roman. Außer Adolf Beck, der ihm hilfreich zur Seite stand, wollte er niemanden weiter einbeziehen, aber Beck in der Brunsstraße war dafür ja auch die denkbar beste Adresse. Oft hat Härtling bei diesen einsamen Aufenthalten auch einfach nur im Turm am Fenster gestanden, stundenlang.

Er wohnte damals im »Hospiz« gegenüber dem Stift. »Und dort, in dessen kargen Räumen mit dem von Hölderlin, Hegel und Schelling formulierten Ideenprogramm die Wiege des deutschen Idealismus stand, ist mir bald klar geworden, daß thematisch eher noch mehr auf mich zukommt als weniger, denn da kündigte sich gleichzeitig, nein, nicht der Mörike an, ›Die dreifache Maria‹, sondern der Waiblinger, ›Waiblingers Augen‹, war als Schatten schon da. Ich weiß nicht, wieso ich dann nach dem ›Hölderlin‹ zuerst die ›Dreifache Maria‹ schrieb. Auf jeden Fall wurde aber der Stiftshof in gewissem Sinne zum Mittelpunkt meiner Poetik und blieb es vorerst.«

Allein aus seiner Nürtinger Kindheit läßt sich Peter Härtlings besondere Hingezogenheit zu Gestalten der schwäbischen Geistesgeschichte kaum erklären. »Nein, das hat vielleicht mit Wesensverwandtschaft zu tun, einer inneren Spannung, die auch ich verspüre. Was mich so fasziniert, ist diese ihnen eigentlich allen eigene explosive Mischung aus hochgestimmtem, hochfahrendem Denken und diesem tiefen Drang auf- und auszubrechen.« Vor allem solche Grenzüberschreiter setzen dann bei ihm etwas in Bewegung, aber nicht nur sie: »Mein Wunsch, den Andern zu erzählen, genauer noch: in die andere Person einzusickern, sie einzunehmen, schließlich alles von ihr zu besitzen und zu wissen, nimmt gelegentlich überhand«, schreibt Härtling in »Herzwand« in einem Brief an den Tischlermeister Ernst Zimmer.

Ist das Selbstironie? »Ich würde eher sagen Besorgnis wegen meiner allzu einnehmenden Phantasie. Manchmal geniert's mich regelrecht, daß, wenn ich in der Kneipe oder in Gesellschaft jemanden sehe, der mich irritiert, der mich anzieht oder mir sonst irgendwie auffällt, daß es dann in mir sofort zu arbeiten beginnt: Was tut der? Wie könnte der sein? Das also mache ich mir zum Vorwurf

und weise ja auch darauf hin: selbst so eine Figur wie Zimmer war vor mir nicht geschützt, obwohl sie doch im ›Hölderlin‹-Roman die geschützteste bleibt, der eigentlich nichts passiert.«
Härtlings zentrales Thema ist die Frage: Wie wird aus einer vorgegebenen Gestalt eine der eigenen Fiktion? Dabei kann die vorgegebene Gestalt auch er selbst, der junge Härtling sein, dem sich der ältere mit allen Zweifeln an der Erinnerung zu nähern versucht. Bei den Dichter-Geschichten wird es dann noch verwirrender, denn da geht er von Menschen aus, die selbst schon Reales ins Fiktive übertragen haben und deshalb vorwiegend in literarischen Bildern zu finden sind. Erfunden hat er sie erst dann, wenn sich alle diese Erfahrungen, gepiegelt in seinen eigenen, zu etwas Neuem ordnen.
»Wiederholung und Erinnerung sind dieselbe Bewegung, nur in entgegengesetzter Richtung. Denn was da erinnert wird, ist gewesen, wird nach rückwärts wiederholt, wohingegen die eigentliche Wiederholung nach vorwärts erinnert wird.« So heißt das Kierkegaard-Motto zu »Niembsch oder Der Stillstand« (1964). Sein Lenau-Roman ist ein Versuch über die Vergeblichkeit der Leidenschaft, über das Aufheben von Zeit in der Wiederholung, während in »Janek« (1966) die Erinnerung in Frage gestellt wird und im »Familienfest« (1969) dann die Geschichte. Alle Bücher Peter Härtlings haben dabei immer einen selbsthinterfragenden Zug, auch jene über Lenau, Hölderlin, Waiblinger, Mörike oder Franz Schubert. Und auch sie könnten zu ihm sagen wie Janek: »es reizt dich, mich gefunden zu haben, manchmal hast du Lust, dich mit mir abzugeben, oft verfluchst du mich.«
Friedrich Hölderlin näherte er sich im Konjekturalstil des »So kann es gewesen sein« und beschrieb sein Leben als offenen Entwurf. Zwar möchte man mit dem sich der Zudringlichkeiten einer von Härtling erfundenen Suse erwehrenden Hölderlin flehen: »Noi, bitte net. Des net.« Aber der Romancier nimmt ihn, der doch größte Vorbehalte gegenüber den Ambivalenzen allen politischen Handelns hatte, vor anderen Zudringlichkeiten wiederum in Schutz. Michael Hamburger schrieb damals, auch Peter Weissens Stück eingedenk: »Zu einer Zeit, da alles, was mit Politik zu tun hat, gröbsten Vereinfachungen ausgesetzt ist und die meisten westdeutschen Schriftsteller unfähig scheinen, irgendeine andere Farbe als Rot oder Schwarz zu sehen, macht dieser Aspekt von Härtlings Buch ihm besondere Ehre.«
Es war im Sommer 1789, als Hölderlin mit Christian Ludwig Neuffer nach Großheppach zum Grabe des frühverstorbenen, von den Freunden verehrten Dichters Johann Jakob Thill pilgerte, und als sie ihre Lieblingsorte besuchten, um sich poetisch zu animieren: »Thills Tal«, das Wankheimer Tälchen, oder den Spitzberg – auf dem sich nun in einem anonymen neuen Haus Härtlings Arbeits-Domizil befindet. Die Bewohner der Geisterstadt sind ihm gegenwärtig. Durch die Münzgasse gehend, hat er zum Beispiel die Vision, daß ihm Hölderlin entgegenkommt und – es ist der 10. November 1789 – einem Mädchen-Schullehrer namens Maier unvermittelt den Hut vom Kopf schlägt, weil der nicht gegrüßt habe, wie es sich für einen Provisor, einen Hilfslehrer, gehöre. »Der Widerspruch zwischen seinem Denken und Fühlen und dieser Aktion hat mich«, so Härtling, »sehr beschäftigt. Diese Szene, wie er auf der Straße zuschlug, ist für

mich in ihrer Rätselhaftigkeit eine dauernde Kränkung.« Und das Vorstands-Mitglied der hochwohllöblichen Hölderlin-Gesellschaft hält bekümmert inne.
Das Erlebnis, das Eduard Mörike in seiner Tübinger Zeit tief und nachhaltig berührte, war die Begegnung mit der Somnambulen Maria Meyer. »Ein drittes Mal versucht Maria, Eduard für sich zu gewinnen. Sie ist offenbar verrückt vor Sehnsucht nach einem, den es gar nicht gibt, den Dichter, den Andern. Eduard ist inzwischen aus dem Stift ausgezogen. Er hat in der Stadt ein Zimmer bei dem Schneidermeister Johann Werner gefunden und fühlt sich befreit von den Nötigungen des Internats.« So heißt es in der »Dreifachen Maria«, einer Geschichte der Lebensangst und einer Geschichte gegen diese Angst zugleich. Überstürzt verließ Mörike, der sein Leben lang Furcht vor Nähe und Berührung hatte, das Haus in der Clinicumsgasse 4 und rannte, ihren Brief zerreißend, zum Freund Ernst Friedrich Kauffmann. »I mueß mi verstecka, jammert er, die derf mi net fenda.« Ob er denn wirklich so gesprochen haben mag?

Peter Härtling porträtiert nicht, sondern nähert sich an, schlüpft hinein in die verewigten Gestalten, sich dafür nur einiger historischer Daten, Fakten, Umrisse bedienend. Aber selbst die brauchen nicht unbedingt zu »stimmen«. Etwa beim Roman »Waiblingers Augen«: Der da in der Langen Gasse über ein Zimmer verfügende Stiftler hatte nie eine Stadtwohnung; er war brünett, nicht blond und besuchte Hölderlin zum erstenmal keineswegs mit Mörike zusammen, sondern mit Christian Friedrich Wurm; der Stifts-Ephorus hieß damals Gottlieb Friedrich Jäger und nicht Bengel; Johann Ernst August Domeier schließlich, geistig behinderter Pflegling der Familie von Waiblingers Geliebter Julie Michaelis, sprach kein Schwäbisch und hatte auch keinen Buckel ... Aber dokumentarisch stimulierte Erfindung ist bei ihm Verwandlung, und der Verwandelte wird zur Inkarnation einer beziehungsreichen Problematik, hier des Auseinanderfallens von Kunst und Leben, von Wahn und Wirklichkeit. In der wirklichen Welt, der engen Tübinger Welt, war kein Platz für Wilhelm Waiblingers maßlose Gefühle. »Die Bäume brannten nicht, der Neckar war nicht ausgetrocknet, die Stadt nicht verwüstet.«

Was ist Heimat? »Ernst Bloch hat, zum Schluß seines Buches vom ›Prinzip Hoffnung‹, eine Antwort gegeben, die viel, doch meist verstümmelt zitiert wird. Es wäre eine Heimkunft. ›Die wirkliche Genesis ist nicht am Anfang, sondern am Ende, und sie beginnt erst anzufangen, wenn Gesellschaft und Dasein radikal werden, das heißt, sich an der Wurzel fassen. Die Wurzel der Geschichte aber ist der arbeitende, schaffende, die Gegebenheiten umbildende und überholende Mensch. Hat er sich gefaßt und das Seine ohne Entäußerung und Entfremdung in realer Demokratie begründet, so entsteht in der Welt etwas, das allein in die Kindheit scheint und worin noch niemand war: Heimat.‹ Es könnte Heimat sein, die alle mehr oder weniger hatten und nicht mehr haben, da, und hier möchte ich Bloch widersprechen, wir noch nicht fähig und ausgebildet sind, dem Anfang, der Genesis, zu trauen. Da es uns noch nicht gelungen ist, den Bogen Hölderlins von Heimat zu Heimat zu schlagen. Das Paradies ist nämlich nicht ein Geschenk Gottes, sondern ein aufgegebener Entwurf des Menschen« (»Über Heimat«).

Auf der anderen Seite des Spitzberges, unten am Neckar, hatte Bloch gewohnt. Was wohl kann konkrete Utopie heute noch sein, wo marxistischer Sozialismus

erst einmal unglaubwürdig geworden ist, weil zumindest in seinem Namen so unermeßliche gesellschaftliche Verwüstung angerichtet, unermeßliches Leid über die Menschen gebracht wurde? Gegen Ideologie, die Revision ausschließt, habe er sich, so Härtling, seit jeher gewandt, aber: »Ohne Entwürfe kann der Mensch nicht leben. Dieser entsetzliche Pragmatismus, der jetzt wieder um sich greift, macht mir Gänsehaut. Wie da alles plattgebügelt wird, wie da alles handhabbar, verwertbar gemacht wird ... Dabei ist doch ganz sicher – und die Rüstungskonzerne wissen, warum sie so fiebrig weiterarbeiten –, daß sich der ideologische West-Ost-Konflikt zwischen Kapitalismus und Kommunismus in einen Nord-Süd-Konflikt zwischen Reichtum und Armut umkehren wird. Das geht auf jeden Fall schneller, als wir annehmen. Es zeigt sich ja jetzt schon, nur werden noch ideologische oder religiöse Masken vorgeschoben. Was dahinter steht, sind jedoch reine Existenzverteidigung und Existenzangst. Hier Aufklärung zu bewirken und neue Vorstellungen zu entwickeln, wie Besitz und Lebensformen anders verteilt werden könnten, halte ich für extrem wichtig. Ich habe keine fertige Antwort, spüre aber, daß da etwas kommen muß!«
Die Begegnung mit den Bewohnern der Geisterstadt mag verstörend sein, aber anregend ist sie allemal. Manchem Lebenden dagegen möchte man nicht unbedingt auf Schritt und Tritt begegnen. Die große kleine Stadt, in der nicht nur Gegenwart und Vergangenheit besonders nahe beieinander sind, hat gewiß auch Nachteile für jemanden, der so bekannt ist wie Peter Härtling und der deshalb dauernd erkannt wird. »Doch, solches Getroffenwerden in einer kleinen Stadt kann schon lästig, manchmal geradezu bedrohlich werden. Andererseits kann ich mich dem aber hier oben auf wunderbare Weise entziehen. Im Telefonbuch steht keine Nummer. Ich bin also nicht erreichbar, es sei denn, eine Verabredung wäre getroffen worden.« Im Juli 1990 hatte er hier drei, vier Wochen ohne Unterbre-

Der junge Peter Härtling (rechts) bei einem von dem Esslinger Verleger Otto Wolfgang Bechtle arrangierten Dichter-Treffen im Dezember 1959 mit Wolfgang Bächler, Helmut Heißenbüttel, Johannes Poethen, Kurt Leonhard und Dieter Hoffmann.

AUS DEM GEDÄCHTNIS

Alle Blumen,
die ich
bei ihren Namen kannte,
verwechsle ich nun.
Ich verwechsle
die Engel,
die ich rief,
mich zu hüten.

Die Jahre haben
mein Gedächtnis ausgerieben.
Keine Liebe
will mehr genannt sein.
Aber
wunderbar wachsen
die namenlosen Blumen
und jener Engel,
der mich aufhielt
vorm Weggang,
verschweigt heiter
seinen Auftrag.

Peter Härtling

»Engel – gibt's die?«: Ein Gedicht über Engel von Peter Härtling in seiner Handschrift. Es entstand im Januar 1992 in Tübingen.

chung verbracht, dann auch wieder von Januar bis März 1991 und im Frühjahr 1992: »Das war wunderbar. Eine solche Stille! Ich konnte mich ungeheuer konzentrieren. Solches Alleinsein hat für die Arbeit ganz gewaltige Vorteile. Man ist wirklich auf sich selbst zurückgeworfen, geht nur mit sich selbst um. Zu Hause, wenn die Kinder da sind, lasse ich mich gar zu gerne ablenken. Das geht hier nicht. Dann müßte ich schon die Kinder vom Lindenhof in Melchingen bitten, mich abzulenken.« Und er lachte lauthals. In seiner Einsiedelei am Schloßberg hat Härtling Gedichte über Engel geschrieben (»Engel – gibt's die?«), aber auch seinen »Schubert. Zwölf Moments musicaux und ein Roman«, der im August 1992 erschien.

Er erzählt, wie es dazu kam: »Ich habe angefangen, indem ich in einem Erzählwerk, dem ›Niembsch‹, musikalische Form, eine Suite, imitierte. Musik ist mir, genaugenommen, wichtiger als Literatur. Deshalb vielleicht, weil ich diese Kunst nicht beherrsche, sie also nur genießen kann. Und da ist eine Figur, ein Musiker, ein Komponist, der mich seit vielen Jahren beschäftigt: Franz Schubert. Seine Musik wurde zum Kernstück meiner Vorstellung von Kunst. Mich ihm widmend, habe ich mich unter Umständen auch der Dimension des Unerreichbaren anheimgegeben, in der ich gewissermaßen mein Unvermögen prüfen und aushalten mußte, aber sei's drum ... Daß Schubert mit Tübingen nun überhaupt nichts zu tun hat, höchstens mit der Zeit, in welcher Hölderlin, Waiblinger, Mörike lebten, fand ich eigentlich ganz gut, als ich dann hier, nein, kein Buch über Schubert, sondern eines mit Schubert geschrieben habe.«

Nun gibt es zwar keine direkten Bezüge zu Schubert, aber Tübingen ist dennoch eine ausgesprochene Schubert-Stadt. Hier wird nämlich die maßgebliche Neue Schubert-Ausgabe ediert, und hier hat auch die Internationale Schubert-Gesellschaft ihren Sitz. Da war also Peter Härtling unverhofft schon dort, wo die besten Schubert-Kenner sind, wie der Igel vor dem Hasen. Für ihn als Romancier sei allerdings der letzte wissenschaftliche Stand von geringem Belang gewesen, meinte der große Einfühler. Er hoffe jedoch, daß sich sein Schubert-Bild »tatsächlich als eines erweist, das irritiert und unruhig macht«. Franz Schubert ist für ihn jemand, der frühzeitig die Passion des modernen, des einsamen Menschen durchleidet, eine säkularisierte Passion. Mit Schubert, dem alle Formen und Regeln sprengenden Genie, hatte sich Härtling auf eine Erkundung begeben, die auch ihm selbst galt wie zuvor schon bei Lenau, Waiblinger, Mörike, Hölderlin. Und die letzte Erstarrung des leidenden Komponisten stellt sich dem umgänglichen Dichter dann so dar: »Jenseits der Grenzen, wo er nun wandert, gibt es kein Grün mehr, die Welt erstarrt in Eis und Schnee, die Liebe findet keine Gestalt mehr, sie ist dem Wanderer körperlos wie ein Vorwurf an seine Wärme im Gedächtnis, und der Bach, der ruhelose Freund, erstarrt und läßt ihn allein« (»Schubert«).

Peter Härtling hingegen ging dann wie schon 1990 mit dem Roman »Herzwand« während der zweiten Jahreshälfte 1992 mit dem »Schubert« auf eine große Lesewanderschaft. Er liest gut, und er liest gern. »Literatur hat für mich durchaus etwas Mündliches. Schon als Kind las ich mit außerordentlichem Vergnügen vor. Auch auf der Flucht. Wir saßen in Viehwaggons, und ich las vor. Ganz fürchterliche Bücher oft sicher, aber das war egal.«

Im Gespräch mit Walter Jens:

Eine Stadt – lebendig durch die Toten

Seine gegenwärtige Geistesverfassung (es war im Herbst des Jahres 1989, und die DDR stand damals trotz allem noch scheinbar fett im Kraut) bezeichnet Walter Jens als »heiter und von großer Gelassenheit«. Dabei hatte er, dem Krankheit, das Asthma, seit jeher tagtäglich zu schaffen macht, gerade erst wieder zwei Wochen wegen eines akuten Eingriffs in der Klinik verbringen müssen. Dankbar darüber, vor einem Jahr emeritiert worden zu sein, möchte Jens dennoch weiter Vorlesungen halten. Am liebsten wieder alternierend mit seinem Freund Hans Küng. Zudem hat er sich nun definitiv entschlossen, nach der Offenbarung des Johannes auch die Evangelien zu übertragen. Weitere Projekte: ein Monolog des alt gewordenen Pilatus im Rom der Christenverfolgungen, wo ihm plötzlich klar wird, was durch seine Schuld angerichtet worden ist, und ein poetischer Essay über das Doppelgesicht Deutschlands, dargestellt am Doppelgesicht Weimars, also am Gegeneinander von Frauenplan und Buchenwald, Nationalversammlung und Wilhelm Frick als thüringischem Nazi-Innenminister schon 1931... Zur heiteren Geistesverfassung von Walter Jens trägt schließlich auch eine animierend auf ihn einwirkende Spannung zwischen Tübingen und Berlin nicht unwesentlich bei, seit er die Präsidentschaft der Akademie der Künste angetreten hat. Dies Pendeln von der Wissenschaft hie zur Kunst da macht ihm Spaß, hatte er doch die Begegnung mit interessanten Künstlern in der Gelehrtenstadt seit jeher vermißt. Ist Tübingen also nur eine Gelehrtenstadt? Gewiß nicht ausschließlich, aber der literarische Geist des Ortes wirkt doch gegenwärtig vor allem im Bezug zur Vergangenheit.

Von Bebel bis Hoerschelmann

Heinrich Bebel, Philipp Melanchthon, Johannes Reuchlin, Nikodemus Frischlin, Daniel Casper von Lohenstein, Albrecht von Haller, Christoph Martin Wieland, Friedrich Hölderlin, Friedrich Schiller, Johann Wolfgang Goethe, Jens Baggesen, Ludwig Uhland, Karl Mayer, Justinus Kerner, Wilhelm Hauff, Albert Knapp, Eduard Mörike, Wilhelm Waiblinger, Friedrich Theodor Vischer, Berthold Auerbach, Karl Gerok, Georg Herwegh, Gustav Schwab, Ottilie Wildermuth, Hermann Kurz, Otto Erich Hartleben, Paul Ernst, Rudolf G. Binding, Hermann Hesse, Wilhelm Lehmann, Friedrich Wolf, Frank Thiess, Karl Otten, Erwin Guido Kolbenheyer, Arnold Zweig, Jakob van Hoddis, Peter Weiss, Eugen Gottlob Winkler, Isolde Kurz, Michel Tournier, Fred von Hoerschelmann: Wenn er diese Bewohner der Geisterstadt Revue passieren läßt – befinden sich welche darunter, mit denen er gerne über etwas Bestimmtes disputiert hätte? Oder wäre ihm daran gelegen gewesen, mit dem einen freundschaftlich zusammenzusitzen, dem anderen aber vielleicht sogar seinen Abscheu zu bekunden? Bis auf Tournier, welchen er vor einigen Monaten in Ost-Berlin – sie beide sind korrespondierende Mitglieder der dortigen Akademie der Künste – auf die Tübinger Vergangenheit im gleichen Hause auf dem Schloßberg ansprach, bis auf Tournier sind die Genannten alle dahingeschieden. Aber für Walter Jens bedeuten die Toten in der Stadt Gesprächspartner, die ihm häufig mehr zu sagen haben als die Lebendigen. Und aus den Fenstern seines Hauses in der Sonnenstraße auf den Galgenberg-Friedhof hinüberblickend, grüßt er jeden Morgen Ernst Bloch, dessen Freundschaft prägend für Jens gewesen war. In diesem Falle nun in lebendigem Austausch wie heute noch mit dem ihm seit dessen Leipziger Zeit nahestehenden Hans Mayer.

Walter Jens: Also ich hätte mich sehr gern unter Zusammenraffung allen Lateins, das ich früher einmal sehr gut sprechen konnte, mit Bebel und mit Frischlin unterhalten. Ein herrliches Gespräch könnte ich mir – Peter Härtling wäre

Seit 1964 endlich »auf den Stand eines schwäbischen Häuslebauers emporgearbeitet«: Walter Jens in der Bibliothek seines Hauses.

hinzuzuziehen – auch mit Waiblinger vorstellen und natürlich mit Friedrich Theodor Vischer etwa über die Richtigkeit des Diktums, der Norddeutsche »sagt gern mehr, als er weiß, und der Schwabe weiß oft mehr, als er sagt« aus dem famosen Essay »Dr. Strauß und die Württemberger«. Da wäre zu klären gewesen, ob das nun wirklich so allgemeingültig ist. Vor Hermann Kurz hätte ich mich respektvoll verneigt. Paul Ernst und Erwin Guido Kolbenheyer, um nur sie zu nennen, wollen wir vielleicht besser vergessen. Den Kolbenheyer habe ich als Student einmal bei einer Dichterlesung erlebt, und das hat genügt. Außerdem mußte ich meinen Abitur-Aufsatz über ihn schreiben, über »Heinrich gewinnt das Reich«, eine Interpretation seines Stückes »Gregor und Heinrich«. Aber mit Eugen Gottlob Winkler... Es war im Frühjahr 1953, als ich auf Tod und Leben mit einer vereiterten Phlegmone in der Hals-Nasen-Ohren-Klinik zu Tübingen lag und überlebte, weil man gerade seit einem Vierteljahr Reverin, ein Antibioticum, intravenös spritzen konnte. Andernfalls wär's zu spät gekommen. Da habe ich mit 41 Grad Fieber im Bett den Essay über Winkler, der da beginnt »Es gibt den Mythos«, in diesen Neske-Band hineingeschrieben. Wieder einmal hielt ich mich durch Schreiben am Leben und hätte insofern schon unter sehr existentiellen Gesichtspunkten gern mit Winkler gesprochen. Unvergeßlich dann aber natürlich unser lieber Freund Fred von Hoerschelmann. Als er zum erstenmal zu uns kam – wir waren ein ganz junges Paar und wohnten in der Schloßbergstraße 15 –, sagte er zu meiner Frau: »Guten Abend, Gnädige Frau, kennense die Geschichte von dem Mann, der sein Bein auffraß?« Oder Hoerschelmann erzählte, wie er sich als Kind geweigert hatte, zum Abendmahl zu gehen, worauf sein Vater ihm ins Gewissen redete: »Aber Fred, man kann doch wohl noch mal einen Schluck auf das Wohl eines jrosen Mannes trinken!« Wir haben ein Hörspiel zusammen geschrieben, aber das mißlang uns. Wenn ich eine ernste Komponente brachte, konterte er mit einer komischen, so daß der Dramaturg des Südwestfunks dann mit den Hosenträgern schnipste und uns mahnte: »Meine Herren, Sie müssen sich entscheiden: Tragödie oder Komödie. Beides geht nicht!« Ich habe immer Baron zu ihm gesagt, und Freunde, die bei uns waren, taten mir's dann nach, worauf sich Hoerschelmann erregte: »Ich bin aber gar nicht Baron, er nennt mich nur so!« Eine unglaubliche Gestalt! Später habe ich ihn ein bißchen aus den Augen verloren, und er zog sich auch immer mehr zurück. Dennoch, das wäre mir schon sehr lieb, wenn ich jetzt sagen könnte: »Baron, lassen Sie uns fortfahren, wo wir aufgehört haben!« Also von Bebel bis Hoerschelmann würde ich mit vielen gerne sprechen. Hölderlin jedoch lasse ich aus, weil zu dem Zeitpunkt, als er hier lebte, das Erloschene ... Oder sagen wir mal so: Daran, den jungen Mann, den Stiftler, zu treffen, wäre mir sehr gelegen gewesen. Aber wie ich derzeit gerade ungern weinende Leute, geflohene DDR-Bürger, im Fernsehen sehe – meine These als Momos all die Jahre war ja, daß man keine ergriffenen Menschen vorführen solle –, so wäre ich auch nur ungern dem erloschenen Hölderlin begegnet und mir als Voyeur vorgekommen. Mein Gott, welch ein Anblick, den alten Mann durchs Haus am Neckar schlurfen zu sehen...

Auf dem Stadtfriedhof

Vergangenheit und Gegenwart sind in Tübingen näher beieinander als irgendwo anders, hat Jens früher einmal festgestellt. Vielleicht ist es das, was den Genius loci ausmacht, falls es denn so etwas geben sollte?!
Walter Jens: Ich finde es unglaublich anregend, daß die Toten – auch Hegel und Bloch – hier wirklich mitspielen in dieser unmusealen Stadt, daß sie dabei sind. Tübingen ist ein Ort, der lebendig bleibt durch die Toten. Als ich vor Jahren einmal in Amerika war, wollte man mich irgendwohin führen, wo noch nie ein Mensch gewesen sei. »Um Gottes willen«, rief ich aus, »ich will nur dorthin, wo Menschen gewesen sind.« Eine Stadt, von der ich weiß, diese Mauer hat Hölderlin berührt, durch diese Straße ist Mörike gegangen, bedeutet mir unendlich viel mehr als geschichtslose Nur-Natur. Vor allem, seit wir das Universitätsbuch (Eine deutsche Universität – 500 Jahre Tübinger Gelehrtenrepublik, 1977) herausgebracht haben, gehen meine Frau und ich gerne über den alten Friedhof. Das ist für uns immer eine große Party. Auch Carlo Schmid liegt dort, der für mich unbedingt dazugehört als Homme de lettres. Daß die Tübinger Universität nach 1945 den Panzer der Provinzialität ablegen konnte – lange Jahre war sie keine angenehme, sondern eine ausgesprochen reaktionäre und dann auch stark nationalsozialistisch bestimmte Hochschule –, dazu hat Carlo Schmid ganz wesentlich beigetragen. Und dem, sagen wir mal, literarischen Ambiente Tübingens wurde dank Schmid wenigstens so eine Spur von Weltläufigkeit und Bohème zuteil. Ihm bin ich sehr nahe gekommen, und am Ende waren wir beinahe befreundet. Nie werde ich vergessen, wie er mich einmal auf dem SPD-Parteitag beiseite nahm und sagte: »Lieber Freund, ist es nicht schrecklich?! Unter diesen 4000 Menschen sind wir beide die einzigen, die wirklich gut Griechisch können.« Also, der ist mir nahe, wenn wir über den Friedhof gehen, aber manches dort ärgert mich doch auch. Das Grab von Kiesinger zum Beispiel ist viel zu groß. Zu dessen Lebzeiten pflegte Theodor Eschenburg zu sagen: »Viel zu großer Mantel, viel zu großer Mantel« und nun das viel zu große Grab. Da fügt sich wirklich eines zum anderen.

Zum Stand des Häuslebauers

Auch Michel Tournier, der mit einer ersten Gruppe französischer Studenten hierher kam, die nach dem Krieg Erfahrungen mit Deutschland machten, war stark beeindruckt vom »Fleurs du Mal«-Übersetzer Carlo Schmid, und in seinem Buch »Der Wind Paraklet« erzählt er, wie sich Schmid als Justizminister der französischen Zone in gespielter Arroganz – »Mit mir lebt Württemberg über seine Verhältnisse!« – über diesen bescheidenen Titel lustig machte. Bei der Wahl des Bundespräsidenten im Juli 1959 sei er, der dem Amt die Leuchtkraft eines Humanismus hätte geben können wie Theodor Heuss, dann ausgerechnet gegen Heinrich Lübke unterlegen. Philosophiestudent Tournier wohnte von 1946 bis 1950 im ersten Stock des Hauses Schloßbergstraße 15, in dessen Parterre Walter und Inge Jens ein Jahr später eine Wohnung bezogen.

Walter Jens: Davor aber, von Oktober 1946 an, hatte ich im Kellergeschoß der Mörikestraße 1, des Pankok-Hauses, zunächst eine »Schlafstelle«, wie das hieß. Als ich dann in meinem zweiten Domizil wohnte, in der Breuningstraße 9 unterm Dach, zog unten ein Fräulein Inge Puttfarcken (gleichfalls aus Hamburg) ein, mit dem folgender Pakt geschlossen wurde: Ich brachte ihr Griechisch bei, und sie heizte meinen Ofen. Worauf wir zwei Jahre später, 1951, heirateten und in die Schloßbergstraße 15 zogen, in eine kleine Wohnung, wie die vorangegangenen ohne fließend Wasser und mit Plumpsklosett. Auf dem Schloßberg und dann vor allem in der Paul-Lechler-Straße 11, direkt beim Tropenheim, war häufig Ernst Rowohlt zu Besuch, unser Trauzeuge. Es wurde immer vornehmer, und von der Haußerstraße 97 zogen wir dann 1964 ins eigene Haus in der Sonnenstraße 5. Ich habe mich also sozusagen langsam von der Mörikestraßen-Schlafstelle im Keller über bescheidenste Domizile auf den Stand eines schwäbischen Häuslebauers emporgearbeitet. Lehrstuhlinhaber war ich ja erst im Jahre 1962 geworden, und als vordem gänzlich unabgesicherter Privatdozent hätte man das keinesfalls wagen können.

»Und dem, sagen wir mal, literarischen Ambiente Tübingens wurde dank Schmid wenigstens so eine Spur von Weltläufigkeit und Bohème zuteil«: Walter Jens umarmte Carlo Schmid, nachdem er im Dezember 1977 die Laudatio auf den neuen Tübinger Ehrendoktor gehalten hatte.

Rhetorik ist alles

Seit Oktober 1946 lebt Jens nun schon in Tübingen. Die Stadt ist sein Schicksal geworden. War es Zufall, daß er hierherkam, daß er dablieb, oder war es eine bewußte Entscheidung für den Ort, für die Lebens- und Arbeitsbedingungen hier?
Walter Jens: Daß wir nach Tübingen kamen, war Zufall. Ich und auch meine spätere Frau, wir hatten uns eigentlich beide auf eine mehr oder minder provisorische Existenz eingestellt. Sehr gerne wäre ich nach Freiburg gegangen, wo ich studiert und im Alter von fast 21 Jahren 1944 promoviert hatte. Freiburg liegt mir eigentlich auch heute noch sehr am Herzen, ist die Stadt doch in jeder Beziehung großzügiger, weltläufiger, urbaner als Tübingen. Der Zufall begann virulent zu werden, als ich erfuhr, daß man am Tübinger Philologischen Seminar eine Assistentenstelle geschaffen habe, die aber nicht besetzt werden könne, weil alle in Frage kommenden Landeskinder belastet seien. Zwei, drei Jahre, dachte ich, dann ziehst Du weiter, blieb jedoch unter den Schwaben hängen. Danach – das sollte mich endgültig binden – geschah diese merkwürdige Sache, daß Wolfgang Schadewaldt zu mir sagte: »Also die klassische Philologie sollten Sie beibehalten. Für einen Schriftsteller wie Sie wäre aber klassische Philologie in Verbindung mit Poetik das Beste. Ach nein, halt, Poetik – da legt sich der Beißner quer. Nehmen wir doch Rhetorik. Rhetorik ist alles!« So kam es denn durch den genialischen Blitzeinfall eines bedeutenden Mannes, daß in Tübingen mit der Rhetorik ein Fach wieder eingeführt wurde, das es seit 1829 an keiner deutschen Universität mehr gegeben hatte.

Die Denunziation

Um auf die Frage zu antworten, welche Rolle Friedrich Beißner zu jener Zeit für das literarische Tübingen gespielt hat, war Walter Jens nicht der geeignete Adressat, wie sich nun erweisen sollte. Martin Walser, der von April 1948 bis Dezember 1950 an der Universität eingeschrieben war, in der Weizsäckerstraße 1 wohnte und bei Beißner promovierte, bezeichnete seinen Lehrer einmal als »die irrsinnige Ausnahme, weil der lebendig war von Sekunde zu Sekunde im Seminar«. Was den im gleichen Jahr wie Walser nach Tübingen gekommene Johannes Poethen an dem Hölderlin-Forscher so faszinierte, war »diese seltsame Mischung aus fast jungenhafter Begeisterungsfähigkeit und dieser ungeheuer peniblen Philologengenauigkeit«. Bei Beißner, glaubte er sich zu erinnern, »habe ich Martin Walser kennengelernt, bei Beißner habe ich auch Walter Jens kennengelernt, der damals junger Dozent war, der häufig in den Vorlesungen, aber auch in den Übungen von Beißner gewesen ist«.
Walter Jens: So stimmt das nicht. Ich bin zwar mal ein Semester lang zu ihm hingegangen, aber dann – vor vier Jahrzehnten nun schon – ist bald etwas geschehen, wonach das Tischtuch zwischen uns für immer zerschnitten war. Mein erster Doktorand, der in der Paul-Lechler-Straße im Keller wohnte, wollte eines Tages auf einmal in der Germanistik geprüft werden. Aber das gehe doch nicht,

erklärte ich ihm, worauf er zu Beißner ging und ihm hintertrug, der Herr Jens wolle nicht, daß er sich in Germanistik prüfen lasse. Im übrigen habe Jens vielerlei problematische Sachen gesagt, über Kollegen und auch politisch, was Beißner eifrig protokollierte. Dann saß er mir gegenüber, als ich den Doktoranden über »Krankheit, Gesundheit, Arzt bei Plato« prüfte, und nun erfuhr ich, daß mich der Student, ein Kind armer Leute, von mir in die Studienstiftung gebracht, denunziert hatte. Drauf trieb ich ihn, in der linken Hand den Catull, in der rechten die Sappho, durch die Neue Aula und verprügelte ihn. »Mit Mördern«, so schallte es durch den Flur, »kann ich mich verständigen, mit Denunzianten nicht.« Danach wähnten meine Frau und ich, nun sei ja wohl alles aus und vorbei hier in Tübingen. Aber noch in der Nacht kam Ernst Zinn und sagte: »Ich bin ein Versteher.« Am nächsten Tag bat Schadewaldt meine Frau zu sich und teilte ihr mit: »Ich kann es verstehen, daß man so handelt.« Eine großartige Rolle spielte auch der damalige Dekan Theodor Eschenburg, der mir riet: »Diese Anklageschrift, die tun Sie in die Registratur, da gehört sie hinein.« Kurzum, die Meister halfen dem kleinen Privatdozenten und bestätigten ihm: Wie niederträchtig von einem Mann, für den Sie alles getan haben, daß er Sie denunziert hat, wie niederträchtig aber auch, daß sich ein Ordinarius dafür hergab, diese Anwürfe aufzuschreiben. Da zeigte sich so etwas wie Humanität an der Fakultät, weshalb diese erfreulich ausgegangene Affäre dazu beitrug, daß mir Tübingen ein bißchen lieber und werter wurde.

In toto auf der Flucht

Namen von zu jener Zeit in Tübingen lebenden Schriftstellern sind ja schon einige genannt worden. Außerdem gaben etwa Reimar Lenz und Ansgar Skriver von 1955 an in der Belthlestraße 41 die »Lyrischen Blätter« heraus. Konnte sich hier in den fünfziger und ersten sechziger Jahren so etwas wie ein literarisches Klima bilden, oder waren nur einzelne am Werk, deren Existenz unter Umständen ebenso erst im nachhinein zur Wirkung kommt wie bei den Bewohnern der Geisterstadt?
Walter Jens: Nein, eine literarische Szene gab es nicht. Da waren einzelne in toto auf der Flucht vor einer wenig literaturfreundlichen Atmosphäre. Ich habe die Stadt damals nur als Wissenschaftsstadt erlebt, keineswegs jedoch als einen Ort, an dem die Musen hier und heute gedeihen. Das würde ich auch jetzt noch sagen.

Am Rande des Scheiterns

So ein einzelner war auch Bernward Vesper, der sich zum Sommersemester 1961 hier immatrikulierte, erst in Hirschau Im Öschle 11 wohnte, dann in der Oberen Schillerstraße 52 (Wintersemester 1961/62), in der Unteren Schillerstraße 4 (Sommersemester 1962) und im Dußlinger Gasthof »Hirsch« (Wintersemester 1962/63, Sommersemester 1963). In qualvoller Identifikation an den Vater gebunden, den Nazi-Dichter Will Vesper, fühlte er sich nach dessen Tod wohl selbst wie der Held einer Geschichte, die er dem eigenen Sohn beim Einschlafen erzählte, wie jener Fallschirmspringer, dem die Erde, die Anziehungskraft, abhanden kam. Angezogen und abgestoßen von dominanten Gestalten, mag Vesper gleich zu Beginn seines Studiums auch Halt bei jemandem gesucht haben, der damals schon Star des Tübinger Universitätslebens war und über den er am 14. Juli 1961 in einem Artikel für die »Zeit« schrieb: »Der Mann, der nach dreiviertel Stunden das Auditorium verläßt, ist Walter Jens, Romancier, Kritiker, Essayist und Hochschullehrer. Seine Colloquien sind die Höhepunkte des literarischen Lebens an der Universität Tübingen; er hat mit ihnen etwas Neues, Einzigartiges geschaffen: eine Orientierungsstätte, ein Forum, wo Bücher lebender Autoren philologisch exakt geprüft werden.« Darüber hinaus suche Jens einen Weg, »der in die Zukunft führt«, fand der Student, für den selbst es aber eine Zukunft nicht geben sollte. Auch noch im folgenden Jahr war Vespers Tun und Lassen höchst widersprüchlich. So gründete er zusammen mit seiner Verlobten, der Philologie-Studentin Gudrun Ensslin, einen Verlag, um – »Aufgabe für das nationale Deutschland«, wie sie fand – das Blut-und-Boden-Schrifttum Will Vespers herauszubringen. Die Opposition zum Vater, zur Generation der schuldhaft beladenen Väter überhaupt, ließ seine Bitterkeit in Gewaltbereitschaft umschlagen, und er geriet an den Rand der Terrorszene. Von Drogen zerrüttet setzte Vesper im Mai 1971 seinem Leben ein Ende. Das 1977 posthum erschienene Romanfragment »Die Reise« wurde dann als Schlüsselwerk über die Bewußtseinsentwicklung der deutschen Nachkriegsjugend und über das kollektive Scheitern einer Generation verstanden, die Mitte der sechziger Jahre aufgebrochen war.

»Eine unendlich liebenswerte, fragile und immer am Rande des Scheiterns sich aufhaltende Gestalt«: Bernward Vesper (»Die Reise«) studierte von 1961 bis 1963 in Tübingen.

Walter Jens: Vesper verkehrte lange Zeit als »Kind im Hause« bei uns. Er war ein begeisterter, besessener, fanatischer Literat. Ich kannte auch seine Freundin Gudrun sehr gut. Nicht nur als Rilke-Schwärmerin, sondern auch als Vamp mit weißer Zigarettenspitze in einem Cabrio, nachdem sie aus Amerika zurückgekommen war. Während ihrer letzten Tübinger Zeit edierten die beiden eine Anthologie, in der deutsche Schriftsteller ihre Stimmen gegen die Atombombe erhoben. Ich sehe sie vor mir, wie sie Fund auf Fund häuften, sich mit mir besprachen, was passend sei und was nicht, wie sie ordneten und verwarfen und nach langem Hin und Her den Titel bestimmten: »Gegen den Tod« – ein Titel, der einige Jahre drauf zu Zeiten der Roten-Armee-Fraktion eine neue, die beiden Anthologisten anklagende Bedeutung erhalten sollte, wurden sie doch auf unterschiedliche Weise zu Komplizen des Todes. Vesper war eine unendlich liebenswerte, fragile und immer am Rande des Scheiterns sich aufhaltende Gestalt. Dies Ende, also Drogen und andere Dinge, deutete sich aber durch nichts an, als er häufig bei uns war. Damals hatte er sich schon freigeschwommen aus dem Schatten des Vaters, war am anderen Ufer, und erst später holte er ihn wieder ein, dieser alte Nazi. Je mehr sich Vesper verdüsterte, desto unausweichlicher kam der Vater wieder.

Durchbruchsjahr 1949

Im Jahre 1947 hatte Walter Jens unter dem Pseudonym Walter Freiburger seine erste literarische Arbeit veröffentlicht. »Das weiße Taschentuch« war eine aus vieldeutigen Symbolen gefügte Parabel über das qualvolle und ursprünglich selbstverschuldete Exil des Menschen in der Welt. Wer sie heute liest, ist verwundert, wie parabolisch fern das konkret Furchtbare damals (und zwar nicht nur von Jens) gerückt werden konnte, das doch gerade erst geschehen war, wie abstrakt »das Böse« erschien.
Walter Jens: Eigentlich verstehe ich das auch nicht mehr. Aber wir waren der Wirklichkeit so ausgeliefert, da lagen auch die brutalen Klischees etwa vom SA-Schläger so nahe, daß es eben erst einmal notwendig wurde, Abstand zu gewinnen. Schluß mit der verdammten Sklavensprache war das eine, das andere aber war: Schluß mit diesem rüden Realismus. Immerhin hatte es »Das weiße Taschentuch«, von heute aus gesehen nicht viel mehr als eine Etüde, zuwege gebracht, daß der Lektor Kurt W. Marek – als C. W. Ceram Autor von »Götter, Gräber und Gelehrte« – aufmerksam auf mich wurde und mich zu Rowohlt holte. Im noch vor der Währungsreform abgeschlossenen Vertrag wurde festgelegt, daß ich ein Jahr lang 300 Reichsmark und 500 Blatt Papier bekommen sollte. Der Roman hieß zunächst »Weltuntergang«, woraus dann »Nein« wurde. Ernst Rowohlt meinte aber: »Den kauft niemand. Da geht doch keiner in den Laden und sagt: Guten Tag, haben Sie bitte ‚Nein‘?« Deshalb der endgültige Titel »Nein. Die Welt der Angeklagten«. Zum Riesenerfolg wurde der Roman vor allem in Frankreich. Albert Camus lud mich ein, und ich hatte ein bewegendes Gespräch mit ihm. Kurzum, 1949 war das Durchbruchsjahr für mich in Tübingen, wo ich, wie gesagt, ein Zimmer in der Breuningstraße 9 unterm Dach bewohnte: Da habe ich meine Frau kennengelernt, binnen drei Wochen »Nein. Die Welt der Angeklagten« auf holzhaltiges Papier geschrieben und mich 26jährig habilitiert, für heutige Verhältnisse also verhältnismäßig jung.

Das Handwerk beherrscht

»Nein. Die Welt der Angeklagten« handelt von einem einzelnen Menschen, der dem totalitären Zugriff eines diktatorischen Zukunftsstaates, in dem es nur Angeklagte, Zeugen, Richter und den Obersten Richter gibt, zu widerstehen versucht und am Ende folgerichtig hingerichtet wird. Parabolisch wie nahezu alles bei Walter Jens war dann auch die wiederum in Frankreich besonders erfolgreiche Novelle »Der Blinde« (1951) vom sehend Blinden und den blinden Sehenden. Den im Jahr darauf folgenden Schauspieler-Roman »Vergessene Gesichter« hält Jens selbst »wegen der vielen poetischen Valeurs« darin für seinen besten. Dann »Der Mann, der nicht alt werden wollte« (1955), »Das Testament des Odysseus« (1957), in welchem der Held der praktischen Vernunft als empfindsamer Schriftsteller und listiger Friedensfreund erscheint, das Reisebuch »Die Götter sind sterblich« (1959) und schließlich »Herr Meister« (1963), dieser fiktive »Dialog« über einen ungeschriebenen Roman, in dem das Schreiben selbst zum Thema wird.
Walter Jens: Das war also rasch so weitergegangen, bis Anfang der sechziger Jahre die große Zäsur kam. Ich hatte dann diesen Lehrstuhl für klassische Philologie und allgemeine Rhetorik und mußte aus dem Nichts etwas aufbauen. Außerdem bezeichnete »Herr Meister« ein Ende, die Absage ans unschuldige Erzählen, an die Gattung Roman. Später schrieb ich Hörspiele, Fernsehspiele, sah aber keinen Roman mehr und sehe ihn bis heute nicht. Es mag so sein, wie Walter Hinck in seiner Laudatio bei der Verleihung des Düsseldorfer Heine-Preises gesagt hatte: Zwar halte ich in keiner Einzeldisziplin den Rekord, kann es aber doch im Mehrkampf mit jedem aufnehmen. So genügt es mir denn, einmal gezeigt zu haben, daß ich das Handwerk beherrsche. Zumindest das läßt sich von den frühen Romanen sagen. Technisch sind sie passabel, aber ob es sich auch um wirklich originale Schöpfungen handelt – na, daran ließe sich wohl zweifeln.

Mit erleuchteter Geschichte

Tübingen, die Stadt und die Leute, auch an der Universität, spielen in seinen literarischen Arbeiten keine Rolle. Da spürt man nichts von Regionalität wie bei Martin Walser, dem »Bodensee-Proust« (Peter Hamm), und Tübingen-Erlebtes, wie es etwa Isolde Kurz oder Frank Thiess in ihren Büchern kolportieren, scheint ebenfalls außen vor zu bleiben. Auch als Erlebnisraum wie für Eduard Mörike, der mit seinem Freunde Ludwig Amandus Bauer zusammen den Orplid-Mythos auf Spitz- und Österberg regelrecht durchfühlte und durchspielte, blieb Tübingen für Walter Jens' literarische Arbeiten ohne Belang.
Walter Jens: Zunächst stand ich doch sehr lange im Banne von Freiburg und habe zu Tübingen erst spät durch das Universitätsbuch – meine Frau arbeitete dafür ja drei Jahre lang im Archiv – ein Verhältnis gewonnen. Eigentlich also erst durch die Geschichte. Vorher fanden wir's immer ein bißchen spießig, die hanseatische Weite hat uns doch gefehlt. Der Zugang über die Geschichte war das eine und das andere die Freundlichkeit vieler Kollegen, vor allem von der Fakultät, und

auch die Freundlichkeit von Leuten, die einen auf der Straße ansprachen und einfach wissen ließen: schön, daß Sie da sind. Weder der Universität noch der Stadt zu Dank verpflichtet, wollten wir eigentlich nicht mehr, als in Ruhe gelassen zu werden und wurden es. Tübingen, wo alles noch überschaubar, alles noch human ist, war für uns sozusagen angenehm neutrale Gegenwartsstadt mit einer bezaubernden, ins Südliche verweisenden Umgebung und einer erleuchteten Vergangenheit. Das genügt.

Im Gespräch mit Hans Mayer:

Aber das Prinzip Hoffnung gilt weiter

»Tübingen ist einfach Tübingen«, sagte er einmal. »Diese merkwürdige Verbindung von Landschaft, von Tradition und akademischem Milieu – man kann das schwer voneinander trennen und sich dem kaum entziehen.« Mit Unterbrechungen fast drei Jahrzehnte lebt Hans Mayer, der Literaturhistoriker mit dem universalen Horizont und der Schriftsteller, von dem (aufklärerisches) Denken geradezu erzählt zu werden vermag, nun schon in Tübingen. Als der Leipziger Professor für Kultursoziologie und Literaturgeschichte 1963 einen Besuch beim Rowohlt-Verlag in Reinbek zum Anlaß nahm, in der Bundesrepublik zu bleiben, stand für ihn von vornherein fest, daß er nach Tübingen gehen würde, wohin auch Ernst Bloch zwei Jahre vorher übergesiedelt war. Zunächst nahm Mayer in der Haußerstraße 114 Quartier – in einer Gegend, die er von vorherigen Tübingen-Besuchen schon kannte, wohnten doch Walter und Inge Jens damals wenige Häuser weiter unten. Im zweiten Band seiner Erinnerungen »Ein Deutscher auf Widerruf« schreibt er darüber: »Nach der Rückkehr aus Italien, wo ich mit Blochs in Capri die Übersiedlung nach Tübingen vereinbart hatte, wohnte ich zuerst für eine Weile im Hotel Krone vor der Neckarbrücke. Dann besorgten mir Karola Bloch und Inge Jens eine Wohnung auf dem Waldhäuser Berg. Da ist seitdem viel gebaut und zerstört worden. Ich höre noch das widrige Geräusch, wenn einige der schönen alten Bäume gefällt wurden: zugunsten einer Umgehungsstraße. Eine schmale Transitwohnung. Abermals auf Widerruf. Hier pflegten Gastprofessoren zu mieten, die am Semesterende nach Hause zurückkehrten. Auch ich war ein Professor auf Abruf. Ein schöner Balkon mit dem breiten Panorama der Schwäbischen Alb. Eingebaute Schränke aus Teak-Holz. Richtiger Marmor im Badezimmer. Hier hatte einer solide und geschmackvoll gebaut: kein Anhänger des raschen Verderbs.«

Nach der Berufung auf den germanistischen Lehrstuhl der Universität Hannover im Jahre 1965 behielt Mayer Tübingen noch eine Zeitlang als zweiten Wohnsitz bei und gab ihn nur vorübergehend auf, ehe er als Emeritus zurückkehrte, womit die Dreieinigkeit Bloch-Jens-Mayer auch räumlich wieder vereint war. Seitdem bewohnt er ein ambitiöses Natursteinhaus mit viel Glas in der Neckarhalde 41. Zunächst auf der ringsum von Grün umgebenen Terrasse, dann im hellen, mit Graphik und Plastik von Freunden akzentuierten Wohnzimmer sprachen wir mit ihm über seinen Bezug zu Tübingen und über den Lebensrhythmus des unheimlich beweglichen 85jährigen. Hans Mayer ließ sich, wie Walter Jens, auf einen Gang durch die Geisterstadt locken, durch die Stadt der literarischen Zelebritäten, und äußerte sich über die Architektur seines Gesamtwerkes, das nun schon zum allergrößten Teil in der Neckarhalde 41 entstanden ist. Warum ihm heute nach wie vor die Methode des dialektischen und historischen Materialismus für die Welt- und Literaturbetrachtung als tauglich erscheint – auch darum ging es bei dem Gespräch.

Im Zusammenhang mit der Zukunft des Marxismus wäre schließlich noch ein Rückblick auf 40 Jahre DDR angebracht gewesen, aber den gab er ja in seinem 1991 erschienenen Buch »Der Turm von Babel«. Auch wer da nicht seiner Meinung sein kann, muß ihm doch zugestehen: die Art, wie er beunruhigt, ist überraschend produktiv. Gerade Hans Mayer, der immer von Grund auf Undogmatische, tauchte nach dem Zusammenbruch der DDR – anders als auch hierzulande all die früher Dogmatischen, die Weißwäscher und Schwärmer vom besseren Deutschland – nicht so mir nichts dir nichts aus dem Element ab, in welchem er sich sein Leben lang bewegt hatte. Dafür versagte ihm auch sein im Mai 1992 90 Jahre alt gewordener Mit-Tübinger Hans Sahl den Respekt nicht, als er in einem Interview meinte: »Oder nehmen wir Hans Mayer, den Literaturhistoriker. Er hat öffentlich geschrieben: Ich bin noch Marxist. Das finde ich anständig, daß er den Mut hat zu sagen, ich stehe dazu. Obwohl ich gar nicht übereinstimme mit ihm.«

Durch die Geisterstadt I

Zunächst einmal machten wir uns also mit Hans Mayer zusammen auf den Weg durch Tübingen als Geisterstadt. Auch an ihn die Fragen: Gibt es unter ihren Bewohnern welche, mit denen er gerne über etwas Bestimmtes disputiert hätte? Oder wäre ihm daran gelegen gewesen, mit dem einen freundschaftlich zusammenzusitzen, dem anderen aber vielleicht sogar seinen Abscheu zu bekunden? Dort stehen bei der Burse Heinrich Bebel, Philipp Melanchthon und Johannes Reuchlin im Gespräch zusammen. Chronologisch nach ihrem Auftreten auf der Tübinger Bühne folgen Nikodemus Frischlin, Daniel Casper von Lohenstein, Albrecht von Haller, Christoph Martin Wieland ...

Hans Mayer: Von den drei ersten ist mir Reuchlin der wichtigste. Man weiß, warum: Ich spreche als Jude. Seine »Epistolae clarorum virorum« gegen die Kölner Dunkelmänner und dann Ulrich von Hutten mit den »Epistolae obscurorum virorum« – das ist für mich immer wieder bestimmend gewesen. In Leipzig habe ich auch einmal eine große Vorlesung über die deutsche Literatur von Sebastian Brant bis Jörg Wickram gehalten. Philipp Melanchthon: nun ja, ich war in Bretten, habe sogar einmal an einer Tagung in Bretten, seiner Geburtsstadt, teilgenommen. Melanchthon scheint mir insofern auch in einem kritischen Sinne wichtig zu sein, als unser ganzes Bildungswesen, auch das humanistische Schillergymnasium in Köln, eigentlich sein Produkt ist, und man doch eben auch im negativen Sinne erlebt hat, was daraus geworden ist. Kein ganz ungetrübtes Verhältnis also! Die Bedeutung Lohensteins erschloß sich mir eigentlich vor allem durch Hubert Fichte, denn man schreckte ... Ich habe zum Beispiel nie eine Vorlesung über 17. Jahrhundert gehalten. Nachträglich las ich dann aber

Lohenstein, vor allem die »Agrippina«, und muß sagen: das ist ein außerordentlicher Mann! Albrecht von Haller – nun ja, ein Muß für die Germanisten, und seine »Alpen« hat man zu kennen, aber das ist doch ein Langweiler. Von Wieland brauchen wir nicht zu sprechen, denn der war immer ein Lieblingsdichter von mir gewesen. Da lese man nur in meinem Buch »Das unglückliche Bewußtsein« das große Kapitel über den »Oberon«.

Durch die Geisterstadt II

Dann Friedrich Hölderlin, Friedrich Schiller, Johann Wolfgang Goethe, Jens Baggesen, Ludwig Uhland, Karl Mayer und Justinus Kerner, von dem Hans Mayer einmal gesagt hatte, er möge ihn, weil der so verrückt gewesen sei. Und in der Geisterstadt begegnen einem Wilhelm Hauff, Albert Knapp, Eduard Mö-

Hans Mayer beim Gespräch in seiner Wohnung: »Hegel und Hölderlin und auch Joseph Schelling aus Leonberg. Dieses Tübingen habe ich schon als Schüler und Student gekannt: Lange ehe ich hierher kommen konnte. Ohne Mörike und Hugo Wolf wäre meine Jugend nicht denkbar. Auch nicht ohne einige unvergessene Gedichte jenes Ludwig Uhland ...«

rike, Wilhelm Waiblinger, Friedrich Theodor Vischer, Berthold Auerbach, Karl Gerok, Georg Herwegh, Gustav Schwab, Fritz Reuter, Ottilie Wildermuth, Hermann Kurz, Otto Erich Hartleben, Paul Ernst, Rudolf G. Binding, Hermann Hesse …

Hans Mayer: Die Vision der drei jungen Menschen vom Mai 1792 im Tübinger Stift, den Freiheitsbaum umtanzend, hat mein gesamtes Leben und Denken bis heute bestimmt. Hegel und Hölderlin und auch Joseph Schelling aus Leonberg. Dieses Tübingen habe ich schon als Schüler und Student gekannt: lange ehe ich hierher kommen konnte. Ohne Mörike und Hugo Wolf wäre meine Jugend nicht denkbar. Auch nicht ohne einige unvergessene Gedichte jenes Ludwig Uhland, der oben in der Neckarhalde zur Welt kam. Uhland ist aber doch eine merkwürdige Gestalt, nämlich als gar nicht so seltener Fall eines Dichters, der ein Genie eigentlich nur bis zu seinem 22. Lebensjahr gewesen war. Alles andere, was er geschrieben hat, zeugt von einem in jeder Beziehung bedeutenden Mann, aber der geniale Uhland ist doch nur der ganze junge Uhland. Kerner mag ich nicht nur, weil er verrückt war, sondern ich mag ihn auch, weil er ein paar – nicht viele – wunderbare Gedichte geschrieben hat, die herrlich vertont worden sind, unter anderen von Robert Schumann. Und ich mag ihn schließlich noch, weil in seiner Familie das jakobinische Element eine so große Rolle spielte. Mein Liebling ist jedoch immer Wilhelm Hauff gewesen. Über ihn hat es endlose und sachkundige Gespräche gegeben mit Ernst Bloch. Irgendwann um 1960 von Leipzig zu einem Ferienkurs nach Tübingen berufen, wohnte ich noch im alten »Lamm« am Markt, und mit mir zusammen war Paul Celan. Wir frühstückten gerade, als die Tür aufging und mein Freund und Emigrations-Protektor Max Rychner hereinkam, der seine Tochter Claudia zum Studium nach Tübingen brachte. Bei unserem Dreier-Frühstück ging mir dann durch den Kopf: Da sitze ich an dem Ort, wo die »Memoiren des Satan« spielen. Und sprechen jetzt nicht Herr von Natas, der Satan, und der Ewige Jude und der Herr Dr. Hauff gerade miteinander? Daß ich ein genauer Kenner der Gesammelten Werke der Ottilie Wildermuth bin, das wird ja wohl auch nicht von mir erwartet. Auerbach hat mich vor allem als Problem der deutsch-jüdischen Symbiose interessiert. Da ist doch diese sehr sonderbare, ambivalente Beziehung zwischen ihm und Richard Wagner, der ihn bewundert und gleichzeitig als Juden gehaßt hat. Nein, Auerbach war ein großartiger Mann und ein ungeheuer populärer damals! Den Karl Gerok kenne ich auch. Da gibt es aus meiner Jugend die Preisfrage: Was ist der Unterschied zwischen einem Zulukaffer – das ist aus der kaiserlichen Kolonialzeit – und einem Theologiestudenten? Der Zulukaffer trägt einen Gehrock aus Palmblättern, und der Theologiestudent liest die »Palmblätter« von Gerok.

Durch die Geisterstadt III

Etwas weiter vorne in der Neckarhalde hatte Wilhelm Lehmann ein von zauberischer Wirrnis erfülltes Semester verbracht. Und in der Geisterstadt laufen einem Friedrich Wolf, Frank Thiess und Karl Otten über den Weg und Erwin Guido Kolbenheyer, dem das Haus neben jenem gehörte, in dem heute Hans Mayer wohnt. Schließlich sind da noch Arnold Zweig, Jakob van Hoddis, Peter Weiss, Eugen Gottlob Winkler, Isolde Kurz, Fred von Hoerschelmann.

Hans Mayer: Daß Lehmann auch hier war, wußte ich nicht, das freut mich sehr. Den habe ich gut gekannt, auch vom PEN-Club her. Es gibt mit gestochener Handschrift geschriebene Briefe von Wilhelm Lehmann an mich aus Eckernförde. Das war schon ein bedeutender Lyriker! Friedrich Wolf war ein Duzfreund von mir, und ich habe ihn zwei Tage vor seinem Tode noch gesprochen. Thiess und Otten, die können wir uns ... nein, Karl Otten nicht, aber Frank Thiess, den können wir uns schenken. So mit 14/15 habe ich ihn aber begeistert gelesen. Nachher wurde er jedoch ganz verquatscht, und seine Rolle dann bei den Briefen an Thomas Mann wegen der inneren Emigration – die war ja einfach töricht und unwürdig. Der Kolbenheyer, das ist doch ein merkwürdiger Mann. Den Spinoza-Roman »Amor Dei«, den er später verleugnete, habe ich als junger Mensch mit großer Achtung gelesen. Bei »Paracelsus« bin ich dann allerdings nicht mehr mitgegangen, das war mir auch zu langweilig. Nein, also Tübingen hat es schon in sich, das wollen wir doch nicht leugnen, und wenn ich nicht so gerne hier wäre – in Tübingen und in der Neckarhalde –, hätte ich schon längst den Werbungen meiner Vaterstadt Köln nachgegeben.

Im Sommer das Grün

Als man ihm am 21. August 1987 im Tübinger Rathaus die »Bürgermedaille« überreichte, hatte Mayer, vor allen falschen Sicherheiten warnend, darauf verwiesen, daß er kein Tübinger sei, sondern Rheinländer und Jude. Außerdem möge man sich bewußt sein: »Der Boden ist nach wie vor undicht, auf welchem wir alle miteinander agieren.« Dankend schloß er aber doch »mit dem, was uns alle hier in der Tat miteinander verbindet. Verse unseres größten und vielleicht unglücklichsten Mitbürgers. Ich meine die Schlußverse der Elegie ›Der Gang aufs Land‹. Tübingen ist nicht unmittelbar gemeint, aber es kann auch Tübingen sein, wenn es heißt: ›Aber schön ist der Ort, wenn in Feiertagen des Frühlings / Aufgegangen das Tal, wenn mit dem Neckar herab / Weiden grünend und Wald und all die grünenden Bäume / Zahllos, blühend weiß, wallen in wiegender Luft, / Aber mit Wölkchen bedeckt an Bergen herunter der Weinstock / Dämmert und wächst und erwarmt unter dem sonnigen Duft.‹« Das zitierend, sprach er schon auch seine Befindlichkeit hier an. Aber noch einmal: Wie fühlt er sich in dem Glashaus am Neckar? Was bedeutet ihm die Stadt, in der er nun schon die größte Zeitspanne seines Lebens verbracht hat?

Hans Mayer: Dieses Haus habe ich mir ausgesucht, als ich mich 1973 mit 66 Jahren in Hannover emeritieren ließ, und es wurde mir dann eingerichtet, während ich in Amerika war. Das hat weitgehend Karola Bloch gemacht, die ja Innenarchitektin ist und Ernst Bloch auch in der Emigration praktisch mit dem Kind ernähren mußte. Der Bau liegt doch wunderbar, über dem Neckar. Ich habe Balkon und Terrasse mit Blick ins Grüne, da kann nichts zugebaut werden. Im Winter sieht man die Schwäbische Alb und den Fluß, im Sommer das Grün – das ist schon alles sehr schön. Tübingen? Als ich damals die »Bürgermedaille«

bekam und im Theodor-Haering-Haus ein Teil der Kölner Ausstellung »Literarische Welt« gezeigt wurde, hielt Christoph Müller eine gescheite Rede, aus der ich mir den Satz gemerkt habe: »Hans Mayer wohnt in Tübingen, aber er lebt nicht in Tübingen.« Ich glaube, das ist ungerecht, das stimmt nicht. Gewiß widerstrebt mir, was meine Mutter früher »netten gesellschaftlichen Verkehr« nannte und zwar aus der Erfahrung meines Lebens: Wenn es um Kopf und Kragen geht, dann versagt der nette gesellschaftliche Verkehr immer. Er schlägt dann sofort in Verleugnung und Verrat um. Nein, das interessiert mich nicht! Aber es gibt eine Reihe von Menschen hier, die ich gerne sehe, denen zu begegnen ich mich immer freue. Und ich lebe in Tübingen – das muß ich schon sagen – und zwar in dem intensiven Sinne, daß ich eigentlich nur in Tübingen arbeiten kann. Ich habe so gut wie nichts gearbeitet, geschrieben, wirklich gelesen und projektiert auf den Reisen oder in den Ferien. In der Champagnerluft von Sils Maria, wo ich immer wieder bin, mache ich mir zwar Gedanken über Künftiges, aber arbeiten, ausarbeiten kann man das alles nur in Tübingen. Da sind meine Bücher, da ist auch – als Voraussetzung unbedingt notwendig – ein ganz strenger Tagesrhythmus.

Vor allem regelmäßig leben

Wie teilt er sich den Tag ein, wie seine Zeit zwischen Tübinger Dasein und auswärtigen Verpflichtungen? Es wird einem schier schwindlig, wenn man sich den Terminkalender des 85jährigen vergegenwärtigt.
Hans Mayer: Ach, das ist nicht so schlimm, und ich habe schon auch vieles abgebaut. Von zehn Anfragen gehe ich höchstens noch auf zwei ein und mache jetzt auch kaum noch Lesungen. Wer das Glück hat, alt zu werden und noch präsent zu sein, muß regelmäßig leben und genau wissen, was er tun und was er lassen sollte. Einer der wichtigsten Entschlüsse meines Lebens ist gewesen, daß ich Ende der fünfziger Jahre völlig aufgehört habe zu rauchen. Wenn ich weitergepafft hätte, so über 30 Zigaretten am Tag – das bestätigen mir auch alle Ärzte –, dann könnten wir jetzt wohl kein Gespräch führen. Im allgemeinen stehe ich morgens gegen halb acht auf und gehe nach den Elf-Uhr-Nachrichten schlafen. Fernsehen habe ich nicht, wie Sie wissen, aber ein sehr schönes Stereo-Gerät. Ich mache regelmäßig einen Mittagsschlaf und schlafe auch fest. Wenn das Telefon zur ungelegenen Zeit klingelt, dann klingelt es eben, das stört mich kaum. Ich bin wirklich nicht so ungeheuer neugierig darauf zu wissen, wer mich da unbedingt zu sprechen wünscht.

Schließlich nicht mehr 80

Als am 19. März 1992 im Grünen Saal des Schlosses Bebenhausen sein 85. Geburtstag gefeiert wurde, zitierte Freund Walter Jens das Wort des athenischen Archonten Solon »Ich aber stand in ihrer Mitte wie ein Grenzstein auf umpflügtem Feld« und fuhr fort: »Ein Grenzstein, mitten im Getümmel: ja das sind Sie

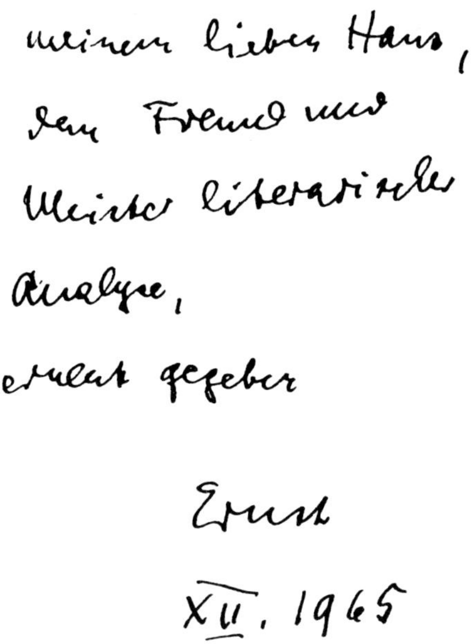

Und so eignete Ernst Bloch dem Freund Mayer ein Exemplar der ihm eh schon im Druck gewidmeten »Literarischen Aufsätze« (Gesamtausgabe Band 9) zu.

immer gewesen und bis heute geblieben.« Und immer ein Solitär, ein Einzelner und Einziger, dem es wieder und wieder gelinge, scheinbar Unvereinbares zu verbinden. »85 Jahre alt – und kein Wort zurückzunehmen: Wer könnte das von sich sagen?« Aber wie erfährt Hans Mayer selber das Älterwerden? Die Vollendung des achten Lebensjahrzehnts sei eine »Wendemarke«, hat er einmal gesagt. Inwiefern?
Hans Mayer: Das Hauptaltersproblem sind die Augen. Ich habe seit langem eine Schwächung des rechten Auges – wahrscheinlich vererbt, denn mein Vater litt daran am linken –, die dazu führte, daß ich sehr schwer Überschriften im Ganzen lesen kann und Manuskriptseiten. Vor einiger Zeit mußte ich im Nürnberger Opernhaus eine große Rede zur Verabschiedung des Kulturreferenten, meines Freundes Hermann Glaser halten, und weil ich den Text genau im Kopf hatte, konnte ich fast auswendig sprechen. Nein, Vorträge ablesen möchte ich jetzt nicht mehr, denn dann verheddere ich mich vielleicht, aber vollkommen frei zu sprechen, das gelingt mir noch mühelos. Insofern lese ich überhaupt viel weniger, lese auch praktisch keine Zeitungen oder Zeitschriften mehr und muß sagen: Es entgeht einem nicht viel! Die 80 Jahre sind in der Hinsicht eine Wendemarke, als man das Gefühl hat, nicht mehr zur Zeitgenossenschaft zu gehören, nicht mehr dabei zu sein und auch von sich aus nur noch bedingt Interesse aufzubringen. Aber das Prinzip Hoffnung gilt weiter. Natürlich möchte niemand sein Leben lang etwas vertreten haben, von dem er am Ende erkennen muß: Es ist alles ganz falsch gewesen. Und man möchte die späten Jahre, die einem noch bleiben, auch darauf verwenden zu bilanzieren, möchte die eigene Biographie, wie sie einem vorschwebt, noch zu einem Abschluß führen. Als Adenauer – er war an die 90 – irgendeine politische Sache machen sollte, die ihm nicht behagte, lehnte er mit den Worten ab: Ich bin ja schließlich nicht mehr 80. Das ist doch ein wunderbarer Satz …

Die Architektur des Oeuvres

Nun ist schon ein Großteil seines Werkes in der Neckarhalde 41 entstanden. Das begann etwa mit »Goethe. Ein Versuch über den Erfolg« (1973), worin es um des

Dichters mißlingenden Versuch der Integration geht. 1975 erschienen die gar nicht hoch genug einzuschätzenden »Außenseiter«, ein großer Essay, der in der Forderung gipfelte, die auf halbem Weg steckengebliebene Aufklärung fortzuführen. Ein zweites Buch über Thomas Mann (1980) deutete vor allem dessen Fremdheits-Erfahrungen. 1982 und 1984 kamen die beiden Bände der Erinnerungen »Ein Deutscher auf Widerruf« heraus und dann, nach »Das unglückliche Bewußtsein« (1986), noch zwei Bände »Die umerzogene Literatur« als Geschichte der Nachkriegsliteratur von einem, der sie wahrlich miterlebt und mitgestaltet hat. Fügen sich nun mit dem 1989 erschienenen Sammelband »Weltliteratur« und den Reden wichtige Schlußsteine? Wie sieht er selbst die Architektur seines Werkes? Wo müßten noch Wände verstärkt, wo könnte noch angebaut werden?

Hans Mayer: Die Übersicht über mein Oeuvre ist eigentlich ganz klar. Da sind zunächst drei große Monographien über Georg Büchner, über Richard Wagner und über Thomas Mann. Als Sonderfall gibt es diesen kleinen »Goethe«, der mir, ganz privat, das schönste und liebste meiner Bücher ist. Es entstand, als ich Anfang der siebziger Jahre in einer Phase der Stagnation war und mich fragen mußte: Wo führt das nun hin? Wo es hinführte, sollte sich nach vielen Umwegen 1975 beim Erscheinen der »Außenseiter« zeigen. Ich habe dann drei große Bücher geschrieben, die im Grunde umfassende kulturhistorische Essays sind, eben »Außenseiter«, »Weltliteratur« und »Das unglückliche Bewußtsein«, bei dem es sich keineswegs um eine Aufsatzsammlung, sondern um ein strukturiertes Buch aus meinen Arbeiten über die deutsche Literaturentwicklung von Lessing bis Heine handelt. Dann gibt es meine Erinnerungen in zwei Büchern, die immer mehr – und darauf ist es mir ja angekommen – jetzt auch von Leuten gelesen und als Zeitdokument gewürdigt werden, die überhaupt nichts mit Literaturwissenschaft zu tun haben. Schließlich die drei Bände meiner Reden und Vorträge: der erste »Nach Jahr und Tag« reicht von 1945 bis 1977, der zweite »Aufklärung heute« von 1978 bis 1984, und im Herbst 1990 kam der dritte und letzte Band heraus, der mit meiner Nürnberger Rede für Hermann Glaser über »Politik und Kultur am Abend der Vernunft« endet. Er hat auch den Titel »Abend der Vernunft. Reden und Vorträge 1985 bis 1990«. Das ist dann im Großen, wenn Sie so wollen, die Architektur meines Oeuvres. Aber daneben entstehen immer wieder kleinere Arbeiten. Zum Beispiel bin ich zu Büchner zurückgekehrt und habe für eine Ausgabe der Büchergilde Gutenberg mit Zeichnungen von meinem Freund Alfred Hrdlicka noch einmal etwas über Georg Büchner und Franz Woyzeck von heute aus rückblickend gesagt und dabei gemerkt: Mit Büchner ist man eben niemals fertig.

Ein marxistischer Humanist

Aber mit Wagner, das sei nun genug, und auch über Brecht, Büchner und Thomas Mann werde er sicher nichts Größeres mehr schreiben, hatte Hans Mayer Mitte der siebziger Jahre in einem Interview bekannt. Da ist er also doppelt rückfällig geworden, denn auch über Wagner schrieb er für das »Walküren«-Programmheft der Bayreuther Festspiele von 1990 einen Aufsatz, welcher »Der Ring als bürgerlicher Roman« heißt und dem von Thomas Mann in einem Princetoner Vortrag geäußerten Gedanken nachgeht, daß zu den großen bürgerlichen Romanen des 19. Jahrhunderts von weltliterarischem Rang kein deutscher gehöre, aber als Gegenstück dazu eigentlich Wagners »Ring« gesehen werden müsse. Über Thomas Mann schreibe er sicherlich nichts mehr, und auch zu Brecht sei alles gesagt. Ansonsten gilt für ihn nach wie vor: Selbst an Ernst Blochs »Prinzip Hoffnung« befremde »die Nichtbeachtung der außenseiterischen Subjektivität; die ungeduldige Verlegenheit vor den Einsamkeiten, welche nicht durch ein Kollektiv geteilt werden«, wie er in »Außenseiter«, seinem opus magnum, feststellte. Darin geht Mayer davon aus, daß die bürgerliche Aufklärung gescheitert ist und daß alle Philosophen des gesellschaftlichen Optimismus die Mißachtung des konkret leidenden Menschen zugunsten einer leidenden Menschheit gemeinsam haben. Wenn Bloch einmal gesagt habe, es gebe keinen Sozialismus ohne Demokratie und keine Demokratie ohne Sozialismus, so sei doch darüberhinaus auch klar, daß es keine Demokratie, ob bürgerliche oder sozialistische, ohne Respekt vor der Integrität des Individuums geben könne. Darin besteht Hans Mayers höchsteigene Nuance, sein persönlicher Beitrag zur Humanisierung des Marxismus, von dem er unverdrossen meint, daß seine Grundgedanken durch die Entwicklung nicht widerlegt seien.

Hans Mayer: Ja, daran halte ich durchaus fest. Der Zusammenbruch der kommunistischen Systeme besagt doch eigentlich nur, daß Sozialismus in Unfreiheit oder gar unter der Diktatur eines Verbrechers wie Stalin von vornherein undenkbar gewesen ist. Ich würde sogar noch weitergehen und behaupten: der Bindestrich zwischen Marxismus und Leninismus ist völlig unmarxistisch, denn der Leninismus war alles andere als eine Weiterentwicklung des Marxismus. Gerade gegenwärtig wird doch die ökonomische Theorie von Marx vollkommen bestätigt: Alles, was wir im Augenblick erleben mit der modernen Rationalisierung, mit der sogenannten Dienstleistungsgesellschaft, mit der grundlegenden Veränderung zwischen variablem und konstantem Kapital, wie Marx sagt, alles das steht bereits im zweiten Band des »Kapital«. Und ich muß auch noch daran erinnern, daß der dritte abbricht mit ganz kurzen Bemerkungen über das Problem der Klassen, daß sich also eine, um mit Bloch zu sprechen, konkrete Utopie des Sozialismus bei Marx überhaupt nicht findet. Dabei bieten aber dialektischer Materialismus und Hegelsches dialektisches Denken für mich nach wie vor die einzige zufriedenstellende Interpretation geschichtlicher und kultureller Zusammenhänge. Ich sehe keinen Gegenentwurf dazu. Alles sonst wäre dummes Geschwätz oder Ausflucht in den Mythos. Ein ganz anderes Problem, ein wirkliches Problem des Marxismus, besteht allerdings in der Frage, ob nun der Satz wirklich stimmt, daß es das gesellschaftliche Sein sei, welches das Bewußtsein bestimmt, oder ob es sich nicht vielleicht umgekehrt verhält. Der kulturelle geistige Überbau entfaltete ja immer wieder eine ungeheure eigene Gestaltungskraft, welche sehr effektiv auf die gesellschaftliche Basis zurückzuwirken vermochte. Das ist etwas, worüber man nun wirklich einmal unvoreingenommen diskutieren müßte, obwohl es auch da eine Reihe von Phänomenen gibt, die für die Grundthese von Karl Marx sprechen.

Quellen

Aus dem Universitätsarchiv Tübingen (UAT) wurden gegebenenfalls die Studentenakten oder Senatsprotokolle eingesehen. Vor allem, wenn es darum ging, Wohnungen zu identifizieren, erwies sich das Stadtarchiv Tübingen (StAT) als hilfreich. Dem Archiv der Museumsgesellschaft Tübingen (AMT) ist für Einblicke in das Desiderienbuch ihrer Bibliothek zu danken. Ansonsten wurden für spezielle Fragen noch das Deutsche Literatur-Archiv Marbach (DLAM), das Archiv des Evangelischen Stifts (AES), das Archiv der Landeskirche in Stuttgart, das Archiv der evangelichen Kirchengemeinde Gomaringen, das Arnold-Zweig-Archiv Berlin (ein Dank Zweigs langjähriger Sekretärin Ilse Lange) und das Archiv des »Schwäbischen Tagblatts« zu Rate gezogen,.

Heinrich von Rugge: Des Minnesangs Frühling. 33. Auflage. Stuttgart 1962. – Minnesänger. Farbige Wiedergaben aus der Manessischen Handschrift. Vier Bände (1964 bis 1977). – Wolfgang Stammler: Deutsche Literatur des Mittelalters. Verfasserlexikon. Bd. 2. Berlin und Leipzig 1936. – Joachim Bumke: Geschichte der deutschen Literatur im hohen Mittelalter. München (1990). – Hans-Herbert S. Räkel: Der deutsche Minnesang. Eine Einführung mit Texten und Materialien. München (1986). – Josef Forderer: Minnesänger Heinrich von Rugge. In: Tübinger Blätter 44, 1957. – Theodor Schön: Geschichte von Hohen-Tübingen. In: Tübinger Blätter 2/3, 1904. – Max Eifert: Geschichte und Beschreibung der Stadt Tübingen. Tübingen 1849.

Bebel, Melanchthon, Reuchlin: Heinrich Bebel: Comoedia de optimo studio iuventum / Über die beste Art des Studiums für junge Leute. Lateinisch/Deutsch. Herausgegeben, übersetzt und mit einer Einführung von Wilfried Barner und Mitarbeitern. Stuttgart 1982 (= Reclam 7837). – Johannes Reuchlin: Henno. Lateinisch/Deutsch. Stuttgart 1970 (= Reclam 7923). – Heinrich Bebels Facetien und Graf Froben von Zimmern. Historische Quellenschriften zum Studium der Anthropophyteia Bände 2 und 3, Leipzig 1907 (Reprint der Schwäbischen Verlagsgesellschaft Wurmlingen 1981). – Reinhold Rau: Philipp Melanchthons Tübinger Jahre. In: Tübinger Blätter 47, 1960. – Karl Friedrich Ledderhose: Philipp Melanchthon nach seinem äußern und innern Leben. Heidelberg 1847. – Albert Moll: Johannes Stöffler von Justingen. Lindau 1877. – Karl Konrad Finke: Johannes Reuchlin als Richter des Schwäbischen Bundes. / Peter Amelung: Reuchlin und die Drucker seiner Zeit. In: Schwäbische Heimat, 23. Jahrgang, Heft 3, 1972. – Manfred Krebs (Hrsg.): Johannes Reuchlin 1455 bis 1522. Festgabe seiner Vaterstadt Pforzheim 1955. – Johannes Haller: Die Anfänge der Universität Tübingen 1477 bis 1537. Stuttgart 1927. – Dieter Mertens: Jacobus Locher Philomosus als humanistischer Lehrer der Universität Tübingen. In: Bausteine zur Tübinger Universitätsgeschichte, Folge 3, Tübingen 1987. – Gustav Bebermeyer: Tübinger Dichterhumanisten. Bebel, Frischlin, Flayder. Tübingen 1927. – Volker Schäfer: Die Burse im Kaleidoskop. Ein historischer Streifzug durch fünf Jahrhunderte. In: Attempto 43/44, 1972. – Werner Bosshardt: Zur Geschichte der Tübinger Burse. In: Attempto 27/28, 1968.

Nikodemus Frischlin: David Friedrich Strauß: Leben und Schriften des Dichters und Philologen Nicodemus Frischlin. Frankfurt am Main 1856. – Gustav Bebermeyer: Tübinger Dichterhumanisten. Bebel, Frischlin, Flayder. Tübingen 1927. – Klaus Schreiner: Frischlins »oratio vom Landleben« und die Folgen. Attempto 43/44, 1972. – Zu Nikodemus Frischlins Wohnhaus und Gartenhäuschen / Zu dem Lädchen aus Frischlins Gartenhaus. In: Tübinger Blätter 5, 1902.

Daniel Casper von Lohenstein: Bernhard Asmuth: Daniel Casper von Lohenstein. Stuttgart 1971 (= Sammlung Metzler 97). – Gerhard Spellerberg: Daniel Casper von Lohenstein. In: Deutsche Dichter, Band 2, Stuttgart 1988 (= Reclam 8612). – Hubert Fichte: Elf Übertreibungen; Vaudoueske Blutbaeder – Mischreligioese Helden; Ach, des Achs; Wiener Vorlesungen. In: H. F., Homosexualität und Literatur I. Frankfurt 1987. – Walter Jens: Eine deutsche Universität. München 1977. – Hansmartin Decker-Hauff, Wilfried Setzler (Hrsg.): Die Universität Tübingen von 1477 bis 1977 in Bildern und Dokumenten. Tübingen 1977.

Albrecht von Haller: A. v. H.: Gedichte. Kritisch durchgesehene Ausgabe nebst einer Abhandlung »Haller als Dichter« von Harry Maync. Leipzig 1923. – Albrecht von Haller: Tagebücher seiner Reisen nach Deutschland, Holland und England 1723 bis 1727. Ausgaben herausgegeben von Ludwig Hirzel Leipzig 1883 und von E. Hintzsche Bern 1971. – Adolf Haller: Albrecht von Hallers Leben. Basel (um 1954). – Walter Jens: Eine deutsche Universität. München 1977.

Christoph Martin Wieland: C. M. W.: Briefwechsel. Herausgegeben von H. W. Seiffert. Band 1, 1963. – Friedrich Sengle: Wieland. Stuttgart 1949. – Friedrich Sengle: Wieland als Mulus und Student. In: Tübinger Blätter 35, 1946/47. – Friedrich Beißner, Emil Staiger, Friedrich Sengle, Hans Werner Seiffert: Wieland. Vier Biberacher Vorträge 1953. Wiesbaden 1954. – Hans Radspieler (Hrsg.): Christoph Martin Wieland 1733 bis 1813. Leben und Wirken in Oberschwaben. Ausstellungskatalog der Stadtbibliothek Ulm und der Stadtbücherei Biberach 1983 (= Veröffentlichungen der Stadtbibliothek Ulm, Band 3). – Dieter Sulzer, Werner Volke: Wieland. Schubart. Ständige Ausstellung des Schiller-Nationalmuseums. Marbach 1980 (= Marbacher Kataloge Nr. 31). – Der große Brand von 1789. In: Tübinger Blätter I/1, 1898. – Tübingen im Jahre 1800. In: Tübinger Blätter II/4, 1899.

Friedrich Hölderlin: F. H.: Sämtliche Werke (Große Stuttgarter Ausgabe) Hrsg. von Friedrich Beißner und Adolf Beck. Stuttgart 1943ff. – Hölderlin. Eine Chronik in Text und Bild. Hrsg. von Adolf Beck und Paul Raabe. Frankfurt 1970. – Hölderlin in Tübingen. Bearbeitet von Werner Volke. Marbacher Magazin 11/1978 für die Ausstellung im Hölderlinturm Tübingen. – Dokumente zu Ernst Zimmer und zur Geschichte des Hölderlinturmes. Sonderausstellung zur Wiedereröffnung (= Kleine Tübinger Schriften, Heft 10). – Peter Härtling: Hölderlin. Ein Roman. Darmstadt 1976. – Wilhelm Waiblinger: Die Tagebücher 1821 bis 1826. Stuttgart (1956). – Wilhelm Waiblinger: Friedrich Hölderlins Leben, Dichtung und Wahnsinn. Mit einem Nachwort von Pierre Bertaux. Wurmlingen 1981. – Andreas Feldtkeller und Wilfried Setzler: Das renovierte Hölderlinhaus. In: Tübinger Blätter 71, 1984. – B. Z.: Starker Zustrom zur Hölderlin-Gesellschaft. In: Tübinger Chronik vom 7. Juli 1943. – Volker Schäfer: Zu Hölderlins Aufenthalt im Tübinger Klinikum 1806 bis 1807. In: Heimatkundliche Blätter für den Kreis Tübingen, Neue Folge, Nr. 38, März 1970.

Friedrich Schiller: Friedrich Wilhelm von Hoven: Lebenserinnerungen. Nürnberg 1840. – Georg von Scharffenstein: Jugenderinnerungen eines Zöglings der hohen Karlsschule in Beziehung auf Schiller. Zitiert nach: Christian von Holst, Johann Heinrich Dannecker. Der Bildhauer (= Ausstellungskatalog der Stuttgarter Staatsgalerie 1987). – Jakob Friedrich Abel: Aufzeichnungen. In: Schillers Gespräche. Weimar 1967 (= Schiller Werke, Nationalausgabe, Band 42). – Maria Fehling (Hrsg.): Briefe an Cotta. Band 1. Stuttgart 1925. – Karl-Heinz Hucke: Jene »Scheu vor allem Mercantilischen«. Schillers »Arbeits- und Finanzplan«. Tübingen 1984. – Volker Schäfer: Die Tübinger Burse von 1480 bis 1972. In: Attempto 43/44, 1972.

Johann Wolfgang Goethe: Goethe und Cotta. Briefwechsel 1797 bis 1832. Hrsg. von Dorothea Kuhn. Bd. I, Stuttgart 1979. – Briefe an Cotta. Hrsg. Maria Fehling. Bd. I (1794 bis 1815). Stuttgart 1925. – Reise in die Schweiz 1797. In: Werke. Weimarer Ausgabe. I. Abt., Bd. 34/1. Weimar 1902. – Goethes Tagebuch Aufzeichnungen. In: Werke. Weimarer Ausgabe. III. Abt., Bd. 2. – Goethes Briefe. In: Werke. Weimarer Ausgabe, IV. Abt., Bd. 12. – Karl August Varnhagen von Ense: Denkwürdigkeiten des eigenen Lebens. Hrsg. Joachim Kühn. Berlin 1922.

Jens Baggesen: Jens Baggesen's poetische Werke in deutscher Sprache. Hrsg. von Carl und August Baggesen. Leipzig 1836. – Maria Fehling (Hrsg.): Briefe an Cotta. Bd. I (1794 bis 1815). Stuttgart 1925. – Karl August Varnhagen von Ense. Denkwürdigkeiten des eigenen Lebens. Hrsg. und eingeleitet von Joachim Kühn. Erster Teil (1785 bis 1810). Berlin 1922. – Horst Nägele: Jens Baggesen, ein Europäer dänischer Abkunft, in Stuttgart und Tübingen. In: Schwäbische Heimat 23/4, 1972.

Ludwig Uhland: L. U.: Werke in vier Bänden. Hrsg. von Hartmut Fröschle und Walter Scheffler. München 1980 bis 1984. – L. U.: Ausgewählte Werke. Hrsg. von Hermann Bausinger. München 1987. – Ludwig Uhland: Gedichte. Auswahl und Nachwort von Peter von Matt. Stuttgart 1974 (= Reclam 3021). – Ludwig Uhland: Werke. Hrsg. und eingeleitet von Ernst Müller. Stuttgart 1948. – Ludwig

Uhland 1787 bis 1862. Dichter Germanist Politiker. Bearbeitet von Walter Scheffler und Albrecht Bergold. Marbacher Magazin 42/1987. – Gert Ueding: Eichenkranz der Bürgertugend (Ludwig Uhland). In: G. U.: Die anderen Klassiker. München 1986. – Gert Ueding: Einheit von Leben und Werk. Vortrag zur Eröffnung der Kabinettausstellung »Ludwig Uhland zum 200. Geburtstag« in Marbach. In: 200 Jahre Ludwig Uhland. Beilage des Schwäbischen Tagblatts am 26. April 1987. – Hermann Bausinger: Einfach und sparsam. Anmerkungen zur Popularität Uhlands. In: Uhland-Beilage des Schwäbischen Tagblatts am 26. April 1987. – Walter Jens: Unser Uhland. In: Die Zeit, 1. Mai 1987. – Festschrift zum 150. Geburtstag des Dichters Ludwig Uhland. 100. Heft der Monatsschrift Württemberg. Stuttgart 1937. – Marc Monnier: De Stuttgard à Tubingen. In: Revue suisse, August 1851 (teilweise übersetzt für Uhland-Beilage des Schwäbischen Tagblatts vom 26. April 1987). – Isolde Kurz: Hermann Kurz. Stuttgart 1919. – Bomben fielen auf Tübingen und seine Umgebung. In: Schwäbisches Tagblatt, 13. März 1954.

Karl Mayer: Bernhard Zeller: Karl Mayer. Sein Freundes- und Familienkreis. Vortrag bei der Jahresversammlung der Deutschen Schillergesellschaft am 15. Mai 1954. Sonderdruck der Stuttgarter Zeitung. – Hans Mattern: »O Mayer, wenn Du stirbst, kommt keiner mehr, der singt wie Du.« In: Schwäbische Heimat 1986, 4. – Album schwäbischer Dichter. Dritte Lieferung: Karl Mayer. Stuttgart (1964). – Ach, die Poesie im Leben... Ottilie Wildermuths Briefwechsel mit ihrem Sohn Hermann. Hrsg. von Rosemarie Wildermuth. Pfullingen 1979.– Das Sonntagsblatt für gebildete Stände. Eine Zeitschrift der Tübinger Romantiker. Hrsg. von Bernhard Zeller. Marbach 1961.

Justinus Kerner: J. K.: Sämtliche poetische Werke in vier Bänden. Hrsg. Josef Gaismaier. Leipzig o. J. – Justinus Kerner: Ausgewählte Werke. Hrsg. Gunter Grimm. Stuttgart 1981 (= Reclam 3857). – Das Sonntagsblatt für gebildete Stände. Hrsg. Bernhard Zeller. Marbach 1961. – Konrad Engelhardt: Die Dissertation des Christian Andreas Justinus Kerner »Observata de functione singular(i)um partium auris« Tübingen 1808. Med. Diss. Erlangen-Nürnberg 1972. – Wolfgang Kretschmer: Rationale und mystische Züge bei Justinus Kerner. In: Antaios, Band X, Nr. 2, Juli 1968. – August Varnhagen von Ense: Denkwürdigkeiten des eigenen Lebens. Hrsg. Joachim Kühn. Erster Teil. Berlin 1922. – Paul Löffler: Aus Justinus Kerners Leben und seiner Tübinger Studentenzeit. In: Tübinger Blätter 30, 1939.

Wilhelm Hauff: W. H.: Werke. Hrsg. Hermann Engelhard. Zwei Bände. Stuttgart 1961/1962. – Hans Hofmann: Wilhelm Hauff. Eine nach neuen Quellen bearbeitete Darstellung seines Werdeganges. Frankfurt 1902. – Hermann Fischer: Die schwäbische Litteratur im achtzehnten und neunzehnten Jahrhundert. Tübingen 1911. – Wilhelm Hauff, ein Erfolgsschriftsteller im 19. Jahrhundert. Redaktion: Friedrich Pfäfflin. Marbacher Magazin 18/1981. – Ottmar Hinz: Wilhelm Hauff. Reinbek bei Hamburg 1989 (= Rowohlts Monographien).

Albert Knapp: A. K.: Evangelisches Gesangbuch. Leipzig 1855. – Martin Knapp: Albert Knapp als Dichter und Schriftsteller. Mit einem Anhang unveröffentlichter Jugendgedichte. Tübingen 1912. – Martin Knapp: Aus der Knabenzeit eines Dichters. In: Tübinger Blätter 12, 1909/10. – Martin Knapp: Das Geburtshaus Albert Knapps, Neckarhalde 12 in Tübingen. In: Tübinger Blätter 11, 1908/09. – Paul Löffler: Aus dem Leben des Liederdichters Albert Knapp. In: Tübinger Blätter 20, 1929. – Robert Koenig: Zur Erinnerung an Albert Knapp. In: Daheim, 21. Jahrgang, Nr. 48, August 1885. – Ulrich Parent: Albert Knapps »Evangelischer Liederschatz« von 1837. Phil. Diss Köln 1985 (= Europäische Hochschulschriften Reihe I, Bd. 991). – Isolde Kurz: Hermann Kurz. Stuttgart 1919. – Friedrich Theodor Vischer: Ausgewählte Werke. Hrsg. Gustav Keyßner. Stuttgart 1918. – Frank Thiess: Die Stellung der Schwaben zu Goethe. Phil. Diss. Tübingen 1913 (= Darstellungen aus der Württembergischen Geschichte, Bd. 16, Stuttgart 1915).

Eduard Mörike: E. M.: Werke und Briefe. Historisch-kritische Gesamtausgabe, Stuttgart 1967ff. Zehnter Bd. Briefe 1811 bis 1828. Elfter Bd. Briefe 1829 bis 1832. Hrsg. Hans-Ulrich Simon. – Freundeslieb und Treu. 250 Briefe Eduard Mörikes an Wilhelm Hartlaub. Leipzig 1938. – Ludwig Bauers Schriften. Nach seinem Tode in einer Auswahl herausgegeben von seinen Freunden. Stuttgart 1847. – Ludwig Amandus Bauer: Briefe an Eduard Mörike. Hrsg. Bernhard Zeller und Hans-Ulrich Simon. Marbach 1976. – Hans-Ulrich Simon: Mörike-Chronik. Stuttgart 1981. – Gerhart von Graevenitz: Eduard Mörike: Die Kunst der Sünde. Tübingen 1978. – Eduard Mörike. Katalog der Gedenkausstellung zum 100. Todestag. Marbach 1975. – Alfred Kelletat: Mörike in Bebenhausen. In: Tübinger Blätter 41, 1954. – Harry Maync: Eduard Mörike. Sein Leben und Dichten. Stuttgart 1902. – Hermann Fischer: Die schwäbische Litteratur. Tübingen 1911. – David Friedrich Strauß: Kleine Schriften biographischen, literar- und kunstgeschichtlichen Inhalts. 1862.

Wilhelm Waiblinger: W. W.: Werke und Briefe. Textkritische und kommentierte Ausgabe. Hrsg. von Hans Königer. Stuttgart 1980ff. Bd. 1 (Gedichte), Bd. 2 (Erzählende Prosa), Bd. 3 (Verserzählungen, Vermischte Prosa), Bd. 5/1 (Sämtliche Briefe), Bd 5/2 (Sämtliche Briefe: Anmerkungen und Erläuterungen). – Helmut Hornbogen: Wilhelm Waiblinger wird besser sichtbar. Nichts von schwäbischer Romantik. Zum Fortgang der kritischen Gesamtausgabe. In: Schwäbisches Tagblatt Tübingen 8. August 1987. – Wilhelm Waiblinger: Die Tagebücher 1821 bis 1826. In Zusammenarbeit mit Erwin Breitmeyer herausgegeben von Herbert Meyer. Stuttgart 1956. – Ernst Müller: Wilhelm Waiblinger. In: Schwäbische Lebensbilder III, Stuttgart 1942. – Alfred Kelletat: Pressels Gartenthurm auf dem Österberg. In: Tübinger Blätter 39, 1952. – Hermann Hesse: Im Pressel'schen Gartenhaus. Dresden 1920.

Friedrich Theodor Vischer: F. Th. V.: Ausgewählte Werke. Hrsg. Gustav Keyßner. Drei Bände. Stuttgart 1918. – Briefwechsel zwischen Strauß und Vischer. In zwei Bänden herausgegeben von Adolf Rapp. Stuttgart 1952 und 1953. – Paul Klaiber: Friedrich Theodor Vischer. Eine Darstellung seiner Persönlichkeit und eine Auswahl aus seinen Werken. Stuttgart 1920. – Fritz Schlawe: Friedrich Theodor Vischer. In: Schwäbische Lebensbilder VII, Stuttgart 1960. – Otto Borst: Friedrich Theodor Vischer. In: O. B.: Die heimlichen Rebellen. Stuttgart 1980.

Berthold Auerbach: B. A.: Werke. In Auswahl herausgegeben und mit Einleitungen versehen von Anton Bettelheim. Leipzig o. J. – Berthold Auerbach 1812 bis 1852. Bearbeitet von Thomas Scheuffelen. Marbacher Magazin 36, 1985. – Walter Hagen: Berthold Auerbach. In: Schwäbische Lebensbilder VII, Stuttgart 1960. – Egidius Schmalzriedt: »Vergebens gelebt und gearbeitet«. Zur Erinnerung an Berthold Auerbach. In: Literatur in der Demokratie. Für Walter Jens zum 60. Geburtstag. München 1983. – Theodor Schön: Die Staatsgefangenen von Hohenasperg. Stuttgart 1899. – Ilse Frappan: Vischer-Erinnerungen. Stuttgart 1889. – Reinhard Müth: Studentische Emanzipation und staatliche Repression. Tübingen 1977 (= Contubernium 11). – Isolde Kurz: Aus meinem Jugendland. Stuttgart 1918. – Hermann Fischer: Die schwäbische Litteratur. Tübingen 1911.

Karl Gerok: K. G.: Jugenderinnerungen. Bearbeitet von Kurt Breitenbücher. Heidenheim o. J. (= Schwäbische Lebensläufe Bd. 7). – Karl Gerok: Palmblätter. Neue Folge. Sechste Auflage. Stuttgart 1881. – Gustav Adolf Rieth: »Studiere die Universalhistorie!« Der Attentäter Carl Ludwig Sand und seine Tübinger Jahre. In: Tübinger Blätter 58, 1971.

Georg Herwegh: Herweghs Werke in drei Teilen. Herausgegeben, mit einem Lebensbild, Einleitungen und Anmerkungen von Hermann Tardel. Berlin o. J. – Franz Mehring: Geschichte der deutschen Sozialdemokratie. Berlin/Ost 1976 (= F. M.: Gesammelte Schriften Bd. 1 und 2). – Franz Mehring: Sozialistische Lyrik. G. Herwegh F. Freiligrath. H. Heine. In: Archiv für die Geschichte des Sozialismus und der Arbeiterbewegung. Leipzig 1914 (zitiert nach: F. M.: Aufsätze zur deutschen Literaturgeschichte, Leipzig 1960). – Bruno Kaiser (Hrsg.): Die Akten Ferdinand Freiligrath und Georg Herwegh. Aus dem Archiv der Deutschen Schillerstiftung Heft 5/6. Weimar o. J. – Georg Herwegh: Frühe Publizistik. Glashütten im Taunus 1971. – Wolfgang Kröger: Wider alle Tyrannei im Himmel wie auf Erden. Der Stiftskopf und Dichter des Arbeiterbundesliedes Georg Herwegh und sein Verhältnis zur Theologie. In: Tübinger Blätter 62, 1975.

Gustav Schwab: Karl Küpfel: Gustav Schwab. Sein Leben und Werk. Leipzig 1858. – Briefwechsel zwischen Strauß und Vischer. Hrsg. Adolf Rapp. Erster Band. Stuttgart 1952. – Friedrich Theodor Vischer: Ludwig Uhland. In: F. Th. V.: Prosaschriften. Stuttgart 1918. – Zur Erinnerung an Gustav Schwab. Festreden und Gedichte bei der Feier seines hundertjährigen Geburtstages in Stuttgart, Urach, Gomaringen und Rorschach. Stuttgart 1892. – Wolfgang Sannwald: Die Geschichte von Gomaringen. Gomaringen 1988.

Fritz Reuter: Sämtliche Werke. Vollständige, kritisch durchgesehene Ausgabe in 18 Bänden. Mit einer Biographie des Dichters, Einleitungen und einem Reuter-Lexikon hrsg. von Carl Friedrich Müller, Leipzig (1905). – Briefe von Fritz Reuter an seinen Vater aus der Schüler-, Studenten und Festungszeit (1827 bis 1841), hrsg. von Franz Engel. Zwei Bände. Braunschweig 1896. – Gesammelte Werke und Briefe. Hrsg. von Kurt Batt. Neun Bände. Rostock/Neumünster 1967. Band 8: Briefe (bearbeitet von Hans Heinrich Leopoldi). Band 9: Kurt Batt: Fritz Reuter – Leben und Werk. – Johannes Proelß: Fritz Reuter in Schwaben. In: Schwäbische Kronik Nr. 528, 12. November 1910. – Paul Lindau: Nur Erinnerungen. Zwei Bände. Stuttgart und Berlin 1917.

Ottilie Wildermuth: Ach, die Poesie im Leben... Ottilie Wildermuths Briefwechsel mit ihrem Sohn Hermann 1865 bis 1877. Hrsg. Rosemarie Wildermuth. Pfullingen 1979. – Ottilie Wildermuth: Bilder und Geschichten aus Schwaben. Eingeleitet von Peter Härtling. Ausgewählt und herausgegeben von Rosemarie Wildermuth. Stuttgart 1977. – Rosalie Braun-Artaria: Von berühmten Zeitgenossen. Lebenserinnerungen einer Siebzigerin. 19. Aufl., München 1922. – Hildegard Gulde: Ottilie Wildermuth. Eine schwäbische Hausfrau und Schriftstellerin. In: Attempto 63, 64, 65, 1978/79. – Martin Kazmaier: Tübinger Spaziergänge. Pfullingen 1977. – Elisabeth Moltmann-Wendel: Gralshüterin deutscher Innerlichkeit. Heute vor 100 Jahren starb Ottilie Wildermuth. In: Schwäbisches Tagblatt 12. Juli 1977.

Hermann Kurz: H. K.: Das Wirtshaus gegenüber. Stuttgart 1874 (= Reprint Schwäbische Verlagsgesellschaft Tübingen 1979). – Hermann Kurz: Der Sonnenwirt. Mit einem Vorwort von Peter Härtling. Kirchheim/Teck 1980. – Isolde Kurz: Hermann Kurz. Ein Beitrag zu seiner Lebensgeschichte. Stuttgart 1919. – Isolde Kurz: Aus meinem Jugendland. Stuttgart 1918. – Isolde Kurz: Florentinische Erinnerungen. Tübingen 1937. – Robert von Hornstein: Memoiren. München 1908. – Zu des Dichters Hermann Kurz Gedächtnis. In: Tübinger Blätter 17, 1922/24. – Ludwig Zoepf: Hermann Kurz als Bibliothekar. In: Beilage zum Schwäbischen Merkur 10. Oktober 1923. – Werner Allweiss: Hermann Kurz und Tübingen. In: Attempto 49/50, 1974. – »Ich bin zwischen die Zeiten gefallen«. Katalog der Ausstellung zum 175. Geburtstag von Hermann Kurz im Stadtmuseum Reutlingen 1988.

Otto Erich Hartleben: O. E. H.: Ausgewählte Werke in drei Bänden. Berlin 1909. – Otto Erich (= Otto Erich Hartleben): Studenten-Tagebuch 1885 bis 1886. Zürich 1887. – Otto Erich Hartleben: Briefe an seine Frau. Hrsg. Ferdinand Heitmueller. Berlin 1908. – O. E. H.: Briefe an Freunde. Berlin 1909. – O. E. H.: Tagebuch. München 1906. – O. E. H.: Briefe an eine Freundin 1897 bis 1905. Hrsg. Fred B. Hardt. Dresden 1910. – Selma Hartleben: Mei Erich. Berlin 1910.

Paul Ernst: P. E.: Jünglingsjahre. München 1931. – Paul Ernst und Georg Lukács. Dokumente einer Freundschaft. In Verbindung mit dem Deutschen Literaturarchiv Marbach hrsg. von Karl August Kutzbach (= Jahresausgabe 1973/74 für die Mitglieder der Paul-Ernst-Gesellschaft e. V. Düsseldorf). – P. E.: Das deutsche Volk und der Dichter von Heute. In: Heinz Kindermann (Hrsg.), Des deutschen Dichters Sendung in der Gegenwart, Leipzig 1933. – Johannes Warneck: Meine Erinnerungen an Paul Ernst/Gerhard Schumann: Paul Ernst. In: Jahrbuch 1939 der Paul-Ernst-Gesellschaft. – Gottfried Benn: Briefe an F. W. Oelze 1932 bis 1945. Wiesbaden (1977).

Rudolf G. Binding: R. G. B.: Erlebtes Leben. Frankfurt 1928 (neu als: Unvergängliche Erinnerung, 1964). – R. G. B.: Die Briefe. Hamburg 1957. – R. G. B.: Deutsche Jugend vor den Toten des Krieges. Frankfurt 1933. – Dem Andenken Rudolf G. Bindings. Potsdam 1938.

Hans Erich Blaich: Ausgewählte Werke des »Simplicissimus«-Dichters Hans Erich Blaich / Dr. Owlglass. Mit sämtlichen Briefen an Kurt Tucholsky. Mit einer Einleitung, Anmerkungen und einer Bibliographie hrsg. von Volker Hoffmann. Kirchheim/Teck (1981). – Kurt Oesterle: Ein Doktor namens Eulenspiegel. In: Schwäbisches Tagblatt, 2. März 1991.

Hermann Hesse: Kindheit und Jugend vor Neunzehnhundert 2 (1895 bis 1900). Hermann Hesse in Briefen und Lebenszeugnissen. Frankfurt 1985 (= Suhrkamp Taschenbuch 1150). – Bernhard Zeller: Hermann Hesse. Reinbek bei Hamburg 1963 (= Rowohlts Monographien). – Hermann Hesse 1877 bis 1977. Katalog der Gedenkausstellung zum 100. Geburtstag im Schiller-Nationalmuseum Marbach. –

Helmut Hornbogen: Wie modern ist Hermann Hesse? Ein Gespräch mit Hans Mayer als Nachwort zum Jubiläum. In: Tübinger Blätter 64, 1977.

Wilhelm Lehmann: W. L.: Mühe des Anfangs. Heidelberg 1953. – W. L.: Der Bilderstürmer. München 1987 (= dtv 10713). – W. L.: Michael Lippstock. Stuttgart 1979 (= Stuttgarter Nachdrucke zur Literatur des 19. und 20. Jahrhunderts Bd. 2). – W. L. Bearbeitet von Ute Doster in Verbindung mit Jochen Meyer. Marbacher Magazin 22, 1982.

Bruno Frank: B. F.: Aus vielen Jahren. Querido Verlag Amsterdam 1937. – B. F.: Tage des Königs und andere Erzählungen. Mit einer Einführung von Thomas Mann »Politische Novelle«. Hrsg. und mit einem Nachwort von Martin Gregor-Dellin. München o. J. – B. F.: Ausgewählte Werke. Prosa, Gedichte, Schauspiele. Mit Gedenkworten von Thomas Mann als Einleitung. Hamburg (1957). – Erika und Klaus Mann: Escape to Life. Boston (1939). Neuauflage Edition Spangenberg 1991. – Erika Mann: Briefe und Antworten 1922–1950 / 1951–1969. München 1988. – Klaus Mann: Briefe. Berlin und Weimar 1988. – Frank Thiess: Die Stellung der Schwaben zu Goethe. Stuttgart 1915. – Erinnerungen an Tübingen von Bruno Frank, Ludwig Finckh und Heinrich Lilienfein. In: Festgabe der Württemberger Zeitung zur 450-Jahr-Feier der Universität vom 23. Juli 1927.

Friedrich Wolf: F. W.: Dramen. Sechs Bände. Berlin-Ost 1960. – F. W.: Briefe. Eine Auswahl. Berlin-Ost 1958. – Henning Müller: Wer war Wolf? Friedrich Wolf in Selbstzeugnissen, Bilddokumenten und Erinnerungen. Köln 1988. – Lew Hohmann (Hrsg.): Friedrich Wolf. Bilder einer deutschen Biographie. Berlin-Ost und Berlin-West (Vertrieb »das europäische Buch«) 1988. – Gerhard Stadelmaier: Natürlich links. Über den homöopathischen Dramatiker Friedrich Wolf. In: Stuttgarter Zeitung 23. Dezember 1988. – tb: »Er hat unsere Weltanschauung geprägt.« Friedrich Wolfs Arbeit im Steinlachtal. In: Reutlinger Generalanzeiger 23. Dezember 1988.

Frank Thiess: F. T.: Stürmischer Frühling. Ein Roman unter jungen Menschen. Wien 1937. – F. T.: Verbrannte Erde. Wien 1963. – F. T.: Die Stellung der Schwaben zu Goethe. Phil. Diss. Tübingen 1913 (= Darstellungen aus der Württembergischen Geschichte, 16. Band, Stuttgart 1915). – Rolf Italiaander (Hrsg.): Frank Thiess. Werk und Dichter. Hamburg 1950. – Kurt von Stutterheim: Zwischen den Zeiten. Erinnerungen. Berlin o. J.

Karl Otten: K. O.: Wurzeln. Roman. Neuwied 1963. – Bernhard Zeller und Ellen Otten (Hrsg.): Karl Otten. Werk und Leben. Mainz 1981. – Kurt Pinthus (Hrsg.): Menschheitsdämmerung. Ein Dokument des Expressionismus. Hamburg 1959. – Hermann Ruch: Karl Otten und die Wiederbelebung des literarischen Expressionismus. Briefe aus dem Nachlaß. In: Jahrbuch der Deutschen Schillergesellschaft XXXIII, 1989.

Erwin Guido Kolbenheyer: E. G. K.: Bauhüttenphilosophie. Ergänzende und erläuternde Abhandlungen. München 1942. – Oskar Loerke: Tagbücher 1903–1939. Heidelberg, Darmstadt 1955. – Horst Denkler/Karl Prümm (Hrsg.): Die deutsche Literatur im Dritten Reich. Themen, Traditionen, Wirkungen. Stuttgart 1976. – Gast bei dem Dichter-Philosophen Dr. h.c. Guido Kolbenheyer in Solln bei München (G. F.). In: Tübinger Chronik 23. Oktober 1943.

Arnold Zweig: A. Z. 1887 bis 1968. Werk und Leben in Dokumenten und Bildern. Berlin und Weimar 1978. – Wilhelm von Sternburg: A. Z. Frankfurt am Main (1990). – Jost Hermand: A. Z. Reinbek bei Hamburg 1990. – A. Z. Ein Lesebuch für unsere Zeit. Berlin und Weimar 1987. – Manfred Schmid: Die Tübinger Studentenschaft nach dem Ersten Weltkrieg 1918–1923. Tübingen 1988.

Jakob van Hoddis: Helmut Hornbogen: Jakob van Hoddis. Die Odyssee eines Verschollenen. München 1986.

Peter Weiss: P. W.: Hölderlin. Frankfurt 1971. – P. W.: Abschied von den Eltern. Frankfurt 1961. – Kurt Oesterle: Von Tübingen bis ans Ende der Welt. In: Schwäbisches Tagblatt, 9. Mai 1992. – Peter Roos: Genius loci. Gespräche über Literatur und Tübingen. Pfullingen 1978. – Peter Spielmann (Hrsg.): Der Maler Peter Weiss. Bochum (1982). – Thomas Beckermann und Volker Canaris (Hrsg.): Materialien zum »Hölderlin«-Stück von Peter Weiss. Frankfurt (1972).

Eugen Gottlob Winkler: E. G. W.: Dichtungen. Gestalten und Probleme. Pfullingen (1960). – E. G. W.: Briefe 1932 bis 1936. Bad Salzig 1949. – Eugen Gottlob Winkler. Ausgewählt und eingeleitet von Walter Jens. Frankfurt 1960 (= Fischer-Bücherei). – E. G. W.: Die Dauer der Dinge. Dichtungen, Essays, Briefe. München 1985. – Helmut Salzinger: Eugen Gottlob Winklers künstlerische Entwicklung. Die ästhetischen Anschauungen, untersucht an seinem dichterischen und kritischen Werk. Phil. Diss. Hamburg 1967. – Gottfried Just: Jongleur mit dem Nichts. In: G. J., Reflexionen zur deutschen Literatur in den sechziger Jahren, Pfullingen 1972.

Isolde Kurz: I. K.: Pilgerfahrt nach dem Unerreichlichen. Tübingen 1938. – I. K.: Aus meinem Jugendland. Stuttgart 1918.– Emil Wezel: Isolde Kurz. In: Schwaben. Monatshefte für Volkstum und Kultur. Heft 8. Stuttgart 1941. – Charlotte Pickert: Erinnerungen an Isolde Kurz. In: Schwäbische Heimat 1985. – Karla Johns: Isolde Kurz in Tübingen. In: Tübinger Blätter 40, 1953. – Paul Kluckhohn: Isolde Kurz zum 90. Geburtstag (21. Dezember 1943) / Gertrud Fink: Stunden bei Isolde Kurz (21. Dezember 1943) / Franz Flaadt: Isolde Kurz vom Führer mit der Goethe-Medaille ausgezeichnet (22. Dezember 1943) und andere in: Tübinger Chronik.

Michel Tournier: M. T.: Der Wind Paraklet. Ein autobiographischer Versuch. Frankfurt 1983 (= Fischer Taschenbuch 5313). – Gespräch mit Michel Tournier am 17. Januar 1986 in Tübingen.

Fred von Hoerschelmann: F. v. H.: Die Stadt Tondi. Erzählungen. München (1950). – F. v. H.: Das Schiff Esperanza. Hörspiel. Stuttgart 1967 (= Reclam 8762). – F. v. H.: Die schweigsame Insel. Vier Erzählungen. Stuttgart 1985 (= Reclam 8083). – Gottfried Just: Ein imponierender Außenseiter. In: G. J., Reflexionen, Pfullingen 1972. – Dieter Hasselblatt: ›Ich war überall zu Hause.‹ Der Hörspielautor Fred von Hoerschelmann. Manuskript (Sendung 28. Juni 1976, Bayern I).

Hans Sahl: Die im Text erwähnten Bücher von ihm. – Gespräche mit H. S. am 29. März, 30. April und 16. August 1990, 1. Juli 1991 und 16. Februar 1992.

Peter Härtling: Elisabeth und Rolf Hackenbracht (Hrsg.): P. H. Materialienbuch. Darmstadt (1979). – Die im Text erwähnten Bücher von ihm. – Gespräche mit P. H. am 17. September 1990 und 13. Juni 1992.

Walter Jens: Peter Roos: Genius loci. Pfullingen 1978. – Bernward Vesper: Die Reise. Frankfurt 1977. – Das Gespräch mit W. J. wurde am 5. Oktober 1989 geführt.

Hans Mayer: Nach einem Interview mit H. M. vom 3. Mai 1990.

Abbildungsnachweise:

Den Stadtplan zeichnete Sepp Buchegger. – Die Häuser, den Reuchlin-Löwen (S. 29) und das Schild der Jakob-van-Hoddis-Staffel (S. 293) hat Wolf-Dieter Nill photographiert. – Ulrich Metz: S. 103, 201, 318, 331, 347, 359. – Manfred Grohe: S. 350. – Yvonne M. Berardi: S. 340. – Alfred Göhner: S. 310. – Hans Dieter Ingenhoff: S. 46. – Universitätsarchiv Tübingen: S. 51 (UAT 4/7), 150 (UAT 42/6 Nr. 23), 216 (UAT 40/83 Nr. 112), 222 (UAT 40/54 Nr. 79), 227 (UAT 40/21 Nr. 29), 247 (UAT 258/4651), 254 (UAT 258/21050), 263 (UAT 258/19073), 281 (UAT 258/21521), S. 302. – Deutsches Literaturarchiv Marbach: S. 112, 210, 289 und einige weitere (veröffentlichte) Vorlagen, vor allem von Porträts. – Stadtmuseum Tübingen: S. 76, 87, 129 und Einband (Rücken). – Archiv der Museumsgesellschaft: S. 145, 153. – Archiv des Evangelischen Stifts: S. 120, 159. – Archiv der evangelischen Kirchengemeinde Gomaringen: S. 168. – Universitätsbibliothek Tübingen: S. 133. – Tübinger Blätter: S. 37 (1902, Nr. 1/2), 41 (1906, Nr. 3/4), 48 (1899, Nr. 3), 57 (1906, Nr. 1), 71 (1951), 111 (1929). – Aus Privatbesitz: S. 183, 184 (Ulrich Wildermuth), S. 271, 273 (Dr. Christiane Kolbenheyer), S. 287 (Pauline Hagmann), S. 305 (Gisela Vischer), S. 320 (Hellmut Waller), S. 326 (Dr. Gudrun Schaal), S. 332, 335 (Dr. Hans Sahl).

Durchsicht des Manuskriptes und Register: Alfred Keicher.

Register

(1) Bursagasse 1 (Burse):
(2) Heinrich Bebel, Philipp Melanchthon, Johannes Reuchlin
(3)
(4) Clinicumsgasse 18: Nikodemus Frischlin
(5) Neckarhalde 30: Daniel Casper von Lohenstein
(6) Münzgasse 15: Albrecht von Haller
(7) Pfleghofstraße 13: Christoph Martin Wieland
(8) Klosterberg 2 (Stift), Bursagasse 1 (Burse), Bursagasse 6 (Turm): Friedrich Hölderlin
(9) Bursagasse 1 (Burse): Friedrich Schiller
(10) Münzgasse 15 und 17: Johann Wolfgang Goethe
(11) Münzgasse 15 und 17: Jens Baggesen
(12) Neckarhalde 24, Hafengasse 3, Gartenstraße 1 (zerstört): Ludwig Uhland
(13) Münzgasse 13, Gartenstraße 18: Karl Mayer
(14) Münzgasse 13: Justinus Kerner
(15) Haaggasse 15: Wilhelm Hauff
(16) Neckarhalde 12, Neue Straße 1: Albert Knapp
(17) Neckargasse 22, Clinicumsgasse 4: Eduard Mörike
(18) Klosterberg 2 (Stift), Pressels Gartenturm: Wilhelm Waiblinger
(19) Burgsteige 18, Neckarhalde 27 und 7, Uhlandstraße 4: Friedrich Theodor Vischer
(20) Neckargasse 22, Neckarhalde 24: Berthold Auerbach
(21) Klosterberg 2 (Stift), Neckargasse 14: Karl Gerok
(22) Klosterberg 2 (Stift), Neckarbad 4: Georg Herwegh
(23) Gartenstraße 13a, Uhlandstraße 11, Wilhelmstraße 16 und 14: Ottilie Wildermuth
(24) Karlstraße 13, Kronenstraße 11: Hermann Kurz
(25) Hafengasse 8: Otto Erich Hartleben
(26) Clinicumsgasse 10: Paul Ernst
(27) Neckarhalde 52: Rudolf G. Binding
(28) Herrenberger Straße 28, Holzmarkt 5: Hermann Hesse
(29) Neckarhalde 35 (abgebrochen): Wilhelm Lehmann
(30) Herrenberger Straße 67, Kelternstraße 2: Friedrich Wolf
(31) Neckarhalde 14, Hechinger Straße 26: Frank Thiess
(32) Doblerstraße 18 (Gefängnis): Karl Otten
(33) Neckarhalde 39: Erwin Guido Kolbenheyer
(34) Wilhelmstraße 25, Sofienstraße 2, Osianderstraße 22 (Nervenklinik): Jakob van Hoddis
(35) Isoldenstraße 4: Eugen Gottlob Winkler
(36) Paul-Lechler-Straße 24 (Tropengenesungsheim): Isolde Kurz
(37) Doblerstraße 4 (abgebrochen), Christian-Laupp-Straße 5: Fred von Hoerschelmann
(38) Neckarhalde 31 (Theodor-Haering-Haus): Peter Weiss
(39) Alberstraße 74 (= heute Dorfstraße 3) in Lustnau: Arnold Zweig
(40) Böblinger Straße 15 in Bebenhausen: Eduard Mörike
(41) Marienbergstraße 15 in Bad Niedernau: Berthold Auerbach
(42) Schloß in Gomaringen: Gustav Schwab
(43) Schloßbergstraße 15: Michel Tournier
(44) Hohentübingen: Heinrich von Rugge
(45) Kirchgasse 6: Fritz Reuter
(46) Neckargasse 7: Hans Erich Blaich
(47) Am Stadtgraben 31, Brunsstraße 14: Bruno Frank
(48) Primus-Truber-Straße 42: Hans Sahl
(49) Burgholzweg 58: Peter Härtling